Revue internationale
HIMA
d'HIstoire Militaire Ancienne

n° 3-2016

Kakkēka rukusma (« Ceins tes armes ! »)
2e Rencontre d'Histoire militaire du Proche-Orient ancien (Lyon, 17-18 octobre 2013)

Textes édités par Philippe Abrahami et Catherine Wolff

Actes du colloque international
organisé à la Maison de l'Orient et de la Méditerranée - Jean Pouilloux

Articles

Comptes rendus

Philippe Abrahami

Préface

L'organisation des *Rencontres d'Histoire militaire du Proche-Orient ancien* s'inscrit dans le cadre du programme « Armées et art militaire au Proche-Orient ancien » de l'UMR 5133 Archéorient. Cet axe de recherche a donné lieu en 2006 à un premier colloque[1] et en 2012 à une table ronde internationale sur *L'iconographie de la guerre au Proche-Orient ancien*, organisée par L. Battini (CNRS-UMR 5133) (http://archeorient.hypotheses.org/759).

Le colloque de 2013 a réuni quinze chercheurs, enseignants chercheurs et doctorant rattachés à différentes universités (Université d'Avignon et des pays de Vaucluse, Universitat Autònoma de Barcelona, Universitat de Barcelona, Université Blaise-Pascal Clermont-Ferrand 2, Freie Universität Berlin, Université Lumière-Lyon 2, Université Paris 1 Panthéon-Sorbonne), institutions (CNR ISMA Rome, Centre d'études orientales Alois Musil de l'université de Vienne) et équipes de recherche du CNRS (UMR 5133, 5189, 7219, 7041 et 8167).

Tout comme la première rencontre, cette manifestation a été réalisée dans une approche résolument interdisciplinaire. Elle a rassemblé des historiens des textes cunéiformes et des archéologues spécialisés notamment dans l'architecture et l'armement. Ce colloque a eu également, à l'instar du précédent, un caractère volontairement large autant au niveau chronologique (IIIe-Ier mill. av. J.-C.) que par rapport aux sujets traités. Le thème très ouvert de la présente *Rencontre* a permis ainsi de regrouper des contributions variées qui recoupent différentes problématiques : « Organisation territoriale, modalités stratégiques et engagements tactiques », « Constitution des armées (procédures de recrutement et de mobilisation) », « Armement », « Fortifications et Ingénierie de la construction » et « Dispositions rituelles ». Par rapport à la rencontre de 2006, le champ géographique et historique pris en compte s'est toutefois élargi au-delà des territoires syriens et mésopotamiens avec la participation d'une spécialiste du monde hittite et d'une historienne de l'armée romaine.

Le colloque et la publication des actes n'auraient pas pu se réaliser sans l'aide de nombreuses personnes et sans le soutien financier de plusieurs institutions que je tiens à remercier : l'UMR 5133 Archéorient, l'Université Lumière-Lyon 2 et la Ville de Lyon. Je tiens aussi à remercier tout particulièrement Emmanuelle Vila, directrice de l'UMR 5133 Archéorient pour son soutien à l'organisation de ce colloque ainsi que

1. Abrahami P., Battini L. (dir.) 2008, *Les armées du Proche-Orient ancien (IIIe-Ier mill. av. J.-C.)*, Oxford, John et Erica Hedges Ltd (BAR Intern. Ser., 1855).

pour leur aide Gwenaëlle Pequay, secrétaire et gestionnaire d'Archéorient, Claudine Maréchal, chargée de communication à la Maison de l'Orient et de la Méditerranée – Jean Pouilloux qui a notamment réalisé l'affiche du colloque ainsi que Marie-Noëlle Roumani également du service communication.

Mes remerciements vont aussi à Catherine Wolff (Université d'Avignon et des pays de Vaucluse, HiSoMA-UMR 5189, codirectrice de la Revue internationale d'Histoire Militaire Ancienne, *HiMA*) à plusieurs titres. Tout d'abord pour son adhésion au projet de cette *Rencontre* et la collaboration qui en a découlé tant pour l'organisation de la manifestation elle-même qu'au regard de l'édition des actes. Ensuite pour avoir accepté avec Guisto Traina (Université Paris IV-Sorbonne, directeur de l'*HiMA*), leur publication dans cette revue offrant ainsi la possibilité de mieux faire connaître auprès de collègues spécialistes d'autres aires chrono-culturelles l'histoire militaire du Proche-Orient entre la fin du IIIe mill. av. J.-C. et le ve s. av. J.-C., à partir des données archéologiques et de la documentation cunéiforme.

Philippe Abrahami

Philippe Abrahami et Catherine Wolff

Introduction

Le présent ouvrage reprend l'ensemble des communications lues lors de la deuxième *Rencontre d'Histoire militaire du Proche-Orient ancien.* On y trouvera également le compte rendu de deux livres récents traitant de la guerre de siège : *Poliorcétique au Proche-Orient à l'âge du Bronze* (S. Rey) et *L'art du siège néo-assyrien* (F. De Backer). L'index des termes étudiés dans le présent volume sera mis en ligne sur le site internet de la revue HiMA : https://www.orient-mediterranee.com/spip.php?rubrique609

Organisation territoriale, modalités stratégiques et engagements tactiques

L'article de M. Bonechi (ISMA, CNR, Rome) « Strife in early Bronze Syria. Lexical, prosopographical, and historical notes on the Ebla texts » s'appuie sur la documentation d'Ebla, capitale d'un royaume implanté au nord-ouest de la Syrie, qui à l'instar de Kiš, Mari et Nagar, constitue une grande puissance pour la période concernée (24e s. av. J.-C.). En prenant en compte notamment les archives administratives, les textes de la « chancellerie » (principalement les lettres de la correspondance internationale) et les listes lexicales donnant la lecture des signes et les équivalences entre mots sumériens et éblaïtes, l'auteur s'est intéressé à deux catégories de personnel militaire : les àga-ús et les zag-ús. Un catalogue très complet des occurrences de ces deux mots est ainsi dressé puis analysé, permettant d'évaluer les traductions jusqu'à présent envisagées : « gendarme », « soldat », « soldat de métier », « mercenaire » (pour l'àga-ús), « troupe d'élite », « garde » (pour zag-ús). Les éléments de contexte, à savoir notamment si ces termes peuvent être ou non précédés / suivis d'un nom propre ou d'un toponyme ou encore s'ils correspondent à des entités qui peuvent être comptées, ont été croisés avec les données prosopographiques. Pour ce qui est du second terme (zag-ús), l'auteur convient du fait que le sens de « troupes d'élite » est le plus approprié, notamment du fait de l'équivalence lexicale *ba-i-la-tum* qui peut être interprétée comme renvoyant à *baḫirātum* < **bḫr* (« choisir » / « sélectionner »). Concernant celui d'àga-ús, le résultat de cette enquête débouche sur un sens qui se singularise par rapport aux acceptions qui lui sont généralement conférées autant à Ebla que dans d'autres corpus : l'àga-ús désignerait en fait un officier de rang supérieur. Les données rassemblées pour l'étude de ces deux termes ont été aussi mises à profit pour définir dans une partie conclusive la structure générale de l'organisation militaire du royaume d'Ebla. L'auteur a ainsi repéré cinq niveaux : le roi (en) est à la tête de l'armée ; le rang immédiatement inférieure est celui des grands généraux qui ne sont que quelques-uns, puis viennent les àga-ús dont 18 ont pu être repérés mais qui devaient être environ 30 ou 40, commandant chacun une unité d'environ 1 000 hommes ; la troupe d'élite (zag-ús) dont l'effectif tournait autour de 15 000 hommes constituerait le quatrième niveau, viendrait ensuite le gros de l'armée regroupant les hommes sans aucune spécialisation (les guruš) dont le nombre pourrait aller jusqu'à 50 000 hommes. Certaines des occurrences concernant les deux termes étudiés dans cet article, ont été aussi replacées dans le contexte général de l'histoire d'Ebla et notamment de la période finale : 16 des lettres d'*ARET* XVI mentionnant les àga-ús et les zag-ús ont ainsi probablement été rédigées peu avant la chute du royaume.

En introduction de son article, « Données nouvelles sur l'organisation militaire des rois d'Ur d'après les archives de Garšana et d'Irisagrig », B. Lafont (CNRS UMR 7041 ArScAN) procède à un tableau des besoins militaires du pays de Sumer à l'époque considérée (*ca.* 2100-2000 av. J.-C.). Selon l'auteur, il existait un service permanent de garde assuré par les àga-ús assurant la sécurité des palais et des bâtiments administratifs et des centres urbains ainsi que l'encadrement des populations réquisitionnées. D'autre part, les guerres qui avaient un caractère saisonnier étaient assurées par la levée (zig-ga). B. Lafont s'est également penché sur le rôle des àga-ús aux époques antérieures (milieu du IIIe mill. à Lagaš II et dans l'Empire d'Akkad) où ils n'apparaissent pas encore réellement dans un cadre guerrier. La tablette de rations *MCS* 9, 233 datant du règne de Šarkališarri (2217-2193 av. J.-C.) a également été étudiée. L'auteur en déduit la composition d'un régiment : l'état-major (le général šagina, l'officier nu-bànda, 36 sous-officiers ugula), le personnel associé (scribe, médecin, devin, messagers) et 600 hommes et 320 femmes, probablement des intendantes et peut-être les épouses des militaires en garnison. Dans la suite de l'article B. Lafont présente les informations nouvelles sur l'histoire militaire d'Ur que nous fournissent deux gros lots d'archives tout récemment publiés qui proviennent de deux localités : GARšana dans la région d'Umma (environ 1 500 tablettes) et Iri-sagrig, à proximité de Nippur (1 200 tablettes). D'après les décomptes de dépenses alimentaires en provenance de Girsu, on sait que GARšana hébergeait une importante garnison royale d'environ 1 300 soldats pour une population totale qui aurait compté quelque 5 000 habitants. L'auteur précise que paradoxalement l'archive de GARšana ne documente pas le fonctionnement de cette garnison mais la gestion du domaine privé appartenant au général Šu-kabta qui la commandait et à son épouse, la princesse Simat-Ištaran, sœur du roi Šu-Suen. Quant à Iri-sagrig, la localité était déjà connue comme chef-lieu provincial, siège d'un gouverneur. La documentation locale récemment éditée comporte de très nombreux textes consignant les provisions qui sont octroyées aux soldats professionnels (àga-ús) lorsqu'ils partent en mission. On peut ainsi se faire une idée très précise de leurs différentes affectations (garde, opérations de police et de sécurisation des déplacements, expéditions militaires et corvées civiles diverses).

L'article de P. Abrahami (Université Lyon 2, UMR 5133 Archéorient) sur les « Aspects de la guerre dans le corpus divinatoire de Mésopotamie » a pris en compte les recueils d'oracles, les textes enregistrant les questions posées aux divinités (Šamaš / Šamaš et Adad) dans le cadre des consultations divinatoires ainsi que les références à ce type de consultations dans les lettres des devins de Mari. Les données sur la guerre et les armées sont abondamment représentées dans cette documentation. L'intérêt de les étudier tient en grande partie à la façon dont ils sont rédigés. Les questions procèdent par énumération systématique : on peut ainsi disposer d'un catalogue complet des procédés du siège ou bien d'une vue d'ensemble des composantes de l'armée babylonienne sous le règne de Hammurabi (1792-1750 av. J.-C.). Par leur style condensé, les prédictions livrent des descriptions réduites à leur principe « théorique » : sur la question des modalités du combat, par exemple, par comparaison avec les récits des inscriptions royales, l'interprétation en est facilitée. Il est vrai cependant que les prédictions pèchent parfois par hyper-simplification, comme en témoignent les fréquents diagnostics : victoire / défaite de l'armée et prise de butin qui font figure de situation type et n'apportent aucune information intéressante. Dans le cadre de cet article, ont été traités du point de vue de la documentation oraculaires les aspects suivants : les données opérationnelles concernant l'organisation des campagnes militaires (mode de rassemblement, composition de l'armée, choix des itinéraires...), la poliorcétique, les batailles rangées et les modalités d'engagement des troupes alliées (*tillatu* / *rēṣu*). Sur ces deux derniers points, on note que les prédictions évoquent la position des différentes parties de l'armée dans le dispositif tactique à travers des termes qui font appel aux parties du corps telles que le nombril (*abunnatu*), la queue (*zibbatu*), l'aile (*kappu*) et l'*išdu* (fondement), terminologie que l'on retrouve également dans les lettres de Mari. Les oracles qui concernent l'armée alliée trahissent des préoccupations diverses. Très souvent, il est question de l'état de leur mobilisation et de la crainte des désertions. Un risque très fréquemment évoqué concerne le fait que ces troupes se retournent contre le pays d'accueil et se livrent à des pillages. De façon générale, il est très intéressant de constater que les prédictions dans les recueils d'oracles correspondent à des situations bien réelles documentées dans les textes de la pratique (les lettres notamment).

L'article de P. Villard (Université Blaise Pascal Clermont-Ferrand II, UMR 5133 Archéorient), « Quelques aspects du renseignement militaire dans l'Empire néo-assyrien », présente une synthèse sur l'organisation de la collecte et de la transmission des informations à caractère militaire. P. Villard montre la part importante du renseignement dans la capacité de l'armée assyrienne à frapper rapidement des objectifs précis. La supériorité militaire assyrienne n'est donc pas due uniquement à ses très larges effectifs et à un meilleur équipement. Cela peut paraître paradoxal dans la mesure où il convient de constater l'absence d'un service autonome de type « 2e Bureau ». On ne dispose pas non plus de terme spécifique correspondant à l'« espion ». Les *dayyālu* sont avant tout des éclaireurs effectuant des patrouilles. À ce titre, ils sont en mesure d'observer, ce que convoie l'étymologie du mot, et donc en mesure de fournir des informations. Leur rôle pourrait donc être rapproché des *speculatores* qui opèrent dans l'armée romaine. Les régions frontalières constituent des zones privilégiées de la collecte : les *qēpu* en charge de ces territoires en coordonnent l'organisation et transmettent les informations à l'autorité centrale. L'exemple d'Aššur-rēṣūwa qui se trouve à Kumme est évoqué dans cet article : il écrit une vingtaine de lettres qui contiennent des informations stratégiques sur les activités des Urartéens. Parallèlement au courrier, un système de signaux lumineux (*gipāru*) permet également une circulation rapide de l'information. Les moyens d'obtenir des renseignements sont variés : recherche de déserteurs (*maqtu*) et d'informateurs (hommes de « langues ») ; interception d'agents étrangers ; recrutement de notables étrangers à qui on confie des missions d'espionnage. On trouvera également traitées dans cette étude les situations où la collecte du renseignement est effectuée dans le but d'assurer la protection de l'appareil d'État. Juridiquement par la prestation de serments (*adê*), les ressortissants de l'empire étaient tenus dans l'obligation de rapporter au roi les informations relatives au sort du roi et de l'élite gouvernante. La divination constituait également une partie intégrante du renseignement collecté à cette fin. Elle était considérée comme particulièrement fiable, comme le montrent les nombreuses questions oraculaires qui relèvent de la sécurité intérieure. De ce fait, les prises d'oracles sur ce sujet étaient un monopole royal.

L'article de P. Clancier (Université Paris 1 Panthéon-Sorbonne, UMR 7041 ArScAN) « Le Sūhu dans la guerre à l'époque néo-assyrienne » s'intéresse à cette région du moyen Euphrate qui s'étend entre les villes de Hindânu et Rapîqu, sur la période allant du début du IXᵉ jusqu'à la fin du VIIIᵉ s. av. J.-C. L'auteur montre le rôle stratégique que le Sūhu a joué comme zone tampon entre l'Assyrie et la Babylonie et en raison de sa position au débouché de grands axes routiers est-ouest / nord-sud : le Sūhu est ainsi l'un des secteurs privilégiés du passage de populations en mouvement (Araméens, Arabes) et des caravanes commerciales. À partir des inscriptions des rois assyriens et des petits rois locaux qui portent le titre de « préposé » (*šaknu*), P. Clancier a reconstitué l'histoire politique de cette région qui apparaît divisée en deux entités comme le suggère l'analyse du récit de la 7ᵉ campagne d'Aššurnaṣirpal II (877 av. J.-C.). D'une part, un Sūhu occidental que les Assyriens cherchent à contrôler et qui sera placé vers la fin du VIIIᵉ s. av. J.-C. sous la tutelle directe de hauts dignitaires assyriens. D'autre part, un Sūhu oriental, considéré par les Babyloniens comme un glacis nécessaire à leur défense, qui connut, sous l'impulsion de Kudurru et de ses descendants, une période d'indépendance au début du VIIIᵉ s. av. J.-C. La structure militaire élaborée par les rois indépendants du Sūhu est présentée dans une seconde partie. La « troupe du palais » représentait une troupe d'élite affectée à la garde rapprochée du souverain et directement disponible pour des affrontements mineurs mais en nombre suffisant pour vaincre un ennemi alignant quatre cents soldats. Il est probable selon P. Clancier que cette unité comportait une force de charrerie. Le contrôle de la steppe était assuré par des troupes à cheval qui prenaient appui sur un réseau de fortins et de forteresses implantés aux abords des points d'eau, le long des pistes. Par la levée, l'auteur estime à 3 000 hommes la force militaire globale du Sūhu que l'on voit engagée le plus souvent dans des interventions contre des groupes araméens.

Dans sa contribution, « L'empire en guerre. Considérations sur l'aspect militaire de la dynastie néo-babylonienne : le site du Nahr el-Kalb au Liban », R. Da Riva (Universitat de Barcelona) a insisté sur l'effort militaire intense des souverains de cette dynastie (626-539 av. J.-C.) qui n'ont jamais cessé de conduire des expéditions afin d'étendre et de consolider l'empire. La guerre et son corollaire, l'exploitation systématique des territoires soumis par le prélèvement des tributs, ont généré la prospérité de la Babylonie. Celle-ci se manifeste notamment par l'augmentation considérable des flux de métaux précieux, comme en témoignent les offrandes exceptionnelles faites aux temples (3 t d'argent et 160 kg d'or dans une inscription de Nabonide) et l'utilisation de plus en plus généralisée de l'argent comme moyen de paiement. Les informations concernant les opérations militaires proviennent pour l'essentiel de deux sources documentaires. D'une part, les textes économiques et administratifs qui montrent l'organisation des troupes au service des grands temples de la Babylonie et leur mise à disposition lors des campagnes militaires. D'autre part, les chroniques qui mentionnent les expéditions menées sous le commandement du roi ou du prince héritier, à partir desquelles il est possible d'établir la trame événementielle de l'histoire de l'empire. Par contre, à quelques exceptions près, les inscriptions royales sont muettes sur la question de la guerre : l'image d'un roi pacifique, berger de son peuple, qui restaure les sanctuaires et révère les dieux, y est privilégiée. On assiste donc à un paradoxe. Cependant, comme le fait remarquer R. Da Riva, la mise en place des reliefs de victoire au Liban (Brisa, Wadi-es-Saba', Shir es-Sanam, Nahr el-Kalb, pour Nabuchodonosor II) et en Jordanie (es-Sila, pour Nabonide) ancre solidement le souverain dans sa fonction guerrière, même si les inscriptions qui les accompagnent suivent la tradition babylonienne. C'est en particulier le cas pour l'inscription sculptée de Nahr el-Kalb qui est implantée face aux reliefs mis en place par les ennemis historiques (Assyriens et Égyptiens), cet emplacement symbolisant la victoire militaire et le contrôle géopolitique de l'empire sur les territoires du Levant.

Constitution des armées : processus de recrutement et de mobilisation

Deux articles concernent plus particulièrement la question de la mobilisation et de la conscription. J. Vidal (chercheur Ramón y Cajal, Universitat Autònoma de Barcelona), dans sa contribution intitulée « Military conscription in Ugarit », s'est intéressé à l'institution du *ḫrd*. Ce terme ne désigne pas en fait un corps d'armée mais des contingents issus de la levée dans les villages. C'est en tout cas ce sens qui est suggéré par les rôles militaires d'Ougarit. Ceux-ci se présentent de la façon suivante : un intitulé « liste du *ḫrd* » (*spr ḫrd*) suivi du nom des villages et du nombre d'hommes qui « ont été envoyés ». L'analyse de cette documentation a permis à J. Vidal de montrer la répartition des contributions entre les différents territoires du royaume et l'envergure des effectifs levés. Ainsi, les contributions les plus conséquentes proviennent de la région de la capitale et de la plaine de Gabla qui correspond aux districts du centre et du sud-ouest. Les effectifs issus des villages de l'arrière-pays montagneux d'Ougarit sont par contre beaucoup moins importants. Ce phénomène est probablement dû à leur niveau de peuplement mais aussi au fait qu'ils étaient implantés dans des zones reculées et peu accessibles. La levée la plus importante est enregistrée dans le rôle KTU 4.777 : elle concerne environ 1 000 hommes. J. Vidal considère qu'il s'agit sans doute d'un évènement exceptionnel car l'effectif potentiel de la levée globale du *ḫrd* est estimée de 2 000 à 3 000 hommes et à 4 000 hommes la taille maximale de l'armée d'Ougarit. Cet article montre également l'implication du *ḫrd* dans la défense des zones rurales ainsi que dans les opérations militaires extérieures, notamment en tant que troupes auxiliaires de l'armée hittite.

L'article de B. Gombert (Université Paris 1 Panthéon-Sorbonne, UMR 7041 ArScAN), « Recrutement et mobilisation en Babylonie du VIe au IVe siècle av. J.-C. » concerne les armées néo-babylonienne et perse. L'auteur s'est attaché à mettre en évidence les différentes composantes de la population mobilisées pour les campagnes militaires qui relèvent de quatre groupes sociaux : 1/ les oblats des temples (*širku*) dont une partie formait les contingents chargées d'assurer la sécurité des propriétés de ces institutions ; 2/ les élites urbaines qui étaient rassemblées par groupes professionnels en décurie (*ešertu*) ; 3/ les individus détenant une terre allouée par la couronne grevée d'un service militaire dont la nature est explicitée par la dénomination de leur tenure désignée comme : domaine d'arc / de char / de cheval ; 4/ les confédérations tribales (Puqūdu, Bīt-Dakkuri et Bīt-Amukāni) étaient également soumises à des obligations de service militaire mais aussi civil comme le montre l'inscription de l'Etemenanki qui commémore la restauration de la ziggourat de Babylone par Nabuchodonosor II. B. Gombert décrit ensuite le processus de mobilisation dans lequel intervient l'officier « recruteur » (*dēku*), qui semble avoir joué un rôle dans la transmission de l'ordre de mobilisation. Les décurions (*rab ešerti*) et les chefs de 50 (*rab hanšê*) avaient en charge de regrouper les hommes qui constituaient les unités sous leurs ordres. En conclusion B. Gombert indique que les modalités de recrutement permettent de définir l'armée néo-babylonienne comme composée : 1/ d'individus levés à titre exceptionnel pour une campagne spécifique ; 2/ d'autres qui sont levés régulièrement par la conscription pour une durée d'un an et qui en constituent le noyau permanent. Cette composante connaît cependant un processus de professionnalisation. Entre les débuts de la dynastie chaldéenne et la fin de la période perse, l'auteur souligne le recours de plus en plus fréquent au service compensé par le paiement d'une redevance : recrutement et fiscalité constituent d'ailleurs deux domaines qui se confondent. Ainsi, l'expression « soldat du roi » (*sab šarri*) renvoie aussi à la taxe finançant l'équipement de l'armée (*rikis qabli*) et le terme de « décurie » (*ešertu*) à l'unité fiscale composée de dix chefs de famille soumis à l'accomplissement du service militaire ou à son financement (*ilku*).

Armement

Dans son article, « Histoire des lances tripartites à soie au Proche-Orient (IVe-IIe mill. av. J.-C.) », G. Gernez (Université de Paris I Panthéon Sorbonne, UMR 7041 ArScAN) a traité de la diffusion et de la transformation de ce modèle d'arme caractérisé par la lame, la tige et la soie qui est insérée dans la hampe. L'étude typo-fonctionnel et technologique s'intéresse aux choix morphologiques adoptés pour chacune de ces parties et à leur combinaison. Le corpus étudié par l'auteur comprend 405 lances tripartites de la période du Chalcolithique à la fin de l'âge du bronze (3500/3400 à 1200 av. J.-C.) réparties dans un vaste ensemble géographique (Anatolie, Caucase, Iran occidental, Bactriane, Mésopotamie et Levant). Cinq types de lances tripartites ont été ainsi définis en fonction des caractéristiques morphologiques et de la répartition géographique et chronologique. Selon B. Gernez, la pérennité de la structure tripartite peut être en grande partie expliquée par des critères fonctionnels (solidité de l'emmanchement, efficacité de la pointe et des tranchants). D'autres facteurs entrent cependant en jeu comme sa représentation symbolique et l'accumulation de l'expérience et du savoir-faire des artisans. L'auteur mentionne également le fait que la lance tripartite est confrontée durant sa longue période d'utilisation à d'autres types de lances : pique, lances bipartite et à douille : c'est surtout cette dernière catégorie qui la remplacera au IIe mill. av. J.-C, de façon radicale en Mésopotamie et au Levant sud et de façon plus progressive en Anatolie et au Levant nord.

Dans son article, F. De Backer (Centre Aloïs Musil pour l'archéologie orientale, Université de Vienne) étudie « Les boucliers néo-assyriens à protomé de lion », une arme dont la décoration centrale représente la tête protubérante d'un lion, parfois entourée de dards. Ce type de boucliers aurait été introduit dans le nord de l'Anatolie par des groupes « comme les Sherden, les Peleset et autres Peuples de la Mer », qui avant d'arriver en Anatolie auraient transité par la Crète et Chypre. C'est lors de leurs campagnes contre le royaume d'Urartu au IXe siècle av. J.-C. que les rois néo-assyriens ont ramené des guerriers utilisant ces boucliers. Les rois assyriens avaient en effet pour habitude d'incorporer à leurs armées une partie des guerriers appartenant aux armées vaincues, et les troupes d'Assyrie ont été dotées de cet armement dès le règne d'Assurnasirpal II. Ce bouclier compensait le défaut d'armure des archers et des troupes légères et augmentait leur potentiel offensif. Le maniement de ces boucliers, qui pouvaient servir aussi de massues, n'était pas à la portée du premier venu et nécessitait un niveau d'entraînement élevé. La qualité du motif de l'arme et son degré de sophistication indiquaient la position hiérarchique de son propriétaire : les guerriers bien entraînés ne possédaient qu'un bouclier lisse, les cavaliers un bouclier à dards, les chefs de « Groupes de Combat à Usages Multiples » un bouclier à protomé de lion et les chefs de guerre un bouclier à dards et à protomé de lion. Si l'arme est souvent représentée dans les bas-reliefs assyriens, seuls quelques exemplaires en revanche ont été découverts lors de fouilles, alors que l'on en a retrouvé en plus grand nombre dans le monde égéen.

J. Llop (Freie Universität Berlin) dans son article « The weaponry of the middle Assyrian army according to the written sources » a entrepris une étude d'ensemble sur l'armement des forces assyriennes au XIIIe s. av. J.-C. durant les règnes des rois Adad-nārārī I (1295-1264 av. J.-C.), Shalmaneser I (1263-1234 av. J.-C.) et Tukultī-Ninurta I (1233-1197 av. J.-C.). Sous leur impulsion, l'Assyrie connaît une phase d'expansion considérable caractérisée par l'annexion de la Djézireh et la conquête des régions montagneuses voisines allant jusqu'à la brève prise de contrôle de la Babylonie par Tukultī-Ninurta I. L'auteur explique que l'étude de l'armement repose essentiellement sur les textes d'archives (lettres et surtout comptes de gestion, commandes de fabrication, etc.). Les récentes éditions de ce type de documentation provenant d'Assur et d'autres sites (Kār-Tukultī-Ninurta, Dūr-Katlimmu and Harbe) offrent donc une opportunité intéressante d'étudier les armes en usage, les panoplies ainsi que les modalités de leur production (procédés de fabrication, matériaux employés, nombre d'unités produites). Plus d'une vingtaine de noms d'armes sont ainsi présentés. L'auteur traite d'abord les armes défensives qui sont principalement représentées par le casque (*qurpisu*), le plus souvent en bronze, et le « bonnet » (*kubšu*) en feutre. Pour ce qui est de l'armure (*sariu*), elle était réalisée, comme c'était le cas d'après les textes de Nuzi, avec des lamelles de bronze cousues sur un tablier en cuir. Le « corroyeur de l'armure » (*aškāp sariāni*) était en charge de sa fabrication. Le cuir constituait également le matériau principal du bouclier *arittu*, comme le laisse entendre la désignation de l'artisan en charge de sa fabrication, l'*aškāp ariāte*. Des unités équipées de ce bouclier (*ṣābū ša arâte*) assuraient peut-être une couverture tactique comme c'est le cas durant la période néo-assyrienne. Pour le combat rapproché, on utilisait le « bâton » (*ḫaṭṭu* = GIŠ.PA). Le terme *patru* (GÍR) s'applique indifféremment aux couteaux, dagues et épées qui pour la plupart sont fabriqués en bronze et non en fer. J. Llop recense les différents types de hache comme le *haṣṣinu* le *pāšu*, le *kalāpu* et l'*ulmu* dont les usages civils ou militaires ne sont pas toujours connus. L'auteur fait remarquer que contrairement à ce que l'on aurait pu penser, les lances et les javelines sont très peu documentées et uniquement dans le contexte de chasse royale. Les occurrences de l'utilisation du *kakku* (GIŠ.TUKUL) le montrent comme attribut du souverain en contexte rituel notamment. Son identification reste incertaine, on hésite entre l'acception générique d'« arme » et celle de « masse d'armes ». Les arcs sont bien documentés à travers les commandes de fabrication et les inventaires. L'auteur relève l'absence d'indications directes de leur utilisation dans le combat mais note cependant que les arcs définis comme « de la main du roi » (*ša qāt šarri*) et ceux dits « du service » (*ša ilki*) ont pu équiper respectivement une unité d'élite et les troupes conscrites. La conclusion à laquelle parvient J. Llop au terme de cette étude est que la supériorité de l'armée médio-assyrienne s'explique par son organisation et les concepts tactiques mis en œuvre plutôt que par un avantage technologique car l'armement à sa disposition est en définitive commun aux armées des grandes puissances contemporaines que sont la Babylonie et le Mittani.

Fortifications urbaines et ingénierie de la construction

Dans son article « Les portes urbaines mésopotamiennes : dynamique militaire et utilitaire », L. Battini (CNRS UMR 5133 Archéorient), s'est intéressée à l'utilisation et à la perception de cet élément architectural en Mésopotamie sur la très longue durée, depuis les périodes proto-dynastiques jusqu'au premier millénaire. Outre leur usage militaire, ces éléments incontournables de la topographie et de l'organisation de la vie urbaine ont plusieurs autres fonctions. Deux types de portes coexistent pendant les trois millénaires de l'histoire mésopotamienne : les portes-passage, un passage surmonté de deux tours (la hauteur de ces dernières est variable et fonction de la largeur du passage), le système le plus simple, qui tend à être abandonné au Ier mill. av. J.-C., et les portes en tenailles, avec la présence de pièces. Les raisons du choix de l'un ou l'autre type ne sont pas toujours évidentes : si l'élément militaire est parfois pris en compte, le choix est cependant le plus souvent un choix d'opportunité. La fonction symbolique de ces portes, étudiée en détail dans l'article, est très importante : lieu de passage et ouvrage militaire avant tout, elles sont aussi un lieu de réunion et un espace public. Cette fonction symbolique se traduit par le nombre des portes dont est dotée la ville, nombre qui ne correspond pas toujours aux nécessités militaires ou à la taille de cette dernière. Ainsi les dix-huit portes de Ninive servent avant tout à afficher la puissance de la ville (et de son roi) mais la rendent très difficile à défendre. En tant qu'ouvrage militaire, les portes ont en effet un rôle dissuasif, mais constituent également le maillon faible de la défense d'une ville, parce qu'il y a rupture dans la cohésion de l'enceinte ; on les a donc renforcées par différents moyens architecturaux et magiques. Les portes sont aussi un espace public et ont un rôle actif dans la vie urbaine, ne serait-ce qu'en facilitant le passage des gens, des animaux et des marchandises. Elles assurent une fonction de place publique, favorisent les réunions ou encore les festivités, toutes ces activités prenant place à l'intérieur des chambres que comportaient les portes en tenailles. C'est le seul lieu vraiment accessible à tous. Les réalisations du roi s'y donnent à voir, tout comme les codes de lois et les stèles, sans parler des vaincus.

L'article de C. Proust (CNRS UMR 7219 Sphère), « Les bâtisseurs de remparts avaient-il besoin de mathématiques ? » analyse un choix de problèmes parmi ceux regroupés dans les trois seules tablettes mathématiques qui traitent d'ouvrages militaires. Hormis leur nombre restreint – il existe plusieurs centaines de tablettes mathématiques pour cette période – ces trois documents présentent également la particularité de disposer d'un colophon, ce qui est rare pour ce genre de textes. Autre particularité, l'indication dans le colophon du nombre de *kibsu*, terme qui signifie au propre le « pas », la « trace » et que C. Proust traduit par « procédure ». L'une des questions qui se posent est de savoir si l'on a affaire à des problèmes issus de l'imagination mathématique ou s'il faut considérer que l'on est en présence de véritables problèmes d'ingénierie militaire. L'auteur a choisi, pour répondre à cette question, de présenter quelques-unes des études rassemblées dans la tablette BM 85194 (# 1 : calcul approché d'un volume d'une rampe ; # 4 agrandissement d'une ville circulaire ; # 17 : calcul du volume d'une muraille ; # 25 : calcul des dimensions d'une rampe pour « prendre la ville de Marduk ») et la tablette BM 85210 (# 1 : même problème que le précédent à partir de données différentes). En fait, le problème mathématique # 1 de la tablette BM 85194 apparaît comme le seul ayant un caractère réaliste. Les autres cas par contre ne peuvent être considérés comme présentant un intérêt pratique pour l'ingénieur chargé des constructions. On a plutôt affaire selon C. Proust à des problèmes artificiels dont la réalisation fait appel à des notions mathématiques très sophistiquées. En tenant compte du fait que les tablettes relatives aux ouvrages militaires sont des compilations tardives regroupant des études d'une époque plus ancienne (tel que le problème figurant sur la tablette Böhl 1821), C. Proust considère qu'au départ il s'agissait de véritables problèmes d'ingénierie militaire. Intégrés au cursus de formation des scribes mathématiciens, ces problèmes auraient été ensuite reconfigurés en objets mathématiques puis compilés en compendiums.

Dispositions rituelles

A. Mouton (CNRS UMR 8167 Orient et Méditerranée et Institut Catholique de Paris) a traité des « Rituels hittites à exécuter avant ou après le combat ». Le corpus étudié a donc été choisi en fonction du lien direct avec le combat, celui-ci étant évoqué à travers une série de mots-clefs « campagne militaire » (*lahha-*), « bataille » (*zahhai-*), « armée », « troupe » (KARAŠ ou $ERIN_2$) qui ont fait l'objet d'une recherche approfondie dans le fichier de l'Académie des Sciences de Mayence. Les rituels traités dans cet article sont pour certains de nature préventive afin d'assurer la protection du soldat. D'autres interviennent pendant le combat afin de garantir la victoire. Il en existe aussi qui sont postérieurs à la bataille et dans ce cas, leur objectif est de purifier le combattant du contact qu'il a eu avec la mort et le cas échéant de la défaite. De la première catégorie, A. Mouton a présenté notamment le rituel en langue hourrite de la guérisseuses Āzzari qui opère par onction d'huile fine sur « le chef de l'armée ensemble avec ses chevaux, son char et tout son attirail de combat (...) » (KBo 31.8+ i 8-14). Dans le rituel CTH 422, le mode opératoire consiste principalement à réciter des prières à la frontière du pays ennemi avant de l'envahir. Certains de ces rituels sont connus par un texte qui en consigne le déroulement mais parfois notre information se limite à un intitulé enregistré dans une tablette catalogue comme par exemple cette indication dans KUB 30.51(+) iv 7'-8' : « Quatre tablettes (du rituel) "Si les troupes partent du pays pour combattre et vont se battre dans un pays ennemi" ». Parmi les rituels qui sont exécutés pendant le combat pour renforcer le courage des soldats, on retrouve l'intervention de la guérisseuse Āzzari probablement dans le rituel décrit sur la tablette KUB 7.58 et dans une tablette catalogue (KUB 30.51++ iv 17'-18' : « Deux tablettes. Paroles d'Āzzari, guérisseuse hourrite. Si l'ennemi d'un [*chef d'armée* ?] est trop fort, c'(est) [son rituel] ». A. Mouton indique que les rituels qui sont pratiqués après le combat interviennent dans différents contextes. CTH 423 est un rituel qui consiste à maudire le territoire conquis et à le consacrer en tant que propriété exclusive du dieu de l'orage. Le rituel pour contrecarrer la défaite est un rituel sanglant (KUB 17.28 iv 45-56) : « Un homme, un bouc, un chiot et un porcelet » sont découpés par le milieu, chacune des deux parties étant disposée de part et d'autre du fleuve où l'on conduit l'armée pour la purifier par des aspersions d'eau. L'auteur termine sa présentation par la « fête de la hâte » (*nuntarriyašha-*) qui est un rituel de célébration de la victoire.

Excursus romain

C. Wolff (Université d'Avignon et des Pays de Vaucluse, UMR 5189 HiSoMA) étudie également la question de la conscription dans son article « De quelques particularités concernant l'armée romaine », pour souligner la singularité de l'armée romaine et son évolution. Elle a d'abord été composée de citoyens romains auxquels sont venus s'ajouter, au fur et à mesure des conquêtes de Rome, des alliés et des peuples de nom latin avec la conquête de l'Italie et des soldats fournis par les peuples soumis ou alliés avec les autres conquêtes. Elle ne comportait pas de mercenaires. À l'époque républicaine, elle n'était ni professionnelle ni permanente : en principe, tout citoyen romain entre 17 et 60 ans pouvait être soldat, et il était enrôlé pour la durée d'une campagne (ou d'une partie d'une campagne quand elle se prolongeait). Dans les faits, l'armée républicaine était une armée censitaire et seuls les plus riches (le cens minimum a cependant été plusieurs fois abaissé) étaient jugés dignes de participer à la guerre. Le magistrat chargé de l'enrôlement, au début d'une campagne, choisissait (c'est le sens du mot *dilectus*, qui désigne la levée) parmi les citoyens mobilisables ceux qui participeraient à la campagne. Le processus était long, il suscitait parfois des réactions hostiles, mais il ne fut jamais supprimé. C'est avec Auguste, en 13 av. J.-C., que l'armée devint professionnelle et permanente. Il s'agit d'un changement majeur, mais il faut souligner que la conscription ne disparut pas. De même, les recrues enrôlées tous les ans pour pallier les départs en retraite ou les morts étaient soigneusement choisies et devaient subir une période d'essai avant d'être définitivement enrôlées. Cette armée fut alors organisée en trois corps principaux : la garnison de Rome, qui constituait l'élite, l'armée stationnée dans les provinces (légions, formées de citoyens romains, et troupes auxiliaires, formées de pérégrins) et la marine. Auguste a ainsi créé un instrument particulièrement efficace et tout à son service.

*
* *

L'adresse de Naram-Sîn aux rois futurs « Ceins tes armes ! » (*kakkēka rukusma*) résumerait bien les situations de guerre décrites ici[1]. Ce serait toutefois ignorer le reste du message qui exhorte ceux qui gouverneront à ne pas répondre à la violence par la violence : savoir s'en protéger en étant armé, à l'abri des villes fortifiées et en gardant son sang-froid puis la vaincre en répondant « Je suis là ! » et en rendant le bien pour le mal. Tel est le message du roi d'Akkad face à la barbarie des hordes d'Ummān-manda.

Philippe Abrahami et Catherine Wolff
Lyon, le 26 mars 2015

1. Le passage est tiré de la légende cuthéenne de Naram-Sîn (v. 164), cf. J. G. Westenholz, *Legends of the King of Akkade. The Texts* (MC 7), 1997, Eisenbrauns, Winona Lake, Indiana, p. 328-329 et n. 164.

Marco Bonechi

Strife in Early Bronze Syria. Lexical, prosopographical, and historical notes on the Ebla texts*

It is certain that the cuneiform texts found at Tell Mardikh (Syria), ancient Ebla, offer many information on warfare and related topics. Relevant data can be found in administrative and chancery texts as well as in literary compositions and lexical lists. Actually, we dispose of direct information in textual passages of various degrees of complexity and in lexical equivalences, and also of indirect information embedded in personal names.[1] The importance of these information is evident if one considers when the texts were written, in the 24th century BC according to the current opinion, and where, in north-western Syria, a region so far without complementary documentation.

Several recent works - textual editions and thematic studies in which unpublished texts have been quoted - by scholars who have had direct access to the Ebla cuneiform texts[2] have contributed to a better knowledge of the Ebla *militaria*. However, due to the present state of publication of the Ebla written sources, and since continously new passages from unpublished texts are quoted, any synthesis of this topic is clearly premature. Only preliminary overviews are possible, at least to me. The modest aim of the present article is to analyze the available Ebla attestations of two kinds of military personnels, the àga-ús, "(a high-ranking military leader)",[3] and the zag-ús, "elite troop(s)".[4]

* This study is part of the project "The Prosopography of Ebla" (http://www.unifi.it/ebla/mdswitch.html). I thank Amalia Catagnoti, who read the manuscript giving useful insights, Pelio Fronzaroli for discussing with me specific topics, and Ryan Winters for his editorial assistance.

1. The PNs are disregarded here. For a first approach, Bonechi 1997; Catagnoti 2010, p. 468f.
2. Among the textual editions, Archi 2008, 2010a; Catagnoti, Fronzaroli 2010; Fronzaroli 2003; Pomponio 2008, 2013. Among the thematic studies, Archi 2013, 2014a, 2014b, 2015; Archi, Biga 2003; Biga 2003a, 2003b, 2008, 2010, 2015; Catagnoti 2012; Milano 1999, 2014.
3. On the meaning of àga-ús at Ebla: Pettinato 1980, p. 304, "gendarme"; Edzard 1981, p. 118, "Personenbezeichnung und mit Akk. *rēdûm* zu vergleichen?"; Archi, Biga 1982, p. 338, "gendarme"; Biga, Milano 1984, p. 285, "soldato"; Mander 1990, p. 5, "policeman"; Milano 1990a, p. 377, "gendarme (la traduz. è convenzionale)"; Krebernik 1992, p. 103, "attendant, soldier (*rēdû*)"; D'Agostino 1996, p. 55, "poliziotto"; Pettinato, D'Agostino 1996, p. 3, "soldato, guardia"; Waetzoldt 2001, p. 165, "Gendarme"; Archi 2002a, p. 25, "guard"; Lahlouh, Catagnoti 2006, p. 513, "attendente, soldato"; Lafont 2008, p. 32, "soldat de métier", 2009, p. 9, "professional soldier"; Archi 2010a, p. 27, "this term, rarely attested at Ebla, has to mean something like 'gendarme, soldier'"; Catagnoti, Fronzaroli 2010, p. 212, "soldato di mestiere"; Pomponio 2013, p. 406, "gendarme"; Steinkeller 2013a, p. 149, n. 72, "soldier".
4. On the meaning of zag-ús at Ebla: Edzard 1981, p. 144, "wohl eine Personengruppe"; Fronzaroli 1984, p. 122, "chosen people"; Pomponio 1984, p. 99, "watcher", 1988, p. 320, n. 19; Archi 1985, p. 308, "un

1. General overview

According to recent studies on Ebla warfare mainly based on administrative texts, the terms which directly or indirectly refer to military personnel are:[5]

	Biga 2008	Archi 2010a
àga-ús		"gendarme, soldier"
guruš	"travailleur, soldat"	"man, adult worker"
ká		"a group of workers under an overseer"
LÚxTIL:tuš	"occupant (d'une ville)"	"(official acting as) occupier"
na-se$_{11}$		"people"

According to their editors, in the 'chancery texts' published in *ARET* XIII and *ARET* XVI the following terms can be found in warlike contexts:

	Fronzaroli 2003	Catagnoti, Fronzaroli 2010
àga-ús		"soldato di mestiere"
é-duru$_5$	"squadra (di venti uomini)"	
guruš	"uomo"	
igi-sig		"guardiano" = **nṣb*
ká		"porta; Porta (unità amministrativa)"
kam$_4$*-mu*		"*famiglia* (dei seminomadi)"
KÍD.SAG[6]	"addetto alla porta" = **ṯġr*	
maš-bí-tum	"esercito (**ṣbʾ*)"	
na-se$_{11}$	"persona, gente"	
nu-bànda	"caposquadra; luogotenente"	
sa-gáz	"seminomade"	"seminomade"
tí-ni-da-am$_6$		"truppe in sostituzione (**ʿny*)"
TUŠ.LÚxTIL		"*funzionario installato in un territorio occupato*" = **ʾḫḏ*
ù-ma-nu		"schiera (*ʿummān-u*(*m*))"
zag-ús		"truppe scelte" = **bḥr*

gruppo di persone"; Conti 1990, p. 182, "truppa scelta"; Milano 1990a, p. 409, "una categoria di persone: 'guardia'?", 1995, p. 127 n. 36, "guardia"; Lahlouh, Catagnoti 2006, p. 595, "truppe scelte"; Catagnoti, Fronzaroli 2010, p. 36f., 283, "truppe scelte, personale scelto"; Schrakamp 2010, p. 279 (quoting Pomponio 1984).

5. Biga 2008; Archi 2010a. On LÚxÉŠ, "prisoner", Catagnoti 2012.
6. Bonechi 2012.

I will focus now on the attestations of àga-ús and zag-ús in 72 passages of the Ebla texts. The passages with àga-ús I know in lexical lists and literary, administrative and chancery texts are 42 ([**1-41**]), those with zag-ús in the same sources – but the literary texts – are 30 ([**42-71**]). Firstly, I will organize these attestations according to formal criteria, mainly of typological, prosopographical and syntactical order (§§ 2-4); an appended *Excursus* will offer some historical congectures. Then, I will summarize the resulting picture (§ 5), lastly trying to harmonize this specific lexical inquiry with a possible general reconstruction of the organization of the Ebla army (§ 6).

2. *Ebla* àga-ús, "(a high-ranking military leader)"

In the *Early Dynastic Practical Vocabulary D* this term occurs in the following microcontext:

[1] 75.1521 = *MEE* 3 44[7] obv. IV:9-11
lú-na-me / àga-ús / é-gal

In the Sumerian source of the éš-bar-kin$_5$ lists 75.2422+ = *MEE* 4 115[8] = *MEE* 15 1[9] rev. V:4-10 the section GÍN runs as follows:

[2] GÍN:DILMUN / àga-ús / àga-kár$^!$(ŠÈ) / gig$_4$-gal[10] / <gig$_4$-tur> / gig$_4^{uruda}$ / gig$_4$-bar / GÍN-IR

The corresponding section *VE* 754-761[11] of the manuscripts of the bilingual list is:

[3] 75.2000+ = *MEE* 4 4-6[12] rev. VIII:34-IX:1: GÍN:DILMUN / àga-ús / àga-kár$^!$(ŠÈ) / gig$_4$-gal / <gig$_4$-tur> / gig$_4^{uruda}$ / *ba-šum* / gig$_4$-bar / *ma-ḫu-zu-um* / [GÍN-IR] / [(?)]

[4] 75.2001+ = *MEE* 4 9-11[13] rev. I:1-9: GÍN:DILMUN / àga-ús / àga-kár$^!$(ŠÈ) / gig$_4$-gal / gig$_4$-tur / gig$_4^{uruda}$ / *ba-šum* / gig$_4$-bar / *ma-ba-ra-zu-um* / GÍN-IR

[5] 75.1825+ = *MEE* 4 47-48[14] rev. I:12'-II:2': GÍN:DILMUN / àga-ús / àga-k[ár$^!$(ŠÈ)] / [gig$_4$-gal] / [gig$_4$-tur (?)] / [gig$_4^{uruda}$] / [...] / [gig$_4$-bar] / *ma-ḫu-zú* / GÍN.IR / *ma-gu*

In the fragmentary Sumerian lexical list 75.5311 = *MEE* 15 48[15] rev.$^?$ I'$^?$:3'-4' the following sequence occurs:

[6] àga-ús / àga-kár$^!$(ŠÈ)

7. Pettinato 1981, p. 135-143; Civil 2008, p. 3.
8. Pettinato 1982, p. 118-130.
9. Picchioni 1997, p. 3-29.
10. On the reading gín = gíĝ$_4$ of ÀGA when it means "axe" see e.g. Schrakamp 2010, p. 122 (following Walther Sallaberger), 2013a, p. 226; Gianni Marchesi in Marchesi, Marchetti 2011, p. 103 n. 53.
11. Synopsis in Pettinato 1982, p. 284f.
12. Pettinato 1982, p. 8-22 (so-called 'source A').
13. *Ibid.*, p. 24-36 (so-called 'source B').
14. *Ibid.*, p. 69-73 (fifth tablet of the so-called 'source D').
15. Picchioni 1997, p. 126f.

Àga-ús also occurs in a passage dealing with trade of the *Archaic Hymn to Šamaš of Sippar*, an extraordinary literary text attested at Abu Salabikh and Ebla:[16]

[7a-b] àga-ús / [kur-ku]r al_6-gál gaʾeš-gaʾeš in-na-sum gaʾeš / kur-kur za-gìn *ù* kù-babbar mu-DU / giš-$kiri_6$ ^giš^eren ì-gub giš-sikil / ^giš^taskarin ^giš^šu-me giš-ùri (75.2421 = *ARET* V 6 obv. III 2-6)
àga-ús kur-kur ki-gar / gaʾeš / mu-na-sum / gaʾeš / kur za-gìn *ù* kù-babbar / ì-DU / tir eren / mu-DU-DU / giš taskarin šu-me / giš-ùri (*IAS* 326+342 obv. II 8-17)

In the administrative Ebla texts I know 32 passages with àga-ús (**[8-39]**), attested in 24 texts.

In the oldest documents – those written before the reign of the last king, *$Iš_{11}$-ar-da-mu* – àga-ús occurs in six passages (**[8-13]**), in accounts of cattle (**[8-9]**) and of garments (**[10-13]**):

[8-9] 75.2349 = Archi 1984a, p. 58-61 = *MEE* 12 33: monthly account of cattle (gud, áb, amar), 2nd month (iti *Ig-za*)
[8] ⌜4⌝ [g]ud-gud UD-KEŠDA / *Ti-ir* / 5 gud-gud àga-ús / *Ti-ir* (obv. III:2-5)[17]
[9] 18 gud-gud UD-KEŠDA / 17 gud áb 5 mu 4 mu 3 mu 2 mu / 4 gud-gud [à]ga-ús // [PN] (obv. III:6-IV:1)[18]

[10] 75.1370 = *MEE* 2 44: "income (mu-DU)" of garments
2 *mi-at* 40-8 TÚG-NI.NI / 20 $zara_6$ ^túg^ *Kab-lu_5-ul*^ki^ / 6 aktum^túg^ *Kab-lu_5-ul*^ki^ // 1 níg-lá-gaba / 8 aktum^túg^ *Ma-rí*^ki^ / 5 $zara_6$ ^túg^ *Ma-rí*^ki^ / 50 sal^túg^ / 20 *gu-zi-tum*^túg^ / 1 *mi-at* 10 íb-iii^túg^ gùn // 10 íb-iii ^túg^ sa_6 gùn / 20 íb-iii^túg^ sa_6 gùn àga-ús / mu-DU / *Ti-*⌜*ir*⌝ (obv. IV:4-VI:4)[19]

16. Krebernik 1992, p. 67, 74, 82, "He raised 'soldiers of the foreign lands', to the merchants he gave goods. The foreign lands yelded lapislazuli and silver, the cedar forest yielded (pure) wood, boxwood and cypress, exquisite emblems(?)"; Steinkeller 2013a, p. 149 and n. 72, "he (i.e., Šamaš) established soldiers in the foreign lands; he gave (those lands) to the traveling merchants; the traveling merchants brought lapis lazuli and silver from the foreign lands; they brought cedar from the (cedar) forest; one decorated the spires of the temples with standards (urin) of box-wood, cedar, and cypress"; also Civil, Rubio 1999, p. 256 n. 9. In my opinion, one of the most meaningful features of this passage is the sequence àga-ús – gaʾeš. I take it at its face value and interprete it as a sign of a ideological discourse according to which 'once established the soldiers in the peripheries, it was because of this that all the traders can bring valuable goods here, in the center'. The text reflects the perspective of the Ebabbar of Sippar, and thus of his divine lord, the Sun-God, protector of the merchants (Nakata 1970-1971). Importantly, it precedes Sargon of Akkad (and *Ib*-LUL-*il* of Mari). So, I do not think that it pictures what Sargon made in the Mesopotamian peripheries, for the first time at a so large scale. This means that I do not think that the mentioned soldiers and traders are a priori 'our', i.e. Mesopotamian, soldiers and traders, in an imperial regime. Rather, it seems to me that the text says that – thanks to the enlightening power of Šamaš – the kings of the peripheries became so right and strong to be able to put order in their countries, establishing civilization in them by means of a political control exerced through soldiers who guaranteed security, and, as a consequence, the traders of these countries as well as 'our' traders were finally in the condition to exerce trade in a safe way, increasing 'our' welfare as well as the welfare of the peripheries.
17. Waeztoldt 2001, p. 251: "4 Zugochsen (von) Tir, 5 Ochsen der Gendarme (von) Tir".
18. *Ibid.*: "18 Zugochsen 17 Ochsen (und) Kühe von 5, 4, 3, (und) 2 Jahren 4 Ochsen der Gendarme (von) [ ]".
19. Pettinato 1980, p. 303f.: "...20 gonne ottime e variopinte da gendarmi entrata del funzionario-Tir", "l'aggiunta aga_x-uš 'gendarme' sta a significare la speciale tipologia della 'gonna ottima e variopinta' propria dei gendarmi".

[11] 75.3501 = *ARET* III 437: small fragment of an "income (mu-DU)" of garments[20]
[...] / 17 íb-3^{túg} gùn àga-ús / 15 íb-3^{túg} sa$_6$ gùn / mu-DU / [...] (III:2'-4')

[12] 75.1920 = *ARET* XV 42: monthly account of garments, 6th month (^{iti}*I-rí-sa*)
1 gu-dùl^{túg} 1 íb-3$^{\text{<túg>}}$ gùn / *Gú-ra-ra-ab*^{ki} / àga-ús / *Ar-ru*$_{12}$-LUM (rev. IX:1-4);[21]

[13] 75.2457 = *ARET* XV 2: monthly account of garments, 2nd month (^{iti}*Ig-za*)
1 TÚG-NI.NI 1 *gu-zi*^{túg} / 1 íb-KAK sa$_6$ / *Šu*-NI-*ti* ábba / 1 TÚG-NI.NI 1 íb-KAK gùn / àga-ús / *Kas*$_4$*-ni-ig-du*$^{⸢\text{ki}⸣}$ (obv. VIII:4-9)[22]

As for *Iš*$_{11}$*-ar-da-mu*'s reign ([**14-39**]), in the administrative texts the 26 passages with àga-ús occur in accounts of (objects in) precious metals ([**14-18**]), of weapons ([**19-20**]), of garments ([**21-27bis**]), of personnel ([**28**]), and of foodstuffs and (perfumed) oil ([**29-39**], from L.2712).

[14] 75.1746 = *MEE* 7 38: "income (mu-DU)" of silver, dated in rev. IX:6-8 to 2 mu / ug$_7$ / en (*Ib-rí-um* is still alive, the en should be *Ìr-kab-da-mu*) (blank) / *Iš-má-*⸢x⸣-[x] / ⸢*Du*⸣*-bí* / *Zi-ba-da* / *Puzur*$_4$*-ra-ḫa-al*$_6$ / Šubur / <kù:babbar> nu mu-DU / *Ib-dur-i-šar* / di-kud / kù:babbar / nu mu-DU // 10 ma-na kù:babbar / lú ugula-ugula / in-na-sum / nu àga-ús / in DIŠ mu (rev. VII:6-VIII:5)[23]

[15] 75.1782 = *ARET* II 5 = *MEE* 10 1: account of silver covering a period of 39 complete months (from the 2nd month a year *1 to the 4th month of a year *4, obv. I:1-VII:16) plus a further period without indications (obv. VII:17 - rev. V:5); the total in rev. VIII:1ff. records 31 ma-na 14 (shekels) 3 NI ⸢kù:babbar⸣ / lú / ⸢*áš-du*⸣*-ma* / ì-ti / [...] (/ [...])
50 kù:babbar / níg-sa$_{10}$ / 25 udu-nita / àga-ús / *in* / *ʾÀ-da-ni-du*^{ki} // 1 ma-na šušana$_x$(ŠÚ+ŠA)(=20) kù:babbar TIL / kù:babbar$^!$ / *in* / *Zi-na-tum*$^{\text{<ki>}}$ / 2 kù:babbar / níg-sa$_{10}$ / 1 udu / *in* / *Bí-ti-ga*^{ki} / *I-ti-*^{d}NI*-lam* / šu-ba$_4$-ti (rev. III:15-IV:11)[24]

[16] 75.5812 = *ARET* XII 1224: fragment of account of silver
[...] / 10 ⸢GÍN⸣.DILMUN kù:babbar / 2 *Ma-rí*^{ki} / àga-ús / nar-nar (rev. I': 1'-4')

[17] 75.1231 = unp.:[25] account of objects in precious metals (see *MEE* 1, p. 37) (bracelets and plates of gold) *al*$_6$ *na-se*$_{11}$*-na-se*$_{11}$ lú àga-ús (rev. VI:1-3)[26]

[18] 75.2301 = unp.:[27] account of objects of precious metals
(bracelets of gold) lú àga-ús guruš-guruš (rev. III:1)

20. This fragment mentions *Du-bí-šum* and *I-ti-*^{d}*Ga-mi-iš*, most probably two early lugal.
21. Pomponio 2013, p. 31: "Tessili (1; 1) per l'uomo di NL, il gendarme di NP".
22. Pomponio 2008, p. 10: "Tessili (1: 1) per NP, l'anziano. Tessili (1; 1) per il gendarme di NL".
23. D'Agostino 1996, p. 206f.: "Išma-..., Tūbī, Zibada, Puzura-Hal, l'araldo, <(riguardo all'argento)$^?$> hanno un apporto mancante; Ipṭur-Išar, il giudice (riguardo) all'argento ha un apporto mancante; 10 mine (e) 30 (sicli) d'argento ai ... date, non (per funzioni di) polizia, nel I anno".
24. Mander 1990, p. 5: "50 silver shekels price (of) 25 rams (from) the policeman in 'Atanitu; 1 silver mana and 20 shekels (of) useless silver (?), silver (that is) in a corroded$^?$ (state); 2 silver shekels price (of) 1 sheep in (the city of) NEtiga (for) Iti-'Ilam received".
25. Quoted in Archi 2010a, p. 27.
26. *Ibid.*: "to the account of the men who are àga-ús".
27. Quoted in *ibid.*

[19-20] 75.1642 = *MEE* 7 13: account (kas$_7$) of weapons (^{giš}gu, šu-gur, ^{giš}gu-kak-gíd-šub, níg-sagšu, *mar-da-ma-núm*) of the é am, 6th month (^{iti}*I-rí-sa*), dated in rev. V:4-9 to DIŠ mu / *Ib-la*^{ki} / *ma*-NI-LUM / al$_6$-tuš / [*i*]*n* / *Za-bù-lum*^{ki}[28]

[19] 6 *mi-at* // 50 ^{giš}gu zabar / taka$_4$-taka$_4$ / níg-kas$_4$ / *al*$_6$ / SA-ZA$_x$(LAK-384)-KI / lú *En-na*-NI // lú é am / àga-ús (obv. II:7-III:8)[29]

[20] 8 *mi-at* 40-3 ^{giš}gu zabar // taka$_4$-taka$_4$ / *al*$_6$ / ugula-ugula ká-ká / *Puzur*$_4$-*ra*-NI / *Puzur*$_4$-*ra-ḫa-al*$_6$ / *Íl-e-i-šar* / àga-ús / *al*$_6$ / ugula ká / 3 *mi-at* 40 lá-3 // ^{giš}gu zabar / 4 *mi-at* 30-2 ^{giš}gu uruda / *al*$_6$ / *A-ḫu-na-se*$_{11}$ / 1 *mi-at* 10 ^{giš}gu zabar / *al*$_6$ / *En-na*-NI (obv. III:9-V:7)[30]

[21-22] 75.1886+10016 = *ARET* IV 23 + *ARET* I 2:[31] monthly account of garments, 12th month (^{iti}PÈŠxÉŠ-GUDU$_4$)

[21] 1 *ʾà-da-um*^{túg} 1 aktum^{túg} 1 íb-4^{túg} sa$_6$ gùn / *I-bí-šum* / níg-mul-an // *Ir-ti* / àga-ús / *in* / *Ù-ra-mu*^{ki} (obv. IX:15-X:4)[32]

[22] 1 sal^{túg} 1 íb-3^{túg} gùn / *Àr-ra-ma-lik* / lú *Ib-da-u*$_9$ / níg-mul-an / *Bù-ga-núm* / àga-ús / *in* / *Ar-u*$_9$-*gú*^{ki} (obv. X:9-16)[33]

[23] 75.4290 = *ARET* XII 149: fragment of monthly account of garments [...] / [PN] / àga-ús / *in* / *Am*$_6$-*ma-šu*^{ki} / šu-ba$_4$-ti (obv. III':1'-4')

[24-25] 75.1781 = *MEE* 7 50: monthly account of garments, 12th month (^{iti}PÈŠxÉŠ*tenû*-GUDU$_4$)

[24] 2 íb-3^{túg} gùn / *Ib-dur-i-šar* / lú *I-in-zé* / *I-bí-šum* / lú *Ìr-am*$_6$-*ma-lik* / níg-mul-an / *Ir-ti* / *in* / *Za-ra-mi-du*^{ki} / àga-ús (obv. XI:12-XIII:3)[34]

[25] 1 íb-3$^{?túg}$ gùn / *Ir-ì-ba* / lú *Ìr-am*$_6$-*ma-lik* / SA-ZA$_x$(LAK-384)-KI / níg-mul-an / *Il-ti* / *in* / *Ba-nu*^{ki} / àga-ús (obv. XIV:1-9)[35]

[26] 75.1273 = *ARET* IV 5: monthly account of garments, 12th month (^{iti}PÈŠx-ÉŠ*tenû*-GUDU$_4$)

6 kin siki / ^{giš}ÉxGÍGIR-^{giš}ÉxGÍGIR àga-ús / BAD-SÙ-ditan$_x$(ELLes-160) / šu-ba$_4$-ti (rev. V:1-4)[36]

28. *Ibid.*, p. 23.
29. D'Agostino 1996, p. 53: "600 (+)50 (punte di) lancia di bronzo (che sono) i resti del (la provvigione per il) viaggio commerciale (che era) a carico del 'Palazzo' per Enna-NI dell'E.AM, il poliziotto"; Archi 2010a, p. 23: "rest of the military expedition debited to the account of the palace, of Enna-i(l) of the é-am, the gendarme".
30. D'Agostino 1996, p. 53: "843 (punte di) lancia di bronzo (per i poliziotti?) a carico dei sorveglianti alle porte: Puzura-NI, Puzura-Hal, Il'e-Išar (sono) i poliziotti a carico del sorvegliante alle porte; 337 (punte di) lancia di bronzo, 432 (punte di) lancia di rame a carico di Ahu-NA.SI; 110 (punte di) lancia di bronzo a carico di Enna-NI"; Archi 2010a, p. 23: "rest debited to the account of the overseers of the districts, (to) PN$_1$–PN$_3$, the gendarmes, to the account of the overseer(s) of the district(s)".
31. Bonechi 1996.
32. Biga, Milano 1984, p. 212: "Tessuti (1; 1; 1) per NP (come) 'appannaggio delle divinità' di NP$_2$, 'gendarmi' in NG".
33. *Ibid.*: "Tessuti (1; 1) per NP, dipendente di NP$_2$, (come) 'appannaggio delle divinità' di NP$_3$, 'gendarme' in NG".
34. D'Agostino 1996, p. 291: "2 cinture multicolori (per) Ipṭur-išar, l'uomo di I'in-Ze, (e) Ibbi-Šum, l'uomo di Ir'an-Malik, (come) appannaggio delle divinità di Irti (che) nella (città di) Zaramitu (è) poliziotto".
35. *Ibid.*, p. 292: "1 cintura multicolore (per) Ir'iba, l'uomo di Ir'an-Malik del 'Palazzo', (come) 'appannaggio delle divinità' di Ilti, (che) nella (città di) Banu (è) poliziotto".
36. Biga, Milano 1984, p. 51: "6 misure-x$_1$ di lana per i ... dei soldati, NP ha ricevuto".

[27] 75.2245 = unp.:[37] account of garments
(1+1+1 garments) *Du-bù-ḫu-*$^{d)}$*À-da in* ud àga-ús *in* šu-mu-nígin ^{d}NI-*da-bal Lu-ba-an*^{ki} en níg-dug-DU (obv. VII)

[27bis] 75.1776 or 75.1777 = unp.:[38] account of garments
... *Ir-ti* ... *in Zàr-ra-mi-du*^{ki} ŠEŠ.2.IB àga-ús ...

[28] 75.2013 = *MEE* 10 39: account of male personnel (é-duru$_{5}$^{ki}, *na-se*$_{11}$) from various Western Syrian places
AN.ŠÈ.GÚ 2 *mi-at* 40 *na-se*$_{11}$ / lú àga-ús // AN.ŠÈ.GÚ 1 *li-im* 50 *na-se*$_{11}$-*na-se*$_{11}$ / šu-du$_{8}$ / al$_{6}^{!}$-tuš$^{!}$(TÚG) / (*A-*)*la-ga*^{ki} (rev. IV:5-V:4)[39]

[29-30] 75.527 = *ARET* IX 16: account of barley (še, obv. I:1-II:6) and bread (ninda, obv. II:7 - rev. IV:3')
[29] 1 ninda ugula sur$_{x}$(BÌR) kúnga / 2 ninda / *Ar-ḫa-du*^{ki} / 1 ninda / *Ar-mi*^{ki} / ninda àga-ús / (blank) (rev. I:1-8)
[30] 1 ninda / ugula kúnga / ninda àga-ús // (blank) (rev. III:9-IV:1)

[31] 75.219 = *ARET* IX 97: short account of foodstuff
5 pisan bappir / 1 *gú-bar za-la-tum* / 1 *gú-bar* še-zíd-gu // 3 *gú-bar* ninda-bappir / 1 še *ba-rí-zu* munu$_{4}$ / 2 *gú-bù* // ì-giš dùg / *I-ti-*^{d}NI-*lam* / àga-ús // *I-bí-zi-kir* / (blank) (obv. I:1 - rev. II:2)[40]

[32] 75.243 = unp.:[41] account of foodstuffs
3 é-duru$_{5}$^{ki} / 2-1/2 sìla GIŠGAL-títab / àga-ús / *Dag-ba-al*$_{6}$^{ki} (obv. I:1-14)

[33-39] 75.519 = ARET IX 103: account of various foodstuffs and perfumed oil[42]
[33] 1 *mi-at g*[*ú*]*-bù* ì-giš / lú ^{giš}šim / 1 *gú-bù* ì-giš / lú ^{giš}ád / 50 *gú-bù* ì-giš // *ne-mi-lum* / ⌜NI⌝-*ba*-NI / àga-ús / 10 *gú-bar za-la-tum* / *Ìr-am*$_{6}$*-da-ar* / 10 *gú-bar za-la-tum* / *R*[*u*$_{12}$]*-zi*-LUM / 20 *gú-bar za* // *Ib-ḫur*-NI / NI-*ba*-NI / dumu-nita / *Ìr-ì-ba* / àga-ús / ká *Iš*$_{11}$*-ru*$_{12}$*-ut* (obv. I:1-III:6)
[34] 30 lá-3 *gú-bar za-la-tum* / *En-na*-NI / *Mi-ga*-NI // 10 ninda-bappir / *Gú-si*$^{?}$*-zi* / *En-na*-BAD / àga-ús / ká *Ba-za-a* (obv. III:7-IV:5)
[35] 10 *gú-bar za-la* / NI-LUM / 10 *gú-bar za* // *Dam-da*-NI / 10 *gú-bar za* / [...]-⌜x⌝ / [... *g*]ú-bar [*za*] / [...] / 3 *gú-bar za* / 5 *gú-bar* munu$_{4}$ // 25 ninda-bappir / EN-*da-za* / ká *En-*⌜*na*-NI*⌝ / *Ne-z*[*i*]*-ma-a-ḫu* / [à]ga-ús (obv. IV:6 - rev. II:5)
[36] [x] *gú-bar* [*z*]*a* / [*I*$^{?}$]*-ti*-NI / 10 *gú-bar za* // *Zu-*⌜*du*⌝ / 10 ninda-bappir / ká / *Ḫu-za-an*^{ki} / 10 *gú-bar za* / NI-*ba*-NI / 10 *gú-bar za* / *A-na-za-mu* / 10 *gú-bar* <*za*> / *Ib-dur-*⌜NI⌝ // 33 *zi-lum* še-zíd-⌜gu⌝ / 5 ninda-bappir / 1-1/2 zíd-kur / *Ar-šè-a-ḫu* / *A-du-ga-mu* / ká *Nu-ga-mu*^{ki} // *Uš-ra-sá-mu* / àga-ús (rev. II:6-V:2)
[37] 10 *zi-lum* še-zíd-gu / *Puzur*$_{4}$*-ra-ma-lik* / *Mi-ga*-NI / àga-ús (rev. V:3-6)

37. Quoted in Archi 2002a, p. 51, 25 ("Dububu-Hadda, the son of the minister Ibbi-Zikir, performed guard duty during a cultic journey to Luban") and 42. On this texts see Pettinato 1979, p. 158.
38. Quoted in Archi 2002a, p. 38 (as 75.1776, but as 75.1777 p. 25, 42).
39. Mander 1990, p. 191: "Sum: 240 persons who (are) policemen, Sum: 1,050 persons: conscripts resident ... (in$^{?}$ the city of) Alaga".
40. Milano 1990a, p. 291: "elenco di cereali e loro derivati, olio e farina per un 'gendarme' (àga-ús) di Ibi-Zikir".
41. Quoted in Pettinato, D'Agostino 1996, p. 3. On this texts see Pettinato 1979, p. 11.
42. Milano 1990a, p. 300: "elenco di cereali, farina e loro derivati [...] destinati a una serie di soprintendenti e funzionari, alcuni dei quali 'gendarmi' (àga-ús) assegnati a 'porte' (ká NP)".

[38] 75.541 = *ARET* IX 82: account of "expenditures (è)" of (perfumed) olive oil mainly for foreigners, covering 12 months (from the 10th month of a year *1 to the 8th month of a year *2 including the month 2nd bis)
5 sìla ì-giš dùg // lú en / *Da-la-um*ki / 1 la-ḫa [ì-giš dùg] / [šu-ì] / SA-ZA_{x}-(LAK-384)-KI / ì-ti / *Da-la-um*ki / 6 la-ḫa ì-giš giššim / 6 la-ḫa ì-⌜giš⌝ dùg / àga-ús / íl / *si-in* / *Bí-na-su*ki / šu-ì / guruš-guruš / 2 la-ḫa ì-giš / dKU-*ra* / *si-in* / *Bí-na-su*ki // 1 la-ḫa ì-giš / šu-⌜ì⌝ / SA-ZA_{x}(LAK-384)-KI / ì-ti / *Bí-na-su*ki / 1 la-ḫa ì-giš / *in* / al_{6}-tuš / *Ìr-ag-da-mu* / é / dKU-*ra* (rev. IV:19-VI:11)[43]

[39] 75.518 = unp.:[44] account of perfumed oil
6 sìla ì-giš dùg giššim / 17 sìla ì-giš dùg gišád / 1 la-ḫa 7 sìla ⌜ì-giš⌝ ⌜dùg⌝ // *ne-mi-lum* / íl / *si-in* / *Na-gàr*ki / *I-bí-zi-kir* / ([...]?) // *Gi-la-ma-lik* / àga-ús / iti *ḫu-lu-mu* (obv. I:1 - rev. I:1, 10th month)

To *Iš*11*-ar-da-mu*'s reign can also be dated two passages in chancery texts (**[40-41]**). They will be discussed below (§ 4), together with the passages with zag-ús in the same textual typology.

[40 = 57] 75.2366 = *ARET* XVI 4: letter (*en-ma*) by *Iš*11*-ar-da-mu* (en) to *I-bí-zi-kir*
ap / zag-ús / lú *áš-da* / en / è / ⌜*ga*⌝*-lu* / *wa* / àga-ús-*ma* / *Ar-mi*ki (obv. IV:1-9)[45]

[41] 75.11094 = *ARET* XVI 6: letter ([*en-ma*]) by *Iš*11*-ar-da-mu* ([en]) to *I-bí-zi-kir*
[...] // *in* / uruki / *wa* àga-ú[s] / ⌜x⌝ / [...] (rev. II':1-5)[46]

The data on the àga-ús of the Ebla administrative texts (**[8-39]**) may be tabulated as follows:

before *Iš*11*-ar-da-mu*'s reign (**[8-13]**)

PN_1	GN_1	àga-ús	PN_2	GN_2	
<PN>	*Gú-ra-ra-ab*ki	1 túg àga-ús	*Ar-ru*12-LUM	---	**[12]**
<PN>	*Kas*4*-ni-ig-du*ki	1 túg àga-ús	---	---	**[13]**
<PN>	(Ebla)	5 gud-gud àga-ús	*Ti-ir*	---	**[8]**
<PN>	(Ebla)	4 gud-gud àga-ús	[PN]	---	**[9]**
<PN> (20 men)	(Ebla)	20 íb-3túg àga-ús	*Ti-ir*	---	**[10]**
<PN> (17 men)	(Ebla)	17 íb-3túg àga-ús	[PN]	---	**[11]**

43. Milano 1990a, p. 258: "5 s. d'olio di qualità: quello del re di Dala'um; 1 l. (d'olio): [unzione] in Saza (in occasione dello) spostamento a Dala'um; 6 l. di essenza di legno aromatico (e) 6 l. d'olio di qualità il 'gendarme' ha prelevato per (destinarli a) Binasu, per l'unzione degli uomini; 2 l. d'olio del dio Kura per Binasu; 1 l. d'olio: unzione in Saza (in occasione dello) spostamento a Binasu; 1 l. d'olio durante la residenza Ir'ak-Damu nel tempio di Kura".
44. Quoted in Pettinato, D'Agostino 1996, p. 3. On this texts see Pettinato 1979, p. 26.
45. Catagnoti, Fronzaroli 2010, p. 41: "E poi, il personale scelto che sta presso il re, è uscito tutto e i soldati di Armi".
46. *Ibid.*, p. 54: "...nella città e i soldati...".

Iš$_{11}$*-ar-da-mu*'s reign ([**14-41**])

PN$_1$	**GN$_1$**	àga-ús	**PN$_2$**	**GN$_2$**	
at least 18 àga-ús whose personal name is recorded:					
Bù-ga-núm	(Ebla)	àga-ús	---	*in Ar-u*$_9$*-gú*^{ki}	[22]
Du-bù-ḫu-$^{d)}$*À-da*	(Ebla)	àga-ús	*in* šu-mu-nígin ^{d}NI-*da-bal*	*Lu-ba-an*^{ki}	[27]
*En-na-*BAD	(Ebla)	àga-ús	ká *Ba-za-a*	(Ebla)	[34]
*En-na-*NI	(Ebla)	àga-ús	lú é am	(Ebla)	[19]
Gi-la-ma-lik	(Ebla)	àga-ús	*I-bí-zi-kir*	*si-in Na-gàr*^{ki}	[39]
I-ti-^{d}NI-*lam*	(Ebla)	àga-ús	*I-bí-zi-kir*	(Ebla)	[31]
*Ib-ḫur-*NI	(Ebla)	àga-ús	ká *Iš*$_{11}$*-ru*$_{12}$*-ut*	(Ebla)	[33]
Il-ti	(Ebla)	àga-ús	---	*in Ba-nu*^{ki}	[25]
Íl-e-i-šar	(Ebla)	àga-ús	*al*$_6$ ugula ká	---	[20]
Ir-ti	(Ebla) (Ebla) (Ebla)	àga-ús àga-ús àga-ús	--- --- ---	*in Ù-ra-mu*^{ki} *in Za-ra-mi-du*^{ki} *in Zàr-ra-mi-du*^{ki}	[21] [24] [27b]
*Mi-ga-*NI	(Ebla)	àga-ús	---	(Ebla)	[37]
Ne-zi-ma-a-ḫu	(Ebla)	àga-ús	ká *En-na-*NI	(Ebla)	[35]
NI-*ba-*NI	(Ebla)	àga-ús	ká *Iš*$_{11}$*-ru*$_{12}$*-ut*	(Ebla)	[33]
NI-*ba-*NI dumu-nita *Ìr-ì-ba*	(Ebla)	àga-ús	ká *Iš*$_{11}$*-ru*$_{12}$*-ut*	(Ebla)	[33]
Puzur$_4$-ra-*ḫa-al*$_6$	(Ebla)	àga-ús	ugula ká		[20]
Puzur$_4$*-ra-ma-lik*	(Ebla)	àga-ús	---	(Ebla)	[37]
Puzur$_4$*-ra-*NI	(Ebla)	àga-ús	ugula ká		[20]
Uš-ra-sá-mu	(Ebla)	àga-ús	---	ká *Nu-ga-mu*^{ki}	[37]
[...] (1 PN?)	(Ebla)	àga-ús	---	*in Am*$_6$*-ma-šu*^{ki}	[23]
anonymous àga-ús:					
<6 PN>	(Ebla)	6 kin siki ... àga-ús	BAD-SÙ-ditan$_x$ šu-ba$_4$-ti	---	[26]
<4 PN>	(Ebla)	ugula sur$_x$ kúnga ... àga-ús	---	(Ebla)	[29]
<2 PN>	2 *Ar-ḫa-du*^{ki}	àga-ús	---	(Ebla)	[29]
<2 PN>	2 *Ma-rí*^{ki}	àga-ús	---	---	[16]
<1 PN>	(Ebla)	ugula kúnga ... àga-ús	---	(Ebla)	[30]
<1 PN>	1 *Ar-mi*^{ki}	àga-ús	---	(Ebla)	[29]
<PN>+ 1050 men	many GNs	240 *na-se*$_{11}$ lú àga-ús	total: 1050 *na-se*$_{11}$ šu-du$_8$	al$_6$-tuš *A-la-ga*^{ki}	[28]
<PN> + 843 men	(Ebla)	(843 ^{giš}gu ...)	al$_6$ ugula-ugula ká-ká	---	[20]
<PN> + 650 men	(Ebla)	650 ^{giš}gu	*En-na-*NI lú é am àga-ús	*al*$_6$ SA-ZA$_x$-KI	[19]

PN$_1$	GN$_1$	àga-ús	PN$_2$	GN$_2$	
<PN> + 432 men	(Ebla)	(432 ^{giš}gu, àga-ús?)	*al*$_6$ *A-ḫu-na-se*$_{11}$	---	**[20]**
<PN> +110 men	(Ebla)	(110 ^{giš}gu, àga-ús?)	*al*$_6$ *En-na*-NI	---	**[20]**
<PN> + 60 men	(Ebla)	3 é-duru$_5$^{ki} ... àga-ús	---	*Dag-ba-al*$_6$^{ki}	**[32]**
<PN>	(Ebla)	25 udu-nita àga-ús	*I-ti-*^{d}NI-*lam* šu-ba$_4$-ti	*in* ʾ*À-da-ni-du*^{ki}	**[15]**
<PN> (?)	(Ebla)	1 udu (àga-ús?)	*I-ti-*^{d}NI-*lam* šu-ba$_4$-ti	*in Bí-ti-ga*^{ki}	**[15]**
<PN>	(Ebla)	6+6 la-ḫa ì-giš àga-ús	---	*si-in Bí-na-su*^{ki}	**[38]**
<PN>	(Ebla)	àga-ús guruš-guruš	---	(Ebla)	**[18]**
<PN>	(Ebla)	*na-se*$_{11}$-*na-se*$_{11}$ lú àga-ús	---	(Ebla)	**[17]**
men mentioned in connection with àga-ús:					
A-du-ga-mu	(Ebla)	àga-ús (?)	---	ká *Nu-ga-mu*^{ki}	**[36]**
A-na-za-mu	(Ebla)	àga-ús (?)	---	ká *Nu-ga-mu*^{ki}	**[36]**
Ar-šè-a-ḫu	(Ebla)	àga-ús (?)	---	ká *Nu-ga-mu*^{ki}	**[36]**
Dam-da-NI	(Ebla)	àga-ús (?)	ká *En-na*-NI	(Ebla)	**[35]**
En-da-za	(Ebla)	àga-ús (?)	ká *En-na*-NI	(Ebla)	**[35]**
En-na-NI	(Ebla)	àga-ús (?)	ká *Ba-za-a*	(Ebla)	**[34]**
[*I*$^?$]-*ti*-NI	(Ebla)	àga-ús (?)	---	ká *Ḫu-za-an*^{ki}	**[36]**
Ib-dur-NI	(Ebla)	àga-ús (?)	---	ká *Nu-ga-mu*^{ki}	**[36]**
Ìr-am$_6$-*da-ar*	(Ebla)	àga-ús (?)	ká *Iš*$_{11}$-*ru*$_{12}$-*ut*	(Ebla)	**[33]**
Gú-si$^?$-*zi*	(Ebla)	àga-ús (?)	ká *Ba-za-a*	(Ebla)	**[34]**
Mi-ga-NI	(Ebla)	àga-ús (?)	ká *Ba-za-a*	(Ebla)	**[34]**
NI-*ba*-NI	(Ebla)	àga-ús (?)	---	ká *Nu-ga-mu*^{ki}	**[36]**
NI-LUM	(Ebla)	àga-ús (?)	ká *En-na*-NI	(Ebla)	**[35]**
Ru$_{12}$-*zi*-LUM	(Ebla)	àga-ús (?)	ká *Iš*$_{11}$-*ru*$_{12}$-*ut*	(Ebla)	**[33]**
Zu-du	(Ebla)	àga-ús (?)	---	ká *Ḫu-za-an*^{ki}	**[36]**
[...]-⌜x⌝	(Ebla)	àga-ús (?)	ká *En-na*-NI	(Ebla)	**[35]**
[...]	(Ebla)	àga-ús (?)	ká *En-na*-NI	(Ebla)	**[35]**

In the passages **[8-39]** the àga-ús are never explicitely counted (i.e., a figure is never written immediately before àga-ús); furthermore, the plural form *àga-ús-àga-ús never occurs. As we will see, the opposite is true as for the zag-ús in the administrative texts. Sometimes the number of men qualified as àga-ús may be deducted by the amount of the recorded goods. It seems unlikely to me that the amount of "oxen (gud)" in **[8-9]** indicates how many àga-ús depended from *Ti-ir* (5, 4) as well as the 6 la-ḫa-jars of fine olive oil in **[38]** hardly indicate how many àga-ús were involved in that late royal trip to *Bí-na-su*^ki^. Instead, it may be that the amount of garments (20 and 17 íb^{túg}) in **[10-11]** indicate that so many àga-ús depended by a lugal (the same *Ti-ir* in **[10]**).

[17-18] indicate that men qualified as *na-se*$_{11}$*-na-se*$_{11}$ and guruš depended from the àga-ús, even if these passages do not reports how many men are referred to. However, several hundreds (650, 843) of "bronze spearheads (^{giš}gu zabar)" for men depending from some àga-ús are recorded in **[19-20]**, and 240 *na-se*$_{11}$ lú àga-ús occur in **[28]**. **[26]** records wool received by one BAD-SÙ-ditan$_x$[47] for an unspecified number of vehicles, ^{giš}ÉxGÍGIR-^{giš}ÉxGÍGIR àga-ús,[48] most probably a wagon rather than a chariot.[49]

PNs may occur immediately before and after àga-ús.[50] In the first case (PN$_1$) they are the names of the àga-ús themselves: *Bù-ga-núm*,[51] *Du-bù-ḫu-*$^{d?}$*À-da* (*I-bí-zi-kir*'s son),[52] *En-na-*BAD, *En-na-*NI lú é am, *Gi-la-ma-lik*,[53] *I-ti-*^{d}NI*-lam*,[54] *Ib-ḫur-*NI, *Il-ti*, *Íl-e-i-šar*, *Ir-ti* (*Ib-rí-um*'s son),[55] *Mi-ga-*NI, *Ne-zi-ma-a-ḫu*, NI-*ba*-NI, NI-*ba*-NI dumu-nita *Ìr-ì-ba*, *Puzur*$_4$*-ra-ḫa-al*$_6$, *Puzur*$_4$*-ra-ma-lik*, *Puzur*$_4$*-ra-*NI, *Uš-ra-sá-mu*. These 18 men are certainly from Ebla. Presently it is unclear to me if also other 15 PNs identify further àga-ús, since they occur in the same passages but not immediately before the term under scrutiny: *A-du-ga-mu*, *A-na-za-mu*, *Ar-šè-a-ḫu*, *Dam-da-*NI, *En-na-*NI, *En-da-za*, *En-na-*NI, [*I*?]*-ti-*NI, *Ib-dur-*NI, *Ìr-am*$_6$*-da-ar*, *Gú-si*?*-zi*, *Mi-ga-*NI, NI-*ba*-NI, NI-LUM, *En-na-*NI, *Ru*$_{12}$*-zi-*LUM,[56] *Zu-du*. In the second case (PN$_2$) they must be the names of the men from whom the àga-ús depended (sometimes these men leaded ká-units).[57] We find among them three men who, in different periods, were at the top of the Ebla elite just below the king, i.e. *Ar-ru*$_{12}$-LUM (lugal), *I-bí-zi-kir* (*Ib-rí-um*'s son) and *Ti-ir* (lugal), and also (as for the ká-units) *Ba-za-a*, *En-na-*NI and *Iš*$_{11}$*-ru*$_{12}$*-ut*.

In these passages also GNs may are recorded before or after àga-ús, indicating (GN$_1$) their place of origin or (GN$_2$) the place where the àga-ús resided (note however that in the oldest text a toponym *after* àga-ús can indicate the place of origin, e.g. in **[13]**). Sometimes the places of origin (GN$_1$) may be foreign kingdoms (*Ar-ḫa-du*^{ki}, *Ar-mi*^{ki}, *Ma-rí*^{ki}) and cities of unclear status (*Gú-ra-ra-ab*^{ki}, *Kas*$_4$*-ni-ig-du*^{ki}), but the rarity of attestations of this kind of toponyms corroborates the idea that the large majority of the recorded àga-ús were from Ebla itself. It also seems to me that the

47. *The Prosopography of Ebla B*, http://www.ebla.unifi.it/upload/sub/DB/B.pdf, p. 25 (access 1 May 2014).
48. Note that only ^{giš}ÉxGÍGIR is reduplicated, so we cannot be sure if one or more àga-ús is/are referred to. On the Ebla term ^{giš}ÉxGÍGIR, ^{giš}gígir-é see Conti 1997, p. 24f. and Civil 2008, p. 107 ("elsewhere these terms mean 'wagon barn' (*bīt narkabti*)").
49. It seems to me that infantry is meant when àga-ús are mentioned, while chariotry and possibly chivalry are referred to by the many attestations of ugula sur$_x$(BÍR) kúnga and ugula kúnga, but these two categories of Ebla men must be yet studied in detail (data on these ugula in Archi 1988a).
50. As a matter of fact, considering [8-39] àga-ús is preceded by a proper name (PN or GN) in 19 passages ([12-13'], [19-25], [27-27bis], [29], [31], [33-37], [39]); instead, it is not preceded by a proper name in 14 passages ([8-11], [14-18], [26], [28], [30], [32], [38]).
51. *The Prosopography of Ebla B*, http://www.ebla.unifi.it/upload/sub/DB/B.pdf, p. 58f. (access 1 May 2014).
52. Archi 1988b, p. 236.
53. Probably not to be identified with the lugal *Gi-ra-ma-lik*, *The Prosopography of Ebla G*, http://www.ebla.unifi.it/upload/sub/DB/G.pdf, p. 40 (access 1 May 2014).
54. A man with this name is considered a son of *Ib-rí-um* in Archi 1988c, p. 234, but in 75.2460 he is among the men qualfied as lú *Ib-rí-um*.
55. *Ibid.*
56. *Ru*$_{12}$*-zi-*LUM is the name beared by one of *Ib-rí-um*'s sons, see *ibid.*, p. 233 (EN-*zi*-LUM).
57. Recently sketched in Archi 2010a, p. 26f.

àga-ús mainly resided – at least according to the available administrative passages – at Ebla or in its vicinity. In this second case (GN_2), the places in which the àga-ús were are indicated by a toponym preceded by the preposition *in*, "in" (*ʾÀ-da-ni-du*ki, *Am₆-ma-šu*ki, *Ar-u₉-gú*ki, *Ba-nu*ki, *Bí-ti-ga*ki (?), *Ù-ra-mu*ki, *Za-ra-mi-du*ki), or by al₆-tuš, "who are residing (at)" (*A-la-ga*ki); furthermore, àga-ús stationed at *Dag-ba-al₆*ki (I interprete **[32]** as record of foodstuffs for 60 anonymous men – 3 é-duru₅ki, being one é-duru₅ki formed by 20 men[58] – depending from one anonymous àga-ús); also, they were perhaps associated to ká-units qualified by the GNs *Ḫu-za-an*ki and *Nu-ga-mu*ki; and a difficult passage (**[19]**) associates àga-ús and SA-ZAx-KI. In other cases, àga-ús occurs in passages mentioning specific important journeys within the Ebla kingdom (implied are two cultic places: *si-in Bí-na-su*ki, šu-mu-nígin dNI-*da-bal Lu-ba-an*ki) or outside it (towards a distant ally, *si-in Na-gàr*ki). With the exception(s) of *Na-gàr*ki and possibly *A-la-ga*ki, I consider certain that all these toponyms belonged to the Ebla kingdom. Why **[21-22]** and **[24-25]** bear the níg-mul-an clause – in connection with GNs probably not far from Ebla such as *Ù-ra-mu*ki, *Ar-u₉-gú*ki, *Za-ra-mi-du*ki and *Ba-nu*ki – is unclear to me. The role of *Bù-ga-núm, Du-bù-ḫu-*dʾ*À-da, Ir-ti* and *Ru₁₂-zi-ma-lik* in an inner religious and political affair of the utmost importance such as the šu-mu-nígin of dNI-*da-bal* of *Lu-ba-an*ki (an unique event?) and the fact that they also acted as ŠEŠ.2.IB must to be stressed.

Other passages remain unclear to me. **[14]** establishes a link between silver, ugula-ugula and àga-ús, but what really means nu àga-ús here eludes me. The same applies to àga-ús and nar-nar in **[16]**, in which, however, the record of two Mari àga-ús who escorted to Ebla the well known group of musicians from Mari attested in many Palace G texts can be supposed.

Addendum. ÀGA-UŠ in two Ebla incantations

The spelling ÀGA-UŠ also occurs in two Ebla incantations, in which, however, hardly it refers to a soldier, being rather, at least in **[x]**, a spelling for *aga, "rear, back" (a-ga = *arkatu*) plus a suffixed pronoun.

[x] 75.1619 = *ARET* V 8 obv. III:6 // 75.2217 = *ARET* V 9 obv. II:3[59]
KUR àga-*uš* // KUR àga!-*SÙ*, "daze/lapis(?) upon his back"[60]

[y] *SF* 54 obv. I:7 (Fara) // 75.1619 = *ARET* V 8 obv. II:3 // 75.1722 = *ARET* V 10 obv. II:4f.[61]
kaskal ba-DU // àga-UŠ mu-sag(-)gi-gi // àga-UŠ / mu-sag(-)gi-gi, "?"

58. Milano 1990b.
59. Krebernik 1984, p. 106, 108f.
60. Civil, Rubio 1999, p. 255, 256-258, 262.
61. Krebernik 1984, p. 8, 12.

3. Ebla zag-ús, "elite troop(s)"

In the *Names and Professions List* this term occurs in the following context (cf. **[47]** below):

[42] 75.2659+2661+3439+10007+11201+11310 + chips from bags XXIX and XXXIII = *MEE* 3 43 + Archi 1981 + Archi 1984b + Archi 1989
(51) 'Il-tāmik, cutter of the hand(s)
Abu Salabikh: *Il*-IGI+LAK-527 šu-kud – Ebla: *Il*-^{giš}sur$_x$(LAK-280) šu-kud
(52)[62] Banay, chosen troop soldier
Abu Salabikh: *Ba-na* lú-gú-si – Ebla: *Ba-na* zag-ús
(53) Banay, skipper
Abu Salabikh, Ebla: *Ba-na* má-laḫ$_4$

In the Sumerian source of the éš-bar-kin$_5$ lists 75.2422+ = *MEE* 4 115[63] = *MEE* 15 1[64] rev. XVI:8-14 the section ZAG runs as follows:

[43] zag-ús / zag-LAK-248 / zag-è / zag-gíri / zag-gíri-aka / zag-me / zag

The corresponding section *VE* 1176-1182[65] of the manuscripts of the bilingual list is:

[44] 75.10023+11301 = *MEE* 4 63-64[66] obv. VI:1-11: zag-ús / *ba-i-la-tum* / zag-LAK-248 / *bù-tum* / zag-è / zag-gíri / zag-gíri-aka / *si-ma-tum* / zag-me / *WA-ti-um* / zag

[45] 75.4520+4525+ = *MEE* 4 30 + *MEE* 4 65[67] (+ 75.2001+), rev. XIV:12-20: zag-ús / *ba-i-la-tum* / zag-LAK-248 / *bù-tum* / <zag-è> / zag-gíri / zag-gíri-aka / *si-ma-tum* / zag-me / zag

In the Sumerian lexical list 75.3040+3046 = *MEE* 15 27[68] rev. VIII':9'-11' the following sequence occurs:

[46] zag-ús / [zag-g]íri / zag-è

In the Sumerian lexical list 75.5323 = *MEE* 15 55[69] rev.[?] II':9'-11' the following sequence occurs (note gú-si after zag-ús, and cf. zag-ús of Ebla *vs.* lú-gú-si of Abu Salabikh in **[42]** above):

[47] [...] / [mur]ub$_4$ / zag-ús / gú-si / GÍN.IR / igi-bar-da / [...]

As for the eight attestations of zag-ús (**[48-55]**) in administrative texts, it seems to me that all of them are to be dated to *Iš$_{11}$-ar-da-mu*'s reign (this is sure for **[48]** and for **[51-55]**, from the archive L.2712). They occur in accounts of silver (**[48]**), daggers (**[49-50]**) and foodstuffs (**[51-55]**).

[48] 75.2601 = *ARET* I 44: multimonthly account of silver including data from months 8th (^{iti}*A$_5$-nun*) and 9th (^{iti}*Za-lul*); on this text see below the *Excursus*

62. See Frayne 1998, p. 256.
63. Pettinato 1982, p. 118-130.
64. Picchioni 1997, p. 3-29.
65. Synopsis in Pettinato 1982, p. 325f.
66. *Ibid.*, p. 79-86. On this so-called 'source A$_2$' of the Ebla bilingual lists see Bonechi n.d. a.
67. See respectively Pettinato 1982, p. 56f. and 86f. (so-called 'source B').
68. Picchioni 1997, p. 84-90.
69. *Ibid.*, p. 135.

20 ma-na kù:babbar / ^{níg}sa$_{10}$ túg-túg / mu$_{4}^{mu}$ / zag-ús / ⸢*Ru*$_{12}$-*zi-ma**-lik*⸣[70] / 2[+1] m[a-na] šušana$_{x}$(ŠU+ŠA) [k]ù:babbar / 2 *mi* dam tur 1 / zag-ús / *Zi-mi-na-ma-lik* (obv. IX:1-9)[71]

[49] 75.1732 = *ARET* II 30: account of daggers
5 gíri ti / 10-5 gíri mar zú LAGAB×A kù-sig$_{17}$ / *A-gi-lu* / *In-da-mu* / ugula <é-duru$_{5}^{ki}$> maḫ / zag-ús / *Ìr-péš-zé* (obv. V:5-11)

[50] 75.5658 = *ARET* XII 1117: small fragment of account of daggers[72]
[20$^{?}$ *gíri* ... ...] / *Ib*-⸢*gi*⸣ / ugula <è-duru$_{5}^{ki}$> maḫ / zag-ús / *Du-bí-zi-kir* (II':1'-4')

[51-53] 75.447 = *ARET* IX 66: account of foodstuff[73] over three months, the 12th (iti kur$_{6}$) of an year *1, the 1st (iti ^{d}*A-dam-ma-um*) and the 2nd (iti še-gur$_{10}$-kud) of an year *2
[51] 1-1/2 *gú-bar* / zag-ús / *I-bí-zi-kir* (obv. III:9-11)
[52] 1 *gú-bar* / zag-ús / 1 *gú-bar* / ku-li / *Du-bù-ḫu*-^{d}⌉*À-da* (rev. II:1-5)
[53] 1 *gú-bar* / zag-ús / *En-mar* / 2 *gú-bar* / kas$_{4}$-kas$_{4}$ / *En-mar* (rev. II:13-18)

[54-55] 75.413 = *ARET* X 103 = unp.:[74] account of foodstuff
[54] 4 an-zam$_{x}$(LAK-304) / 1 é-duru$_{5}^{ki}$ / 1 ud / 1 *ba-rí-zu* 6 sìla / 24 ud / zag-ús / 4 an-zam$_{x}$(LAK-304) / 1 é-duru$_{5}^{ki}$ / 1 ud / 1 *ba-rí-zu* 6 sìla / 24 ud$^{!}$(SÌLA) // ku-li / *Du-bù-ḫu*-^{d}⌉*À-da* (rev. III:5-IV:2)
[55] 4 an-zam$_{x}$(LAK-304) / 1 é-duru$_{5}^{ki}$ / 1 ud / 1 *ba-rí-zu* 6 sìla / 24 ud / zag-ús / *En-mar* (rev. IV:6-12)

To *Iš*$_{11}$*-ar-da-mu*'s reign also belong 16 passages in chancery texts (**[56-71]**). They will be discussed below (§ 4), together with the passages with àga-ús in the same textual typology.

[56] 75.1583 = *ARET* XVI 3: letter (*en-ma*) by *Iš*$_{11}$*-ar-da-mu* (en) to *I-bí-zi-kir*
wa // níg-á-gá-2 / zag-ús / *wa* / *kam*$_{4}$*-mu* / uru-bar / DU-DU / *si-la-ga* / igi-tùm (obv. I:9-II:8)[75]

[57 = 40] 75.2366 = *ARET* XVI 4: letter (*en-ma*) by *Iš*$_{11}$*-ar-da-mu* (en) to *I-bí-zi-kir*
ap / zag-ús / lú *áš-da* / en / è / ⸢*ga*⸣-*lu* / *wa* / àga-ús-*ma* / *Ar-mi*^{ki} (obv. IV:1-9)[76]

[58-60] 75.10004 = *ARET* XVI 5: letter (*en-ma*) by *Iš*$_{11}$*-ar-da-mu* (en) to *I-bí-zi-kir*
[58] lú ì-ti / *si-in* / *Ma*-⸢*rí*⸣⸢ki⸣ / zag-ús / *wa* / *Na*-[*g*]*a*-[*u*]*m* / ⸢*Ù*⸣-*ti* / [D]U-DU / *da-si-in* / sa$_{6}$-*ma* // ⸢*zé*⸣-*ga* (obv. II:2-III:1)[77]

70. Palaeography in Archi 1985, p. 320. I owe this reading of obv. IX:5 to A. Catagnoti.
71. Archi 1985, p. 210: "20 mine d'argento: prezzo di vesti, *assegnazione di vesti* per ...; NP. 2[+1] mi[ne] 20 (sicli) d'argento (= 200 sicli): per 200 ragazze a 1 (siclo) per ...; NP".
72. According to A. Catagnoti this fragment cannot be a join of 75.1732 = *ARET* II 30, *inter alia* because of the different shapes of the sign ZI.
73. Milano 1990a, p. 207: "Elenco di uscite (è) di cereali (se-titab) affidati a gruppi di soprintendenti (ugula), una parte dei quali risulta da altri testi essere a capo di contingenti é-duru$_{5}^{ki}$".
74. Quoted in Pettinato, D'Agostino 1998, p. 17f. On this text see Pettinato 1979, p. 22: "razioni per villaggi".
75. Catagnoti, Fronzaroli 2010, p. 34: "E la metà dell'assegnazione per il personale scelto e per le *famiglie* dei villaggi era andata con il tuo invio precedente".
76. *Ibid.*, p. 41: "E poi, il personale scelto che sta presso il re, è uscito tutto e i soldati di Armi".
77. *Ibid.*, p. 47: "Quanto a coloro che sono arrivati, il personale scelto e Naghum (e) ʿŪdī, (mentre) vanno verso Mari, tu eri d'accordo (di dare) buone (provviste) secondo quanto tu avresti ordinato".

[59] *zé-ga* / kin$_5$-ak / *a-ti-ma* / maškim-e-gi$_4$-*ga* / ì-ti // *Na-ga-um* / *wa* / *Ù-ti* / *wa* / zag-ús (rev. I:4-II:5)[78]

[60] *ap* / *ma-na* / [...]-⸢x⸣-[...] / *in-na* / zag-ús // *mu-da-li-gú* / *áš-da* / en / *a-ti-a* / igi-du$_8$ / [...] (rev. III:6-IV:5)[79]

[61] 75.2175 = *ARET* XVI 10: letter (*en-ma*) by *Iš$_{11}$-ar-da-mu* (en) to *Du-bù-ḫu-*^{dʾ}*À-da*

ap / *su-ma* / kù:babbar / lú du$_{11}$-ga / *an-da* / *an-na* / LUL-gu-aka-*SÙ* / an-gál // *wa* / ì-na-sum / *na-se$_{11}$-na-se$_{11}$* / *ma-ti-iš* / *ba il-da-zu* / *u$_9$-mu* / *kam$_4$-mu* / uru^{ki} / šu-mu-nígin / lú uru^{ki} / še / kú / *i-na-a* / zag-ús-zag-ús (obv. IV:11-V:14)[80]

[62] 76.669 = *ARET* XVI 19: letter by *I-bí-zi-kir* (addresse unspecified, *Iš$_{11}$-ar-da-mu*?)

ap / *su-ma* / DU-DU / DU-*nu* / wa / al$_6$-èn-tar / *zé* / dingir / *wa* / zag-ús-*ma* // *in* / *Ib-la*^{ki} / sa$_6$-*ma* / *wa* / zag-ú[s] / [*w*]*a*$^{?}$ / DU-DU / 1 *rí-bab* / áš-⸢*da*⸣ / en / *wa* / [níg]-kas$_4$ / [*ar-ḫi-iš*] // *ar-ḫi<-iš>* (rev. III:6-V:1)[81]

[63] 75.12591+16343 = *ARET* XVI 20: dossier with letters by *I-bí-zi-kir* (addresse(s) unspecified)

du$_{11}$-g[a] / é-*ne* / ì-na-[sum] / zag-ú[s] / *wa* / DU-[DU] / *si-in* / *Ga-*⸢*sùr*⸣^{ki} / *wa* / ì-dím / [...] (obv. IV':4'-13')[82]

[64-66] 76.719 = *ARET* XVI 13: fragment of a letter

[64] [...]-⸢*wa*⸣$^{?}$ / [...]-*da*-[(x-)]*šu* / *in* / *Gú-ḫa-ti*^{ki} / [...]-⸢x⸣ / [...] // [...] / [...]-*da*$^{?}$-*ma* / [x]-*ma*-(x-)*tum* / [zag-ú]s / [...-*d*]*a* (obv. I':1'-II':5)

[65] *ap* / maškim-e-gi$_4$ / *si-la-*⸢*ga*⸣ / DU-DU / *wa* / gaba-ru / ir$_{11}$-ir$_{11}$ / [zag$^{?}$-ú]s / [...] // [...] / ⸢x⸣-[...] / mè-*ma* / DU-DU / *si-in* / *Ḫa-ra-*⸢*an*⸣$^{⸢ki⸣}$ / *wa* / ì-t[i] / uru^{ki}-⸢uru⸣$^{⸢ki⸣}$ / *Ir-i-íb*^{ki} / *wa* / ⸢è⸣ / zag-ús / *Ib-la*^{ki} (obv. III':10-IV':14)[83]

[66] [...] / mè / *an*$^{?}$*-da* / al$_6$-tuš / ⸢*in*⸣ // [...] / ⸢*ar*⸣-[*az*] / *an*-[*na*] / níg-k[as$_4$]-*m*[*a*] / *áš*-[*da*] / zag-ú[s] (obv. V':11-rev. I:6)[84]

[67-70] 75.1394 = *ARET* XVI 12: atypical chancery text

[67] 3 *mi-at* 33 ma-na šušana$_x$(ŠÚ+ŠA)(=20) kù:babbar / še-ba // 2 *li* zag-us 10 (obv. II:11-III:1)[85]

78. *Ibid.*, p. 48: "Compi la tua parola espressa mentre i tuoi inviati sono arrivati, Naghum e ʿŪdī e il personale scelto".
79. *Ibid.*: "E poi, quanto alle provviste [...] di certo il personale scelto che si muove senza riposo, (quando) davvero si troverà presso il re, *una consegna* [...]".
80. *Ibid.*, p. 77: "E poi, se per l'argento che *tu* hai ordinato, l'assenso per il suo rimborso esiste, io (lo) darò alla gente che molto qui ha gridato nel giorno in cui le *famiglie* sono tornate in città (e) l'orzo della città (messo da parte) per il consumo egli ha revocato (per darlo) al personale scelto".
81. *Ibid.*, p. 119: "E poi, se andiamo per il nostro viaggio ed è stata interrogata la volontà del dio e le truppe scelte a Ebla sono in buone condizioni, (allora) le truppe scelte vadano, I diecimila che sono presso il re, e [parte]cipino alla campagna militare [il più veloce]mente possibile".
82. *Ibid.*, p. 123: "(Quando) la nostra (du.) casa dà l'ordine, vadano dunque le truppe scelte verso Gašur e sia offerto il culto [...]".
83. *Ibid.*, p. 99: "E poi, (dopo che) per inviare il tuo invio (li) avevo fatti andare e i servi avevano incontrato [le truppe scel]te [... *io ho ordinato che*] per la battaglia andassero verso Ḫarran e arrivassero nei villaggi di Irḫib e ho fatto uscire le truppe scelte di Ebla".
84. *Ibid.*, p. 100: "Durante la battaglia, (mentre) tu risiedevi in [...], io sono corso in aiuto della spedizione militare insieme alle truppe scelte".
85. *Ibid.*, p. 92: "333 mine e 20 sicli d'argento per le razioni di 2 000 uomini delle truppe scelteda 10 sicli".

[68] *wa* / *an-na* / *wa* / ir$_{11}$-ir$_{11}$-*SÙ* / *wa* / zag-ús / lú *áš-da-a* / *mi-na* / kú (obv. III:8-IV:5)[86]
[69] *ap* / lú še / nu è / *in* / uru^{ki} / zag-ús / *wa* / *ʾa$_{5}$-si-in* (rev. I:1-8)[87]
[70] kù:babbar / *áš-da-ga* / *wa* / níg-sa$_{10}$ *ŠÈ* / zag-ús / *wa* / *gú-wi-si-na* (rev. II:8-14)[88]

[71] 75.10117 = *ARET* XVI 7: dossier with letters by *Iš$_{11}$-ar-da-mu* to *I-bí-zi-kir* *ap* / *kam$_{4}$-mu* / lú igi-tùm / e$_{11}$ / *ù-ma-nu* / *in* / *A-daš*^{ki} / *wa* / zag-ús-*SÙ* / *Ar-ga*^{ki} // (blank) (rev.V:9-VI:1)[89]

The data on the zag-ús of the Ebla administrative texts ([**48-55**]) may be tabulated as follows:

Iš$_{11}$-ar-da-mu's reign ([**48-55**])

PN$_{1}$	**GN$_{1}$**	**zag-ús**	**PN$_{2}$**	**GN$_{2}$**	
anonymous zag-ús:					
[20 men (?)]	(Ebla)	zag-ús	*Du-bí-zi-kir*	(Ebla)	**[50]**
20 men	(Ebla)	zag-ús	*Du-bù-ḫu-*^{d}*ʾÀ-da*	(Ebla)	**[54]**
(20 men (?))	(Ebla)	zag-ús	*Du-bù-ḫu-*^{d}*ʾÀ-da*	(Ebla)	**[52]**
20 men	(Ebla)	zag-ús	*En-mar*	(Ebla)	**[55]**
(20 men (?))	(Ebla)	zag-ús	*En-mar*	(Ebla)	**[53]**
(30 men (?))	(Ebla)	zag-ús	*I-bí-zi-kir*	(Ebla)	**[51]**
20 men	(Ebla)	zag-ús	*Ìr-péš-zé*	(Ebla)	**[49]**
100 men (?)	(Ebla)	zag-ús	*Ru$_{12}$-zi-ma-lik*	(Ebla)	**[48]**
200 men (?)	(Ebla)	zag-ús	*Zi-mi-na-ma-lik*	(Ebla)	**[48]**
men whose name is mentioned before zag-ús:					
A-gi-lu In-da-mu ugula <é-duru$_{5}^{ki}$> maḫ			*Ìr-péš-zé*	(Ebla)	**[49]**
[...] *Ib-⌜gi⌝* ugula <è-duru$_{5}^{ki}$> maḫ			*Du-bí-zi-kir*	(Ebla)	**[50]**

It is noteworthy that in the passages [**48-55**] the zag-ús are never explicitely counted, but in [**61**] the plural form zag-ús-zag-ús does occur. This situation thus partially differs from that observed above for the àga-ús in the administrative texts. On the number of men qualified as zag-ús some congectures may be put forward.

Importantly and contrarywise to the àga-ús, never in the available texts a PN immediately precedes zag-ús.[90] Rather, before zag-ús the names of ugula <è-duru$_{5}^{ki}$> maḫ may sometimes occur (they are *A-gi-lu*, *Ib-gi* and *In-da-mu*). Furthermore, it may be inferred from the amount of the goods mentioned at the beginning of these

86. *Ibid.*: "E io e i suoi servi e le truppe scelte che sono presso di me che cosa mangeremo?".
87. *Ibid.*, p. 93: "E inoltre, (quanto al fatto) che l'orzo non sia (stato?) fatto uscire in città per le truppe scelte, io sono d'accordo".
88. *Ibid.*, p. 94: "L'argento (è) presso di te sia per il prezzo (dell'orzo) delle truppe scelte sia per (quello del) loro personale ausiliario".
89. *Ibid.*, p. 59: "E poi, le *famiglie* del lavoro alle dighe sono scese in schiera (e si trovano) in Adaš e le sue truppe scelte (sono) ad Arga".
90. But in [42], a passage however from the *Names and Professions List*, in which the Ebla source bears *Ba-na* zag-ús.

passages that zag-ús refers to groups of men, ranging from 20 to 200 units. Always, instead, PNs immediately follow zag-ús, indicating, as in the the case of àga-ús, the men from whom the zag-ús depended. These seven PNs are *Du-bí-zi-kir*,[91] *Du-bù-ḫu-*$^{d\text{ʾ}}$*À-da* (*I-bí-zi-kir*'s son), *En-mar*, *I-bí-zi-kir* (*Ib-rí-um*'s son), *Ìr-péš-zé*, *Ru*$_{12}$*-zi-ma-lik* (*I-bí-zi-kir*'s son),[92] and *Zi-mi-na-ma-lik*.[93] As in the case of the àga-ús, they all are members of the Ebla elite; furthermore, it appears that mainly they belonged to *I-bí-zi-kir*'s circle. Once again contrarywise to those mentioning the àga-ús, the passages **[48-55]** never record GNs. From these sources the ultimate geographical origin of the zag-ús cannot be ascertained, but it may be safely supposed that the men so qualified – normally residing in the Ebla kingdom, probably not far from Ebla itself – followed their leaders in their trips.

Excursus: On the administrative text 75.2601 = *ARET* I 44

This document,[94] to which the passage **[48]** belongs, reports data of the months 8th (^{iti} *ʾA*$_5$ *nun*) and 9th (^{iti} *Za-lul*). Possibly it was written during the 10th month. It can be divided in three macrosections, each one ending with a partial total (AN.ŠÈ.GÚ) concerning huge quantities of silver (386,03 kg!):

(a)	obv. IV:2:	200 minas	= 12000 shekels	= 093,96 kg
(b)	obv. VIII:1	221 minas and 42! shekels	= 13302 shekels	= 104,15 kg
(c)	rev. VII:1	400 minas	= 24000 shekels	= 187,92 kg
		821 minas and 22 shekels	= 49302 shekels	= 386,03 kg

For some reason, the fourth partial total (AN.ŠÈ.GÚ) of rev. X:2 omits the first amount in (a), and only records 621 minas and 22+3 shekels of silver, with no further indications.

In detail, these three macrosections of 75.2601 = *ARET* I 44 may be described as follows:

(a) obv. I:1-IV:4, dated to the 8th month: the 200 minas (12000 shekels) of silver recorded in the total were used by people from Mari (*Pa-a-ba*$_4$) and Ebla (in alphabetical order: *ʾÀ-daš*, *Du-bí-zi-kir*, *En-na-ma-lik* lú *Il-da-mu*, EN-TI lú *Iš*$_{12}$*-gi-bar-zú*,

91. One *Du-bí-zi-kir* leads many men (1158 *ìr-a-núm*) in the unpublished text 75.2328 (quoted in Archi 1988d, p. 131).

92. Archi 1988b, p. 236 (EN-*zi-ma-lik*); Fronzaroli 1997, p. 4-6 (with discussion of *Ru*$_{12}$*-zi-ma-lik*'s connection with the šu-mu-nígin ^{d}NI-*da-bal Lu-ba-an*^{ki} and the ŠEŠ.2.IB).

93. One *Zi-mi-na-ma-lik* leads many men (780 *ìr-a-núm*) in 75.2328 (unp., quoted in Archi 1988d, p. 131); one *Zi-mi-na-ma-lik* is ugula of *Da-rí-íb*^{ki} in 75.1754 (unp., quoted in Biga 2007-2008, p. 267 n. 82).

94. Archi 1985, p. 207-213, Tav. LIIIf.; 1988d, p. 133 n. 6; 1988e, p. 29; Pomponio 1987, p. 250f.; Waetzoldt 1987, p. 375f.; Milano 1988, p. 290; 1990a, p. 307, 325 n. 12; 2003, p. 48 n. 92; 2014, p. 288, n. 35; Biga, Pomponio 1993, p. 117 n. 23.

Iš-má-da-ba-an, *Sá-gú-si*, *Su-šè-gú*) for the "barley allotment (še-ba)"[95] to men and women from Ebla (2720, 1360 guruš and 1360 dam), Nagar (170, 70 guruš and 100 dam) and possibly Mari (1100?), i.e. from 2890 to 3990 persons:

(a1) "55 minas and 30 shekels of silver (= 3300 shekels) in addition (taḫ)[96] to the silver of the gods (dingir-dingir-dingir), for the barley allotment of (the persons from?) Mari (each one at 3 shekels?): *Pa-a-ba*$_4$ has received"; this woman[97] will occur again in (c3); 3300 shekels of silver may imply 1100 persons, if *Ma-rí*^{ki} means "(people from) Mari"[98] and the ratio silver / person (1 guruš / dam = 3 shekels) is the same of the next records. However, what these foreigners would imply is unclear to me. Are there so many persons from Mari at or near Ebla when this text was written?[99]

(a2$_1$) "25 minas of silver (= 1500 shekels) for the barley allotment of 250 guruš (each one at) 3 (shekels) (and) of 250 dam (each one at) 3 (shekels) (from Ebla): *ʾÀ-daš* (has received)";

(a2$_2$) 19 minas of silver (= 1140 shekels) (for the barley allotment) of 150 guruš (each one at) 3 (shekels) (and) of 150 dam (each one at) 3 (shekels) (from Ebla), and to 80 dam (each one at) 3 (shekels) from *Na-gàr*^{ki}: EN-TI lú *Iš*$_{12}$*-gi-bar-zú* (has received)";

(a2$_3$) "15 minas of silver (= 900 shekels) (for the barley allotment) of 140 guruš (each one at) 3 (shekels) (and) of 140 dam (each one at) 3 (shekels) (from Ebla), and to 20 dam (each one at) 3 (shekels) from *Na-gàr*^{ki}: *Du-bí-zi-kir* (has received)";

(a2$_4$) "25 minas of silver (= 1500 shekels) (for the barley allotment) of 250 guruš (each one at) 3 (shekels) (and) of 250 dam (each one at) 3 (shekels) (from Ebla): *Su-šè-gú* (has received)";[100]

(a2$_5$) "37 minas and 30 shekels of silver (= 2250 shekels) (for the barley allotment) of 340 guruš (each one at) 3 (shekels) (and) of 340 dam (each one at) 3 (shekels) (from Ebla), (and) of 70 guruš (each one at) 3 (shekels) from *Na-gàr*^{ki}: *En-na-ma-lik* lú *Il-da-mu*[101] (has received)";

(a2$_6$) "10 minas of silver (= 600 shekels) (for the barley allotment) of 100 guruš (each one at) 3 (shekels) (and) of 100 dam (each one at) 3 (shekels) (from Ebla): *Iš-má-da-ba-an* (has received)";

95. On his term see most recently Steinkeller 2015, p. 27-30.
96. Milano 1990a, p. 397; Catagnoti 2012, p. 52 with n. 49, 54.
97. On *Pa-a-ba*$_4$, Archi 1999a, p. 507; 1999b, p. 49; Archi, Biga 2003, p. 3 n. 15 and 26 n. 68. Not to be identified with *Pa-ba*$_4$ queen of Mari and wife of king *Ib*-LUL-*il* (75.1555 = *ARET* VII 3, *passim*), *Pa-a-ba*$_4$ and its variant spelling *Ba-ba*$_4$ refer to another and later queen of Mari, "wife (dam)" of Dùg-*da-ar*, attested in 76.533 = *ARET* VIII 533 = *MEE* 5 13 obv. VIII:13-16 (*Pa-a-ba*$_4$ is now considered a MPN in Archi 2015, p. 176 n. 40). She is also mentioned in the short text dated to the 7th month (^{iti}*Ga-sum*) 75.1699 = *ARET* VII 132, in which are recorded 20+20 garments *al*$_6$ / *Pa-a-ba*$_4$ at the time of the "wedding (lú níg-mu-sá / 1 bur-KAK)" of *I-bí-zi-kir*'s daughter *Za-a-šè* in her ancestral home at *Da-ra-um*^{ki}, and in the even shorter text 75.10096 = Archi 1982, p. 177, in which the astonishing amount of 38 minas of gold for the "purchase of barley (níg-sa$_{10}$ še)" are said to have been "received (šu-ba$_4$-ti)" by *Pa-a-ba*$_4$.
98. Archi 1985, p. 207; Milano 1990a, p. 397, translate "per Mari".
99. Note that recently (Bonechi n.d. b) I have suggested the existence of a *kārum* of Mari traders at Tunip, south-west of Ebla, along the Orontes River, at the time of the Palace G archives, a settlement counting more than one thousand of persons: is (a1) related to these persons? See also the remarks to (c3) below.
100. Cf. Pomponio 1998, p. 32 n. 30.
101. Fronzaroli 1988, p. 19.

(a2$_{7}$) "13 minas of silver (= 780 shekels) (for the barley allotment) of 130 guruš (each one at) 3 (shekels) (and) of 130 dam (each one at) 3 (shekels) (from Ebla): *Sá-gú-si* (has received)";

(b) obv. IV:5-VIII:12, dated to the 8th month (but with the strange insertion of data concerning the successive 9th month in rev. VI:20-VII:7): the 221 minas and 22 shekels of silver (= 13282 shekels) without qualification recorded in the total were used for various tasks:

(b1) 30 shekels received by one *Ḫa-zu-lu* "travelling agent (maškim)" of *Du-bù-ḫu-*^{d}*ʾÀ-da* as "provision for the travel (níg-kaskal)" of six men (from Ebla), i.e. *I*-NI-LUM and *Ìr-kab-ar*, terapists qualified as lú-gig,[102] and their four "travelling agents (maškim)" who "goes toward (DU-DU *si-in*) *I-bí-zi-kir* (who is going) toward (*si-in*)" Nagar (five shekels for each one?);

(b2) 51 shekels of silver for the "purchase (níg-sa$_{10}$)" or the "manufacture (kin$_{5}$-aka)" of three precious daggers for three members of the Ebla elite, i.e. [...] lú *I-bí-zi-kir*, *Ib-te-da-mu* dumu-nita en, and *Ìr-ʾà-ag-da-mu*;

(b3) 45 shekels for the barley allotment of the dumu-nita en *Sag-da-mu* (30 shekels), of the "serfs (ir$_{11}$)" of one *Bar-zi* (10 shekels), and of someone from Ebla who is "smith ([...] / simug)" and "goes (DU-DU)" to Nagar (5 shekels);[103]

(b4) 45 shekels for the purchase of one "mule (kúnga)" for the king,[104] silver received by Du$_{8}$*-da-mu*;

(b5) 55 shekels for the decorations (ʾa$_{5}$*-na-gu*, NU$_{11}$-za) of the eight "horns of four bulls (si 4 am)" and of one "mace (ŠITA+GIŠ)", objects which are the "gift (níg-ba)" by king *Iš*$_{11}$*-ar-da-mu* and *Ìr-ʾà-ag-da-mu* to the Wind-God Hadda in the 8th month (note that in the other Ebla calendar this month is called iti (nídba) ^{d}*ʾÀ-da*); it is unclear if the god is that of Aleppo[105] or that of *Lu-ub*^{ki}, cultic center much nearer to Ebla;

102. Archi 1985, p. 208, 295, reads lú ⌜mi⌝ ("30 (sicli) d'argento, provvisione di viaggio per NP$_{1}$ (e) NP$_{2}$ che ... 4 suoi rappresentanti del Palazzo (che) andarono da NP a NL; NP, rappresentante di NP, ha ricevuto"); Hecker 1987, p. 232 n. 41, reads lú X ("30 (Seqel) Silber Reisespesen für I. und Ir., welche ... ihre 4 Vertreter im(?) Palast ... , die zu Ib. nach N. gingen, hat H., der Vertreter des D., erhalten"); Milano 2014, p. 288, reads lú gi$_{6}$ ("30 shekels of silver (for) INIlum, Irkab-ar – the night-watchman (lú-gi$_{6}$) – (and) their four representatives (maškim-*sù*) of the palace administration (sa-za$_{x}$^{ki}) going to Ibbi-Zikir's in Nagar: Ḫazulu, Dubuḫu-ʾAda's representative, received"). The reading gig of the second sign by D'Agostino 2003, p. 141f. is convincing, less his transliteration (lú ⌜gig⌝), translation ("30 (sicli) d'argento per il viaggio di INILum ed Irkab-Ar in occasione della malattia e di 4 loro funzionari-M. del Palazzo che si recano da Ibbi-Sipiš a Nagar, Ḫazulu, funzionario-M. di Dubuḫu-ʾAda ha ricevuto") and interpretation ("viaggio di lavoro di Irkab-Ar a Nagar col fine di curare Ibbi-Sipiš certo non più giovane se la transazione è gestita da un funzionario di suo figlio Dubuḫu-'Ada"). The position occupied by lú-gig is that of a name of profession – I admit, unattested elsewhere – and *Ìr-kab-ar* was an Ebla "healer (a:zu$_{5}$)" (D'Agostino 2003, p. 138). It interesting to observe that, during the same year of 75.2601 = *ARET* I 44, *Ìr-kab-ar* took care of two Ebla princesses, *A*-NI-*a-ù-du* (75.1274 = *MEE* 2 7 = *ARET* I 13 obv. VIII:20-IX:9, garments for him received at *A-ru*$_{12}$*-ga-du*^{ki}) and *Kéš-du-ut* (76.521 = *ARET* VIII 521 = *MEE* 5 1, rev. IV:6-9). It may be that in fact he was a specialized doctor, a gynaecologist, and that he travelled toward *I-bí-zi-kir* and Nagar to care another Ebla princess, i.e. the new queen of Nagar, *Dag-rí-iš-da-mu* (if so, the girl far from home wished to be cared by a doctor of her country of origin); on *Dag-rí-iš-da-mu*'s wedding with the Nagar's king see below.

103. Archi 1988e, p. 28f.

104. Conti 1997, p. 27; Archi 1998, p. 10.

105. Archi 2010b, p. 7 n. 30.

(b6) 30 shekels of silver for activities of the 9th month at Ebla, concerning the death of a dam of the previous king *Ig-rí-iš-Ḫa-lab*$_{x}$(LAM) (*Daš-má-da-mu*) and the barley allotment of four "dyers$^{?}$ (gùn túg)";[106]

(b7) once again concerning the 8th month of that year, 16 minas and 28 shekels (= 988 shekels) for the purchases of 276 garments of various kind – 80 *ʾà-da-um*^{túg}, 30 aktum^{túg}, 102 sal^{túg}, 74 íb^{túg} – at 3,5 shekels for each garment in average (but nothing is said of the reason of such purchase, and furthermore the amount of garments does not permit to calculate how many persons are implied), plus the unexpected 20 shekels for the purchase of a variety of "leeks (garaš$_{x}$(KAS)^{sar} kur^{ki})"[107] and the 38 shekles qualified as TIL *áš-da Ba-za-a*, in all 1,046 shekels "which are the gift (lú níg-ba)" of the "travel of the king (kaskal en)";

(c) obv. IX:1 - rev. VII:1, probably concerning the 10th month: the 400 minas of silver (= 24000 shekels) without qualification were used for four different tasks (note that unfortunately the reverse of the tablet is in very bad conditions):

(c1) "20 mina (= 1200 shekels) for the purchase of (an unspecified amount of) garments to dress (níg-sa$_{10}$ túg-túg / mu$_{4}$^{mu}) (an unspecified number of) zag-ús of *Ru*$_{12}$*-zi-ma-lik*"; if each garment cost 3,5 shekels of silver, as indicated by (b7), the garments were 342; it is difficult to say if these zag-ús were therefore 342 or instead 114, considering that each man was equipped with the typical set of three garments (*ʾà-da-um*^{túg}, aktum^{túg}, íb^{túg}) of the Ebla administrative texts;

(c2$_{1}$) "3 mina and 20 shekels (= 200 shekels) for < the barley allotment of> 200 dam tur at 1 shekel each one of the zag-ús of *Zi-mi-na-ma-lik*" (<še-ba> is certainly to be integrated, here and in several of the next sections, if not in all of them);

(c2$_{2}$) "5 minas (= 300 shekels) for [... zag-ús?] of *Si-ti*";

(c2$_{3}$) "5 minas (= 300 shekels) for the ⌜zag$^{*?}$⌝-ú[s$^{*?}$] of [*Ru*$_{12}$$^{*?}$]-*zi*-[*ma*$^{*?}$-*lik*$^{*?}$];

(c2$_{4}$) "3 minas and [20] shekels (= 200 shekels) for < the barley allotment of> 200 dam at 1 shekel each one of *Ru*$_{12}$*-zi-ma-lik*, followed by an enigmatic case with lú (blank);

(c3) "77 minas and 20 shekels (= 4640 shekels) for [...] [...] of *Pa-a-ba*$_{4}$", followed by an unclear record of [x]-⌜x⌝-[x] / 8 GÍN.DILMUN 1 ... / 20 [...] / [...]; *Pa-a-ba*$_{4}$ is also mentioned in the section (a1) above; here the huge amount of silver may refer to very many persons, but the miserable condition of the text in (c3) hampers any firm conclusion; note, however, that the sign drawn in *ARET* VII, p. 320, could suggest that [x]-⌜x⌝-[x] of rev. II:4 is to be read [lú*]-ka[r*], "trader", and in such case cf. the remarks to (a1) above;

(c4$_{1}$) "[12* ma*-na* šanabi$_{x}$(ŠA.PI)(=40)*-8* shekels] (= 768 shekels) for < the barley allotment of> 128 guruš each on at 6 shekels of *I-bí-zi-kir*";

(c4$_{2}$) "15 minas and 36 shekels (= 936 shekels) for < the barley allotment of> 156 guruš <each on at 6 shekels> of *A-du-lu*";

(c4$_{3}$) "[19 minas] (= 1140 shekels) for < the barley allotment of> 190 guruš <each on at 6 shekels> of *En-na*-NI";

(c4$_{4}$) "20 minas and 6 shekels (= 1,206 shekels) for < the barley allotment of> 201 guruš <each on at 6 shekels> of [...]";

106. Archi 1996, p. 102 n. 3, 123. For Biga, Pomponio 1993, p. 117 n. 23, *Daš-má-da-mu* died during the 8th month.

107. Catagnoti 2007, p. 223f.

(c4$_5$) "10+ minas (= 600+ shekels) for < the barley allotment of> [100+ guruš <each on at 6 shekels>] of [...]-⌜x⌝-TUM^{ki}";

(c4$_6$) "19 minas and 30 shekels (= 1170 shekels) for < the barley allotment of> 195 guruš <each on at 6 shekels> of *Ìr-a-tum*";

(c4$_7$) "28 minas (= 1680 shekels) for < the barley allotment of> ⌜280⌝ [guruš] <each on at 6 shekels> of *Ib*-⌜*lu*$^?$⌝-[x]-⌜*i*$^?$⌝-[x]$^{⌜ki?⌝}$";

(c4$_8$) "12 minas (= 720 shekels) for < the barley allotment of> 120 guruš* <each on at 6 shekels> and 12 minas (= 720 shekels) for [120 ... of PN/GN]";

(c4$_9$) "10+ [minas] (= 600+ shekels) for < the barley allotment of> 1[00 ... ...] kas$_4^?$(KAS.DU$^{!?}$)* (rev. IV:10) <each on at 6 shekels>, 16 minas (= 960) for < the barley allotment of> 160 simug <each on at 6 shekels>, 16 minas (= 960) for < the barley allotment of> 160 nagar <each on at 6 shekels>, [further personnel in some cases lost] of ⌜*I-bí-zi-kir*⌝ (and) ⌜*Du-bí*⌝";

(c4$_{10}$) "6 minas (= 360 shekels) for < the barley allotment of> 20 [name of profession lost <each on at 6 shekels>] (and) for < the barley allotment of> 40 [name of profession lost <each on at 6 shekels>] and 5 minas (= 300 shekels) for < the barley allotment of> 50 guruš <each on at 6 shekels> of *Li-ma-du*^{ki}";

(c4$_{11}$) "13 minas (= 780 shekels) [for < the barley allotment of> 130 name of profession lost <each on at 6 shekels> (...) of PN/GN]";

(c4$_{12}$) "[68 minas (= 4080 shekels) for < the barley allotment of> 680 names of profession lost <each on at 6 shekels> of PN/GN]" (in the broken part of rev. VI).

To sum up, even if its data have only partially reached us, 75.2601 = *ARET* I 44 recorded many thousand of persons, foreigners and not. The large majority of them are anonymous. The huge amount – 132 minas and 50 shekels – of silver associated with the important woman called *Pa-a-ba*$_4$ and with Mari in (a1) e (c3) is enigmatic, but in any case it can implies a large group of foreigners, several thousands, from the Middle Euphrates. Anyway, when this text was written, in the Ebla kingdom there also were 70 men and 100 women from Nagar according to (a2$_2$), (a2$_3$) and (a2$_5$). Their food was supplied by Ebla itself. Many anonymous persons without geographical indication, and therefore almost certainly from Ebla, but qualified as guruš, dam, kas$_4^?$, simug and nagar, are instead recorded in (a) and in (c). Respectively, in (a) they are 2720 (1360 guruš and 1360 dam) and in (c) at least 2859 persons (1169 guruš, 400 dam, 100 kas$_4^?$, 160 simug, 160 nagar and further 870 persons whose qualification is lost). Thus, in all they are 5579, 3819 men and 1760 women.

It is interesting to note that 75.2601 = *ARET* I 44 distinguishes the value in silver of the še-ba of three groups of personnel:

> men (guruš, kas$_4^?$, simug, nagar) whose sustainement corresponds to six shekels (c4$_{1-12}$);
> men (guruš) and women (dam) whose sustainement corresponds to three shekels (a2$_{1-7}$);
> women (dam and dam tur) whose sustainement corresponds to only one shekels (c2$_1$, c2$_4$).[108]

108. Davidović 1988, p. 201 and n. 23.

To these people, the zag-ús of in (c1) and ($c2_1$), and perhaps also of ($c2_2$) and ($c2_3$), must be added. Their number is not reported, but they should have been some hundreds. Unlike the other personel (e.g. guruš 3, dam 1, guruš 6), for the zag-ús no indication of shekels of silver per men as še-ba is recorded. What is clear, however, is that the zag-ús are distinguished from the guruš and that the guruš are much more numerous than the zag-ús (this is confirmed by the quantitative data of a "chancery" text discussed below, § 4). Furthermore, both the zag-ús and the guruš may be associated with women, dam.

75.2601 = *ARET* I 44 has been rarely used for historical, evenemential reconstructions. Certainly it was written under the last king of Ebla, *Iš$_{11}$-ar-da-mu,*[109] *inter alia* because *I-bí-zi-kir, Du-bù-ḫu-*^{d}*À-da, A-du-lu* and *En-na*-NI are mentioned.[110] But when exactly is more difficult to say.

Leaving the mention of persons from Mari to a further study, one of the important features of this text is the mention of 70 guruš and 100 dam from Nagar. It looks evident that they were at Ebla, or nearby. But why?[111] To try to give an answer to this question, I recall that during *Iš$_{11}$-ar-da-mu*'s reign there was a specific event which involved the presence at Ebla of many persons from Nagar. I make reference to the well-known wedding of the Ebla princess *Dag-rí-iš-da-mu* with the Nagar king, to be dated to the very late period covered by the Palace G archives.[112] Note that:

(1) the wedding between *Dag-rí-iš-da-mu* and the king of Nagar happened at Ebla during a 7th month (^{iti}*Ga-sum*), as reported in the partially published text 75.5317 = *ARET* XII 874 + 75.1250 + 75.10091;[113] "the prince [*Ul-tum-ḫu-ḫu*] travelled from Nagar with a train of 80 people and 6 singers", i.e. 2 é-duru$_5$^{ki} maḫ, 2 é-duru$_5$^{ki} and 6 nar;[114] there also were ten "elders (ábba)" and other members of the Nagar elite (NI-*zi* ur$_4$, *Mar-zam*$_x$(LAK-304)), so the delegation may have been composed by around 100 persons; *I-bí-zi-kir* partecipated to the event;[115] after the wedding, during the same 7th month, the Ebla princess now queen of Nagar left the Palace G to go to her new Mesopotamian residence, accompanied by six "serfs" (five ìr and one géme), 12 "girls (dumu-mí)" and two ur$_4$, NI-bàd^{ki} and SI.A-*um*;[116] moreover, it is important to note that after this wedding the Palace G archives existed for at least some months, given the date formula DIŠ mu DU-DU *ma-lik-tum Na-gàr*^{ki} which

109. Rightly it has been dated to the last years of *Iš$_{11}$-ar-da-mu* (Biga, Pomponio 1990, p. 193), wrongly to the "prima parte del regno di Iš'ar-Damu" (Pomponio 1997-1998, p. 103).

110. On *A-du-lu* and *En-na*-NI see Fronzaroli 1992, p. 168-170.

111. For Astour 1992, p. 52 n. 315 "a peculiar case is that of 100 dam-III and 70 gurus-III (i.e., female and male workers paid three shekels of silver apiece) from Nagar, distributed among three Eblean labor teams (ARET I 44 §§3-4, 6). Nagar, a kingdom friendly to Ebla, does not seem to have been under any obligation to it. Perhaps we are dealing with hiring foreign workers for a purpose that is not stated in the record".

112. Data on this wedding (on which see Bonechi n.d. c.) in Biga 1987, p. 46; 1996, p. 71f.; 1998, and in Archi 2002b, p. 172f.; see also Archi *et alii* 1993, p. 395, Archi, Biga 2003, p. 27 n. 70, Biga 2008, p. 309 n. 27; 2014, p. 77; 2015, p. 189f., and Archi 2010c, p. 1; 2011, p. 17ff.; 2013, p. 83; 2015, p. 175; furthermore, Sallaberger 1999, p. 394 and n. 5, and Oates, Oates 2006, p. 402f. On *Ul-tum-ḫu-ḫu* as a Hurrian PN see Richter 2004, p. 278; Sallaberger 2007, p. 433 n. 94.

113. Biga 1998, p. 19; Lahlouh, Catagnoti 2006, p. 234. Why the groom was the king of Nagar and not his son is explained in Bonechi n.d. c.

114. Biga 1998, p. 19.

115. *Ibid.*, p. 20.

116. *Ibid.*

is reported in the unpublished text 75.1633,[117] possibly written at the begining of the following year;[118]

(2) in the very late texts of the archive L.2712 many persons from *Na-gàr*^{ki} who received food from the Ebla royal palace are mentioned (clearly they resided at Ebla or nearby): see e.g. 75.447 = *ARET* IX 66 rev. III:2f. and IV:9-11 (2 gú-bar / *Na-gàr*^{ki} ... 1-1/2 *gú-bar* / *Mi-na*-NI / *Na-gàr*^{ki}) and *ARET* X 88, unp., obv. I:1-II:2 and obv. III:5 - rev. I:1 (1 *ba-rí-*[*zu*] še-tí[tab] *Na-gàr*^{ki} *Rí-ì-na-im* šu-ba$_4$-ti 1 *gú-bar Na-gàr*^{ki} ⌜x⌝-*na*-[...] [šu-ba$_4$-ti] ... 1 *ba-rí-zu* še-títab *Ga-ba*$_4$ šu-ba$_4$-ti *Na-gàr*^{ki});[119] above all, see the passages of the unp. texts *ARET* X 102, 103, 105 and 106 in which, respectively, 40, 40, 40 and 80 anonymous persons (2 é-duru$_5$^{ki}, 4 é-duru$_5$^{ki}) from Nagar are recorded;[120]

(3) in these texts from the archive L.2712, several attestations of *I-bí-zi-kir* who goes to Nagar occur (in sections from: 75.554 = *ARET* IX 83, to Nagar, during a 6th month, iti nídba ^{d}*Áš-da-bíl*; 75.343 = *ARET* IX 93, undated, to Nagar, and 75.564 = *ARET* IX 95, to Nagar, in texts in which also his journey to Mari is recorded; 75.275 = *ARET* IX 94, undated, to Kiš and Nagar);[121]

(4) in the texts from the archive L.2769 there are several attestations of "acrobats (ḫúb(-ki))" from Nagar[122] residing at Ebla or nearby (they lacks instead in the texts from the archive L.2712), and their connection with the arrivals at Ebla of "mules (kúnga)" from Nagar is very likely; since the Ebla purchases of mules from Upper Mesopotamia was continuous during the reigns of the last two Palace G kings, these presences may be due to different reasons in different times; it could be, however, that some of these eastern foreigners – belonging to a category of personnel frequently attested together with artists such as the "musicians (nar)" – reached Ebla just because of the wedding between *Dag-rí-iš-da-mu* and the king of Nagar; in this congecture, attestations of 11 ḫúb-ki from Nagar in texts whose chronology is most probably the same of the texts mentioned above in (1-3) are those in 75.2590 = *ARET* I 6 (dated to a 9th month, ^{iti}*Za-lul*, recording *Gi-ra-tum*, *Bù-du-zu*, *Zi-za-zu* and *A-ga*),[123] in 75.1446 = *ARET* IV 14 (dated to a 11th month, ^{iti}PÈŠxÉŠ-sag, recording *Gi-li-mi*, *Si-NE-su*, *U*$_9$-NI-*a-gi*-NE-*iš*, *Zi*-NE-*su-mu*, *Gi-lu-ù-gú* and *Za-ma-ʾà-ru*$_{12}$),[124] and in 75.1370 = *MEE* 2 39 (dated to a 2nd-bis month, iti še-gur$_{10}$-kud-2, recording *ʾÀ-ma-ru*$_{12}$*-gú*).

117. Pettinato 1979, p. 89; Biga 1998, p. 21.

118. According to Biga 1996, p. 72, and 1998, p. 20, "it is most probable that the marriage is then celebrated at Nagar, once the princess has arrived; it is possibly for the wedding banquet at Nagar that 42 jars (a notable quantity) of wine are destined, sent to the city of Nagar on the occasion of the marriage of the king of this city", with reference to the administrative text 84.201 = Archi 1993, p. 23-25 obv. I:1-10 ("*in* ud / ⌜níg-mu-sá⌝ (?) / en / *Na-*⌜*gàr*⌝^{ki}" in Archi 1993, p. 23f.). See Bonechi n.d. c. Wine for Nagar is also recorded in 76.542 = *ARET* VIII 542 = *MEE* 5 22 obv. XI:10 - rev. I:1 (Archi 1993, p. 18 n. 49), a text dated to the 10th month (^{iti}*I-ba*$_4$*-sa*).

119. Quoted in Archi *et alii* 1993, p. 394.

120. Quoted in Milano 1990, p. 211; Archi *et alii* 1993, p. 394.

121. Milano 1990, p. 362f., 280, 282, 284ff., 328; 2014, p. 291-293; Archi *et alii* 1993, p. 393, 395.

122. Catagnoti 1997, 1998; Archi 1998, p. 10f.; Archi *et alii* 1993, p. 392; Oates, Oates 2006, p. 403; Oates *et alii* 2008.

123. On *Gi-ra-tum* see *The Prosopography of Ebla G*, http://www.ebla.unifi.it/upload/sub/DB/G.pdf, p. 41, on *Bù-du-zu* see *The Prosopography of Ebla B*, http://www.ebla.unifi.it/upload/sub/DB/B.pdf, p. 57 (access 1 May 2014).

124. On *Gi-li-mi* and *Gi-lu-ù-gú* see *The Prosopography of Ebla G*, http://www.ebla.unifi.it/upload/sub/DB/G.pdf, p. 37 (access 1 May 2014).

There are too much unpublished texts in the Syrian museums and chronological congectures in the bibliography that it is impossible to me to push further on these remarks; however, in my mind 75.2601 = *ARET* I 44, in which data from the months 8th and 9th are recorded, is to be strictly connected with *Dag-rí-iš-da-mu*'s wedding of the 7th month, and thus I suggest that it was written few time after such a so important event, in the 10th month of that year.

4. *Àga-ús* and *zag-ús* in the Ebla chancery texts

The attestations of these two terms in **[40-41]** and **[56-71]** can be tabulated as follows (all of them are from *ARET* XVI):

passage	XVI	text
[40 = 57]	4[1]	*ap* zag-ús lú *áš-da* en è *ga-lu wa* àga-ús-*ma Ar-mi*^{ki}
[41]	6[2]	[...] *in* uru^{ki} *wa* àga-ú[s] ⸢x⸣ [...]
[56]	3[3]	*wa* níg-á-gá-II zag-ús *wa kam*$_4$*-mu* uru-bar DU-DU *si-la-ga* igi-tùm
[58-60]	5[4]	lú ì-ti *si-in Ma-rí*^{ki} zag-ús *wa Na-ga-um* Ù-ti DU-DU *da-si-in* sa$_6$*-ma zé-ga zé-ga* kin$_5$-ak *a-ti-ma* maškim-e-gi$_4$*-ga* ì-ti *Na-ga-um wa Ù-ti wa* zag-ús *ap ma-na* / [...]-⸢x⸣-[...] *in-na* zag-ús *mu-da-li-gú áš-da* en *a-ti-a* igi-du$_8$ [...]
[61]	10[5]	*ap su-ma* kù:babbar lú du$_{11}$-ga *an-da an-na* LUL-gu-aka-*SÙ* an-gál *wa* ì-na-sum *na-se*$_{11}$*-na-se*$_{11}$ *ma-ti-iš ba il-da-zu u*$_9$*-mu kam*$_4$*-mu* uru^{ki} šu-mu-nígin lú uru^{ki} še kú *i-na-a* zag-ús
[62]	19[6]	*ap su-ma* DU-DU DU-*nu* wa al$_6$-èn-tar *zé* dingir *wa* zag-ús-*ma in Ib-la*^{ki} sa$_6$*-ma wa* zag-ús [*w*]*a*$^?$ DU-DU 1 *rí-bab áš-da* en *wa* [níg]-kas$_4$ [*ar-ḫi-iš*] *ar-ḫi*<*-iš*>
[63]	20[7]	du$_{11}$-ga é-*ne* ì-na-sum zag-ús *wa* DU-[DU] *si-in Ga-sùr*^{ki} *wa* ì-dím [...]
[64-66]	13[8]	[...]-⸢*wa*⸣$^?$ [...]-*da*-[(x-)]*šu in Gú-ḫa-ti*^{ki} [...]-⸢x⸣ [...] [...] [...]-da$^?$-*ma* [x]-*ma*-(x-)*tum* [zag-ú]s [...-d]a *ap* maškim-e-gi$_4$ *si-la-ga* DU-DU *wa* gaba-ru ir$_{11}$-ir$_{11}$ [zag$^?$-ú]s [...] [...] ⸢x⸣-[...] mè-*ma* DU-DU *si-in Ḫa-ra-an*^{ki} *wa* ì-ti uru^{ki}-uru^{ki} *Ir-i-íb*^{ki} *wa* è zag-ús *Ib-la*^{ki} [...] mè *an*$^?$*-da* al$_6$-tuš *in* [...] ⸢*ar*⸣-[*az*] *an*-[*na*] níg-k[as$_4$]-*ma áš-da* zag-ús
[67-70]	12[9]	3 *mi-at* 33 ma-na šušana$_x$(ŠÚ+ŠA)(=20) kù:babbar še-ba 2 *li* zag-us 10 *wa an-na wa* ir$_{11}$-ir$_{11}$-*SÙ wa* zag-ús lú *áš-da-a mi-na* kú *ap* lú še nu è *in* uru^{ki} zag-ús *wa* ʾ*a*$_5$*-si-in* kù:babbar *áš-da-ga wa* níg-sa$_{10}$ ŠÈ zag-ús *wa gú-wi-si-na*
[71]	7[10]	*ap kam*$_4$*-mu* lú igi-tùm e$_{11}$ *ù-ma-nu in A-daš*^{ki} *wa* zag-ús-SÙ *Ar-ga*^{ki}

1. *I-bí-zi-kir* was far from Ebla, this is clear, and perhaps also the Ebla king was not at home. The other mentioned GNs are *Da$_5$-nu-gú*^{ki}, *Du-na*^{ki}, *Ḫa-a-bí-du*^{ki}, *Zu-ra-mu*^{ki} and *Gi-a-bí-du*^{ki}. Only the localization of *Ḫa-a-bí-du*^{ki}, on the Euphrates downstream of Tuttul, is certain. *Zu-ra-mu*^{ki} was probably west of Emar, at the eastern borders of the Ebla kingdom, and to me also *Da$_5$-nu-gú*^{ki}, where probably *I-bí-zi-kir* was when the letter was written, belonged to this area.
2. The only GN mentioned in this letter by the Ebla king to *I-bí-zi-kir* is *Da$_5$-nu-gú*^{ki} (cf. the previous footnote).
3. *I-bí-zi-kir* was far from Ebla, in an area where he employed not only transport wagons, but also rafts, probably along the Euphrates. The only GN mentioned in this text is *Zàr-bat*^{ki} (in the difficult passage obv. V:7 - rev. I:4, gaba-ru / *nu-u$_9$-nu* / *ù-ma* / *si-in* / *Zàr-bat*^{ki} / *ù-ma* / *Bù-šu*, translated as "rinviatemi una copia (della tavoletta), sia verso Ṣarbat sia (verso) Būṯu (PN)" in Catagnoti, Fronzaroli 2010, p. 35, 38). Thanks to the administrative texts found at Mari and Ebla we know that Ṣarbat was a seat of the cult of the goddess Ištar (Mari *Zàr-bat*^{ki} and ^{d}Inanna *Zàr-bat*$^{\langle ki \rangle}$: Charpin 1987, p. 100 and 99; Ebla *Za-àr-ba*$^{!}$*-at*^{ki} and *Zàr-bat*^{ki} with its ^{d}*Aš-dar*: Archi *et alii* 1993, p. 476, 481; Bonechi 1993, p. 331 and 332$^{!}$). Where precisely it was, however, is unknown (Bonechi 1998, p. 220, with literature, but this III millennium Ṣarbat is certainly different from that of the Old Babylonian Mari archives). It seems to me that there are no cogent reasons to put it very near to Mari, and perhaps it rather was not far from Ḫalabīt and Tuttul.
4. Another difficult letter to *I-bí-zi-kir* by *Iš$_{11}$-ar-da-mu*, mentioning three times the Ebla zag-ús in a general context of supplies of food for Ebla people travelling east of Tell Mardikh. Where *I-bí-zi-kir* was is difficult to devine, but perhaps he still was near Emar. The mentioned toponyms are *Ma-rí*^{ki}, the "Water(s)-of-*ʾÀ-da*^{ki} (a / *ʾÀ-da*^{ki}) and *Ga-sùr*^{ki}. *Ga-sùr*^{ki} was probably near Emar, while the localization of the "Water(s)-of-*ʾÀ-da*^{ki}" remains an open problem. Some scholars think to a distant area, north of the Euphrates and between the Baliḫ and Ḫabur rivers. Instead, I think that it was a lake much nearer to Tell Mardikh, between Emar and Ebla, south-west of the Euphrates, just beyond the Ebla border. Possibly "Water(s)-of-*ʾÀ-da*^{ki}" is an ancient name of the Jabbul Lake. Moreover, it seems to me that, in this letter, the occurrences of Mari refer to the territory under the control of this political and military superpower, and not to the distant capital itself. If so, the letter reports that Ebla zag-ús have reached the border of the territory under Mari control, probably between the Euphrates and the Ebla border, an area much nearer to Tell Mardikh than to Tell Hariri.
5. A letter by the king to *I-bí-zi-kir's son, i.e. Du-bù-ḫu-*^{dʾ}*À-da*. It mentions problems caused by food rations given to the Ebla zag-ús rather than to the "inhabitants (of the capital / of the kingdom) (*na-se$_{11}$-na-se$_{11}$*)". The general context is unclear. *I-bí-zi-kir* was far from Ebla, possibly still in *Da$_5$-nu-gú*^{ki}. Where the king and *Du-bù-ḫu-*^{dʾ}*À-da* were it uncertain, but perhaps only the latter was in Ebla. Instead, the *"families* (*kam$_4$-mu*)*"* are just back in the "city (uru^{ki})", that is Ebla, while 1000 men from *Ar-mi*^{ki} are back in the Ebla countryside, that is in "Saza", notwithstanding the *opinio communis* according to which 'Saza' refers to the Palace G. This letter is certainly very close in time and content to 75.1394 = *ARET* XVI 12.
6. A letter by *I-bí-zi-kir* presumably to the Ebla king and dealing with the same topics of 76.719 = *ARET* XVI 13. Clearly the sender was far from Ebla. He reports problems caused by groups, likely of seminomadic habits, who formed the auxiliary troops of Ebla. These troubles concerned Ḫarrān and Nagar (the kingdoms of, or the people from?), but also bothered some north-western allies of Ebla. An army of 10000 soldiers, including elite troops, was available to *Iš$_{11}$-ar-da-mu*, and such figure matches the 9200 soldiers of 75.1394 = *ARET* XVI 12; almost probably these two letters refer to the same historical situation. *I-bí-zi-kir* mentions the sacrifice and the horns of a bull, a probable reference to the Wind-God Hadda of Aleppo.
7. A text with a rather complex content. It includes a letter by *I-bí-zi-kir* to someone where he says: the Ebla "elite troops therefore have to go towards *Ga-sùr*^{ki}", thus probably in the Emar area. *I-bí-zi-kir* also writes to someone prompting the military aid of the guruš saying: "the soldiers therefore have to run in help of Ebla (guruš-guruš / *wa* / á-taḫ / *si-in* / *Ib-la*^{ki})". Almost likely *I-bí-zi-kir* was far from Ebla, possibly still in *Da$_5$-nu-gú*^{ki}. The document is really important since it quotes the "offering of the olive oil of Mari (nídba ì-giš / *Ma-rí*^{ki})". This political pact, confirming the mutual obbligation contracted by Ebla and Mari to provide military aid, is firmly anchored to the very last period of life of the Ebla Palace G because an unp. administrative text, TM.75.G.12450, whose dating is known, mentions this same event (on this text, Archi, Biga 2003, p. 14, 18; Biga 2008, p. 324, 327). In 75.1531 = *ARET* XVI 2, a letter by the Ebla king to *I-bí-zi-kir, Iš$_{11}$-ar-da-mu* quotes the "offering of the olive oil of *Ga-sùr*^{ki} (nídba ì-giš / *Ga-sùr*^{ki})". Likely 75.1531 = *ARET* XVI 2 and 75.12591+16343 = *ARET* XVI 20 were written at a very short distance of time.

8. A fragment of a letter possibly written by the Ebla king to *I-bí-zi-kir*. It mentions the "Ebla elite troops (zag-ús / *Ib-la*[ki])" in a brocken passage in which someone speaks of a meeting between the "serfs (ir$_{11}$)" and these men and of the fact that the elite troops have "gone out (è)", perhaps from the Ebla borders. The toponyms in this text are Syrian capitals such as *Ḫa-ra-an*[ki], *Ir-i-íb*[ki], *Bur-ma-an*[ki] and *Du-ub*[ki] or towns such as *Gú-ḫa-ti*[ki], *Gú-du-ma-an*[ki], *Kir-mi-na*[ki], *A-ba*$_4$*-zi-tum*[ki], and *Ga-sùr*[ki]. This latter place, probably near Emar, occurs together with Mari in a passage mentioning *Ù-ti* brother of *I-bí-zi-kir* (cf. [58]). In this text also the term for "battle (mè)" occurs. In the Ebla administrative texts mè is very rare. Its few occurrences show that real big clashes in open field were rather extraordinary events at the time of the last kings of Ebla. In general, sudden attacks against easy targets and sieges were much more frequent. But in this text mè occurs four times. It is difficult to say how many fights this letter reports, but I think just one. Moreover, in [66] someone says: "[During] the battle, when you was in [GN], I rushed to the aid of the military expedition together with the (Ebla) zag-ús". These topics are not isolated in this corpus, cf. 76.669 = *ARET* XVI 19.
9. Possibly a draft of a letter by the king to *Du-bù-ḫu-*[d]*'À-da*. It does not deals directly with wars, but rather with problems caused by an extraordinary concentration of thousands of men in the "city (uru[ki])", thus probably in and around Ebla itself. Nonetheless, it gives an important quantitative information on the Ebla troops, since, after 500 minas of silver for the rations for "6000 soldiers (guruš)" for ten months, it records "333 minas and 20 shekels of silver (= 20000 shekels) for the food rations for 2000 soldiers of the elite troops". This text also confirms that the zag-ús normally stay near the king (zag-ús / lú *aš-da-a*). Other passages show the importance of the food supplies not only for the inhabitans of the "city (uru[ki])", but also for the zag-ús and for what has been interpreted as their "ausiliary personnel (*gú-wi-si-na*)" there residing. To me this text speaks of the last days of Ebla, since the destruction of the Palace G fits well with a warlike scenario in which thousands of violent men scamper in that part of Syria, near Tell Mardikh. The "*urbs* (uru[ki])" is the only mentioned GN. The 8000 men of this text could have been the last defenders of Ebla. Moreover, another puzzling passage should imply the presence of a foreign and allied troop of 1200 men, almost probably related to *Ar-mi*[ki]. In total, 9200 men. Importantly, the ennemy or ennemies remain anonymous. Where, in that days, *Iš*$_{11}$*-ar-da-mu and Du-bù-ḫu-*[d]*'À-da* were is unclear, but probably one of the two was at Ebla.
10. This text includes in obv. I:1-IV:5 what could have been the content of a previous letter wrote by *I-bí-zi-kir* to the Ebla king, followed by a letter (*en-ma*) sent to him by the king (obv. IV:6 - rev. III:15) and by a further letter (*en-ma*) by the king (rev. III:16-VI:1) to an unspecified addressee. The text as a whole is very difficult, but it seems that it deals with conflicts involving Ebla and four Syrian kingdoms, *Mar-tu*[ki], Uraš-maḫ[ki] lú edin[ki], *Ar-mi*[ki], *Du-ub*[ki]. Further mentioned GNs are *Ma-du*[ki], *Kir-mi-na*<ki>, *A-bar*[ki], *A-daš*[ki] and *Ar-ga*[ki], and also uru[ki] and SA-ZA$_x$-KI occur. The editor interpretes rev. I:11-II:4, Mar-*tu*[ki] // ága-kár[!](TÚG) / udu / Uraš-maḫ[ki] / lú edin[ki], as a reference to *Mar-tu*[ki]*'s* sheep plundered by Uraš-maḫ[ki]. 75.10117 = *ARET* XVI 7 is possibly related to 76.718 = *ARET* XVI 17 (letter by *I-bí-zi-kir* to the king, Catagnoti, Fronzaroli 2010, p. 113-115).

The Ebla chancery texts are generally arduous and frequently impassable, and these passages do not make exception. Here I can only offer general remarks on the proper names attested in **[40-41]** and **[56-71]** and on some features these passages display:

(a) in **[60]** zag-ús is followed in apposition by *mu-da-li-gú* and *a-ti-a*, grammaticaly masculine singular forms[125] (see also *ga-lu* in **[40 = 57]**);

125. Catagnoti, Fronzaroli 2010, p. 52f. ("lo scriba considera il vocabolo eblaita equivalente al sumerogramma zà-ús come un maschile singolare. È quindi probabile che a Ebla venisse usata una forma singolare, /baḥir-um/, come più tardi a Mari, *be'rum, ba'rum*") and 36 ("il testo 5 [i.e. the passage [60] above] mostra che il vocabolo eblaita equivalente al sumerogramma che indicava il 'personale scelto' era considerato come un maschile singolare [...]. La lista lessicale bilingue ha invece la glossa *ba-i-la-tum* [...], /baḥir-āt-um/ [...]; la forma di plurale in *-ātum* è comparabile con quanto attestato in accadico in alcuni nomi di funzione (von Soden, *GAG*[3], p. 95, § 61 n)").

(b) the PNs mentioned in these passages – always referring to men from Ebla – are *Iš$_{11}$-ar-da-mu* (en, **[40** = **57]**, **[60]**, **[62]**), *Na-ga-um* (**[58-59]**) and *Ù-ti* (**[58-59]**);[126] **[40** = **57]**, **[60]** and **[66]** explicitely speak of zag-ús who are together with *Iš$_{11}$-ar-da-mu*, and the same is said in **[68]** (the king is speaking), but where the king was is problematic; however, it seems that in **[61]** and **[62]** the zag-ús reside at or near Ebla, in the latter passage before they leave to a níg-kas$_4$ (and see also **[66]**);

(c) in **[56]**, from 75.1583 = *ARET* XVI 3, the zag-ús are associated by means of "and (*wa*)" with the *kam$_4$-mu* (*"families"*)[127] of the uru-bar; zag-ús and *kam$_4$-mu* also occur in **[61]**, from 75.2175 = *ARET* XVI 10, and in **[71]** from 75.10117 = *ARET* XVI 7 (also 75.2366 = *ARET* XVI 4 and 76.669 = *ARET* XVI 19 mention zag-ús and *kam$_4$-mu*); **[71]** from 75.10117 = *ARET* XVI 7 associates zag-ús and *ù-ma-nu*, "army" (on this term see below, § 5); furthermore, **[70]**, from 75.1394 = *ARET* XVI 12, associates zag-ús *wa gú-wi-si-na* (the latter spelling has been interpreted as "auxiliary personnel" and as a qualification of *kam$_4$-mu* in 76.669 = *ARET* XVI 19, obv. I:5f.);[128]

(d) **[58-59]** report that Ebla zag-ús together with *Na-ga-um* and *Ù-ti* go toward Mari,[129] while **[63]** reports that zag-ús go toward *Ga-sùr*^{ki}, therefore in both cases towards East; **[71]** reports that some zag-ús are in *Ar-ga*^{ki};

(e) the GNs are, in alphabetical order, *A-daš*^{ki} (**[71]**), *Ar-ga*^{ki} (**[71]**), *Ar-mi*^{ki}(**[40** = **57]**), *Ga-sùr*^{ki} (**[63]**), *Gú-ḫa-ti*^{ki} (**[64]**), *Ḫa-ra-an*^{ki} (**[65]**), *Ib-la*^{ki} (**[62]**, **[65]**), *Ir-i-íb*^{ki} (**[65]**) and *Ma-rí*^{ki} (**[58]**); however, with the exception of *Ar-mi*^{ki} (and of *Ib-la*^{ki}, of course), these GNs never qualify soldier; actually, they rather refer to theaters of operations; specifically, in **[40** = **47]** àga-ús-*ma Ar-mi*^{ki} could indicate less men than supposed by the editors, since one anonymous agà-ús from *Ar-mi*^{ki} is recorded in one late text, from L.2712 (**[29]**), and thus it may be that, together with his own soldiers, this high-ranking commander from the allied north-eastern kingdom of *Ar-mi*^{ki} followed *Iš$_{11}$-ar-da-mu*; furthermore, to me **[71]** creates a problem: here zag-ús is followed by the pronoun -*SÙ*, "his" or "their", and according to the editors of this text it can only refer to the Ebla king;[130] note however that the Ebla king is speaking and that another king, i.e. the en of *Ar-mi*^{ki}, is mentioned at the beginning of the letter, in rev. IV:9f.; therefore, it may be that -*SÙ* in the following *kam$_4$-mu-SÙ* of rev. IV:12 and zag-ús-*SÙ* of rev. V:17 refer just to this foreign sovereign (the question of the relations between Ebla and *Ar-mi*^{ki} remains so complicated that this problem cannot be further developed here);

126. On *Na-ga-um* and his important "household (é)" see, besides Catagnoti, Fronzaroli 2010, p. 49, also Biga 1996, p. 62f.; 1998, p. 19 n. 11; Archi 2202b, p. 163 and n. 7; on *Ù-ti*, one of *I-bí-zi-kir*'s brothers, see Archi 1988c, p. 234f.; Catagnoti, Fronzaroli 2010, p. 50.

127. Fronzaroli 1998; 1999; Catagnoti, Fronzaroli 2010, p. 37, 244.

128. *Ibid.*, p. 97, 120.

129. *Ibid.*, p. 49: "questa lettera indirizzata dal re a Yibbiʾ-Ḏikir ha per oggetto l'approvvigionamento di una carovana che va a Mari. Di essa fanno parte un contingente di truppe scelte (zà-ús) e due funzionari eblaiti di alto rango (Naghum e ʿUdī). Non vi sono elementi per accertare se i movimenti degli zà-ús avessero fini militari. La loro qualificazione come *mu-da-li-gú* potrebbe essere un elemento in favore di un'azione di pattugliamento o di razzie. L'indicazione topografica *si-in* / *Ma-*⌜*rí*⌝^{ki} (r. II 3-4; anche, *in* / *Ma-rí*^{ki}, v. II 8-9) potrebbe anche indicare semplicemente la zona d'influenza di Mari, o il suo territorio [...], ma qui si riferisce certamente alla città come è indicato più avanti (al$_6$-tuš-*ma* / *in* / *Ma-rí*^{ki}, v. II 7-9). Questo potrebbe spiegare perché al ministro sia richiesto di fornire provviste per la loro permanenza".

130. *Ibid.*, p. 63-65.

(f) also uru^{ki} (**[61]**, **[69]**) and uru^{ki}-uru^{ki} (**[65]**) do occurs; as for uru^{ki} in the Ebla texts frequently it is a way to refer to Ebla; as for uru^{ki}-uru^{ki}, they are towns of the kingdom of *Ir-i-íb*^{ki}, possibly in north-eastern Mesopotamia, anyway rather far from Ebla (but probably zag-ús is not the grammatical subject of the sentence concerning these centers);

(g) quantitative information on the zag-ús in two Ebla 'chancery' texts merit to be emphasized. According to the current interpretation of 76.669 = *ARET* XVI 19[131] as a letter sent by *I-bí-zi-kir* – who was away, in a theater of war – to someone in the Palace G (in my opinion probably his son *Du-bù-ḫu-*^{d}*À-da*), he asks to be helped by the rescue intervention of Ebla zag-ús "if we have to move (*su-ma* DU-DU DU-*nu*)": in such case, once made an oracolary interrogation to the god and ascertained that the "zag-ús who are *in Ib-la*^{ki} are in good health (zag-ús-*ma in Ib-la*^{ki} sa$_{6}$-*ma*)", then "the 10000 (zag-ús) who are near the king (1 *rí-bab* áš-da en) have to go as soon as possible in military expedition ([níg]-kas$_{4}$)". Therefore this passage (**[62]**) reports that a zag-ús-troop made of 10000 units stationed where *Iš*$_{11}$*-ar-da-mu* was. Furthermore, since *Iš*$_{11}$*-ar-da-mu* most probably was not at Ebla, but rather between Ebla and the place where *I-bí-zi-kir* was, it also implies, I think, that at Ebla there were more and different zag-ús, perhaps some thousands, to protect the Palace G. Moreover, in what seems to be a text sent from somewhere by king *Iš*$_{11}$*-ar-da-mu* to *I-bí-zi-kir*'s son *Du-bù-ḫu-*^{d}*À-da* at Ebla, i.e. 75.1394 = *ARET* XVI 12,[132] the opening macrosection in obv. I:1-III:2 reports that, having "at disposal (taka$_{4}$)" 800 minas of silver (= 48000 shekels), someone, most probably *I-bí-zi-kir*, had given 933 minas and 20 shekels (= 56000 shekels) as "barley allotment (še-ba)" for various people (i.e. he has spent more silver than he had). Among this silver there are[133] 500 minas (= 30000 shekels) for 6000 "⌜guruš⌝ ⌜5⌝" and (**[67]**) 333 minas and 20 shekels (= 20000 shekels) for 2000 "zag-ús 10". This confirms what has been above remarked in the analysis of 75.2601 = *ARET* I 44 in the *Excursus*, i.e. that guruš and zag-ús – clearly distinguished, in the sense that the former are not part of the latter – belonged to two different social levels: here the guruš are in number three time more than the zag-ús (6000 *vs* 2000 units), and collect the half (5 *vs* 10 shekels of silver).

5. An evaluation of the Ebla data on àga-ús and zag-ús

The main results of the present investigation on these two categories of military personnel are:

(a) at least three kinds of military personnel are certainly attested in the Palace G texts: àga-ús, zag-ús, guruš; they identify specific kinds of soldier of the Ebla infantry; also, in the lexical lists and in the 'chancery' texts the generic designations of the "army" occurs, see *VE* 140, éren-KI-GAR = *maš-bí-tum*, *maš-ba-tum* (*maṣbiʾtum*, *maṣbaʾtum*), = *ù-ma-núm* (*ʿummānum*); *maš-bí-tum* of 75.2290 = *ARET* XIII obv.

131. *Ibid.*, p. 118-122.
132. *Ibid.*, p. 92-94.
133. *Ibid.*, p. 95f.

VI:10; *ù-ma-nu* of 75.10117 = *ARET* XVI 7, rev. V:13[134], in the difficult passage **[71]**, which mentions together *kam*$_4$*-mu*, *ù-ma-nu* and zag-ús;[135]

(b) at least 18 men from Ebla were Ebla àga-ús (*Bù-ga-núm*, *Du-bù-ḫu-*^{d}*'À-da*, *En-na*-BAD, *En-na*-NI lú é am, *Gi-la-ma-lik*, *I-ti-*^{d}NI*-lam*, *Ib-ḫur*-NI, *Il-ti*, *Íl-e-i-šar*, *Ir-ti*, *Mi-ga*-NI, *Ne-zi-ma-a-ḫu*, NI-*ba*-NI, NI-*ba*-NI dumu-nita *Ìr-ì-ba*, *Puzur*$_4$*-ra-ḫa-al*$_6$, *Puzur*$_4$*-ra-ma-lik*, *Puzur*$_4$*-ra*-NI, *Uš-ra-sá-mu*; perhaps 15 more PNs refer to this kind of high-ranking soldier; Ebla àga-ús depended from top-rank men: before *Iš*$_{11}$*-ar-da-mu*'s reign, from the lugal *Ti-ir* (the man mentioned in the so-called 'Treaty between Ebla and Abarsal' 75.2420 = *ARET* XIII 5) and *Ar-ru*$_{12}$-LUM, during *Iš*$_{11}$*-ar-da-mu*'s reign, from *I-bí-zi-kir* (that his father *Ib-rí-um* is not associated with the àga-ús or the zag-ús is noteworthy); other àga-ús are associated with ká-units leaded by *Ba-za-a*, *En-na*-NI and *Iš*$_{11}$*-ru*$_{12}$*-ut*; while never àga-ús is preceded by quantitatives of goods or by high figures indicating that they were many, many men depended from each àga-ús (their number varies from 1050 to 60); sometimes foreign àga-ús, from *Gú-ra-ra-ab*^{ki}, *Kas*$_4$*-ni-ig-du*^{ki} and, later, from *Ar-ḫa-du*^{ki}, *Ar-mi*^{ki} and *Ma-rí*^{ki}, are mentioned; mainly the Ebla àga-ús resided and acted in the Ebla kingdom, rarely in regions outside it (I make reference to the mentions of *Na-gàr*^{ki} possibly also of *Alaga*^{ki});

(c) instead, the PNs of the zag-ús are never recorded, and certainly this is not by chance; zag-ús were "near (*áš-da*)" king *Iš*$_{11}$*-ar-da-mu* and depended from *Du-bí-zi-kir*, *Du-bù-ḫu-*^{d}*'À-da*, *En-mar*, *I-bí-zi-kir*, *Ìr-péš-zé*, *Na-ga-um*, *Ru*$_{12}$*-zi-ma-lik*, *Ù-ti* and *Zi-mi-na-ma-lik* (the presence in this list of *I-bí-zi-kir*, of his brother *Ù-ti* and of his sons *Ru*$_{12}$*-zi-ma-lik* and *Du-bù-ḫu-*^{d}*'À-da* is noteworthy); the number of the zag-ús ranges from to 20 to 200 in the administrative texts, but reaches 10000 in a passage of a chancery text which, furthermore, should imply that there were even more men qualified in this way (I suspect that the Ebla zag-ús were in all around 12000 / 15000); as for where the zag-ús – pictured in one 'chancery' text as *mu-da-li-gú*, "costantly in motion" (**hlk*) – were employed, the available data indicate for sure that some of them actually moved toward the eastern areas of *Ga-sùr*^{ki} and Mari (most probably, the territory controlled by Mari north-west of Tell Hariri and upstream of Tuttul is meant, and the Ebla zag-ús did not cross the Euphrates but reached the area of the Jabbul Lake); it is unlikely that they were also deployed in the northernmost area of *Ḫa-ra-an*^{ki} and *Ir-i-íb*^{ki}, thus crossing the Euphrates; it seems to me that in general the bulk of the Ebla zag-ús were a numerous defensive troop aimed to protect the king, the Palace G and the Ebla countryside, while *I-bí-zi-kir* and the members of his family with military duties managed much more restricted groups of these elite troops in their dangerous actions outside the Ebla kingdom;

(d) the presence of many descendants of *Ib-rí-um* – who probably was also a military leader – in the passages with àga-ús and zag-ús which were written during the reign of *Iš*$_{11}$*-ar-da-mu*, is meaningful and not unexpected indeed: actually, military leaders

134. Conti 1990, p. 84f., with literature; Fronzaroli 2003, p. 133, 139, 282; Catagnoti, Fronzaroli 2010, p. 59, 65, 274.

135. Also note that the spelling *ti-ni-da-am*$_6$ (accusative) of the chancery text 75.10117 = *ARET* XVI 7, rev. I:5 has been interpreted as "truppe in sostituzione" (*tiʿniyitum* < *ʿny, Mari Akk. *tēnītum*, "relief, replacement (of troops)", *CDA*^{2}, p. 404) in Catagnoti, Fronzaroli 2010, p. 57, 62, 271, 289. On the spellings *gú-wu-na* in 76.669 = *ARET* XVI 19 rev. I:6 and *gú-wi-si-na* in 75.1394 = *ARET* XVI 12 rev. II:14 ([70]) see above, § 4 (c).

were *Ib-rí-um*'s sons (*I-bí-zi-kir*, *Ir-ti* and *Ù-ti*) and grandsons (*Du-bù-ḫu-*ᵈˀ*À-da* and *Ru*$_{12}$*-zi-ma-lik*, sons of *I-bí-zi-kir*);

(e) on the grounds of the analysis of the occurrences of zag-ús, I also suggest that sixteen of the nineteen letters published in *ARET* XVI (texts 2, 3, 4, 5, 6, 7, 8, 9, 10, 11, 12, 13, 15, 17, 19, 20) belong to the very late period of life of the Palace G characterized by insecurity, battles and conflicts around Ebla. Moreover, considering the month names attested in them, three letters may be put in the following chronological sequence:

1) 75.2175 = *ARET* XVI 10 (by *Iš*$_{11}$*-ar-da-mu* to *Du-bù-ḫu-*ᵈˀ*À-da*) may have been written during the "tenth month (iti *ḫu-lu-mu*)", when a troop of 1000 men from *Ar-mi*ᵏⁱ comes back to the Ebla countryside. It seems that this letter continues with statements about what at that time was the near future, i.e. the next three months, from the 11th to the 1st (iti è, iti kur$_6$, iti ᵈ*A-dam-ma*);

2) to the same tenth month may belong the letter 75.10004 = *ARET* XVI 5 (by *Iš*$_{11}$*-ar-da-mu* to *I-bí-i-kir*), where the king speaks of the next month, the 11th (iti è);

3) to the 12th month (iti kur$_6$) may belong the very peculiar text 75.1394 = *ARET* XVI 12, where *Iš*$_{11}$*-ar-da-mu* makes reference to urgent problems about food rations.

My consequent suggestions are that 75.1394 = *ARET* XVI 12 is among the latest texts written down in the Palace G and that Ebla fell immediately after its redaction, that is during the first months of the year, more or less at the beginning of spring.

6. Concluding remarks

In this investigation I have adopted the following translations for àga-ús and zag-ús: "(a high-ranking military leader)" and "elite troop(s)". Now I have to justify them, before to switch to a general overview of the Ebla army.

(a) As for àga-ús, it is clear that in the Mesopotamian sources it indicates a kind of professional soldier connotated as a guard.[136] Generically, this meaning fits well

136. On III millennium Mesopotamian àga-ús see recently, with literature, the impressive amount of data discussed in Schrakamp 2010, p. 20-33, "*Gefolgsmann*", and 2014, and also 2013a, p. 213, "Berufsgruppen als aga$_3$-us$_2$ 'Soldaten'"; cf. *PSD* A/3, 1998, p. 51-57, "attendant, follower" (but "a soldier" for *ePSD*). See also, with further literature, e.g. Lambert 1968, p. 164, "garde (text.: qui suit derrière)"; Steinkeller 1982, p. 262, "guardsman"; Civil 1989, p. 52, "bodyguard" (uku-ús); Selz 1993, p. 78, "Gefolgsmann", 82-84; Krispijn 2001, p. 259, "aga$_3$-us$_2$ 'who follows behind someone' are militia or guards in the service of aristocrats or large institutions"; de Maaijer, Jagersma 2003-2004, p. 352, "àga-ús is primarily a kind of (body-)guard. His other duties (as a kind of soldier, policeman, or messenger) are derived from the primary one"; Allred 2006, p. 79, "the aga$_3$-us$_2$ who are so frequently seen as recipients of animal expenditures were in general not soldiers, as typically thought. Rather, they appear to have been a group employed by the king to serve as guards, escorts, laborers, and so on, at the behest of the king" (Ur III sources); Abrahami 2008, p. 2f., a soldier with functions of guard in the Akkadian sources; Lafont 2008, p. 24, "soldat professionel", 32, "soldat de métier, soldat de l'armée permanente", 34, "Fondamentalement donc, les aga$_3$-us$_2$ sont des militaires, des soldats de métier, sans qu'il y ait lieu s'étonner que des membres de l'armée puissent de la sorte être employés *aussi* à toutes sortes d'occupations en lien avec le maintien de l'ordre et le controle des divers transports et déplacements à travers le royaume: ce en définitive des soldats faisant également office de gendarmes. Et il est même possible d'aller plus loin encore et d›envisager peut-étre que cette catégorie des soldats professionnels (aga$_3$-us$_2$) ait pu éventuellement encadrer la troupe inexpérimentée des conscrits (erin$_2$), une fois que celle-ci était réunie". This conno-

with the Ebla attestations (note that the Ebla Semitic equivalent is unknown, see *VE* 755 in [**3-5**]). The problem is what kind of Ebla soldier. In my opinion, the Palace G data strongly suggest that, at that time and in north-western Syria, àga-ús only refers to a high-ranking soldier, actually a military commander. Therefore, it seems to me that at Ebla àga-ús does not indicate neither a group of men nor mercenaries,[137] but rather a "captain of the guard". Moreover, further research could clarify if there is a seasonal pattern behind the Ebla occurrences of àga-ús.

(b) As for zag-ús, on the grounds of its attestations in the administrative and chancery texts I prefer the interpretation *baḫirātum*, < **bḫr*, "to choose, select", of the gloss *ba-i-la-tum* in *VE* 1176 ([**44-45**]) as "elite troop(s)", "crack troops", rather than "watcher" or something like this, < **pll*.[138] Furthermore, to me the relevance here of the attestations of the verb zag--ús in some more or less coevous texts from Lagaš[139] is of minor bearing than the new attestation of the noun zag-ús – clearly with the same meaning of the Ebla occurrences – in the administrative text from Mari TH00-T333 recently published, an account of foodstuffs for large groups of various categories of men such as guruš, ir$_{11}$ (lugal), zag-ús, dumu-nita, simug, nar and dub-sar nínda.[140]

(c) Lastly, these remarks can be of some use for a reconstruction of the organization of the Ebla army. Recently published, the text 75.12451 is unfortunately badly broken, but in its preserved part it records 22020 guruš níg-kas$_4$ and 26140 guruš kin$_5$-aka.[141] It has been suggested that "considering that according to nine sections of

tation is accepted for the Ebla attestations of àga-ús in the chancery texts by Catagnoti, Fronzaroli 2010, p. 45, 122, "soldati di mestiere"; Steinkeller 2013b, p. 354, 367, 372 n. 101, 373 n. 104. 401, 418, "elite soldier", "professional soldier", "guard". On the lesser importance of the Syrian aga-ús-soldiers in the Old Babylonian Mari texts see Durand 1987, Charpin 1988, p. 48 and n. 132, and Durand 1998, p. 362f. ("le *ṣâbum pihrum* représente le résultat du rassemblement des gens après convocation par le roi ou ses mandants. [...] Il est difficile de situer par rapport à ce *ṣâbum pihrum* le terme sumèrien aga-ús qui équivaut à *rêdûm* et apparâit de temps à autre dans les textes. Le sumérogramme signifie normalement 'qui vient à la suite' (= a.ga-ús) et est donc rendu exactement par le terme akkadien *rêdûm* qui signifie 'suivant'. Le mot signifie en réalité plutôt 'seconde classe' qu"escorteur'"). On Akkadian *rēdû(m)* see *AHw*, p. 968 ("Begleiter, (einfacher Polizei-)Soldat"), *CAD* R, p. 246-251 ("soldier, bailiff"), *CDA*², p. 301 ("soldier, private").

137. Cf. Catagnoti, Fronzaroli 2010, p. 43-44.

138. Fronzaroli 1984, p. 122, 137; Conti 1990, p. 182; Lahlouh, Catagnoti 2006, p. 595 (**bḫr*); Pomponio 1984, p. 99 (**pll*). Note that a derivation of *ba-i-la-tum* from **bḫr* is not against the conclusions of the analysis of the spellings of the so-called 'source B' of the Ebla bilingual lexical lists offered in Peust 2014, in which *VE* 1176 is not mentioned.

139. Pomponio 1984; Frayne 1998, p. 256; Schrakamp 2010, p. 279 and n. 1441, and 2013b, p. 455 and n. 55, with literature. Note that the Lagaš text *DP* 135 ends recording elite troops: "155 lú-ÉREN-kam lú-ÉREN-suḫ$_5$-ḫa-am$_6$ 12 lú ama-ÉREN-kam lú-ú-rum-^{d}ba-ba$_6$ URU-KA-gi-na é-gal-la zà bí-ús '155 (men) are elite troops, 12 are ... troops. Men belonging to (the estate) of the goddess Baba. URU-KA-gina mustered them in the 'palace.'" (Frayne). If àga-ús means "who follows behind (*aga) someone", zag-ús should mean "who follows from the side (zag) someone" (*ePSD*: zag ús, "to border on", "zag[side]+us[-follow]"). Cf. in this vein the studies on the soldiers of the lagašite *Stele of the Vultures* in Maekawa 2003 and Nadali 2014, with literature. Also note that according to Schrakamp 2008, p. 682, and 2014, p. 710, n. 61, the Lagaš PN Zag-gu$_{10}$-ba-ni-ús means "er hat ihn zu meiner Seite stehen lassen".

140. Cavigneaux 2014, p. 301f. Note that in the comparable text (from "Pièce 88 [locus 14]") TH00-T332 *in* še-gur$_{10}$-kud could not mean "during the harvest" (so Cavigneaux 2014, p. 301-302), but "in the 2nd month (*in* <iti> še-gur$_{10}$-kud)", with a shortened spelling also attested at Ebla; if so, the *raison d'être* of the association of the various categories of men including guruš and zag-ús may have mainly been of military kind.

141. Archi 2010a, p. 20-26.

TM.75.G.12451 [...] 22,000 men could be recruited and that the other nine sections are missing, it can be estimated that the men available for the Eblaite army numbered at least 44,000".[142] Balancing the available data, I suggest the following five-ranks – en, lugal, àga-ús, zag-ús, guruš – organization of the Ebla army (infantry), without enter the problem of its configuration (stable or occasional?):

(*α*) top level: the king;[143]

(*β*) very high level: few military commanders (generals) such as the lugal*s* *Ti-ir* and *Ar-ru*$_{12}$-LUM and, later, most probably *Ib-rí-um* and, after his death, his son *I-bí-zi-kir*;[144]

(*γ*) high level: at least 18 senior military leaders (*Bù-ga-núm*, *Du-bù-ḫu-*$^{d)}$*À-da* son of *I-bí-zi-kir*, *En-na*-BAD, *En-na*-NI lú é am, *Gi-la-ma-lik*, *I-ti-*^{d}NI-*lam*, *Ib-ḫur*-NI, *Il-ti*, *Íl-e-i-šar*, *Ir-ti* son of *Ib-rí-um*, *Mi-ga*-NI, *Ne-zi-ma-a-ḫu*, NI-*ba*-NI, NI-*ba*-NI dumu-nita *Ìr-ì-ba*, *Puzur*$_{4}$*-ra-ḫa-al*$_{6}$, *Puzur*$_{4}$*-ra-ma-lik*, *Puzur*$_{4}$*-ra*-NI, *Uš-ra-sá-mu*) called àga-ús, whose number during *Iš*$_{11}$*-ar-da-mu*'s reign could have been reached the 30-40 up to 50 units, probably each one leading up to around 1,000 men;[145]

(*δ*) middle level: a group of, to speak, 15,000 elite troops called zag-ús = *baḫirātum* (one chancery text shows that they were at least 10,000), mainly depending from the king and rarely put into the hands of some reliable leader, mainly employed for Ebla's protection and rarely for rescue actions far from home; their soldier's pay was 10 shekels of silver;

(*ε*) low level: at least 44,000, and possibly up to 50,000, guruš, i.e. unspecialized soldiers; their soldier's pay ranged between 3, 5 and 6 shekels of silver.

Marco Bonechi
Istituto di Studi sul Mediterraneo Antico (ISMA)
CNR, Roma

142. *Ibid.*, p. 33.
143. Archi 2014a. To me, *Ìr-kab-da-mu* was a military genious, *Iš*$_{11}$*-ar-da-mu* leaded Ebla to its destruction.
144. Data on the Ebla lugal in Archi 2000.
145. To this high level should also belong for instance the men qualified as ugula (in complementary distribution, more military for the àga-ús, more civilian for the ugula); 'àga-ús *vs* ugula' may be an promising expansion of the present research; preliminarely, it seems to me that the difference – a soldier who is also a guard, an overseer who is also a politician – relies on the proximity to a leader of higher rank *vs* a mutual relationship of trust.

Bibliography

AAVV. 2010, *Atti del XXII Congresso internazionale di scienze onomastiche (Pisa, 28 agosto-4 settembre 2005), Nominatio. Collana di studi onomastici*, Pisa.

Abrahami P. (2008), *L'armée d'Akkad*, in Abrahami, Battini 2008, p. 1-22.

Abrahami P., Battini L. (dir.) (2008), *Les armées du Proche-Orient ancien (IIIe-Ier mill. av. J.-C.)*, Oxford, John and Erica Hedges (BAR Intern. Ser., 1855).

Allred L.B. (2006), *Cooks and Kitchens: Centralized Food Production in Late Third Millennium Mesopotamia*, Diss. Baltimore.

Archi A. (1981), "La 'Lista di nomi e professioni' ad Ebla", *Studi Eblaiti*, 4, p. 177-204.

—. (1982), "Wovon lebte man in Ebla?", *AfO* B, 19, p. 173-188.

—. (1984a), "Allevamento e distribuzione del bestiame ad Ebla", *Studi Eblaiti*, 7, p. 45-81.

—. (1984b), "The 'Names and Profession List': more fragments from Ebla", *RA*, 78, p. 171-174.

—. (1985), *Testi amministrativi: assegnazioni di tessuti (Archivio L.2769)*, Roma, Missione archeologica italiana in Siria (ARET, 1).

—. (dir.) (1988), *Eblaite Personal Names and Semitic Name-Giving*, Roma, Missione archeologica italiana in Siria (ARES, 1).

—. (1988a), "The overseers of onagers, *BAR.AB*, and of *IGI.NITA*", in Archi (dir.) 1988, p. 266-270.

—. (1988b), "The sons, *dumu-nita*, of Ibizikir", in Archi (dir.) 1988, p. 236-237.

—. (1988c), "The sons, *dumu-nita*, of Ibrium", in Archi (dir.) 1988, p. 233-235.

—. (1988d), "Zur Organisation der Arbeit in Ebla", in Waetzoldt, Hauptmann 1988, p. 131-138.

—. (1988e), "Prices, worker's wages and maintenance at Ebla", *AoF*, 15, p. 24-29.

—. (1989), "Integrazioni a testi eblaiti", *Or* NS, 58, p. 124-127.

—. (1993), *Five Tablets from the Southern Wing of Palace G - Ebla, SMS*, 5/2, Malibu.

—. (1996), "Les femmes du roi Irkab-damu", *Amurru*, 1, p. 101-124.

—. (1998), "The regional state of Nagar according to the texts of Ebla", in Lebeau (dir.) 1998, p. 1-15.

—. (1999a), "Cereals at Ebla", *ArOr*, 67, p. 503-518.

—. (1999b), "Clothes in Ebla", in Avishur Y., Deutsch R. (dir.), *Michael. Historical, Epigraphical and Biblical Studies in Honor of Prof. Michael Heltzer*, Tel Aviv, Jaffa.

—. (2000), "The 'Lords', lugal-lugal, of Ebla. A prosopographic study", *VO*, 12, p. 19-59.

—. (2002a), "ŠEŠ-II-IB: a religious confraternity", in Gordon, Rendsburg 2002, p. 23-55.

—. (2002b), "Jewels for the ladies of Ebla", *ZA*, 92, p. 161-199.

—. (2008), "Considerations on a delivery of spearheads from Ebla", *JCS*, 60, p. 1-5.

—. (2010a), "Men at war in the Ebla period. On the uneveness of the written documentation", in Kleinerman, Sasson 2010, p. 15-35.

—. (2010b), "Hadda of Ḫalab and his temple in the Ebla period", *Iraq*, 72, p. 3-17.

—. (2010c) "Rank at the court of Ebla", in Baker H.D., Robson E., Zólyomi G. (dir.), *Your Praise Is Sweet. A Memorial Volume for Jeremy Black from Students, Colleagues and Friends*, London, p. 1-9.

—. (2011), "In search of Armi", *JCS*, 63, p. 5-34.

—. (2013), "History of Syria in the Third Millennium: the written sources", in Orthmann, Matthiae, al-Maqdissi 2013, p. 75-88.

—. (2014a), "Who led the army of Ebla? Administrative documents vs. commemorative texts", in Neumann *et al.* 2014, p. 19-25.

—. (2014b), "La situation géopolitique de la Syrie avant l'expansion d'Akkad", in Butterlin P., Margueron J.-C., Muller B., al-Maqdissi M., Beyer D., Cavigneaux A. (dir.), *Mari, ni Est, ni Ouest, Syria Supplément* II, Beirouth, p. 161-171.

—. (2015), "The chronology of Ebla and synchronisms with Abarsal, Tuttul, Nagar and Nabada, Mari, Kish", in Sallaberger, Schrakamp 2015, p. 163-179.

Archi A., Biga M.G. (1982), *Testi amministrativi di vario contenuto (Archivio L.2769; TM.75.G.3000-4101), ARET* III, Roma.

—. (2003), "A victory over Mari and the fall of Ebla", *JCS*, 55, p. 1-44.

Archi A., Piacentini P., Pomponio F. (1993), *I nomi di luogo dei testi di Ebla (ARET I-IV, VII-X e altri documenti editi e inediti), ARES* II, Roma.

Astour M.C. (1992), *An Outline of the History of Ebla (Part 1)*, in Gordon C.H., Rendsburg G.A. (dir.), *Eblaitica: Essays on the Ebla Archives and Eblaite Language*, Vol. 3, Winona Lake. p. 3-82.

Biga M.G. (1987), "Femmes de la famille royale d'Ebla", in Durand J.-M. (dir.), *La femme dans le Proche-Orient antique, XXXIII RAI*, Paris, Recherche sur les civilisations, p. 41-47.

—. (1996), "Prosopographie et datation relative des textes d'Ébla", *Amurru*, 1, p. 29-72.

—. (1998), "The marriage of Eblaite Princess Tagriš-Damu with a son of Nagar's King", in Lebeau (dir.) 1998, p. 17-22.

—. (2003a), "The reconstruction of a relative chronology for the Ebla texts", *Or* NS 72, p. 345-367.

—. (2003b), "Las guerras de Ebla", in Alonso Baquer A. *et al.* (dir.), *La guerra en Oriente Próximo y Egipto. Evidencias, historia y tendencias en la investigación*, Madrid, p. 79-87.

—. (2007-2008), "Buried among the living at Ebla? Funerary practices and rites in a XXIV Cent. BC Syrian Kingdom", *Scienze dell'Antichità*, 14, p. 249-275.

—. (2008), "Au-delà des frontières : guerre et diplomatie à Ébla", *Or* NS, 77, p. 289-334.

—. (2010), "War and peace in the Kingdom of Ebla (24th Century BC) in the first years of Vizier Ibbi-Zikir under the reign of the last King Išar-Damu", in Biga M.G., Liverani M. (dir.), ana turri gimilli. *Studi dedicati al Padre Werner R. Mayer, S.J. da amici e allievi, VO Quaderno* V, Roma, p. 39-57.

—. (2014), "The marriage of an Eblaite Princess with the King of Dulu", in Gaspa S. *et al.* (dir), *From Source to History. Studies on Ancient Near Eastern Worlds and Beyond Dedicated to Giovanni Battista Lanfranchi on the Occasion of His 65th* Birthday on June *23, 2014, AOAT* 412, Münster, p. 73-79.

—. (2015), "The geographical scope of Ebla: commerce and wars. Some remarks", in Sallaberger W., Schrakamp I. (dir.), *History & Philology*, Turnhout, Brepols (*ARCANE*, III), p. 181-190.

Biga M.G., Charpin D., Durand J.-M. (dir.) (2012), avec la collaboration de L. Marti, *Recueil d'études historiques, philologiques et épigraphiques en l'honneur de Paolo Matthiae, RA*, 106.

—. (dir.) (2013), avec la collaboration de L. Marti, *Recueil d'études historiques, philologiques et épigraphiques en l'honneur de Paolo Matthiae, RA*, 107.

Biga M.G., Milano L. (1984), *Testi amministrativi: assegnazioni di tessuti (Archivio L.2769)*, Roma, Missione archeologica italiana in Siria (*ARET*, IV).

Biga M.G., Pomponio F. (1990), "Elements for a chronological division of the administrative Documentation of Ebla", *JCS*, 42, p. 179-201.

—. (1993), "Critères de rédaction comptable et chronologie relative des textes d'Ebla", *MARI*, 7, p. 107-128.

Bonechi M. (1993), *I nomi geografici dei testi di Ebba*, Wiesbaden, RGTC 12/1.

—. (1996), "ARET I 2 + ARET IV 23", *VO*, 10, p. 83-84.

—. (1997), "Lexique et idéologie royale à l'époque protosyrienne", *MARI*, 8, p. 477-535.

—. (1998), "Remarks on the III millenium geografical names of the Syrian upper Mesopotamia", in Lebeau M. (dir.), *About Subartu*, Turnhout, Subartu IV/1, p. 219-241.

—. (2012), "More on the Ebla gatekeepers", in Biga, Charpin, Durand 2012, p. 33-36.

—. (n.d. a), "Remarks on the so-called Source A_2 of the Ebla bilingual lexical list".

—. (n.d. b), "Thorny geopolitical problems in the Palace G Archives. The Ebla southern horizon, part I: the middle Orontes basin".

—. (n.d. c), "Ebla weddings. An overview".

Cagni L. (dir.) (1987), *Ebla 1975-1985*, Napoli.

Catagnoti A. (1997), "Les listes de ḪÚB(.KI) dans les textes administratifs d'Ébla et l'onomastique de Nagar", *MARI* 8, p. 563-596.

—. (1998), "The III Millennium personal names from the Ḫabur triangle in the Ebla, Brak and Mozan texts", in Lebeau (dir.) 1998, p. 41-66.

—. (2007), "Il lessico dei vegetali ad Ebla, 1. Aglio, cipolla, porro", *Quaderni del Dipartimento di Linguistica, Università di Firenze,* 17, p. 215-232.

—. (2010), "L'onomastica dei testi di Ebla nel contesto siriano del III millennio a.C.", in AAVV. 2010, p. 459-472.

—. (2012), "In the aftermath of the war. The truce between Ebla and Mari (ARET XVI 30) and the Ransom of Prisoners", in Biga M. G., Charpin D., Durand J.-M. (2012), p. 45-63.

Catagnoti A., Fronzaroli P. (2010), *Testi di cancelleria: il re e i funzionari,* I (*Archivio L.2769*), *ARET* XVI, Roma.

—. (n.d.), *Testi di cancelleria: il re e i funzionari,* II (*Archivio L.2769*), *ARET* XVIII, Roma.

Cavigneaux A. (2014), "Nouveaux textes de Mari Ville II (campagnes 1998 à 2007)", in Butterlin P., Margueron J.-C., Muller B., al-Maqdissi M., Beyer D., Cavigneaux A. (dir.), *Mari, ni Est, ni Ouest, Syria Supplément* II, Beirouth, p. 291-340.

Charpin D. (1987), "Tablettes présargoniques de Mari", *MARI,* 5, p. 65-127.

—. (1988), *Archives épistolaires de Mari I/2, ARM* XXVI/2, Paris, p. 7-232.

Civil M. (1989), *The Statue of Šulgi-ki-ur$_5$-sag$_9$-kalam-ma. Part One: The Inscription,* in Behrens H., Loding D., Roth M.T. (dir.), DUMU-E$_2$-DUB-BA-A. *Studies in Honor of Ake W. Sjöberg, Occasional Publications of the Samuel Noah Kramer Found* 11, Philadelphia, p. 49-64.

—. (2008), *The Early Dynastic Practical Vocabulary A (Archaic HAR-ra A),* Roma, Missione Archeologica Italiana in Siria (*ARES,* IV).

Civil M., Rubio G. (1999), "An Ebla incantation against insomnia and the Semiticization of Sumerian: notes on ARET 5 8b and 9", *Or* NS, 68, p. 254-266.

Conti G. (1990), *Il sillabario della quarta fonte della lista lessicale bilingue eblaita, Miscellanea Eblaitica* 3 (= *Quaderni di Semitistica* 17), Firenze.

—. (1997), "Carri ed equipaggi nei testi di Ebla", in Fronzaroli (dir.)1997, p. 23-71.

Davidović V. (1988), "Guruš in the administrative texts from Ebla", in Waetzoldt, Hauptmann 1988, p. 199-204.

D'Agostino F. (1996), *Testi amministrativi di Ebla. Archivio L.2769. MEE* 7, Roma.

—. (2003), "Considerazioni sul medico eblaita e i suoi strumenti di lavoro", in Marrassini P. *et al., Semitic and Assyriological Studies Presented to Pelio Fronzaroli by Pupils and Colleagues,* Wiesbaden, Harrassowitz, p. 136-149.

de Martino S., Imparati F. (dir.) (1999), *Studi e Testi II, Eothen,* 10, Firenze.

de Maaijer R., Jagersma B. (2003-2004), review of *PSD* A/III, Philadelphia 1998, in *AfO* 50, p. 351-355.

Durand J.-M. (1987), *Babyloniens à Mari, MARI* 5, p. 618-620.

—. (1998), *Les documents épistolaires du palais de Mari,* t. II, Paris, Éd. du Cerf (*LAPO,* 17).

Edzard D.O. (1981), *Verwaltungstexte verschiedenen Inhalts,* Roma, Missione archeologica italiana in Siria (*ARET,* II).

Frayne D.R. (1998), *Pre-Sargonic Period (2700-2350 BC),* Toronto, Univiversity of Toronto Press (*RIMEP,* 1).

Fronzaroli P. (dir.) (1992), *Literature and Literary Language at Ebla, Quaderni di Semitisitca,* 18, Firenze.

— (1997), *Miscellanea Eblaitica* 4, *Quaderni di Semitistica,* 19, Firenze.

Fronzaroli P. (1984), "The Eblaic lexicon: problems and appraisal", in Fronzaroli (dir.) *Studies on the Language of Ebla,* Firenze, Università di Firenze (Quaderni di Semitisitca, 13) p. 117-157.

Fronzaroli P. (1988), "Typologies onomastiques à Ebla", in Archi (dir.) 1988, p. 1-24.

—. (1992), "The ritual texts of Ebla", in Fronzaroli (dir.) 1992, p. 163-185.

—. (1997), "Divinazione a Ebla (TM.76.G.86)", in Fronzaroli (dir.) 1997, p. 1-22.

—. (1998), "*kam$_4$-mu* in Ebla Letters", in Lebeau (dir.) 1998, p. 103-114

—. (1999), "Ebl. **qdm* (= igi-tùm) 'to dam up (waters)'", *NABU* 1999/47, p. 50.

—. (2003), *Testi di cancelleria: i rapporti con le città*, con la collaborazione di A. Catagnoti, *ARET* XIII, Roma.

Hecker K. (1987), "Ein Problem der eblaitischen Syntax: Wotstellung", in Cagni 1987, p. 205-223.

Kaniuth K. *et al.* (dir.) (2013), *Tempel im Alten Orient. 7 Internationale Colloquium der Deutschen Orient-Gesellschaft 11.-13. Oktober 2009, München, CDOG*, 7, Wiesbaden.

Kleinerman A., Sasson J.M. (dir.) (2010), *Why Should Someone Who Knows Something Conceal It? Cuneiform Studies in Honor of David I. Owen on His 70th Birthday*, Bethesda.

Gordon C.H., Rendsburg G.A. (dir.) (2002), *Eblaitica: Essays on the Ebla Archives and Eblaite Language*, Vol. 4, Winona Lake.

Krebernik M. (1992), "Mesopotamian myths at Ebla: ARET 5, 6 and ARET 5, 7", in Fronzaroli (dir.) 1992, p. 63-149.

Krispijn T.J.H. (2001), "The Sumerian lexeme *urum, a lexico-ethymological approach", in van Soldt *et al.* 2001, p. 252-261.

Kuzucuoğlu C., Marro C. (dir.) (2007), *Sociétés humaines et changement climatique, à la fin du troisième millénaire : une crise a-t-elle eu lieu en Haute Mésopotamie ?*, Paris, de Boccard (Varia Anatolica, 19).

Lafont B. (2008), "L'armée des rois d'Ur : ce qu'en disent les textes", in Abrahami, Battini 2008, p. 23-48.

—. (2009), "The army of the Kings of Ur: the textual evidence", *CDLJ*, 2009/5, p. 1-25.

Lahlouh M., Catagnoti A. (2006), *Testi amministrativi di vario contenuto (Archivio L. 2769: TM.75.G.4102-6050), ARET* XII, Roma.

Lambert M. (1968), *Tablettes économiques de Lagash (époque de la IIIe Dynastie d'Ur) copiées en 1900 au Musée Impérial Ottoman par Charles Virolleaud*, Paris, Imprimerie nationale.

Lebeau M. (dir.) (1998), *About Subartu, Subartu* IV/2, Turnhout.

Maekawa K. (2003), "Battle formation of the Sumerian phalanx: the stele of the vultures and textual evidence", *BSNESJ*, 46, p. 28-51.

Mander P. (1990), *Administrative Texts of the Archive L.2769, MEE* 10, Roma.

Marchesi G., Marchetti N. (2011), *Royal Statuary of Early Mesopotamia*, Winona Lake, Eisenbrauns (Mesopotamian civilizations, 14).

Meyer J.-W., Sommerfeld W. (dir.) (2004), *2000 v. Chr. Politische,wirtschaftliche und kulturelle Entwicklung im Zeichen einer Jahrtausenwende. 3. Internationales Colloquium der Deutschen Orient-Gesellschaft 4.-7. April 2000 in Frankfurt/Main und Marburg/Lahn*, Saarbrücken (CDOG, 3).

Milano L. (1988) "Archive L.2712", in A. Archi, M.G. Biga, L. Milano, *Studies in Eblaite Prosopography*, in A. Archi 1988, p. 205-306.

—. (1990a), *Testi amministrativi: assegnazioni di prodotti alimentari (Archivio L. 2712 - Parte I), ARET* IX, Roma.

—. (1990b), "é-duru$_5$^{ki} = 'One Score' (of People) in the Ebla Accounting", *ZA*, 80, p. 9-14.

—. (1995), "Lessicografia e storia sociale: gli 'schiavi' di Ebla", *SEL*, 12, p. 121-134.

—. (1999), "Le dossier éblaïte sur l'affaire de ʾAdu", in de Martino, Imparati 1999, p. 133-148.

—. (2003), "Sistemi finanziari in Mesopotamia e Siria nel III millennio a.C.", in Milano, Parise 2003, p. 3-58.

—. (2014), "Eating on the road. Travel provisions in the Ebla texts", in Id., *Paleonutrition and Food Practices in the Ancient Near East. Towards a Multidisciplinary Approach, HANEM*, 14, Padova, p. 281-296.

Milano L., Parise N. (dir.) (2003), *Il regolamento degli scambi nell'antichità (III-I millennio a.C.)*, Roma / Bari.

Nadali D. (2014), "How many soldiers on the 'Stele of the Vultures'? A hypothetical reconstruction", *Iraq*, 76, p. 141-148.

Nakata J. (1970-1971), "Mesopotamian merchants and their ethos", *JANES*, 3, p. 90-100.

Neumann H. *et al.* (dir.) (2014), *Krieg und Frieden im Alten Vorderasien. 52ᵉ Rencontre Assyriologique Internationale International Congress of Assyriology and Near eastern Archaeology Münster, 17.-21. Juli 2006, AOAT* 401, Münster.

Oates D., Oates J. (2006), "Ebla and Nagar", in Baffi F. *et al.* (dir.), ina kibrāt erbetti. *Studi di Archeologia orientale dedicati a Paolo Matthiae*, Roma, p. 399-418.

Oates J., Molleson T., Soltysiak A. (2008), "Equids and an acrobat: closure rituals at Tell Brak", *Antiquity*, 82, p. 390-400.

Orthmann W., Matthiae P., al-Maqdissi M. (dir.) (2013), *Archéologie et Histoire de la Syrie I. La Syrie de l'époque néolithique à l'âge du fer, SVA* 1/1, Wiesbaden

Pettinato G. (1979), *Catalogo dei testi cuneiformi di Tell Mardikh - Ebla, MEE* 1, Napoli.

—. (1980), *Testi lessicali bilingui della Biblioteca L.2769, MEE* 2, Napoli.

—. (1982), *Testi lessicali bilingui della Biblioteca L.2769, MEE* 4, Napoli.

Pettinato G., D'Agostino F. (1996), *Thesaurus Inscriptionum Eblaicarum A I/2*, Roma.

—. (1998), *Thesaurus Inscriptionum Eblaicarum B*, Roma.

Peust C. (2014), "The apparent lambdacism of Eblaite and Eblaite word accent", *ZA* 104, p. 135-145.

Picchioni S.A. (1997), *Testi lessicali monolingui "éš-bar-kin$_x$"*, *MEE* 15, Roma.

Pomponio F. (1984), "Urukagina 4 VII 11 and an administrative term from the Ebla texts", *JCS*, 36, p. 96-100.

—. (1987), "La datazione interna dei testi economico-amministrativi di Ebla", in Cagni 1987, p. 249-262.

—. (1988), "Gli ugula nell'amministrazione di Ebla", in Waetzoldt, Hauptmann 1988, p. 317-323.

—. (1997-1998), "I rendiconti annuali di uscite di argento e le offerte alle divinità nella documentazione di Ebla", *AfO*, 44-45, p. 101-107.

—. (1998), "The transfer of decorative objects and the reading of the sign DU in the Ebla documentation", *JNES*, 57, p. 29-39.

—. (2008), *Testi amministrativi: Assegnazioni mensili di tesstuti. Periodo di Arrugum (Archivio L. 2769). Parte I. ARET* XV,1. Roma

—. (2013), *Testi amministrativi: Assegnazioni mensili di tessuti. Periodo di Arrugum (Archivio L. 2769). Parte II. ARET* XV,2. Roma.

Richter T. (2004), "Die Aus breitung der Hurriter bis zu altbabylonischen Zeit: eine kurze Zwischenbilanz", in Meyer, Sommerfeld 2004, p. 263-311.

Sallaberger W. (1999), "Nagar in den frühdynastischen Texten aus Beydar", in van Lerberghe, Voet 1999, p. 393-407.

—. (2007), "From urban culture to nomadism: a history of upper Mesopotamia in the Late Third Millennium", in Kuzucuoğlu, Marro 2007, p. 417-456.

—. (2008) "Rechtsbrüche in Handel, Diplomatie und Kult. Ein memorandum aus Ebla über verfehlungen Maris (ARET 13,15)", *Kaskal*, 5, p. 93-110.

Schrakamp I. (2010), *Krieger und Waffen im Frühen Mesopotamien. Organisation und Bewaffung des Militars in frühdynsaticher und sargonischer Zeit*, Diss. Marburg.

—. (2013a), review of Visicato G., Westenholz A., *Early Dynastic and Early Sargonic Tablets from Adab in the Cornell University Collections*, Bethesda, 2010, in *JCS* 65, p. 201-228.

—. (2013b), *Die „Sumerische Tempelstadt" heute: Die sozioökonomische Rolle eines Tempels in frühdynastischer Zeit*, in Kaniuth *et al.* 2013, p. 445-465.

—. (2014), "Krieger und Bauern. RU-lugal und aga$_3$/aga-us$_2$ im Militär des altsumerischen Lagaš", in Neumann *et al.* 2014, p. 691-724.

Selz G.J. (1993), *Altsumerische Wirtschaftsurkunden aus amerikanischen Sammlungen. 1. Abschnitt: Einleitung; Texte aus dem Harvard Semitic Museum*, Stuttgart, *FAOS* 15, 2.

Steinkeller P. (1982), "The question of Marḫaši: a contribution to the historical geography of Iran in the Third Millennium BC", *ZA*, 72, p. 237-265.

—. (2013a), "An archaic 'prisoner plaque' from Kiš", in Biga, Charpin, Durand 2013, p. 131-157.

—. (2015), "Introduction. Labor in the early States: an early Mesopotamian perspective", in Steinkeller, Hudson 2015, p. 1-35.

Steinkeller P., Hudson M. (dir.) (2015), *Labor in the Ancient World*, Dresden.
van Lerberghe K., Voet G. (dir.) (1999), *Languages and Cultures in Contact. At the Crossroads of Civilizations in the Syro-Mesopotamian Realm, XLII RAI*, Leuven (OLA, 96).
van Soldt W. H. *et al.* (dir.) (2001), *Veenhof Anniversary Volume. Studies Presented to Klaas R. Veenhof on the Occasion of His Sixty-Fifth Birthday*, Leiden.
Waetzoldt H. (1987), "Frauen (dam) in Ebla", in Cagni 1987, p. 365-377.
—. (2001), *Wirtschafts- und Verwaltungstexte aus Ebla. Archiv L.2769. MEE* 12, Roma.
Waetzoldt H., Hauptmann H. (dir.) (1988), *Wirtschaft und Gesellschaft von Ebla*, Heidelberg, *HSAO* 2.

Bertrand Lafont

Données nouvelles sur l'organisation militaire des rois d'Ur d'après les archives de Garšana et d'Irisagrig

Tout au long du IIIe mill. avant J.-C. et au fur et à mesure qu'elles développaient des structures politiques de plus en plus élaborées, les élites du pays de Sumer entre les mains desquelles se concentrait le pouvoir ont dû bien sûr parer aux dangers extérieurs, défendre leurs intérêts et les institutions mises en place, tout en se donnant les moyens d'entrer dans la compétition où chacun cherchait à accroître son influence et les territoires sous son contrôle.

1. Gendarmes, gardes, soldats, militaires ou guerriers

Dès lors, les besoins en matière militaire ont été d'une double nature qu'il convient de bien distinguer d'emblée :

1. 1. Il a d'abord fallu développer un service permanent de garde pour assurer la sécurité des palais, des bâtiments administratifs et de leurs chefs, des magasins, des accès aux centres urbains, et pour encadrer les populations réquisitionnées pour toutes sortes d'activités civiles ou militaires : ces tâches devaient être assurées en permanence, tous les jours de l'année et à toute heure, et cela ne pouvait donc qu'être la mission d'un personnel spécialisé et professionnel qui montait la garde et assurait la sécurité en continu.

Dès l'époque présargonique mais surtout à l'époque d'Ur III, c'est clairement et précisément le rôle qui a été dévolu à ceux portant le titre sumérien d'aga$_3$-ús. Ont pu en outre leur être confiées de nombreuses missions de nature logistique, de surveillance du territoire, de maintien de la sécurité, d'opérations de police et de sécurisation des déplacements sur l'ensemble des secteurs à contrôler. C'est en ce sens que l'on peut plus ou moins comparer leurs fonctions à celle de nos actuels gendarmes. Ce personnel professionnel était rétribué le plus souvent par l'attribution de lots de terre et par le système d'allocation de rations[1].

Mais il est peut-être intéressant de noter que, dans la réalité, ces gardes (aga$_3$-ús) n'assuraient pas prioritairement la défense de la population : on pourrait même

1. Voir pour tout cela ma contribution à la rencontre précédente, Lafont 2008, p. 23-48.

penser que c'est parfois *contre* la population qu'ils veillaient à ce que les processus d'accumulation et de concentration des richesses produites pour le compte des élites au service desquelles ils se trouvaient ne soient pas détournés, et à ce que soit assurée la sécurité de leur transmission vers les centres du pouvoir. Ils devaient garantir leur bon acheminement ainsi que le respect des ordres donnés ; ils étaient en outre chargés d'organiser, d'encadrer et de surveiller les diverses contributions demandées à la population.

À l'époque néo-sumérienne (XXIe s. avant J.-C.), les rois d'Ur ont de surcroît fini par disposer en propre d'une escorte d'aga$_3$-ús, leur servant en quelque sorte de « garde prétorienne » : ce furent les aga$_3$-ús lugal, « gardes royaux », qui ont vraisemblablement constitué une troupe d'élite, engagée en temps de guerre comme en temps de paix pour servir et défendre la personne même du roi et ses proches, ainsi que leurs intérêts, selon un schéma sans doute comparable à ce que l'on trouve en de nombreux autres lieux et périodes de l'histoire universelle.

1. 2. Cela étant posé, il fallait aussi et dans le même temps se donner la possibilité de lever des troupes et une véritable armée lorsque le roi souhaitait ou devait partir en guerre. Ces guerres étaient saisonnières – pour des raisons logistiques elles étaient menées le plus souvent pendant la période estivale – et leur fréquence n'était pas nécessairement telle qu'elles nécessitaient une mobilisation permanente.

C'est une armée de conscrits qui était alors « levée » (sumérien zi-ga) selon les mêmes mécanismes que ceux de la corvée organisée pour satisfaire aux besoins de main-d'œuvre saisonnière pour l'entretien des canaux, les récoltes, les travaux publics ou les travaux de construction[2]. Cette levée s'imposait à toute la population qui était, dans ce cadre, prise en charge, encadrée et indemnisée par l'institution requérante.

Et au sein de cette armée essentiellement composée de conscrits mobilisés, dont on ne sait hélas rien des modes de rassemblement, de mise en route ou d'organisation, une place à part était vraisemblablement occupée par ces soldats professionnels qu'étaient devenus les aga$_3$-ús au temps des rois d'Ur et qui, outre les occupations résumées ci-dessus, furent sans doute utilisés aussi comme troupe d'élite lors des campagnes militaires[3].

1. 3. Il appert dans ces conditions que les guerres et l'institution des aga$_3$-ús ont joué un rôle particulièrement important dans la structuration de l'État d'Ur III.

Peut-on remonter aux époques précédentes pour suivre la naissance de ce processus, ou bien l'organisation néo-sumérienne fut-elle, de ce point de vue, radicalement nouvelle ? Les aga$_3$-ús, apparaissaient en fait dans la documentation dès le milieu du IIIe mill. avant J.-C. et notamment dans les textes de Lagaš II. Là, ils semblent avoir d'abord joué essentiellement un rôle de garde, d'encadrement, de surveillance, de protection des groupes de main-d'œuvre mobilisés par les autorités. On ne les voit

2. Voir à ce sujet Steinkeller 2013, p. 347-424.
3. Cette idée d'une répartition à établir au sein de l'armée entre conscrits d'une part et soldats professionnels d'autre part semble s'inscrire dans la longue durée sur l'ensemble de l'histoire mésopotamienne. Ainsi la retrouve-t-on encore, près d'un millénaire et demi plus tard, dans la composition de l'armée assyrienne répartie entre *ṣâb šarri*, « cohorte du roi », et *kiṣir šarri*, « armée professionnelle » (voir Fales 2010, p. 140 et ici-même la contribution de B. Gombert).

pas encore réellement accomplir une quelconque fonction de soldat dans un cadre militaire. Ils apparaissent plutôt avec un statut de « chefs d'équipe » (ugula) à la tête de groupes de travailleurs, au même titre que la catégorie des RU-lugal, qui mènent des opérations de police et de surveillance. À Ebla en revanche, selon M. Bonechi (voir sa contribution ici même), le terme aga_3-ús semble déjà désigner une catégorie de soldats professionnels.

Pour l'époque suivante, c'est-à-dire l'époque de l'Empire d'Akkad (xxiiie s. avant J.-C.), P. Abrahami a insisté lui aussi, à l'occasion des précédentes rencontres d'histoire militaire qu'il a organisées[4], sur le rôle des aga_3-ús dans les opérations de sécurité et de surveillance de la main-d'œuvre réquisitionnée pour divers travaux civils, et de contrôle des communications sur le territoire. À cette époque, les aga_3-ús n'apparaissent donc pas encore réellement dans un cadre militaire et guerrier, bien qu'il soit admis que l'armée akkadienne est constituée, déjà, d'un noyau de soldats professionnels et de troupes auxiliaires[5].

Concernant cette époque d'Akkad, on peut désormais se référer aussi à un article récent de Juris Zarins qui aborde cette question[6], où cet auteur estime que le lot de tablettes d'Umma que B. R. Foster a intitulé « Archive C »[7] et qui date du règne de Šarkališarri documente la distribution de « food issued to a military force at Umma including the commanding general, his aides and staff », l'ensemble de l'archive elle-même constituant « the records of the Umma governor acting on behalf of Šarkališarri to maintain a large army in the vicinity »[8].

1.4. Le contexte historique de cette archive est celui d'une période de troubles, liés d'abord aux conséquences de la « grande révolte » du sud sumérien ayant affecté la fin du règne du souverain précédent, Naram-Sin, mais liés aussi à la menace de plus en plus grande que font peser, depuis l'extérieur, les populations Guti, qui finiront d'ailleurs par faire s'effondrer l'Empire. On est donc sur le pied de guerre, comme l'illustre un texte de ce lot[9] qui donne des informations particulièrement intéressantes sur la composition de l'une de ces unités mobilisées.

Ce texte récapitule la distribution de rations d'orge, d'huile et de poisson pour un mois à une série d'individus, selon des modalités que l'on peut résumer dans le tableau suivant :

4. Abrahami 2008, p. 1-22.
5. Foster 1993a, p. 27 et n. 17.
6. Zarins 2012, p. 187-213.
7. Foster 1982, p. 79-148.
8. Zarins 2012, p. 191.
9. Il s'agit du texte n° 30 publié par Cripps 2010, p. 93-95 (voir aussi p. 19). Ce texte a déjà retenu l'attention et fait l'objet de commentaires, notamment de la part de Lambert 1974, p. 21 ; Foster 1982, p. 98-100 ; 1993a, p. 26, n. 4 ; 1993b, p. 445 ; Abrahami 2008, p. 6 ; Zarins 2012, p. 201.

Trevor, *MCS* 9, 233 = Cripps, *BAR IS* 2135, n° 30 = CDLI P215504		
321?	$geme_2$ [...]	recevant 60? litres d'orge chacune par mois
600?	guruš	recevant 120 litres
4	KU-kù-ge	recevant 180? litres
36	ugula	recevant 180? litres
3	dub-sar	recevant 180? litres
1?	šu-gal_5:lá	recevant 180? litres
1?	sukkal	recevant 180? litres
1?	sukkal-kas_4	recevant 180? litres
1	lú-eme	recevant 180? litres
1	a-zu	recevant 180? litres
1	máš-[šu]-gíd-gíd	recevant 180? litres
1	dumu $ensi_2$ Hašuwanum^{ki}	recevant 180? litres
1?	nu-$banda_3$	recevant 300? litres
1?	dub-sar	recevant 300? litres
1	šagina	recevant 10800? litres (36? gur)
(transcription et traduction des dernières lignes au revers de la tablette) :		
7.	še-bi 6(géš) 1(u) 3(bán) gur	Total de l'orge : 111 030 litres
(...)		(soit environ 68,8 tonnes de céréales).
11.	še-ba ì-ba ku_6-ba	Rations (mensuelles) d'orge, d'huile et de poisson.
12.	iti ha-lí-da	Mois *Halida*
13.	[mu]-a-kam	de l'année courante.
14.	[x-a]d-ru-ru	[...]adruru,
15.	šagina	général.
16.	mu 8	Année 8.

Tableau 1 : La composition d'un régiment stationné à Umma à l'époque du règne de Šarkališarri (2217-2193 av. J.-C.)

Bien qu'aucun des individus répertoriés dans ce texte ne soit explicitement décrit comme soldat, il semble bien que l'on dispose ici de la liste des différents membres composant un régiment de l'armée impériale, sous le commandement d'un général (šagina). On peut en effet considérer que le texte distingue :

- d'une part la troupe composée de près de 600 hommes (guruš)[10] et de 320 femmes ($geme_2$),
- d'autre part le staff formant une équipe d'une cinquantaine d'officiers et de spécialistes autour du général (šagina) qui commande l'unité : on y trouve un officier (nu-$banda_3$), un chef-scribe (dub-sar), 36 sous-officiers (ugula), trois scribes ordinaires (dub-sar), deux messagers (sukkal et sukkal-kas_4), un interprète (lú-eme), un devin (máš-šu-gíd-gíd), un médecin (a-zu) et deux autres titulaires de fonctions moins aisément reconnaissables (KU-kù-ge et šu-gal_5-lá). Dans cette

10. Le nombre de « 592 » que J. Zarins estime pouvoir restituer devant guruš, en se fondant sur le montant total de l'orge finalement distribuée (p. 201 et n. 132 de son article), est absolument impossible étant donné la faible dimension de la cassure de la tablette en début de ligne, qui ne peut en aucun cas contenir un tel nombre. Seul 600 (qui s'écrit avec un seul signe cunéiforme) pourrait convenir, ce qui s'accorde d'ailleurs assez bien avec ce que l'on sait de la taille standard des unités militaires paléo-akkadiennes commandées par un šagina. Le texte comporte au total de nombreuses cassures mais les restitutions des nombres d'individus et des quantités d'orge que je propose ici sont celles qui me semblent former le meilleur compromis entre les traces et cassures de la tablette (voir photo et copie CDLI P215504) d'une part et le montant total de l'orge distribuée d'autre part.

sorte d'état-major, on note aussi la présence du fils d'un gouverneur (dumu $ensi_2$) d'une ville étrangère[11].

Au total, près de mille personnes, dont une cinquantaine de cadres, reçoivent ainsi leurs rations d'entretien pour un mois. L'une des surprises est bien entendu de trouver dans ce contexte l'enregistrement de plus de 320 femmes. On n'imagine pas *a priori* qu'elles soient là pour se battre au même titre que les hommes. Et malgré les apports récents des *gender studies* qui nous ont appris à nous défaire d'un certain nombre de préjugés ou présupposés sexistes, il est quand même sans doute plus simple d'envisager qu'il s'agisse là d'intendantes chargées de préparer la nourriture de la troupe et d'effectuer divers travaux liés à la vie d'une caserne, et/ou des épouses des soldats (guruš) maintenus en garnison.

La hiérarchie entre tous ces différents membres du régiment, en fonction du rang, du sexe et du statut, est nettement marquée par les différences de quantités de rations allouées, allant de 60 litres d'orge par mois pour les femmes à 120 litres pour les hommes, 180 litres pour les cadres, 300 litres pour l'officier et le chef-scribe, et jusqu'à 10 800 litres pour le général (soit une ration quotidienne respectivement de 2, 4, 6, 10 et 360 litres d'orge).

Ce texte n'ayant pas de parallèle, on ne sait s'il est lié à une mobilisation exceptionnelle pour une opération précise pendant un mois, ou bien s'il est l'unique vestige restant d'une archive documentant la gestion mensuelle d'une garnison pérenne. Quoi qu'il en soit, son intérêt est évident : il donne une image précise de la façon dont pouvaient être constituées les unités de l'armée akkadienne à l'époque de Šarkališarri, tant il est vrai que l'on peut affirmer de façon plus nette que ne l'ont fait les précédents commentateurs de ce texte (voir ci-dessus note 9) que l'on se trouve ici dans un contexte de registre militaire et non pas simplement de gestion de personnels d'une maisonnée rassemblés pour la corvée.

Si donc on a là en définitive une illustration de la façon dont certains régiments de la garnison d'Umma étaient organisés à l'époque akkadienne, ce texte exceptionnel n'est pas sans faire penser à la situation documentée près de deux siècles plus tard pour la ville de Garšana, proche d'Umma, comme on va le voir maintenant.

2. L'apport des textes de Garšana et d'Irisagrig

GARšana[12] et Irisagrig sont les noms de deux villes sumériennes d'où sont issus deux importants lots d'archives récemment publiés. Ils datent de l'époque d'Ur III (XXIe s. avant J.-C.) et apportent, l'un et l'autre, un flot d'informations inédites qui amène à compléter et parfois même modifier notre compréhension de l'histoire et du mode d'organisation du royaume d'Ur.

11. La localité de Hašuwanum est fréquemment mentionnée dans les textes d'Ebla (voir Bonechi 1993, p. 179), mais il semble exister aussi, à l'est du Tigre, une seconde cité homonyme (Zarins 2012, p. 194, n. 72).

12. Pour les problèmes que pose la lecture de la première syllabe du nom de cette localité, voir Steinkeller 2011, p. 377.

2.1. La localisation précise de GARšana reste disputée, même s'il est certain que ce site se trouvait dans la province d'Umma (voir carte)[13]. Les quelque mille cinq cents tablettes qui composent l'archive de GARšana, publiées en 2007[14], ne représentent pas simplement un lot de tablettes administratives supplémentaire par rapport à la masse déjà existante : le grand intérêt de ces textes est qu'ils documentent de façon unique la gestion d'une vaste unité domaniale autonome qui était entre les mains de deux dignitaires du royaume : un général (šagina), nommé Šu-Kabta, et son épouse, une princesse de sang royal, sœur du roi Šu-Suen nommée Simat-Ištaran, qui finit par succéder à son mari quand celui-ci mourut en l'an 9 de Šu-Suen. L'archive couvre essentiellement les règnes des deux derniers rois d'Ur III : Šu-Suen et Ibbi-Suen.

Quiconque a travaillé sur ces nouvelles pièces d'archives n'a pu qu'être frappé par la richesse et la nouveauté des informations qu'elles procurent, comme l'ont par exemple bien mis en valeur l'étude riche et novatrice de W. Heimpel sur l'organisation du travail au sein de cette unité domaniale[15], ou les diverses contributions aux « Garšana Studies »[16].

2.2. GARšana apparaît particulièrement intéressante pour l'histoire militaire de la période d'Ur III, car avant la découverte des archives documentant la gestion du domaine de Šu-Kabta et de Simat-Ištaran, cette localité était déjà connue, notamment grâce aux textes de Girsu, comme étant une ville où stationnait une garnison de soldats aga_3-ús[17]. Ceux-ci étaient régulièrement approvisionnés en orge, chaussures et produits divers depuis Girsu[18], et c'est donc grâce aux archives de ce site de Girsu que l'on connaît leur existence, alors même que GARšana, comme on vient de le voir, était paradoxalement située dans la province d'Umma[19].

Le problème est qu'il ne semble pas y avoir de relation directe entre cette garnison de GARšana, documentée par des textes venant de Girsu et l'unité domaniale de GARšana désormais documentée par les nouveaux textes de l'archive récemment publiée[20]. Cependant, puisque Šu-Kabta était un « général » (šagina)[21], on peut proposer avec vraisemblance que c'est lui qui était à la tête de la garnison à proximité de laquelle se trouvait le riche domaine que lui avait attribué le pouvoir royal.

À la mort du général Šu-Kabta, en l'an 9 de Šu-Suen, c'est le grand vizir du royaume, le fameux sukkalmah Arad-Nanna, qui prit directement sa succession comme responsable militaire local, ajoutant à ses nombreux titres celui de « général de Uṣar-

13. Heimpel 2009, p. 7-9, situe GARšana à quelques kilomètres au nord-ouest d'Umma ; Steinkeller 2011 la situe au contraire assez nettement plus au sud-est, à environ 13 km seulement de Girsu (et il propose comme localisation l'actuel site de Tell al-Nasiriyah).
14. Owen, Mayr 2007. J'ai proposé un compte rendu de cet ouvrage dans Lafont 2011a, p. 233-239.
15. Heimpel 2009.
16. Owen 2011.
17. Sollberger 1957-1958, p. 104-108.
18. Voir Lafont 2008, p. 41-42 ; 2009, p. 18 ; 2011b, p. 213-220.
19. Cela vient sans doute du fait que les autorités militaires du royaume, et notamment le sukkal-mah Arad-Nanna qui a fini par devenir le responsable direct de cette garnison, semblent avoir exercé une partie de leur commandement à partir de Girsu. Mais l'approvisionnement depuis Girsu est aussi un argument en faveur d'une localisation de GARšana proche de cette ville, ce que j'avais moi-même proposé en 2009 et que confirme désormais Steinkeller 2011.
20. Lafont 2011b, p. 213-219.
21. Cf. Owen, Mayr 2007, p. 436.

GARšana » (šagina ú-ṣa-ar-GAR-ša-na^{ki})[22]. Dans le même temps, l'épouse de Šu-Kabta, la princesse Simat-Ištaran devenue veuve, héritait pour sa part du domaine de son mari, qu'elle se mit à gérer directement, comme le montrent les archives nouvelles.

Il peut donc paraître surprenant d'observer d'un côté la présence de tous ces aga$_3$-ús stationnés en garnison à GARšana et documentés par les textes de Girsu, et de l'autre l'activité bien à part de tout le personnel du domaine autonome de Šu-Kabta, dans les archives duquel il y a très peu de mentions d'aga$_3$-ús : une douzaine tout au plus, attachés à la maisonnée de Šu-Kabta et Simat-Ištaran, qui jouaient simplement le rôle de gardes de l'unité domaniale et de ses maîtres et qui n'avaient apparemment rien à voir avec les soldats de la garnison[23].

2.3. Mais Piotr Steinkeller a de son côté récemment présenté une vision quelque peu différente de la situation : il ne pense pas que GARšana ait pu être une ville avec une garnison militaire[24]. D'après lui, il s'agirait simplement d'une localité directement rattachée au pouvoir royal et échappant donc aux autorités de la province où elle se trouvait, en l'occurrence au pouvoir du gouverneur (ensi$_2$) d'Umma.

Selon cet auteur[25], l'administration de ce genre de localités – il en compte une vingtaine d'autres dans la seule région d'Umma – relevait directement du pouvoir central et elle était entre les mains de l'*establishment* militaire du royaume, avec à leur tête des généraux (šagina) et d'autres officiers (nu-banda$_3$), eux-mêmes assistés par des administrateurs locaux portant le titre de *hazannum*[26]. Toute cette organisation dépendait donc directement du roi, échappant ainsi aux gouverneurs des provinces. Ses membres bénéficiaient de l'attribution de terres agricoles du domaine royal, auxquelles étaient adjointes de riches unités domaniales attribuées directement par la couronne aux membres de la famille régnante et de la *nomenklatura* d'Ur III. GARšana serait donc l'illustration désormais la mieux documentée d'une telle localité en lien direct avec le pouvoir royal et fonctionnant de façon indépendante de son environnement provincial.

Je ne suis cependant pas certain que ces deux façons de voir, telles qu'exposées par P. Steinkeller à Madrid et par moi-même dans les « Garšana Studies »[27] et apparemment discordantes, divergent finalement tant que cela. Sauf sur un point : je ne comprends pas pourquoi l'auteur de ces importantes avancées dans notre compréhension de l'organisation politique et administrative du royaume d'Ur refuse de considérer que ces implantations royales dont il décrit la situation puissent être des garnisons militaires (cf. sa position rappelée ci-dessus note 24). En réalité, les « royal settlers » qui résidaient à GARšana sont, contrairement à ce qu'affirme P. Steinkeller, manifestement des soldats d'une garnison : tous les textes de Girsu regroupés à leur propos précisent explicitement que ce sont des aga$_3$-ús[28] ; la hiérarchie dont ils dépendent est typiquement militaire (šagina, nu-banda$_3$, etc.) : on les voit recevoir ce que perçoivent

22. Frayne 1997, §1.4.13, p. 323-324, ligne 15 ; Lafont 2011b, p. 214, n. 8.
23. Seuls 6 textes (sur les 1 500) de l'archive de Garšana mentionnent des aga$_3$-ús : cf. Lafont 2011b, p. 215.
24. « The view that GARšana was the site of a "military garrison" is incorrect » (Steinkeller 2011, p. 374).
25. Steinkeller 2011, p. 374-377 ; 2013, notamment p. 350-353, 356-362, 377-380.
26. Sur ce titre et cette fonction, voir en dernier lieu Taylor 2010, p. 207-222 ; Lafont 2011b, p. 217-219 ; Steinkeller 2007, p. 209-210 ; 2011, p. 374 ; 2013, p. 352.
27. Lafont 2011b ; Steinkeller 2011.
28. Voir ci-dessus note 18.

habituellement des militaires (cf. les chaussures dans CDLI P100281) ; et l'important texte *TCTI* 2, 3543[29] compris par P. Steinkeller comme un texte de « conscription of a large number of the royal settlers for an unidentified corvée project »[30] peut tout aussi bien être compris comme un recensement des forces militaires disponibles, comme j'ai tenté de l'expliquer dès sa publication[31].

Aussi continué-je de penser que Garšana fut une importante ville de garnison, dans laquelle ont pu stationner jusqu'à 1 300 soldats du roi (aga$_3$-ús lugal), pour une population totale de la localité qui aurait peut-être pu compter quelque 5 000 habitants[32]. Comme d'autres implantations militaires similaires dans le royaume, elle relevait directement du sukkalmah et en fin de compte de la couronne, celle-ci ayant attribué par ailleurs sur place un grand domaine au général Šu-Kabta et à son épouse la princesse Simat-Ištaran, en plus des terres agricoles allouées aux soldats qui jouaient ainsi le rôle de colons militaires au sein même de la province d'Umma, mais indépendamment d'elle.

2.4. Quant aux textes tout récemment publiés provenant d'Irisagrig, il s'agit d'un autre nouveau lot d'archives regroupé et édité par David Owen et divers collaborateurs dans deux volumes qui viennent de paraître[33].

Irisagrig est située au nord d'Adab, à proximité de Nippur, ville dont elle ne serait séparée que d'une quinzaine de kilomètres[34]. Cette cité était déjà connue comme étant, à l'époque d'Ur III, un chef-lieu provincial, siège d'un gouvernorat ayant à sa tête un ensi$_2$. Mais on ne disposait d'aucun texte provenant de ce site. Ce n'est plus le cas maintenant : les archives, qui semblent provenir de ce site et qui datent (comme pour GARšana) principalement des règnes de Šu-Suen et Ibbi-Suen, représentent sans doute les archives administratives du gouverneur (ensi$_2$) de la ville, nommé Ur-mes.

L'un des points intéressants que laissent voir ces nouveaux textes est de constater une présence très fréquente de la personne même du roi, des membres de sa famille et de son entourage dans cette ville, qui était par ailleurs une étape essentielle sur la route menant en Transtigrine jusqu'à la ville de Dêr et, au-delà, vers la Susiane ou l'Iran central. Et se trouvent notamment dans ces archives de très nombreux « textes de messagers » qui documentent les missions de nature diverse, organisées dans cette direction par le pouvoir royal.

Parmi les professions attestées dans les textes administratifs d'Irisagrig, les aga$_3$-ús sont parmi les plus fréquemment mentionnés. Et trente et un d'entre eux sont même nommément identifiés (*Nisaba* 15/1, p. 89). Mais cela n'est pas très étonnant puisque l'on vient de voir que le roi et les grands dignitaires du royaume étaient souvent présents à Irisagrig : ils étaient donc là avec leurs gardes, gendarmes et soldats, c'est-à-dire avec leurs propres escortes d'aga$_3$-ús, autant d'individus pouvant manifestement aussi jouer le rôle d'« hommes de confiance ».

29. Pour ce texte (CDLI P132760), qui demeure unique en son genre dans l'ensemble de la documentation d'Ur III, cf. Lafont, Yıldız 1996, p. 148 et le commentaire p. 288-290, ainsi que Steinkeller 2013, p. 379-380, 394-395.
30. Steinkeller 2013, p. 394.
31. Voir ci-dessus note 29.
32. Steinkeller 2011, p. 376.
33. Owen *et al* 2013.
34. Molina 2013, p. 59-87.

2.5. Ce qui est alors particulièrement intéressant pour notre propos c'est d'observer tout ce à quoi sont employés ces aga$_3$-ús qui stationnent à Irisagrig auprès du roi et de ses proches. De fréquentes missions leur sont confiées, qui sont détaillées dans les très nombreux *textes de messagers* présents dans cette archive. Il s'agit-là d'une documentation tout à fait neuve et d'un intérêt remarquable.

Le contenu de ces missions est le plus souvent décrit dans les clauses temporelles caractéristiques de ce genre de textes, qui se présentent de la façon suivante : « Rations pour NP aga$_3$-ús lugal, u$_4$ ... » (= clause circonstancielle temporelle décrivant la mission attribuée).

Il n'a pas fallu moins d'une vingtaine de pages dans *Nisaba* 15/1[35] pour établir la liste complète de ces clauses mentionnées dans les textes d'Irisagrig : elles représentent l'un des apports les plus intéressants de cet ouvrage. Voici par exemple quelques-unes des missions confiées aux aga$_3$-ús du roi, à ses envoyés spéciaux (lú-kin-ĝi$_4$-a), ou parfois même à ses officiers généraux (šagina, etc.)[36] :

1. u$_4$ eren$_2$ še zàr tab-ba zi-zi-dè im-e-re-ša-a
   (Rations pour divers officiers) « quand ils sont allés afin de lever une troupe pour dresser l'orge en gerbes » (*Nisaba* 15/2, 271, 6, etc.)
2. u$_4$ eren$_2$ še ĝeš ra-ra zi-zi-dè im-e-re-ša-a
   (Rations pour divers officiers) « quand ils sont allés afin de lever une troupe pour battre le grain » (*Nisaba* 15/2, 584, 9, etc.)[37]
3. u$_4$ en-nu-ĝá še buru$_{14}$-ka-šè im-gen-na-a lú-sa-gaz-ke$_4$ in-sìg-ga
   (Rations pour NP soldat du roi) « quand il est allé pour garder le grain de la moisson et qu'il a été attaqué par des bandits » (*Nisaba* 15/2, 728, iii 62, etc.)
4. u$_4$ kaskal ugnim-ta im-e-re-ša-a
   (Rations pour 2 NP soldats du roi) « quand ils sont arrivés en provenance du camp de l'expédition militaire » (*Nisaba* 15/2, 768, 35, etc.)
5. u$_4$ ĝiri$_3$ lugal
   (Reçu par les soldats de peaux de moutons destinées à sceller des récipients de ravitaillement) « lors de l'expédition du roi » (*Nisaba* 15/2, 739, 18, etc.)
6. u$_4$ lugal iri-saĝ-rig$_7$^{ki}-ta ì-im-ĝen-na
   (Nourriture sur pied à destination de la cuisine, pour les soldats) « quand le roi est revenu d'Irisagrig » (*MVN* 15, 58, 19-20, etc.)
7. u$_4$ BÀD.AN^{ki}-šè ba-e-re-ša-a
   (Rations pour 1 messager et 1 soldat) « quand ils sont allés à Dêr » (*Nisaba* 15/2, 883, 5, etc.)
8. u$_4$ kaskal MÙŠ.EREN^{ki}-ta im-e-re-ša-a
   (Rations pour 2 NP soldats du roi) « quand ils sont arrivés en provenance de l'expédition de Suse » (*Nisaba* 15/2, 791, 19, etc.)[38]

35. Soit les pages 165-182.
36. *Ibid.*, p. 299.
37. Lorsqu'il y a un besoin urgent et abondant de main-d'œuvre, les aga$_3$-ús eux-mêmes sont parfois réquisitionnés pour « moissonner l'orge » (še gur$_{10}$), « dresser des gerbes » (zàr tab-ba) et « battre le grain » (še ĝeš ra), comme dans *Nisaba* 15/2, 904, 3, etc.
38. Par rapport à une première façon de se rendre à Suse depuis le territoire d'Ur en passant par la mer et les ports maritimes du sud du royaume (voir Lafont 2010, p. 174-176), voici donc, avec les textes d'Irisagrig, de nombreuses illustrations nouvelles de la seconde route possible, par voie de terre cette fois, permettant depuis le royaume d'Ur de rejoindre la Susiane. Cette route passait manifestement par Irisagrig et Dêr.

On observe donc que ces soldats du roi (aga_3-ús lugal) et divers envoyés spéciaux (lú-kin-ĝi$_4$-a, etc.) sont engagés aussi bien pour les opérations de levée de main-d'œuvre dans le cadre des grands travaux collectifs, notamment au moment de la moisson (1 et 2)[39], que pour des actions de protection des récoltes à la réalisation desquelles ils doivent parfois eux-mêmes contribuer (3 et note 37), ou encore pour les opérations militaires menées sur les champs de bataille (4) ; ils doivent alors s'assurer du ravitaillement et des vivres avant de partir en campagne (5). Par ailleurs, comme cela est bien illustré par les textes de Drehem, ils constituent l'escorte militaire du roi lorsque celui-ci se déplace (6) et ils sont envoyés par le roi pour diverses missions, parfois pour assurer la liaison avec une expédition militaire en cours, dans les régions situées le plus souvent sur les marches orientales du royaume (7 et 8).

Et si l'on prend maintenant le cas de l'un de ces aga_3-ús du roi présents dans cette archive, un dénommé Šeš-kala – il s'agit de l'un de ceux qui ont été attaqués par des bandits alors qu'il était chargé de garder le grain de la moisson –, on apprend qu'il a été blessé lors de l'opération : il est dès lors qualifié de tu-ra = « blessé », ce qui ne l'empêche pas de percevoir son salaire. On le retrouve en effet dans une douzaine de textes de l'archive[40], où on le voit percevoir des rations – quotidiennes semble-t-il – pendant toute une année, chacun de ces textes rappelant à chaque fois sa mission, l'attaque des bandits qu'il a dû subir et le fait qu'il a été blessé.

2.6. Tout cela vient illustrer pour finir et conforter ce que l'on a déjà décrit à propos de l'activité des aga_3-ús à l'époque d'Ur III, qui s'inscrit clairement dans un contexte militaire, avec une double mission qui leur était confiée :

- en temps de paix pour le maintien de l'ordre, la bonne circulation des biens, des hommes et des informations, et l'encadrement des populations corvéables,
- en temps de guerre pour constituer une troupe d'élite dans le cadre des conflits armés et campagnes menées par le roi.

Au total, toute cette activité sécuritaire, militaire et guerrière au temps de la domination des rois d'Ur manifeste à l'évidence l'activité d'un État structuré et puissant : jusqu'au règne de Šu-Suen, l'ordre règne au cœur du royaume et lors des guerres menées à l'extérieur, il n'est jamais question dans nos textes de raids, rezzous ou pillages ponctuels, mais de la prise des villes capitales des royaumes ennemis (cf. les noms d'années de règne des souverains d'Ur), de butin (nam-ra-ag) accumulé à leurs dépens et rapporté en bon ordre au cœur du pays, et parfois même de l'imposition d'un tribut régulier (gú-un) instauré sur la durée au détriment des vaincus. C'est à l'ensemble des activités afférentes qu'ont donc été affectés les aga_3-ús de l'époque d'Ur III, au service et sous l'autorité directe du pouvoir central dont les garnisons se répartissaient à travers les provinces du royaume, comme cela semble d'ailleurs attesté aussi dès l'époque paléo-akkadienne.

Bertrand Lafont
(CNRS, UMR 7041 ArScAn, Nanterre)

39. Voir ci-dessus note 2.
40. Toutes les références le concernant sont regroupées dans Owen *et al.* 2013, vol. 1, index, p. 426.

Bibliographie

Abrahami P. (2008), « L'armée d'Akkad », dans Abrahami, Battini 2008, p. 1-22.

Abrahami P., Battini B. (dir.) (2008), *Les armées du Proche-Orient ancien (IIIe-Ier mill. av. J.-C.). Actes du colloque international organisé à Lyon les 1er et 2 décembre 2006, Maison de l'Orient et de la Méditerranée*, Oxford, John and Erica Hedges (BAR Intern. Ser., 1855).

Bonechi M. (1993), *Recueil géographique des textes cunéiformes. I nomi geografici dei testi di Ebla*, 12/1, Wiesbaden, Ludwig Reichert Verlag.

Cripps E. L. (2010), *Sargonic and Presargonic Texts in the World Museum Liverpool*, Oxford, John and Erica Hedges (BAR Intern. Ser., 2135).

Fales F. M. (2010), *Guerre et paix en Assyrie. Religion et impérialisme*, Paris, Éditions du Cerf.

Foster B. R. (1982), *Umma in the Sargonic Period*, Hamden, Archon Books.

—. (1993a), « Management and administration in the Sargonic period », dans Liverani M. (dir.), *Akkad. The First World Empire. Structure, Ideology, Traditions*, Padoue, Sargon (History of the Ancient Near East. Studies, 5), p. 25-39.

—. (1993b), « Review of Steinkeller and Postgate, texts in the Iraq Museum Bagdad », *Orientalia*, 62, p. 442-446.

Frayne D. R. (1997), *Ur III Period (2112-2004)*, Toronto, University of Toronto Press (The Royal Inscriptions of Mesopotamia Early Periods, 3/2).

Garfinkle S., Molina M. (dir.) (2013), *From the 21st Century BC to the 21st Century AD Proceedings of the International Conference on Sumerian Studies Held in Madrid 22-24 July 2010*, Winona Lake, Eisenbrauns.

Heimpel W. (2009), *Workers and Construction Work at Garshana*, Bethesda, CDLI Press (Cornell University Studies in Assyriology and Sumerology, 5).

Lafont B. (2008), « L'armée des rois d'Ur : ce qu'en disent les textes », dans Abrahami, Battini 2008, p. 23-48.

—. (2009), « The army of the Kings of Ur: the textual evidence », *Cuneiform Digital Library Journal*, 5, p. 1-25.

—. (2010), « Sur quelques dossiers des archives de Girsu », dans Kleirnermann A., Sasson J. M. (dir.), *Why Should Someone Who Knows Something Conceal It? Cuneiform Studies in Honor of David I. Owen on His 70th Birthday*, Bethesda, CDL Press, p. 167-179.

—. (2011a), « Compte rendu de David I. Owen et Rudolf H. Mayr, *The Garšana Archives*, CUSAS 3, 2007 », dans *Archiv für Orientforschung*, 52, p. 233-239.

—. (2011b), « The Garšana soldiers », dans Owen 2011, p. 213-220.

Lafont B., Yildiz F. (1996), *Tablettes cunéiformes de Tello au Musée d'Istanbul datant de l'époque de la IIIe Dynastie d'Ur*, 2, Istanbul, Nederlands Historisch-Archaeologisch Instituut te Istanbul (PIHANS, 77).

Lambert M. (1974), « Les villes du sud-mésopotamien et l'Iran au temps de Naramsin », *Oriens Antiquus*, 13, p. 1-24.

Molina M. (2013), « On the location of Irisaĝrig », dans Garfinkle, Molina 2013, p. 59-87.

Owen D. I., Mayr R. H. (2007), *The Garšana Archives*, Bethesda, CDLI Press (Cornell University Studies in Assyriology and Sumerology, 3).

Owen D. I. (dir.) (2011), *Garšana Studies*, Bethesda, CDLI Press (Cornell University Studies in Assyriology and Sumerology, 6).

Owen D. I., Brunke H., Frayne D., Heimpel W. (2013), *Cuneiform Texts Primarily from Iri-Sagrig/Al-Šarraki and the History of the Ur III Period*, 2 vol., Bethesda, CDL Press (*Nisaba*, 15).

Sollberger E. (1957-1958), « Garaš-ana(k) », *Archiv für Orientforschung*, 18, p. 104-108.

Steinkeller P. (2007), « City and countryside in Third-Millennium Southern Babylonia », dans Stone E. C. (dir.), *Settlement and Society. Essays Dedicated to Robert McCormick Adams*, Los Angeles, Cotsen Institute of Archaeology, University of California, p. 185-211.

—. (2011), « On the location of the town of GARšana and related matters », dans Owen 2011, p. 373-390.

—. (2013), « Corvée labor in Ur III times », dans Garfinkle, Molina 2013, p. 347-424.

Taylor J. (2010), « Hazannum: the forgotten Mayor », dans Kogan L., Koslova N. (dir.), *City Administration in the Ancient Near East. Proceedings of the 53*e *RAI, Moscou et Saint-Petersbourg 2007,* Winona Lake, Eisenbrauns (Babel und Bibel, 5), p. 207-222.

Zarins J. (2012), « The Sharkallisharri army of Umma. Linguistic, historical and archaeological considerations », Giraud J., Gernez G., de Castéja V. (dir.), *Aux marges de l'archéologie. Hommage à Serge Cleuziou,* Paris, De Boccard (Travaux de la Maison René-Ginouvès, 16), p. 187-213.

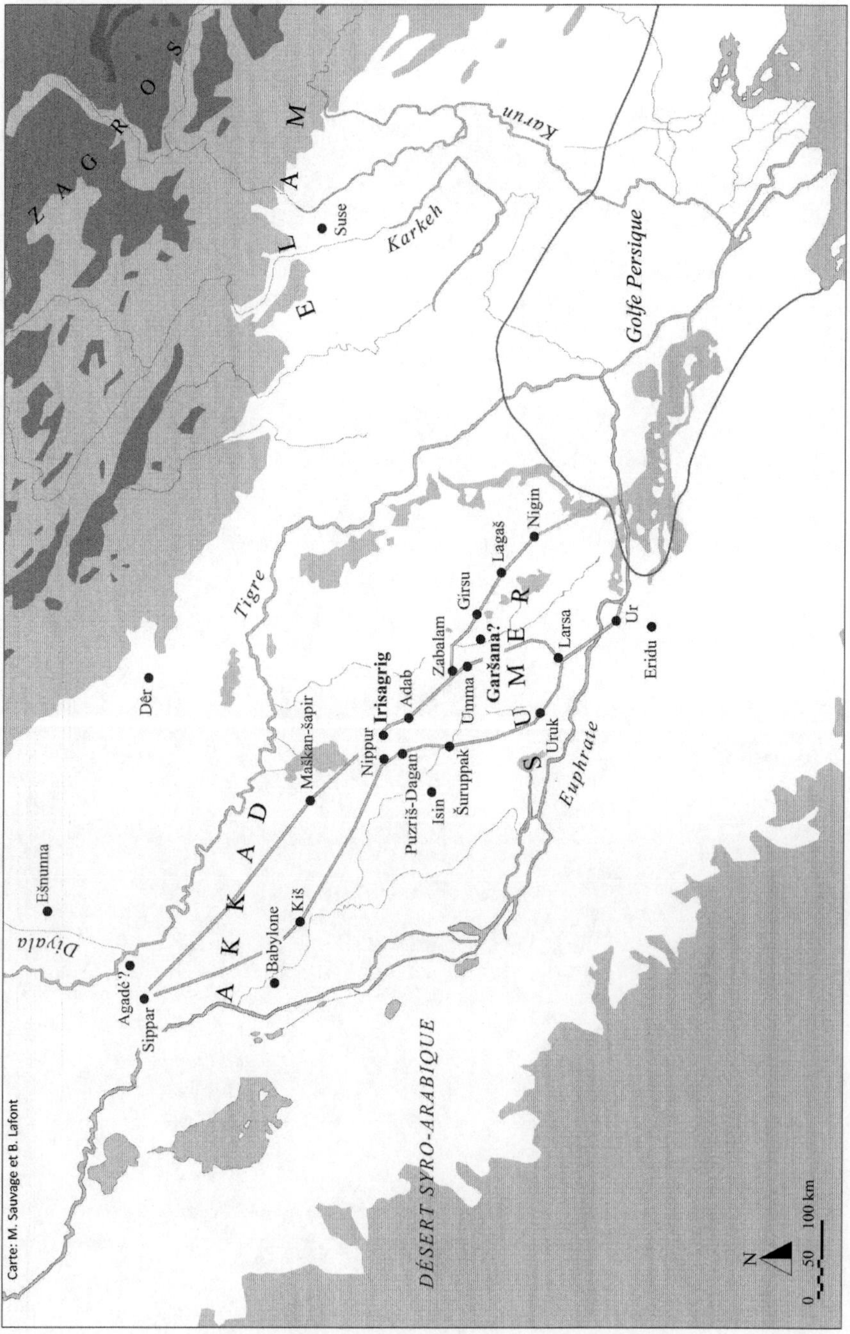

Carte 1 – Le pays de Sumer et d'Akkad (carte : B. Lafont et M. Sauvage).

Philippe Abrahami

Aspects de la guerre dans le corpus divinatoire de Mésopotamie

Le présent article s'intéresse à quelques aspects de la guerre à partir de l'éclairage des textes divinatoires (essentiellement les collections d'oracles et les protocoles de consultation) et de la correspondance des devins de Mari. Compte tenu de la diversité des sujets militaires traitées dans cet ensemble documentaire, cette recherche est principalement concentrée sur les points suivants : les données opérationnelles concernant l'envoi des troupes en expédition (mobilisation, composition de l'armée, choix des itinéraires…) ; les modes de combat (bataille rangée, guerre de siège) et les modalités de l'engagement des troupes alliées.

1. Présentation de la documentation

Trois types de sources divinatoires sont ici prises en compte : les textes consignant les questions posées à la divinité ; les recueils d'oracles et les références aux consultations divinatoires dans les lettres des devins[1].

1.1. *Les protocoles d'interrogation oraculaire*

Datant du premier millénaire et provenant principalement d'Assyrie, nous sont parvenus les protocoles d'interrogation oraculaire adressée à Šamaš (le dieu soleil en charge notamment des décisions de justice) et à la paire divine Šamaš et Adad (dieu de l'orage)[2]. Ces textes suivent un formulaire standard comportant notamment : l'invocation de la divinité afin qu'elle accepte de donner une réponse positive ; la demande de ne pas prendre en compte (*ezib*) les actions qui pourraient faire tort au consultant (ses fautes et les mauvaises manipulations du devin lors de l'accomplisse-

1. Sur la divination en générale en Mésopotamie, voir Maul 2003 ; George 2013, p. xv-xx avec bibliographie.
2. Sur le rapport entre justice et divination, voir Glassner 2012a. Concernant le rôle de ces divinités en tant que patronnes de la divination, voir Maul 2003, p. 76 §7.7.1 ; Lambert 2007, p. 4 ; Schwemer 2008, p. 149-150 avec bibliographie.

ment du rituel) et une série plus ou moins longue de questions concernant l'affaire traitée en consultation[3].

On dispose de 322 tablettes de questions à Šamaš (ci-dessous SAA 4)[4]. Outre les différentes caractéristiques évoquées ci-dessus, certains de ces documents contiennent un rapport sur l'état du foie ainsi que l'appréciation générale quant au caractère favorable ou non de la configuration des marques observées[5]. En l'état actuel de la documentation, le commanditaire est toujours le roi (en l'occurrence Assarhaddon 680-669 av. J.-C. et Assurbanipal 669-630 av. J.-C.). On constate que dans la plupart des cas les sujets traités concernent la politique intérieure, la diplomatie et la conduite de la guerre et dans une moins grande proportion les affaires cultuelles, les nominations à des postes importants et la santé du souverain[6].

Le corpus des questions à Šamaš et Adad comprend 26 tablettes (ci-dessous BOQ)[7]. Outre l'implication du dieu Adad, cet ensemble de textes se différencie du précédent sur certains points importants. Le roi n'y apparaît pas comme le seul commanditaire. Des particuliers désignés de manière anonyme par la formule « un tel (fils/fille) d'un tel » sont aussi concernés[8]. Il en ressort qu'en dehors des affaires gouvernementales et militaires[9], la teneur des questions concerne aussi la vie privée des individus et leur santé[10]. D'autre part, le statut de ces textes est différent. Alors que les questions à Šamaš relèvent de documents de travail rédigés au moment de la consultation[11], celles qui sont adressées aux deux divinités nous sont connues grâce à des recueils qui font office de fonds de référence dans lesquels sont compilées les questions relatives à plusieurs consultations. L'un de ces fonds appartenant à l'exorciste Banūnu, comportant au moins 10 tablettes, a pu être reconstitué par W. G. Lambert grâce aux colophons figurant sur des tablettes provenant de Nimrud[12]. Le travail d'édition et de compilation qui préside à l'élaboration de ces recueils se manifeste de diffé-

3. Pour une description de la structure générale de ces textes et de leur formulation voir Starr 1990, p. xvi-xxix ; Lambert 2007, p. 5-10 ; De Vos 2014, p. 57-61. Une majorité de signes sur l'organe inspecté, interprétés comme favorables, indiquait une réponse positive de la divinité et inversement, voir George 2013, p. xvi.
4. L'édition de ces documents se trouve dans Starr 1990.
5. Voir notamment SAA 4 279-320.
6. Starr 1990, p. xi-xii.
7. BOQ est ici utilisé comme sigle pour *Babylonian Oracle Questions*. Le numéro de textes qui suit correspond à l'édition de Lambert 2007. Les tablettes des BOQ proviennent d'après leur colophon pour la plupart de la bibliothèque royale d'Assurbanipal. En nombre plus restreint et d'époques néo-babylonienne et achéménide, d'autres documents ont été mis au jour à Nippur (BOQ 15), Babylone/Borsippa (BOQ 23-25). Ces deux derniers textes ont la particularité de ne se référer qu'au dieu Šamaš. Pour plus de détail sur les tablettes et leur provenance, voir Lambert 2007, p. 10-12.
8. Pour le seul cas d'une femme commanditaire de la consultation, voir BOQ 21, 10-18.
9. Pour les affaires militaires, voir BOQ 1, 2, 3c, 4, 5-8, 24. Sont aussi traitées les nominations à des postes clefs (BOQ 3a, 18, 19). Noter aussi les interrogations concernant le culte et les offrandes (BOQ 9-10, BOQ 17).
10. BOQ 3 concerne l'issue d'un procès en ordalie. Le mariage avec une seconde épouse et la possibilité qu'elle donne naissance à un garçon (BOQ 13, 8-22) ou encore la sincérité des propos d'une épouse (BOQ 21, 1-9) sont aussi traités. Les consultations portent également sur des sujets médicaux : le déroulement de l'accouchement (BOQ 12c, BOQ 13, 1-7, BOQ 25, 10-rev. 24), le diagnostic d'une maladie des yeux (BOQ 16), la réussite d'un traitement (BOQ 25, 1-9), le bon état de santé du consultant (BOQ 15 et 21, r. 1-14) et sa guérison (BOQ 14).
11. Lambert 2007, p. 8.
12. *Ibid.*, p. 21-23.

rentes façons. Certaines consultations répertoriées sont très anciennes puisqu'elles concernent les campagnes militaires entreprises par les rois babyloniens de l'époque paléo-babylonienne (1re moitié du 2e mill. av. J.-C.)[13]. L'utilisation de ces ouvrages de référence est aussi facilitée par des regroupements thématiques[14] et l'indication du libellé de la consultation, selon la formule « *tamīt* + objet de l'interrogation », écrit entre deux lignes à la suite de la série des questions[15].

1.2 *Les recueils d'oracles*

Les collections compilant des présages et les prédictions qui leur sont associées relèvent de différents champs d'observation dont les plus importants sont les phénomènes astronomiques et terrestres, la tératomancie et l'extipicine. Un spectre très large de situations dans la sphère familiale, politique et religieuse est révélé par les prédictions dans ces recueils[16]. La guerre y est aussi très bien représentée, essentiellement cependant dans les collections liées aux présages hépatoscopiques de la période paléo-babylonienne, où elle représente environ 1/3 des prédictions relatives aux affaires gouvernementales[17]. Dans un article récent, N. P. Heeßel note que dans cette documentation, les informations concernant la guerre sont inégalement représentées. Les causes sont notamment peu traitées, alors qu'un nombre important de prédictions concerne les préparatifs, l'espionnage et le recueil d'information[18]. Sont également assez fréquentes les considérations relatives aux raids menés aux frontières. Les aspects tactiques relatifs au combat en terrain ouvert, à l'attaque des villes ainsi qu'au dispositif des troupes alliées constituent un ensemble de prédictions sur lesquelles nous aurons l'occasion de revenir dans la suite de cette étude[19]. Une préoccupation essentielle demeure la prise de butin, la défaite et la victoire pour lesquelles les présages étudiés sont aussi très nombreux[20]. À propos de ces thèmes oraculaires, on ajoutera aux références présentées par N. P. Heeßel le cas inhabituel des tablettes 65 et 67 de la grande série des présages terrestres (*Šumma ālum*) : le corps expéditionnaire n'y est pas seulement mentionné comme sujet de la prédiction mais aussi en tant qu'élément du signe précurseur. La présence

13. Hammurabi (1792-1750 av. J.-C.), BOQ 1, 1-25 ; Abi-Ešuh (1711-1684 av. J.-C.), BOQ 3, 21-47 ; Samsuditana (1625-1595 av. J.-C.), BOQ 1, 26-95 ainsi que BOQ 4b et 5 à dater probablement entre 1100-900 av. J.-C, voir Lambert 2007, p. 69, 151. Sur le caractère authentique de ces consultations (« *tamītu* historiques »), voir *ibid.*, p. 20, p. 141-143 avec bibliographie.
14. Affaires militaires (BOQ 4, 5, 24) ; éclipses (BOQ 2, correspondant à la tablette IX du fonds de Banūnu) ; agriculture (BOQ 11) ; les menaces encourues par différentes personnes (BOQ 20) et l'envoi de messagers (BOQ 23).
15. Les dictionnaires (CAD T, p. 123 et AHw, p. 1340 sous *tāmītu*) lient le terme à la racine *amû / awû* « parler ». Une dérivation par rapport à *wamā'u / tamû* (« jurer » à transcrire *tamītu*) est aussi envisageable. Il est difficile de dire si le terme caractérise uniquement l'interrogation ou bien s'il se réfère à la consultation dans son ensemble (interrogation, observation, interprétation du présage et opérations rituelles). Sur ce point et la question de l'étymologie, voir Lambert 2007, p. 5-7.
16. Voir par exemple Bottéro 1982 ; Koch-Westenholz 2002 ; Abrahami 2006 ; Muller à paraître.
17. Richardson 2010, p. 246 ; Heeßel 2014, p. 382.
18. Heeßel 2014, p. 383-384.
19. *Ibid.*, p. 384, 388-389.
20. *Ibid.*, p. 387-388

de volatiles (aigles ou corneilles) qui planent au-dessus du corps d'armée permet de réaliser des prédictions relatives à l'issue finale de la campagne (butin, défaite ou victoire)[21].

1.3 *Les mentions dans les lettres*

Les devins et les fonctionnaires royaux rendent parfois compte dans leurs lettres de la prise d'oracles en rapport avec des opérations militaires. Les lettres des devins de Mari de l'époque de Yasmah-Addu (1782-1775 av. J.-C.) et de Zimri-Lim (1774-1762 av. J.-C.) constituent une source de première importance à cet égard[22]. Le plus souvent les devins de Mari font état de leur consultation au sujet du « salut des troupes (et du retranchement) »[23]. La nature des évènements militaires traités apparaît cependant parfois de manière plus précise. Il arrive en effet que les devins délivrent un rapport détaillé au roi en citant notamment l'énoncé de la question ayant été posée à la divinité[24]. On voit ainsi que la divinité est interrogée sur le type d'attaque à mener contre une ville et d'autres sujets qui seront évoqués plus en détail dans la suite de cette étude.

2. Conceptualisation des formes de combat

Un énoncé dans la tablette 2 du traité d'herméneutique divinatoire, le *Mutābiltum*, éclaire la façon dont sont pensées les catégories tactiques de l'action militaire. Le passage en question expose la règle selon laquelle dans l'aire centrale de l'organe analysé par le devin, la partie droite contient les présages relatifs au consultant (*pars familiaris*) tandis que celle de gauche concerne l'ennemi (*pars hostilis*)[25]. Sont ensuite déclinés les sujets oraculaires auxquels cette règle s'applique, lui conférant en définitive un caractère universel :

21. « Si de nombreux aigles, au cours d'une expédition, ne cessent de voler en décrivant des cercles au-dessus de l'armée ; la défaite de l'armée se produira » (*šum*$_4$*-ma e-ru-u*$_2$ *ma-du-tu*$_4$ *ina* KASKAL UGU *um-ma-na-a-ti iš-ta-na-a'-u*$_2$ ŠUB-*ti*$_4$ *um-ma-na-a-ti*), voir Freedman 1998, p. 21, *incipit* de la tablette 65 ; « Si l'armée part en campagne et qu'une corneille ne cesse de croasser au-dessus de l'armée ; l'armée qui est allée en campagne ne reviendra pas », (DIŠ ERIN$_2$-*ni* KASKAL DU-*ma* UGA.MUŠEN *ana* IGI ERIN$_2$-*ni* GU$_3$.DE$_2$.DE$_2$ ERIN$_2$-*ni* KASKAL DU-*ku* NU.GUR.RA), voir Freedman 1998, p. 22, *incipit* de la tablette 67.
22. Dans le présent article, nous nous sommes limités à ce corpus, rassemblé dans ARM 26/1 par J.-M. Durand qui en a réalisé l'édition complète et une étude exhaustive. En ce qui concerne la présentation des affaires militaires dans cette correspondance, voir Durand 1988, p. 28-30 et p. 44-46.
23. *šulum ṣābim* (*u karašim*), voir les références rassemblées par Durand 1988, p. 29 n. 109. On connaît également les présages pour le « salut » de telle ou telle ville du royaume. En l'occurrence, les localités concernées peuvent être des villes frontières (*āl pāṭim*) et des centres urbains où l'on craint une attaque (*ibid.*, p. 31-34). Sur le *karašum*, voir ci-desous n. 46.
24. *Ibid.*, p. 45, pour les passages de lettres contenant l'énoncé de l'interrogation.
25. Sur ces notions voir en dernier lieu Glassner 2012b et George 2013, p. xviii.

> ...pour le salut du roi, pour l'arme, pour l'expédition, pour la prise des villes, pour le bien-être du malade, pour la pluie, pour réaliser un projet ou toute autre chose[26].

Les opérations militaires sont ainsi définies en fonction de trois intitulés : l'« arme » ; l'« expédition » et la « prise des villes ». Deux autres textes documentent la paire « arme » / « ville » comme thème de la consultation en les opposant de façon marquée. Le premier est une prédiction qui figure dans un recueil d'oracles. La même marque constatée sur le foie donne lieu à deux interprétations distinctes. En fonction du type d'action guerrière considéré, la prédiction indique soit la chute de la ville ou bien, s'agissant de l'« arme », la mort d'une personne de renom :

> Si dans la zone du Démon (*mukīl rēši*) se trouve un trou : reddition de la ville ; pour l'arme, mort de quelqu'un d'important[27].

Le second document est une lettre de Zimri-Lim de Mari à son épouse (ARM 10 120). Le roi lui reproche le fait de s'être trompée quant à la définition du sujet oraculaire de la consultation qu'elle devait organiser. Manifestement, Zimri-Lim, engagé dans l'attaque d'une ville, est insatisfait car la prédiction que lui a transmise la reine ne concerne pas ce type d'opération :

> À propos de ce que tu m'as écrit en ces termes : « J'ai tenu compte de la divination relative aux armes ». Voilà ce que tu m'as écrit. Tu as donc tenu compte de la divination relative aux armes. Pourquoi est-ce de la divination relative aux armes dont tu as tenu compte et non dans celle qui est relative à la prise des villes ? Et (pourquoi) ne m'as-tu pas écrit en ces termes : « Cette ville sera prise ou bien elle ne sera pas prise ? »[28].

Quel sens faut-il donner au terme « arme » dans ces différents textes ? Il semble bien que le champ d'investigation des devins par rapport aux opérations de combat s'organise en fonction d'une opposition fondamentale entre deux catégories tactiques : d'une part la poliorcétique et d'autre part l'« arme ». Plutôt que le sens figuré de « force militaire » / « guerre » qu'on connaît à ce dernier terme, il est probable que la signification ici recoupe de manière générique les modes d'action en terrain ouvert à savoir : la bataille rangée, l'embuscade et le raid[29].

26. Koch 2005, p. 11, 114-115 (A i 60 – 61) : *ana* SILIM LUGAL *ana* GIŠ TUKUL *ana* KASKAL *ana ṣa-bat* URU *ana* SILIM GIG *ana* SUR-*an* AN-*e ana* DU$_3$-*eš* AŠ$_2$ *u mim-ma ma-'a-da-a-ti*.
27. Heeßel 2012, p. 210 n° 63, 12' : BE KI *mu-kil* SAG BUR$_3$ ŠUB-ti *a-rad* URU^{ki} *ana* ^{giš}TUKUL ŠUB-*ti* SIG-*i*.
28. ARM 10 120, 4-16 (LAPO 18 1147) : *aš-šum ša ki-a-am ta-aš-pu-ri-im, um-ma at-ti-ma, i-na ba-ru-ú-tim, ša* ^{giš}TUKUL.MEŠ, *a-na-ku et-me-ku ša ta-aš-pu-ri-im, i-na ba-ru-tim-ma ša* ^{giš}TUKUL.MEŠ, *et-me-ti, am-mi-nim i-na ba-ru-ut* ṣa-ba-at* URU^{ki} *la et-mi-[t]i, ù ki-a-am ú-ul ta-aš-pu-ri-i[m], um-ma at-ti-ma* URU^{ki} *šu-ú iṣ-ṣa-ab-ba-at, ú-lu-ma ú-ul iṣ-ṣa-ab-ba-at*. Pour le verbe *etēmu*, voir Durand 2000, p. 327 n.a avec bibliographie. Le verbe est compris selon les contextes par « s'occuper de », « être compétent », « être impliqué dans ». Pour la collation l. 11, voir Durand 1988, p. 284 n. a.
29. On peut se demander si ARM 10 120 n'évoque pas de manière indirecte, à travers la référence à la « divination des armes » et à la « divination de la prise des villes », l'existence dès la période paléo-babylonienne, de fonds de questions oraculaires spécifiquement consacrés à ces formes d'actions guerrières à l'instar des *tamītu* du 1er mill.

3. Le déroulement des opérations militaires d'après les questions oraculaires

Les lettres des devins de Mari témoignent des questions posées à la divinité sur des points spécifiques comme : l'issue de la campagne[30] ; l'itinéraire à emprunter[31] ; le déplacement de la position (*šubtum*) de l'armée[32] ; l'effectif des patrouilles et leur affectation à un district[33] ou encore la sécurité d'une escorte de 200 soldats[34].

Dans les recueils d'oracles, les prédictions concernant les opérations liées au déroulement des campagnes militaires sont documentées de façon disséminée[35]. Par contre, les séries de questions soumises à Šamaš et Adad présentent l'avantage d'offrir une vision d'ensemble. En effet, certains *tamītu* décrivent de manière exhaustive les différentes phases de l'expédition militaire : levée, choix des unités constituant le corps expéditionnaire, itinéraire à emprunter, etc.[36]. Leur intitulé, qui mentionne l'expédition militaire comme sujet de la consultation, fait écho dans sa phraséologie aux questions consignées dans les documents des consultations à Šamaš:

> (Est-ce que Urša, le roi d'Urartu) avec son armée, les Cimmériens ou bien un allié à lui quel qu'il soit, de là où ils se trouvent, prendront-ils la route vers le pays de Šubria pour une expédition afin d'attaquer, (livrer) combat et bataille pour tuer, piller et faire du butin[37].

Il est aussi possible de suivre le déroulement des opérations en relation avec une même campagne militaire au fil des différentes consultations qui ont été organisées afin d'obtenir l'avis du dieu Šamaš sur un point spécifique. C'est le cas notamment de la campagne militaire d'Assarhaddon contre Mugallu de Melid (autour de 671 av. J.-C.). Plusieurs interrogations sont en rapport avec cette campagne : on cherche à savoir si l'armée assyrienne parviendra à chasser les troupes installées aux abords de la ville et à dégager ainsi l'accès au rempart extérieur (*šalhu*, SAA 4 3, 8, r. 8-9). D'autres questions portent sur l'opportunité d'installer un camp (*madaktu*) en vue de prendre l'une des forteresses du pays (SAA 4 7, r. 3, SAA 4 8, r. 3). Le moment d'une attaque, de jour ou de nuit, est aussi envisagé (SAA 4 9, 8).

Les opérations militaires contre Kaštaritu roi de la ville de Karkaššî dans la partie centrale de la chaîne du Zagros (674-672 av. J.-C) sont décrites à travers les questions posées à l'occasion d'une vingtaine de consultations différentes (SAA 4

30. ARM 26/1 170, 9-15.
31. A.3308+, voir Durand 1988, p. 39 ou encore les différentes options pour se rendre à Qatna depuis Mari, voir ARM I 85, 48-50 (LAPO 17 449).
32. ARM 26/1 103, 12'-14'.
33. ARM 2 22, 29-31 (LAPO 17 585).
34. ARM 26/1 98, 11.
35. Heeßel 2014.
36. Voir le tableau 2.
37. SAA 18, 7-8 : *a-di* LÚ.Á.KAL-MEŠ-*šú* [*lu-ú* LÚ] ⌜*gi*⌝-*mir-ra-a-a lu-ú ki*-⌜*it*⌝-*ru' mál* KI-*šú* TA *a-šar áš-bu ur-ḫa ḫar-ra-nu* [*i-ṣab-ba-tu*]-⌜*né*⌝-*e a-na* DÙ-*eš* ^giš^TUKUL MURUB$_4$ *ù* ⌜MÈ⌝ *a-na* GAZ SAR IR *a-na* KUR-*šu-ub-ri-a* (…). À comparer à l'intitulé du *tamītu* BOQ 5, 48, voir le tableau 2. Pour d'autres cas où les points traités sont abordés de manière générale (pertinence du départ en campagne, victoire, retour sain et sauf du souverain), voir par exemple SAA 4 84-87. Sur le caractère stéréotypé des questions sur les sujets militaires, voir Starr 1990, p. xviii.

41-62). Les points traités concernent plusieurs aspects de ce conflit : les alliances nouées par Kaštaritu (SAA 4 41-42) ; les chances de conclure la paix avec lui (SAA 4 56-57) ; l'opportunité de conduire un raid contre Karkaššî (SAA 4 62) et surtout dans quelle mesure Kaštaritu réussira-t-il à conquérir différentes localités avec l'aide de ses alliés mèdes et cimmériens (SAA 4 43-45 ; 48-51). Deux de ces textes (SAA 4 43-44) sont particulièrement intéressants pour l'étude des moyens mis en œuvre pour prendre une ville.

4. La poliorcétique

Les différents aspects de cette forme de combat sont très bien documentés principalement par les lettres paléo-babyloniennes de Mari[38], et au premier millénaire par la documentation assyrienne (inscriptions royales, lettres et bas-reliefs)[39].

Les recueils d'oracles présentent aussi de façon détaillée la prise des villes. Dans son étude, N. P. Heeßel évoque un certain nombre de prédictions en rapport avec le déroulement des attaques comme : la fuite des habitants des campagnes qui se réfugient dans la cité[40] ; les destructions de vergers par l'attaquant ; l'assaut, souvent dirigé contre la porte, en utilisant comme moyen le feu, les échelles et les brèches[41]. Certaines prédictions citées dans cette étude mentionnent la trahison des autorités gouvernantes qui livrent la ville à l'ennemi[42].

La poliorcétique est aussi un sujet très souvent traité lors des consultations oraculaires. Plusieurs lettres de Mari émanant pour la plupart de devins évoquent les différents procédés possibles. Dans ARM 26/1 121, l'interrogation porte sur le fait de savoir si les Benjaminites constitueront une armée (*uktaṣaṣaram*)[43] et la façon dont ils comptent prendre la ville de Dūr-Yadun-Lim. Deux possibilités sont envisagées : en mettant le siège (*ilawima*) avec des tours (?)[44], ou en livrant une bataille rangée (*ina epše*[*t tāhazi*]). Dans cette dernière éventualité le scénario tactique envisagé correspond probablement au positionnement des troupes de la ville à l'extérieur des remparts afin de combattre frontalement les attaquants[45]. Dans ARM 26/1 117, le devin informe le roi que les présages « pour la prise de la ville » sont favorables et que le roi peut compter s'en emparer par « l'arme puissante » (*kakkim dannim*), peut-être là aussi une allusion à la bataille rangée. La même lettre rapporte également des présages favorables pour « le salut de l'armée [dans ?] le

38. Abrahami 1999, p. 132-134 ; Rey 2012, p. 136-149 et le compte rendu de cet ouvrage dans le présent volume.
39. Fuchs 2008 ; Fales 2010, p. 182-192.
40. Pour ce réflexe obsidional dans la documentation de Mari, voir Abrahami 1999, p. 133.
41. Comme autre exemple d'attaque portée contre / à la porte (*bāb āli* / *abulliya*), on peut citer la prédiction dans un recueil du XVIIe s. av. J.-C., mentionnant l'usage du *ka-ta*-BI-*im*. George 2013, p. 290 (l. 55, 61) traduit par « battering ram (?) » mais qu'il faut probablement identifier à la hache *katappu*.
42. Heeßel 2014, p. 388-389.
43. Pour ce sens du verbe *kaṣāru* au Dt, voir CAD K, p. 262 §7. Pour la forme verbale, voir Durand 1988, p. 287 n.c.
44. La restitution ^{giš}[*dimtim*] l. 13, plutôt que ^{giš}[TUKUL.MEŠ] semble plus appropriée au contexte.
45. Sur ce point, voir Abrahami 2008, p. 15.

retranchement (*karašum*)[46]. On trouve également dans la lettre ARM 26/1 169 la réponse à l'interrogation oraculaire concernant le « salut de la ville ». Le présage obtenu indiquant la razzia (*saddum*) permet d'écarter l'éventualité d'une attaque de la ville. Celle-ci est décrite de façon imagée par le fait que l'ennemi « avec son armée et ses alliés » (*ina ṣābišu u tillātišu*) « ne s'accroupira pas devant la porte de la ville » (*ina pān abulliya ul ippalassah*)[47].

Les moyens de la guerre de siège constituent un sujet récurrent des collections d'interrogations oraculaires.

L'intitulé du *tamītu* enregistré dans BOQ 1, 95 porte précisément sur « le salut de la ville » (*tam*[*īt*] *a-na šulum āli*). Le thème général de cette consultation qui remonte au règne de Samsu-ditana est présenté en introduction (l. 29) : « Au cours de ce mois et jusqu'au 30e jour et pour le mois suivant jusqu'au 2e jour, selon les techniques de la divination, cette ville sera-t-elle en sécurité ? »[48]. Les questions portent ensuite sur différents points :

- la nationalité et la composition de l'armée susceptible d'attaquer (l. 31-45) : contingents étrangers (*ahû*) ; troupes d'aide (*rēṣu*) ; alliés (*tillatu*) ; infanterie (*redû*) ; chasseurs (*ba'irtu*) ;
- les moyens poliorcétiques représentés par une trentaine de termes qui constituent une source d'information exceptionnelle, probablement la plus détaillée à notre disposition (l. 46-64)[49] ;
- le risque du pillage et de la destruction complète de la ville (l. 65-77) ;
- la trahison d'un personnage important de la ville (*āšib āli kabtu*) et le complot d'un étranger « parlant une langue barbare de l'humanité » (*pû nakartum ša amēlūti*) contre les dirigeants de la cité (l. 78-88).

Dans les relevés de questions à Šamaš concernant les opérations menées par Kaštaritu (en particulier les textes SAA 4 43 ; 4 44), les moyens envisagés dans le domaine de la poliorcétique sont aussi évoqués de façon très détaillée. Leur énumération systématique met à disposition ainsi un catalogue complet des différents procédés militaires de l'investissement, de l'assaut, ainsi que des actions sur le champ de la diplomatie et de la guerre psychologique. À partir des documents de ce dossier et d'autres consultations impliquant Šamaš ainsi que les questions compilées dans la série des *tamītu*, I. Eph'al a dressé une liste des moyens du siège qui est ici complétée et organisée en trois catégories[50] :

46. Cette structure identifiée le plus souvent à un « camp » (CAD K, p. 210), représente souvent un retranchement de première ligne qui a deux fonctions essentielles : le blocus de la ville et la protection des assiégeants contre les sorties des défenseurs, voir Abrahami 1999, p. 132. Concernant l'ennoiement du retranchement voir ci-dessous n. 60.
47. La station à croupetons selon le sens fondamental du verbe *napalsuhum* évoque probablement la posture des soldats se tenant à l'abri derrière le retranchement.
48. L. 27-29 : *ina* ŠA$_3$ ITI *an-ni-i a-di* U$_4$. 30.KAM$_2$, ITI *e-ri-bi a-di* U$_4$.2.KAM$_2$ *né-piš-ti*, LU$_2$ HAL URU *an-nu-u$_2$ ša-lim*. La ville en question serait probablement Babylone, voir Lambert 2007, p. 143-144.
49. Lambert 2007, p. 144.
50. Eph'al 2009, p. 21-22 avec les références aux textes cités. Les textes *tamītu* cités par cet auteur (n. 28-50) ont depuis été édités par Lambert 2007, p. 21 (BOQ 1, 46-95 = IM 67692), p. 66 (BOQ 4c, 11-12 = K3467), p. 74-75 (BOQ 6, 1-14 = 81-2-4, 209). Pour l'énumération des moyens du siège dans les questions adressées à Šamaš, voir également Fuchs 2008, p. 52-57, 76-77 ; Fales 2010, p. 184.

a. les procédés psychologiques ou politiques

- la diplomatie : négociations (*ina pî ṭābi u salīm* / *silīm ṭubbāti* / *ina dibbī ṭabūti*) et conclusion d'accords jurés devant les dieux (*adê zakār šumi ili u ištāri*) ;
- l'effroi (*puluhtu*), la clameur (*ikkillu rigmu šisittu*[51]) ;
- l'insurrection (*bartu*), les troubles (*uššušu*), la confusion (*tēšû*), la révolte (*sīhu*), la rébellion (*gabarahhu*), la trahison (*sartu*) et la ruse (*šipir nikilti*).

b. les procédés du siège passif : le blocus et ses conséquences

- le blocus (*esēru - limītu*[52]), la pression (*si'utu*), la négligence (*šēṭūtu*) ;
- la famine (*bubūtu - hušahhu - sunqu - balāṭu*[53]), la soif (*ṣūmu*) ;
- le manque de troupes (*mēkûtu* / *mēkûtu ša ummanāti ša libbi āli*).

c. les procédés de siège actifs : les moyens utilisés pour l'assaut

- la force (*danānu - emūqu*), le combat (*ina epēš kakki qabli u tāhazi*), l'arme puissante (*ina kakki danni*) ;
- la tour (*dimtu*), l'échelle (*simmiltu*), les grappins (*kalbānātu*)[54], les rampes d'assaut (*arammu - nabalkattu*[55] *- eperī šapāku*) ;
- le feu (*išātu*[56]) ; la pince (*rittu*[57]) ; le couteau du cambrioleur (*ina patar palliši*) ;

51. BOQ 6, 4, voir Lambert 2007, p. 75.
52. BOQ 1, 50, voir *ibid.*, p. 26.
53. BOQ 1, 53, voir *ibid.*, p. 26, 147. Le verbe *balāṭu* qui signifie « vivre » désigne par extension de sens les moyens de subsistance.
54. Le CAD K, p. 67 traduit par « a siege engine » et relie ce terme à *kalappu*, « une hache ». En note, le CAD est cependant plus précis, suggérant qu'il s'agit d'un outil muni d'un crochet à cause de l'élément ZU_2 (« dent ») dans le rendu sumérien du terme. Lambert 2007, p. 27 (BOQ 1, 55), 67 (BOQ 4c, 12) traduit par « boring engines » et p. 146 par « drills », (K 8486, 10). Étymologiquement, le terme est peut-être à rapprocher de l'hébreu *qebōl* mentionné dans la description du siège de Tyr dans Ezéchiel 26, 9 où l'on a bien affaire à un engin utilisé contre la muraille pour en provoquer l'écroulement (on notera également la métathèse, comme c'est le cas entre l'hébreu *sullâm* et l'akkadien *simmiltu* « échelle », voir Abrahami 1999, p. 133). Toutefois, l'identification à un type d'échelle d'assaut est également considérée comme plausible, voir le AHw, p. 424, Eph'al 2009, p. 74-75 ; Hrůša 2010, p. 228. Dans BOQ 1, 55-56, ce moyen est cité entre l'échelle et la « coupure de la muraille » (*nikis dūri*), ce qui convient autant à l'une ou l'autre des identifications (moyen ascensionnel ou outil pour creuser). La paire *simmiltu - kalbānātu* est mentionnée dans une lettre de Mari A.3935+, 42 qui fournit la seule attestation de ce terme pour le second millénaire (voir Joannès 1992, p. 83 qui traduit par « grappin »). Dans cette lettre, le fait qu'il s'agit d'un moyen ascensionnel plutôt que d'une machine perforante convient bien mieux au contexte (non militaire) du document. L'équivalent sumérien du terme $^{giš}ZU_2$ / BAD_3.GIL le rapproche aussi du filet (*šētu*, CAD Š/2, p. 340). Il est possible donc que l'on ait affaire à un filet muni de crochets dont les mailles auraient permis d'escalader la muraille. Le *kalbānātu* est aussi associé dans la liste lexicale *Malku* III 35 au *nimgal dūri* qui n'est par ailleurs attesté qu'une fois dans un passage des annales de Sennacherib relatant le siège d'Illubru en Cilicie (CAD N/2, p. 234). Hrůša 2010, p. 228 identifie ce dernier terme à un moyen ascensionnel fabriqué avec une corde munie d'un crochet (voir également concernant le *nimgal dūri*, le compte rendu du livre de F. De Backer dans le présent volume).
55. Eph'al 2009, p. 74-75 ; Fuchs 2008, p. 53 considèrent qu'il s'agit d'une échelle en prenant en compte l'étymologie « passer par-dessus » / « dépasser ». Le terme apparaît conjointement avec l'échelle *simmiltu* dans SAA 4 43, 7. On le trouve toutefois énuméré après la « coupure de la muraille » (*nikis dūri*) dans BOQ 1, 53-56, voir Lambert 2007, p. 27 qui traduit par « rampe ». Ce sens convient également à l'étymologie. Dans ce cas, il faut cependant envisager qu'il s'agit d'une rampe qui atteint les créneaux de la muraille et permet l'assaut et non pas de celle qui s'élève à mi-hauteur sur laquelle on déplace les engins de siège. Noter également la séquence dans *Malku* III 34 (manuscrit N) : [*kal-ba-n*]*a-tu*$_4$, [x x] *dūri*, *nabalkattu*, Hrůša 2010, p. 76, 228. Il est probable qu'il faille restituer dans la cassure [*nikis*] *dūri*.
56. BOQ 6, 6, voir Lambert 2007, p. 74.
57. Le terme qui signifie au propre la main peut aussi désigner par extension de sens un manche (CAD R, p. 386). Eph'al 2009, p. 21 n. 31 traduit par « force ». Lambert 2007, p. 27 (l. 54) identifie ce terme à une « pince » probablement du fait que *rittu* peut désigner aussi les griffes d'un animal. Comme outil pour

le bélier de siège (*šubû - āšibu*) ; les brèches (*neptû - niksu - pilšu*[58]) ; la « coupure de la muraille » (*nikis dūri*)[59] ; le ramollissement (par) l'eau (*mê mahahi*[60]).

5. Les batailles rangées

Les aspects tactiques de la bataille rangée ont fait l'objet d'études essentiellement pour la période néo-assyrienne[61]. Cette forme d'affrontement reste cependant peu représentée dans les sources écrites et visuelles de cette époque. Selon F. M. Fales, les raisons de cette absence sont dues :

> [au] fait que les Inscriptions royales assyriennes [...] tendent à réduire les batailles à leur seule issue toujours et incontestablement victorieuse ; le fait que les lettres adressées au roi ne signalent jamais que les embuscades ou des affrontements limités [...] ; et, enfin, le fait que sur les bas-reliefs sont largement privilégiées les prises de villes assiégées, dont les représentations sont beaucoup plus spectaculaires que celles des affrontements en rase campagne[62].

le siège, il apparaît entre le bélier et l'échelle (BOQ 1, 54-55, Lambert 2007, p. 26), ce qui n'indique rien en soi. On peut penser cependant qu'il s'agit d'un ustensile permettant de creuser la terre. D'une part, on relève que *rittu* correspond à un élément de la charrue ou à la charrue elle-même (CAD R, p. 387). D'autre part, on note l'équivalence étymologique avec l'hébreu *raḥat* « pelle », voir AHw, p. 990.

58. *Pilšu* est compris en général comme une « brèche » voir Eph'al 2009, p. 78-79. Le sens de « tunnel » est envisagé par Fuchs 2008, p. 77-78 car c'est aussi le conduit emprunté par le renard pour regagner sa tanière, voir également CAD P, p. 378. En fait, il est préférable de considérer que *pilšu* représente un passage ouvert dans la muraille, le cas échéant dans ses soubassements, par lequel on s'engouffre pour accéder à l'intérieur de la ville.
59. À partir de *nakāsu* « couper », on a probablement affaire à une ouverture dans la muraille qui plus qu'un simple trou, provoque son effondrement, interrompant ainsi sa continuité.
60. Concernant l'usage de l'eau « qui imprègne », Eph'al 2009, p. 21 n. 43 y voit un moyen d'ennoiement de la ville assiégée, procédé peut-être à l'origine de la chute de Ninive. Pour un avis contraire voir cependant Pinker 2006, p. 8, 15 qui considère plutôt une portée limitée et symbolique : l'inondation de Ninive aurait été provoquée après la chute de la ville, comme vengeance à la destruction de Babylone opérée de la même façon par Sennachérib en 689 av. J.-C. L'ennoiement comme moyen de défense est utilisé par le chef chaldéen Marduk-apla-iddina II pour défendre Dūr-Yakin contre Sargon II (709 av. J.-C.). En prévision de l'attaque du roi assyrien, les ponts sont coupés et l'eau de l'Euphrate détournée pour inonder la plaine alentour, privant l'armée assyrienne de l'usage de ses chars. Le camp chaldéen est alors installé à l'extérieur de la ville dans une zone sèche entourée de fossés alimentés par l'eau de l'Euphrate que Sargon II s'emploie à combler, voir Scurlock 1997, p. 504 ; Fuchs 1993, p. 160 (l. 338-344). Au 2ᵉ mill. dans la documentation de Mari (ARM 2 30⁺ = LAPO 17 581), l'utilisation de ce procédé par les défenseurs est attesté afin de détruire la rampe d'assaut construite par les Élamites lors du siège de Hirîtum, voir Lacambre 1997, p. 444-445 ; Rey 2012, p. 177. Il faut associer ce type de riposte des assiégés à la prédiction que l'on trouve dans un recueil d'oracle « l'eau emportera le retranchement de ton armée » (*karaš ummānīka mê ūbbalū*), voir Heeßel 2014, p. 385 n. 36.
61. Voir notamment Eph'al 1983 ; Scurlock 1997 ; De Backer 2007 ; Cordoba 2008, p. 140-144 ; Fales 2010, p. 192-206 ; Nadali 2010. Pour le 3ᵉ mill., voir Cordoba 2008, p. 139-140 ; Abrahami 2008, p. 13-15 et voir également Abrahami 2005, p. 15, pour un résumé des combinaisons tactiques mises en évidence par Scurlock 1997 à travers la bataille du Mt Uauš (Sargon II contre les Urartéens, en 714 av. J.-C.) ; celle de Dūr Yakin menée par Sargon II contre Merodah-Baladan en 709 av. J.-C. et la bataille de Til-Tuba d'Assurbanipal contre Teumman, le roi d'Elam en 664 av. J.-C.).
62. Fales, 2010, p. 194-195.

En contexte divinatoire, la bataille rangée est relativement peu documentée. N. H. Heeßel cite cependant une série de prédictions dans les recueils d'oracles qui concerne cette forme d'affrontement comme par exemple : « Mon armée et l'armée ennemie se livreront combat l'une contre l'autre »[63]. L'évocation du champ de bataille (*tāhāz ṣēri*) y est aussi présente[64]. Les raisons de la défaite sont parfois mentales (la peur qui saisit la troupe) ou physiques (mauvaise condition physique des troupes qui ont soif)[65]. Sont évoqués aussi les problèmes dans la chaîne du commandement avec des ordres qui ne sont pas correctement observés (*qibītka ul sanqat*) et un contrôle (*isiltu*) des unités qui se relâche[66].

Ces données peuvent être complétées par les informations qui se dégagent de la documentation oraculaire en rapport avec le déploiement des forces en ordre de marche ou lors d'un choc frontal.

La ligne de bataille (*sidirtu* / *sidru*)[67] est mentionnée dans le *Mutābiltu*[68]. Pour désigner l'avant-garde de l'armée, mot à mot sa partie frontale, on trouve le terme *pūtu*. C'est à cet endroit que sont supposés marcher les dieux[69]. La défaite (*mihiṣ*) de la « tête » (SAG.DU= *qaqqqadu*) de l'armée est aussi mentionnée[70]. Le centre du corps d'armée (mot à mot le nombril *abunnatu*) est cité à plusieurs reprises. Dans BOQ 1, 11, la question porte sur le choix du commandant et s'il doit diriger l'armée depuis cette position[71]. On remarque aussi la prédiction suivante : « L'ennemi touchera le nombril de mon armée »[72]. Ce qui décrit probablement une poussée massive exercée au centre pour enfoncer la ligne de bataille et tenter ainsi d'atteindre le haut-commandement. Les côtés désignés comme les ailes (*kappu*) apparaissent dans une question à propos des différentes unités que le roi de Babylone, Abi-ešuh, est susceptible de mobiliser pour la construction d'une digue sur le Tigre[73]. L'attaque portée sur le côté droit aux premières heures du jour, pour créer un effet de surprise, est suggérée par la prédiction suivante : « L'ennemi engagera le combat avec toi à l'aube ; l'ennemi touchera la droite de ton

63. ERIN$_2$-*ni u* ERIN$_2$ KUR$_2$ *ana* DU$_3$-*eš* MURUB$_4$ *iṣ-ṣab-ba-tu* (CT 41 49, 24) cité par Heeßel 2014, p. 385 n. 31.
64. Heeßel 2012, p. 184 n°52, r. 4 et p. 203 n°61, 12').
65. Heeßel 2014, p. 386 n. 41, n. 44-45.
66. *Ibid.*, p. 386 n.39, n. 40. Pour ce sens de *sanāqu*, voir CAD S, p. 138 e) ; pour *isiltu*, voir CAD I, p. 193.
67. CAD S, p. 233-234.
68. « Destruction à l'endroit de la ligne de bataille » (ZAH$_2$ KI ***si-dir-ti*** ERIN$_2$-***ni***), voir Koch 2005, p. 238, l. 20. Pour une ligne de bataille en demi-cercle, on renverra au passage de l'inscription d'Assurbanipal où elle est associée à la forme d'un arc-en-ciel (*manzât*), voir CAD M/1, p. 231a.
69. DINGIR.MEŠ *pūt* ERIN$_2$ KUR$_2$ (NU) DU, voir Heeßel 2012, p. 151 n° 38, r. 27-28. Sur la présence des emblèmes divins avec l'armée, voir Vidal 2009.
70. Voir par exemple Heeßel 2012, p. 175 n° 51, 7-8. Le terme *qaqqadu* est plutôt à comprendre comme l'unité placée en avant ou comme une référence au commandant. Le sens adverbial de "complètement" proposé dans l'édition du texte ne convient pas. Le commentaire *Multābiltu* donne d'ailleurs IGI comme équivalent à SAG.DU, voir Heeßel 2012, p. 222 n° 68, 11'.
71. Lambert 2007, p. 24. C'est là que se trouve le roi assyrien Assarhaddon marchant derrière les grands dieux, voir Leichty 2011, p. 52 (Assarhaddon 8 col. ii', 16').
72. *a-bu-na-at um-ma-ni-ka* LU$_2$.KUR$_2$ *i-la-pa-at*, voir CAD A/1, p. 90 usage 2.
73. BOQ 3c, 23-25, voir Lambert 2007, p. 55-56 et commentaire p. 142, 150. Les troupes des « ailes » sont mentionnées au sein d'une longue séquence qui comprend notamment : la troupe du palais, la troupe de la porte du palais, les troupes puissantes (*gipšu*), la troupe du désert, la troupe des conscrits (*puhri*), les Sutéens, la troupe des montagnes (*sad māti*), celle des artisans (*ummāni*) et les unités du génie (*tupšikku*).

armée »[74]. On trouve aussi d'autres prédictions qui concernent l'attaque de la partie arrière de l'armée désignée comme le dos (*kutallu*) ou sa queue (*zibbatu*) selon différents scénarios tactiques possibles : par un coup porté à revers du dispositif de bataille ou sur l'arrière-garde de l'armée en déplacement[75] ou encore au moment où l'armée se replie[76].

Les recueils d'oracles mentionnent assez souvent l'« assise» / le « fondement » de la troupe. Généralement le terme est compris comme désignant la « discipline »[77]. Lorsque le contexte est mentionné, il s'agit cependant de la bataille comme dans la prédiction : « Le dieu viendra à l'aide de la troupe du prince. Dans la bataille, l'assise de ma troupe sera ferme »[78]. Si le sens de discipline dans ce cas n'est pas à exclure, on peut néanmoins envisager une interprétation tactique du terme pour désigner soit le corps d'armée principal ou bien l'agencement des unités qui participent au combat

Le déploiement en ordre de bataille est décrit selon la même terminologie dans la documentation épistolaire de Mari. ARM 4 85 + A.3090 est une lettre envoyée par Išme-Dagan d'Ekallatum à son frère Yasmah-Addu, roi de Mari. L'expéditeur demande un rapport sur deux batailles avec la recommandation de le transmettre sur une tablette dont l'enveloppe devait porter l'indication « secret ». Par rapport à la première bataille, Išme-Dagan souhaitait savoir si les pertes avaient été importantes et si de « grands personnages hommes de renom » (LU$_2$.[MEŠ] *wedûtum bēl šumātim*) avaient été tués. Concernant la seconde, l'information attendue concernait son déroulement :

> [Lors] de la victoire remportée sur les Lulléens a-t-on repoussé le « nombril » de l'armée ? Sont-ce les deux ailes à droite et à gauche qui ont remporté la victoire ? Est-ce dans le « nombril » qu'on a remporté (la victoire) ? Qu'en est-il ? Quoi qu'il en soit, envoie-moi un rapport complet[79].

L'aile gauche de l'armée, repoussée par l'ennemi (*sakāpu*), commandée par 8 généraux (gal mar-tu), tués au combat, est mentionnée dans M. 5694+, une autre lettre d'Išme-Dagan. Dans la lettre A.1975, pour sa sécurité, Zimri-Lim de Mari se voit recommander de se tenir dans le « nombril de sa troupe » et non pas dans « le front de la troupe » (*pūt ṣabim*) qui représente donc le dispositif le plus avancé par rapport aux unités constituant le centre[80].

74. LU$_2$.KUR$_2$ *i-na ṣi-it ša-am-ši it-ti-ka ta-ha-za-am i-pu-uš i-mi-ti um-ma-ni-ka* LU$_2$.KUR$_2$ *i-la-pa-at*, voir CAD I, p. 122 usage b), et également « au combat, l'ennemi vaincra à droite », (*ina* ^{giš}TUKUL KUR$_2$ ZAG-*ti* GAZ-⸢*ak*⸣ voir Heeßel 2012, p. 182 n° 52, 9.
75. « L'ennemi attaquera la queue de mon armée » (*zi-ib-ba-at um-ma-ni-i-ka na-ak-rum i-ša-hi-iṭ*), CAD Z, p. 102 usage c).
76. « Repli de mon armée, l'ennemi verra le dos de mon armée » (*su-hur-ti* ERIN$_2$-*ia ku-tal* ERIN$_2$-*ia* KUR$_2$ IGI-*mar*, voir Heeßel 2012, n° 52, r. 26.
77. CAD I, p. 238a §c ; AHw, p. 394a §3 et Heeßel 2012, p. 386 et n. 42. S'agissant du « pays » ou d'une « ville », *išdum* est compris comme renvoyant plutôt à l'organisation du pouvoir politique et administratif.
78. *re-ṣu-ut* ERIN$_2$ NUN DINGIR DU-*ak ina* ^{giš}TUKUL SUHUŠ ERIN$_2$-*i*[*a*$_5$ GI.NA], voir Heeßel 2012, n° 61, 16' ; voir aussi « L'assise de mon armée est ferme et je tuerai l'ennemi » (SUHUŠ ERIN$_2$-*ia u*$_2$-*ka-an-ma* KUR$_2$ GAZ-*ak*), voir Heeßel 2012, n° 52, r. 27.
79. L. 11-17: [i-*nu-ma*] *da-am*$_7$-*di-im ša lu-ul-li-im,* [*a*]-*bu-un-<na>-at ṣa-bi-im is-ki-pu-ma, ka-pa-an i-mi-it-tam ù šu-me-lam, da-am*$_7$-*da-a-am i-du-ka, i-na a-bu-un-na-tim i-du-ku ki-i, an-ni-tam la-an-ni-tam ṭe*$_4$-*ma-am ga-am-ra-am, šu-up-ra-am*. Ziegler 1997, p. 145-146.
80. Ziegler 1997, p. 150-151. Dans le contexte de la lettre A.1975, les unités du centre ne combattent pas comme l'indique la suite du passage cité par N. Ziegler. Seules sont engagées celles de l'avant-garde (*pūtum*) qui doivent attaquer la porte de la ville de Mišlān.

6. L'armée alliée (*tillatu - rēṣu*)

Les forces mobilisées auprès des vassaux et des rois alliés constituent un sujet oraculaire très largement documenté[81]. Dans les *tamītu*, elles sont mentionnées, dans la partie de l'interrogation qui porte sur les différentes catégories de troupes qui sont mobilisées pour constituer le corps expéditionnaire (BOQ 1, 31-45 et BOQ 5, 4) ou lorsqu'il s'agit de savoir si l'ennemi pourra ou non en disposer (BOQ 1, 171).

De nombreuses prédictions dans les recueils d'oracles s'intéressent également à ces troupes. Leur participation pour obtenir la victoire y apparaît comme un facteur déterminant[82]. Les oracles qui concernent l'armée alliée montrent aussi plusieurs types de préoccupations[83]. Très fréquemment, il est question de leur mobilisation. On est inquiet de savoir si elles seront ou non présentes (« Le prince / l'ennemi disposera de troupes alliées »)[84] et si elles arriveront à temps (« Mes troupes alliées s'approcheront au moment adéquat pour moi »)[85]. Les défections sont parfois redoutées (« Le prince, parmi ses troupes alliées, personne ne désertera »)[86]. Certaines prédictions montrent cependant que les unités alliées représentent un risque. Il est à craindre qu'elles ne se retournent contre leur hôte et attaquent de l'intérieur[87]. On peut citer quelques prédictions qui relèvent de ce thème :

- « L'ennemi sera tué dans son palais par son armée alliée »[88].
- « L'armée alliée se révoltera contre moi »[89].
- « Quelqu'un parmi tes troupes alliées changera de plan »[90].
- « L'ennemi viendra parmi mes troupes alliées et ne sera pas visible », prédiction qui pourrait évoquer la présence d'espions au sein des contingents d'aide[91].

Ce problème de la fidélité des troupes alliées trouve aussi un écho dans les lettres des devins de Mari, notamment dans ARM 26/1 155. Ce document contient un rapport

81. Sur les conventions d'accord qui régissent l'octroi des forces alliées d'après la documentation de Mari et celle de Tell-Leilan, voir Abrahami 2014. Contrairement à *rēṣu* qui a le sens générique d'« aide », le terme *tillatu* désigne avant tout une force armée mobilisée auprès des vassaux ou « prêtées » par des rois alliés. Il est surtout en usage au second millénaire dans les textes de Mari, les recueils d'oracles, les sources hittites ainsi qu'à Ugarit et Alalakh, voir CAD T, p. 406-407. On les rencontre ensemble notamment dans BOQ 1, 171 et BOQ 1, 31-45 et dans les recueils d'oracles, voir CAD R p. 269 3'.
82. Heeßel 2014, p. 386-387 en particulier n. 53.
83. Sur les prédictions comme traduisant des sujets d'inquiétude, voir George 2013, p. xix, Heeßel 2014, p. 382.
84. NUN / KUR$_2$ ILLAT.MEŠ TUK-*ši*, Heeßel, 2012, n° 82, 25, 26.
85. [...*ina*] *u*$_4$*-um a-*⌜*da*⌝*-ni-ia* ILLAT-*ti* DA-*a*, Heeßel 2012, n° 116, r. 21'.
86. NUN *ina* ILLAT.MEŠ-*šu a-um-me-e ina* ŠU-*šu* DU$_8$, Heeßel, 2012, n° 80-82 : 5.
87. Pour cette situation évoquée par les traités de mises à disposition des troupes alliées, voir Abrahami 2014, p. 49-53.
88. KUR$_2$ *ina* E$_2$.GAL ILLAT.MEŠ-*šu* GAZ-*š*[*u*], Heeßel 2012, n° 69, 21-22 ; Heeßel 2014, p. 387 n. 56.
89. KUR$_2$ ILLAT.MEŠ-*šu* ⌜BAL.MEŠ⌝-*šu*, voir Heeßel, 2012, n° 40, 9' ; ILLAT.MEŠ *ibbalakkatanni*, CAD T, p. 407a usage c).
90. *a-a-um-ma ina* ILLAT-*ka* UMUŠ-*šu*$_2$ MIN$_2$*-ni-šu*$_2$, CAD T, p. 407b usage c).
91. KUR$_2$ DAL.BANA *til-la-ti-ia i-ba-i'*$_2$*-ma* NU IGI-*ir*, CAD T, p. 407b usage c) qui considère que la situation décrit plutôt l'infiltration de l'ennemi qui passe sans se faire remarquer à travers les positions tenues par les troupes alliées. Pour les prédictions en rapport avec la présence d'espions, Heeßel 2014, p. 383 n. 12-13.

sur l'état des entrailles en relation avec la question posée à la divinité à propos de la conduite des troupes babyloniennes sur le point d'arriver à Mari :

> Au sujet de l'entrée des troupes babyloniennes à Mari nous avons pris les présages de la façon suivante : « Lors de leur entrée à Mari est-ce que l'on ne leur fera pas commettre un acte de rébellion et ne prendront-elles pas Mari ? »[92].

Les risques de pillage occasionné par les troupes alliées sont aussi évoqués par la prédiction : « Ton armée alliée, une fois réunie, frappera ta moisson »[93]. La raison d'un tel comportement peut être contextualisé par la lettre de Mari ARM 14 69 : Yaqqim-Addu, le gouverneur de Saggaratum, écrit au roi pour l'avertir que les troupes alliées doivent être correctement ravitaillées afin d'éviter qu'elles ne vivent sur le pillage des récoltes[94] :

> La troupe alliée qui est installée [dans le district] de Saggarâtum se plaint. La troupe de [...] est installée à Dûr-Yahdun-Lim. La troupe de Nidnât-Sîn est à Biddah et l'armée qaṭnéenne est installée dans Saggarâtum. Or dès que le grain mûrit, tous aussitôt le pillent[95].

Le traitement de la guerre par la divination constitue une source d'information très riche pour les études militaires.

La guerre y est abordée dans tous ses aspects. On voit aussi que les oracles correspondent bien à des situations opérationnelles. En effet, il est souvent possible de contextualiser les prédictions en les rapprochant des réalités sur le terrain rapportées notamment dans les lettres de Mari.

D'autre part, le style rédactionnel très condensé des oracles offre une lecture schématique de situations souvent complexes. C'est le cas par exemple des descriptions tactiques. La disposition et la façon d'engager les troupes sur le champ de bataille apparaissent mieux en évidence par comparaison au récit narratif des inscriptions royales et de la documentation visuelle.

Autre caractéristique intéressante, la tendance à l'énumération systématique et à l'exhaustivité dans les questions posées à la divinité dans le cadre de la consultation. On dispose ainsi d'une vision d'ensemble, qu'il s'agisse des moyens envisagés pour prendre une ville ou des différentes phases du déroulement d'une campagne militaire.

Philippe Abrahami
Université Lumière Lyon 2 – UMR 5133 Archéorient

92. L. 6-10 : *a-na e-re-eb* [*ṣ*]*a-bi-im* KA$_2$.DINGIR.RA^{ki}, *a-na ma-ri*^{ki} *ke-em ni-pu-uš*$_2$ *šum-ma, i-na* GIR$_3$ *e-re-bi-šu-nu a-na ma-ri*^{ki}, *ep-ša-am ba-ar-tam la uš-te-pi*$_2$*-šu-ma*, [UR]U^{ki} *ma-ri*^{ki} *la i-ṣa-ba-tu*.
93. ILLAT.MEŠ-*ka in-ni-me-da-ma* BURU$_{14}$-*ka* SIG$_3$.MEŠ, Heeßel 2012, n°63 r. 12, cité par Heeßel 2014, p. 387 n. 55.
94. Sur la question de la prise en charge des troupes alliées par le pays bénéficiant de l'aide militaire, également Abrahami 2014, p. 58-59.
95. ARM XIV 69, 4-15 (LAPO 17 694): *ṣa-ab til-la-tim* [*ša i-na ha-la-aṣ*], *sa-ga-ra-tim*^{ki} *w*[*a-ši-ib*], *ud-da-ab-bi-bu ṣa-*[*bu-um*], *ša* DUMU [...], *i-na* BAD^{ki}-*ia-ah-du-lum wa-ši-ib, ṣa-bu-um ša ni-id-na-at-*^{d}*sin, i-na bi-da-ah*^{ki} *ù ṣa-bu-um*, LU$_2$ *qa-ta-na-yu*^{ki}, *i-na sa-ga-ra-tim*^{ki} *wa-ši-ib, ù še-um ib-ša-al-ma, ka-lu-šu ki-ma pa-ni-šu-ma, i-ma-aš-ša-ah*. Dans ARM XIV 70 (LAPO 17 698), il est également question d'empêcher les Babyloniens d'aller se servir dans les champs.

Bibliographie

ABRAHAMI P. (1999), « Compte-rendu de Siege and Its Ancient Near Eastern Manifestations. I. Eph'al. Jérusalem, 1996 », *Journal of the American Oriental Society*, 119/1, p. 131-134.

—. (2005), « Bibliographie sur les armées et les militaires au Proche-Orient ancien (1) », *Revue des études militaires anciennes*, 2, p. 3-19.

—. (2006), « Le cochon dans les collections d'oracles de la Mésopotamie », dans Lion B., Michel C. (dir.), *De la domestication au tabou. Le cas des suidés dans le Proche-Orient ancien*, Paris, De Boccard (Travaux de la Maison René-Ginouvès, 1), p. 267-282.

—. (2008), « L'armée d'Akkad », dans Abrahami, Battini 2008, p. 1-22.

—. (2014), « Les obligations militaires entre alliés d'après le témoignage des archives de Mari de l'époque paléo-babylonienne (*ca.* 1810-1761 av. J.-C.) », dans Bouineau J. (dir.), *Droit international. Aspects politiques.* Vol. 1. *Textes réunis par B. Kasparian*, Paris, L'Harmattan, p. 43-69.

ABRAHAMI P., BATTINI L. (dir.) (2008), *Les armées du Proche-Orient ancien (IIIe-Ier mill. av. J.-C.). Actes du colloque international organisé à Lyon les 1er et 2 décembre 2006, Maison de l'Orient et de la Méditerranée* (BAR Inter. Ser., 1855), Oxford, John and Erica Hedges Ltd.

BOTTÉRO J. (1982), « Les pouvoirs locaux en Mésopotamie selon la documentation divinatoire », dans Finet A. (dir.), *Les pouvoirs locaux en Mésopotamie et dans les régions adjacentes*, Bruxelles, Institut des hautes études de Belgique, p. 6-23.

CORDOBA J.-M (2008), « Le "visage de la bataille". La pensée militaire classique et l'étude de la guerre et du combat au Proche-Orient », dans Abrahami, Battini 2008, p. 135-150.

DE BACKER F. (2007), « Some basic tactics of Neo-Assyrian warfare », *UF*, 39, p. 69-115.

DE VOS A. (2014), « Zur altorientalischen Opferschaupraxis: Opferschaudurchführungen über das Wohlbefinden und über das Nicht-Wohlbefinden », dans Fincke J. (dir.), *Divination in the Ancien Near East. A workshop on Divination Conducted during the 54th Rencontre Assyriologique Internationale, Würzburg, 2008*, Winona Lake, Indina, Eisenbrauns, p. 57-76.

DURAND J.-M. (1988), *Archives épistolaires de Mari I/1* (ARM XXVI), Paris, Éditions Recherche sur les Civilisations.

—. (2000), *Documents épistolaires du palais de Mari*, t. 3, Paris, Éditions Du Cerf (Littératures anciennes du Proche-Orient, 18).

EPH'AL I. (1983), « On warfare and military control in the Ancient Near Eastern Empires: a research outline », dans Tadmor H., Weinfeld W. (dir.), *History, Historiography, and Interpretation: Studies in Biblical and Cuneiform Literatures*, Magness Press, Hebrew University, Jérusalem, p. 93-96.

EPH'AL I. (2009), *The City Besieged. Siege and Its Manifestations in the Ancient Near East*, Leiden / Boston, Brill (CHANE, 36).

FALES F. M (2010), *Guerre et paix en Assyrie. Religion et impérialisme*, Paris, Éditions du Cerf, p. 192-206.

FREEDMAN S. (1998), *If a City is Set on a Height. The Akkadian Omen Series Šumma Alu ina mēlê šakin*, t. 1. *Tablets 1-21*, Philadelphie, University Museum (OPSNKF, 17).

FUCHS A. (1993), *Die Inschriften Sargons II aus Khorsabad*, Göttingen, Curviller Verlag.

—. (2008), « Uber den Wert von Befestigungsanlagen », *Zeitchrift für Assyriologie*, 98, p. 45-99.

GEORGE A. R. (2013), *Babylonian Divinatory Texts Chiefly in The Schøyen Collection*, Bethesda, Maryland, CDL Press (CUSAS, 18).

GLASSNER J.-J. (2012a), « Droit et divination : deux manières de rendre la justice. À propos de *dīnum, uṣurtum* et *awatum* », *Journal of Cuneiform Studies*, 64, p. 39-45.

—. (2012b), « Le devin, la droite, la gauche et la manipulation du foie de la victime », *Kaskal*, 9, p. 55-65.

Joannès F. (1992), « La femme sous la paille, ou les déboires d'un intendant », dans Durand J.-M. (dir.), *Florilegium marianum. Recueil d'études en l'honneur de Michel Fleury*, Paris, SEPOA (Florilegium marianum, 1. Mémoires de N.A.B.U., 1), p. 81-92.

Heessel N. P. (2012), *Divinatorische Texte* II. *Operschau-Omina*, Wiesbaden, Harrasowitz (WVDOG, 139).

—. (2014), « Krieg und Frieden in den Apodosen von Omen-Texten », dans Neumann H., Dittmann R., Paulus S., *Krieg und Frieden im Alten Vorderasien. 52e Rencontre Assyriologique Internationale. International Congress of Assyriology and Near Eastern Archaeology, Münster, 17-21. Juli 2006*, Münster, Ugarit Verlag (AOAT 401), p. 381-399.

Hrůša I. (2010), *Die akkadische Synonymen liste* malku = šarru. *Eine Textedition mit Überstzung und Kommentar*, Münster, Ugarit Verlag (AOAT, 50).

Koch-Westenholz U. (2002), « Everyday life of women according to first millennium omen apodoses », dans Parpola S., Whiting R. M. (dir.), *Sex and Gender in the Ancient Near East: Proceeding of the 47th Rencontre Assyriologique Internationale, Helsinki, July 2-6, 2001*, Vol. 1, Helsinki, the Neo-Assyrian Text Corpus Project, p. 301-309.

Koch U. (2005), *The Chapter Multābiltu of the Babylonian Extispicy Series and Nisirti bārûti Texts mainly from Aššurbanipal's Library*, Münster, Ugarit Verlag (AOAT, 326).

Lacambre D. (1997), « La bataille de Hirîtum », *Mari Annales de Recherches Interdisciplinaires*, 8, p. 431-454.

Lambert W. G. (2007), *Babylonian Oracle Questions*, Winona Lake Indiana, Eisenbrauns (Mesopotamian Civilizations, 13).

Leichty E. (2011), *The Royal Inscriptions of Esarhaddon, King of Assyria (680-669 BC)*, Winona Lake Indiana, Eisenbrauns (RINAP, 4).

Maul S. M. (2003), « Omina und Orakel. A », *RlA*, 10/1, p. 45-88.

Muller V. (à paraître), « Women and their activities according to cuneiform divinatory texts », dans Lion B., Michel C. (dir.), *The Role of Women in Work and Society in the Ancient Near East*, Boston / Berlin / Munich, Walter De Gruyter (Studies in Ancient Near Easter Records).

Nadali D. (2010), « Assyrian Open Fields Battles. An Attempt at Reconstruction and Analysis », dans Vidal J. (dir.), *Studies on War in the Ancient Near East. Collected Essays on Military History*, Münster, Ugarit Verlag (AOAT, 372), p. 117-152.

Pinker A. (2006), « Nahum, and The Greek Tradition on Nineveh's Fall », *Journal of Hebrew Scripture*, 6, p. 2-16 (http://www.jhsonline.org/Articles/article_58.pdf)

Rey S. (2012), *Poliorcétique au Proche-Orient à l'âge du bronze. Fortifications urbaines, procédés de siège et systèmes défensifs*, Beyrouth, Institut français du Proche-Orient (Bibliothèque archéologique et historique, 197).

Richardson S. F. C. (2010), « On seeing and believing: liver divination and the era of warring states (II) », dans Annus A (dir.), *Divination and Interpretation of Signs in the Ancient World*, Chicago, The Oriental Institute of the University of Chicago (Oriental Institute Seminars, 6), p. 225-266.

Scurlock J. (1997), « Neo-Assyrian battle tactics », dans Young G. D., Chavalas M. W., Averbeck R. E. (dir.), *Crossing Boundaries and Linking Horizons. Studies in Honor of Michael C. Astour on his 80th Birthday*, Bethesda Maryland, CDL Press, p. 491-517.

Schwemer, D. (2008), « The storm-gods of the ancient Near East. Summary, synthesis, recent studies », *Journal of Near Eastern Religion*, 7/2, p. 121-168.

Starr, I. (1990), *Queries to the Sungod Divination and Politics in Sargonid Assyria*, Helsinki, University Press (States archives of Assyria, 4).

Vidal, J. (2009), « The use of military standars by old Babylonian armies », *Akkadica*, 130, p. 43-51.

Ziegler N. (1997), « L'armée, – quel monstre ! », dans Charpin D., Durand J.-M. (dir.), *Recueil d'études à la mémoire de Marie-Thérèse Barrelet*, Paris, SEPOA (Florilegium marianum, 3. Mémoires de NABU, 4), p. 145-152.

Intitulé de la consultation	- « *tamītu* de l'expédition militaire pour la prise de Kasalluhhu. Concerne Hammurabi » (BOQ 1, 24-25)[1]. - « *tamītu* de l'expédition militaire en pays ennemi, pour tuer, pour piller, pour faire du butin, pour le départ et le retour sain et sauf du souverain » (BOQ 5, 48)[2]. - « *tamītu* de l'expédition militaire en pays ennemi [...] » (BOQ 7, 8)[3].
Constitution du corps d'armée	- énumération des différentes catégories de troupes qui devront être prêtes (*ṣamādu*) / organisées (*kunnu*) / démobilisées (*paṭāru*). ; constitution d'unités d'élite de chars et d'infanterie (BOQ 1, 1-8). - levée générale (*taphrurti dekût mātīšu*) ; rassemblement de l'armée, du pays, du camp (*karašu*) et de l'aide (*rēṣu*). Mobilisation (*dekû*) des chars et des soldats combattants (*ṣabi tāhāzi*) constituant l'escorte royale et de divers contingents ethniques (BOQ 5, 3-8).
Commandement	- assuré par Adanšu-lukšud qui devra être positionné au centre (*abunnatu*) (BOQ 1, 9-11).
Sécurité du souverain	- les risques encourus pour sa santé sans évocation toutefois des dangers liés à une exposition au combat (BOQ 5, 12-15).
Soutien des divinités	- Enlil et Ištar (BOQ 5, 17)
Itinéraire	- quelle est la route à suivre pour se rendre à Kasalluhhu ? (BOQ 1, 12-14). - mention du franchissement d'obstacles naturels (cours d'eau, ravins) (BOQ 5, 9-11). - les zones traversées : un terrain facile (*ṭūb eqli*), pentes abruptes des montagnes, villages, vergers, forêts (BOQ 7, 5-10)[4].
Formes du combat	- prise de Kasalluhhu : « Par quelle action intelligente (*šipir nikilti*) et équipement de combat (*unût tāhazi*) ? » (BOQ 1, 15-18). - bataille (*epēš kakki*) ; au corps à corps (*tiṣbuti*), siège (*lamê alāni*) (BOQ 5, 16-17). - expédition militaire (*alāk harrāni*), attaque (*tibi*) et raid (*šihṭi*) [...] (BOQ 7, 4). - combat avec des armes de bataille, avec des engi[ns de siège] (BOQ 7 10-11)[5].
Comportement et traitement de l'armée ennemie	- renversement (*sikiptu*), coup (*risibtu*), butin (*himṣātu*), prisonniers (*kamû asirūtu*), désertion (*napṭartu*) ; révolte (*nabalkattu*) (BOQ 5, 22-24). - l'exil (*ṭarīdūtu*)[6] ; son renversement (*sikiptašunu*) (BOQ 7, 12-13).
Issue de la campagne	- prise de butin (BOQ 1, 19-20 ; BOQ 7, r.4) ; triomphe (l. 28) et soumission (BOQ 5, 26-31).

1. *ta-mit* DU KASKAL *ana* DAB ^{uru}*ka-sal-luh-hi ša*$_2$ *ha-am-mu-ra-bi.*
2. *ta-mit* DU KASKAL *ana* KUR KUR$_2$ *ana* ⌜GAZ⌝ ⌜SAR⌝ *u* IR *ana* SILIM LUGAL DU-*ku u* GUR-*ra.*
3. *ta-mit* DU KASKAL *ana* KUR KUR$_2$ [...]
4. Les autres réalités topographiques indiquées dans ce passage sont désignées par un vocabulaire rare et d'interprétation difficile, Lambert 2007, p. 152 notes aux lignes 7-8.
5. [*l*]*u-u* [*ina e-peš tam-ha-ri*], ^{giš} TUKUL MURUB$_4$ *u* ME$_3$ *ina ne-pi-*⌜x⌝-[...]. Il faut restituer *nēpešu* « engin / machine ». Sur ce terme, Eph'al 2009, p. 100.
6. Le terme est exclusivement attesté dans les recueils d'oracles en référence à l'exil du roi / du prince. Au sujet de l'armée, la seule autre occurrence se trouve dans SAA 4 332 : 4, cf. CAD Ṭ, p. 62.

Tableau 2 : Le déroulement des campagnes militaires dans les consultations *tamītu.*

Pierre Villard

Quelques aspects du renseignement militaire dans l'empire néo-assyrien

La supériorité militaire assyrienne n'était pas seulement due à de plus nombreux effectifs et à un meilleur équipement, mais aussi à la rapidité de mobilisation et à la capacité de frapper des objectifs précis, déterminés par une observation préalable des forces adverses et la capacité d'induire l'ennemi en erreur. Des points qui sont d'ailleurs abondamment illustrés dans le célèbre traité de Sun Tzu, *L'art de la guerre*, où il est dit en particulier que « les opérations secrètes sont essentielles à la guerre ; c'est sur elles que l'armée se repose pour effectuer chacun de ses mouvements »[1]. Pourtant, quand on aborde la question de l'espionnage dans l'empire néo-assyrien (entre la moitié du VIIIe s. et la fin du VIIe s. av. J.-C.), on rencontre très vite un paradoxe, au moins apparent. La plupart des lettres envoyées aux rois, à l'exception partielle des messages des lettrés, relèvent d'activités de renseignement. Pour autant, il ne semble pas qu'il y ait eu de vocabulaire spécifique qui pourrait correspondre à la conception moderne de l'espion, qui implique entre autres choses des activités clandestines.

L'absence d'une organisation autonome

Le terme akkadien qui se rapproche le plus de cette notion et est parfois traduit par « espion » est *daiālu*. Mais dans la plupart des contextes, le sens d'« éclaireur » est meilleur, puisqu'il s'agit d'individus effectuant des patrouilles au-devant de l'armée ou à partir des fortins situés dans les zones frontières. Leur rôle pourrait être rapproché de celui des *speculatores* qui opérèrent plus tard dans l'armée romaine[2]. L'étymologie des deux mots est d'ailleurs similaire, puisqu'ils dérivent de verbes signifiant « observer ». Mais nous n'avons que peu de documentation sur la façon dont les *daiālu* étaient intégrés à l'armée. On sait du moins qu'il existait des *rab daiāli*, « chefs éclaireurs », l'un d'eux étant mentionné dans une liste de notables reçus au palais sous Assarhaddon (680-669 av. J.-C.), après le porte bouclier du prince héritier et un cuisinier[3]. D'autre part, dans sa lettre à Aššur relatant l'expédition contre le Šubria,

1. Sun Tzu, *L'art de la guerre*, chap. XIII 23 ; Griffith 2008, p. 253.
2. Sheldon 2009, p. 59, 180-182 *et passim*.
3. Fales, Postgate 1992, SAA VII 9 : r. I 31.

le même roi dit qu'il a intégré à son armée permanente les patrouilleurs (*kallapu*), porte boucliers et *daiālu*[4] de l'armée vaincue, ce qui confirme que ces derniers étaient classés parmi les militaires.

L'existence de services particuliers, chargés de gérer le renseignement, a aussi été suggérée, depuis l'article pionnier de R. Follet consacré au « Deuxième bureau » dans l'Assyrie des Sargonides[5]. Un dossier de lettres envoyées par Sennachérib à son père Sargon (721-705 av. J.-C.), dans lesquelles sont retranscrits des messages provenant d'informateurs divers (rois vassaux, *qēpu*, c'est-à-dire représentants du pouvoir assyrien auprès des rois vassaux ou gouverneurs)[6], pourrait laisser croire que le prince héritier avait un rôle spécifique dans l'organisation des services de renseignement. Mais ce dossier correspond probablement à une période où Sargon conduisait des campagnes contre les Chaldéens et leurs alliés élamites (710-707 av. J.-C.) et où le prince héritier, exerçant la régence, retransmettait à son père les messages qui lui seraient directement parvenus en temps normal[7]. Il n'existe donc pas d'indice probant de l'existence d'un service spécialisé consacré entièrement à la recherche du renseignement.

Pour autant, s'il ne faut pas chercher l'équivalent des actuelles agences d'espionnage, on retrouve dans la pratique quelques activités immuables : collecter des renseignements sur l'adversaire ou des alliés peu sûrs, infiltrer le territoire ennemi, exercer une influence occulte sur l'étranger, protéger l'appareil de pouvoir.

Collecter des renseignements

Les zones frontières constituaient des lieux privilégiés pour la collecte d'informations. On y trouvait des États vassaux dans lesquels les *qēpu* du roi assyrien exerçaient à la fois une surveillance sur les pouvoirs locaux et une mission d'information. On pouvait aussi donner en mariage au dynaste local une fille du roi, comme le fit par exemple Sargon avec Ambaris, roi du Bīt-Purūtaš, dans la partie nord de l'Anti-Taurus. Il est probable que la princesse renseignait son père sur la situation de la région et elle fut d'ailleurs laissée en place, avec un *qēpu* à ses côtés, après la révolte d'Ambaris en 713[8]. Dans quelques régions de la frontière nord (voir **carte 2**), des États tampons,

4. Borger 1956, p. 106 iii 18.
5. Follet 1957.
6. Cf. Parpola 1987, *e.g.* SAA I 31. Lettre de Sennachérib à Sargon II, reproduisant la teneur de messages du dynaste d'Ukku, d'Aššur-rēṣūwa, *qēpu* en poste à Kumme, et de Nabû-lē'i, gouverneur de Bīrāti, ainsi que d'informations provenant des petits royaumes de Muṣaṣir et Hubuškia, à la suite d'une grave défaite de l'armée urartéenne face aux Cimmériens.
7. Pour une procédure similaire sous le règne d'Assarhaddon, voir Luukko, Van Buylaere 2002, *e.g.* SAA XVI 148 (=ABL 434) 19-r4, où est cité un ordre royal : *ma-a is-su-ur-ri* / lú.*ma-*[*aq*]*-tu* / ta kur.*m*[*an-na-a-a mad-a*]*-a* / ta kur.*hu-bu-*[*us-ki*]*-a* / *ina muh-hi-šu-nu i-m*[*a-q*]*u-*[*t*]*a* / *ma-a* ár-*hi-iš ina* šu.2 lú.a-kin-*ka* / *ta*-ša-*kan-šú a-na* dumu-man / *tu*-še-*ba-la-áš-šu*, « Au cas où un déserteur du pays des Mannéens, de Médie ou du Hubuškia tombait entre leurs mains, tu devras le confier à ton messager et l'envoyer au prince héritier ». L'adresse de la lettre fait allusion aux *adê* de 672 (Villard 1996, p. 154) et l'épisode doit donc dater de la campagne d'Assarhaddon vers l'Égypte, en 671. Cf. aussi Malbran-Labat 1982, p. 51-52.
8. Voir les notices Ahat-abiša (Aro-Valjus S., Nissinen M.) et Ambaris (Aro-Valjus S.) dans Radner 1998, p. 59, 99-100.

dont certains abritaient des sanctuaires de divinités majeures hurrito-urartéennes, s'étaient maintenus et étaient soumis à la double influence assyrienne et urartéenne. Il s'agissait du Šubria, au nord de la haute vallée du Tigre, Kumme, abritant un important sanctuaire du dieu de l'orage et Ukku, au sud du lac de Van, le Hubuškia, au sud-ouest du lac d'Urmia et Muṣaṣir, ville sainte du dieu Haldi. Du fait de leur situation, ces petits royaumes étaient fréquentés à la fois par des ressortissants de l'Assyrie et de l'Urartu et servaient éventuellement de refuge aux déserteurs des deux camps. Par là même, ils constituaient un terrain privilégié pour recueillir des nouvelles de tous les horizons. À Kumme, où l'influence assyrienne était prépondérante, un représentant (*qēpu*), nommé Aššur-rēṣūwa[9], avait été installé par Sargon II auprès du dynaste local. On a retrouvé une vingtaine de lettres écrites par lui, contenant aussi bien des informations stratégiques sur la situation des rois urartéens ou mannéens, que la révélation de trafics divers, par exemple l'exportation illégale vers l'Urartu, via Kumme, d'objets de luxe achetés à Ninive et Kalhu[10].

Il serait fastidieux de multiplier les exemples, mais on constate que certains types d'individus étaient particulièrement recherchés dans la collecte d'informations.

Il en était ainsi des déserteurs (*maqtu*), qui pouvaient de surcroît avoir des motivations personnelles pour trahir leur camp. Mais on cherchait de façon plus générale à capturer des ressortissants de pays étrangers qui, soumis à la question, pouvaient servir de « langues » (*lišānu*), c'est-à-dire d'informateurs. Dans d'autres circonstances, on pouvait interroger les survivants d'attaques menées par l'ennemi ou, avec un peu de chance, intercepter un agent étranger. Ainsi, Aššur-dūr-pānīya, trésorier-*masennu* à la fin du règne de Sargon[11], informe le roi que ses éclaireurs ont capturé un informateur urartéen se rendant de la ville d'Argistiani, en Urartu, à la « ville d'Ariye », capitale du dynaste de Kumme, en passant par la montagne[12].

Enfin, il y avait la possibilité de recruter des notables étrangers pour leur confier de discrètes missions d'espionnage. Un personnage du nom d'Abat-šarri-uṣur est mentionné dans une lettre acéphale comme émissaire mannéen, accompagnant le prince héritier d'Andia venu apporter un tribut en chevaux[13]. Une autre lettre, dont il est l'auteur, montre que Sargon l'avait chargé de faire secrètement surveiller un Chaldéen du nom de Nabû-ereš, venu saluer le roi d'Assyrie[14].

Pour ce qui est des lieux les plus favorables pour recueillir des renseignements, la zone frontière constituait un espace privilégié. En dehors des États vassaux, les forteresses établies face aux royaumes ennemis sont très fréquemment mentionnées. Même si elles pouvaient éventuellement aider à contenir des incursions adverses, leur rôle principal était lié à la surveillance et à l'alerte. C'est souvent à partir de ces fortins que les *daiālu* effectuaient des patrouilles pour reconnaître le territoire étranger et

9. Voir la notice sur Aššur-rēṣūwa 2 (Pearce L., Radner K.) dans Radner 1998, p. 212-213.
10. Lanfranchi, Parpola 1990, SAA V 100.
11. Voir la notice sur Aššur-dūr-pānīya (Parker B.J.), dans Radner 1998, p. 180-181.
12. Lanfranchi, Parpola 1990, SAA V 55 : 4-8.
13. *Ibid.*, SAA V 171 : r4-6.
14. *Ibid.*, SAA V 172 : 4-13 *ina* ugu [md]pa-kam-*eš* / lú.*kal-da-a* / ša lugal *be-lí iš-pur-an-ni* / *ma-a šap-li qa-ti* / *ma-ṣar-tú-šú li-ṣu-ru* / ta *mar* lugal *be-lí* / *iš-pur-an-ni* / *a-sa-par ma-ṣar-tú-šú* / *šap-la qa-ti* / *it-ta-aṣ-ru*, « Concernant Nabû-ereš, à propos duquel le roi mon seigneur m'a écrit : "qu'on le surveille secrètement !", depuis le moment même où le roi mon seigneur m'a écrit, j'ai envoyé (des instructions) et on l'a secrètement mis sous surveillance ».

capturer des informateurs. Les autres États faisaient d'ailleurs de même, si l'on en juge par cette évocation de la forteresse urartéenne d'Uaiais, dans la *Lettre à Aššur* de Sargon : « Demeuraient à l'intérieur ses vaillants guerriers et ses éclaireurs faisant parvenir des nouvelles des pays environnants »[15]. Un autre passage du même texte évoque les signaux lumineux (*dipāru*) qui depuis les tours fortifiées urartéennes annonçaient l'avance de l'armée assyrienne[16]. Ce mode de communication, essentiellement défensif, n'est pas formellement attesté dans l'empire néo-assyrien, mais son usage est probable. En particulier, l'étude des forteresses assyriennes du Moyen-Euphrate, datant de la fin du IIe mill. et du début du premier, révèle un maillage serré (pas plus de 9 km entre deux ouvrages), qui pourrait s'expliquer par la volonté de maintenir un contact visuel direct entre elles[17].

On peut encore souligner la forte implication du roi assyrien dans la collecte des informations et corollairement la limitation du nombre d'intermédiaires. Selon SAA XVIII 148, Nabû-šumu-lēšir, en poste dans la région de Birāti[18], a reçu un ordre d'Assurbanipal, lui demandant d'envoyer toutes les nouvelles qu'il entendrait au sujet des Arabes. Il y répond en envoyant à la capitale le survivant d'une caravane attaquée par la tribu des Massa'éens alors qu'elle quittait le territoire des Nabayatéens[19]. En une autre occurrence, le même personnage répondit à une attaque de caravane par une expédition punitive, au terme de laquelle plusieurs des assaillants furent empalés sur le lieu de leurs méfaits, puis par une autre opération visant cette fois à faire sept prisonniers, envoyés au roi en tant qu'informateurs[20]. La même procédure (envoi direct

15. Thureau-Dangin 1912, p. 46 = Mayer 1983 p. 98 : ligne 300 lú.erim.meš *ti-du-li-šu ek-du-ti* lú.*da-a-a-li mu-še-ri-bu ṭè-em* kur-kur.meš *li-mé-ti-šú šu-šu-bu qer-bu-uš-šu.*
16. Thureau-Dangin 1912 p. 40 = Mayer 1983 p. 92 lignes 249-50 *ša ma-ad-gi-li-šu-nu ša na-gu-u a-na na-g*[*i-i*] ugu šu-si.meš kur-*e di-ma-a-te ru-uk-ku-sa-ma šu-zu-us-za a-*[o o o o o] / *qi-da-at ab-re ša* gìr.2 *nak-re ul-šu-*[o o o o o o o o o]*-ti-ma di-par še-rim li-lá-a-te e-mu-ru-ma ú-ad-du-ú* [o o o o o o], « Les (hommes) de leurs postes d'observation, pour lesquels de district en district des tours avaient été érigées et se tenaient sur les sommets des montagnes pour [...] l'embrasement des bûchers de broussailles (annonçant) l'approche de l'ennemi et voyaient des signaux de feu du matin au soir, les communiquant... ». Cf. Malbran-Labat 1982, p. 54.
17. Tenu 2008 p. 166.
18. Toponyme au nom évocateur (littéralement « les forteresses »). La ville, également connue sous le nom de Hararāti, était située dans le sud du Sūhu.
19. Reynolds 2003, SAA XVIII 149 : 8-r11 *a-na* ugu *šá* lugal *be-lí-a / ṭè-e-me iš-kun-an-ni / um-ma šè-em šá* lú.*ar-a-bi / ma-la ta-šem-mu-ú / šup-ra a-lak-ti ši-i* /R *ul-tu* lú.*né-ba-'a-a-ti / ki-i tu-ṣa-a* ^{m}*a-a–ka-ba-ru* / dumu-*šú šá* ^{m}*am-me–'a-ta-a'* / lú.*mas-'a-a-a a-na muh-hi-šú-nu / ki-i it-bu-ú* erim.meš *id-duk / ù ih-ta-bat* 1-*en ina lìb-bi-šú-nu / ki-i ú-še-zi-bu / a-na lìb-bi* uru *šá* lugal *i-ter-ba / a-du-ú a-na* lugal *be-lí-ia / al-tap-raš-šú* lugal / *šá pi-i-šú liš-mi*, « Concernant l'affaire pour laquelle le roi mon seigneur m'a donné des instructions en ces termes : "Envoie-moi toute nouvelle sur les Arabes que tu apprendras." Lorsque cette caravane a quitté (le territoire) des Nabayatéens, Aya–kabar, fils d'Ammi–Yata', le Massa'éen, les ayant attaqués, a tué les hommes et a pris du butin. L'un d'entre eux s'étant échappé, est entré dans la ville du roi. À présent, je l'envoie au roi mon seigneur. Le roi devrait entendre ce qu'il a à dire ».
20. Reynolds 2003, SAA XVIII 148 : 7-r12 lú.kur.^{d}*aš-šur*.ki.meš arad.meš / *šá* lugal *šá* a-*na na-da-nu u ma-ha-ru / a-na* uru.*bi-rat i*[*l-l*]*a-ku-nu* / lú.*a-ra-bu a-na muh-hi-šú-nu / ki-i it-bu-ú* 50 lú.kur.^{d}*aš-šur.* ki.meš / lú.en.meš uru.*ha-lu-le-e* / ù 20 lú.*bir-ta-a-a* arad.meš *šá* lugal / *it-ti-šú-nu ih-bi-il* lú / *ul-tu lìb-bi-šú-nu ki-i ú-*še*-zi-bu* / [*ki-i i*]*q-ba-a ina šim-ti* / [*šá* o] lugal *be-lí-a* / [o o o o o] x *di-bu* x /R [o o o o].meš *ki-i* / [o o o o]x *di-ki-ti* / [*ina lìb-b*]*i-šú-nu ad-duk ina qaq-qar šá it-bu-ú* / [o o] *ina lìb-bi-šú-nu a-na* giš.*za-qí-pa-nu / al-ta-kan* arad.meš šá lugal / *mi-qí-it ina lìb-bi ia-a-nu ut-te-ru / ù* 7 *ina lìb-bi-šú-nu* eme *ki-i / aṣ-ba-tu a-na* lugal *be-lí-ia / al-tap-ra* lú.*re-e-mi* / šá ^{m}i-*ta-a-a'*–dingir dumu ^{m}*bu-un–šá-da-du* / lú.é-bar šá ^{d}utu *šu-nu* lugal / *liš-'a-al-šú-nu-ti*, « Les Arabes ont attaqué des Assyriens,

de l'informateur au pouvoir central) est abondamment attestée, par exemple dans une lettre d'un certain Aššur-ušallim qui mentionne les instructions d'Assarhaddon aux garnisons des forteresses faisant face à l'Urartu, au pays des Mannéens, à la Médie et au Hubuškia : elles doivent être particulièrement vigilantes vis-à-vis des déserteurs qui viendraient de ces pays[21]. En conséquence, l'auteur envoie au prince héritier deux déserteurs mannéens qui « ont des choses à dire »[22].

Missions d'infiltration en territoire ennemi

Si la surveillance des régions frontières représentait la routine du renseignement militaire, il était parfois nécessaire de pénétrer plus ou moins profondément en territoire ennemi.

Les missions de ce genre avaient parfois pour but de jauger les forces de l'adversaire et de tester ses réactions. On en trouve une illustration dans une lettre de Bēl-ušēzib, un lettré originaire de la région de Nippur, qui fut influent au début du règne d'Assarhaddon et semble avoir eu des idées en matière stratégique. Voulant convaincre le roi d'envahir le territoire mannéen, malgré une menace cimmérienne, il commence par argumenter à propos de présages astrologiques, puis passe à des conseils plus concrets. Il suggère d'abord de laisser les chars de guerre dans la passe montagneuse menant au pays mannéen (nord-ouest du plateau iranien) et d'effectuer une série de razzias avec la cavalerie et les troupes professionnelles. En l'absence de réaction de la part des Cimmériens, l'armée entière pourra s'avancer[23]. Un peu plus loin dans sa missive, il soumet une autre idée : à l'entrée de l'armée entière, des patrouilles doivent faire des sorties pour capturer le maximum de déserteurs et les interroger.

serviteurs du roi mon seigneur, qui allaient à Birāti pour faire du commerce et ont capturé cinquante Assyriens, notables de la ville de Halulê, et avec eux vingt Birtéens serviteurs du roi. Un homme parmi eux a pu s'échapper et me parler. Et par le destin du roi mon seigneur, ayant [...], je leur ai infligé une défaite. Sur le territoire même où ils avaient surgi, j'ai empalé [x] d'entre eux. Il n'y a aucune perte parmi les serviteurs du roi. Je suis revenu et ai capturé sept d'entre eux comme informateurs. Je les ai envoyés au roi mon seigneur. Ce sont des amis de Ita'-il, fils de Bun-šaddādu, prêtre de Šamaš. Ceux-là, le roi mon seigneur devrait les interroger ».

21. Luukko, Van Buylaere 2002, SAA XVI 148 : 19-r.4. Voir ci-dessus, n. 7.
22. *Ibid.*, SAA XVI 148 : r.18-23 *ú-ma-a an-nu-rig* / 2 lú.*ma-aq-tu-u-te* / ta kur.*man-na-a-a i-tuq-tu-u-ni* / 1 lú.sag 1 lú.*šá*–eme / *e* ˡ*-na* dumu-man *us-se-bil-šú-nu da-ba-bu ina pi-šú-nu* / *i-ba-áš-ši*, « Pour l'heure, deux déserteurs ont fait défection depuis le pays des Mannéens : un eunuque et un informateur. Je les ai envoyés au prince héritier Ils ont des choses à dire ».
23. Parpola 1993, SAA X 111 : 17-r.4 [giš-gi]gir.meš ù giš.*ṣu-ub-ba-nu a-hi-a a-hi-a* / [*ina n*]*é-e-re-bi lu-ú ú-šu-uz-zu* / [o o]x anše.kur-ra.meš ù lú.*zu-ku-ú* / [*l*]*i-ru-bu-ú-ma hu-bu-ut* edin šá kur.*man-na-a-a* / [*li-i*]*h-bu-tu-nu ù lil-li-ku-nim-ma*/ [*ina* šà] *né-e-re-bi lu-ú ú-šu-uz-zu* / [*ki-i*] 1-en-*šú* 2 *šú i-ter-e-bu-ú-ma* / R [*hu-bu-ut* edin] *ih-tab-tu-nim-ma* lú.*gi-mir-a-a* / [*ina* ugu-*šú-n*]*u la it-tal-ku-ni e-mu-qa* / [*gab-bi li*]*-ru-ub-ma ina* ugu uru.me *šá* kur.*man-na-a-a* / [*lid-du*]*-ú*, « Les chars et chariots devraient se positionner les uns et les autres dans la passe montagneuse, tandis que la cavalerie et les soldats de métier devraient entrer et faire du butin dans la steppe, puis aller (re)prendre position dans la passe. [Si] ayant envahi et pillé [la steppe] à plusieurs reprises, les Cimmériens n'ont pas marché [contre eu]x, l'armée [entière] pourra entrer et investir les villes du pays manéen ».

Si les Indaréens (une tribu cimmérienne) ne bougent pas, l'armée assyrienne pourra procéder à l'invasion en toute tranquillité[24].

Dans d'autres cas, les infiltrations concernaient des individus isolés et avaient pour but de recueillir des informations plus confidentielles ou plus sûres que celles que pouvaient donner des ennemis capturés.

Ainsi, Aššur-rēṣūwa cite un ordre de Sargon lui enjoignant d'envoyer ses *daiālu* à Ṭurušpâ, la capitale urartéenne[25]. Et de fait, plusieurs des informations qu'il communique, sur les allées et venues et les difficultés du roi urartéen, ou sur sa défaite face aux Cimmériens, proviennent manifestement d'agents infiltrés[26].

Parmi les exemples suffisamment clairs, on peut encore citer les passages du *Second livre des Rois*, chapitre XVIII, parallèles au livre d'Isaïe (XXXVI-XXXVII), dans lequel est évoqué le siège de Jérusalem par Sennachérib, sous le roi Ézéchias, en 701[27]. Une délégation de dignitaires assyriens se rend sous les remparts de la ville et le Grand Échanson s'adresse (en judéen, c'est-à-dire en hébreu) au roi et à la population pour les convaincre que la résistance est inutile. Pour ce faire, il utilise un argument de poids. « Et maintenant, est-ce sans l'assentiment de Iahvé que je suis monté contre cet endroit pour le ravager ? C'est Yahvé qui m'a dit : Monte contre ce pays et ravage-le ! »[28]. Si le Grand Échanson parle ainsi, c'est qu'une partie de la population considérait le roi assyrien comme l'instrument du châtiment divin, ce dont se fait l'écho Isaïe X, 5-11, et que lui-même avait eu vent de cette prophétie. Dans ce cas précis, l'infiltration était relativement facile, étant donné qu'une partie des Samaritains avaient été installés à Ninive après la prise de leur ville en 722, alors que de nombreux autres avaient trouvé refuge dans le royaume de Juda.

Influence occulte sur l'étranger

Il est plus difficile d'évaluer les opérations, de désinformation ou de déstabilisation, visant à exercer une influence secrète sur les décisions de l'adversaire, car elles ne laissent en général que peu de traces dans la documentation. Je voudrais néanmoins examiner deux épisodes de l'histoire militaire assyrienne, pour lesquels on peut supposer de telles opérations.

Le premier est la fameuse huitième campagne de Sargon, en 714. D'après le récit détaillé de la Lettre à Aššur, l'armée assyrienne, après avoir traversé les Zab supé-

24. Parpola 1993, SAA X 111 : r.13-18 *mu-uš-ta-hal-qú-ti ina* ugu *mun-dah-ṣu-ti* / *ina* lú.kur *dan-na-tu ina lìb-bi tu-mu-lu-ka* / *e-mu-qa gab-bi li-ru-bu* lú.*gu-du-da-nu* / *lu-ṣu-ú-ma* lú.erim.me-*šú-nu šá* edin *lu-ṣab-bit-ú-ma* / *liš-a-lu ki-i* lú.*in-da-ru-a-a la-pa-ni-šú-nu i-ri-qu* / *e-mu-qu li-ru-ub ina* ugu uru.me *lid-du-ú*, « Les fuyards sont plus nombreux que les guerriers chez l'ennemi. Là se trouve ton avantage. Que l'armée entière entre, que des patrouilles fassent des sorties pour capturer leurs hommes dans la steppe et qu'on les interroge. Si les Indaréens se tiennent à l'écart d'eux, l'armée pourra entrer et investir les villes ».
25. Lanfranchi, Parpola 1990, SAA V 85.
26. *Ibid.*, *e.g.* SAA V 86, 87, 90 ; 91, 92.
27. Dubovsky 2006.
28. *2 Rois*, XVIII, 25. Traduction : Dhorme 1956, p. 1214-1215.

rieur et inférieur, se dirige d'abord vers les pays de Zikirtu et d'Andia (parties les plus orientales des territoires mannéens). L'armée du roi urartéen Rusa ayant fait route dans la même direction, une bataille a lieu sur les pentes du mont Uauš. Il semble que le camp de Rusa ait été attaqué par surprise, preuve de l'efficacité des éclaireurs assyriens. Après la bataille, Sargon parcourt les lisières du royaume d'Urartu, puis sur le chemin du retour, alors que le gros de l'armée rentre directement en Assyrie, il lance un raid contre Muṣaṣir avec un petit contingent, 1 000 cavaliers et des fantassins, en coupant à travers les montagnes. Le temple du dieu Haldi est alors pillé et un très important butin ramené en Assyrie.

Il est possible que ce raid ait été purement opportuniste, Sargon saisissant l'occasion, mais on peut en douter car le roi assyrien avait un grand besoin de métaux et matières précieuses pour le décor des bâtiments de sa ville nouvelle, Dūr-Šarru-kīn. Or on dispose d'une lettre de Bēl-iddina, roi d'Allabria, une région située au sud-est de Muṣaṣir, qui éclaire peut-être la situation. Bēl-iddina y informe le roi d'Assyrie que des messagers d'Andia et du Zikirtu ont prévenu Rusa du mouvement vers leur pays de l'armée assyrienne et que ce dernier mobilisait ses propres troupes[29]. Cela veut dire que Sargon ne pouvait être surpris de l'arrivée de l'armée d'Urartu, mais aussi que les dynastes du Kurdistan oriental croyaient que le plateau iranien était l'objectif principal de Sargon. Mon hypothèse est que les Assyriens n'ont rien fait pour cacher cette destination, de façon à ne pas alerter le roi Urzana de Muṣaṣir. Car même si ce petit État ne disposait pas de forces militaires importantes, il était impératif de ménager la surprise, pour éviter que les richesses de la ville ne soient mises à l'abri dans les montagnes, et pour éviter aussi une aide de la part de l'Urartu.

Le second épisode que je voudrais envisager, qui pourrait correspondre à une opération de déstabilisation, est la campagne menée en 653 contre le roi élamite Teumman. Le prétexte de la guerre fut le refus d'Assurbanipal d'extrader les princes élamites réfugiés à la cour assyrienne. Dans la période qui suivit la déclaration de guerre, une attaque laissa le visage de Teumman à demi paralysé. Les annales d'Assurbanipal rapportent ce fait[30], indice que les Assyriens disposaient d'informateurs au sein même de la cour élamite.

Lorsque les armées assyriennes prirent le chemin de l'Elam à l'été 653, Teumman disposa d'abord ses troupes de manière à tenir la vallée qui, en amont de la ville forte de Dēr, permettait de pénétrer en territoire élamite depuis la Babylonie. Mais il abandonna

29. Lanfranchi, Parpola 1990, SAA V, 164 3-r.10 *ina* ugu *ṭè-me* / ša kur.uri-*a-a* / lú.kin-a *ša* kur.*an-di-a-a* / lú.kin-a *ša* kur.*zi-ki-ra-a-a* / *ina lìb-bi* uru.*ú-a-si* / *i-tal-ku-u-ni i-qi-ṭi-bu-ni-šú* / *ma-a* lugal kur. *aš-šur* / *ina muh-hi-ni* / *u*$_4$*-mu* ša lú.kin-a.meš / *e-mu-ru-ni* / *ú-ta-mì-ši* / *ina* kur.*zi-ki-ti-a* / *šu-tú a-di* / *e-mu-qi-šu* / ù kur.*hu-ub*!*-ka-a-a* / 5 *ma*!*-di-tú* / *is-si-šú i-tal-ka* / *i-su-hu-ra* / *ina* lú.gal.meš-*šú i-iq-ṭí-bi* / lú.*e-mu-qi-ku-(nu) ka-ṣa-ra* / *ma-a in*$_6$*–ni-ri-te* lugal kur.*aš-šur* / *a-sa-di-ri*, « Pour ce qui est des nouvelles de l'Urartéen, un messager de l'Andien et un messager du Zikirtéen sont allés à Waisi et lui ont dit : "Le roi du pays d'Aššur est sur nous !" Le jour où il a vu les messagers, il est parti pour le Zikirtu, lui-même et son armée. Et le Hubuškéen est allé avec lui (durant) cinq étapes. (Puis) il a fait demi-tour et a parlé à ses Grands : "Organisez vos troupes, je vais me déployer contre le roi du pays d'Aššur !" ».

30. Piepkorn 1933, p. 62 = Borger 1996, p. 98 : (prisme B) v 9-12 *ú-kal-lim-an-ni* gurun eš-bar-*šú šá la in-ni-in-nu-u* / *ina u*$_4$*-me-šú mi-ih-ru im-hur-šu-ma* / nundun-*su uk-tam-bil-ma* igi.2 *iṣ-hi-ir-ma* / *ga-ba-ṣu iš-ša-kin ina lìb-bi-šá*, « [Le dieu lune] me montra le fruit de ses décisions, qui ne peuvent être changées. En ces jours, un accident lui survint [au roi d'Elam]. Sa lèvre fut paralysée, ses yeux se contractèrent et une contraction permanente y fut placée ».

ensuite cette position avantageuse pour se replier vers l'une de ses capitales, Suse. Les annales assyriennes attribuent à la panique ce mouvement stratégiquement absurde. Mais elles précisent aussi que Teumman dut partager l'or et l'argent dont il disposait pour convaincre ses vassaux et alliés de marcher avec lui[31]. Il est donc probable que des agents assyriens avaient réussi à susciter des révoltes ou des défections au sein de la coalition adverse. De ce fait, Teumman fut contraint de livrer bataille dans de très mauvaises conditions et fut en conséquence écrasé sur les bords de la rivière Ulaï.

Protection de l'appareil de pouvoir

S'il doit trouver les moyens d'affaiblir l'adversaire, un bon système de renseignement a aussi pour mission de protéger le groupe dirigeant et en premier lieu le roi.

De ce point de vue, le danger pouvait provenir aussi bien de l'intérieur que de l'extérieur.

Une manière de le conjurer était la prestation régulière de serments (*adê*) lors de conventions jurées. Ces serments concernaient aussi bien les vassaux que les ressortissants de l'empire, comme le montrent par exemple les manuscrits du Traité de succession d'Assarhaddon (672)[32]. Parmi les nombreuses clauses, celles qui étaient le mieux retenues et sont donc souvent citées dans les lettres de dénonciation étaient l'obligation de rapporter au roi toute information ou rumeur concernant le sort de l'État[33]. Ce système obligeait les dynastes des États satellites à délivrer les informations obtenues par leurs propres espions, mais permettait aussi de contrôler l'administration, chacun étant invité à espionner ses collaborateurs et ses supérieurs pour le compte du roi.

D'autre part, la divination et particulièrement l'haruspicine étaient considérées comme une part intégrante, peut-être la plus fiable, du renseignement. C'est pourquoi les prises d'oracles ayant rapport au sort de l'État étaient un monopole royal. Et le fait que des comploteurs aient parfois cherché à contourner ce monopole suggère une réelle croyance en l'efficacité de la pratique. Une lettre d'un haruspice babylonien nommé Kudurru, qui doit dater de 671[34], en fournit une bonne illustration. Assigné à résidence, probablement après avoir été déporté de Babylonie, l'auteur dit avoir été

31. Piepkorn 1933, p. 68 = Borger 1996, p. 103-104 : (prisme B) v 82-92 *e-li* ^{m}*te-um-man* lugal kur.elam-ma-ki *ur-hu aṣ-bat-ma* / *uš-te-eš-*še*-ra har-ra-nu el-la-mu-u-a* ^{m}*te-um-man* lugal kur.elam-ma-ki / *ina* uru.é–^{m}*im-bi-i na-di-ma ma-dak-tu e-rib* lugal-*ti-ia* / šá *qé-reb* uru-bàd-an-ki *iš-me-e-ma iṣ-bat-su hat-tu* ^{m}*te-um-man* / *ip-làh-ma a-na* egir-*šú i-tu-ur e-ru-ub qé-reb* uru.*šu-šá-an* / kù-babbar kù-gi *a-na šu-zu-ub* zi-*tim-šú* / *ú-za-i'-iz a-na* un.meš kur-*šú* / *re-ṣe-e-šú a-lik* a.2-šu *pa-nu-uš-šu ú-tir-ram-ma* / *ug-dap-pi-šá a-na mah-ri-y*a / íd.*ú-la-a-a a-na dan-nu-ti-šú iš-kun* / *iṣ-bat pa-an maš-qé-e*, « Contre Teumman, le roi d'Elam, je pris la route et mis en ordre l'expédition. Avant mon arrivée, Teumman, roi d'Elam, établit un camp à Bīt-Imbi. Il entendit l'entrée de ma royauté à l'intérieur de Dēr et la panique s'empara de lui. Teumman prit peur, fit demi-tour et entra à l'intérieur de Suse. Pour sauver sa vie, il partagea l'or et l'argent entre les gens de son pays. Ayant ramené à lui les alliés qui allaient ordinairement à ses côtés, il les déploya en masse. Devant moi, il fit de la rivière Ulaï sa forteresse et occupa les points d'eau ».
32. Parpola, Watanabe 1988, p. XXIX-XXXI, 28-58.
33. Villard 1996.
34. Nissinen 1998, p. 133-135.

approché par le Grand Échanson pour prendre clandestinement les oracles, à propos de l'accession à la royauté du chef des eunuques.[35]

Lorsque l'on considère les questions oraculaires qui nous sont parvenues[36], on constate en tout cas qu'elles peuvent porter aussi bien sur des questions purement militaires (évaluation d'une menace, succès d'une attaque, confirmation de rumeurs sur la fuite de l'ennemi, etc.) que sur ce qu'on pourrait appeler la « sécurité intérieure » (probabilité d'une révolte parmi les proches du roi, fiabilité d'un candidat à un poste important, etc.).

Si on veut enfin évaluer globalement le système de renseignement, il semble qu'il ait généralement été efficace en matière purement militaire, même si la mort de Sargon dans le Tabal en 705, après l'attaque surprise de son camp, signale une grave défaillance. En matière de sécurité intérieure, qui mobilisait peut-être le plus d'effort, les résultats semblent plus mitigés : si le complot de 671 contre Assarhaddon fut efficacement réprimé, les coups d'États de Tiglath-phalazar III ou de Sargon II, ainsi que l'assassinat de Sennachérib, révèlent les failles du système.

Pierre Villard
Université Blaise Pascal,
UMR 5133 (Archéorient)

Bibliographie

BORGER R. (1956), *Die Inschriften Asarhaddons Königs von Assyrien*, Graz (AfO beiheft, 9).

—. (1996), *Beiträge zum Inschriftenwerk Assurbanipals*, Wiesbaden, Harrassowitz Verlag.

DHORME E. (dir.) (1956), *La Bible, Ancien testament*, I, Paris, Gallimard (Bibliothèque de la Pléiade).

DUBOVSKÝ P. (2006), *Hezekiah and the Assyrian Spies*, Rome, Biblical Institute Press (Biblica et Orientalia, 49).

FALES F. M., POSTGATE J. N. (1992), *Imperial Administrative Records*, t. I, Helsinki, Helsinki UP (SAA, VII).

FOLLET R. (1957), « Deuxième bureau et informations diplomatiques dans l'Assyrie des Sargonides. Quelques notes », *Rivista degli Studi Orientali*, 32, p. 61-82.

35. Parpola 1993, SAA X 179 3-7 et r.4'-10' [ta u]gu *u_4-mu šá* lugal *be-la-a* / [*ú-še-eg*]*-la-an-ni ṣab-ta-ak u aš-ba-ak* / [*u_4-mu-us-su a-n*]*a* lugal *be-lí-a ú-ṣal-la* / [[md]ag–*kil-la*]*-an-ni* lú.gal–lú.šu-du_8-a.meš / [lú.gal–*ka-ṣir ki*]*-i iš-pu-raš-šú ip-ta-ṭar-an-ni* (…) *um-ma a-lik-ma* lú.hal-*ú-ti a-na tar-ṣi* [d]utu / *bi-ri* gal–lú.sag lugal-*ú-ti i-na-áš-ši-i* / *a-na lìb-bi* é *e-li-ti šá-ni-ti* / a.meš *ar-ta-mu-uk eb-bu-ti at-ta-ši* / lú.gal–*ka-ṣir* 2 kuš ì-giš *ki-i ú-še-la-a* / *e-te-pu-uš aq-ta-ba-áš-šú um-ma* lugal-*ú-tu i-na-áš-ši*, « Depuis le jour où le roi mon seigneur m'a [dépo]rté, je suis demeuré aux arrêts, priant [chaque jour] le roi mon seigneur, jusqu'à ce que [Nabû-kil]lanni, le Grand Échanson, envoie un chef de cohorte pour me libérer. […] "Vas et accomplis cette extispicine devant Šamaš : 'Est-ce que le Chef des eunuques s'emparera de la royauté ?'" Je me suis lavé avec de l'eau dans une autre pièce de l'étage et ai mis des vêtements propres. Puis le chef de cohorte ayant apporté pour moi deux gourdes d'huile, j'accomplis l'extispicine et je lui dis : "Il s'emparera de la royauté." ».

36. Starr 1990 et voir également dans cet ouvrage la contribution de P. Abrahami.

GRIFFITH B. (2008), *L'art de la guerre de Sun Tzu*, traduction adaptée par Wang F. pour l'édition française, Paris, Flammarion (Champs classiques).

LANFRANCHI G. B., PARPOLA S. (1990), *The Correspondence of Sargon II*, t. II, Helsinki, Helsinki UP (SAA, V).

LUUKKO M., VAN BUYLAERE G. (2002), *The Political Correspondence of Esarhaddon*, Helsinki, Helsinki UP (SAA, XVI).

MALBRAN-LABAT F. (1982), *L'armée et l'organisation militaire de l'Assyrie*, Genève / Paris, Droz.

MAYER W. (1983), « Sargons Feldzug gegen Urartu – 714 v. Chr. Text und Ubersetzung », *MDOG*, 115, p. 65-129.

NISSINEN M. (1998), *References to Prophecy in Neo-Assyrian Sources*, Helsinki, The Neo Assyrian Text Corpus Project (SAAS, VII).

PARPOLA S. (1987), *The Correspondence of Sargon II*, t. I, Helsinki, Helsinki UP (SAA, I).

—. (1993), *Letters from Assyrian and Babylonian Scholars*, Helsinki, Helsinki UP (SAA, X).

PARPOLA S., WATANABE K. (1988), *Neo-Assyrian Treaties and Loyalty Oaths*, Helsinki, Helsinki UP (SAA, II).

PIEPKORN A. C. (1933), *Historical Prism Inscriptions of Ashurbanipal I*, Chicago, The University of Chicago Press (AS, 5).

RADNER K. (dir.) (1998), *The Prosopography of the Neo-Assyrian Empire*, t. I, 1, Helsinki, The Neo Assyrian Text Corpus Project.

REYNOLDS F. (2003), *The Babylonian Correspondence of Esarhaddon*, Helsinki, Helsinki UP (SAA, XVIII).

SHELDON R. M. (2009), *Renseignement et espionnage dans la Rome antique*, édition française, Paris, Les Belles Lettres.

STARR I. (1990), *Queries to the Sungod*, Helsinki, Helsinki UP (SAA, IV).

THUREAU-DANGIN F. (1912), *Une relation de la huitième campagne de Sargon*, Paris, Geuthner (TCL, III).

TENU A. (2008), « Les forteresses assyriennes de la vallée du moyen Euphrate », dans Abrahami P., Battini L. (dir.), *Les armées du Proche-Orient ancien*, Oxford, John and Erica Hedges (BAR Intern. Ser. 1855), p. 151-176.

VILLARD P. (1996), « La réception des conventions jurées dans les messages des serviteurs d'Assarhaddobn », dans Lafont S. (dir.), *Jurer et maudire : pratiques politiques et usages juridiques du serment sans le Proche-Orient ancien*, Paris, L'Harmattan, p. 147-161.

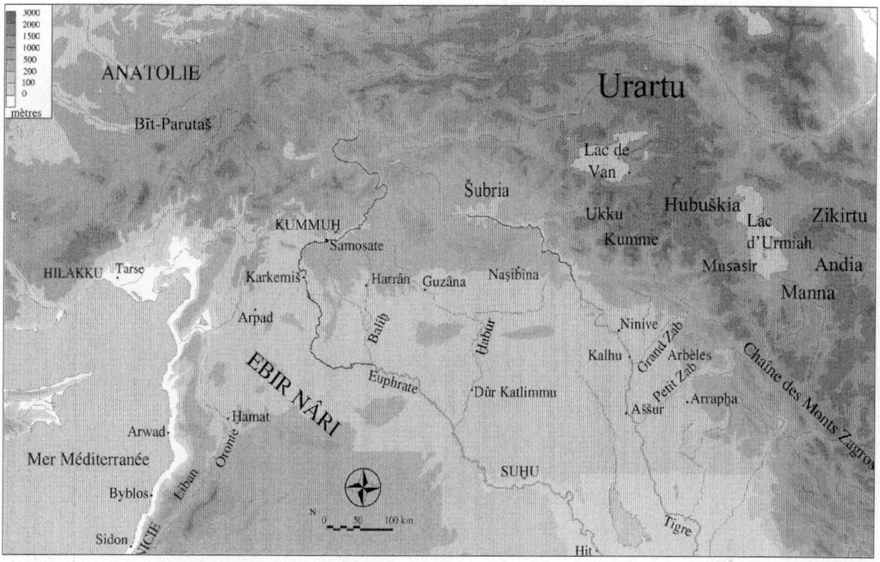

Carte 2 – L'Empire assyrien et sa frontière nord.

Philippe Clancier

Le Sūhu dans la guerre à l'époque néo-assyrienne

Le Ier mill. est souvent présenté comme l'âge des empires mésopotamiens. La constitution de ces grands ensembles, en particulier celui des Assyriens, s'est effectuée en premier lieu par la soumission d'États de petite et moyenne taille, soit en les incorporant dans un système tributaire, soit en les annexant purement et simplement.

Parmi ces petites puissances, il en est une, en Mésopotamie, dont la documentation épigraphique et archéologique permet d'éclairer l'histoire militaire des IXe et VIIIe s., tant d'un point de vue régional que sur le plan de ce que l'on pourrait dénommer la « grande stratégie » : il s'agit du Sūhu. Cette région du moyen Euphrate s'étendait approximativement, au Ier mill., de la forteresse d'Haradu à l'ouest jusque, théoriquement tout au moins dans les sources assyriennes, à Rāpiqu, l'une des portes du royaume de Babylone, à l'est (cf. **carte 3**).

Le ou les petites principautés du Sūhu offrent un exemple de l'adaptation d'un appareil militaire local à des contingences multiples. C'est en particulier vrai de la nécessité ou de la volonté de contrôler certaines routes dans la mesure où ce secteur du moyen Euphrate se trouvait au carrefour de deux grands axes de communication, l'un est-ouest permettant de relier la Mésopotamie au Levant, soit en suivant l'Euphrate, soit en passant directement à travers le désert via Tadmor (Palmyre) ; l'autre nord-sud, alors en train de s'ouvrir, et mettant en relation la Mésopotamie avec l'Occident de la péninsule arabique. Par ailleurs, le Sūhu était une région se trouvant au contact des deux grands États mésopotamiens du moment : l'Assyrie et la Babylonie. Pour chacun de ces deux royaumes, le Sūhu apparaissait comme une zone tampon face à l'autre, ce qui en faisait un secteur stratégique essentiel.

Le cas du Sūhu des IXe-VIIIe s. offre une situation documentaire relativement adaptée aux études d'histoire militaire. En effet, les opérations qui furent menées dans la région sont, schématiquement, de deux ordres. Tout d'abord, ce sont les monarques assyriens, tout particulièrement Tukulti-Ninurta II (890-884) et son successeur Aššurnaṣirpal II (883-859), qui y intervinrent au moment de la reconstitution d'un pays d'Aššur sur l'ensemble de la moyenne et haute Mésopotamie. Puis, dans la première moitié du VIIIe s., deux roitelets[1] du Sūhu purent jouir d'une brève période d'indépendance qu'ils mirent à profit pour développer leur territoire, y compris d'un point de vue militaire.

1. Le titre royal des monarques indépendants du début du VIIIe s. est celui de *šaknu*. Littéralement, ce terme signifie « gouverneur ». Ce titre peut, dans la région, désigner trois réalités fort différentes : des gouverneurs assyriens nommés par le roi, des roitelets locaux vassaux des rois assyriens, enfin des rois indépendants au début du VIIIe s. Cf. Tenu, Clancier 2012, p. 255-259.

Cette période devait s'achever, au plus tard, sous Tiglath-phalasar III (745-727). Les sources sont le reflet de ces deux perspectives, extérieure et intérieure. Les rois assyriens ont ainsi laissé des récits de leurs campagnes sur le moyen Euphrate et le bas Habur[2] tandis que deux monarques sūhéens du début du VIIIe s., Šamaš-reš-uṣur et Ninurta-kudurri-uṣur, firent mettre leur geste par écrit, relatant leurs exploits militaires ainsi que l'organisation générale de leur armée[3].

Les sources assyriennes permettent, dans un premier temps, d'aborder la place du Sūhu dans la « grande stratégie » assyrienne comme babylonienne au IXe s. Par la suite, les inscriptions des souverains indépendants, Šamaš-reš-uṣur et Ninurta-kudurri-uṣur, offrent une vision locale des tensions et enjeux militaires sur le moyen Euphrate. Ces mêmes écrits, ainsi que les vestiges archéologiques, permettent enfin de préciser la structure militaire mise en place par ces roitelets et par les Assyriens.

Le Sūhu entre Assyrie et Babylonie

La région du moyen Euphrate comprise entre Hindānu et Rāpiqu peut être divisée en deux entités politiques principales avec d'un côté la ville de Hindānu, cité-État indépendante, plaque tournante commerciale, et de l'autre le Sūhu. Ce dernier apparaît au Ier mill. tout d'abord dans la documentation assyrienne qui propose donc un point de vue extérieur et parfois simplificateur de l'organisation politique du moyen Euphrate.

Les interventions assyriennes au Sūhu du début du IXe siècle

Au début du IXe s., le Sūhu était dirigé par un *šaknu*, c'est-à-dire le roitelet local qui portait le titre de « gouverneur », peut-être en souvenir de la domination médio-assyrienne[4]. Le premier *šaknu* documenté est Ili-ibni qui versa tribut à Tukulti-Ninurta II (890-884) en 885, à proximité de la ville d'Ānat, agglomération régulièrement désignée par les Assyriens comme étant la capitale du pays[5]. Par la suite, sous Aššurnaṣirpal II (883-859), Ili-ibni s'acquitta encore de son tribut, mais directement à Ninive cette fois, c'est-à-dire apparemment sans que ce versement n'ait été contraint par la présence d'une armée assyrienne. Les annales d'Aššurnaṣirpal II rapportent l'évènement de manière un peu particulière car elles précisent :

2. Cf. Grayson 1991 pour les inscriptions de Tukulti-Ninurta II et Aššurnaṣirpal II et Grayson 1996 pour leurs successeurs jusqu'à Tiglath-phalasar III exclu. Pour ce dernier monarque, cf. Tadmor, Yamada 2011.
3. Les inscriptions des šaknu du Sūhu ont été réunies en dernier lieu par Frame 1995, p. 275-323 auxquelles on peut ajouter les textes, d'analyse difficile, réputés venir eux aussi de la région du moyen Euphrate p. 324-331.
4. La *Chronique synchrone* insiste sur le fait que le roi assyrien Tiglath-phalasar Ier (1114-1076) « gouverna le Sūhu dans sa totalité jusqu'à Rāpiqu » (Glassner 1993, p. 172). Pour le Sūhu durant la période médio-assyrienne, cf. Tenu 2006, 2008 ; Tenu, Clancier 2012, p. 246-249.
5. Brinkman 1968, p. 183 et n. 1125 estime que le parcours de Tukulti-Ninurta II n'entraîna pas de guerre avec la Babylonie du fait du traité d'amitié rapporté par la *Chronique synchrone* (Glassner 1993, p. 172-173).

> Ili-ibni, gouverneur (šaknu) du Sūhu, pour sauver sa vie ainsi que (celle) de ses frères (et) fils, apporta à Ninive, devant moi, son tribut (en) argent (et) or[6].

Les raisons de cette livraison « spontanée » de tribut sont discutées. Pour M. Liverani, il s'agit là d'un versement annuel de la part d'Ili-ibni suite à sa soumission au pouvoir assyrien en 885[7]. Le texte insiste cependant sur la détresse du gouverneur du Sūhu, ce qui fait penser qu'il venait chercher refuge et aide auprès d'Aššurnaṣirpal II. Et en effet, quelques années après, en 878, il apparaît que le Sūhu avait changé de maître car c'était maintenant un certain Kudurru qui régnait sur le moyen Euphrate[8]. Sa dynastie est attestée jusqu'au milieu du VIIIe s. et aucun de ses membres ne chercha jamais à se rattacher à Ili-ibni d'une manière ou d'une autre. Cependant, il est impossible de savoir quand Kudurru mit la main sur le Sūhu, mais il semble que ce fut assez tôt dans le règne d'Aššurnaṣirpal II. Il est même possible d'avancer l'hypothèse que le déplacement d'Ili-ibni à Ninive, en 882, en aurait été la conséquence.

En 878, Aššurnaṣirpal II lança donc une campagne dans le Sūhu. Il se porta sur la ville de Sūru du Sūhu[9], désignée comme capitale de Kudurru, négligeant Ānat. Il affronta alors Kudurru qui était aidé par une armée babylonienne. Cette armée aurait été dirigée, toujours selon les inscriptions d'Aššurnaṣirpal, par Zabdanu, frère du roi de Babylone Nabu-apla-iddina (888-855), mais elle n'avait pu empêcher la défaite de Kudurru obligé de se réfugier en face de Sūru, sur l'île de Talbiš. Aššurnaṣirpal aurait alors capturé 3 000 Babyloniens dont Zabdanu lui-même et un général, Bel-apla-iddina, qui porte le titre de *bārû* (lú.hal), c'est-à-dire « devin »[10]. Voici les événements vus par les Assyriens :

> J'installai mon camp (et) passai la nuit à Bīt-Šabaya, en face d'Haradu. Haradu se trouve sur la rive opposée de l'Euphrate (sur la rive droite donc). Partant de Bīt-Šabaya, je montai le camp (et) passai la nuit devant la ville d'Ānat. Ānat se trouve au milieu de l'Euphrate. Partant de la ville d'Ānat, j'assiégeai la ville de Sūru, la ville fortifiée de Kudurru, *šaknu* du pays de Sūhu. Il mit sa confiance en de nombreuses troupes kassites (babyloniennes) et il m'attaqua pour me faire la guerre et (engager) bataille. J'assiégeai la ville (et), le 2e jour, j'y pénétrai. Face à mes armes puissantes, Kudurru et 70 de ses soldats refluèrent vers l'Euphrate pour sauver leur vie. Je pris la ville. Je capturai 50 cavaliers avec les troupes de Nabu-apla-iddina, roi du pays de Karduniaš (la Babylonie), Zabdanu, son frère avec 3 000 soldats (et) Bel-apla-iddina, le devin, leur commandant. Je passai par les armes nombre de soldats. J'emportai argent, or, étain, vaisselle (et) pierres précieuses de la montagne ; le trésor de son palais, ses chars, ses attelages de chevaux, l'équipement des troupes, le harnachement des chevaux, les femmes de son palais (et) un butin important. Je rasai (et) détruisis la ville.

6. Inscription A.0.101.1 (Grayson 1991, p. 200).
7. Liverani 1992, p. 34.
8. Kudurru apparaît lors de la 6e campagne d'Aššurnaṣirpal II (datation de la campagne par l'éponyme Dagan-bēl-naṣir, cf. Liverani 1992, p. 63).
9. À ne pas confondre avec la ville homonyme de Sūru du Bīt-Halupê sur le bas Habur.
10. Inscription A.0.101.1 (Grayson 1991, p. 213; Brinkman 1968, p. 185).

> J'assurai (ainsi) ma victoire (et) ma force sur le pays de Sūhu. La peur de ma domination atteignit le Karduniaš[11].

Malgré ce récit de victoire totale, il semble bien que la conclusion de la campagne n'ait pas été aussi positive que proclamée car, par la suite, le Sūhu fut probablement divisée en deux zones d'influences, l'une assyrienne à l'ouest et l'autre babylonienne à l'est.

Le Sūhu divisé et la 7e campagne d'Aššurnaṣirpal II

L'existence de plusieurs Sūhu, après la 6e campagne d'Aššurnaṣirpal en 878, peut être envisagée par l'analyse de sa 7e campagne, probablement en 877[12], le roi assyrien dut faire face à une grande révolte du Lāqê, de Hindānu et du Sūhu. Cependant, il n'est en rien question d'opérations militaires contre Kudurru, le šaknu du Sūhu, adversaire des opérations antérieures, mais simplement de la soumission du Sūhu à la bataille d'Haradu, à l'entrée occidentale de la région. Voilà comment le roi d'Assyrie présenta les faits :

> Pendant que je résidai à Kalhu, cette nouvelle me fut rapportée : « Tous les gens du pays de Lāqê, la ville de Hindānu [et] le pays de Sūhu se sont rebellés et ont franchi l'Euphrate ». Le 18e jour du mois de simānu, je quittai Kalhu. Après avoir traversé le Tigre, je pris [par] le désert [et] approchai de la ville de Sūru qui appartient au Bīt-Halupê. Je fabriquai mes propres bateaux dans la ville de Sūru [et] pris le chemin de l'Euphrate. [...] Je conquis les villes de Henti-ili [et] Azi-ili[13], le Lāqêen. Je les massacrai, leur pris des prisonniers, rasai, détruisis [et] brûlai [leurs] villes.
>
> [...] Je traversai l'Euphrate au niveau de la ville d'Haradu grâce aux bateaux que j'avais construits [et de] radeaux [individuels faits de] peaux de brebis [gonflées] [...]. Le Sūhu, le Lāqê [et] Hindānu, mettant leur foi dans leur chars, leurs troupes [et] leur puissance rassemblèrent 6 000 hommes [et] m'attaquèrent pour me faire la guerre et (engager) bataille. Je les affrontai et leur infligeai une défaite. Je détruisis leurs chars, je passai 6 500[sic.] hommes par les armes [...]. Je conquis depuis la ville d'Haradu du pays de Sūhu jusqu'à la ville de Kipinu [...]. Azi-ili, le Laqéen, ayant foi en sa puissance, se saisit du gué de la ville de Kipinu. Je le combattis et lui infligeai une défaite en-dehors de Kipinu. Je massacrai 1 000 de ses soldats, détruisis ses chars, lui emportai nombre de prisonniers et ses dieux. Pour sauver sa vie, il prit la direction [...] du Djebel Bišri [...]. Le jour suivant je le poursuivis. [...] Je passai par les armes le reste de ses troupes [et] lui pris un important butin, gros et petit bétail qui, comme les étoiles dans le ciel, n'a pas de nombre[14].

L'absence de Kudurru dans les inscriptions assyriennes alors même que le Sūhu était partie prenante de la révolte invite à postuler l'existence de deux entités politiques, l'une s'ouvrant à l'ouest d'Haradu et centrée sur Ānat, l'autre, plus orientale, ayant pour

11. Inscription A.0.101.1 (Grayson 1991, p. 213-214).
12. Pour cette campagne, il n'y a pas de datation par éponyme qui soit conservée (Liverani 1992, p. 69).
13. Deux des rebelles.
14. Inscription A.0.101.1 (Grayson 1991, p. 214-215).

capitale Sūru et s'étendant jusqu'à Rāpiqu. Cette proposition, déjà ancienne[15], a été confirmée par la publication, par Simo Parpola[16], d'une lettre de Marduk-apla-uṣur, personnage que l'on voit faire soumission à Salmanasar III (858-824) sur l'*Obélisque noir* en tant que « homme » du Sūhu[17]. Cette missive était adressée à Rudanu, roi de Hamath. Dans ce texte, les deux monarques se plaignent de l'attitude d'Adad-nadin-[zeri] qui est probablement le fils de Kudurru. Les bénédictions de la fin de la lettre portent sur la ville de Hamath, celle du destinataire, mais aussi sur celle d'Ānat, logiquement agglomération de l'expéditeur, donnant ainsi, ou plutôt confirmant, le nom de la capitale du Sūhu occidental[18].

Cette division Sūhu oriental, Sūhu occidental, met en lumière les intérêts différents des grandes puissances qui entouraient ce secteur. En effet, le Sūhu oriental semble avoir été considéré par les Babyloniens comme un glacis indispensable à la défense de leur État, justifiant une intervention militaire directe lorsqu'il était menacé. De fait, si les Assyriens étaient en mesure de mettre la main sur la région, cela leur ouvrait un passage semble-t-il aisé vers le cœur politique du pays d'Akkad, à savoir Babylone et les villes de Babylonie septentrionale. C'est d'ailleurs ce qui arriva lors de la révolte de Šamaš-šum-ukin[19]. Par ailleurs, le pouvoir assyrien paraît avoir tiré plusieurs avantages à contrôler le Sūhu occidental puisque d'une part, il fortifiait son assise sur le bas Habur et, d'autre part, en ayant aussi assujetti Hindānu, il s'assurait des débouchés de la route du Levant via Tadmor (Palmyre).

La difficulté de mettre en relief cette partition vient du fait que les textes assyriens ne différencient pas les titres des roitelets des deux Sūhu. Ils ne parlent que de « *šaknu* » ou parfois encore plus simplement d'« homme du Sūhu ». Ce sont donc les sources locales, celles provenant en l'occurrence de la dynastie des *šaknu* du Sūhu oriental, Kudurru et ses descendants, qu'il faut examiner. Elles sont en effet bien plus précises que les textes assyriens puisqu'elles établissent une nette différence entre d'une part les *šaknu* du Sūhu occidental désignés uniquement par ce titre simple, *šaknu* ; et d'autre part ceux du Sūhu oriental dont la titulature complète, qui leur est propre, est šaknu *māt Sūhi u māt Mari*, « gouverneur du pays de Sūhu et du pays de Mari ».

Quoi qu'il en soit, à une date inconnue, vers la fin du VIIIe s., la lignée des *šaknu* du Sūhu occidental fut remplacée par de hauts dignitaires assyriens en charge de la région depuis la ville d'Ānat. Et pourtant, par la suite, l'ensemble du Sūhu échappa à l'emprise assyrienne dans le courant du deuxième quart du VIIIe s. Les conditions du recul de la présence assyrienne sur le moyen Euphrate restent obscures car nous ne possédons pas de sources suffisamment précises pour en retracer les étapes[20]. Mais à partir de ce moment-là, ce ne sont plus des sources extérieures qui documentent les activités militaires sur le moyen Euphrate, mais les inscriptions des dynastes indépendants du Sūhu.

15. Brinkman 1968, p. 186-187.
16. Parpola 1990, p. 262.
17. Cette désignation « homme » dans les textes assyriens fait souvent référence à un dirigeant autonome, souvent de moindre importance.
18. Ce n'est pas ici le lieu de développer les arguments détaillés conduisant à conclure à une partition du Sūhu. Pour cela, se reporter à Tenu, Clancier 2012, p. 255-259. Les deux Sūhu, quoique dénommés ici par nous au moyen d'un vocabulaire géographique précis étaient, si l'on en croit la lettre de Marduk-apla-uṣur de Ānat à Rudamu de Hamath, passablement imbriqués l'un dans l'autre (Parpola 1990).
19. Clancier 2006, p. 256-257.
20. Na'aman 2003, 2003b ; Tenu, Clancier 2012, p. 256-259.

Les *šaknu* en campagne : les opérations militaires d'une petite puissance

En effet, à partir d'une date inconnue entre le début du VIIIe s. et au plus tard le règne de Tiglath-phalasar III, le Sūhu apparaît, cette fois, comme un État autonome unifié par la dynastie issue de Kudurru, donc du Sūhu oriental, dynastie qui n'hésite plus alors à se rattacher à Hammu-rabi de Babylone (1792-1750) selon la séquence suivante : Hammu-rabi / Tunamissah // Enamhe-zer-ibni[21] // Kudurru / Adad-nadin-zeri / *Nom inconnu* / *Uaiiamu* (lecture incertaine) / Iqiša-Marduk / Šamaš-reš-uṣur / Ninurta-kudurri-uṣur[22].

Deux *šaknu* indépendants sont relativement bien documentés, en grande partie grâce aux fouilles de sauvetage du barrage de Haditha. Le premier, Šamaš-reš-uṣur, est dit avoir conquis Ānat sur les Assyriens trois ans avant la fin de son règne. Il serait donc l'unificateur du Sūhu si l'on considère que cette ville était la capitale du Sūhu occidental. Le second est son fils, Ninurta-kudurri-uṣur. C'est pour ce dernier que nous avons le plus de données. Aucun de ces deux règnes ne peut être daté plus précisément que de la première moitié du VIIIe s.[23].

Malgré ces réserves, la richesse des écrits des deux derniers šaknu indépendants du Sūhu, maintenant unifié, donne une vision de leurs activités militaires qui permet non seulement de se faire une certaine idée des contraintes qu'imposent la topographie, le climat et les modes de peuplements de la région du moyen Euphrate dans les opérations guerrières, mais encore d'insérer la région à un niveau stratégique à l'échelle de l'ensemble du Proche-Orient. C'est plus largement une situation originale qui permet, à travers la geste des roitelets du moyen Euphrate, d'observer l'organisation d'un petit royaume

21. Enamhe-zer-ibni n'apparaît pas dans la généalogie que se donnent Šamaš-reš-uṣur et son successeur Ninurta-kudurri-uṣur, qui se contentent au mieux de remonter à Kudurru avant de se réclamer d'Hammu-rabi, ancêtre aussi prestigieux que théorique. Nous plaçons cependant Enamhe-zer-ibni dans la généalogie des dynastes du Sūhu oriental car il porte le titre développé de « gouverneur du pays de Sūhu et du pays de Mari » qui n'est attribué qu'à eux seuls. Cf. Tenu, Clancier 2012, p. 258 et pour les inscriptions sūhéennes faisant directement référence à Enamhe-zer-ibni, cf. Frame 1995, p. 292, 299, 311.
22. Pour la reconstitution de la lignée des *šaknu* du Sūhu oriental, cf. Cavigneaux, Ismail 1990 ; Frame 1995, p. 275-277. La situation d'Ili-ibni demeure problématique.
23. En effet, aucune des inscriptions de Šamaš-reš-uṣur ou de Ninurta-kudurri-uṣur n'est clairement datée. C'est donc au moyen de données internes que l'on peut proposer une période approximative de règne pour ces deux šaknu. La date haute peut être située autour de 775, la dernière fois que Nergal-ereš (aussi lu Palil-ereš) fut éponyme alors qu'il portait le titre de gouverneur de nombreuses villes et régions dont Ānat et le pays de Sūhu (Radner 2002, p. 981-982 ; Grayson 1996, p. 207-216, pour Ānat sous domination assyrienne avant sa prise par Šamaš-reš-uṣur, cf. Ismail, Roaf, Black 1988, p. 5). La ville d'Ānat se révolta contre un šaknu dénommé Tabnea et fit appel à l'Assyrie, ce qui signifia peut-être alors la fin du Sūhu occidental autonome. Ninurta-kudurri-uṣur dit dans deux de ses inscriptions « Depuis Tabnea, Iqiša-Marduk et Nashir-Adad, 3 gouverneurs, Ānat (fut) aux Assyriens 50 ans (et encore pendant) 3 ans des jours de Šamaš-reš-uṣur, gouverneur du Sūhu et du pays de Mari, mon père » (Frame 1995, p. 308 et 316 pour l'inscription et pour une tentative d'organisation de l'ordre de succession de ces gouverneurs, cf. Tenu, Clancier 2012, p. 257-258). Par ailleurs, Ninurta-kudurri-uṣur était vraisemblablement en fonction autour de 747 lorsque l'Assyrien Sin-šallimanni était éponyme ainsi que gouverneur de la province de Raṣappa (cf. Grayson 1993, p. 22 ; Baker 2002, p. 1142 ou encore Liverani 1992b ; Fales 1992). En effet, Ninurta-kudurri-uṣur fait explicitement référence à Sin-šallimanni lors du raid mené par la tribu araméenne des Hatallu (Frame 1995, p. 296 par exemple). Sin-šallimanni n'était plus gouverneur en 737.

coincé entre Assyrie et Babylonie[24]. Il est possible de distinguer au moins trois raisons principales motivant un recours à la force armée. La première concerne le contrôle de populations parfois turbulentes au sein même du territoire sūhéen, la deuxième porte sur la nécessité de s'opposer aux raids de groupes identifiés comme araméens et enfin, le contrôle du commerce transitant par le moyen Euphrate, avec comme objectif d'imposer des taxes de passage, fournit un troisième cadre propice aux opérations guerrières.

Le contrôle du territoire

Si les *šaknu* du Sūhu furent souvent confrontés à des raids de tribus araméennes, la maîtrise de leur territoire posa aussi parfois de sérieux problèmes. L'un d'eux concerne la ville et le district de Raʾil[25]. Ninurta-kudurri-uṣur présente ainsi la situation au début de son règne :

> Concernant les Raʾiléens [et leurs] rebelles, ils s'étaient soulevés contre mon père, mais mon père les avait vaincus. Je ne fis pas grand cas de cela et n'en fis pas faire de relief. Au début de mon gouvernorat, [lorsque] je m'assis sur le trône de mon père, les Raʾiléens se révoltèrent contre moi mais je les [vainquis]. Personne, dans le futur, [...] ne devrait négliger les Raʾiléens[26].

Les raisons des révoltes en apparence régulières des Raʾiléens restent inconnues. N. Na'aman a suggéré que les rébellions des villes sūhéennes aient pu avoir pour motivation la perception de taxes trop lourdes de la part des différents pouvoirs en charge de la région. Ce serait ainsi, pour lui, l'explication de la rébellion de la population d'Ānat sous Tabnea, šaknu du Sūhu occidental[27], ou encore justement des Raʾiléens[28]. L'auteur se fonde à juste titre non seulement sur le texte précédemment cité mais encore sur une tablette très fragmentaire évoquant elle aussi des troubles vers Raʾil : « [...] il n'a pas exempté? [(...)] les Raʾiléens de la taxe-ilku (et) du tribut[29] ». Il semblerait que le refus de cette exemption de taxes remonte à un gouverneur du Sūhu dont le nom se termine par « Adad ». Il pourrait s'agir, comme l'a suggéré N. Na'amman, de Nashir-Adad, qui fut peut-être gouverneur du Sūhu occidental immédiatement avant le passage de la région sous contrôle direct assyrien à la fin du IXe s.[30]. Les rebelles auraient été

24. Les opérations militaires sont bien loin d'être les seules à avoir intéressé les rédacteurs des inscriptions sūhéennes puisqu'une part non négligeable des inscriptions de Šamaš-reš-uṣur et de Ninurta-kudurri-uṣur est consacrée à la mise en valeur du territoire (voir sur ce point particulier ainsi que sur les influences assyro-babyloniennes présentes dans ces écrits, Na'aman 2008).
25. Ninurta-kudurri-uṣur dénomme ainsi une place dont l'identification reste à faire (ki-*ti* uru*ra-il*), cf. Frame 1995, p. 292.
26. Inscription S.0.1002.1 (Frame 1995, p. 292). Pour une interprétation plus poussée de ce passage, cf. Na'aman 2003b, p. 102.
27. Na'aman 2007, p. 116.
28. *Ibid.*, p. 115.
29. Inscription S.0.0.1002 (Frame 1995, p. 325-326). Na'aman 2003, p. 93 avance sous forme d'hypothèse que le texte S.01001.1, Col. ii, l. 1'-15' (Frame 1995, p. 280), après quelques restitutions, ait pu relater la reprise de l'agglomération par Šamaš-reš-uṣur. L'idée est stimulante, mais il reste cependant à confirmer que ce passage très cassé concerne bien le district de Raʾil.
30. Le passage d'un contrôle à l'autre reste très discuté car les sources laissées par les šaknu indépendants du Sūhu sont relativement peu explicites et ne s'accordent pas systématiquement avec les données propre-

aidés par un certain Nabu-šum-lišir, identifié comme étant le dirigeant de la tribu chaldéenne du Bīt Dakūri[31]. Cette hypothèse reste à confirmer, mais l'on constate dans tous les cas que certains districts du Sūhu étaient turbulents et nécessitaient d'être régulièrement soumis, en particulier, semble-t-il, lors des changements de règnes.

Cependant, le premier sujet d'inquiétude des *šaknu* concernait, en apparence tout au moins, davantage les dangers extérieurs qu'intérieurs.

La protection du territoire contre les menaces extérieures

La mieux connue des opérations militaires menées par les šaknu du Sūhu contre un raid d'assez grande ampleur date du tout début du règne de Ninurta-kudurri-uṣur. Le nouveau roitelet dut en effet affronter les Hatallu[32], groupement de tribus araméennes en provenance de la région du wadi Tartara. Cet affrontement a notamment été étudié par M. Liverani et M. Fales ainsi que N. Na'aman[33]. Ninurta-kudurri-uṣur en rapporte ainsi les prémices :

> Mettant leur confiance dans leur force, (les Hatallu) traversèrent le Lāqê (et) prirent cent villages du Lāqê. Ils firent un incalculable butin et transformèrent le Lāqê en un champ de ruines. Adad-da''anu, gouverneur du pays de Lāqê, vint par devant moi avec 4 chars et 200 hommes de troupe et il baisa le sol devant moi et me supplia (de l'aider) et je reçus sa supplique. Par la suite, Sin-šallimanni, le gouverneur de la province de Raṣappa s'avança contre eux (les Hatallu) avec toutes les forces du pays de Raṣappa. Mais alors il les vit et prit peur et [ne les affronta pas[?]][34].

Les Hatallu, venus de l'Est, commencèrent par piller le Lāqê puis, après avoir intimidé Sin-šallimanni, le gouverneur de la province assyrienne de Raṣappa, auraient eu, selon Ninurta-kudurri-uṣur, l'intention de razzier le Sūhu. Ils auraient pour ce faire essentiellement visé les petites agglomérations (uru-meš) de la steppe (edin) et non pas le cœur du pays avec ses villes bien fortifiées, le long de l'Euphrate. Toujours selon les inscriptions sūhéennes, Ninurta-kudurri-uṣur aurait reçu une demande pressante

ment assyriennes. Il se pourrait que le dernier gouverneur du Sūhu occidental soit en fait Tabnea ou que cette partie du moyen Euphrate ait été morcelée à la fin du IXe s. Pour une tentative très hypothétique de reconstitution de l'ordre des gouverneurs du Sūhu occidental, cf. Tenu, Clancier 2012, p. 255-256. Pour une proposition de reconstruction différente mais elle aussi soumise à conjecture, particulièrement en ce qui concerne Iqiša-Marduk et ses frère et fils supposés et qui ne tient pas compte de la division du Sūhu, cf. Na'aman 2003b, p. 102.

31. Brinkman 1968, p. 215, n. 1338 ; Cavigneaux, Ismail 1990, p. 370-371, 427.
32. Cf. par exemple l'inscription S.0.1002.1 (Frame 1995, p. 290-293 spéc. p. 292-293). Le terme « Hatallu » désigne un regroupement de tribus dont certaines sont mentionnées dans l'inscription de Ninurta-kudurri-uṣur (cf. Dion 1997, p. 62-63 ; Lipinski 2000, p. 425-428 ; Na'aman 2007, p. 109). Les Hatallu sont attestés dans les inscriptions assyriennes depuis l'inscription de Šamši-ilu découverte à Til Barsip (ca. 790-770, cf. l'inscription A.0.104.2010, Grayson 1996, p. 232) jusqu'à celles de Sargon II pour des événements peut-être datables de 710 (cf. Liverani 1992b, p. 37).
33. Pour la reconstitution des étapes de ce raid, cf. Liverani 1992b ; Fales 1992. Sur cet épisode cf. aussi Na'aman 2007, p. 110.
34. Inscription S.0.1002.2, col. i, l. 27-35 (Frame 1995, p. 296).

d'aide de la part d'Adad-da''anu, gouverneur du Lāqê[35]. De plus, le gouverneur de la province assyrienne de Raṣappa[36], Sin-šallimanni[37], n'aurait osé intervenir contre eux. Il est cependant possible de présenter les événements d'une manière un peu différente.

Tout d'abord, les Hatallu firent effectivement mouvement en direction de l'ouest[38], causant, selon Ninurta-kudurri-uṣur, de grands dégâts au Lāqê qui à cette époque ne semble plus avoir été inclus dans l'empire assyrien. Mais avant de pénétrer dans le Lāqê, le gouverneur assyrien de la province de Raṣappa, Sin-šallimanni, positionna ses troupes en vue de protéger le pays sous sa responsabilité. Or, en toute logique, il est probable que l'Assyrien avait tout simplement atteint son but sans combattre et que ce sont bien les Hatallu qui estimèrent ne pas pouvoir l'emporter sur lui et qui se détournèrent, en conséquence, de la province assyrienne, visant maintenant le Sūhu. Ninurta-kudurri-uṣur ne semble donc avoir présenté l'action de Sin-šallimanni que dans le but de se grandir aux yeux des lecteurs de ses inscriptions en montrant que ce qu'un Assyrien ne pouvait faire, lui le faisait. Adad-da''anu du Lāqê, vint donc renforcer l'armée de Ninurta-kudurri-uṣur de quelque 200 hommes et 4 chars, ce qui paraît bien maigre. Il est ici encore bien difficile de suivre à la lettre Ninurta-kudurri-uṣur car l'insistance sur la faiblesse des effectifs lāqêens a probablement pour vocation de mettre la puissance du Sūhu en valeur. Et c'est ainsi Ninurta-kudurri-uṣur qui régla la question. L'engagement final eut lieu quelque part dans le désert au nord de l'Euphrate. Voyant ce qu'il appelle ses « agglomérations de la steppe » en danger, le šaknu du Sūhu réunit donc son armée :

> Sur ordre d'Apla-Adad[39], le grand seigneur, mon seigneur, je montai vers la steppe avec 105 chars, 220 cavaliers (et) 3 000 fantassins – et encore le Sūhu dans son ensemble ne s'est-il pas mobilisé[40] !

Cette force conséquente devait donc affronter 2 000 Hatallu. Parfaitement au courant des possibilités de leur cheminement passant par la steppe en suivant les points d'eau, Ninurta-kudurri-uṣur les attendit au puits appelé Ṣumūa, mais la bataille s'engagea autour d'un autre puits, celui de Makiru. Les Hatallu formaient une troupe en apparence exclusivement composée d'archers, troupe donc peu à même d'affronter une armée régulière en bataille rangée. Or, ils ne purent visiblement s'y soustraire et furent écrasés puisqu'ils auraient perdu autour de 1 800 hommes. La bataille des puits s'étendit depuis Ṣumūa et Makiru jusqu'à ceux de Gallabu et de Suribu :

> J'attendis pendant une journée au puits de Ṣumūa. Ils (furent) 2 000 d'entre eux, des archers, à arriver au puits de Makiru et je leur tombai dessus leur tuant 1 716 (hommes) ! Je les écrasai depuis le puits de Makiru jusqu'au puits

35. [lú]*šak-nu* kur *la-qé-e* (cf. l'inscription S.0.1002.2, col. i, l. 30, Frame 1995, p. 296).
36. [lú]en.nam [kur]*ru-ṣa-pu* (cf. l'inscription S.0.1002.2, col. i, l. 33, Frame 1995, p. 296).
37. Il fut nommé gouverneur du pays de Raṣappa après 775. Il est attesté à cette fonction en 747 (Cf. Millard 1994, p. 59). Il a quitté ce poste avant 737 (Frame 1995, p. 275, cf. Baker [dir.] 2002, p. 1142).
38. Cette campagne a été reconstituée par Liverani 1992b.
39. Divinité de la région du moyen Euphrate.
40. Inscription S.0.1002., l. 32-33 (Frame 1995, p. 293). La mention explicite des ressources démographiques du Sūhu renvoie à la faiblesse proclamée du Lāqê.

> de Gallabu et jusqu'aux (abords) du puits de Suribu. Je remplis les monts et les oueds de leurs crânes[41].

Les détails portant sur le déroulement tactique de l'affrontement sont plus ténus, mais ne manquent pas d'intérêt. En effet, Ninurta-kudurri-uṣur oppose la technique de combat des bédouins araméens (reposant exclusivement, selon lui, sur l'emploi de l'arc, arme privilégiée par les troupes légèrement équipées), à sa propre tactique[42]. Ainsi, malgré d'impressionnantes volées de flèches, aucun de ses hommes n'aurait été tué, seuls trente-huit auraient subi quelque blessure. Il s'agit là probablement d'une figure de style pour mettre en valeur la supériorité de ses soldats, mais il n'est pas impossible que l'on puisse aussi y voir un témoignage indirect de l'existence d'un équipement défensif, *a minima* sous forme de bouclier, dans l'armée sūhéenne. À cette attaque à distance semble répondre la recherche du contact et du choc de la part de Ninurta-kudurri-uṣur qui en présente ainsi le résultat : « Je dispersai leurs clans et brisai leur corps de bataille[43] ». Apparemment, l'armée du Sūhu fit voler en éclats la cohésion, sans doute relative, de l'armée des Hatallu. Cette dernière ainsi dispersée, Ninurta-kudurri-uṣur se lança à sa poursuite[44]. Mais ce que l'on pourrait appeler la « bataille des puits » fut difficile puisqu'il fallut finalement renoncer à poursuivre l'ennemi bien longtemps du fait de la chaleur et de la soif. Une quarantaine de Hatallu en fuite seraient d'ailleurs eux-mêmes morts de soif. Ninurta-kudurri-uṣur fit toutefois des prisonniers dont certains furent relâchés pour qu'ils témoignent de la force du gouverneur du Sūhu (mais après avoir eu les mains et la lèvre inférieure sectionnées[45]). L'un des chefs des Hatallu, Šamaʾgamni, fut tué et écorché et sa peau exposée à la porte de la ville sūhéenne d'Āl-gabbāri-ibni. Ce geste, parmi tant d'autres, traduit probablement le désir de Ninurta-kudurri-uṣur de présenter son pouvoir comme égal à celui des rois d'Assyrie.

Cependant, toute cette affaire apparaît en fait moins comme une tentative sérieuse d'invasion et de pillage que comme le mouvement de populations aux abois qui avaient sans doute des difficultés à subsister autour du wadi Tartara.

Le contrôle des routes commerciales

Enfin, autre utilisation de l'armée sūhéenne : le contrôle des routes passant par le moyen Euphrate. En effet, une partie non négligeable des préparatifs guerriers avait pour fonction, par le contrôle de points de passage obligés dans la steppe comme sur l'Euphrate, d'établir des péages sur les caravanes traversant la région. Le meilleur exemple de cela date aussi du règne de Ninurta-kudurri-uṣur. Il dit en effet dans l'une de ses inscriptions avoir pillé une caravane menée par des Têmanéens et des Sabéens :

41. S.0.1002.1, l. 33-37 (Frame 1995, p. 293).
42. Ce paragraphe repose sur l'analyse du détail des combats donné dans l'inscription S.0.1002.2, col. ii, l. 1-15 (Frame 1995, p. 296).
43. Col. ii, l. 11-12: ILLAT-*su*-nu ka-bit-ti, ap-ṭur-ma ú-par-ri-ir ki-iṣ-ri-šu-nu* (Frame 1995, p. 296).
44. S.0.1002.2, col. ii, l. 11-12 (Frame 1995, p. 296).
45. S.0.1002.1, l. 37-38 (Frame 1995, p. 293).

> Les Têmanéens, les Sabéens, dont le territoire est lointain, et dont le messager n'était jamais venu à moi, qui ne s'étaient jamais présentés devant moi, leur caravane s'approcha de l'eau du puits Martu et du puits Halatu, mais continua et entra dans la ville de Hindānu. J'appris la nouvelle vers midi à Kār-Apla-Adad. J'attelai mon char, je traversai le fleuve pendant la nuit et le lendemain, avant-midi, j'arrivai à Azlayanu. J'attendis trois jours à Azlayanu. Le troisième jour, ils arrivèrent. J'en pris vivant une centaine. Je m'emparai de leurs deux cents dromadaires avec leur cargaison [...]. J'en tirai beaucoup de butin et l'emportai au Sūhu.[46]

Ce document illustre deux points particuliers. Le premier est que Ninurta-kudurri-uṣur ne faisait guère de différence entre des pillards et une caravane commerciale. Cette dernière, devant passer par des puits du moyen Euphrate, ne s'était visiblement pas acquittée des droits de péage idoines puisque le gouverneur du Sūhu ne reçut aucun messager. Le second point est que, sous l'effet de la généralisation de l'usage du dromadaire, le Sūhu n'était plus uniquement situé sur la route est-ouest, reliant la moyenne vallée de l'Euphrate au Levant, mais il devenait maintenant un des principaux points de passage du commerce caravanier reliant la Mésopotamie à l'Arabie occidental. Cette nouvelle situation rendait le Sūhu encore plus attractif pour ses puissants voisins.

Composition et missions des armées sūhéennes

Tous ces exemples permettent de dresser un certain tableau des différentes catégories de troupes ainsi que du maillage militaire du territoire hérité, mis en place et entretenu par les *šaknu* indépendants du Sūhu en cette première moitié du VIIIe s.

Les armées

Le principal corps de troupes des gouverneurs du Sūhu, mobilisable pour des affrontements mineurs, était désigné comme « troupe du palais »[47]. Ce sont en tout cas les termes que l'on retrouve dans l'inscription de Šamaš-reš-uṣur lorsqu'il dut aligner en urgence des forces face à un mouvement des Tu'mānéens[48]. La composition de cette « troupe du palais » n'est pas connue dans le détail, mais il est possible qu'elle ait comporté une force de charrerie[49] qui devait composer le noyau de l'armée des *šaknu*. Šamaš-reš-uṣur signale que cette confrontation lui fut imposée lors d'un de ses déplacements. En conséquence, la « troupe du palais » formait aussi en partie sa garde rapprochée. Il vainquit les Tu'mānéens à la bataille d'Haradu, ou plus exactement sur

46. Inscription S.0.1002.2 (Frame 1995, p. 300).
47. erín-meš é.gal S.0.1001.1 (Frame 1995, p. 280).
48. Inscription S.0.1001.1, col. ii, l. 17-26 (Frame 1995, p. 280). Sur les Tu'manéens, cf. Lipinski 2000, p. 425-428 avec bibliographie antérieure.
49. Ninurta-kudurri-uṣur fait référence à son propre char dans l'inscription S.0.1002.2 (Frame 1995, p. 300). Il précise même en aligner 105 contre les Hatallu (S.0.1002.1, Frame 1995, p. 293).

le territoire de l'ancienne ville qui ne semblait plus alors être occupée[50]. Les « troupes de palais » étaient suffisamment nombreuses et bien équipées pour venir à bout d'un ennemi fort de quatre cents soldats, si l'on en croit toujours Šamaš-reš-uṣur.

En dehors de ces troupes d'élite entourant le souverain, il existait d'autres types d'unités militaires, certaines spécialisées dans la maîtrise des secteurs désertiques, d'autres au contraire formant la levée en cas de danger important. Pour les secteurs arides, en particulier pour les missions de contrôle des puits, les *šaknu* ont construit ou restauré des points d'appuis où furent installées de petites forces de guet. Ce fut par exemple l'une des entreprises de Ninurta-kudurri-uṣur qui précise dans l'une de ses inscriptions :

> Au-dessus du puits Bukrê, je découvris [une source ?]. (description très endommagée de l'endroit). Je l'ouvris et ses eaux étaient abondantes. » Puis il précise que ce puits se trouvait sur « 3 routes [...] qui vont vers le Lāqê, Hindānu et le Sūhu, sur lesquelles, du temps des gouverneurs mes ancêtres, aucune troupe montée (*pethallu*) n'avait été positionnée[51].

Ninurta-kudurri-uṣur voulut donc s'assurer de la pleine maîtrise de ce puits par un fort, mais pendant les travaux, une vingtaine d'Araméens fit une razzia. L'un des soldats de garde, probablement avec des hommes sous ses ordres, réussit à les capturer[52]. Ninurta-kudurri-uṣur put ainsi faire achever les travaux de ce poste qu'il dénomma Dur-Ninurta-kudurri-uṣur, « Fort Ninurta-kudurri-uṣur », où furent installés des soldats et quelques habitants, peut-être les familles de ces derniers. Le positionnement de troupes montées (*pethallu*) dans ce secteur met en lumière la pratique de tenir les zones arides par de petites garnisons de cavaliers, rapides et adaptés aux combats de guérilla dans le désert. Ces garnisons ne semblent pas avoir dépassé quelques dizaines d'individus au maximum. Elles étaient probablement constituées de ce que les inscriptions sūhéennes nomment Araméens, c'est-à-dire de personnes, quelle que soit leur véritable origine, capables de se repérer et de se déplacer le plus aisément possible dans la steppe.

En cas de danger important, les effectifs de l'armée du palais semblent avoir été complétés par ces cavaliers et par des levées. Ninurta-kudurri-uṣur précise ainsi que les 3 000 hommes qu'il aligna devant les Hatallu ne représentaient pas l'ensemble des forces mobilisables de son pays. Il est difficile de savoir comment étaient pratiquées les levées et qui était concerné par elles. Elles semblent avoir constitué l'essentiel des troupes à pied.

50. Tenu, Clancier 2012, p. 257-258.
51. Inscription S.0.1002.2, col. iii, ll. 4'- (Frame 1995, p. 297-298, pour la version en meilleure état de conservation).
52. Sur cet événement et les parallèles levantins, cf. utilement Na'aman 2007, p. 110-111. N. Na'aman a interprété ce passage comme étant la capture d'un cavalier sūhéen par les Araméens. Nous ne le suivons pas ici car le verbe *iṣ-ṣab-ta-áš-šú-nu-ti* est une forme de *ṣabātu* au système I, parfait plutôt que, comme supposé par N. Na'aman, une forme du système IV qui en ferait un passif. Pour nous, le cavalier capture plutôt qu'il n'est capturé. En effet, il n'est guère dans les pratiques des gouverneurs du Sūhu de faire mention de défaites, aussi minimes soient-elles. Par ailleurs, la suite du texte parle de l'achèvement des travaux sans autre lien avec la razzia qui semble donc s'être conclue par la mise hors d'état de nuire des Araméens. L'insistance sur la capture par un seul soldat d'autant d'ennemis fait partie de la phraséologie glorifiant les šaknu.

Les points d'appuis

La maîtrise du pays par le contrôle d'un certain nombre de points d'appuis était visiblement au cœur de la stratégie des gouverneurs du Sūhu. Le territoire sūhéen était émaillé de localités diverses qui formaient autant de postes, et il existait aussi des forteresses parfois isolées. Ces forteresses du moyen Euphrate ont déjà été abordées par Aline Tenu[53]. On peut leur ajouter les postes mis en place autour des puits.

Les fonctions de ces places-fortes, sur l'Euphrate comme dans la steppe, étaient multiples. Elles permettaient de surveiller la circulation terrestre sur les berges du fleuve ainsi que son trafic[54]. Dans la mesure où la région était le débouché de la route venant du Levant, depuis la région de Hamath, les forteresses et les villes fortifiées du Sūhu étaient stratégiquement placées pour jalonner cette route ouest-est, passant par l'Euphrate. Ces forts avaient aussi pour rôle de contrôler les passages de populations, cette fois selon un axe sud-nord, populations arrivant du désert syro-arabique, ou y retournant.

Enfin, pour ceux qui voulaient échapper aux points de passage de l'Euphrate, passer par la steppe n'était pas la solution car la dépendance aux puits fortifiés rendait toute tentative vouée à l'échec. Ce n'était cependant peut-être pas le cas des caravanes constituées de dromadaires car, si l'on en croit Ninurta-kudurri-uṣur, elles parvinrent à lui échapper et il les attendit sur l'Euphrate plutôt que dans le désert. Elles étaient en effet moins dépendantes des points d'eau, mais devaient traverser l'Euphrate dans un sens ou un autre.

La région du moyen Euphrate, de Hindānu à Rāpiqu, avait une place stratégique entre les royaumes assyrien et babylonien, mais aussi en tant que voie de passage d'une partie du commerce avec le Levant et la péninsule arabique. Il paraît donc tout à fait logique qu'elle ait intéressé très tôt les Assyriens qui ne purent pourtant pas s'implanter dans sa partie orientale avant le milieu du VIIIe s. Or, la date exacte de la conquête du Sūhu n'est pas connue[55]. Il est assez probable qu'elle fut l'œuvre de Tiglath-phalasar III.

Ce monarque mena en effet une politique de conquêtes en s'ouvrant tout d'abord un accès permanent vers le Levant avec la prise d'Arpad, ce qui occupa les années 743 à 740. Puis, après une campagne orientale, il se lança en 738 dans l'annexion des pays et régions d'Unqi et d'Hatarikka, s'offrant, avec la première conquête, un large débouché depuis l'Euphrate vers la Méditerranée et, avec la seconde, la possession d'une frange de territoire au nord-est du royaume de Damas[56]. Par la suite, il faut attendre 734 pour que Tiglath-phalasar III revienne à l'ouest, menant des opérations militaires visiblement très bien pensées[57] aboutissant à la destruction du royaume de Damas en 732 et à l'annexion d'une large bande oriental du Levant allant jusqu'au niveau des royaumes d'Israël et de Juda et permettant la vassalisation de toute une série de tribus

53. Tenu 2006, 2008.
54. Ce n'est d'ailleurs original ni pour ce lieu ni pour cette période si l'on pense aux nombreux autres exemples de ce type de structures tel que celui de Zénobia.
55. Radner 2006, p. 55.
56. Tadmor, Yamada 2011, p. 12-14.
57. Cf. sur cette campagne parmi la vaste bibliographie concernant Tiglath-phalasar III, Dubovsky 2006.

arabes ouvrant le domaine assyrien vers l'Arabie et le Sinaï. La même année ce qui restait du royaume de Hamath disparut définitivement, remplacé par la province de Manṣuate. Or, l'extension vers l'ouest de l'empire néo-assyrien eut tout autant parmi ses nombreux objectifs le contrôle du commerce levantin, en particulier phénicien, que le débouché des routes reliant le Croissant fertile au désert syro-arabique. La stratégie même de provincialisation des bordures de ce désert, ainsi que la vassalisation des tribus arabes à même de le traverser, furent l'une des grandes nouveautés et des grandes réussites de la période qui conduisit à intégrer pleinement l'Arabie dans la « grande stratégie » de l'empire néo-assyrien. À partir de 729 le roi porta ses armées contre la Babylonie, ouvrant là aussi une autre phase de l'histoire assyrienne.

Il est difficile, à travers toutes ces campagnes, de fixer la date de la conquête du Sūhu. Elle pourrait avoir été la conséquence de l'extension des opérations assyriennes selon trois directions. Au tout début de son règne, Tiglath-phalasar III combattit de nombreuses tribus araméennes sur l'Euphrate comme sur le Tigre[58]. Il n'est pas impossible que le Sūhu ait alors été intégré à l'empire. Les inscriptions royales ne le mentionnent pas explicitement, mais ici pas plus qu'ailleurs. Le deuxième axe concerne logiquement l'ouest et le Sūhu aurait pu être intégré à l'empire assyrien lors de l'acquisition des routes est-ouest et nord-sud, dont on voit les secteurs en bordure du désert syro-arabiques faire l'objet d'une politique systématique de provincialisation de la part de Tiglath-phalasar III. Politique trouvant son aboutissement en 732. Il reste possible que le Sūhu n'ait été véritablement conquis qu'avec la Babylonie, à partir de 729.

Quelle que soit la date retenue, la documentation assyrienne et babylonienne ultérieure continue à éclairer le rôle stratégique de la région, coincée entre les deux royaumes mésopotamiens. Mais elle met aussi en avant l'acquisition d'un nouveau statut pour le moyen Euphrate avec l'ouverture de nouvelles routes et des moyens de les parcourir, le dromadaire. Cela devait peut-être contribuer à terme à transformer la route difficile de l'Euphrate en véritable voie militaire à partir de l'époque hellénistique[59].

Philippe Clancier
Université Paris 1 Panthéon-Sorbonne

Bibliographie

Baker H. D. (dir.) (2002), *The Prosopography of the Neo-Assyrian Empire*, t. III, 1. *P-Ṣ*, The Neo-Assyrian Texts Corpus Project, Helsinki.

Brinkman J. (1968), *A Political History of post-Kassite Babylonia: 1158-722 BC*, Rome, Pontificio Istituto Biblico (Analecta Orientalia, 43).

Cavigneaux A., Ismail B. (1990), « Die Statthalter von Suhu und Mari im 8 Jh. v. Chr. », *Baghdader Mitteilungen*, 21, p. 321-456.

Clancier P. (2006), « Le moyen Euphrate de l'implantation des Araméens à la période romaine », dans Kepinski, Lecomte, Tenu 2006, p. 247-289.

58. Cf. par exemple l'inscription Tiglath-phalasar III, 4 (Tadmor, Yamada 2011, p. 25).
59. Clancier 2012.

—. (2012), « "Le *rab sikkati*" de Babylone contre "l'Homme de renom venu d'Égypte" : la troisième guerre syrienne dans les rues de Babylone », dans Goukowsky P., Feyel C. (dir.), *Folia Graeca in honorem Edouard Will. Historica*, ADRA, Nancy, p. 9-31.

Cogan M., Kahn D. (dir.) (2008), *Treasures on Camels' Humps: Historical and Literary Studies from the Ancient Near East Presented to Israel Eph'al*, Jerusalem, Hebrew University Magnes Press, p. 220-236.

Dion P. E. (1997), *Les Araméens à l'âge du Fer : histoire politique et structure sociale*, Paris, Gabalda.

Dubovský P. (2006), « Tiglath-pileser III's campaigns in 734-732 BC: historical background of Isa 7; 2 Kgs 15-16 and 2 Chr 27-28 », *Biblica* 87, p. 153-170.

Fales M. (1992), « Mari: an additional note on "Raṣappu and Hatallu" », *State Archive of Assyria Bulletin* VI/2, p. 105-107.

Frame G. (1995), *Rulers of Babylonia: From the Second Dynasty of Isin to the End of Assyrian Control (1157-612 BC)*, Toronto, University of Toronto Press (Royal Inscriptions of Mesopotamia. Babylonian Periods, 2).

Frame G., Wilding L. (dir.) (2004), *From the Upper Sea to the Lower Sea. Studies on the History of Assyria and Babylonia in Honour of A. K. Grayson*, Leyde, Nederlands Instituut voor het Nabije Oosten (PIHANS 101), p. 213-226.

Garelli P. (1991), « The achievement of Tiglath-pileser III: novelty or continuity? », dans Cogan M., Eph'al I. (dir.), *Ah, Assyria... Studies in Assyrian History and Ancient Near Eastern Historiography Presented to Hayim Tadmor*, Jerusalem, Magnes Press, p. 46-51.

Grayson A. K. (1991), *Assyrian Rulers of the Early First Millennium BC*, t. I. *(1114-859 BC)*, Toronto, University of Toronto Press (Royal Inscription of Mesopotamia Assyrian Periods, 2).

—. (1993), « Assyrian officials and power in the ninth and eight Centuries », *State Archives of Assyria Bulletin* VII/1, p. 19-52.

—. (1996), *Assyrian Rulers of the Early First Millennium BC*, t. II. *(858-745 BC)*, Toronto, University of Toronto Press (Royal Inscription of Mesopotamia Assyrian Periods, 2).

Ismael B. K., Roaf M. D., Black J. A. (1988), « History of 'Âna », dans Northedge A., Bamber A., Roaf M. D. (dir.), *Excavations at* 'Âna, Warminster, Aris & Phillips, p. 1-13.

Kepinski C., Lecomte O., Tenu A. (dir.) (2006), *Studia Euphratica. Le moyen Euphrate iraquien révélé par les fouilles de sauvetage de Haditha*, Paris, De Boccard.

Kühne H. (1995), « The Assyrians on the Middle Euphrates and the Hābūr », dans Liverani M. (dir.), *Neo-Assyrian geography*, Rome, Università di Roma (Quaderni di Geografia Storica, 5) p. 69-85.

Lipinski E. (2000), *The Aramaeans: their Ancient History, Culture, Religion*, Louvain, Peeters Publishers (Orientalia Lovaniensia Analecta, 100).

Liverani M. (1992), *Studies on the Annals of Ashurnasirpal II*, t. 2. *Topographical Analysis*, Rome, Università di Roma (Quaderni di Geografia Storica, 4).

—. (1992b), « Raṣappu and Hatallu », *State Archives of Assyria Bulletin* VI/1, p. 35-40.

—. (2004), « Assyria in the ninth century: continuity or change? », dans Frame, Wilding 2004, p. 213-226.

Millard A. (1994), *The Eponyms of the Assyrian Empire, 910-612 BC*, Helsinki, The Neo-Assyrian Text Corpus Project (State Archives of Assyria Studies 2).

Na'aman N. (1995), « Tiglath-pileser III's campaigns against Tyre and Israel (734-732 BCE) », *Tel Aviv*, 22, p. 268-278.

—. (2003), « Three notes on the Suhu inscriptions », *NABU*, 2003/4, 86, p. 93-94.

—. (2003b), « Two additional notes on the Suhu inscriptions », *NABU*, 2003/4, 92, p. 101-102.

—. (2007), « The contribution of the Suhu inscriptions to the historical research of the kingdoms of Israel and Judah », *Journal of Near Eastern Studies*, 66/2, p. 107-122

—. (2008), « The Suhu governors' inscriptions in the context of Mesopotamian royal inscriptions », dans Cogan, Kahn 2008, p. 220-236.

Parpola S. (1990), « A letter from Marduk-Apla-Usur of Anah to Rudamu/Urtamis, King of Hamath », dans Riis P. J., Buhl M. L. (dir.), *Hama. Fouilles et recherches de la Fondation*

Carlsberg 1931-1938, t. II, 2. *Les objets de la période dite syro-hittite (âge du Fer)*, Copenhague, Nationalmuseet (Nationalmuseets Skrifter, XII), p. 257-265.

RADNER K. (2006), « Provinz. C », *Reallexikon der Assyriologie und Vorderasiatischen Archäologie*, t. XI, Walter de Gruyter, Berlin, p. 42-68.

TADMOR H. (1994), *The Inscriptions of Tiglath-pileser III King of Assyria*, Jérusalem, The Israel Academy of Sciences and Humanities.

TADMOR H., YAMADA S. (2011), *The Royal Inscriptions of Tiglath-Pileser III (744-727 BC) and Shalmaneser V (726-722 BC), Kings of Assyria*, Winona Lake, Eisenbrauns (Royal Inscriptions of the Neo-Assyrian Period, 1).

TENU A. (2006), « Le moyen Euphrate à l'époque médio-assyrienne », dans Kepinski, Lecomte, Tenu 2006, p. 217-245.

—. (2008), « Les forteresses assyriennes de la vallée du moyen Euphrate », dans Abrahami P., Battini L. (dir.), *Les armées du Proche-Orient ancien (III*ᵉ*-I*ᵉʳ *mill. av. J.-C.)*, Oxford, John and Erica Hedges (BAR Intern. Ser. 1855), p. 151-175.

TENU A., CLANCIER P. (2012), « Haradu dans l'Empire assyrien XIIᵉ-VIIIᵉ siècles av. J.-C. », dans Kepinski C. (dir.), *Haradum* III. *Haradu forteresse du moyen Euphrate iraquien (XII*ᵉ*-VII*ᵉ *siècles av. J.-C.)*, Paris, De Boccard, p. 247-261.

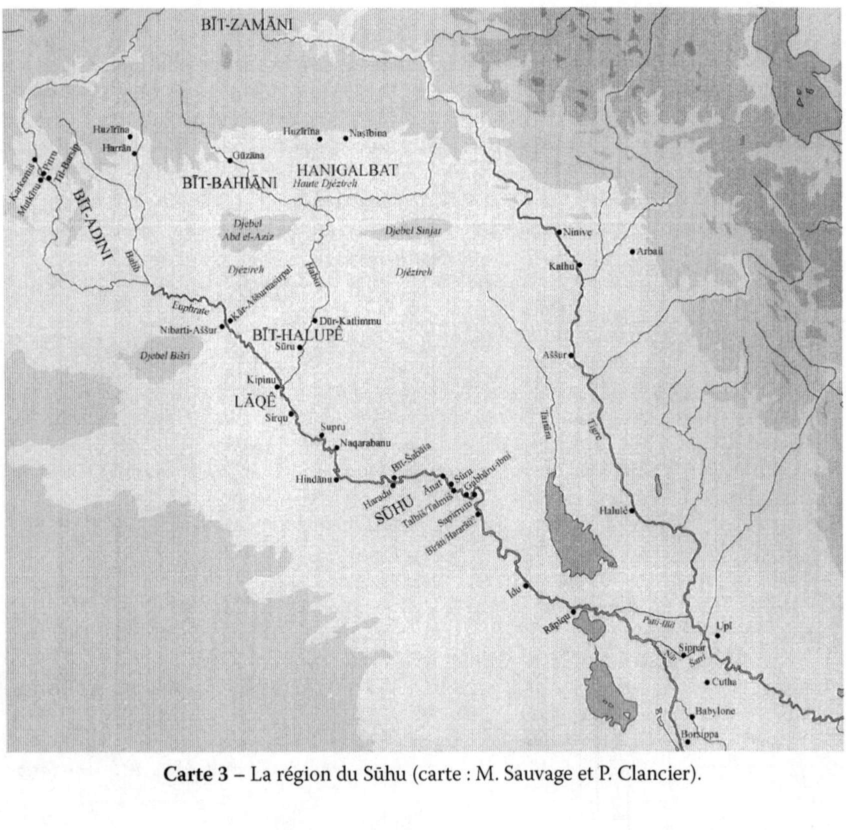

Carte 3 – La région du Sūhu (carte : M. Sauvage et P. Clancier).

Rocío Da Riva

L'empire en guerre. Considérations sur l'aspect militaire de la dynastie néo-babylonienne : le site du Nahr el-Kalb au Liban

Lorsque nous parlons de guerre dans l'ancienne Mésopotamie, en particulier pour la période du Ier mill. av. J.-C., nous avons tendance à penser à l'empire assyrien, et non au néo-babylonien[1]. En effet, l'empire néo-assyrien est entré dans l'histoire comme un empire guerrier, militariste. De fait, la conception assyrienne d'une domination sur le monde connu est un des fondements politico-idéologiques de cet empire. D'ailleurs, les inscriptions royales néo-assyriennes documentent abondamment les aspects techniques des campagnes militaires : elles constituent ainsi une source documentaire unique sur la guerre dans l'antiquité[2]. En opposition à cette exaltation guerrière néo-assyrienne, la tradition historiographique présente les rois néo-babyloniens comme fondamentalement dévoués à la construction des palais et des temples et aux offrandes aux divinités. La guerre est loin d'apparaître comme l'idéologie dominante de cette dynastie ; ses différentes formes sont en effet à peine mentionnées dans les inscriptions royales néo-babyloniennes[3]. L'image générale que les rois veulent transmettre à travers ces textes est celle du roi bâtisseur, du roi berger de son peuple et du roi pieux. Non pas que la guerre ne soit pas importante pour la genèse et le maintien de l'État, mais elle n'était pas si déterminante idéologiquement. Cela explique probablement le fait que le sujet a été assez peu traité, pour l'époque néo-babylonienne, comme en témoigne le nombre restreint de publications qui lui sont consacrées[4].

La guerre et l'empire néo-babylonien

Cependant, il y a peu de périodes de l'histoire ancienne de la Mésopotamie qui sont aussi liées aux vicissitudes guerrières. L'empire néo-babylonien (626-539 av. J.-C.)

1. Je tiens à remercier Ph. Abrahami de m'avoir invité à la 2e *Rencontre d'Histoire militaire du Proche-Orient ancien* à Lyon, et l'Université de Barcelone et l'ICREA pour leur soutien à mon travail scientifique dans le cadre de l'Université.

2. Fales 2001, p. 20ss.
3. Da Riva 2008, p. 108-109.
4. Joannès 2000, p. 63-82 ; Kleber 2008, p. 198-235 ; MacGinnis 2010, p. 153-164.

émergea d'une guerre contre l'Assyrie et disparut à la suite d'une guerre contre la Perse. Pendant les quatre-vingt-huit ans d'existence de la dynastie, les entreprises militaires ont été poursuivies régulièrement :

a/ Nabopolassar (626-605 av. J.-C.) libéra Babylone des Assyriens, et déploya ses armées au nord et à l'ouest de la Mésopotamie ;

b/ Nabuchodonosor II (605-562 av. J.-C.) réalisa l'expansion territoriale maximale, qui comprenait toute la Mésopotamie, la Syrie, et la côte du Levant : l'empire s'étendait du Zagros à la Méditerranée et du Golfe Persique à l'Anatolie ;

c/ Neriglissar (560-556 av. J.-C.) et Nabonide (555-539 av. J.-C.) ont poursuivi les campagnes militaires aux frontières de l'empire : en Cilicie (Neriglissar) dans la région de Transjordanie et en Arabie afin de contrôler le réseau septentrional des oasis (Nabonide).

En outre, il est clair que le pouvoir politique et l'autorité des rois néo-babyloniens étaient étroitement dépendants du contrôle de l'armée, qui constituait une condition *sine qua non* pour accéder et rester sur le trône. Trois des six rois néo-babyloniens étaient auparavant seigneurs de guerre (Nabopolassar, Neriglissar et Nabonide). Leur accession au pouvoir résultait de la combinaison de plusieurs facteurs : le soutien des tribus (l'appartenance aux groupes tribaux araméens et chaldéens était fondamentale) ; les moyens économiques (dont les familles influentes disposaient) ; et le soutien de l'armée[5]. Des trois autres rois de la dynastie, Nabuchodonosor II fut le seul qui resta au pouvoir et cela parce qu'il contrôlait la cour (les structures civiles) et l'armée (les structures militaires) de l'État. Son maintien au pouvoir est aussi dû en partie aux guerres menées à l'étranger et à l'exploitation de la périphérie (par la dévastation systématique ou *a minima* le pillage) qui enrichirent l'État et assurèrent la stabilité de son règne, le plus prospère pour la Babylonie du Ier mill. av. J.-C. : la monétisation de l'économie n'est pas explicable autrement[6]. En effet, au cours du VIIIe s. av. J.-C., l'utilisation de l'argent en Babylonie suit le modèle traditionnel mésopotamien : l'argent sert comme moyen de paiement uniquement dans certains contextes : l'économie est alors essentiellement binaire, caractérisée par deux sphères interdépendantes d'échanges en nature d'une part et en argent d'autre part. Toutefois, au VIe s. av. J.-C. (sous le règne de Nabuchodonosor II), on assiste à une circulation accrue de l'argent dans l'économie et son utilisation comme monnaie se généralise. Ainsi, un grand nombre de travailleurs embauchés dans les grands projets de construction à Babylone étaient rémunérés en argent et dépendaient donc directement ou indirectement de ce système de paiement des salaires au cœur d'une économie monétaire[7]. Cette masse monétaire provenait certes en partie de l'expansion économique et de l'augmentation des importations d'argent par le commerce extérieur, mais il y a aussi des événements politiques derrière cet afflux. Bien que les inscriptions royales ne fournissent pas de détails sur les campagnes militaires, les avantages tirés du butin et du pillage en Syrie et en Assyrie durent être très considérables. Nous disposons d'une inscription de Nabonide qui montre que le roi est en mesure d'offrir aux dieux Bēl, Nabû et Nergal, en plus des

5. Jursa 2014, p. 127.
6. Jursa 2010, p. 660ss.
7. *Ibid.*, p. 661ss.

offrandes annuelles habituelles, plus de 3 t. d'argent et près de 160 kg d'or : « [...] pris sur le cadeau d'hommage, le tribut de tous les pays, le produit de montagnes, les revenus du monde entier, les présents des rois [...] »[8]. Enfin, il faut aussi noter que les corvées et le service militaire dus à la couronne pouvaient être effectués par des remplaçants que l'on payait, ce qui a aussi contribué à l'expansion de la circulation de l'argent.

La guerre apparaît donc comme un facteur très important dans la transformation de l'économie à l'époque néo-babylonienne. Mais son importance se manifeste au-delà de la vie économique, et peut être observée aussi en d'autres sphères de la société. En effet, une analyse des sources documentaires sur cette période nous permet de nuancer l'image paisible de la dynastie. Dans les inscriptions royales la violence et la guerre sont beaucoup plus présentes que ce qui peut apparaître à première vue. Simplement, les aspects militaires n'y sont pas aussi directement exprimés que dans les inscriptions royales assyriennes, et lorsque c'est le cas de façon plus subtile. Il semble donc que la façon assyrienne de présenter et de justifier la guerre n'était pas adaptée au fondement idéologique de la conception du pouvoir en Babylonie.

La périphérie occidentale de l'empire à l'époque de Nabuchodonosor II

L'intervention politique et militaire néo-babylonienne au Levant débute avec Nabuchodonosor II. Il n'y a, en effet, pas de preuves documentaires ou archéologiques d'une présence babylonienne dans la région sous le règne de Nabopolassar (626-605 av. J.-C.). Les premières informations relatives à des incursions militaires ne remontent qu'aux deux dernières années de son règne. Le prétexte, signifié dans les chroniques, est l'attaque égyptienne en 606 av. J.-C. de la garnison babylonienne à Kimuhu (Commagène, située à proximité de la ville de Karkemish), qui est occupée durant plusieurs mois de siège. Nabopolassar « fit mouvement le long de la rive de l'Euphrate et installa son camp à Qurabati[9] » (pas loin de Karkemish[10]). Les troupes babyloniennes traversèrent la rivière et prirent plusieurs villes de la région. Après quelques escarmouches, Babyloniens et Égyptiens revinrent dans leur pays respectif. L'année suivante, Nabopolassar, trop malade pour aller en Syrie, délégua à son fils le commandement des armées[11]. Plus tard cette même année, Nabopolassar mourut à Babylone et son fils, présent sur le théâtre des opérations, dut revenir rapidement à Babylone pour y être couronné. À partir de ce moment, pour autant que l'état de conservation des chroniques permet d'en juger, la politique étrangère de Nabuchodonosor II a été marquée par des campagnes annuelles à l'Ouest[12].

Dans les inscriptions royales néo-babyloniennes, cette région en général (appelée de manière vague Ḫatti, Eber-nāri et Nēberti-Purattu)[13] symbolise la volonté de

8. Schaudig 2001, p. 526 (3.3. IX 11'ss.).
9. Glassner 2004, p. 196-197.
10. Zadok 1985, p. 256.
11. Glassner 2004, p. 198
12. Vanderhooft 1999, p. 81-88 ; Da Riva 2008, p. 8-14.
13. Da Riva 2010, p. 168.

domination territoriale. Nous disposons d'informations sur les campagnes occidentales dans les Chroniques, et d'autres plus ou moins directes dans la documentation économique de l'époque.

Le Liban, par sa position géographique de carrefour et ses contacts avec les grandes puissances (Égypte, Mésopotamie, Asie Mineure et mer Égée) occupe une place stratégique au Proche Orient. Les rois néo-babyloniens continuent la politique militaire assyrienne dans cette région. La preuve la plus impressionnante de ces activités est fournie par les monuments commémoratifs au Liban : à Brisa, dans le Wadi as-Saba, à Shir as-Sanam et à Nahr el-Kalb[14].

Le site du Nahr el-Kalb

Le site, situé à l'embouchure du Nahr el-Kalb (« fleuve du Chien », dans l'antiquité classique *flumen Lycus*), à 12 km au nord de Beyrouth sur la côte libanaise, est fondamental pour contextualiser les exploits militaires mésopotamiens au Levant. Il s'agit de deux promontoires rocheux qui se font face, séparés par la vallée où coule le Nahr el-Kalb[15]. Dans ce site, et plus particulièrement sur le promontoire sud, sont gravées vingt-deux stèles, reliefs et inscriptions commémoratives, qui se déploient dans le temps entre le XIIIe s. av. J.-C. et l'aube de notre IIIe mill. À Nahr el-Kalb, tous les souverains et leurs mandataires, passés par ce carrefour géographique et civilisationnel qu'est le Liban, ont gravé des inscriptions : le site est un vrai musée en plein air, un lieu unique de mémoire sociale collective. Nabuchodonosor II même, dans le cadre de ses campagnes militaires contre l'Égypte, est l'un de ces souverains, et son inscription est la seule sur le promontoire nord, où elle fait face à toutes les autres[16].

F. H. Weissbach, le premier savant qui étudia ce monument, estima que la hauteur de chaque colonne de l'inscription était d'environ quatre mètres[17]. Si ces mesures sont exactes, alors l'inscription de Nahr el-Kalb devait être à l'origine très similaire en taille à celle de Brisa (3,60 x 5,50 m pour WBA, et 2,80 m x 5,30 m pour WBC[18]). Cependant, quelques fragments seulement ont été conservés dans la roche : sur la base des notes prises par M. Hartmann, le « drogman » du consulat allemand à Beyrouth, Weissbach en signale cinq dont certains correspondent avec les photos et les tracés effectués par le vice-consul danois Julius Løytved[19].

Située au nord-est du pont ottoman, la partie supérieure de l'inscription de Nabuchodonor II se trouve à deux mètres en dessous du niveau de la route. Le visiteur moderne doit marcher autour d'une clôture de protection pour accéder au site. Dans l'antiquité, l'inscription a dû être imposante, située entre la montagne et la rivière,

14. *Ibid.*
15. Maïla-Afeiche 2009.
16. Da Riva 2009, p. 255-301.
17. Weissbach 1906, p. 12. En 2007, dans le cadre d'une mission de la Direction Générale des Antiquités du Ministère de la Culture du Liban (DGA), nous avons mesurés les fragments préservés *in situ* : la section principale de l'inscription pour la hauteur est de 2,05 m et en largeur de 5,85 m.
18. Voir Da Riva 2012, p. 21
19. Da Riva 2009, p. 256, 259-264

elle était clairement visible depuis la rive opposée. Juste en face de l'inscription, un chemin longeait la rive nord de la rivière, où se trouvent aujourd'hui des vergers et des plantations. Les passants devaient sûrement apprécier la vue magnifique du monument. Le choix de cet emplacement, à une certaine distance des autres inscriptions gravées sur le site, fait de ce monument une pièce unique du site de Nahr el-Kalb.

Cette inscription contient en fait les restes de deux textes : l'un écrit en écriture monumentale paléo-babylonienne, et l'autre en écriture néo-babylonienne. Le même phénomène peut être observé dans l'inscription de Brisa, où les inscriptions sont cependant très bien conservées, à la différence du Nahr el-Kalb. Afin de reconstituer le texte et d'identifier les fragments, nous avons donc pu utiliser les inscriptions de Brisa pour comparaison[20]. La date exacte de la composition du texte est inconnue, mais sur la base de preuves internes et de la comparaison avec Brisa, on peut suggérer une date tardive, peut-être la fin du règne. À Brisa, les inscriptions sont gravées dans deux niches rocheuses séparées pour la vallée et la route. À Nahr el-Kalb, l'inscription paléo-babylonienne et le fragment préservé de l'inscription néo-babylonienne partagent la même roche. La première a été gravée sur la partie occidentale de la roche, et le fragment néo-babylonien suit immédiatement après, à sa droite. Aucun espace ne semble séparer les textes, de sorte que l'inscription néo-babylonienne commence immédiatement après la dernière colonne de l'inscription paléo-babylonienne. Cependant, ni la fin de cette dernière, ni le début du texte néo-babylonien ne sont préservés. En raison du mauvais état de conservation des monuments, il est extrêmement difficile d'obtenir une image complète des inscriptions et de leur contexte.

Les deux inscriptions de Nahr el-Kalb enregistrent probablement le même texte, avec quelques variantes mineures, par rapport au texte rédigé dans les inscriptions de Brisa. Les fragments préservés contiennent des rapports sur les constructions de différents temples dans plusieurs villes babyloniennes (Babylone, Sippar, Larsa, Marad, Borsippa, etc.), des références aux offrandes à Marduk et à Zarpanitu de l'Esagil à Babylone, et une section de texte (mal conservée) dans laquelle la conquête du Liban est décrite.

Les inscriptions de Nahr el-Kalb symbolisent l'idéologie militaire de l'empire néo-babylonien et sa volonté de domination territoriale sur le monde connu. De nombreuses études ont examiné la fonction des monuments à Nahr el-Kalb, et ce n'est pas le lieu d'examiner leurs conclusions dans le détail. A.-M. Afeiche a étudié l'importance des reliefs et des inscriptions, et affirme qu'ils visent à perpétuer l'immortalité de leurs auteurs. Elle affirme que le site est « lieu et milieu de mémoire collective sociale [...] à Nahr el-Kalb [...] ont été gravées des stèles qui rendent toutes compte d'un évènement de l'histoire du Liban »[21]. Ainsi, dans le contexte du site, le monument de Nabuchodonosor II n'est qu'un chapitre de plus dans l'histoire du Liban, tout comme les inscriptions laissées, entre autres, par les Égyptiens, les Assyriens, les Grecs, les Romains et les Ottomans. Lors de la réalisation d'une étude rétrospective de l'ensemble du site, comme nous le faisons aujourd'hui, inévitablement, tous les monuments semblent corroborer cette hypothèse : Nahr el-Kalb est un livre ouvert composé par de nombreux auteurs, qui ont chacun ajouté un nouveau chapitre dans l'histoire du Liban.

20. Da Riva 2012.
21. Maïla-Afeiche 2009, p. 14.

La question demeure cependant de savoir si les différents souverains, et Nabuchodonosor II en particulier, étaient au courant de ce fait quand ils ont choisi le Nahr el-Kalb pour ériger leurs monuments. Au VIe s. av. J.-C., lorsque Nabuchodonosor a choisi de sculpter son inscription, seuls des monuments égyptiens et néo-assyriens s'élevaient à Nahr el-Kalb. Et Assyriens et Égyptiens étaient les « ennemis » traditionnels des monarques néo-babyloniens. Un bref examen de l'emplacement des inscriptions égyptiennes et assyriennes sur le site conduit à une conclusion intéressante : ils semblent s'affronter comme leurs auteurs doivent l'avoir fait dans le champ de bataille pour contrôler le Liban. Ainsi pour les Assyriens, le promontoire de Nahr el-Kalb symbolise la conquête territoriale et le dépassement éventuel de leur ennemi (l'Égypte), qui avait déjà érigé ses inscriptions sur ce site.

La dynastie de Nabuchodonosor II a réussi à vaincre les Assyriens, de sorte que les inscriptions assyriennes à Nahr el-Kalb pourraient être comprises comme un défi iconographique à la présence néo-babylonienne dans le Levant. Dans le cas des Égyptiens, il est clair que leurs inscriptions représentaient une menace symbolique pour l'empire néo-babylonien, qui à l'époque faisait face à la menace saïte dans la région. À ce stade, deux questions viennent à l'esprit : dans quelle mesure Nabuchodonosor était-il conscient de la présente dialectique sur le site ? Et s'il l'a été, a-t-il cherché à y participer en ajoutant sa propre inscription ?

Nous ne connaîtrons jamais la réponse exacte à ces questions, mais il y a des raisons pour y répondre par l'affirmative. Premièrement, le Nahr el-Kalb est le lieu que Nabuchodonosor II a choisi pour le monument – le roi babylonien n'a pas taillé son inscription dans le même endroit que celles qui existaient déjà, mais il a plutôt choisi un endroit isolé de l'autre côté de la rivière. Ce faisant, le roi se place symboliquement face à ses deux ennemis historiques (Assyriens et Égyptiens), de l'autre côté de la rivière[22]. Deuxièmement, il y a les caractéristiques externes du monument : similaire au monument de Brisa, dans les temps anciens, quand le monument était entièrement conservé, l'inscription devait être la plus imposante du Nahr el-Kalb. Néanmoins, une inscription ne pouvant être comprise qu'à la lumière de son contenu et de son aspect (cadre, dimensions, iconographie...), l'inscription de Nahr el-Kalb est trop fragmentaire pour que nous puissions en tirer vraiment des conclusions. Nous avons déjà brièvement analysé l'importance des monuments de Nabuchodonosor II du Liban Nord et de la Beqa (Brisa, Shir es-Sanam et Ouadi as-Saba)[23]. Ils ont été sculptés pour célébrer les actes du monarque à Babylone et à l'étranger, lors de la prise de contrôle géopolitique du territoire et des chemins d'exploitation de bois. Dans quelle mesure ces considérations sont valables pour l'inscription de Nahr el-Kalb ?

Cette inscription, comme le reste des inscriptions royales néo-babyloniennes, sert à célébrer les exploits du roi et à lui assurer une place dans le monde humain et divin à travers la parole écrite. Les activités les plus importantes enregistrées dans les inscriptions néo-babyloniennes étaient la construction d'édifices religieux et non-religieux et l'accomplissement des devoirs cultuels. En fait, ces inscriptions suivent la tradition babylonienne et sont presque exclusivement consacrées à la construction

22. Arnaud 2004, p. 104.
23. Da Riva 2010.

de bâtiments et à la mise en place des rituels. Ces deux thèmes sont présents dans celle de Brisa et dans les fragments conservés à Nahr el-Kalb.

Deux autres aspects sont soulignés dans les dernières colonnes de l'inscription de Brisa : la « gestion » des forêts et routes forestières, et la pacification du pays, probablement par certains types d'accords conclus avec la population locale[24]. Il est difficile de dire si ces deux aspects sont également pertinents concernant l'inscription de Nahr el-Kalb.

En somme, le Nahr el-Kalb a commencé à acquérir son importance en tant que « lieu de mémoire sociale » lorsque les Assyriens ont érigé leurs inscriptions à côté des monuments égyptiens existants. À partir de ce moment, le site est devenu un livre d'histoire, avec un nombre toujours croissant de contributeurs. La topographie difficile de Nahr el-Kalb s'est ainsi changée en une métaphore de la conquête des armées : une inscription sculptée était une représentation à petite échelle de la victoire militaire de son auteur sur l'ensemble du pays. Il reste toutefois difficile de savoir si une telle analyse est exacte ou si d'autres considérations propres à ce monarque et liées à sa présence dans les régions occidentales de l'empire, doivent être prises en compte.

Rocío Da Riva
Université de Barcelone

Bibliographie

Arnaud D. (2004), *Nabuchodonosor II, roi de Babylone*, Paris, Fayard.

Andreau J., Briant P., Descat R. (dir.) (2000), *Économie antique : la guerre dans les économies antiques*, Saint-Bertrand-de-Comminges, Musée archéologique départemental (Entretiens d'archéologie et d'histoire, Saint-Bertrand-de-Comminges, 5).

Da Riva R. (2008), *The Neo-Babylonian Royal Inscriptions: an Introduction*, Münster, Ugarit-Verlag (Guides to the Mesopotamian Textual Records, 4).

—. (2009), « The Nebuchadnezzar inscription in Nahr el-Kalb », dans Maïla-Afeiche 2009, p. 255-301.

—. (2010), « A lion in the cedar forest. International politics and pictorial self-representations of Nebuchadnezzar II (605-562 BC) », dans Vidal 2010, p. 165-191.

—. (2012), *The Twin Inscriptions of Nebuchadnezzar at Brisa (Wadi esh-Sharbin, Lebanon): a Historical and Philological Study*, Vienne, Instituts für Orientalistik der Universität Wien (Archiv für Orientforschung, 32).

Fales M. (2001), *L'impero assiro. Storia e amministrazione (XI-VII secolo A.c.)*, Rome, Laterza.

Glassner J.-J. (2004), *Mesopotamian Chronicles*, Atlanta, Society of Biblical Literature (Society of Biblical Literature. Writings from the Ancient World, 19).

Joannès F. (2000), « Guerre et économie dans l'Empire néo-babylonien », dans Andreau, Briant, Descat 2000, p. 63-82.

Jursa M. (2010), *Aspects of the Economic History of Babylonia in the First Millennium BC. Economic Geography, Economic Mentalities, Agriculture, the use of Money and the Problem of Economic Growth*, Münster, Ugarit-Verlag (AOAT, 377).

24. Da Riva 2012, p. 17-19.

—. (2014), « The Neo-Babylonian Empire », dans Gehler M., Rollinger R. (dir.), *Imperien und Reiche in der Weltgeschichte. Epochenübergreifende und globalhistorische Vergleiche*, 1, Wiesbaden, Harrassowitz, p. 121-148.

Kleber K. (2008), *Tempel und Palast. Die Beziehungen zwischen dem König und dem Eanna-Tempel im spätbabylonischen Uruk*, Münster, Ugarit-Verlag (AOAT, 358).

MacGinnis J. (2010), « Mobilisation and militarisation in the Neo-Babylonian Empire », dans Vidal 2010, p. 153-164.

Maïla-Afeiche A.-M. (2009), « Le site de Nahr el-Kalb », dans Maïla-Afeiche 2009, p. 11-73.

Maïla-Afeiche A.-M. (dir.) (2009), *Le site du Nahr el-Kalb*, Beyrouth, Ministère de la culture (Baal Hors-série, 5).

Schaudig H.-P. (2001), *Die Inschriften Nabonids von Babylon und Kyros' des Großen samt den in ihrem Umfeld entstandenen Tendenzschriften. Textausgabe und Grammatik*, Münster, Ugarit-Verlag.

Vanderhooft D. S. (1999), *The Neo-Babylonian Empire and Babylon in the Latter Prophets*, Atlanta, Scholars Press (Harvard Semitic Monographs, 59).

Vidal J. (dir.) (2010), *Studies on War in the Ancient Near East. Collected Essays on Military History*, Münster, Ugarit-Verlag (AOAT, 372).

Weissbach F. H. (1906), *Die Inschriften Nebukadnezars II im Wâdi Brîsa und am Nahr el-Kelb*, Leipzig, J. C. Hinrichs (WVDOG, 5).

Zadok R. (1985), *Répertoire géographique des textes cunéiformes*, VIII. *Geographical Names According to New and Late Babylonian Texts*, Wiesbaden, Ludwig Reichert Verlag (Beihefte zum Tübinger Atlas des Vorderen Orients, B/7).

Jordi Vidal

Military conscription in Ugarit[1]

Ugarit has been sometimes described as almost a type of demilitarised kingdom, mainly interested in economy and trade.[2] However, the kingdom of Ugarit was involved in defensive wars (e.g. against the attacks of the sea peoples),[3] border skirmishes (e.g. conflicts with the southern kingdom of Siyannu, and with the kingdoms of Mukish, Nuhhasse and Niya),[4] internal conflicts (e.g. against the Umman-Manda bands),[5] international military alliances (e.g. the battle of Qadesh, in a Hittite coalition against the Assyrians, after the battle of Nihriya),[6] etc., during the Late Bronze Age. This inevitably means that Ugarit knew and suffered the consequences of war at first-hand.

The aim of this article is to analyse one of these consequences of war, that is, military conscription in Ugaritian villages as documented in the texts from Ras Shamra and Ras Ibn Hani.[7] As it is well known, most of the armies in antiquity were not professional but consisted of men temporarily recruited for each military campaign. Professional soldiers were a true minority within the army. Therefore, the study of military recruitment means the study of the creation of the great bulk of the army.

On the other hand, recruitment was not only a military matter, since it had consequences beyond the borders of the military sphere. Recruitment affected the economy of groups due to the temporary or definitive loss of young men at their best age for work. Of course, recruitment also had social and emotional consequences for the families who lost one or more of their members. Unfortunately, we cannot study these economic and social consequences of recruitment on the families and villages in Ugarit since the available texts do not provide specific information on such matters. This is why the present paper only deals with the following points: 1/ the geography of military conscription in the Ugaritian rural landscape 2/ the size of recruitment 3/ the militia on campaign.

1. This paper has been produced in the context of the research project HAR2011-23572 (Ministerio de Economía y Competitividad). I sincerely thank Philippe Abrahami for his kind invitation to participate in the *2e Rencontre d'Histoire militaire du Proche-Orient ancien (Lyon 18 octobre 2013).* I am very grateful to Ester Blay and Wilfred G.E. Watson for their help in writing this paper. Of course, any mistakes are my own.
2. See, for example, Liverani 1962, p. 158; 1979, p. 1311; Nougayrol 1963, p. 111; Del Olmo 2002, p. 256.
3. See recently Vidal 2013, with bibliography.
4. See, among others, Malbran-Labat 2003.
5. RS 17.286 (PRU 4, 180).
6. See Vidal, in press, with bibliography.
7. Vidal 2005b offered a previous approach on this very topic. However, publication of new texts allows us to complete that former study.

The geography of military conscription in the rural landscape

Geographical analysis of conscription in Ugarit is based on the study of three Ugaritic tablets: RS 19.256 (KTU 4.683), RIH 83/7+ (KTU 4.777) and RS Varia 38 (KTU 4.784).[8] These tablets were found in the Royal Palace of Ugarit (RS 19.256 = KTU 4.683) and in the Royal Palace of Ras Ibn Hani (RIH 83/7+ = KTU 4.777).[9] Three texts register the number of men provided by several Ugaritian villages for the creation of the militia, for which Ugaritic term is *ḫrd*.[10]

These texts are very laconic and always follow the same pattern: 1/ heading of the document: *spr ḫrd* ("list of the militia"); 2/ name of the village; 3/ number of men provided by the village for the militia. There is a slight variation in RIH 83/7+ (KTU 4.777), as it also includes the verb */l-ʾ-k/* ("to send").

The geographical spread of the villages named in the texts is as follows (see **map 4**):[11]

Southwest district: Appu, Pidu, Ġubelu, Mulukku, Aru, Atallig, Gibaʿla
Southeast district: Ullamu, Maʿrabā, Muʿaru, Araniya, Šaʿartu
Central district: Uburʿā, Uškānu, ʿĒnu-qapʾat, Šubbanu, Raqdu, Šurašu
East I district: Baqʿatu, Ḫalbu-rapši, Šaḥaqu, Ḫalbu-ʿapurīma
East II district: Biʾru, Uḫnappu
Lower Mountainous district: Šuqalu, Muʿaru, Baṣiru, Yēnā, Ḫalbā(yu)
Northwest district: —
Northeast district: —[12]

This scenario is quite significant. It shows that most villages providing men were located around the capital and in the Gabla plain (Central and Southwest districts). However, the number of villages providing men for the militia decreases as we move

8. See McGeough 2011, p. 422f., 578f., 593f. and the appendix for the transliteration and translation of these three texts.
9. RS Varia 38 (KTU 4.784) was found during a clandestine excavation, so we do not know its findspot (Bordreuil, Pardee 1993, p. 53).
10. The term *ḫrd* in Ugarit alludes to a partial or general recruitment affecting villagers of the kingdom (Vita 1995, p. 143; 1999, p. 493; Vidal 2005b). However, other scholars consider that *ḫrd* also included the recruitment of professional groups from the city of Ugarit (Heltzer 1979; 1982, p. 105ff.; Márquez Rowe 1997-1998, p. 374ff.; Watson 2003, p. 138). The idea that the *ḫrd*-militia concerned professional groups as well as villagers has been based specifically on one text: RS 15.103 (KTU 4.179). This text consists of a list of professions each followed by a number. The list closes with the expression "total of *ḫrd*: one hundred and forty-two". This has led to the conclusion that the professions mentioned were responsible for providing the individuals who would compose the *ḫrd*-militia. However, as Vita has pointed out, the expression "total of *ḫrd*" does not really refer to that set of professions. The reasoning is as follows. In the first place, the total figure assigned to the *ḫrd* (i.e. 142) does not coincide with the sum of the figures that correspond to the various professions (152). In the second place, it makes no sense to include professional members of the army (*mryn, mḏrġl*) in a military recruitment. Thus, the text most likely refers to independent categories, and the term *ḫrd* would not refer to those professions but would simply correspond to the village militia. A third point might be added: the texts that explicitly refer to the formation of the *ḫrd* only contain references to villages, never to professional groups.
11. See Van Soldt 2005 on the geographical organization of the kingdom of Ugarit.
12. We have not included the villages of Ḫmrn, Galīlu-tōkiya and Rakbā(yu), since we do not know their locations, even approximately (see van Soldt 2005, p. 111ff.).

away from those areas. Finally, there was no recruitment from northern mountainous regions (Northwest and Northeast districts).[13] There are two reasons for this situation:

1/ The largest villages were located around the capital and in the Gabla plain, since these areas are the richest in terms of an agriculture.[14] Moreover, due to their geographical setting, these villages also participated in international trade, as shown by the archaeological finds in Tell Tweini[15] and several references in texts.[16] Finally, these areas had very good communications with the capital, without natural barriers to prevent the movement of people and goods.

2/ Mountain villages were smaller,[17] with an economy based mainly on animal husbandry.[18] Therefore, their contribution to the militia was necessarily lower, since they had fewer inhabitants than the villages previously mentioned. Moreover, the distance to the capital and natural barriers limited their contribution to the movement of people across the territory.

Size of recruitment

The main source for studying the size of military enrolments is the text RIH 83/7+ (KTU 4.777), since it is the most complete register of recruits. This text records a general recruitment, since the villages mentioned were spread over much of the territory.[19] The text registers a total of 955+ men for the militia, coming from ten villages and one district. Unfortunately, we do not know the exact numbers originally recorded, since only part of the tablet has been preserved. In any case, it is almost impossible that the total number recorded in the whole tablet would have been much higher than 1,000 men. This is so because a new study on this subject based on a recently published text[20] points out that the total amount of people living in the 200 known Ugaritian villages was around 11,000-14,000 people.[21] Of course, only half of these inhabitants were men, and within this group, at least half were children and old men. This means that there were about 2,000-3,000 potentially recruitable men. Therefore, bearing demography in mind, we can consider the maximum size of a general recruitment in the Ugaritian landscape to be 2,000-3,000 men. That is, twice or three times as much as the number recorded in RIH 83/7+ (KTU 4.777).

To this number we must add men recruited in the actual city of Ugarit and the officials of the army. Therefore, the maximum size of the Ugaritian army (including

13. However, Ġuru ("[district of the] mountain") is attested in RIH 83/7+ (KTU 4.777): 12. It may refer to a number of small villages located in the mountainous areas in the Northwest and Northeast districts, not listed by name but as a group, probably due to their smaller size (van Soldt 2005, p. 140f.; Vidal 2005b, p. 664).
14. Vidal 2005a, p. 32.
15. Vansteenhuyse 2008.
16. Vidal 2005a, p. 108f.
17. See Van Soldt 2005, p. 116ff.;Vidal 2005a, p. 27ff. on the size of Ugaritian villages.
18. Vidal 2005a, p. 32.
19. For a record of a regional recruitment, see RS 19.256 (KTU 4.683).
20. RS 94.2411 (RSOu 18, 1).
21. Vidal 2014.

villagers, citizens of Ugarit and officials) could be around 4,000 men. This is a modest number, very far for example from the great armies recruited by the most important kingdoms of the Ancient Near East in the second millennium BCE.[22] Thus, for instance, a letter from Shemshara mentions an army of 60,000 men, led by Ishme-Dagan, besieging Nurrugum.[23] A Mari letter describes the sending of an army of 30,000 men by Zimri-Lim to Hammurabi of Babylon.[24] Another Mari letter,[25] from Halu-rabi to Meptum, describes a Babylonian army of 20,000 men, led by three Babylonian officials. One last example from later on. The Amarna letter EA 170, a letter sent to Aziru of Amurru by two of his subjects, mentions the existence of a Hittite army in Syria of 90,000 men led by a Hittite official named Zitana. Of course, all of these figures may be exaggerated, but, in any case the armies of the kingdoms of Upper Mesopotamia and Babylon and of the Hittite empire were much bigger than the Ugaritian army.

At any rate, a general recruitment such as the one documented in RIH 83/7+ (KTU 4.777) was probably unusual and limited to certain situations which required an extra military force. Recruitment was more often regional, as in RS 19.256 (KTU 4.683), which was limited to one district including the main villages, and provided enough men to address most military needs in Ugarit.

The ḫrd-militia on campaign

Until 2012, only one non-administrative text was known clearly mentioning the *ḫrd*-militia in a campaign. This text was the letter RS 19.011 (KTU 2.61), a tablet found in the Southern Palace of Ugarit in 1955. It is a letter by an unknown sender to a certain *ġrdn*, a man with a Hurrian name not mentioned in any other Ugaritic text.[26] The message recorded in the letter describes the destruction of an Ugaritian village and its agricultural resources by an enemy army which had previously defeated the *ḫrd*-militia. There is no specific information to date this military conflict, but it is usually linked to the final years of the kingdom of Ugarit and the seaborne attacks by the sea peoples in 1200 BCE:[27]

l . ġrdn	To ġrdn,
bʿly . rgm	my lord, say:
bn . ḫrnk	*bn ḫrnk*
mġy .	came (here).
hbṭ . hw	He defeated
ḫrd . w. šl hw	the *ḫrd*-militia and he pillaged

22. See Abrahami 1992 on the size of the armies according to the Mari texts, and Vita 2003 for a general study on the size of Syrian armies in the 2nd mill. BCE.
23. She 1 64.
24. ARM 2 67 (LAPO 17 575).
25. A.19 (LAPO 17 608).
26. Del Olmo Lete, Sanmartín, p. 325.
27. Astour 1965, p. 258; Cunchillos, Vita 1993, p. 243; Singer 1999, p. 726; Freu 2006, p. 239.

qrt	the town,
akln . b . grnt	he even burned our grain on the threshing-floors.
l . bʿr	
ap . krmm	Moreover, he destroyed the vineyards.
ḫlq	
qrtn . ḫlq⌜t⌝	Our town is destroyed
w . dʿ . dʿ	and you must know it.

A newly discovered letter, RS 94.5015 (RSOu 18 58), found in the house of Urtenu in 1994 and published in 2012 by Dennis Pardee and Pierre Bordreuil, adds some fresh information on the *ḫrd*-militia on campaign.[28] It is a letter from the king of Ugarit to the Hittite king, preserved in a fragmentary state. The letter is probably the Ugaritic version of an Akkadian text sent to Hattušas. Unfortunately, the names of the king of Ugarit and the king of Hatti are not preserved, making the dating of the letter very difficult. However, the military matters in Ugarit and Hatti described by the text may refer to the crisis of ca. 1200 BCE, a period attested by several tablets in the Urtenu archive.[29]

It is difficult to establish the general meaning of the information contained in the letter due to its fragmentary condition. In any case, it provides new evidence concerning the *ḫrd*-militia in Ugarit, which is repeatedly mentioned in the text (lines 7, 12, 15, 20′, 32′). We can summarise the information concerning the *ḫrd*-militia provided by RS 94.5015 (RSOu 18 58) as follows: 1/ On campaign, the *ḫrd*-militia was accompanied by donkeys (*ḥmr*, mentioned in lines 6 and 20′). Their function was probably to carry (part of) the equipment of the troops, provisions for the campaign, etc.; 2/ part of the *ḫrd*-militia was acting as auxiliary troops in Hittite territory, specifically in Anza(hu), fulfilling Ugaritian military obligations to the Hittite empire;[30] 3/ according to the king of Ugarit, the *ḫrd*-militia had to come to the country in order to protect (/*n*-ġ-*r*/) two threatened Ugaritian towns: Aru and a village with an unknown name (Mulukku?);[31] 4/ both towns were endangered by ʿāpiru troops led by Aritet̲t̲ub, probably the king of Siyannu-Ušnatu attested in other Ugaritic texts.[32] The military threat referred to in RS 94.5015 (RSOu 18 58) affected the territory South of Ugarit, more specifically, the border region with Siyannu-Ušnatu, a kingdom with which Ugarit experienced several conflicts in the Late Bronze Age.[33]

28. See Vidal 2013b for a previous study of this text.
29. Calvet 2000.
30. See Vidal in press, on the military obligations of Ugarit towards the Hittite empire.
31. This is due to a gap at the end of line 16. It is possible to suggest a reconstruction of the name of the unknown village using epigraphic, geographical and historical data. Probably it was Mulukku, a village located near Aru. This proposal is based on three main facts: 1/ Mulukku is by far the town more frequently connected with Aru in administrative texts; 2/ the name of Mulukku, written *mlk* in alphabetic script, fits perfectly in the lacuna in line 16; and 3/ both Aru and Mulukku were located in the Southwest district of the kingdom of Ugarit.
32. RS 17.083 (PRU 4 216), RS 17.143 (PRU 4 217), RS 19.81 (PRU 4 291). Aritet̲t̲ub was a contemporary of Tudhaliya IV (ca. 1240-1215 BCE).
33. Singer 1999, p. 662ff.; Malbran-Labat 2003; Freu 2006, p. 103ff.

To conclude we may summarise the results of our research on military recruitment in Ugarit in the form of three main points:

- Most of the Ugaritian *ḫrd*-militia came from the largest villages of the kingdom, located around Ugarit and in the Gabla plain. Their easy communications with the capital and their demographic power explain why the palace of Ugarit appealed to these villages for creating the militia.
- Largest recruitment in Ugaritic texts was around 1,000 men (RIH 83/7+ = KTU 4.777). This number was nearly half of the maximum number of the men that could be recruited in Ugaritian villages, according to our estimates for the rural demography of Ugarit.
- The Ugaritian militia was actively involved in the military conflicts of the 1200 BCE crisis, both in the Ugaritian kingdom (RS 19.011 = KTU 2.61) and in Hittite territory (RS 94.5015 = RSOu 18 58). As a result, the obligation to provide military assistance to the Hittites weakened the capacity of Ugarit to defend itself from the attacks that were taking place within its own kingdom, as is clearly attested by the plea of the Ugaritian ruler to the Hittite king, asking for the return of his troops (plea recorded in RS 94.5015).

Jordi Vidal
Universitat Autònoma de Barcelona

Appendix: Conscription texts

RS 19.256 (KTU 4.683). This text was found in a dump area of the Royal Palace in 1955 and was first published by Virolleaud (PRU 5 42).

spr . ḫrd . a⸢rr⸣	List of the *ḫrd*-militia (of the district) of *Arr*:
ap arbʿ⸢m⸣	Appu: forty
pd [ḫm]⸢š⸣m kb[d]	Piddu: fifty
ġb⸢l⸣[...] kb⸢d⸣	Ġubelu: ?
m⸢l⸣[k ...] kbd	Mulukku: ?
a⸢r⸣[...] kbd	Aru$^{?}$: ?
a[tlg ...]⸢k⸣b[d]	Atallig$^{?}$: ?
[...]	
[...]	
[... kb]⸢d⸣	
x[... k]⸢b⸣d	
š[...kb]⸢d⸣	Šaʿartu$^{?}$: ?
ḫ⸢l⸣[...]	Ḫalbu-rapši$^{?}$: ?
a⸢r⸣[...]	Araniya$^{?}$: ?
mʿr[...]	Muʿaru: ?
⸢b⸣qʿt . [...]	Baqʿatu: ?

šḫq . š[bᶜ ...]	Šaḫaqu: seven[?]
rkby . ar[bᶜ ...]	Rakbā(yu): four[?1]
bir . ṯ⌜l⌝[ṯm...]	Biʾru: thirty[?2]
ᶜnqpat [...]	ᶜĒnu-qapʾat: ?
mx[...]	M[...]
p[...]	P[...]
⌜r⌝[...]	Raqdu[?]: ?
⌜š⌝[...]	Šubbanu[?]: ?
[...]	
[...]	
[...]	
[...]	
[...]	
ḫmrn . ᶜ⌜š⌝[r ...]	Ḫmrn: ten[?]
gll . tky . ṯlṯ . [...]	Galīlu-tōkiya: three+[?]

1. In the instances of Šaḫaqu and Rakbā(yu) the figures of 'seventy' (š[bᶜm ...]) and 'forty' (ar[bᶜm ...]) respectively are theoretically possible. However, accepting these figures would imply attributing both settlements a greater or similar size to that of a large village such as Pidu, which is not plausible if we take into account the fact that Šaḫaqu and Rakbā(yu) are rarely mentioned in the texts (see van Soldt 2005, p. 41f.). Other figures are also possible.
2. The figure 'three' (ṯ⌜l⌝[ṯ]) is also possible. However, taking into account the similar size of the villages Biʾru and Appu (van Soldt 2005, p. 123ff.; Vidal 2005a, p. 30), it is more plausible to suggest the figure of thirty for Biʾru, closer to the forty men provided by Appu. Other figures are also possible.

RIH 83/7+ (KTU 4.777). The text was found in the North Palace of Ras Ibn Hani in 1983 and was first published by Bordreuil.[34]

spr ḫr[d]	List of the *ḫrd*-militia:
ubrᶜy [. ṯm]nym . šbᶜ . kbd l[ik]	Uburᶜā has sent eighty-seven,
ar . mit lik	Aru has sent one hundred,
bqᶜt . ᶜšrm	Baqᶜatu twenty,
uškn . mitm . ṯlṯ . ᶜšrh . kbd . lik	Uškānu has sent two hundred and thirteen,
rqd . šbᶜ . l ṯlṯm . lik	Raqdu has sent thirty-seven,
uḫnp . tš⌜ᶜ⌝	Uḫnappu nine,
šrš . ḫmš [.] ᶜšrh . lik	Šurašu has sent fifteen,
⌜m⌝ᶜrby . ṯ⌜n⌝ l arbᶜm . lik	Maᶜrabā has sent forty-two,
[...]tšᶜ . kbd	[...]nine,
rev.	
bṣr . ṯ⌜l⌝[ṯ ...]	Baṣiru: three[...].
tgmr . ḫ⌜rd⌝ . ġr	Total of the *ḫrd*-militia (of the district of) Ġuru:
arbᶜ . mat . ᶜšrm kbd	four hundred and twenty.

34. Bordreuil *et al.* 1984.

RS Varia 38 (= KTU 4.784). Text of unknown origin. It was first published by Bordreuil and Pardee:[35]

spr ḫrd	List of the *ḫrd*-militia:
ap . 10 érin.meš[3]	Appu: 10 men
pd . 20 .	Pidu: 20
[m]lk . 45	Mulukku: 45
[a]tlg 10+x	Atallig: 10+
[ar] . 56 .	Aru: 56
[gbˁ]ly 20?	Gibaˁlā: 20?
[ul]m 20	Ullamu: 20
[mˁr]⸢b⸣y 12?	Maˁrabā: 12?
[...] 5	?: 5
[uškn?][4] 1 *me-at*	Uškānu?: 100
[rqd?][5] . 45	Raqdu?: 45
[...]	
rev.	
[...] x	
[...] x	
[...]x x+5?	?: 5+?
⸢š⸣ql [...]	Šuqalu: ?
yny x[...]	Yēnā: ?
ḫlb rp⸢š⸣ [...]	Ḫalbu-rapši: ?
[...]	
[ḫlb ˁ]⸢p⸣rm 1?	Ḫalbu-ˁapurīma: 1?
[...]⸢y⸣ x	
[ḫ]⸢l⸣by 2	Ḫalbā(yu): 2
[...]⸢l⸣y 1	?: 1
[...] 2	?: 2

3. Van Soldt 1995, p. 485. KTU2 reads '1 m⸢a⸣[t(?)]' but now KTU3 adopts van Soldt's proposal, while Bordreuil and Pardee read '45' (Bordreuil, Pardee 1993, p. 53). The figure put forward by van Soldt seems the most coherent, at least in view of the context suggested by RS 19.256 (KTU 4.683): 2, where Appu had fewer conscripts than Pidu.
4. Line 11 contains a larger number of conscripts. For this reason it is plausible to suggest that the figure corresponds to Uškānu, the largest settlement in the kingdom of Ugarit (van Soldt 2005, p. 123; Vidal 2005a, p. 29, 36) and the one that provided more men for the RIH 83/7+ (KTU 4.777) recruitment.
5. If our proposal for line 11 is correct, then it makes the most sense to suppose that Raqdu originally appeared in line 12. In the RIH 83/7+ (KTU 4.777) recruitment from Raqdu also appears after Uškānu, with the same number provided by Mulukku, namely 45, both settlements of practically the same size (van Soldt 2005, p. 124; Vidal 2005a, p. 29ff.).

35. Bordreuil, Pardee 1991-1992.

Bibliography

Abrahami P. (1992), "La circulation militaire dans les textes de Mari : la question des effectifs", in Charpin D., Joannès F. (dir.), *La circulation des biens, des personnes et des idées dans le Proche-Orient ancien. Actes de la 38e Rencontre d'assyriologique internationale*, Paris, p. 157-166.

Astour M. C. (1965), "New evidence on the last days of Ugarit", *American Journal of Archaeology*, 69, p. 253-258.

Bordreuil P., Lagarce J., Lagarce É., Bounni A., Saliby N. (1984), "Les découvertes archéologiques et épigraphiques de Ras Ibn Hani (Syrie) en 1983 : un lot d'archives administratives", *CRAI*, 128/2, p. 398-438.

Bordreuil P., Pardee D. (1991-1992), "Textes ougaritiques oubliés et 'transfuges'", *Semitica*, 41-42, p. 23-58.

Calvet Y. (2000), "The house of Urtenu", *Near Eastern Archaeology*, 63, p. 210-211.

Cunchillos J. L., Vita J. P. (1993), "Crónica de la destrucción de una ciudad del reino de Ugarit (TU 00-2.61)", *Sefarad*, 53, p. 243-247.

Del Olmo Lete G. (2002), "Glosas ugaríticas II ¿Se organizaba el ejército de Ugarit en 'cinco' cuerpos?", *Aula Orientalis*, 20, p. 252-256.

Del Olmo Lete G., Sanmartín J. (2003), *A Dictionary of the Ugaritic Language in the Alphabetic Tradition*, t. 1. *['(a/i/u)-k]*, t. 2. *[l-z]*, Leyde Boston, Brill (Handbuch der Orientalistik, 67).

Freu J. (2006), *Histoire politique du royaume d'Ugarit*, Paris, L'Harmattan.

González Blanco A., Vita J. P., Zamora J. A. (dir.) (2003), *De la tablilla a la Inteligencia Artificial. Homenaje al Prof. Jesús-Luis Cunchillos en su 65 aniversario*. Zaragoza, Instituto de Estudios Islámicos y del Oriente Próximo, p. 67-75.

Hallo W. W., Younger K.L.J. (dir.) (2002), *The Context of Scripture*, 3. *Archival Documents from the Biblical World*, Leiden, Brill, p. 87-115.

Heltzer M. (1979), "Some problems of the military organization of Ugarit (Ugaritic ḫrd and Middle-Assyrian ḫurādu)", *Oriens Antiquus*, 18, p. 245-253.

—. (1982), *The Internal Organization of the Kingdom of Ugarit*, Wiesbaden, Reicher Verlag.

Liverani M. (1962), *Storia di Ugarit nell'età degli archivi politici*, Rome, Università di Roma, Centro di Studi semitici (Studi Semitici, 6).

—. (1979), "Ras Shamra-Ugarit : histoire", *Supplément au Dictionnaire de la Bible*, 9, Paris, Letouzey & Ané éditeurs, p. 1295-1348.

Malbran-Labat F. (2003), "Siyannu. Ušnatu et Ugarit", in González Blanco, Vita, Zamora 2003, p. 67-75.

Márquez I. (1997-1998), "Review of El ejército de Ugarit, by J. P. Vita", *Archiv für Orientforschung*, 44-45, p. 369-376.

McGeough K. M., Smith M. S. (2011), *Ugaritic Economic Tablets. Text, Translation and Notes*, Leuven, Peeters (Ancient Near Eastern Studies Supplement Series, 32).

Nougayrol J. (1963), "Guerre et paix à Ugarit", *Iraq*, 25, p. 110-123.

Pardee D. (2002), "Ugaritic letters", in Hallo 2002, p. 87-115.

Singer I. (1999), "A political history of Ugarit", in Watson, Wyatt 1999, p. 603-733.

Van Soldt W. H. (1995), "KTU 4.784: 2", *Ugarit-Forschungen*, 27, p. 485-486.

—. (2005), *The Topography of the City-State of Ugarit*, Münster, Ugarit-Verlag.

Vansteenhuyse K. (2008), "The ceramic material from Tell Tweini", in Bretschneider J., Van Lerberghe K. (dir.), *In Search of Gibala. An Archaeological and Historical Study Based on Eight Seasons of Excavations at Tell Tweini (Syria) in the A and C fields (1999-2007)*, Sabadell, Ausa, p. 103-140

Vidal J. (2005a), *Las aldeas de Ugarit según los archivos del Bronce Reciente (siglos XIV-XII a.n.e.)*, Sabadell, Ausa (Aula Orientalis Supplementa, 21).

—. (2005b), “Ugarit at War (1): the size and geographical origin of the ḫrd-militia », *Ugarit-Forschungen*, 37, p. 653-672.
—. (2013), “La destrucción de la ciudad de Ugarit”, in Vidal J., Antela B. (dir.), *Más allá de la batalla. La violencia contra la población en el mundo antiguo*, Zaragoza, Libros Pórtico, p. 27-37.
—. (2013b), “Ugarit at war (5): the ḫrd-militia in Aru and Mulukku? (RS 94.5015, KTU[3] 2.98) ”, *Ugarit-Forschungen*, 44, p. 355-359.
—. (2014), “On the demography of Ugaritian villages: a research note”, *Journal of the Economic and Social History of the Orient*, 57, p. 44-54.
—. (in press), “La participación de Ugarit en el conflicto militar asiro-hitita: La batalla de Nihriya”.
Vita J. P. (1995), *El ejército de Ugarit*, Madrid, Consejo Superior de Investigaciones Científicas.
—. (1999), “The society of Ugarit”, in Watson, Wyatt 1999, p. 455-498.
—. (2003), “Ejército y sociedad en la Siria del II milenio a.C. ”, in Alonso M. A. *et al.* (dir.), *La guerra en Oriente Próximo y Egipto: evidencias, historia y tendencias en la investigación*, Madrid, Universidad Autónoma de Madrid, p. 89-97.
Watson W. G. E. (2003), “Daily life in Ancient Ugarit (Syria) ”, in Averbeck R. E., Chavalas M. W., Weisberg D. B. (dir.), *Life and Culture in the Ancient Near East*, Bethesda, CDL Press, p. 121-152.
Watson W. G. E., Wyatt N. (dir.) (1999), *Handbook of Ugaritic Studies*, Leiden, Brill.

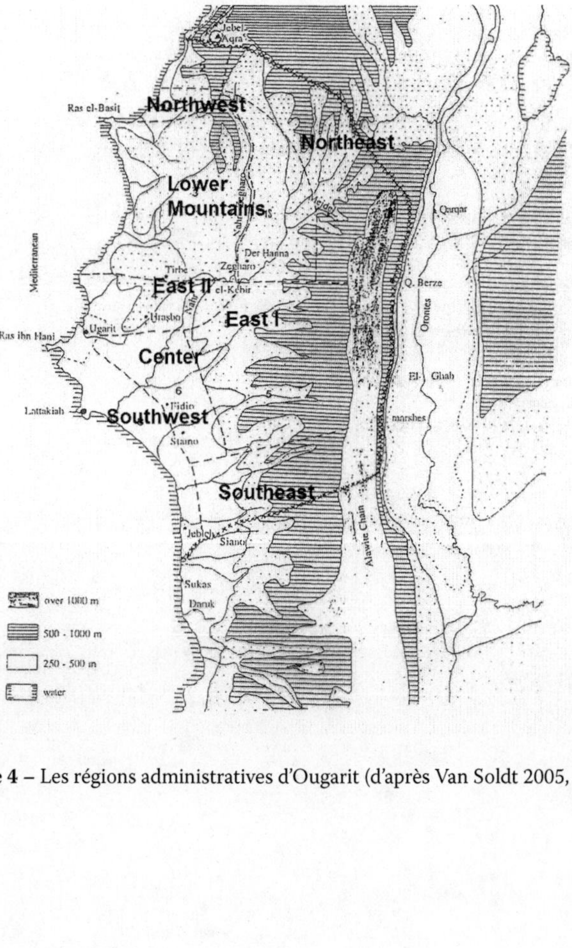

Carte 4 – Les régions administratives d'Ougarit (d'après Van Soldt 2005, p. 71).

Bruno Gombert

Recrutement et mobilisation en Babylonie du VIe au IVe siècle av. J.-C.

Entre 626[1] et 539, l'empire néo-babylonien a maintenu et étendu sa domination sur l'ensemble du Proche-Orient ancien. Ses rois ont régulièrement lancé des campagnes militaires afin d'assujettir leurs vassaux rebelles et maintenir l'unité impériale. Les chroniques babyloniennes qui enregistrent les actions royales mentionnent ces expéditions, mais ne donnent que peu de détails sur la gestion des affaires militaires. Elles signalent toutefois que les rois devaient fréquemment mobiliser ou, au moins, rassembler l'armée avant de partir en campagne[2].

En l'absence d'archives d'État, il nous est difficile d'appréhender et de comprendre pleinement le processus de ces mobilisations. En effet, la documentation d'époque néo-babylonienne est essentiellement constituée de textes juridiques et économiques dont la portée est locale et dont le centre d'intérêt principal découle généralement des activités économiques des institutions ou individus qui ont laissé des archives. Cette spécificité entraîne plusieurs difficultés. D'abord, puisque le système militaire ne constitue pas le point focal des sources qui le documentent, il doit donc être reconstitué à partir d'indices indirects. Ensuite, cette documentation économique présente une continuité sur plus d'un siècle depuis les débuts de la dynastie chaldéenne jusqu'aux révoltes babyloniennes contre Xerxès en 482 et l'interruption de la plupart des archives[3]. Dès lors, les changements institutionnels ne sont pas toujours nettement marqués dans les textes. Enfin, la société néo-babylonienne, à l'instar d'autres cultures du Proche-Orient ancien, ne différencie pas nettement les ressources matérielles et humaines. Institutionnellement, le recrutement et la fiscalité sont donc étroitement liés et les deux domaines se confondent parfois dans la documentation. Nous pouvons, par conséquent, parler de système militaro-fiscal.

À cet égard pourtant, la recherche a connu de grandes avancées ces dernières années[4] et les nouvelles données sur la taxation au sens large (hommes et ressources) fournissent un point de départ à cette étude car elles permettent de mieux comprendre

1. Les dates citées ici sont à situer avant l'ère chrétienne.
2. Les chroniques emploient le verbe *dekû* qui est généralement traduit par « lever », « mobiliser », « appeler » et « répartir des soldats », ou encore dans le domaine fiscal, « percevoir (des taxes) » (CAD D, p. 123-128).
3. Cette continuité a amené les chercheurs à parler de « Long Sixième Siècle » pour qualifier cette période. Jursa 2010, p. 4-5.
4. Jursa 2011 ; Jursa, Waerzeggers 2009 ; MacGinnis 2012 ; Waerzeggers 2010, etc.

les principes du recrutement. Il reste toutefois à reconstituer le processus de formation des armées depuis le recrutement de troupes jusqu'à leur mobilisation effective pour la guerre. C'est pourquoi, nous proposons ici d'analyser le fonctionnement de ce processus, avec une question méthodologique parallèle : une étude du recrutement et des mobilisations entre le VIe et le IVe s. peut-elle nous renseigner sur la structure de l'armée néo-babylonienne ?

Pour cela, il s'agit d'abord de s'intéresser à un des fondements du processus de constitution d'une armée : les obligations de service. Nous verrons ensuite de quelle manière la mobilisation passait par plusieurs niveaux de la hiérarchie administrative babylonienne. De là, nous pourrons appréhender la mobilisation dans sa globalité afin d'en obtenir une meilleure compréhension.

Les obligations de service

Le recrutement de troupes reposait, dans la Babylonie chaldéenne puis achéménide, sur des individus ou des groupes liés au système militaire par le biais de différentes obligations de service (civiles ou militaires). Des études récentes ont permis de déterminer sur quels secteurs de la société les autorités babyloniennes s'appuyaient pour lever des troupes[5] : les dépendants des temples, les habitants des villes, les individus ou groupes détenant un terrain concédé par la Couronne et, dans une certaine mesure, les confédérations tribales implantées en Babylonie depuis le début du premier millénaire. À travers la présentation de ces différents niveaux de recrutement, nous aborderons brièvement les problèmes liés à la nature des sources qui les documentent.

Les soldats des temples

Les temples de Babylonie avaient à leur disposition des oblats (*širkus*) dont certains, équipés d'arcs, de poignards et de lances, étaient chargés de défendre les propriétés de ces institutions (bâtiments, terres, troupeaux, travailleurs, etc.). La Couronne pouvait, sur un principe de corvée que nous avons du mal à déterminer, ponctionner certains de ces soldats afin qu'ils servent sous ses ordres.

Dans les archives de l'Eanna, des levées de troupes pour le roi sont évoquées à travers des lettres destinées à l'administration du temple d'Uruk, mais aussi dans des procédures administratives enregistrant l'assignation de soldats à un service. En TEBR 44, par exemple, 10 archers des bergers officiant d'ordinaire probablement dans les postes de guet installés le long du Tigre sont affectés à l'armée royale :

> [...] Au total 10 archers des bergers de la dame d'Uruk que Sin-iddin le *qīpu* de l'Eanna, a donné à Zer-Babili fils d'Ea-daianu, chef des escorteurs (*musahhiru*). Ils sont [tenus] à la disposition d'Ina-eši-eṭir fils de Bel-epeš, et il les

5. Jursa 2010, 2011, 2014b ; Jursa, Waerzeggers 2009 ; Waerzeggers 2010 ; MacGinnins 2010a, 2010b, 2012.

donnera au roi ; on lèvera 10 ar[chers et] leurs remplaçants et il les donnera à Nergal-ušallim, le chef des troupeaux de la Dame d'Uruk pour les postes de guet. Joannès 1980, n° 44, l. 16-24[6].

De même, quelques textes de l'Ebabbar font référence à une mobilisation de troupes du temple de Sippar pour la Couronne. Ainsi, en Nbn 1127, un contingent de 54 hommes comprenant des bergers, des laboureurs et des jardiniers, tous qualifiés d'[archers], est détaché pour « aller avec le fils du roi » (*itti mār šarri alāku*)[7]. Ce texte, dont la date est mutilée, a probablement été rédigé pendant le séjour du roi Nabonide à Temâ. Son fils Bêl-šar-uṣur gérait alors les affaires courantes de Babylonie.

La mobilisation des soldats des temples donnait lieu à la rédaction de textes enregistrant l'équipement complet (*rikis qabli*)[8] et les provisions de voyage (*ṣiditu*) distribués aux soldats. Toutefois, ces documents sont insuffisants, car l'objectif de l'expédition à laquelle ils font référence y est rarement mentionné. Les soldats ainsi équipés et approvisionnés pouvaient aussi bien être employés à des missions locales liées aux affaires du temple qu'à des campagnes conduites par la Couronne.

Si les temples répondaient aux demandes royales en termes de main-d'œuvre et de soldats en mettant à disposition leurs dépendants, les obligations de service pesaient aussi sur les individus libres liés à ces communautés.

La contribution des élites urbaines et la question du service compensé

Un autre groupe social babylonien qui nous a laissé des archives est celui des notables urbains liés aux temples par leurs activités économiques. Ces derniers furent impliqués, dans le courant de la période perse[9], dans le système de services probablement par la propriété de certains biens immobiliers ou de certaines terres agricoles[10], mais aussi par l'appartenance à un même groupe socioprofessionnel.

L'archive de Bel-remanni de Sippar datant de la fin du règne de Darius et étudiée par M. Jursa documente ce système[11] : les membres d'un groupe professionnel similaire[12] étaient rassemblés en décurie (*ešerti*)[13], une unité de taxe et de service au sein de laquelle ils pouvaient théoriquement être recrutés pour accomplir certains services.

6. pap 10 $^{\text{lú-giš}}$ban šá ^{lú}sipa-meš šá ^{d}gašan šá unug^{ki} šá ^{Id}30-mu ^{lú}*qí-i-pi* šá é-an-na ^{I}numun-tin-tir^{ki} a-[šú šá ^{Id}be]-*da-a-nu* ^{lú}gal *mu-sah-*[*hi*]*-re* [*id*]*-din-nu ina* igi ^{I}*ina*-sù[h-šur a-šú] [šá ^{Id}]en-dù-*uš i-ta-*[*zi zu-ma*] *a-na* lugal *i-nam-din ù* $^{\text{lú-giš}}$[ban *u*] *ku-tal-*šú*-nu i-de-ku-ma a-na* ^{Id}u-gur-gi ^{lú}gal *bu-ú-lu* šá ^{d}gašan šá unug^{ki} *a-na ka-da-an-nu i-nam-din.*
7. Nbn 1127 : 1 (^{lú}sipa-meš ^{lú}engar-meš *u* ^{lú}nu-kiri$_6$-meš [*šá* ^{giš}ban]). Il pouvait s'agir soit d'archers issus de ces catégories professionnelles, soit de soldats accompagnant ces travailleurs hors des enceintes urbaines dans des zones où brigandage et attaques d'animaux sauvages devaient être répandus.
8. À ma connaissance, la plus ancienne occurrence du terme *rikis qabli* dans le domaine des temples date de la 3e année de règne de Nabonide (553).
9. À l'époque néo-assyrienne, puis vraisemblablement néo-babylonienne, les habitants des villes de Babylonie bénéficiaient d'une franchise (*kidinnūtu*) qui les exemptait de taxe et d'obligation de service. Toutefois, G. Van Driel a constaté que, dans la pratique, cette exemption connaissait certaines exceptions. Selon lui, cette franchise serait devenue obsolète à l'époque perse (Van Driel 2002, p. 299).
10. Jursa 2011, p. 437-441.
11. Jursa 1999.
12. Dans le cas de Bel-remanni, il s'agissait essentiellement de prêtres de l'Ebabbar de Sippar.
13. CAD E, p. 365.

Les membres de la décurie de Bel-remanni étaient soumis au service-*ilku*[14] ou, plus généralement, au service d'arc (*qaštu*).

Dans la pratique, les membres de ces décuries pouvaient louer un substitut afin qu'il accomplisse le service à leur place[15]. Au sein de la notabilité urbaine, la pratique du service compensé semble avoir été assez courante. Un dossier de textes illustre son fonctionnement[16] : entre la 4e année de Nabonide jusqu'à la 2e année de Cyrus, Itti-Šamaš-balaṭu, entrepreneur de Larsa, et ses fils ont entretenu des relations économiques régulières avec une famille de militaires professionnels qui accomplissait le service à leur place. Aussi, Amurru-ibni puis son fils Amurru-šarru-uṣur ont à plusieurs reprises reçu de la part de leurs « employeurs » des provisions de voyage (*ṣiditu*)[17], de l'équipement (*rikis qabli*)[18] et des sommes d'argent[19] qualifiées de paiements-*ilku*[20] à partir de la fin du règne de Nabonide. Ces soldats sont qualifiés de remplaçants (*kutallūtu*)[21] puis d'hommes du roi (*ṣab šarri*)[22] à partir de la période perse.

Entre les débuts de la dynastie chaldéenne et la fin de la période perse, la pratique du service compensé semble s'être peu à peu généralisée parmi les élites urbaines, au point de poser aux chercheurs des problèmes méthodologiques. Certaines obligations de service auraient pu connaître une mutation progressive, peut-être accélérée ponctuellement par des réformes royales[23], vers un système de taxes ayant pour fonction de financer le système militaire[24]. Dès lors, beaucoup des textes des archives privées où est employée une terminologie évoquant le système militaire sont des quittances enregistrant les paiements de taxes servant au fonctionnement de l'armée. Il en résulte que l'utilisation de tels documents peut s'avérer ambiguë et l'on doit se demander, pour chaque texte, quelle partie du système militaro-fiscal il représente. Le même problème méthodologique lié à l'interprétation des sources se pose pour les terres de service.

Le système de « terre de service »

Les archives de la famille Murašu sont particulièrement célèbres dans la documentation de la Babylonie tardive[25]. À la fin du ve s., ces entrepreneurs de Nippur jouaient, entre autres, un rôle d'intermédiaire entre les rois perses et les individus

14. Le mot *ilku* est formé à partir de la racine ʾLK signifiant « aller » (CAD I, p. 80). Il semblerait que le terme désigne l'ensemble des obligations, taxes et services dus par un individu. Voir Van Driel 2002, p. 228, 254-256 pour les références bibliographiques antérieures.
15. Voir par exemple le texte Jursa 1999, p. 219 (BM 42444).
16. Jursa 2010, p. 651. Je remercie cordialement F. Joannès pour m'avoir communiqué les transcriptions des textes du dossier cités ci-dessous.
17. BM 103470.
18. BM 103537, BM 103706, BM 103608+.
19. BM 103470, BM 103537, BM 103608+, BM 103524, NCBT 985.
20. BM 103648.
21. BM 103706, BM 103557.
22. BM 103548, BM 103524, NCBT 985.
23. Hérodote mentionne une réforme du système fiscal sous Darius (*Histoires* III, 89). Les sources babyloniennes témoignent au moins d'une tentative de rationalisation du système fiscal à cette époque (Briant 1996, p. 402-406 ; Jursa 2011).
24. Cf. *infra* § « Armée professionnelle et armée de conscrits »
25. Les archives des Murašu sont particulièrement importantes pour la fin de l'époque perse. Elles constituent, en effet, la principale source babylonienne d'information pour la période suivant la révolte

ou groupes détenant une terre de service. Depuis les débuts de l'époque néo-babylonienne, la Couronne accordait, essentiellement à des non-Babyloniens, l'usufruit de terres généralement qualifiées de *bīt qašti* (domaine d'arc), *bīt sisî* (domaine de cheval) ou *bīt narkabti* (domaine de char), en échange d'une redevance et/ou d'un service. La famille Murašu avançait à ces « tenanciers » les redevances dues, ce qui donnait lieu à la rédaction de reconnaissances de dette. Ainsi, de nombreux documents de ce type enregistrent le paiement de taxes dont la terminologie évoque le système militaire, du fait du glissement sémantique évoqué plus haut[26]. Par exemple, dans les archives des Murašu, l'expression *ṣab šarri* fait presque exclusivement référence à une taxe. Néanmoins, un dossier de textes appartenant à ces archives fait référence à une mobilisation : 6 textes[27] rédigés au mois de *ṭebētu* de l'an 2 de Darius II (422) montrent que ces terres étaient toujours utilisées, même à une époque tardive, pour lever des soldats. Il s'agit de reconnaissances de dettes par lesquelles Remut-Ninurta avance à plusieurs individus, rattachés à différentes terres de service, l'équivalent en dattes des frais nécessaires à l'achat d'équipement pour se rendre à Uruk en vertu d'un ordre royal. Le texte le plus fameux du dossier est UCP 9/3 269, qui concerne la mobilisation et l'armement d'un cavalier lourd d'origine judéenne.

Ce système de terres de service remonte aux débuts de l'époque néo-babylonienne et est ancré dans une pratique mésopotamienne traditionnelle[28] consistant à intégrer des populations de différentes origines ethniques en les insérant dans le système de services[29].

Aux marges de la documentation : les confédérations tribales

Le texte CT 22 74 est une lettre d'époque perse[30] rédigée par Guzanu, probablement le gouverneur de Babylone[31], et adressée à Širku, soit Marduk-naṣir-apli de la famille Egibi[32]. Elle évoque un conflit entre l'émetteur de la lettre et le chef de la forteresse (*rab birti*) à propos de levées de troupes dans le contexte d'une mobilisation d'une certaine ampleur. À la fin du texte, Guzanu précise que des soldats du Bīt-Dakkuri étaient alors à Babylone. Le Bīt-Dakkuri était, selon les sources d'époque néo-assyrienne[33], le territoire d'une des confédérations chaldéennes implantées au sud de la Babylonie.

L'inscription de l'Etemenanki[34] qui commémore la restauration de la ziggourat de Babylone par Nabuchodonosor II pourrait confirmer que les confédérations tribales, à l'instar de celle du Bīt-Dakkuri, devaient fournir des troupes à la Couronne. Ce document officiel, servant à promouvoir l'œuvre du pouvoir royal, enregistre les

contre Xerxès et la fin des archives des temples et des grandes familles babyloniennes. Voir Jursa 2005, p. 113-114 pour la bibliographie.

26. *ilku*, *ṣab šarri*, etc.
27. UCP 9/3 269, BE 10 61, PBS 2/1 162, PBS 2/1 54, PBS 2/1 194, BE 10 62.
28. Van Driel 2002, p. 297.
29. Jursa, Waerzeggers 2009, p. 239.
30. Tolini 2011, p. 429 date ce texte de la 26e année de Darius II (496-495).
31. Abraham 2004, p. 46-50.
32. Le chef de la famille Egibi apparaît régulièrement sous le surnom de Širku dans ses archives (Abraham 2004, p. 13, 17).
33. Brinkman 1984, p. 176.
34. Da Riva 2013, p. 213.

villes et les régions qui ont contribué à ce grand chantier public en fournissant des travailleurs. Théoriquement, les mobilisations de main-d'œuvre pour les travaux civils ont pu fonctionner de la même manière que les mobilisations de soldats, à la différence près que les compétences des individus levés variaient[35]. Or, l'inscription de l'Etemenanki mentionne les groupes tribaux de Puqūdu, du Bīt-Dakkūri, du Bīt-Amukāni et de Birātu comme contributeurs en main-d'œuvre pour ce chantier.

En sus des confédérations tribales, d'autres groupes étaient probablement sujets à diverses obligations de services, mais, situés aux marges des points focaux de notre documentation, ils sont peu ou pas documentés[36].

Ce rapide aperçu des fondements du recrutement nous permet d'affirmer qu'une importante part de la société pouvait théoriquement être mobilisée tant par le roi que par d'autres autorités à des échelles variables.

Du recrutement à la mobilisation : un processus multiscalaire

Il est possible de reconstituer la diffusion théorique de l'ordre de mobilisation : le roi et ses hauts officiers mobilisaient des troupes en s'appuyant sur les administrations locales, qui levaient à leur tour des soldats, selon les principes énoncés ci-dessus, par le truchement d'officiers responsables du recrutement. La documentation témoigne donc de trois échelons distincts dans le processus de mobilisations : les officiers chargés du recrutement à un bas niveau de l'organisation militaire, les autorités locales à l'échelle de la métropole (temples et institutions urbaines) et l'administration royale.

Des individus impliqués dans les activités de recrutement

Kleber 2008, n° 6, un texte administratif de l'Eanna datant de la 36ᵉ année de Nabuchodonosor II (569), nous renseigne sur la présence d'individus chargés de faire le lien entre le système de mobilisation de troupes et les individus soumis au service. Ce document consigne qu'un certain Ibni-Ištar fils de Marduk-ah-[...] accomplit effectivement son service-*ilku* auprès de l'Eanna et certifie, dès lors, qu'il ne pourra plus être recruté ni par le *rab ešerti* (décurion) ni par le *rab hanšê* (chef des 50[37])[38]. Chacun, à un niveau différent de la base de l'organisation militaro-fiscale, était responsable de la levée des personnes soumises au service et de la perception des taxes qui incombaient à ces derniers.

35. Il faut aussi garder à l'esprit que la mobilisation de l'armée devait concerner, en plus des soldats, une grande part de non-combattants.
36. En plus des notables urbains possédant des terres dans l'espace rural, quelques rares sources témoignent de la participation des communautés villageoises au système d'obligation de service et d'obligation fiscale. Cf. *infra* « Des individus impliqués dans le système de recrutement ».
37. CAD H, p. 81.
38. Littéralement, « le *rab hanšê* (chef des 50) et le *rab ešerti* (décurion) n'entreront pas dans sa maison », (8) [^{lú}ga]l 50-*e u* ^{lú}gal-10-*ti* (9) [*a-na*] é-*šu ul ir-ru-ub*.

Le rôle du *rab hanšê* est précisé par un petit dossier d'époque néo-babylonienne. Un certain Zer-ukin fils de Pir'u, *rab hanšê* de Nippur, était chargé d'assurer la disponibilité des troupes qu'il avait à recruter, lorsque les autorités dont il dépendait le sollicitaient. À plusieurs reprises, Zer-ukin se vit promettre par des individus habitant vraisemblablement les villages environnants qu'ils effectueraient effectivement le service à une certaine date[39]. S'ils ne peuvent remplir alors le service, les contrats stipulent qu'ils devront fournir une somme d'argent compensatoire. M. Jursa voit dans ce système un indice du développement du service compensé[40].

À un échelon inférieur[41], le *rab ešerti* avait vraisemblablement des fonctions similaires. À cet égard, le texte de l'Eanna d'Uruk YOS 6 151 rédigé en l'an 10 de Nabonide est particulièrement explicite :

> [Sept individus] (sont) les *rab ešerti*s qui lèveront (*dekû*) 70 archers des bergers de la Dame d'Uruk sur les rives du fleuve. Avant le 12e jour du mois d'Abu (v), ils lèveront ces 70 archers et les donneront devant le fleuve à Zer-kitti-lešir fils de Nergal-ušallim le chef des archers. Celui qui n'apportera pas son archer au poste de guet avant le 20e jour et n'accomplit pas le service de garde du roi, commettra un délit contre le roi. YOS 6 151, l. 1-14[42].

Il apparaît clairement ici que le *rab ešerti* devait répondre aux ordres de mobilisation, en mettant à disposition de l'autorité qui en faisait la demande les hommes de son *ešerti*. Parmi les sept *rab ešerti*s cités en YOS 6 151, cinq au moins[43] sont connus par ailleurs pour appartenir aux milieux des bergers et gardiens de troupeaux de l'Eanna. Le *rab ešerti* n'était donc pas un recruteur à part entière, mais bien un individu issu d'un certain groupe social, responsable du bon recrutement d'un petit nombre d'autres individus du même groupe, soumis comme lui à certains services ou à certaines taxes.

Le lien entre le *rab hanšê*, le *rab ešerti* et un troisième officier au nom évocateur, le *dekû* (recruteur, percepteur[44]), a été fait par G. Van Driel[45]. Selon lui, le *dekû* transmettait les ordres de mobilisation aux deux autres fonctionnaires qui avaient alors à rendre disponibles les hommes dus. Cette organisation du recrutement devait, théoriquement, avoir l'avantage de faciliter la mobilisation des troupes.

Les autorités locales

Les autorités locales, temples et institutions civiles urbaines, pouvaient mobiliser des troupes et de la main-d'œuvre par le biais des individus susmentionnés.

39. TuM 2/3 212 (Nbk 38, 566), TuM 2/3 196 (Ner 3, 557), BE 8 45 (Nbn 3, 553).
40. Jursa 2010, p. 650-651.
41. Van Driel 2002, p. 295.
42. (liste de 10 noms propres) ^{lú}gal 10-meš *šá* 70 ^{lú}ban-meš *šá* ^{lú}sipa-meš *šá* ^{d}gašan *šá* unug^{ki} *šá ina* ugu i$_{7}$ *i-di-ik-*[*ku-ú*] *a-di* u$_{4}$ 20-kam *šá* iti ne ^{lú}ban-meš-à[m] 70 *i-di-ik-ku-ú-ma ina* igi i$_{7}$ *i-*[…] *a-na* ^{I}numun-*kit-ti*-si-sá a-*šú šá* ^{Id}u-gur-g[i] ^{lú}gal ban-meš *i-nam-di-nu*
43. Kümmel 1979, p. 60, 63, 68-69, 81.
44. CAD D, p. 128-129.
45. Van Driel 2002, p. 295.

De telles campagnes de recrutement sont essentiellement connues localement dans le domaine des temples[46]. Deux lettres de l'Eanna, concernant des levées de main-d'œuvre pour des travaux publics, documentent partiellement leur fonctionnement[47]. Durant les règnes de Cyrus et Cambyse, Nabu-ah-iddin le *bēl piqitti* (chef de l'administration) du temple d'Uruk supervisait un projet de construction dans les alentours de la ville et dut, à deux reprises, écrire au *šatammu* (haut administrateur) du temple pour réclamer de la main-d'œuvre. Nous apprenons de ces lettres que les individus soumis au service et mobilisables par le temple ou les autorités civiles[48] étaient enregistrés dans des registres de cire qui avaient une valeur juridique[49].

D'après YOS 6 116, une procédure judiciaire de l'Eanna, il semblerait que chaque officier susceptible de lever des troupes ait pu disposer d'un registre sur lequel étaient inscrits les hommes qui lui étaient assignés :

> [Sept individus] (sont) les hommes libres en présence desquels Bania le second du *rab ša rēši* a apporté le registre sur lequel (sont) inscrits les archers du *rab ša rēši*, (pour) le lire devant l'assemblée. Mušezib-Bel et Gimillu son frère, les oblats de la dame d'Uruk, n'y sont pas inscrits et (doivent être) inscrits sur le registre de la Dame d'Uruk avec les oblats de la Dame d'Uruk. YOS 6 116, l. 1-14[50].

L'intervention du second du *rab ša reši* (officier royal) dans un tel contexte est particulièrement instructive en ce qu'elle implique un droit direct de l'administration royale sur les soldats des temples. L'ingérence de la Couronne dans les affaires des temples indique qu'ils constituaient des intermédiaires privilégiés entre les individus soumis au service et la haute administration royale, dans les affaires de recrutement.

La Couronne et la haute administration royale

Dans l'ensemble de notre documentation, les traces de la royauté, tant perse que néo-babylonienne, sont rares du fait de la nature des sources. À tel point qu'il est parfois difficile de déterminer les modalités des interventions de la Couronne dans les affaires de recrutement et de mobilisation. Il semble néanmoins évident que le roi et ses hauts officiers pouvaient être à l'origine d'ordres de mobilisation. Les quelques lettres provenant directement des rois néo-babyloniens à l'attention des hauts fonctionnaires des temples tendent à confirmer cette idée. M. Jursa a montré que la Couronne écrivait aux autorités des temples, principalement à deux occasions :

46. Pour le domaine privé, les relations entre la famille Egibi et le gouverneur montrent bien le rôle de ce dernier dans les affaires de recrutement pour des missions, militaires ou civiles, locales. Voir Abraham 2004.
47. Jursa 2010, p. 648-649.
48. L'utilisation de ce type de registre hors du domaine du temple pourrait être documentée par le texte de Borsippa VS 6 70. Un individu y demande d'être inscrit (šaṭāru, CAD Š/2, p. 231-234).
49. Kleber 2008, p. 219-220.
50. (liste de 7 noms propres) ^{lú}dumu-meš-dù-*i* [*šá ina*] *ú-šu-uz-zi-šú-nu* ^{I}dù-*ia* ^{lú}2-⌜*ú*⌝ [*šá*] ^{lú}gal ^{lú}sag ^{giš}da *šá* ^{lú}ban-me[š] *šá* ^{lú}gal ^{lú}sag *ina muh-hi šaṭ-ra-tu* [*iš*]*-šá-am-ma ina* ukkin *il-su-ú-ma* [^{I}]*mu-še-zib-*^{d}en *u* ^{I}*gi-mil-lu* šeš-*šú* ^{l}[^{ú}r]ig$_7$-me *šá* ^{d}gašan *šá* unug^{ki} *ina lìb-bi la šá-a*[*ṭ*]*-ru ù ina* ^{giš}da *šá* ^{d}gašan *šá* unug^{ki} *it-ti* ^{lú}rig$_7$-meš *šá* ^{d}gašan *šá* unug^{ki} *šaṭ-ru*.

lorsqu'il s'agissait de s'assurer du bon déroulement du culte et pour intervenir dans les affaires de recrutement afin de s'approvisionner en soldats ou en main-d'œuvre[51].

La lettre SMUI 1917.14.1508 montre l'implication de la couronne dans les affaires de recrutement[52]. Par cette missive, un roi, probablement Nabuchodonosor II, demande à Nadin, le *šatammu* de l'Eanna, de lui envoyer toutes les troupes rassemblées par un certain Iqišaia qui pourrait être le *šākin ṭēmi* (gouverneur) d'Uruk[53]. Ce document montre bien de quelle manière la royauté s'appuyait sur les autorités locales, religieuses et peut-être civiles si l'identification d'Iqišaia est correcte, pour mobiliser des troupes. Dans une autre lettre de l'Eanna, Nabuchodonosor II, alors prince héritier, informe le temple que Nabopolassar est en campagne vers Harran. La fin du texte, très endommagée, mentionne une demande de troupe :

> Lettre de Nabuchodonosor à Ninurta-šar-uṣur, Nabu-nadin-šumi et Marduk-eṭir. Puissiez-vous aller bien. Puissent Nabû et Bēl décréter votre bonne santé. Le roi est allé vers Harran. Une armée puissante de Mèdes est allée avec lui. Tous ceux qui aiment le roi et qui m'aiment moi, fils et pères, ne retiendront personne. [Lev]ez toutes [...]. Puissent-ils ven[ir jusque] la fin du mois de [...]. TCL 9 99, l. 1-21[54].

L'ordre de mobilisation pouvait provenir du roi lui-même, mais aussi de la haute administration militaire qui était, sans nul doute, pleinement impliquée dans les affaires de recrutement. Cette idée est confirmée par la lettre CT 22 185 de l'Ebabbar de Sippar, dans lequel un certain Nabonide, probablement le futur roi de Babylone qui était alors un chef militaire de haut rang[55], est cité dans une affaire de mobilisation :

> Au sujet d'Adnalu (à propos) duquel mon seigneur m'a écrit, Nabonide vient de nous demander : « Levez des hommes de troupe et au 9e jour, toi, Adnalu et Abu-nadib, venez devant moi ! ». J'en ai parlé à Urukaia et Kannanu, (mais) ils n'obéissent pas (et) ne lèvent pas d'hommes de troupe. CT 22 185, l. 3-19[56].

En dépit de la haute position de la personne à l'origine de l'ordre, la levée d'hommes mentionnée ici semble connaître quelques difficultés. En effet, la concurrence entre les différents acteurs du recrutement semble avoir entraîné certains conflits lorsque l'ordre de mobilisation était donné.

51. Jursa 2014a.
52. Pour une traduction, voir Jursa 2014a, p. 106.
53. Šamaš-zeru-iqiša fils de Marduk-šarrani descendant de Gimil-Nanaia, gouverneur d'Uruk entre l'an 2 et l'an 4 de Nabuchodonosor II (603-600), est nommé Iqišaia en AUWE 11 179. Je remercie cordialement Yuval Levavi pour m'avoir transmis cette information.
54. im ^{Id}nà-níg-du-uri$_3$ *a-na* ^{Id}maš-lugal-uri$_3$ ^{Id}nà-*na-din*-mu *u* ^{Id}amar-utu-kar-*ir lu-ú* šu-lum *a-na ka-šú-nu* ^{d}en u ^{d}nà šu-*lum-ku-nu liq-bu-ú* lugal *a-na* ^{kur}*har-ra-nu it-ta-lak e-mu-qu ma-a-du* šá ^{kur}*ma-da-a-a it-ti*-šú *it-ta-lak nam-ma ma-la* lugal *i-ra-a*ʾ*-mu u a-na-ku i-ra-man-ni* ad *u* dumu ⸢1$^{?}$-*en*$^{?}$ *la i-kil*⸣*-li* [x x x] *gab-bi* [*di-ke*]*-e-ma* ⸢*a-di-i qí*⸣*-it* [^{iti}x *li-i*]*l-lik* ⸢x-*bi*$^{?}$ x x *iá*⸣ *na*-⸢*aṣ*$^{?}$⸣*-ra* [lú] en.⸢nun⸣*-tú am*-⸢*mar*⸣ ⸢x⸣. Les lignes 17 à 21 ont été collationnées par Y. Levavi à qui je dois la transcription de cette fin de texte. Tous mes remerciements vont une fois encore vers lui.
55. Jursa 2014b, p. 133 ; Beaulieu 1989, p. 83.
56. *aš-šu* ^{I}*ad-na-lu šá be-lí iš-pu-ra* ^{Id}*nà-na-id il-tap-ra um-ma* erín-meš *di-ka-a ù* u$_4$ 9-kam *at-ta* ^{I}*ad-na-lu* ^{I}ab-*na-dib a-na pa-ni-ía al-ka-nu a-na* ^{I}unug^{ki}*-a-a ù* ^{I}*kan-na-nu ki-i aq-bu-ú ul i-man-gur-ma* erín-meš *ul i-di-ku-nu*.

Querelles de compétence

La lettre de l'Eanna YOS 3 44 a pour objet un conflit entre Nabu-kibsu-šarri-uṣur, le *qīpu* (délégué en chef) de l'Ebabbar de Larsa, et Kurbanni-Marduk, le *šatammu* du temple d'Uruk, à propos d'une levée d'archers :

> Lettre de Nabû-kibsu-šarri-uṣur à Kurbanni-Marduk, mon frère. Que Nabû et Marduk bénissent mon frère. Depuis le mois d'Addaru, Anu-zēr-līšir est scribe par ordre royal. Je t'écris concernant 100 archers des bergers. Pourquoi n'as-tu pas levé les archers et n'es-tu pas venu ? Maintenant, le jour où tu liras cette tablette, c'est un ordre du roi, lève 100 archers de bergers conformément à l'ancien document (?) et viens avec eux. YOS 3 44, l. 1-24[57].

Plusieurs lettres et procédures juridiques font référence à ce type de conflit entre les différents acteurs du recrutement, à tel point que l'on peut se demander si ces conflits ne constituaient pas un problème structurel. En effet, l'ordre de mobilisation lorsqu'il était transmis connaissait un processus de décentralisation et semble avoir entraîné des querelles de compétence entre les officiers chargés de mobiliser des hommes. Ces querelles s'enracinaient dans un problème structurel de la Babylonie tant néo-babylonienne qu'achéménide : le manque chronique d'hommes.

Dès lors se pose la question de la portée réelle de la mobilisation sur la société babylonienne. Pour y répondre, nous proposons d'approfondir notre vue d'ensemble du processus de mobilisation et de son fonctionnement.

Le fonctionnement général de la mobilisation et la constitution de l'armée royale

Les études préliminaires sur les principes du recrutement et sur ses différentes échelles nous amènent à un point clé de cette étude : la mobilisation des troupes pour la constitution de l'armée royale. Ici, notre questionnement se concentre autour de l'armée néo-babylonienne. Le point de départ de cette investigation pourrait être les mentions dans les chroniques babyloniennes d'un moment, porté par le verbe *dekû*, où les armées étaient réorganisées ou mobilisées. Il s'agit d'abord de déterminer si ce moment trouve un écho particulier dans la documentation économique afin d'appréhender le fonctionnement des mobilisations et leurs conséquences sur la nature de l'armée néo-babylonienne.

57. im ^{Id}nà-*kib-su*-lugal-uru$_3$ *a-na* ^{I}*kur-ban-ni* ^{d}amar-utu šeš-*iá* ^{Id}nà *u* ^{d}amar-utu *a-na* šeš-*iá lik-ru-bu ul-tu* iti še ^{Id}*a-num*-mu-giš ^{lú}dub-sar *ina a-mat* lugal *a-na* ugu 1 me ^{lú}ban *sá* ^{lú}sipa-meš *al-tap-rak-ka mi-nam-ma* ^{lú}ban *ul tak-ka-am-ma ul tal-*[*lik*] *en-na* u$_4$*-mu ši-pir-ta ta-mu-ur a-mat* lugal *ši-i* ^{lú}ban-*àm* 1 me *šá* ^{lú}sipa-meš *a-ki-i la-bi-ri-šú di-ka-sú u at-ta it-ti-šú al-ka*.

La difficile identification de campagnes de mobilisations

Nous avons vu que les textes employant certains mots clés (*ṣab šarri, rikis qabli, kutallūtu, ṣiditu, madaktu,* etc.), ainsi que d'autres documents traitant de levées d'hommes, peuvent indiquer une activité de recrutement, voire une mobilisation de troupes, à la date de rédaction du document. Il est dès lors possible, à titre expérimental, de confronter la chronologie de ces sources à celle des évènements qui ont marqué l'histoire militaire de la Babylonie. Or, en comparant les documents économiques datés du règne de Nabuchodonosor II aux occurrences du verbe *dekû* dans la partie conservée de sa chronique[58], on constate que les moments auxquels renvoie ce verbe ne sont pas directement visibles dans notre corpus. Bien que cette absence de parallèle puisse être le fruit des hasards des publications[59], il me semble possible d'affirmer que le verbe *dekû* ne renvoie pas à une campagne de mobilisation, mais plus à un rassemblement des troupes régulières disponibles en vue de mener une campagne.

Il n'en demeure pas moins que plusieurs dossiers sont instructifs pour notre propos. Par exemple, un ensemble d'au moins cinq textes[60] rédigés pendant la 41e et la 42e année de règne de Nabuchodonosor II (564-562) mentionne l'envoi de troupes vers un camp militaire (*madaktu*) situé dans la région de Tyr. Le siège de la ville de Phénicie par le roi babylonien nous est connu par Flavius Josèphe[61] et par la Bible[62]. Toutefois, ces deux sources indiquent qu'il aurait eu lieu entre la 20e et la 33e année de Nabuchodonosor II (595-572), soit au moins 8 ans avant la date des textes concernés. Cette différence chronologique pourrait s'expliquer si l'on accepte l'hypothèse que la ville aurait été assiégée une seconde fois[63] ou, plus vraisemblablement, si l'on considère qu'un système de garnison avait été organisé dans la région[64].

Plus généralement, l'ensemble des textes, considérés à l'aune de leur répartition chronologique, offre plus volontiers l'image d'un système basé sur des conscriptions plus ou moins régulières, dans le but de lever des soldats ou des travailleurs, et accélérées en cas de besoins. Si l'on considère certaines données[65], la durée normale de service de ces conscrits, à quelques exceptions près[66], aurait été annuelle. Parallèlement à ce système, apparaissent, notamment à travers les lettres des temples, des levées plus sporadiques et plus massives. Cette dichotomie entre conscriptions régulières et levées extraordinaires permet de mieux comprendre le fonctionnement général des mobilisations.

58. iii-Nbk 1 (604), [...]-Nbk 3 (602-601), [...]-Nbk 4 (601-600), ix-Nbk 6 (599), ix-Nbk 7 (598-597), ix-Nbk 11 (594).
59. Rappelons qu'une importante partie de la documentation d'époque néo-babylonienne est encore conservée dans des musées et est en cours d'édition.
60. BM 79658 (Sippar, 15-v-Nbk 41), CT 56 47 (Sippar, [...]-vi bis-[Nbk 41]), GC 2 135 (Uruk, 21-i-Nbk 42), GC 1 169 (Uruk, 24-vi-Nbk 42), BM 70432 (Sippar, 15-vii-Nbk 42).
61. *Contre Apion* I, 20, 143.
62. Ezéchiel 26 : 1-19.
63. Zawadzki 2003, p. 228.
64. Joannès 1982.
65. Un indice pertinent est la durée, presque systématiquement mentionnée, pour laquelle le *rikis qabli* est donné à un individu partant en expédition.
66. Le *rikis qabli* pouvait être donné pour 2 ans (Camb 276, Dar. 206), 3 ans (Dar 253), etc.

Le fonctionnement général des mobilisations

VS 6 202 a été rédigé au moment du siège d'Aššur par Nabopolassar. Il enregistre des rations données à 300 oblats qui vont se rendre au camp militaire (*madaktu*) :

> Lorsque nous avons redonné les 10 mines d'argent qui avaient été attribuées pour le travail du temple de Ninurta, nous les avons affectées aux 300 oblats qui devaient aller à Aššur. 2 kur de sel, 2 kur de *sahlu*, 1 pi d'huile leur ont été fournis. Le 27 Abu l'effectif supplémentaire est parti pour le camp militaire (*madaktu*) ; le 29e jour de mois d'Abu les 300 oblats sont sortis sous la conduite de Zerutu pour aller au camp militaire (*madaktu*)[67]. VS 6 202, l. 1-13.

La chronique de Nabopolassar nous apprend que les Mèdes marchèrent contre Aššur et assiégèrent la ville au mois d'Abu et que leurs alliés babyloniens arrivèrent trop tard pour se joindre à eux. Les oblats partant le 29e jour de même mois, ils durent arriver sur les lieux seulement dans le courant du mois suivant[68]. Un élément notable ici est la précision apportée quant à la nature des troupes mobilisées : il s'agit d'un effectif supplémentaire[69] vraisemblablement mobilisé dans l'urgence.

De telles levées effectuées en fonction de l'objectif militaire, de son importance et de sa localisation géographique, semblent courantes dans l'histoire militaire de la Mésopotamie. Un dossier légèrement antérieur à la période traitée ici l'atteste[70]. Sous le règne du roi assyrien Aššurbanipal, alors que la Babylonie était soumise à sa voisine septentrionale, Bel-ibni, le gouverneur du pays de la mer[71], eut à lever des troupes sur les villes babyloniennes fidèles au roi, alors qu'il était en lutte contre Šamaš-šum-ukin. En ABL 754, Bel-ibni écrit à Aššurbanipal qu'il a levé « tous les archers dont il pouvait disposer »[72] parmi les Urukéens, soit 500 à 600 hommes. Ces levées étaient effectuées parallèlement au fonctionnement courant de l'armée assyrienne, mais pouvaient également servir à compléter ses rangs en y intégrant des troupes auxiliaires.

Il apparaît dès lors que pouvaient coexister, au moins, deux modes de constitution de l'armée[73]. La première visait à recruter un corps d'armée fixe, éventuellement renouvelé régulièrement, et restreint afin de ne pas priver l'État de ses forces vives ; tandis que la deuxième méthode consistait à compléter cette armée, selon les nécessités, par des levées supplémentaires ponctuelles et souvent localisées. Si ce deuxième type de mobilisation est bien attesté dans la documentation néo-babylonienne, il est en revanche plus difficile de percevoir les traces d'une armée permanente. Dès lors, nous pouvons mettre en doute la pertinence pour cette époque du paradigme récurrent dans l'histoire de la Mésopotamie, selon lequel les armées mésopotamiennes étaient constituées d'une base de soldats de métier, augmentée au besoin de conscrits.

67. La traduction suit celle de Joannès 2008, p. 213-214.
68. *Ibid.*, p. 210.
69. Les oblats sont en effet qualifiés de lú*ṭe-pi*, mot formé sur la racine ṬPʾ qui signifie à l'infinitif « ajouter », « attacher », « joindre » (CAD Ṭ, p. 100).
70. ABL 291, ABL 1000, ABL 1105, ABL 754, ABL 1124, etc. Voir F. Malbran-Labat 1981, p. 77-81.
71. Radner 1999, p. 306-307.
72. Malbran-Labat 1981, p. 78.
73. Voir par exemple l'article de P. Clancier dans ce même ouvrage sur les šaknus (gouverneurs) du Sūhu au VIIIe s.

Armée professionnelle et armée de conscrits

L'armée de l'empire néo-assyrien, proche géographiquement et chronologiquement de l'empire néo-babylonien, nous offre un bon exemple d'une armée mêlant troupes permanentes professionnelles et troupes de conscrits. Méthodologiquement, le recours au comparatisme entre ces deux périodes est viable dans une certaine mesure. En effet, il est communément admis que les deux armées ont pu connaître certaines similitudes, qui se traduisent par une proximité terminologique, du fait des nombreux contacts guerriers entre ces régions et d'une certaine continuité entre les deux systèmes militaires[74]. Toutefois, ces similitudes ne doivent en aucun cas éclipser les différences culturelles qui pourront se manifester, par exemple, à travers les apports des composantes tribales de la société babylonienne au fonctionnement de son armée.

Les études sur l'armée néo-assyrienne ont très tôt montré[75] qu'elle était formée à partir de deux composantes : le *ṣab šarri* (troupes du roi) constituée de conscrits provenant de l'ensemble de l'empire et le *kiṣir šarri* (cohorte du roi) qui rassemblait des soldats professionnels. Au fil de l'historiographie, cette vision s'est affinée[76]. Une étude de J. N. Postgate[77] est particulièrement importante puisqu'elle fournit un outil analytique pour la question du recrutement dans la documentation néo-babylonienne. En se basant sur les modes de taxations et de conscription dans l'empire assyrien, il a élaboré trois archétypes de soldats : les soldats levés à titre exceptionnel pour une campagne spécifique, les soldats régulièrement enrôlés et les soldats professionnels servant en permanence.

Le premier type est clairement visible dans nos sources, à défaut d'être le mieux documenté quantitativement. Le deuxième type pourrait très bien correspondre à ce que documentent majoritairement nos sources : des soldats ou des travailleurs levés régulièrement sur la base de la conscription, pour une durée normale d'un an. Enfin, le troisième type est sans doute le plus insaisissable. Néanmoins, l'archive de la famille d'Itti-Šamaš-balaṭu de Larsa pourrait apporter une preuve de son existence, puisqu'Amurru-ibni qui accomplit le service à sa place a pu servir en continu dans l'armée royale entre la 4e et la 9e année de règne de Nabonide (552-547).

Toutefois, cette hypothétique mais probable armée professionnelle ne doit pas être appréhendée comme un élément figé, mais bien comme une entité dynamique. En effet, entre la période d'émancipation des rois de Babylone et la provincialisation de la région au sein de l'Empire perse, l'armée néo-babylonienne a sans doute connu un processus de professionnalisation. Le développement du service compensé dès l'époque néo-babylonienne, accéléré à l'époque perse, pourrait en être un indice. La pratique consistant, pour un individu soumis au service par conscription, à louer les services d'un substitut a dû favoriser l'émergence de différentes formes de mercenariat et ainsi favoriser la professionnalisation des soldats en créant de nouvelles opportunités

74. L'idée d'une continuité repose sur deux faits tangibles : le rôle joué par le roi de Babylone au sein de l'empire assyrien avant la rébellion (Jursa 2014b, p. 124) et l'intégration d'une partie de l'armée assyrienne à l'armée des rois babyloniens (Glassner 2004, p. 219-221).
75. Manitius 1910, p. 97-149, 185-224.
76. Fales 2010, p. 140-141.
77. Postgate 1974, p. 218-219.

de carrières. Le recours à des mercenaires non babyloniens est d'ailleurs attesté dès Nabuchodonosor II[78], et a pu se développer à mesure que les batailles s'éloignaient du cœur de l'empire. Nous aurions, dès lors, affaire à une diminution du recours au système de recrutement par conscription, qui sans jamais disparaître, aurait progressivement évolué vers un système fiscal servant à financer l'armée professionnelle. Les archives des Murašu à la fin de la période perse documenteraient l'apogée de ce processus.

Ainsi, bien que la documentation dite « du Long Sixième Siècle[79] » présente une certaine continuité dans la terminologie relative au système de taxation et de recrutement, il serait erroné de concevoir la manière de constituer une armée comme un processus figé. Elle n'a eu de cesse d'évoluer depuis le règne de Nabopolassar, lorsque l'armée devait être essentiellement constituée de troupes des confédérations tribales et de soldats ponctionnés sur les villes fidèles au roi, jusqu'à la fin de la réforme de Darius qui a pu conduire à une rationalisation du système de recrutement. Les grands principes de la mobilisation hérités des périodes précédentes ont sans doute été préservés, mais aussi adaptés aux besoins des temps. Le fonctionnement des mobilisations de soldats a, dans les faits, vraisemblablement répondu à deux impératifs majeurs, qui ont pu modeler la nature même de l'armée néo-babylonienne. D'abord, le manque d'homme chronique ainsi que l'arrivée de richesses par les conquêtes qui ont pu développer la professionnalisation de l'armée par le recours croissant au mercenariat. Ensuite, la diversité des objectifs militaires a pu impliquer une recherche pragmatique de flexibilité pour répondre le mieux possible à telle ou telle menace.

Bruno Gombert
Université Paris I Panthéon-Sorbonne,
UMR 7041 ArScAn-HAROC

Bibliographie

Abraham K. (2004), *Business and Politics under the Persian Empire: the Financial Dealings of Marduk-nasir-apli of the House of Egibi (521-487 BCE)*, Bethesda, CDL Press.

Abrahami P., Battini L. (dir.), *Les armées du Proche-Orient ancien (IIIe-Ier mill. av. J.-C.). Actes du colloque international organisé à Lyon les 1er et 2 décembre 2006, Maison de l'Orient et de la Méditerranée*, Oxford, John and Erica Hedges Ltd (BAR Intern. Ser., 1855), p. 207-218.

Andreau J., Descat R., Briant P. (dir.) (2000), *Économie antique. La guerre dans l'économie antique*, Saint-Bertrand de Comminges, Musée archéologique départemental, p. 63-80.

78. Des listes de rations distribuées au personnel du palais sous Nabuchodonosor II mentionnent parmi les récipiendaires d'importants groupes de spécialistes étrangers, majoritairement de l'ouest de l'empire. Il est très vraisemblable que certains de ces individus ont servi comme soldats dans l'entourage du roi. Une autre preuve de la présence de mercenaires dans l'armée néo-babylonienne est un poème du Grec Alcée de Mytilène dans lequel le frère de l'auteur est présenté comme mercenaire au service des Babyloniens (Fr. 350. Cf. Liberman 1999, p. 154-155).

79. Cf. *supra*, n. 3

Beaulieu P.A. (1989), *The Reign of Nabonidus, King of Babylon, 556-539 BC*, New Haven, Londres, Yale UP.

Bongenaar A. C. V. M. (1997), *The Neo-babylonian Ebabbar Temple at Sippar: its Administration and its Prosopography*, Istanbul, Nederlands historisch-archaeologisch Instituut te Istanbul (PIHANS, 80).

Bongennar A. C. V. M. (dir.) (2000), *Interdependency of Institutions and Private Entrepreneurs. Proceedings of the Second MOS Symposium, Leiden December 11-12, 1998*, Leiden, Nederlands historisch-archaeologisch Instituut te Istanbul (PIHANS, 87, MOS Studies, 2), p. 43-72.

Briant P. (1996), *Histoire de l'Empire perse. De Cyrus à Alexandre*, Paris, Fayard.

Briant P., Chauveau M. (dir.) (2009), *Organisation des pouvoirs et contacts culturels dans les pays de l'empire achéménide*, Paris, de Boccard (Persika, 14), p. 237-269.

Brinkman J. A. (1984), *Prelude to Empire: Babylonian Society and Politics, 747-626 BC*, Philadelphie, University Museum (OPBF, 7).

Curtis J., Simpson St J. (dir.) (2010), *The World of Achaemenid Persia: History, Art and Society in Iran and the Ancient Near East*, I.B.Tauris, Londres, New York, p. 495-502.

Da Riva R. (2013), « Nebuchadnezzar II's Prism (EK 7834): a new edition », *Zeitschrift für Assyriologie*, 103, p. 196-229.

Fales M. (2010), *Guerre et paix en Assyrie. Religion et impérialisme*, Paris, Les Éditions du Cerf (Les Conférences de l'ÉPHÉ, 2).

Gehler M., Rollinger R. (dir.) (2014), *Imperien und Reiche in der Weltgeschichte. Epochenübergreifende und globalhistorische Vergleiche*, Wiesbaden, Harrassowitz Verlag, p. 121-148.

Glassner J.-J. (2004), *Mesopotamian Chronicles*, Atlanta, Society of Biblical Literature (Society of Biblical Literature Writings from the Ancient World, 19).

Joannès F. (1980), *Textes économiques de la Babylonie récente : étude des textes de TBER-cahier n° 6*, Paris, Éditions Recherche sur les civilisations.

—. (1982), « La localisation de Surru à l'époque néo-babylonienne », *Semítica*, 32, p. 35-43.

—. (2008), « La stratégie des rois néo-babyloniens contre l'Assyrie de 616 à 606 av. J.-C. », dans Abrahami, Battini 2008, p. 207-218.

Jursa M. (1999), *Das Archiv des Bêl-rêmanni*, Istanbul, Nederlands historisch-archaeologisch Instituut te Istanbul (PIHANS, 86).

—. (2005), *Neo-Babylonian Legal and Administrative Documents: Typology, Contents and Archives*, Münster, Ugarit-Verlag (GMTR, 1).

—. (2010), *Aspects of the Economic History of Babylonia in the First Millennium BC. Economic geography, economic mentalities, agriculture, the use of money and the problem of economic growth, with contributions by J. Hackl, B. Janković, K. Kleber, E.E. Payne, C. Waerzeggers and M. Weszeli*, Münster, Ugarit-Verlag (AOAT, 377).

—. (2011), « Taxation and service obligations in Babylonia from Nebuchadnezzar to Darius and the evidence for Darius'tax reform », dans Rollinger, Truschnegg, Bichler 2011, p. 431-448.

—. (2014a), « The lost state correspondence of the Babylonian Empire as reflected in contemporary administrative letters », dans Radner 2014, p. 94-111.

—. (2014b), « The Neo-Babylonian Empire », dans Gehler, Rollinger 2014, p. 121-148.

Jursa M., Waerzeggers C. (2009), « On aspects of taxation in Achaemenid Babylonia: new evidence from Borsippa », dans Briant, Chauveau 2009, p. 237-269.

Kleber K. (2008), *Tempel und Palast. Die Beziehungen zwischen dem König und dem Eanna-Tempel im spätbabylonischen Uruk*, Münster, Ugarit-Verlag (AOAT, 358).

Liberman G. (1999), *Alcée. Fragments II*, Les Belles Lettres, Paris

Malbran-Labat F. (1981), *L'armée et l'organisation militaire de l'Assyrie : d'après les lettres des Sargonides trouvées à Ninive*, Genève-Paris, Librairie Droz (Hautes études orientales, 19).

Manitius W. (1910), « Das Stehende Heer der Assyrer Könige und Seine Organization », *Zeitshrift für Assyriologie*, 24, p. 97-149 et p. 185-224.

MacGinnis J. (2010a), « Mobilisation and militarisation in the Neo-Babylonian Empire », dans Vidal 2010, p. 153-163.

—. (2010b), « The role of Babylonian temples in contributing to the army in the early Achaemenid Empire », dans Curtis, Simpson 2010, p. 495-502.

—. (2012), *The Arrows of the Sun. Armed Forces in Sippar in the First Millennium BC*, Dresde, Islet-verlag.

Postgate J. N. (1974), *Taxation and Conscription in the Assyrian Empire*, Rome, Pontifical Biblical Institute (Studia Pohl, Series Maior, 3).

Radner K. (dir.) (1999), *The Prosopography of the Neo-Assyrian Empire*, Vol. 1, Part II: B-G, Helsinki, Helsinki UP.

—. (dir.) (2014), *State Correspondence in the Ancient World From New Kingdom Egypt to the Roman Empire*, Oxford, Oxford UP, p. 94-111.

Rollinger R., Truschnegg B., Bichler R. (dir.) (2011), *Herodot und das Persische Weltreich - Herodotus and the Persian Empire*, Wiesbaden, Harrassowitz-Verlag (Classica et Orientalia, 3), p. 431-448.

Tolini G. (2011), *La Babylonie et l'Iran : les relations d'une province avec le cœur de l'Empire achéménide (539-331 av. J.-C.)*, sous la direction de Francis Joannès, Thèse de doctorat d'histoire, Paris I.

Van Driel G. (2002), *Elusive Silver. In Search of a Role for a Market in a Agrarian Environment. Aspects of Mesopotamia's Society*, Leiden, Nederlands historisch-archaeologisch Instituut te Istanbul (PIHANS, 95).

Vidal J. (dir.) (2010), *Studies on war in the Ancient Near East: Collected Essays on Military History*, Münster, Ugarit-Verlag (AOAT, 372), p. 153-163.

Waerzeggers C. (2010), *The Ezida Temple of Borsippa Priesthood, Cult, Archives*, Leiden, Nederlands Instituut voor het Nabije Oosten (Achaemenid History, 15).

Zawadzki S. (2003), « Nebuchadnezzar and Tyre in the light of new texts from the Ebabbar Archives in Sippar », *Eretz-Israël*, 27, p. 276-281.

Guillaume Gernez

Histoire des lances tripartites à soie au Proche-Orient (IVe-IIe millénaire av. J.-C.)

Quel que soit le stade de développement atteint par les peuples du Proche-Orient ancien aux débuts des temps historiques (IVe-IIe mill. av. J.-C.), l'élaboration de l'armement est l'un des traits les plus partagés. Dans un contexte de hiérarchisation sociale de plus en plus marquée, d'organisation urbaine et étatique, de concurrences territoriales et de disparité de l'accès aux ressources, de conflits à plusieurs échelles, d'un sentiment d'insécurité et de la nécessité d'un pouvoir protégé (et légitimé) par la force, la capacité de production, de contrôle et d'utilisation des armes est devenue indispensable.

Les sources archéologiques disponibles pour traiter la question de l'évolution des armes dans le temps sont de trois ordres principaux :

- Les documents iconographiques (en particulier en Mésopotamie et en Syrie) demeurent les plus rares mais sont souvent très explicites, même si les codes et répertoires iconographiques, les choix des commanditaires, le type de support et les savoir-faire des sculpteurs conduisent à des représentations subjectives. Les images nous renseignent sur la morphologie des armes (manche inclus), et potentiellement sur les contextes et modalités de leur utilisation.
- Les tombes à arme(s) et les dépôts d'armes permettent d'associer l'armement à des gestes et signes sociaux.
- Les armes (au moins les parties conservées, souvent métalliques ou lithiques), étudiables du point de vue typo-fonctionnel et technologique, sont les éléments dont l'analyse est la plus objective. Les sites archéologiques ayant livré des lances tripartites sont nombreux (**carte 5**).

Il convient de souligner la représentativité différentielle et l'écart important qualitatif et quantitatif entre les données matérielles, iconographiques, et textuelles[1].

Les lances tripartites à soie font partie des armes de guerre les plus anciennes et les plus caractéristiques de l'Orient ancien, où elles ont connu une histoire longue de deux millénaires. L'objectif principal des pages qui suivent est d'analyser la pérennité et les processus de transformation, de transmission et d'adaptation d'un type particulier d'arme sur la très longue durée.

1. Dans le cadre de cette étude transrégionale et diachronique, nous ne prendrons pas en compte la terminologie sumérienne et akkadienne, qui n'est pas pertinente en dehors de l'espace syro-mésopotamien.

Définitions, particularités, contextes

Lances et javelines

Les lances – terme assez générique et globalement impropre traduit en anglais par *spear* (*spearhead* pour les armatures) appartiennent à l'ensemble des armes de jet et des armes d'hast. Celles-ci se caractérisent par une armature fixée de façon axiale au bout d'une hampe longue, généralement en bois. Si cette dernière n'est pratiquement jamais conservée, sa longueur peut toutefois être restituée par la présence d'éléments décoratifs métalliques retrouvés *in situ* ou par des estimations effectuées d'après différentes données iconographiques.

La morphologie et les proportions variant assez peu, seules les dimensions et la masse des armatures permettent de proposer une distinction entre les deux fonctions. Les lances lourdes et longues sont tenues en main, gardant l'ennemi à distance, alors que les javelines, plus légères et souvent beaucoup plus courtes peuvent – ou doivent – être lancées pour être efficaces[2]. D'un point de vue typologique, il est souvent délicat d'établir une distinction nette ; elle n'a pas été tentée dans la seule synthèse publiée à ce jour, où ces armes sont toutes appelées du terme générique de « lance »[3].

Nous cèderons aussi à cette facilité en utilisant l'appellation lance, excepté dans les cas où la fonction comme arme de jet ne fait pas de doute. On remarquera que si du point de vue des modes de combat la distinction est cruciale, ce n'est pas le cas du point de vue typologique.

Les lances (et javelines) tripartites

Ce modèle est le plus répandu au Proche-Orient. Il constitue en quelque sorte le modèle traditionnel de la lance orientale, et est généralement le seul type connu dans la plupart des régions jusqu'à la fin du IIIe mill. La lance est formée de trois parties :

- La lame – ou pointe – pourvue de deux tranchants, est arrondie ou pointue à son extrémité. Elle est généralement de section rhomboïdale ou pourvue d'une nervure médiane plus ou moins prononcée.
- La partie intermédiaire – ou tige – est courte ou allongée, mais toujours présente : c'est elle qui définit ce type. Sa section peut être circulaire, octogonale, hexagonale ou quadrangulaire. Elle porte parfois des motifs décoratifs. Sa base peut être élargie ou comporter un arrêt discoïde.
- La soie, de section quadrangulaire, se termine souvent en double biseau, ou/et un recourbement voire un repliement, plus rarement un épaississement marqué.

Cette structuration générale – très stable au cours du temps – offre aux artisans la possibilité d'opérer différents choix morphologiques sur l'ensemble de l'arme ou chacune des parties, et d'opter pour des dimensions et des ratios variés adaptés à l'utilisation de l'arme ou répondant à un canon esthétique.

2. Potts 1998, p. 183.
3. De Maigret 1976.

Dans la majorité des cas, la soie n'est ni repliée ni perforée. Elle était insérée dans la hampe. Afin de l'y maintenir, deux solutions étaient possibles et complémentaires : soit une cordelette était serrée autour de la hampe et de la tige intermédiaire, soit la hampe était serrée par un anneau métallique (mode de fixation attesté à Ur [**fig. 1**]). Les éléments permettant d'argumenter en faveur de ce mode de fixation sont des lances présentant une imitation de ces liens sur la tige[4], ainsi que la lance portée par l'une des figurines de Judaidah, qui comporte des anneaux symbolisant la cordelette juste au-dessous de la lame (**fig. 3**).

Corpus des lances tripartites

405 lances tripartites en métal ont été inventoriées. Ce corpus, non exhaustif, s'étend de la fin du Chalcolithique à la fin de l'âge du bronze, soit 3500/3400 à 1200 av. J.-C. environ. Ces objets, trouvés dans des contextes funéraires ou des dépôts d'objets en bronze, proviennent d'une zone géographique vaste, incluant l'Anatolie centrale, orientale et septentrionale, le Caucase, l'Iran occidental, la Bactriane, la Mésopotamie et le Levant. Cet espace paraît très large, mais il convient de souligner deux éléments notables : d'une part les armes sont essentiellement concentrées dans trois espaces (Mésopotamie, Levant, Anatolie orientale) et d'autre part certaines aires culturelles n'ont jamais utilisé ces lances alors qu'elles en ont adopté (et adapté) d'autres aux mêmes périodes ou plus tard (Arabie, Iran oriental, Égypte).

Documentation iconographique

Alors que les lances sont attestées dans l'iconographie militaire royale, la glyptique et même certaines figurines métalliques, rares sont les représentations précises et non équivoques du type tripartite. Certaines images suggèrent cette structure, mais il est parfois nécessaire de spéculer en supposant que les images représentent le modèle de lance standard aux IVe et IIIe mill. av. J.-C. (à partir du IIe mill., le système d'emmanchement à douille repliée est adopté de façon presque généralisée[5]).

En Mésopotamie, les deux principaux supports iconographiques illustrant les lances sont les stèles sculptées et les panneaux incrustés. À l'époque sumérienne, les lances apparaissent sans ambiguïté comme les armes des soldats, tout comme les haches, sur l'étendard d'Ur et la Stèle des Vautours. À l'époque d'Akkad, les lances demeurent présentes sur les stèles, mais les arcs deviennent prépondérants. Mari a livré deux exemples précis d'images (une plaquette gravée illustrant un combat et une incrustation où un soldat maintient un prisonnier[6]) sur lesquelles la tige est visible (et sans ligature apparente) et la lame des lances est exactement semblable à celle des modèles sumérien et kishite (**fig. 2**).

4. Voir les lances de Til Barsib (Thureau-Dangin, Dunand 1936, p. 107, pl. 31.5) et de Tell Chuera (Moortgat 1960, p. 7, fig. 8).
5. Gernez 2006. Ce mode d'emmanchement consiste en l'insertion et la fixation de la hampe en bois dans la douille de l'armature.
6. Fortin 1999, p. 102.

Au Levant, une série de figurines en métal de provenance incertaine est attribuée au Bronze Ancien. L'une d'entre elles[7], découverte au Liban, représente un guerrier barbu aux cheveux tressés, torse nu, uniquement vêtu d'une jupe et d'une ceinture fermée par un cordon. Le personnage, debout, porte une lance plus haute que lui dans sa main droite. Une autre arme (sans doute une hache) devait être présente dans la main gauche (avancée dans la même position et perforée), mais n'a pas été conservée. Une cachette découverte sur le site de Tell Judaidah dans la plaine d'Antioche[8], dont la datation est encore controversée, comportait entre autres deux figurines d'hommes nus, barbus, portant une ceinture, un casque, un torque, une lance et une masse d'armes. Sur l'une des lances, le système de ligature est imité : les liens sont enroulés à la jonction entre la pointe et la soie, probablement autour de la tige intermédiaire (**fig. 3**).

Les lances tripartites dans les tombes

La présence de lances dans les tombes dites « de guerriers » est fréquente, généralement au sein d'une panoplie constituée d'une hache et d'un poignard. Les lances tripartites ont été découvertes parmi le mobilier funéraire de nombreuses sépultures dans toutes les régions mentionnées, mais les quatre grands ensembles ayant livré des lances tripartites sont les suivants :

- les nécropoles du Moyen/Haut Euphrate au début du IIIe mill. av. J.-C. (la tombe royale d'Arslantepe, Birecik, Carchemish, Qara Quzak, Hassek Höyük, **fig. 4**) ;
- les grands cimetières de Basse Mésopotamie (Ur, Kish) et ceux de Haute Mésopotamie du milieu à la fin du IIIe mill. av. J.-C. Dans les tombes royales, les lances sont portées par les soldats (ou gardes), alors que les particuliers ou les membres de la plus haute élite sont inhumés de façon préférentielles avec un poignard et/ou une hache[9] ;
- les tombes du Levant sud (Jericho, Tell el-'Ajjul) au cours du Bronze Intermédiaire (2450-2000 av. J.-C.) ;
- les tombes du Levant nord au début du IIe mill. av. J.-C. (Ougarit, Ebla).

S'y ajoutent deux nécropoles situées en dehors de ces sphères : Ikiztepe au bord de la mer Noire (début du Bronze Ancien) et Marlik au sud-ouest de la mer Caspienne (Bronze Récent).

Les lances tripartites dans les dépôts et le cas de Tell Mabtouh

Rares sont les dépôts, cachettes ou trésors ayant livré des lances tripartites. À de rares exceptions près les lances y figurent parmi l'assemblage d'objets typiques d'une période, armes, outils, parfois parures et objets divers. Tel est le cas pour les dépôts de la fin du Bronze Ancien et du début du Bronze Moyen au Levant à Tell Munbaqa[10]

7. Seeden 1980, pl. 7.13.
8. *Ibid.*, pl. 1.1-2 et 2.3 ; Braidwood, Braidwood 1960, p. 262; Marchetti 2000.
9. Rehm 2003, histogrammes 2.1 à 2.6.
10. Werner 1998.

(*Hortfund* 2), Soli[11], Ougarit (poche aux bronzes[12]), Tarse (silo[13]) et Byblos (dépôts d'offrandes ι, λ et υ)[14], ainsi qu'à Tepe Hissar (Trésor 1)[15] au nord de l'Iran. Les données concernant l'ensemble découvert près d'Araban[16] ne sont pas connues, mais il semble s'agir d'un dépôt d'un groupe de lances.

Néanmoins, les seuls exemples de dépôts importants du point de vue quantitatif et très majoritairement constitués de lances tripartites sont ceux découverts dans le Temple N de Tell Mabtouh près du Khabour[17]. Il s'agit de deux jarres découvertes enterrées près de l'autel du temple, dont une seule a été ouverte pour le moment et documentée intégralement. Dans la Jarre 1 (**fig. 5**) les 108 lances tripartites constituent 63,9 % du corpus des objets, et 78 % du corpus des armes. Deux variantes principales (chacune comportant deux sous-variantes) sont attestées : les lances à partie intermédiaire de section octogonale ou hexagonale, assez massives (respectivement 13,8 % et 7,4 % du corpus des lances tripartites) typiques de Basse Mésopotamie, et les lances à partie intermédiaire de section carrée ou rectangulaire, plus légères (66,7 % et 12 % du corpus), de facture locale.

Étude typologique

Cette étude typologique reprend pour une large part – en l'adaptant et en le simplifiant – le chapitre de la thèse de doctorat de l'auteur consacré à ce thème[18]. La méthode utilisée classe les armes de façon hiérarchique selon leur fonction, leur structure, leurs caractéristiques morphologiques, leurs spécificités et (dans certains cas) leurs dimensions (**fig. 6**).

Dans le cas présent, la numérotation d'origine a été simplifiée et adaptée à cet article. Les lances tripartites sont présentées ici de façon indépendante des assemblages et panoplies d'armes auxquelles elles appartiennent[19].

Type A – Lances tripartites à lame foliacée arrondie : les premières lances d'Anatolie orientale (3500-2700 av. J.-C.)

La lame est assez large à la base et s'affine au niveau de la pointe. Celle-ci est arrondie, ce qui laisse supposer une utilisation axée davantage sur les propriétés tranchantes de l'arme. La lame est biconcave, et sa base est souvent élargie. Une légère nervure en relief est souvent présente, mais pas systématique. La partie intermédiaire est allongée,

11. Bittel 1940.
12. Schaeffer 1962, p. 232.
13. Goldman 1956, fig. 427.
14. Dunand 1950, pl. 67 et 75 ; 1954, p. 291, 301, 383.
15. Schmidt 1937, pl. 51.
16. Müller-Karpe 1994, pl. 94.
17. Gernez, Souleiman 2013.
18. Gernez 2007, p. 296-317.
19. Pour une approche plus générale, voir Gernez 2009, p. 272-277 ; 2011, p. 335-337.

de forme cylindrique et de section circulaire, parfois ovale. Elle s'élargit à sa base de façon à former un arrêt. Sous celui-ci, une soie allongée de section carrée se termine en double biseau, et dans certains cas par une extrémité recourbée.

D'après leurs dimensions et l'absence de propriétés pénétrantes, il est probable que ces lances devaient être maniées et non projetées. L'avantage dans le combat est de pouvoir maintenir l'ennemi à une distance plus importante qu'avec un poignard ou une épée courte.

Ce type connaît trois variantes principales (**fig.** 7) :

- *Lances tripartites à lame foliacée arrondie allongée (Anatolie orientale, Caucase, 3500-2700 av. J.-C.) (**fig.** 7, gauche)*

Cette variante est l'une des plus simples. Elle se caractérise par une grande homogénéité des formes, des dimensions et des proportions. Ces lances sont allongées (près de 40 cm en moyenne). La lame est 4,3 fois plus longue que large. Elle forme la moitié de la longueur de la lance. La tige de section généralement circulaire et la soie de section carrée sont presque égales. Cette dernière est biseautée. La plupart des exemplaires ont une lame assez plate ou rhomboïdale, portant une légère nervure médiane. Plus rarement, la section est hexagonale.

Ces lances sont fréquentes en Anatolie du sud et en Syrie du nord : Arslantepe en a livré 21, dont 12 dans le dépôt du Bâtiment III – A 113 (niveau VI A)[20] et 9 dans la tombe « royale » (niveau VI B)[21]. Une cachette trouvée non loin de là, à Tülintepe, comprenait cinq exemplaires brisés ou tordus intentionnellement[22]. La tombe à ciste G 12 de Hassek Höyük[23], la tombe double L 12 de tell Qara Quzaq[24], la tombe K9/012 de Gre Virike[25], les tombes de Birecik[26], de Carcemish[27] et de Tell Kara Hassan[28] permettent de situer avec précision la région où cette variante est concentrée. Cette variante est connue hors des sites de l'Euphrate, à Judaidah (phase Amuq H)[29], à Dündartepe et dans le Caucase à Psekups (Kuro-Araxe)[30] et Klady / Novosvobodnaïa. Sur ce site, la lance figurait parmi les offrandes du kourgane 11, daté du troisième quart du IVe mill.[31]. On connaît une lance atypique, qui se différencie de la norme par une hypertrophie des proportions. Sa longueur totale atteint 58,2 cm, avec une lame mesurant plus de 46,3 cm de long pour 8 cm de large. On note que la partie intermédiaire est de section carrée. Elle provient de la tombe S 19 – Loc 2 de la nécropole de Kheit Qasim (DA I, 2900-2800 av. J.-C.)[32]. Il s'agit de la plus ancienne lance tripartite en Mésopotamie.

20. Frangipane, Palmieri 1983, p. 396-398,
21. Di Nocera, Hauptmann, Palmieri 2004, p. 132-133.
22. Harmankaya 1992. Ces lances sont associées à une épée, comme dans la tombe d'Arslantepe.
23. Behm-Blancke 1985, p. 51, fig. 8.
24. Montero Fenollós 1999, p. 467.
25. Ökse 2002, p. 269, fig. 27.
26. Sertok *et al.* 1999, p. 93, fig. 10.B. Squadrone 2000, fig. 2.
27. Woolley, Barnett 1952, pl. 61.
28. Woolley 1914, pl. 19c.
29. Braidwood, Braidwood 1960, p. 293, fig. 293.4, pl. 55.3.
30. Verardi 2006, fig. 4.
31. Rezepkin 2000, pl. 16.12.
32. Forest 1983, p. 223, pl. 59.

En résumé, l'élaboration de cette variante remonte à la seconde moitié du IVe mill. et se produit en Anatolie orientale et dans le Caucase. Ces lances connaissent un grand succès dans la zone syro-anatolienne au cours des premiers siècles du IIIe mill.

*- Lances tripartites à lame foliacée arrondie et soie recourbée (Anatolie septentrionale, 3000-2700 av. J.-C.) (**fig.** 7, milieu)*

Ces lances diffèrent des précédentes par la forme plus élargie de la partie intermédiaire – souvent de section ovale, rhomboïdale ou hexagonale – et le recourbement systématique de l'extrémité de la soie. Le corpus est très homogène, tant dans la forme des éléments qui composent la lance que dans les proportions et les dimensions. Ces armes sont de taille moyenne ou allongée (de 27,6 cm à 45,7 cm), avec une lame mesurant la moitié de leur longueur totale. La soie est presque toujours recourbée dans le plan de la lame.

Cette variante est essentiellement connue à Ikiztepe[33] parmi les assemblages funéraires de la nécropole[34]. Elles sont minoritaires parmi les lances de ce site[35], qui comprend essentiellement des piques et des lances bipartites[36]. Cette variante est probablement légèrement postérieure à la précédente, si l'on considère que la tendance anguleuse de la tige et le recourbement de la soie constituent une évolution technique, ce qui semble probable d'après les tendances générales observées.

*- Lances tripartites courtes à lame foliacée (Caucase, Anatolie orientale et Bactriane) (**fig.** 7, droite)*

Les lames de ces lances sont 2 à 3 fois plus longues que larges et ont une forme foliacée ou triangulaire à pointe et épaulements arrondis, ainsi qu'une section rhomboïdale. La longueur de la lame ne constitue ici généralement qu'un tiers à un quart de la longueur totale. La dimension des armatures avoisine 20 cm.

Le principal problème posé par cette variante est d'ordre chronologique. Quatre exemplaires provenant de Bactriane sont hors contexte et ne peuvent être pris en compte[37]. Les plus anciennes proviennent de Klady / Novosvobosdnaïa (kourgane 1), attribuées à la culture de Maïkop[38] et remontent donc au IVe mill. Celle d'Akhaltsikh date du début du IIIe mill. (culture Kuro-Araxe)[39], de même que celle de Tepe Hissar (II)[40]. La lance,

33. La datation de la nécropole d'Ikiztepe est sujette à controverses. Elle est généralement placée par le fouilleur et la plupart des auteurs au BA II et III d'Anatolie, vers 2700-2200 av. J.-C. (Bilgi 1984, p. 96), mais des datations C14 récentes semblent remonter de plusieurs siècles cette attribution, jusque vers 3000 av. J.-C. (Welton 2010, p. 105).
34. Bilgi 1990, p. 127-130 ; 2001, p. 95.
35. Bilgi 1984; 1990.
36. Les éléments constitutifs de ces armes bipartites sont une lame/pointe et une soie, sans partie intermédiaire.
37. Pottier 1984, p. 135-136.
38. Chernykh *et al.* 2002, p. 87, fig. 5.13.
39. Kuchnareva 1993, p. 81, fig. 29.4.
40. Schmidt 1933, pl. 103.H 1040.

assez atypique, de Tilbeş Höyük est plus tardive (dernier tiers du IIIe mill.)[41], tout comme celle de Bakurciche (Kougane 1, culture de Alazani-Bedeni)[42].

- Chronologie et répartition du type A

Les lances tripartites à lame foliacée constituent le plus ancien modèle d'armes d'hast en métal connu au Proche-Orient. Les lances et javelots à armature lithique étaient connus, mais les premiers métallurgistes ont su profiter de toutes les propriétés du métal, pour réaliser une forme si bien adaptée à sa fonction qu'elle a perduré au moins deux millénaires.

Leur apparition remonte à la seconde moitié du IVe mill. en Anatolie orientale et dans le Caucase. Les premiers exemplaires datés avec une grande précision sont ceux d'Arslantepe (niveau VI A et VI B). Après cette phase d'innovation, la forme est adoptée à partir des alentours de 3000/2800 av. J.-C. par les populations des rives du Haut Euphrate (Carchemish, Tell Qara Quzak, Hassek Höyük), de Mésopotamie centrale (Kheit Qasim), et d'Anatolie du nord (Ikiztepe). Sur ce site, il semble que le recourbement soit expérimenté, de même que la tendance à marquer les carènes de la tige intermédiaire. Le type évolue plus tard, avec une réduction des dimensions, observé en particulier dans les régions septentrionales et orientales au cours du Bronze Ancien.

Type B – Lances tripartites à épaulements arrondis et lame biconvexe pointue

Cet ensemble, beaucoup plus hétérogène que le premier, regroupe les lances dont la lame est biconvexe, sans épaulement, et se termine en pointe. Deux variantes principales sont connues (**fig. 8**).

*- Lances tripartites à lame biconvexe pointue longue et soie simple biseautée (Mésopotamie, 2450-2000 av. J.-C.) (**fig. 8**, gauche)*

Cinq exemplaires assez proches au niveau morphologique sont connus. La lame, de section rhomboïdale, est équilibrée. La tige, moyenne ou courte, est élargie à sa base et forme un arrêt assez net. Dans deux cas, la soie est pourvue de rivets.

La lance de Tello est exceptionnelle à la fois par ses dimensions et son décor gravé. Elle mesure 80 cm de long pour près de 12 cm de large. Un lion de profil est gravé sur la lame, et la tige porte une inscription, lue « Roi de Kish »[43]. Cette lance, datée de 2400 av. J.-C. environ, fut découverte à proximité de la Construction d'Ur-Nina (Ur-Nanshe). Des exemplaires trouvés à Assur tombe 5[44] et Suse (sarcophage) datent de l'époque d'Ur III[45]. Une autre lance de Suse provient d'un contexte incertain[46]. À

41. Fuensanta *et al.* 2000, fig. 4. Elle pourrait toutefois être légèrement antérieure si l'on se fie à la chronologie établie par le TAY, qui place l'occupation de Tilbeş dans la première moitié du IIIe mill.
42. Picchelauri 1997, pl. 106.9.
43. Parrot 1948, fig. 26f ; Müller-Karpe 1974, pl. 188.17.
44. Haller 1954, pl. 8b.ap.
45. Mecquenem 1934, p. 231, fig. 81.8.
46. Elle fut trouvée dans un niveau daté par J. de Morgan « de Naram-Sin à Hammurabi » (Morgan 1912, fig. 119) et W. Nagel propose une fourchette de datation plus réduite (Ur III – Isin-Larsa) (Nagel 1963, p. 42).

l'exception de la lance colossale de Tello, cette variante semble donc connue dans la zone d'expansion sumérienne à l'époque d'Ur III.

*- Lances tripartites à lame biconvexe pointue et soie recourbée : Iran nord (2400-1900 av. J.-C.) (**fig. 8**, milieu et droite)*

Cette variante se caractérise par une lame de section rhomboïdale ou renflée, une partie intermédiaire souvent courte[47] élargie de façon à former un arrêt net et une soie recourbée à son extrémité, parfois terminée en bouton. La plupart des lances ont des dimensions moyennes (23 cm à 36 cm), mais deux autres sont très allongées (plus de 50 cm). Ces dernières proviennent de Tepe Hissar[48]. Des éléments de manche trouvés à proximité ont permis de reconstituer la longueur totale de l'arme (1,40 m).

L'aire de répartition est assez réduite : en effet, les exemplaires sont attestés en Iran septentrional et occidental, de Tepe Giyan[49] à Tepe Hissar[50] et Tureng Tepe[51]. Tous datent des derniers siècles du IIIe mill. (Hissar III C et Giyan IV).

En résumé, ce type est essentiellement connu en Mésopotamie, où il reste rare, mais une variante caractérise l'Iran septentrional (culture à céramique grise lissée).

Type C – Lances tripartites à lame triangulaire/cerf-volant : le modèle de Sumer et d'Akkad

Ces armes sont élancées, profilées, et comportent une lame anguleuse, pointue, souvent étroite, en cerf-volant long, dans la mesure où l'angle formé par l'axe et l'épaulement est obtus (**fig. 9**). La partie intermédiaire, assez allongée, a une section polygonale (octogonale et hexagonale en Basse Mésopotamie, carrée en Jezireh) et la soie se termine par une pointe en double biseau, jamais recourbé. Ce type est assez homogène conceptuellement, et les différences les plus notables concernent les dimensions, avec des calibres variés, l'un au moins correspondant à des javelines tandis que les exemplaires les plus longs et massifs sont des lances. Les lames se terminent en pointe, ce qui contribue à accroître de façon considérable les propriétés perforantes tant pour l'hast que pour le jet. Les plus étroites de ces lances ont une section rhomboïdale large, presque carrée, qui les rapproche fortement des piques/javelots du point de vue morphologique et fonctionnel.

*- Lances tripartites longues à lame triangulaire étroite et pointue (**fig. 9**, gauche)*

Cette variante aurait pu appartenir à la catégorie des piques, étant donnée la forme très pointue de la lame, mais elles sont conceptuellement et morphologiquement

M Frangipane opte pour une datation beaucoup plus haute du fait du mobilier associé, faisant remonter la lance à l'époque de Suse II, mais il ne s'agit que d'une extrapolation invérifiable (Frangipane 1985, fig. 5.6). Nous proposons de dater cette lance des derniers siècles du IIIe mill., d'après la comparaison avec les exemplaires mieux stratifiés.

47. Elle peut être 3 à 6 fois plus courte que la lame.
48. Schmidt 1937, pl. 51.
49. Conteneau, Ghirshman 1935, pl. 32.112:3.
50. Schmidt 1933, pl. 119 ; 1937, pl. 51.
51. Trois autres exemplaires proviennent du « trésor d'Asterabad » (Mallowan 1961, p. 96, fig. 24.10).

apparentées aux lances tripartites. Les lames sont en moyenne 10 fois plus longues que larges. Leur section est rhomboïdale, et celle de la tige est octogonale, hexagonale ou circulaire. Certaines comportent de légers décors : une lance d'Ur a par exemple une tige parcourue de 8 fins reliefs longitudinaux[52].

Ces lances sont connues à travers la Mésopotamie dès le début du DA III à Ur[53] (tombe PG 580), Fara[54], Kirkuk[55] et semblent adoptées au cours de la seconde moitié du IIIe mill. en Syrie du nord à Tell Brak[56], Tell Chuera[57], Til Barsip[58], Ebla[59] et jusqu'en Cilicie (Soli[60]).

- Lances tripartites longues à lame triangulaire / en cerf-volant (L > 30 cm) (fig. 9, milieu)

La lame de ces lances se caractérise par une forme triangulaire et des épaulements angulaires. La longueur totale des armatures peut atteindre 68 cm. La longueur de la lame vaut environ la moitié de la longueur de l'objet.

Comme pour la variante précédente, l'espace de répartition comprend essentiellement la Mésopotamie et la Syrie du nord, depuis le DA III (2600-2350 av. J.-C.) jusqu'à la fin du IIIe mill. La tombe royale PG 789 en a livré plusieurs[61]. La longueur totale restituée (avec la hampe) avoisine les 160 cm. Les tombes PG 319, 779, 513 et 1600[62] ont livré des lances de la même période[63], ainsi que le dépôt de la salle 29 à Abu Salabikh[64], la tombe 2 de Tell Fisna[65]. Les objets trouvés à Kirkuk en comportaient trois[66], des fouilles de surface à Terqa[67] et Kish[68] en ont livré d'autres. On en connaît un exemplaire à Mari[69] et un autre à Suse, caractérisé par une lame à forte nervure et tranchants sinueux[70].

Plus au nord, elles sont connues à Serrin, Hammam et Amarna parmi le mobilier daté de la seconde moitié du IIIe mill.[71], mais de contextes très incertains. La tombe à ciste 98.B.01 de Tell Chuera (EJZ 3b/4)[72] a livré un exemplaire. Notons que les lames des

52. Müller-Karpe 2004, p. 66, pl. 102.1528.
53. Woolley 1934, p. 542, pl. 227 ; Müller-Karpe 2004, pl. 102.1525.
54. Heinrich, Andrae 1931, pl. 39.e.
55. Müller-Karpe 2004, p. 22, pl. 26.418.
56. Mallowan 1947, pl. 31.11.
57. Moortgat 1960, p. 7, fig. 8.
58. Thureau-Dangin, Dunand 1936, p. 107, pl. 31.5.
59. Matthiae 1985, fig. 135.
60. Bittel 1940, pl. 4.S 3407.
61. Woolley 1934, p. 557, 562, pl. 153, 189a.
62. Müller-Karpe 2004, p. 65.
63. Il convient d'ajouter les tombes PG 711, 715, 1267 et 1525 datées de la période d'Akkad (Philip 1989, p. 72) et la tombe PG 1422, datée de la troisième dynastie d'Ur, qui contenait des lances décrites comme étant de ce type, mais non illustrées (Woolley 1934, p. 584).
64. Postgate 1984, p. 98, pl. 6.b.
65. Numoto 1988, p. 72, fig. 43.28, pl. 23.
66. Müller-Karpe 2004, p. 22.
67. Kelly-Bucellati, Mount Williams 1977, p. 13, fig. 4.
68. Mackay 1929, pl. 61.16 ; Watelin, Langdon 1934, pl. 33.4.
69. Helwing, Müller 2004, p.101, pl. 155.2566.
70. Tallon 1987 (A), p. 142-143.
71. Philip 1989, p. 71-72.
72. Krasnik, Meyer 2001, p. 388, fig. 8b. Les auteurs mentionnent la présence de trois lances mais une seule est illustrée.

lances de cette région sont un peu moins élancées que celles de Basse Mésopotamie. Les dépôts de Tell Mabtouh Sharqi ont livré les deux variantes principales : les lances massives à tige de section hexagonale ou octogonale, identiques à celles d'Ur, et les lances plus légères à tige de section carrée ou rectangulaire, produites localement.

*- Lances tripartites moyennes et courtes à lame triangulaire (L <30 cm) (**fig. 9**, droite)*

Les caractéristiques morphologiques sont les mêmes. Le groupe de lances moyennes (longues de 20 à 30 cm) trouvé dans la tombe PG 789 comprend 4 lances à armature en or. La longueur totale de chaque arme a été évaluée à 92 cm[73], probablement adaptée au jet[74]. Les armatures les plus courtes (de 12,9 cm à 20 cm), étroites (moins de 2 cm de large), fines (0,35 cm d'épaisseur en moyenne) et légères (39 g en moyenne) semblent tout à fait liées à une utilisation comme arme de jet.

Elles sont attestées à Mari dès la Ville I (2900-2600)[75], à Tell Razuk (construction ronde, vers 2800 av. J.-C.[76]), de même qu'à Suleimeh à la même époque semble-t-il[77]. Le développement est surtout caractéristique du DA III (2600-2350 av. J.-C.) en Mésopotamie à Ur[78] et sur quelques autres sites où la forme perdure jusqu'à l'époque d'Akkad. Cette variante est bien attestée sur les sites de la Diyala (Tell Sabra, Tell Razuk) et du Moyen Euphrate à Mari[79], Abu Hamed[80], Tell Bi'a[81] et Wreide[82]. Leur datation est similaire. Ras Shamra a livré un exemplaire daté de l'Ugarit moyen I (2100-1900 av. J.-C.), par conséquent légèrement plus récent[83].

- Caractéristiques, origine et diffusion du type C

Les lances constituent le modèle classique des lances sumériennes, adoptées et adaptées jusqu'au Levant nord, en particulier sur les sites des rives de l'Euphrate, étroitement liées à la Mésopotamie des dynasties archaïques. Elles demeurent en usage au cours de la seconde moitié du IIIe mill., et évoluent vers un type plus élaboré à la fin de celui-ci (voir ci-dessous, type E).

L'évolution conceptuelle de la forme est remarquable. Elle est inspirée des lances à pointe arrondie caractéristiques de la culture du Haut Euphrate au début du Bronze Ancien. Les artisans mésopotamiens contribuèrent à modifier la lame, la rendant plus effilée et pointue, et par conséquent plus performante dans l'optique d'une diversité d'usages. Outre cette évolution morphologique, les métallurgistes sumériens fabriquent désormais la plupart des lances en bronze à l'étain alors que les lances précédentes

73. Woolley 1934, p. 68.
74. Leur masse atteint 153 g en moyenne.
75. Margueron 2004, p.106, fig. 77.5.
76. Gibson *et al.* 1981, pl. 97.12.
77. Müller-Karpe 2004, p. 36, pl. 46.779. La tombe 173 indiquée comme associée au bâtiment ovale du niveau X pourrait toutefois être postérieure.
78. Müller-Karpe 2004, p. 66, pl. 103.
79. Margueron 2004, p.193, fig. 171.
80. Falb 2005, p. 76, fig. 41.10.
81. Strommenger, Kohlmeyer 1998, pl. 146.24-25.
82. Van Loon 2001, fig. 4A.7.15.
83. Schaeffer 1949, p. 50, fig. 18.20.

étaient constituées d'un alliage de cuivre et d'arsenic. La forme profilée des lances est illustrée avec précision dans l'iconographie, par exemple à Mari sur des éléments d'incrustation de panneaux (**fig. 10**).

La transmission des caractéristiques des lances sud-mésopotamiennes s'opère ensuite dans le sens inverse : les artisans de Syrie du nord adoptent partiellement le modèle méridional. Bien qu'il ne soit pas exclu que les exemplaires trouvés en Haute Mésopotamie soient issus d'un développement local parallèle à celui de Basse Mésopotamie, les très grandes similitudes observées tant du point du vue morphologique que fonctionnel permettent de conclure à une influence directe du sud, soit par la circulation effective d'armes, soit par un processus d'imitation. Les légers particularismes locaux (lame souvent moins élancée, exemples de tiges à imitation de ligatures et surtout section carrée de la tige en Jezireh) nous permettent de suggérer qu'il s'agit d'une adaptation locale. Sumer a par conséquent été un centre d'innovation puis de rayonnement après avoir lui-même été le récepteur d'un savoir-faire et d'une conception venus du nord.

Type D – Lances tripartites à lame courte et étroite, tige allongée et soie repliée[84] *: un type du Levant sud au Bronze Intermédiaire (2400-2000 av. J.-C.)*

Ce type est très homogène tant dans les dimensions que les proportions. La longueur moyenne des armes se situe autour de 26 cm (écart-type de 5,7 cm). La lame, de forme foliacée ou triangulaire et de section rhomboïdale, mesure en moyenne 6,7 cm × 2,1 cm. Elle est donc presque systématiquement 3 fois plus longue que large. La longueur de la soie vaut approximativement celle de la lame, tandis que la partie intermédiaire, de section circulaire, vaut presque le double. Par conséquent, si la conception tripartite est semblable à celle des autres lances, ce type se distingue totalement par les proportions des éléments constitutifs. L'autre caractéristique est le mode d'emmanchement, incluant systématiquement le repliement de l'extrémité de la soie. La hampe n'a pas été conservée, mais deux exemplaires ont été trouvés avec un bandeau métallique qui enserrait celle-ci autour de la soie. Ce mode d'emmanchement, connu aussi pour les piques, est typique du Levant méridional, et est connu presque exclusivement dans cette région. Deux principales variantes sont connues (**fig. 11**).

*- Lances tripartites à lame biconvexe courte et étroite, tige allongée et soie repliée (**fig. 11**, gauche)*

Les pointes sont biconvexes ou foliacées, peu pointues.

Ces lances sont attestées dans les tombes de Palestine depuis Tell el-'Ajjul[85] (tombe 227) jusqu'aux sites des plaines du centre et des rives du Jourdain : Yavne[86],

84. Type 6 de G. Philip (Philip 1989, p. 76-77).
85. Petrie 1931, pl.19.49.
86. Philip 1989, p. 334. Bien que l'objet ne soit pas illustré, sa description permet de l'attribuer à cette variante, malgré ses dimensions nettement au-dessus de la moyenne (L=43 cm).

'Ain Samiya[87], Jebel Qa'aqir[88], les tombes G 83 et M 13 de Jericho[89], les tombes 2100 et 2111 de Lachish[90]. Toutes sont datées du Bronze Intermédiaire (=BA IV=ESL 6, 2400-2000 av. J.-C.), plutôt de la fin de la période, donc les deux derniers siècles du IIIe mill.[91].

*- Lances tripartites à lame triangulaire courte et étroite, tige allongée et soie repliée (**fig. 11**, droite)*

La conception est identique à celle du modèle précédent, mais la lame est de forme triangulaire. De plus, celle-ci est souvent un peu plus allongée.

La zone de répartition est ici encore centrée sur la Palestine centrale et méridionale. Les nécropoles de Jebel Qa'aqir[92], Barqa'i[93], Khirbet el-Kirmil[94] et Ain Samiya[95] ont livré ces lances, de même que la tombe 2032 de Lachish[96] et la tombe 275 de Tell al-Ajjul[97]. L'exemplaire de Silikfe[98], en Cilicie, est probablement une importation. Une lance se distingue des autres lances par sa lame triangulaire très allongée (30 cm)[99] pour une longueur totale de 46,4 cm. Des traces de la hampe en bois d'olivier ont été trouvées autour de la soie. Elle provient de la tombe à puits de Motza[100]. La présence d'un bandeau métallique de fixation de la hampe confirme que le repliement de la soie est bien lié à l'emmanchement et non à un geste symbolique effectué *a posteriori* pour rendre l'arme inutilisable.

- Caractéristiques, répartition et chronologie du type D

Les artisans du Levant méridional ont acquis un concept déjà connu au Levant nord et en Mésopotamie et l'ont transformé tant au niveau de la forme (lame très courte) que du mode d'emmanchement (soie repliée). Il s'agit donc de l'adaptation locale, assez tardive, d'une forme déjà connue[101]. La fabrication et la finition de ces armes ne tendent pas à la qualité recherchée pour la plupart des types syro-mésopotamiens et anatoliens. La fonte et le martelage ont laissé quelques traces. La seule analyse de composition dont nous disposons montre l'utilisation de cuivre arsénié[102].

87. Dever 1972 (A), p. 104, fig. 5.
88. Dever 1995, p. 288, pl. 3.
89. Kenyon 1964, p. 84, fig. 41.11 et 13.
90. Tufnell 1958, p. 75, pl. 22.1 et 3.
91. Un exemplaire de forme apparentée mais de date et de provenance très différentes (nécropole de Varna, tombe 43, datée de la fin du Ve mill. (Todorova 1981, pl. 18.201). Si aucun lien ne peut être établi entre cette lance et celles de Palestine, il est remarquable que cette option morphologique (structure tripartite, tige allongée, pointe courte et soie recourbée) soit connue à une aussi haute époque, sans suite.
92. Dever 1995, p. 288, pl. 3.
93. Gophna 1992, p. 151, pl. 23.1.
94. Dever 1975, p. 31*, fig. 6.7.
95. Dever 1972 (A), p. 104, fig. 5.2.
96. Tufnell 1958, p. 75, pl. 22.2.
97. Petrie 1931, pl.19.48.
98. Bittel 1955, p. 117, fig. 10.
99. Type 12 de G. Philip (Philip 1989, p. 79-80).
100. Bahat 1975, p. 22, fig. 5.1.
101. Une adaptation similaire rigoureusement contemporaine doit être notée pour les piques/javelots.
102. Kenyon 1964, p. 84, fig. 41.11.

Aucune lance de ce type n'est attestée avant 2400. Elles sont même plutôt caractéristiques de la fin de la période[103]. Les modalités du transfert restent incertaines. Il se produit au moment même où le système urbain vient de s'effondrer et que de grands changements économiques, sociaux et culturels sont en cours dans la région. Il est possible que les pratiques funéraires, qui reflètent ce mode de vie transformé, n'aient fait que mettre en évidence une évolution de la culture matérielle déjà en cours précédemment mais moins visible[104]. Néanmoins, l'explosion quantitative de l'armement métallique et la nouveauté des types (piques à soie repliée, lances tripartites et poignards à talon riveté) ne sont pas des phénomènes isolés et s'accompagnent d'une transformation nette de la culture matérielle. Les théories invasionnistes ont laissé place aux théories économiques et sociales pour expliquer le développement de la civilisation désurbanisée des derniers siècles du IIIe mill. Si l'existence de petites élites semi-nomades peut expliquer la multiplication des sépultures d'individus accompagnés d'une panoplie d'armes, les modalités de l'adoption de ces types précis, incontestablement dérivés de ceux du Levant nord et de Mésopotamie, restent hypothétiques. Ils sont le fruit de la multiplicité des contacts entre ces différentes régions.

G. Philip émet l'hypothèse que ces lances sont un phénomène régional, et sont peut-être issues du développement des piques bipartites à soie repliée légèrement plus anciennes[105]. Nous préférons supposer que les deux types descendent des modèles du Levant nord. L'un des points majeurs nous semble être l'absence totale de lances dans la région auparavant : depuis les lances bipartites de Kfar Monash[106], Megiddo[107] datées des alentours de 3000 av. J.-C. et Pella (2800 av. J.-C.)[108], aucune lance n'est attestée au Levant sud jusqu'à la réapparition de la forme vers 2400/2300 av. J.-C. S'il ne s'agit pas d'un vide documentaire, il convient de supposer que le retour de cette catégorie d'arme dans la région correspond à un enjeu au moins en partie d'ordre stratégique, en l'occurrence l'adaptation aux modes de combats. Le deuxième enjeu est d'ordre symbolique, la lance reflétant un statut social et culturel particulier, partiellement emprunté au modèle syro-mésopotamien, avec de multiples lectures et ajustements locaux.

À partir de 2100/2000 av. J.-C., elles sont rapidement remplacées au Levant méridional – de façon définitive – par les lances à douille repliée.

Type E – Lances tripartites à lame renflée, arrêt marqué et soie recourbée : le modèle du IIe mill. au Levant, en Anatolie et au nord de l'Iran

Ce type se caractérise par un ensemble de particularités morphologiques qui constituent un aboutissement fonctionnel et esthétique du type tripartite. La lame, allongée, triangulaire ou ogivale, est renforcée par un fort renflement médian. La partie intermédiaire porte souvent un décor incisé ou moluré et se trouve pourvue, à sa

103. Philip 1989, p. 77.
104. Les armes sont en effet très rares dans les tombes de Palestine avant le BA IV.
105. Philip 1989, p. 77.
106. Hestrin, Tadmor 1963, p. 280.
107. Philip 1989, p. 81, fig. 58.
108. Bourke, Sparks, Mairs 1999, p. 63, fig. 11.1.

base, d'un élargissement marqué ou d'un véritable disque d'arrêt. La soie, de section carrée, est recourbée et élargie à son extrémité, courbée à angle droit.

La présence de ces deux derniers éléments rend le mode d'emmanchement à la fois solide et stable. L'efficacité de la lame est assurée par la pointe et les tranchants, et sa robustesse par le renflement médian. La tige cylindrique décorée complète la ligne esthétique de ces armes. Toutes présentent une finition parfaitement exécutée.

Bien que l'on observe des différences au niveau de la dimension des objets (17,2 cm à 34,5 cm pour les types du Bronze Moyen et jusqu'à 55 cm pour ceux du Bronze Récent), la majorité se situe entre 22 et 29 cm. La longueur moyenne des lances de ce type est en effet de 26,6 cm avec un écart-type peu élevé (4,5 cm). La lame, généralement 5 fois plus longue que large, représente la moitié de la longueur totale de l'arme. Ces armatures pèsent en moyenne 200 g.

La forme de la lame permet de subdiviser ce type en trois variantes (**fig. 12**).

*- Lances tripartites à lame en cerf-volant renflée, arrêt marqué et soie recourbée (Levant, 2100-1900 av. J.-C.) (**fig. 12**, gauche)*

Cette variante est très homogène. Les seules différences observées concernent la tige. Sa section est octogonale ou circulaire, les motifs décoratifs présents sur celle-ci varient (absence de décoration, moulures verticales, frises de traits obliques, lignes horizontales en relief, colonnes de tirets horizontaux incisés sur chaque face de l'octogone). Sa base est formée par un élargissement abrupt ou d'un disque d'arrêt.

Ces lances sont attestées au Levant nord. La seule trouvée dans un contexte funéraire clair provient de l'Hypogée de Sarraqeb, en association avec du mobilier céramique daté de 2200-1900 av. J.-C.[109]. Les données concernant la plupart des lances trouvées dans les tombes de Ras Shamra ne sont pas publiées, excepté pour une lance, qui fut en fait trouvée dans une coupe stratigraphique[110].

Les contextes les plus fréquents sont des fosses / silos et des dépôts. Cette variante est attestée dans des dépôts en jarre à Tell Munbaqa (Dépôt 2)[111] et Byblos (Dépôts ι et υ). On la connaît aussi dans deux silos, l'un à Tarse[112] et l'autre, dit « Poche aux Bronzes », à Ras Shamra[113]. Un exemplaire de forme simple a été découvert à Kültepe (niveau II du *karum*)[114].

Ces lances apparaissent et se développent donc à partir des décennies autour de 2000 av. J.-C.

*- Lances tripartites à lame ogivale renflée, arrêt marqué et soie recourbée (Levant, 2100-1700 av. J.-C.) (**fig. 12**, milieu)*

La forme de la lame diffère légèrement : elle est un peu plus allongée, de forme ogivale avec des épaulements saillants.

109. Suleiman, Gretco 1983, p. 97, pl. 2.
110. Il s'agit d'une tombe non localisée de la coupe est du sondage SH (Contenson 1992, p. 420, pl. 168.4).
111. Czichon, Werner 1998, pl. 101.993.
112. Goldman 1956, fig. 427.94.
113. Schaeffer 1962, p. 232, fig. 28.
114. Erkanal 1977, pl. 14.1.

La tombe KCG 14 de Carchemish en a livré un exemplaire, morphologiquement assez proche de la variante, en association avec des piques et une céramique datée de la seconde moitié du IIIe mill.[115]. Une lance très similaire provient d'une tombe de Tell Mozan datée de 2100-2000 (EJZ 5)[116]. Un exemplaire de plus grande dimension et pourvu d'un décor d'anneaux en relief sur la tige appartient au dépôt λ de Byblos. Une autre lance, de format similaire, présente un décor de lignes verticales sur la tige. Elle a été trouvée dans la tombe du Seigneur aux Capridés à Ebla[117] (vers 1750 av. J.-C.).

Deux lances diffèrent du modèle levantin mais présentent quelques similitudes avec celui-ci, et témoignent de l'évolution morphologique des lances tripartites en Transcaucasie (Kourgane 1 de Bakurciche[118] daté de la fin du IIIe mill. (culture d'Alazani-Bedeni), et en Mésopotamie (Suleimeh dans le Hamrin mais son contexte est inconnu[119]).

*- Lances tripartites à lame triangulaire, renflement médian, arrêt marqué et soie recourbée (Anatolie orientale et Iran nord, 1500-1100 av. J.-C.) (**fig. 12**, droite)*

La différence principale avec les autres variantes est la forme de la lame, triangulaire pointue, pourvue d'une nervure plus ou moins marquée. Les épaulements sont presque perpendiculaires à l'axe de l'armature. La tige est polygonale, parfois décorée de motifs complexes en plusieurs frises de lignes brisées, zigzags et chevrons. Il s'agit d'un retour à des lances de grandes dimensions (jusqu'à 55 cm, ce qui n'était plus attesté depuis les lances d'Arslantepe).

Il s'agit de la variante la plus tardive. Elle est connue sur deux sites, d'une part en Anatolie orientale, à Araban, où un dépôt contenait 4 lances correspondant à cette variante, parmi – entre autres – neuf lances tripartites[120]. Ce dépôt est difficile à dater précisément, mais les types présents laissent supposer une fourchette comprise entre la fin du Bronze Moyen (1600-1500 av. J.-C.) et la fin du Bronze Récent (vers 1200 av. J.-C.). Le deuxième site est Marlik, au sud de la Mer Caspienne. Cette nécropole a livré de nombreuses armes, parmi lesquelles figurent les dernières lances tripartites de l'âge du bronze[121]. Une parenté entre l'est de l'Anatolie et le nord de l'Iran peut être suggérée d'après la ressemblance des lances des deux types, mais on peut aussi supposer que chacune descend d'une variante locale.

- Caractéristiques, chronologie et répartition du type E

En considérant les données chronologiques et typologiques, il ne fait pas de doute que ce modèle est issu de l'évolution des lances anatoliennes à la fin du IIIe mill. Les artisans levantins ont su adapter le système d'emmanchement à soie recourbée connu à Ikiztepe dès 3000/2800 av. J.-C. et utilisé pour les piques du Levant dès 2400 av. J.-C.

115. Woolley, Barnett 1952, pl. 57.a et 60.a
116. Fortin 1999, p. 104, fig. 45.
117. Matthiae *et al.* 1995, p. 429, fig. 306.
118. Picchelauri 1997, p. 24, pl. 69.1189.
119. Müller-Karpe 2004, p. 36, pl. 46.780.
120. Müller-Karpe 1994, pl. 94.
121. Negahban 1995.

La deuxième nouveauté, à savoir le disque d'arrêt à la base de la tige, semble être une invention locale, de même que le très fort renflement médian de la lame.

D'après les éléments chronologiques entrevus précédemment, nous pouvons dater l'apparition de ce type de la fin du IIIe mill. av. J.-C., et sa disparition vers 1750 av. J.-C.[122]. L'aire de répartition du type E est complexe : deux variantes – les plus anciennes – sont levantines, Byblos et Ras Shamra sur la côte, Ebla et Sarraqeb en Syrie intérieure, Tell Munbaqa et Carchemish sur l'Euphrate et Tell Mozan au nord. Une variante est connue plus à l'est (Diyala et Transcaucasie). Après le Bronze Moyen, les lances tripartites sont remplacées dans la plupart des régions par les lances à douilles mais deux régions voient la subsistance et l'évolution du modèle : l'Anatolie orientale (Araban) et l'Iran nord (Marlik).

Élaboration, évolution et transmission des lances tripartites

Le modèle tripartite des lances, conçu à la fin du Chalcolithique et développé au cours de l'âge du Bronze Ancien, a été diffusé, adopté et adapté dans la plupart des régions de l'Orient ancien. L'Anatolie, le Caucase, le Levant nord et la Mésopotamie, puis la Palestine et le nord de l'Iran ont connu cette arme au cours des siècles suivant son invention et l'ont utilisée au cours d'une période de durée variable.

Le transfert des concepts des lances tripartites d'une part et des types morphologiques d'autre part ne suit pas un schéma évolutif global et simple[123], et peut être analysé sur trois niveaux :

1/ Les lances métalliques sont devenues rapidement primordiales dans certaines régions, en lien avec l'évolution de la situation politique et militaire. Il s'agit en effet de nécessités dues aux modes de combat. Les armées des cités sumériennes, puis celles de l'empire d'Akkad ont intégré les lances – originaires du nord – à leur armement de base, dont elles constituent l'élément essentiel. Il est probable que la multiplication des conflits armés a largement contribué à la diffusion des lances, tant sous forme matérielle que conceptuelle. Les lances et javelines sont par essence les armes des soldats et des gardes, comme les assemblages des tombes royales d'Ur tendent à le démontrer. Elles ne font généralement pas partie des armes « personnelles » et insignes de pouvoir, au contraire des poignards et des haches.

2/ Le modèle des lances à structure tripartite, bien que le plus ancien, n'est pas unique et se trouve confronté à la concurrence, et parfois la complémentarité, des piques, des lances bipartites (avec ou sans fentes), puis – surtout – des lances à douille. Totalement remplacé par ces deux dernières au Levant sud et en Mésopotamie, il coexiste durant quelques siècles au Levant nord, en Anatolie au début du IIe mill. avant de péricliter. Les lances tripartites subsistent dans quelques isolats (Marlik). La structure tripartite perdure à la fois pour la solidité de son emmanchement, l'efficacité de sa pointe et ses tranchants, mais aussi pour des critères moins pragmatiques, tels

122. Il est déjà considéré comme un objet assez archaïque dans la tombe du Seigneur aux Capridés d'Ebla (Matthiae *et al.* 1995, p. 429).
123. Gernez 2008.

que l'habitude des artisans, la transmission des savoir-faire voire le symbole porté par l'arme. La qualité de la finition, la finesse de la ligne, les décorations de la tige et la grande continuité morphologique à travers le temps étayent l'idée de l'importance de la lance tripartite en tant que représentation esthétique et symbolique.

3/ Les variantes peuvent être perçues comme des phénomènes culturels et régionaux, comme l'attestent leurs aires de répartition, qui correspondent toujours à des entités culturelles bien définies. Les variantes correspondent aux savoir-faire et aux choix des artisans, qui pérennisent localement une tradition issue d'un apport extérieur. Les objets semblent avoir peu circulé en eux-mêmes, ou bien à une échelle qui a laissé peu de traces : en effet, les objets découverts sont généralement des productions locales ou régionales, et les éléments importés sont rares. Les exemples les plus significatifs de types et variantes bien localisés dans l'espace et dans le temps sont les suivants :

- Type A variante syro-anatolienne (Arslantepe, Tülintepe, Carchemish, Qara Quzaq), 3200-2700 av. J.-C.
- Type A variante côte de la mer Noire (Ikiztepe), 3100-2700 av. J.-C.
- Type C variante sud-mésopotamienne (Ur, Kirkuk, Terqa, Brak) 2600-2150 av. J.-C.
- Type C variante Jezireh (Tell Mabtouh, Tell Chuera), 2450-2300 av. J.-C.
- Type D : Levant méridional (Jericho, Lachish, Qa'aqir, 'Ajjul), 2400-2050 av. J.-C.
- Type E variante Levant nord (Byblos, Ras Shamra, Ebla, Tarse), 2100-1750 av. J.-C.
- Type E variante Iran nord (Marlik), 1400-1100 av. J.-C.

En résumé, ces trois niveaux reflètent bien les composantes majeures qui influent sur les modalités de conception et d'amélioration[124] :

- La composante fonctionnelle, liée aux techniques de combat et à la structuration des armées, explique l'adoption de ces lances dans les régions les mieux organisées du point de vue militaire (Anatolie du sud, Mésopotamie) et une diffusion postérieure dans les régions un peu plus en retrait (Levant sud).
- La composante technique : les progrès de l'artisanat, inégalement répartis, rendent possible la production de formes élaborées, en l'occurrence la segmentation de la lance en trois parties distinctes et complexes du point de vue morphologique.
- La composante sociale, avec les différentes options possibles liées à une appartenance sociale et culturelle, comme en témoignent les aires bien délimitées de diffusion des types et variantes.

L'histoire complexe des lances tripartites peut être résumée comme suit (**fig. 13-carte 6**). L'apparition de ce type remonte au milieu du IVe mill. av. J.-C. L'aire de développement de ce type englobe l'Anatolie orientale (Arslantepe) et le Caucase jusqu'à Klady (culture de Maïkop au nord et Kouro-araxe au sud), sans qu'il soit possible de déterminer l'antériorité de l'une ou l'autre des régions. À partir de 3000-2600 av. J.-C., les lances tripartites deviennent une composante incontournable de l'armement de la zone syro-anatolienne depuis le coude de l'Euphrate jusqu'à la région du lac Keban et sont adoptées jusqu'à Ikiztepe, avec une adaptation technique (la soie recourbée, qui fera date[125]).

124. Dhennequin 2007, p. 111, fig. 1 ; Gernez 2007, p. 3.
125. Gernez 2009, p. 276-277.

Les artisans sumériens, inspirés par ceux de ce foyer syro-anatolien (peut-être via le Hamrin ?), adoptent le concept de la lance tripartite à partir du milieu du Dynastique Archaïque (vers 2700 av. J.-C.) et l'adaptent à leur propre savoir-faire et à leurs normes esthétiques. C'est ainsi que se développe le type C : la lame triangulaire et la tige de section octogonale remplacent ici la lame foliacée et la tige de section circulaire.

À partir de 2400-2300 av. J.-C., les artisans du Levant méridional adoptent le concept tripartite, en produisant des lances à longue tige intermédiaire (Type D), via une influence syrienne. Vers la fin du IIIe mill. av. J.-C., les bronziers du Levant nord et d'Anatolie méridionale innovent, avec des formes plus anguleuses, le choix d'une nervure médiane très marquée, d'un arrêt formé par un disque et une décoration presque systématique des tiges (Type E).

Bien plus loin à l'est, vers la fin du IIIe mill., la lance tripartite est adoptée dans le nord de l'Iran (Tepe Hissar, Tureng Tepe) avec une parenté conceptuelle nette, du point de vue de l'emmanchement, avec les lances du type E de la zone syro-anatolienne, qui sont pratiquement contemporaines. L'absence de données dans les régions intermédiaires rend impossible la possibilité de percevoir une éventuelle continuité, ni l'existence et le sens d'une possible influence artisanale ou culturelle. Il est possible de supposer que les inventions les plus remarquables (soie recourbée à bouton, arrêt marqué circulaire) sont tout à fait séparées. Néanmoins, étant donnée la longue histoire de ce type dans la zone syro-anatolienne et la généralisation locale de ces armes, nous suggérons que cette zone a pu avoir une influence – au moins à ce niveau – sur l'Iran nord, soit directement, soit avec la Transcaucasie comme intermédiaire.

L'histoire de la lance tripartite ne s'arrête pas à l'aube du IIe mill. : bien qu'elle laisse place dans toutes les régions méridionales à la lance à douille repliée, cette arme continue d'être produite dans les régions septentrionales (Iran nord et Anatolie orientale) avec des évolutions morphologiques dans la continuité (lames triangulaires, décors complexes de la tige) (type E, variantes locales).

De façon schématique, on peut donc résumer l'évolution de la lance tripartite de la façon suivante : conçue et développée par les artisans du Haut Euphrate et du Caucase, elle connaît un grand succès local, puis se trouve adoptée (pour des raisons d'adaptations aux modes de combat et grâce à un transfert technique artisanal) et améliorée dans le monde mésopotamien au cours du IIIe mill. puis au Levant sud et au nord de l'Iran au cours des derniers siècles de celui-ci. Elle reste inconnue au-delà. À partir du IIe mill., elle est remplacée rapidement par la lance à douille de façon radicale au sud, et de façon plus progressive au nord, où elle connaît ses ultimes perfectionnements.

Guillaume Gernez
Université Paris 1 Panthéon-Sorbonne
UMR 7041 ArScAn – *équipe VEPMO*

Bibliographie

Bahat D. (1975), « A Middle Bronze I Tomb-Cave at Motza », *Eretz-Israel*, 12, p. 18-23.

Behm-Blancke M. R. (1985), « Hassek Höyük. Vorlaufiger Bericht über die Grabungen in den Jahren 1981-1983 », *Istanbuler Mitteilungen*, 34, 1984, p. 31-151.

Ben-Tor A. (dir.) (1992), *The Archaeology of Ancient Israel*, Cumberland, Yale UP, p. 126-158.

Bilgi Ö. (1984), « Metal Objects from Ikiztepe-Turkey », *Beitrage zur Allgemeinen und Vergleichenden Archäologie*, 6, p. 31-96.

—. (1990), « Metal Objects from Ikiztepe-Turkey », *Beitrage zur Allgemeinen und Vergleichenden Archäologie*, 9-10, p. 119-219.

Bittel K. (1940), « Der Depotfund von Soloi-Pompeiopolis », *Zeitschrift für Assyriologie und Vorderasiatische Archäologie*, 12, p. 183-205.

—. (1955), « Einige Kleinfunde aus Mysien und aus Kilikien », *Istanbuler Mitteilungen*, 6, p. 113-118.

Bourke S. J., Sparks R. T., Mairs L. D. (1999), « Bronze Age occupation on Tell Husn (Pella): report on the University of Sydney's 1994/95 Field Seasons », *Mediterranean Archaeology*, 12, p. 51-66.

Braidwood R. J., Braidwood L. S. (1960), *Excavations in the Plain of Antioch - The Earlier Assemblages Phases A-J*, Chicago, The University of Chicago Press.

Chernykh E. N., Avilova L. I., Orlovskaya L. B. (2002), « Metallurgy of the Circumpontic area: from unity to disintegration », dans Yalçın 2002, p. 83-100.

Conteneau G., Ghirshman, R. (1935), *Fouille du Tépé-Giyan près de Néhavend 1931 et 1932*, Paris, Librairie orientaliste Paul Geuthner.

Contenson H. D. (1992), *Préhistoire de Ras Shamra. Les sondages stratigraphiques de 1955 à 1976*, Paris, Éditions Recherche sur les civilisations.

Czichon R. M., Werner P. (dir.) (1998), *Tall Munbaqa-Ekalte I. Die Bronzezeitlichen Kleinfunde.* Sarrebruck, SDV, p. 12-14.

De Maigret A. (1976), *Le Lance nell'Asia Anteriore nell'Età del Bronzo. Studio Tipologico*, Roma, Isituto di Studi del Vicino Oriente / Università di Roma.

Dever W. G. (1972), « Middle Bronze Age I cemeteries at Mirzbâneh and `Ain-Sâmiya », *Israel Exploration Journal*, 22, p. 95-112.

—. (1975), « A Middle Bronze I cemetery at Khirbet el-Kirmil », *Eretz-Israel*, 12, p. 18*-33*.

—. (1995), « Social structures in the Early Bronze IV period in Palestine », dans Levy 1995, p. 282-296.

Dhennequin L. (2007), « Modélisation de la circulation des épées en bronze du première âge du fer à partir de leur étude technique », dans Rouillard 2007, p. 109-118.

Di Nocera G. M., Hauptmann A., Palmieri A. M. (2004), « I metalli della Tomba Reale e la metalurgia agli albori del III millenio », dans Frangipane 2004, p. 123-125.

Duistermaat K., Regulski I. (dir.) (2011), *Intercultural Contacts in the Ancient Mediterranean. Proceedings of the International Conference at the Netherlands-Flemish Institute in Cairo, 25th to 29th October 2008*, Leuven, Peeters (Orientalia Lovaniensia Analecta, 202), p. 328-342.

Dunand M. (1950), *Fouilles de Byblos*, t. II. *1933-1938. Atlas*, Paris, Librairie d'Amérique et d'Orient Adrien Maisonneuve.

—. (1954), *Fouilles de Byblos*, t. II. *1933-1938. Texte**, Paris, Librairie d'Amérique et d'Orient Adrien Maisonneuve.

Erkanal H. (1977), *Die Äxte und Beile des 2. Jahrtausends in Zentralanatolien*, Munich, C.H.Beck'sche Verlagsbuchhandlung München.

Falb C. (2005), « Die Kleinfunde », dans Falb, Krasnik, Meyer, Vila 2005, p. 75-84.

Falb C., Krasnik K., Meyer J. W., Vila E. (dir.) (2005), *Der Friedhof von Abu Hamed*, Saarwellingen, Saarländische Druckerei & Verlag, p. 75-84.

FOREST J.-D. (1983), *Les pratiques funéraires en Mésopotamie du 5e millénaire au 3e: étude de cas*, Paris, Éditions Recherche sur les civilisations.

FORTIN M. (1999), *Syrie, terre de civilisations*, Québec, Musée de la civilisation de Québec/ Les éditions de l'Homme.

FRANGIPANE M. (1985), « Early developments of metallurgy in the Near East », dans Liverani, Palmieri, Peroni 1985, p. 215-228.

FRANGIPANE M. (dir.) (2004), *Arslantepe. Alle origini del potere. Arslantepe, la collina dei leoni*, Milan, Electa, p. 123-125.

FRANGIPANE M., PALMIERI A. (1983), « A protourban centre of the Late Uruk period », *Origini*, 12, p. 287-454.

FUENSANTA J. G., CHARVÀT P., BUCAK E. (2000), « The EB and early MB Chronology at the Birecik Dam Region (Southeastern Turkey). The Tilbes Project Evidence », dans Matthiae, Enea, Peyronel, Pinnock 2000, p. 514-517.

GERNEZ G. (2006), « Métal et société. L'exemple des lances à douille repliée au Moyen-Orient » dans Kepinski, Lecomte, Tenu 2006, p. 65-82.

—. (2007), *L'armement en métal au Proche et Moyen-Orient : des origines à 1750 av. J.-C.*, Thèse de Doctorat de l'Université de Paris 1 Panthéon-Sorbonne, Paris (non publié). http://tel.archives-ouvertes.fr/tel-00339404/fr/

—. (2008), « La question des mécanismes évolutifs des productions métalliques : l'exemple des armes au Proche-Orient » dans *Cahier du Thème Transversal*, 3, Nanterre, p. 133-138.

—. (2009), « La place de l'armement levantin en Méditerranée orientale : influences, dynamiques et échanges au Bronze Ancien et Moyen (3300-1600 av. J.-C.) », dans Maïla-Afeiche 2009, p. 271-284.

—. (2011), « The exchange of products and concepts between the Near East and the Mediterranean: the example of weapons during the Early and Middle Bronze Ages » dans Duistermaat, Regulski 2011, p. 328-342.

GERNEZ G., SULEIMAN A. (2013), « Une exceptionnelle découverte à Tell Mabtouh Sharqi : les dépôts d'armes et objets en métal du temple N. Étude préliminaire », *Studia Orontica*, 11, p. 41-59.

GIBSON M. (dir.) (1981), *Uch Tepe I: Tell Razuk, Tell Ahmed Al-Mughir, Tell Ajamat*, Chicago, The Oriental Institute.

GIBSON M., SANDERS J. C., MORTENSEN B. (1981), « Tell Razuk. Stratigraphy, architecture, finds », dans Gibson 1981, p. 28-87.

GOLDMAN, H. (1956), *Excavations at Gözlü Kule, Tarsus*, t. II. *From the Neolithic through the Bronze Age*, Princeton, Princeton UP.

GOPHNA R. (1992), « The intermediate Bronze Age », dans Ben-Tor 1992, p. 126-158.

HALLER A. (1954), *Die Gräber und Grüfte von Assur*, Berlin, Gebr. Mann Verlag.

HARMANKAYA N. S. (1993), « Tülintepe Höyüğü (Elaziğ) Maden Buluntuları », *Arkeometri Sonuçları Toplantısı*, VIII-1992, p. 369-379.

HAUPTMANN H., PERNICKA E. (dir.) (2004), *Die Metallindustrie Mesopotamiens von den Anfängen bis zum 2. Jahrtausend v. Chr*, Rahden, Verlag Marie Leidorf, p. 1-90, p. 91-103.

HEINRICH E., ANDRAE W. (1931), *Fara, Ergebnisse der Ausgrabungen der deutschen Orient-Gesellschaft in Fara und Abu Hatab 1902/1903*, Berlin, Staattliche Museen zu Berlin.

HELWING B., MÜLLER U. (2004), « Katalog II: Untersuchung Metallobjekte aus Mesopotamien und Syrien », dans Hauptmann, Pernicka, 2004, p. 91-103.

HESTRIN R., TADMOR M. (1963), « A Hoard of Tools and Weapons from Kfar Monash », *Israel Exploration Journal*, 13, p. 265-288.

JEAN-MARIE M. (1999), *Tombes et nécropoles de Mari*, Beyrouth, Institut Français d'Archéologie du Proche-Orient.

KELLY-BUCCELLATI M., MOUNT WILLIAMS L. (1977), *Terqa Preliminary Reports*, 3. *Object Typology of the Second Season: The Third and Second Millennia*, Malibu, Undena Publications.

KENYON K. M. (1964), *Excavations at Jericho. Volume two: The Tombs excavated in 1955-1958*, Londres, British School of Archaeology in Jerusalem.

Kepinski C., Lecomte O., Tenu A. (dir.) (2006), *Studia Euphratica. Le moyen Euphrate iraquien révélé par les fouilles préventives de Haditha*, Paris, De Boccard (Travaux de la Maison René-Ginouvès, 3), p. 65-82.

Krasnik K., Meyer J.-W. (2001), « Im Tod den Göttern nahe. Eine prunkvolle Bestattung in tell Chuera, Nordsyrien », *Antike Welt*, 32, p. 383-390.

Kushnareva K. (1993), *Iuzhnyi Kavkaz v IX-II tysiachaletii do nashei ery. Etapy kul'turnogo i sozial'no- ekonomicheskogo razvitija*, Saint-Petersbourg, Rossijskaja Akademija Nauk Institut Istorii Material'noj Kul'tury.

Levy T. E. (dir.) 1995, *The Archaeology of Society in the Holy Land*, New York, Facts on File, p. 282-296.

Liverani M., Palmieri A., Peroni R. (dir.) (1985), *Studi di Palentologia in onore di Salvatore M. Puglisi*, Rome, Università degli studi di Roma "La Sapienza" - Dipartimento di scienze storiche, archeologiche e anthropologiche dell'antichità, p. 215-228.

Mackay E. (1929), *A Sumerian Palace and the "A" Cemetery at Kish, Mesopotamia*, Chicago, Field Museum of Natural History.

Maïla-Afeiche A. M. (dir.) (2009), *Interconnections in the Eastern Mediterranean: Lebanon in the Bronze and Iron Ages. Proceedings of the International Symposium Beirut 2008*, Beirut, Ministère de la culture, Direction générale des antiquités (BAAL Hors-Série VI), p. 271-284.

Mallowan M. E. L. (1947), « Excavations at Tell Brak and Tell Chagar Bazar », *Iraq*, 9, p. 1-266.

Margueron J.-C. (2004), *Mari, Métropole de l'Euphrate, au IIIe et au début du IIe millénaire av. J.-C.*, Paris, Picard / Éditions recherche sur les civilisations.

Matthiae P. (1985), *I tesori di Ebla*, Rome, Laterza.

Matthiae P., Enea A., Peyronel L., Pinnock F. (dir.) (2000), *Proceedings of the First International Congress of the Archaeology of the Near East*, Rome, Università degli studi di Roma "La Sapienza" - Dipartimento di scienze storiche, archeologiche e anthropologiche dell'antichità, p. 514-517.

Matthiae P., Pinnock F., Matthiae G. S. (1995), *Ebla - Alle origini della civilta urbana*, Milan, Electa.

Mecquenem R. D., Scheil V. (dir.) (1934), *Mission en Susiane*, Paris, E. Leroux, p. 177-237.

Mecquenem R. D. (1934), « Fouilles de Suse 1929-1933 », dans Mecquenem, Scheil 1934, p. 177-237.

Montero Fenollós J.-L. (1999), « Metallurgy in the valley of the Syrian upper Euphrates during the Early and Middle Bronze Ages », dans Olmo Lete, Montero Fenollós 1999, p. 443-469.

Moortgat A. (1960), *Tell Chuera in Nordost-Syrien. Vorläufiger Bericht über die Zweite Grabungskampagne 1959*, Wiesbaden, Otto Harrassowitz.

Morgan J. de (dir.) (1912), *Mémoires de la Délégation en Perse*, XIII, Paris, E. Leroux.

Müller-Karpe A. (1994), *Altanatolisches Metallhandwerk*, Neumünster, Wachholtz Verlag.

Müller-Karpe M. (2004), « Katalog I: Untersuchung Metallobjekte aus Mesopotamien », dans Hauptmann, Pernicka 2004, p. 1-90.

Nagel W. (1963), *Altorienalisches Kunsthandwerk*, Berlin, Walter de Gruyter.

Negahban E. O. (1995), *Weapons from Marlik*, Berlin, Dietrich Reimer Verlag.

Numoto H. (1988), « Excavations at Tell Fisna », *Al-Rafidan*, 9, p. 1-72.

Ökse A. T. (2002), « Excavations at Gre Virike in 2000 », dans Tuna, Velibeyoğlu 2002, p. 270-280.

Olmo Lete G. del, Montero Fenollós J. L. (dir.) (1999), *Archaeology of the Upper Syrian Euphrates the Tishrin Dam Area*, Barcelone, Editorial AUSA, p. 443-469.

Parrot A. (1948), *Tello. Vingt campagnes de fouilles (1877-1933)*, Paris, Albin Michel.

Petrie F. (1931), *Ancient Gaza* I. *Tell el Ajjul*, Londres, British School of Archaeology in Egypt.

Philip G. (1989), *Metal Weapons of the Early and Middle Bronze Ages in Syria-Palestine*, Oxford, BAR Intern. Ser. 526.

Picchelauri K. (1997), *Waffen der Bronzezeit aus Ost-Georgien*, Espelkamp, Verlag Marie Leidorf.

Postgate J. N. (1984), « Excavations at Abu Salabikh, 1983 », *Iraq*, 46, p. 95-114.

Pottier M.-H. (1984), *Matériel funéraire de la Bactriane méridionale de l'Âge du Bronze*, Paris, Éditions Recherche sur les Civilisations.

Potts D. T. (1998), « Some issues in the study of the pre-Islamic weaponry of southeastern Arabia », *Arabian Archaeology and Epigraphy*, 9, p. 182-208.

Rehm E. (2003), *Waffengräber im Alten Orient. Zum Problem der Wertung von Waffen in Gräbern des 3. und frühen 2. Jahrtausends v. Chr. in Mesopotamien und Syrien*, Oxford, Archaeopress.

Rezepkin A. D. (2000), *Das frühbronzezeitliche Gräberfeld von Klady und die Majkop-Kultur in Nordwestkaukasien*, Rahden, Verlag Marie Leidorf.

Rouillard P. (dir.) 2007, *Mobilités, immobilismes. L'emprunt et son refus*, Paris, de Boccard, p. 109-118.

Schaeffer C. F. A. (1949), *Ugaritica*, II, Paris, Librairie orientaliste Paul Geuthner.

—. (1962), « Les fondements préhistoriques d'Ugarit », dans *Ugaritica*, IV, Paris, Librairie orientaliste Paul Geuthner, p. 151-249.

Schmidt E. F. (1933), *Tepe Hissar, excavations 1931*, Philadelphia, The University Museum of Pennsylvania.

—. (1937), *Excavations at Tepe Hissar Damghan*, Philadelphia, The University of Pennsylvania Press.

Seeden H. (1980), *The Standing Armed Figurines in the Levant*, Munich, C.H. Beck'sche Verlagsbuchhandlung.

Sertok K., Ergeç R. (1999), « A new Early Bronze Age cemetery: excavations near the Birecik Dam, Southeastern Turkey. Preliminary report (1997-98) », *Anatolica*, 25, p. 87-108.

Strommenger E., Kohlmeyer K. (1998), *Tall Bi'a - Tuttul - I. Die altorientalischen bestattungen*, Sarrebruck, SDV.

Suleiman A., Gretco A. (1983), « Découverte d'un hypogée à Saraqeb », *Annales archéologiques arabes syriennes*, 33, p. 93-105.

Tallon F. (1987), *Métallurgie susienne*, I. *De la fondation de Suse au xviii*[e] *avant J.-C. (1)*, Paris, Éditions de la Réunion des musées nationaux.

Thureau-Dangin F., Dunand M. (1936), *Til Barsib*, Paris, Librairie orientaliste Paul Geuthner.

Tufnell O. (1958), *Lachish IV (Tell ed-Duweir). The Bronze Age*, Londres, Oxford UP.

Tuna N., Velibeyoğlu J. (dir.) (2002), *Salvage Project of the Archaeological Heritage of the Ilısu and Carchemish Dam Reservoirs. Activities in 2000*, Ankara, Middle East Technical University, p. 270-280.

van Loon M. N., Meijer D. J. W. (2001), « Graves and their contents », dans Van Loon (dir.), *Selenkahiye. Final Report on the University of Chicago and University of Amsterdam Excavations in the Tabqa Reservoir, Northern Syria, 1967-1975*, Leiden, Nederlands Historisch-Archaeologisch Insitituut te Istambul, p. 127-222.

Verardi V. (2006), « Une tombe du IIIe millénaire à Tell Mohammed Diyab », *Revue d'assyriologie et d'archéologie orientale*, 100, p. 41-52.

Watelin L. C., Langdon S. (1934), *Excavations at* Kish, IV. *1925-1930*, Paris, Librairie orientaliste Paul Geuthner.

Welton M. L. (2010), *Mobility and Social Organization on the Ancient Anatolian Black Sea Coast: an Archaeological, Spatial and Isotopic Investigation of the Cemetery at İkiztepe, Turkey*, PhD thesis, University of Toronto.

Werner P. (1998), « Beile und Äxte », dans Czichon, Werner 1998, p. 12-14.

Woolley C. L. (1914), « Hittite Burial Customs », *Annals of Archaeology and Anthropology*, 6, p. 87-98.

—. (1934), *Ur Excavations*, II. *The Royal Cemetery. A report of the Predynastic and Sargonid Graves Excavated between 1926 and 1931*, Londres, Publications of the Joint Expedition of the British Museum and of the Museum of the University of Pennsylvania to Mesopotamia.

Woolley L., Barnett R. D. (1952), *Carchemish. Report on the Excavations at Jerablus on Behalf of the British Museum*, III, Londres, British Museum.

Yalçin Ü (dir.) (2007), *Anatolian Metal*, II, Bochum, Deutsches Bergbau-Museum.

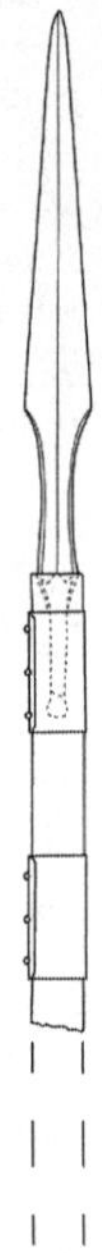

Fig. 1 – Reconstitution de l'emmanchement d'une lance du type C (dessin R. Antonios, d'après Woolley 1934, p. 68, fig. 9).

Fig. 2 – Plaquette gravée provenant de Mari (dessin R. Antonios, d'après Fortin 1999, cat. 38).

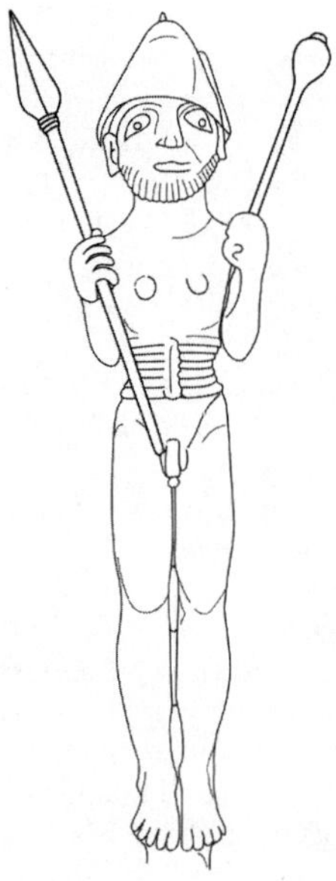

Fig. 3 – Statuette découverte dans une cachette de Tell Judaidah. h = 18,7 cm (dessin R. Antonios, d'après Seeden 1980, pl. 2.3).

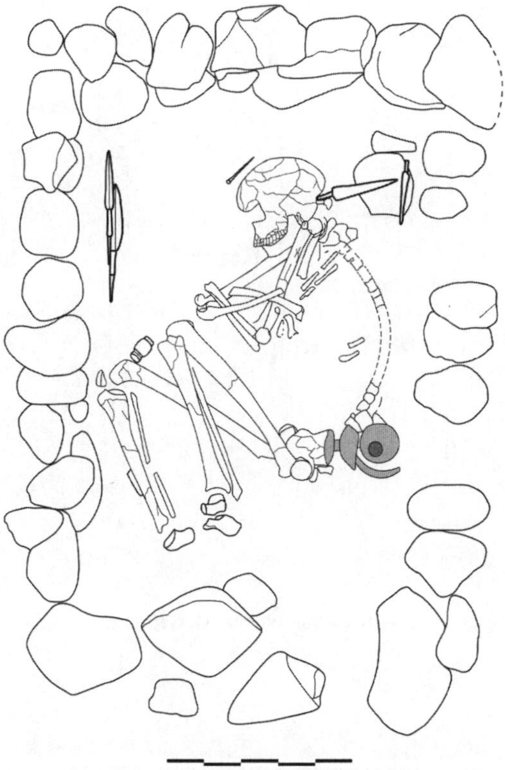

Fig. 4 – Plan de la tombe G 12 de Hassek Höyük (dessin R. Antonios d'après Behm-Blancke 1985, p. 49, fig. 7).

Fig. 5 – Jarre 1 de Tell Mabtouh Sharqi au moment de son ouverture (photo A. Kurdab, DGAMS).

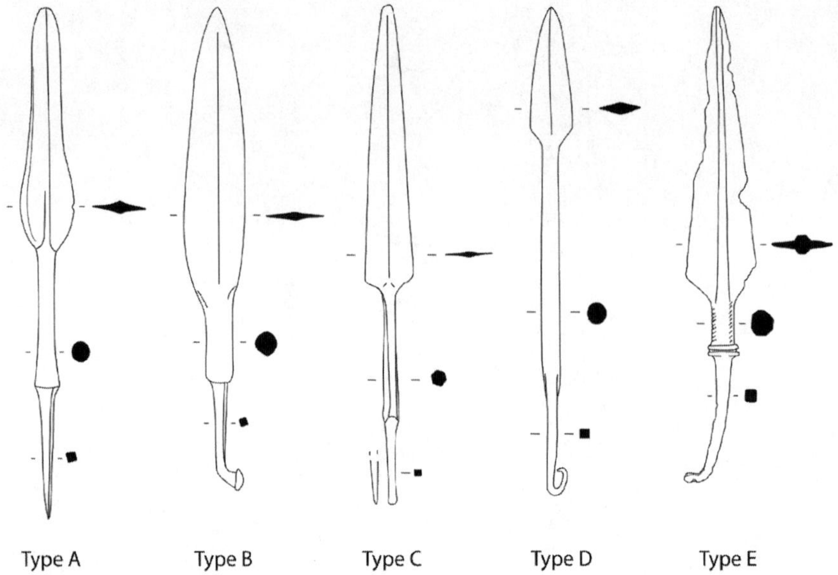

Fig. 6 – Principaux types de lances tripartites (dessins G. Gernez et R. Antonios).

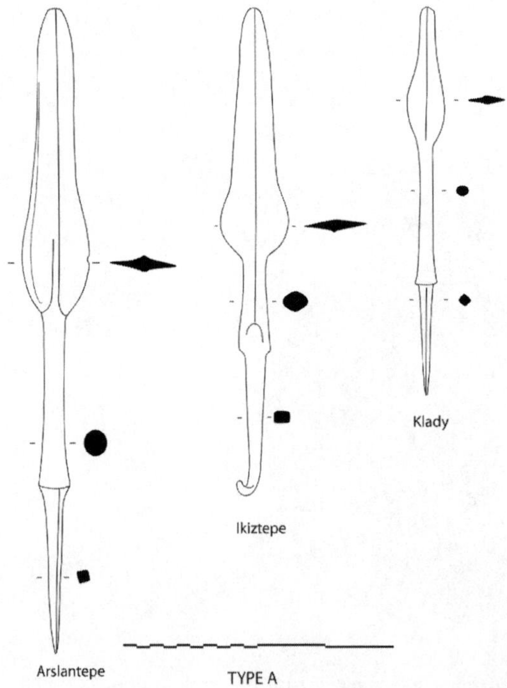

Fig. 7 – Lances tripartites du type A (dessin R. Antonios, d'après Di Nocera *et al.* 2004, p. 133 ; Bilgi 1990, p. 209, fig. 10.71 ; Rezepkin 2000, pl. 16.12).

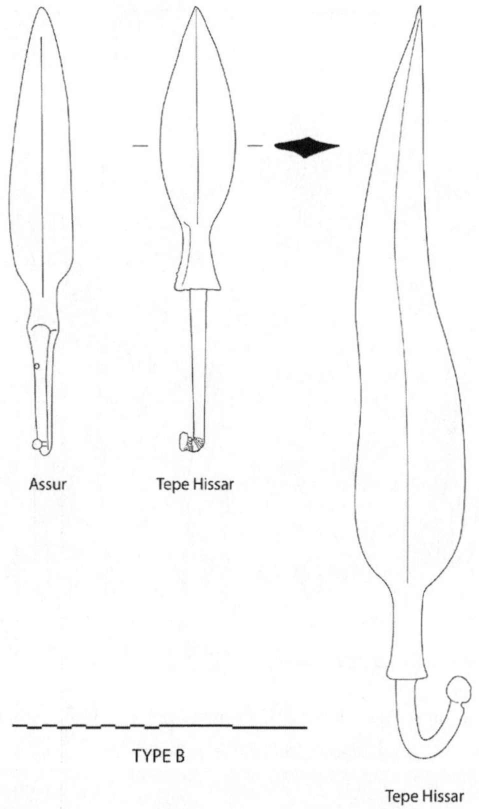

Fig. 8 – Lances tripartites du type B (dessin R. Antonios et G. Gernez, d'après Haller 1954, pl. 8b ; Schmidt 1937, p. 51).

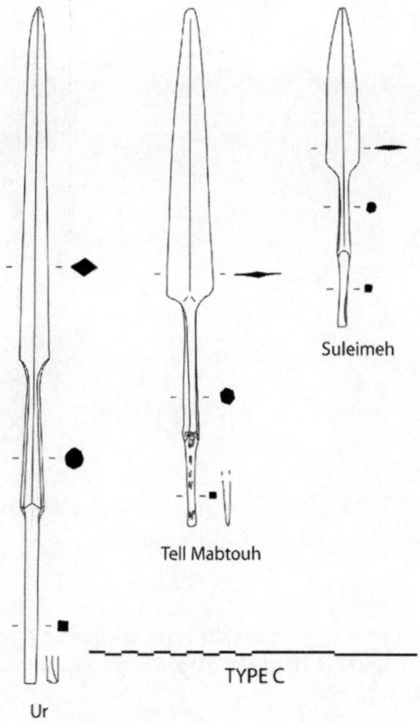

Fig. 9 – Lances tripartites du type C (dessin G. Gernez et R. Antonios, d'après Müller-Karpe 2004, pl. 102.1525 et 46.779).

Fig. 10 – Éléments d'un panneau incrusté (dessin R. Antonios, d'après Fortin 1999, cat. 37).

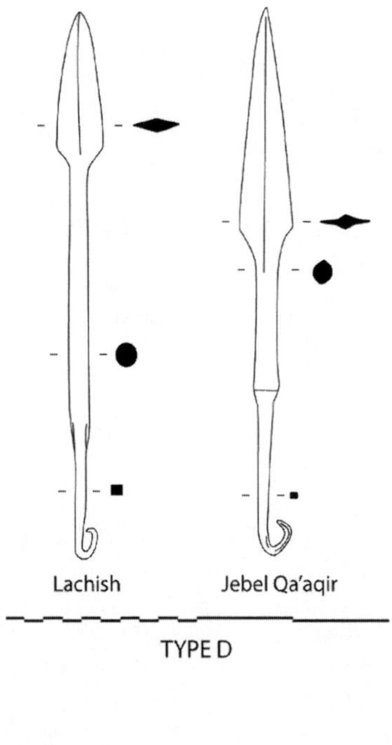

Fig. 11 – Lances tripartites du type D (dessin G. Gernez, d'après Tufnell 1958, p. 75, pl. 22.2 ; Dever 1972, p. 233).

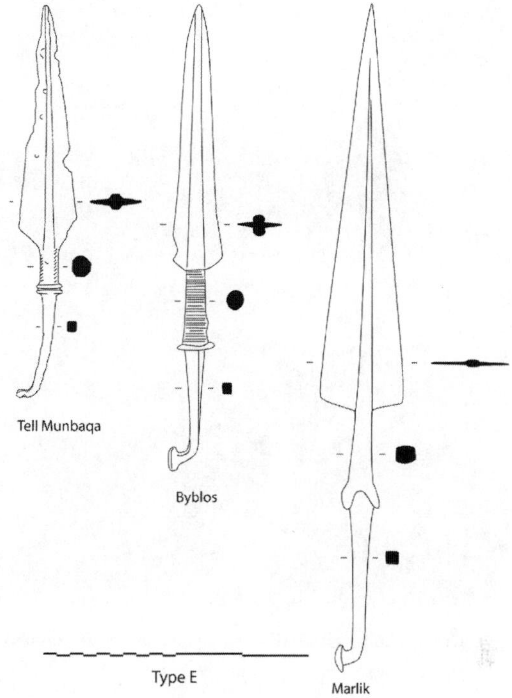

Fig. 12 – Lances tripartites du type E (dessin R. Antonios et G. Gernez d'après Czichon *et al.* 1998, pl. 101.993 ; Dunand 1950, pl. 67 ; Negahban 1995, pl. 6.72).

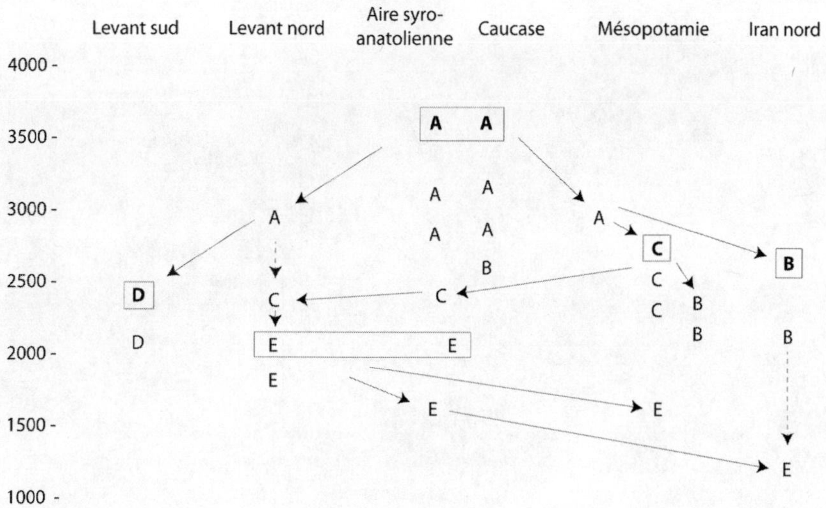

Fig. 13 – Schéma de l'évolution et de la transmission inter-régionale des lances tripartites (G. Gernez).

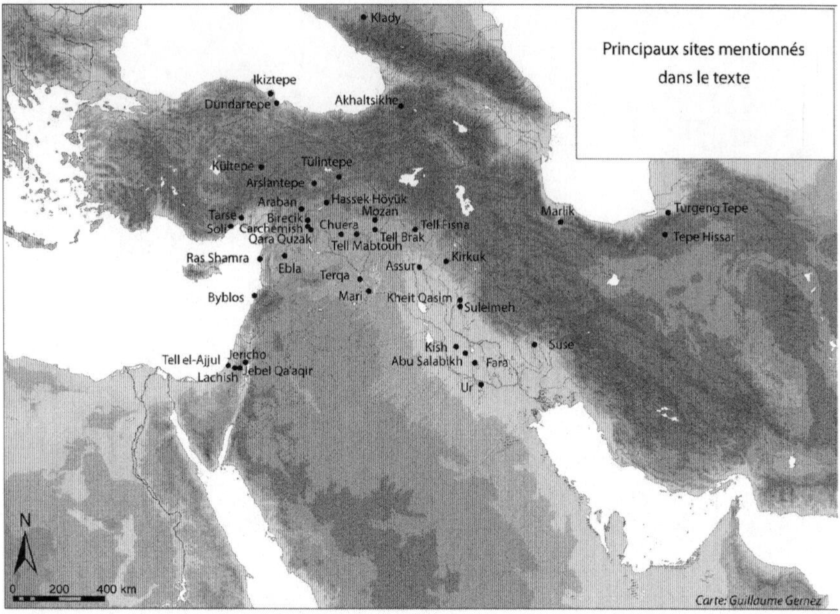

Carte 5 – Localisation des principaux sites mentionnés dans le texte (carte : G. Gernez).

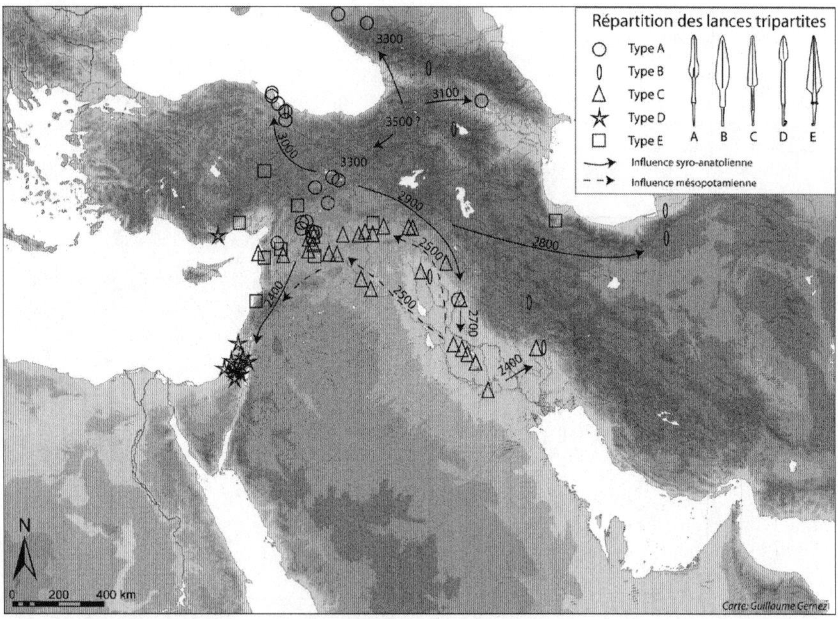

Carte 6 – Carte synthétique de la répartition spatiale des lances tripartites et des courants d'influence (carte : G. Gernez).

Fabrice De Backer

Les boucliers néo-assyriens à protomé de lion

Au IXe siècle av. J.-C., les rois néo-assyriens se dotent d'une classe de combattants équipés de petits boucliers circulaires à protomé de lion qui annoncent l'apparition des lanciers légers auxiliaires de Téglath-Phalazar III (745-727 av. J.-C.), presque deux cent cinquante ans plus tard. L'adoption de ces boucliers peut être liée aux campagnes menées par les rois d'Assyrie contre le royaume d'Urartu, ou contre d'autres populations utilisant des techniques de combat ainsi qu'un équipement similaires.

Ce type de protection ne s'utilise qu'avec une longue rapière ou une massue et dans les contextes les plus dangereux, ce qui indique l'extrême compétence des guerriers qui les manipulent pour le combat rapproché. Cette escrime d'estoc constituait peut-être un héritage de l'âge du bronze, ou une innovation qui permettait aux archers légers assyriens de contenir les ennemis plus lourdement armés à distance, tout en les piquant de leur longue lame. La même question se pose pour les premiers manuscrits européens du *buckler*, un petit bouclier circulaire, qui représentent, selon certains auteurs, un héritage martial de la période impériale romaine, retransmis à l'Europe par le biais des Byzantins, et ramené par un vétéran de Constantinople[1]. Néanmoins, les mouvements de base sont les mêmes que ceux que les Néo-Assyriens effectuent avec leurs boucliers à protomé ou à dards.

Un bouclier qui permet de dévier les projectiles et les attaques d'estoc, ainsi que de parer les coups de taille et de frapper l'ennemi comme un coup de poing américain, trouverait sûrement sa place comme ex-voto, comme dédicace ou comme dépouille dans un édifice religieux (**fig. 14-19**).

La décoration des ais de ces boucliers, la *sema*[2], varie du plus simple, le bouclier plat, au plus compliqué, le protomé de lion entouré de dards, comme sur les pages d'un manuscrit d'escrime européenne employant les mêmes armes au XIVe siècle de notre ère[3]. La manipulation de ces objets montre qu'ils servaient aussi bien de bouclier que de massue, ce pourquoi on pourrait classer ces armes en quatre catégories distinctes (*infra* « Iconographie »), suivant leur degré de létalité. En toute logique, plus l'arme comprend de facettes différentes et destructrices, plus le combattant qui la manipule doit suivre un entraînement ardu et particulier.

1. Dawson 2009, p. 83.
2. Rolley 2005, p. 346.
3. Anonyme 2, fol. 1, Verso.

Cette classification révèlera sans doute quelques éléments sur le niveau d'entraînement ou le statut social des hommes qui combattent, raison pour laquelle le système féodal européen de la constitution des armées royales sera employé comme comparaison. En effet, plus le motif décoratif et la sophistication de l'équipement ou de l'arme sont élevés, plus il existe de probabilité pour que le propriétaire occupe une place élevée au sein de l'organigramme hiérarchique.

Sources

Iconographie

Les bas-reliefs d'Assurnasirpal II (883-859 av. J.-C.) et les bandes de bronze de Salmanazar III (858-824 av. J.-C.) représentent une multitude de boucliers durant les campagnes de Mésopotamie, d'Anatolie et du Levant. Ces armes comportent une face lisse, dotée de dards, d'un protomé de lion, voire de dards et d'un protomé de lion[4]. Certains sont représentés de face, avec l'*umbo* central entouré de petits cercles, comme des cônes vus de haut. Certains soldats, appartenant aussi bien à l'infanterie qu'à la cavalerie, portent même le bouclier sur le flanc, ce qui n'offre au spectateur que la face interne de l'objet.

Le bouclier à protomé de lion entouré de dards n'apparaît jamais dans la panoplie d'un cavalier, tout comme celui qui ne porte qu'un protomé de lion n'est pas représenté sur les figurations des fantassins et des cavaliers d'Assurnasirpal II. Ce type de bouclier n'apparaît que sur les scènes représentées sous Salmanazar III, et s'il ne s'agit pas d'un simple raccourci artistique, sur la décoration du Temple de Musasir razzié par Sargon II ainsi que sur un seul objet votif urartén. Son existence devrait donc faire l'objet d'une étude encore plus poussée. La présence d'un bouclier qui semble décoré de dards sur le dos d'une figure royale représentée sur un ivoire du IXe siècle av. J.-C., atteste également une certaine relation de ce type d'arme avec le monde divin assyrien (**fig. 20**).

Quelques figurines chypriotes portent un bouclier à *umbo* en dard, alors que la représentation d'un char de guerre contemporain montre un bouclier à protomé léonin placé à l'arrière de la caisse, selon la manière assyrienne[5]. Le manque d'informations sur les relations particulières entre Chypre et l'Assyrie ne permet pas encore de savoir si ces similitudes proviennent d'emprunts ou d'influences, ni même dans quelle direction ces phénomènes se produisirent[6].

Certaines représentations phéniciennes de guerriers, produites vers 500 avant notre ère, présentent un casque à cimier recourbé vers l'avant ainsi qu'une hache ou un bouclier clairement doté d'un *umbo* léonin disposé au centre des ais (**fig. 14-19**).

4. Wallis-Budge 1962, p. 169 ; p. 178 ; King 1915, pl. V, t. I.5 ; XLV, t. VIII.3 ; LVII, t. X.4 ; LXXII, t. XIII.1.
5. Karageorghis 1981, p. 971, fig. 9.
6. Pouilloux 1986, p. 556.

En Grèce continentale, quelques représentations archaïques de guerriers portent un bouclier dont l'*epistema* forme un protomé animal, mais l'étude de ce sujet requiert encore de plus vastes recherches.

Objets

À ce jour, quelques boucliers de métal à face lisse sont apparus en Orient ou en Urartu, et même si une multitude d'armes similaires fut réalisée en osier et en matériaux plus légers durant la période assyrienne, il n'en subsiste aucune trace matérielle connue[7].

Contrairement au Proche-Orient, les boucliers à protomé de lion ne sont presque pas représentés en Méditerranée orientale, même si les fouilles y révélèrent de nombreux exemplaires, notamment en Crète, que certains auteurs datent de 700 av. J.-C., et à Delphes[8]. Certains sites ont même fourni des modèles de boucliers à tête de lion dont la nature votive ne fait aucun doute, puisque ils furent réalisés en terre cuite (**fig. 21-25**).

Seul un bouclier à protomé de lion a été découvert en Anatolie sur le territoire de l'antique royaume d'Urartu, ainsi que de nombreux *umbos* coniques, liés, sans doute, aux dards qui ornaient les ais des boucliers représentés sur les reliefs assyriens (**fig. 26**)[9].

La vocation votive de ce bouclier léonin est révélée par le fait que l'*umbo* repose sur le périmètre externe de la face de l'arme, et non pas au centre, où il devrait couvrir la main du guerrier qui le manipule. Le système de suspension, situé sur la face interne de l'objet, est constitué d'une série de tenons destinés à le maintenir sur le support de bois qu'il devait décorer, comme cela apparaît sur la représentation de la façade du Temple de Musasir (**fig. 27 ; 31**). Sur d'autres modèles issus de la même région, la poignée décentrée n'en permet pas l'utilisation dans un contexte guerrier, il s'agit plus d'un moyen de suspension fixé à un objet votif rappelant une arme ancienne fixée au temple en souvenir d'une victoire militaire (**fig. 28-29**)[10]. Par conséquent, l'ajout de ce protomé de lion sur les représentations de boucliers assyriens du IXe siècle av. J.-C. peut aussi correspondre à un motif iconographique apotropaïque dans l'imaginaire néo-assyrien.

Les termes akkadiens

Trois termes étaient utilisés pour préciser les différents types de boucliers utilisés dans l'armée néo-assyrienne : *kababu, tukšu* et *arîtu*[11]. Les qualificatifs tels que ša *arîti, amêl arîti* et *qâb arîti* servent à désigner le fantassin qui manie un bouclier, ainsi qu'une autre arme, comme la lance[12]. Cependant, et malgré le travail réalisé par les philologues jusqu'ici, aucun d'entre eux n'a fourni d'informations plus spécifiques

7. Barron 2010, p. 142, fig. 4.2 a-b.
8. Lerat 1980 ; Zervos 1969, p. 116-117.
9. Barnett 1959, pl. 2a ; Konakçi 2009, p. 170, fig. 1.
10. Barnett 1950, p. 1-43, fig. 8.
11. De Backer (sous presse c).
12. Malbran-Labat, 1982, p. 243, note 298.

sur la forme ou l'usage qui en étaient fait[13]. Toutefois, concernant l'*arîtu*, qui peut être fabriqué avec du cuir, du bois ou du métal, un indice quant à sa morphologie tient à son utilisation par les charristes. Certains de ces soldats portent en effet le titre « Troisième homme (porteur) d'un bouclier *arîtu* » (LÚ.3.šu (*tašlîšu)* ša *arîti*). Il pourrait donc s'agir du bouclier circulaire manié par les tiers-charriste figurés dans les représentations de charges de chars. Une autre identification possible est celle du pavois manié dès le IIIe mill. av. J.-C. pour protéger les équipes de siège[14].

Typologie

Les *epistema* dotées de pointes, de protomé de lion ou des deux apparaissent uniquement sur les boucliers circulaires bombés employés par les guerriers d'Assurnasirpal II et de Salmanazar III[15]. L'*epistema* permettait d'identifier les combattants dotés d'un statut particulier qui correspondait à leur proximité avec le roi ou à leur expérience du combat, comme l'indique aussi Végèce dans son livre sur l'armée romaine[16]. On remarque d'ailleurs que seul Salmanazar III est accompagné d'un porteur de bouclier personnel présentant ce type d'*epistema*.

Si la complexité décorative formait la base sur laquelle la valeur au combat des guerriers était calculée, les moins compétents portaient un bouclier lisse, et les meilleurs disposaient d'un protomé de lion encerclé de dards.

Le renforcement de l'action destructrice du bouclier employé comme arme par des dards ou un *umbo* volumineux compensait l'infériorité numérique des hommes qui formaient l'élite de l'host royal assyrien : les Gardes du Corps. En effet, ces *epistema* particuliers aux boucliers assyriens ne sont pas réservés à une seule classe de combattants, mais ils forment la dotation de plusieurs Groupes de Combat à Usages Multiples, les corps mixtes formés de fantassins encadrés de cavaliers et commandés par un officier en char[17].

Cet intérêt pour l'augmentation des dommages infligés à l'ennemi indique également que la violence des techniques de combat rapproché était une nouvelle préoccupation chez un peuple dont l'héritage militaire s'articulait autour de troupes lançant des missiles, archers et frondeurs, et de grandes formations homogènes plus lourdes et plus statiques, comme les porteurs de bouclier[18].

Ce changement d'optique guerrière survint sans doute suite à l'arrivée de guerriers étrangers aux marches du royaume assyrien entre le XIIIe et le Xe siècle av. J.-C., dont le mode opératoire visait la recherche d'un contact rapide et extrêmement violent au plus près de l'ennemi pour en détruire la cohésion et le pousser à fuir[19].

13. Pour un aperçu des données textuelles concernant les boucliers, cf. la notice de Schrakamp 2009, 176-179.
14. De Backer 2013, p. 69-78.
15. L'*epistema* correspond à la décoration des ais de la face externe d'un bouclier.
16. Végèce, II, 17.
17. De Backer 2009.
18. De Backer 2012a, p. 81-88.
19. De Backer 2012d, p. 1-29.

La valeur et les succès de cette nouvelle tactique sur les population voisines auraient permis à certains des chefs de guerre nouvellement incorporés de gravir l'échelle sociale assyrienne[20]. De la sorte, ils stimulèrent un syncrétisme culturel dans la mode et l'armement locaux, qui se traduit par l'engouement pour les boucliers à *epistema* en relief et les casques à cimier[21].

Plat

Si l'armée d'Assurnasirpal II et de Salmanazar III reposait encore beaucoup sur un système féodal et que l'expérience ou le statut des guerriers qui la composent apparaissent sur les ais de leur bouclier, le modèle plus simple doit correspondre au plus humble des quatre degrés hiérarchiques recensés à savoir l'écuyer, dont le nom signifie « porteur d'écu », donc « porteur de bouclier » en français médiéval.

Dans le système féodal médiéval européen, l'homme d'armes qui avait su se faire remarquer par un homme plus riche, plus entraîné, plus expérimenté ou plus noble pouvait devenir son assistant : l'écuyer. Il se chargeait de l'entretien des armes, armures et chevaux de son mentor qui, en échange, lui prodiguait conseils et entraînement. Pendant les voyages, l'écuyer portait le bouclier de son maître afin de soulager celui-ci du poids de cette armure et de lui conserver ses forces pour les combats futurs.

Un écuyer ne pouvait porter de marques distinctives personnelles sur son bouclier tant qu'il n'avait pas été élevé à la dignité de chevalier, même si certains écuyers plus riches, dits « bannerets », pouvaient lever une troupe de combattants, la « bannière »[22].

L'écuyerie formait une classe de guerriers reconnus et occupait la troisième place honorable dans la ligne de bataille, derrière les nobles et les chevaliers. Si on adopte ce modèle pour étudier les degrés d'initiation militaire de l'armée assyrienne, les soldats qui portent le bouclier plat sont sans doute des guerriers bien entraînés qui forment le noyau des troupes amenées par les couches supérieures de la société contemporaine.

Dards

L'écuyerie mène à la dignité de chevalier, dont le plus humble est le chevalier dit « bachelier », car il est trop pauvre pour se permettre l'entretien d'une bannière d'hommes équipés et armés à ses frais, contrairement au chevalier dit « banneret ».

L'entraînement, l'expérience et le rang de ces combattants leur confèrent la deuxième place honorable dans la ligne de bataille, ainsi que le droit de porter leurs armoiries, marques distinctives personnelles, et de commander à un nombre d'hommes d'armes plus ou moins limité.

L'origine de ce titre vient de la fonction de « guerrier à cheval », qui demandait un entraînement aux techniques particulières de combat ainsi qu'une formation pour l'entretien du vecteur : le cheval. Les cavaliers néo-assyriens qui suivent les chars d'Assurnasirpal II ou de Salmanazar III, ainsi que ceux qui transmettent les messages,

20. De Backer 2012c, p. 427 - 446.
21. De Backer, sous presse a.
22. De La Roque de la Lonthière 1710, p. 24; 32-35 ; Marchand 1927, p. 260-261.

semblent porter un bouclier à dards. Certains *umbos* de bouclier découverts à Kamir Blur ressemblent beaucoup à ces dards de boucliers.

Certains des chefs de guerre les plus célèbres de l'Europe médiévale, comme le Prince Noir, portaient des gantelets à « gadelinges » ou à broches, dont les poings comportaient une série de dards qui permettaient d'utiliser la main fermée comme une massue si le guerrier perdait son arme[23]. L'aspect particulier de cette armure, toute défensive et offensive à la fois, rappelle fortement le concept employé pour désigner certains groupes de combattants très souvent associés à la figure royale sur les monuments visuels néo-assyriens : les archers de siège et les lanceurs de pavés[24].

Protomé de lion

Les barons, hommes de naissance illustre et d'une grande force, formaient le troisième degré de la noblesse féodale européenne. Par la naissance, ceux-ci appartenaient à l'entourage du roi. Leur grande force résidait sans doute dans leurs appuis et leurs relations dans les sphères influentes de la société contemporaine, ce que la tête de lion semble indiquer pour les aristocrates néo-assyriens.

Les boucliers à protomé de lion sont employés par les charristes débarqués ou sont suspendus à l'arrière des véhicules pendant les trajets. Par conséquent, les porteurs de bouclier à protomé de lion peuvent correspondre à ces chefs de Groupes de Combat à Usages Multiples, puisque les familles influentes devaient sans aucun doute doter leurs troupes d'une marque particulière, afin de pouvoir s'y retrouver dans le fracas des batailles.

Ce type d'*epistema* apparaît uniquement sous le règne de Salmanasar III, ce qui pourrait signifier qu'il s'agit d'un raccourci utilisé par les artistes pour représenter les boucliers dotés d'un protomé de lion encerclé de dards.

Le fouilleur qui a découvert ces objets n'a pu apporter aucune datation aux trois pièces de Delphes, mais il reconnaît que la présence de telles pièces en Urartu et leur représentation sur les monuments de Salmanazar III représentent une piste intéressante[25].

Dards et protomé de lion

La famille royale constitue le dernier et le plus haut degré de la noblesse dans la société médiévale européenne. Dans la société assyrienne du IXe siècle av. J.-C., les chefs de guerre devaient être capables de combattre au moins aussi bien que leurs soldats d'élite, ce pour quoi leurs signes distinctifs devaient sans doute représenter la somme des compétences de tous les guerriers qu'ils menaient à la guerre. Les privilèges de la richesse et de la puissance donnaient aux aristocrates assyriens les moyens de se fournir en armes plus dévastatrices et sophistiquées que celles du commun des hommes d'armes.

23. Cuvelier 1990, p. 30.
24. De Backer 2008, p. 63-86.
25. Lerat 1980, p. 113.

Statut et origines

Les dépouilles prises sur des ennemis vaincus

La récupération des boucliers décorés d'une *sema* de lion découle peut-être des trophées et des dépouilles que les premiers contingents de guerriers occidentaux perdirent contre les armées assyriennes, entre le XIIIe et le Xe av. J.-C. et pendant la création des royaumes syro-hittites. Comme on le voit bien sur la représentation de Halzi et de ses guerriers, le dieu de la guerre urartéen mène ses cavaliers équipés de boucliers à dards sur les arrières des chars ennemis et massacre les équipages en les transperçant de sa lance-épée flamboyante (**fig. 30**)[26].

Certains groupes de guerriers en migration formèrent les bases du royaume urartéen ainsi que celles de quelques principautés contemporaines des Sargonides[27]. La ressemblance entre les boucliers à protomé de lion découverts en Crète, à Chypre et en Urartu pourrait indiquer le trajet suivi par les émigrants occidentaux jusqu'en Asie Mineure, d'où ils auraient suivi les montagnes pour éviter les plaines si favorables aux tactiques de chars et aux archers[28]. La tradition décorative du motif de bouclier aurait persisté par la suite avec la confection d'objets en forme de bouclier spécialement dédiés à la décoration architectonique de certains bâtiments.

Si ces groupes armés appartenaient aux vagues de populations égéennes qui colonisaient la Méditerranée à l'époque, d'autres boucliers similaires devraient être observables dans les couches archéologiques plus anciennes des sites égéens. Le phénomène de récupération et d'appropriation de l'équipement guerrier ennemi d'une qualité supérieure rappelle également les transferts de dépouilles entre héros, soit comme cadeau, soit comme butin, dans le monde homérique.

De nombreuses autres sources mentionnent le mercenariat de guerriers égéens au service de souverains orientaux, tels les Cariens de Psammétique au VIIe siècle avant notre ère[29]. Entre le IXe et le VIIIe siècle av. J.-C., rien ou presque ne peut donner d'informations sur les groupes de combattants qui voyageaient depuis les régions égéennes jusqu'au littoral du Levant, et de là passaient en Mésopotamie pour chercher fortune et gloire. Pourtant, certains récits presque mythologiques, comme la Guerre de Troie ou Jason et les Argonautes, prouvent que les guerriers de la Méditerranée occidentale savaient parfaitement où aller pour trouver du service armé ainsi que des villes à piller. De même, nombreux sont les témoignages littéraires ou archéologiques qui attestent du mercenariat de citoyens égéens bien après la période assyrienne, jusque sous les Perses et les Lagides[30].

La présence d'un substrat mycénien entre la Cilicie et la Phrygie montre que l'Asie Mineure servait également de passerelle entre l'Orient et l'Occident durant la première partie du Ier mill. av. J.-C.[31]. L'assimilation des descendants de ces Mycéniens d'Orient

26. Konaçi 2009, p. 170, fig. 1.
27. De Backer 2012b, p. 83-92.
28. De Backer sous presse b.
29. Lévêque 1996, p. 377-378.
30. Rey-Coquais 1978, p. 313-325.
31. Hérodote, VII, 91 ; Anonyme 1, *Periplus Maris Magnae* 186, 1-2 ; Pausanias 5.8, 1-3.

avec les populations locales engendra aussi certains royaumes plus syncrétiques comme l'Ahiyawa dont l'intégration avec l'empire assyrien se fit sans heurts et de plein gré pour les avantages qu'elle représentait, comme la protection contre les ennemis plus puissants et le développement du commerce[32]. Le bouclier suspendu à l'arrière du char de la statue d'Urikki de Hiyawa le montre bien[33]. Le rapprochement de ce substrat mycénien aux Ekwesh des Peuples de la Mer et de Mukšus, dont la dynastie a été détruite par Sennachérib en Cilicie pendant sa campagne de 696 av. J.-C., reste très tentant mais encore à étudier.

D'autres groupes de guerriers occidentaux formèrent aussi de petits royaumes en Asie Mineure beaucoup plus tard, comme la tombe du roi galate Déjotaros le montre bien[34].

Une innovation expérimentale en réponse à des envahisseurs étrangers

Les rois assyriens ont toujours utilisé une partie des armées vaincues à leur service, contre d'autres ennemis, afin de repousser de plus en plus loin les limites du royaume. Pour protéger les archers légers des lanciers lourds anatoliens, les Assyriens ont pu choisir d'en incorporer de force après une victoire, voire de développer une réponse à leur style de combat. L'adoption de combattants étrangers reconnus pour leurs prouesses guerrières permettait aussi aux princes assyriens de se prémunir contre d'éventuelles tentatives d'assassinat lors des crises dynastiques récurrentes dans ce royaume, comme le firent les empereurs romains bien plus tard avec leurs gardes du corps germains.

L'apparition d'un porteur de grand bouclier circulaire sous Salmanazar III, et l'inexistence totale d'un guerrier portant un casque à cimier avec un bouclier doté de dards, d'un protomé de lion ou des deux à la fois dans l'iconographie assyrienne indiquent que cette arme naquit d'un syncrétisme entre deux tactiques de combat. D'une part, la puissance de feu et la légèreté de l'archer oriental, et d'autre part, les combattants d'élite armés du *buckler* et de la rapière, qui tenaient les troupes ennemies désorganisées au loin en piquant ou en taillant les lanciers et en assommant les archers avec leurs boucliers, à la manière des *roundshiers* postérieurs. Par conséquent, il semble logique qu'au début de l'assimilation d'une nouvelle technique de combat marquée par l'adoption d'une nouvelle arme, les guerriers assyriens restent encore très rigides et axés sur leur spécialité locale : l'archer.

Valeurs symbolique des boucliers à protomé de lion

Le volume choisi par l'artiste pour représenter le protomé de lion, soit partiel et uniquement réservé à la tête, soit plus large en incluant les épaules et les pattes antérieures, relève sans doute d'une nécessité imposée par la fonction réelle de l'objet.

32. Lanfranchi 2009, p. 129 ; Dunand 1983, p. 45-87.
33. Lemaire 2000, p. 966 ; 981-984 ; 1006.
34. Picard 1935, p. 43-44.

Le protomé de lion se situe au centre, donc au sommet, du cône décoratif formé par la face externe du bouclier, l'assimilation à un symbole de divinité occupant la place d'honneur du programme iconographique est tentante. L'aigle léontocéphale Anzû, oiseau-tonnerre et serviteur d'Enlil, le maître des Tablettes de la Destinée, constitue un candidat de choix pour occuper ce poste en Orient. À titre comparatif, le chant XVII de l'*Iliade* décrit le centre du nouveau bouclier d'Achille comme décoré d'un lion qui se jette sur un troupeau de moutons[35]. L'existence d'un protomé d'oiseau, découvert en Crète, pourrait étayer cette hypothèse puisque l'aigle, le foudre et les Tablettes du Destin appartiennent à la panoplie du Maître de l'Olympe (**fig. 21-25**).

Certains de ces boucliers à protomé de lion disposaient aussi d'une valeur symbolique, comme ex-voto ou dédicaces, comme à Musasir. Les Hittites conservaient également certaines armures pour des raisons similaires dans leurs temples, comme à Boghazkoy[36]. Les objets plus archaïques pouvaient faire l'objet d'un phénomène de mode chez les élites étrangères qui souhaitaient s'assimiler aux populations locales en utilisant les mêmes canaux de communication avec le divin[37]. Cela se produisait également en Grèce et à Chypre, comme le démontrent les casques proto-corinthiens découverts à Delphes et l'armure d'Idalion[38].

Les dards qui entourent parfois le protomé pourraient symboliser les serres ou les griffes de l'animal représenté. Les artistes assyriens auraient donc développé une gamme de détails mineurs qui permettaient d'identifier certaines composantes de l'armée, tout en leur attribuant un degré variable de protection apotropaïque et de caractéristiques guerrières divines, à la manière du *Gorgoneion* des *sema* helléniques.

La présence de boucliers similaires en métal ou en terre cuite dans des sanctuaires dédiés à Zeus en Méditerranée, et le récit de son combat contre le démon-ouragan Typhon cracheur de flammes en Troade[39], pourraient indiquer un syncrétisme intéressant entre les deux traditions. Par conséquent, la présence de ces boucliers dans les contextes archéologiques égéens révèlerait plus un système de dédicace d'armes par des Occidentaux voyageant entre l'Orient et l'Occident pendant une période troublée où l'Art décoratif se limitait au minimum, comme durant les siècles obscurs de la Grèce.

Les perforations sur l'un des boucliers de Delphes, rituelles ou non, montre qu'il existe de toute façon un lien entre ces objets et les activités guerrières violentes.

L'origine de ces boucliers revient sans doute à une série de groupes qui, comme les Sherden, les Peleset et autres Peuples de la Mer, voyagèrent jusqu'en Orient en utilisant Chypre comme une escale, ainsi que d'autres peuples le firent et le feront après eux. Les heurts qui se produisirent à Chypre entre les petits royaumes locaux et ces nouveaux arrivants créèrent un premier syncrétisme entre les belligérants et la tradition locale des *umbos* volumineux, comme en témoignent les figurines et objets retrouvés en fouilles sur place.

L'adoption de ces boucliers à protomé de lion appartient sans doute aux conséquences des campagnes militaires néo-assyriennes dans le nord de l'Anatolie vers

35. Cavallero 2003, p. 191.
36. De Backer 2011, p. 80-82, fig. 41.
37. Saint-Pierre 2006, p. 111.
38. De Backer 2012e, p. 1-38, fig. 4-5 ; Amandry 1944, p. 62-65.
39. Homère, *Iliade* II, 783.

le début du IXe s. av. J.-C., puisqu'ils font partie de la panoplie des troupes d'Assyrie dès le règne d'Assurnasirpal II. Essentiellement prévus pour compenser le manque d'armure et augmenter le potentiel offensif des troupes légères et des archers mésopotamiens, ces boucliers ont ensuite reflété le niveau d'expérience des unités, ce qui facilite l'identification sur le champ de bataille et renforce l'esprit de corps.

Si le modèle féodal théorique proposé se vérifie, il sera aisé de lier les guerriers étrangers qui en apportèrent les modèles avec les premiers porteurs de casques à cimier. Sargon II aurait donc monté un raid sur le Temple de Musasir afin d'y voler les boucliers archaïques qui en ornaient les murs pour montrer sa suprématie sur l'Urartu (**fig. 31**). Si ces panoplies provenaient du butin ramené par les armées anatoliennes à la suite d'une victoire sur les troupes néo-assyriennes, on comprend pourquoi le Roi se sera donné tant de mal pour les récupérer.

La large diffusion des scarabées et anneaux décorés de bouclier à protomé de lion couvre le Levant, la Crète, la mer Égée, Carthage, les colonies grecques d'Italie méridionale, et accompagna sans doute les armures d'écailles qui suivaient les bronzes orientaux ainsi que l'alphabet phénicien dans leur voyage vers la Grèce continentale entre les périodes archaïque et orientalisante (**cartes 7-8**)[40].

La tradition des armes votives urartéennes, comme le bouclier, le carquois et le casque de Sarduri, pourrait représenter un excellent point de départ pour d'autres recherches sur les relations entre les panoplies militaires et les lieux consacrés.

Enfin, la présence d'un protomé de lion sur la poitrine de certains sphinx découverts en Anatolie ou en Syrie du Nord dans des contextes datant du début du Ier mill. av. J.-C. représente aussi une piste intéressante à suivre pour l'étude des boucliers à protomé de lion et les relations entre les États de cette époque.

Fabrice De Backer
Chercheur Associé, Centre d'études orientales Alois Musil,
Université de Vienne

Bibliographie

ALBENDA P. (1986), *Le palais de Sargon d'Assyrie*, Paris, PUF (« Synthèse » n° 22, Recherche sur les civilisations).

AMANDRY P. (1944), « Petits objets de Delphes », *BCH*, 68-69, p. 36-74.

—. (1958), « Objets orientaux en Grèce et en Italie aux VIIIe et VIIe siècles avant Jésus-Christ », *Syria*, 35, fasc 1-2, p. 73-109.

ANONYME 1 : *Periplus Maris Magnae*.

ANONYME 2 : *Walpurgis Fechtbuch*, I.33, Royal Armouries Museum (Leeds, Grande-Bretagne).

BARNETT R. (1950), « The excavations of the British Museum at Toprakkale near Van », *Iraq*, 12, p. 1-43.

—. (1959), « Further Russian excavations in Armenia (1949-1953) », *Iraq*, 21, p. 1-19.

—. (1978), « More addenda from Toprak Kale », *Anatolian Studies*, 22, p. 163-178.

40. Amandry 1958, p. 73-109 ; Bruhn Hoffmeyer 1961, p. 9-16.

Barron A. (2010), *Late Assyrian Arms and Armour: Art Versus Artifact*, Toronto, University of Toronto.

Boardman J. (1984), *Escarabeos de piedra procedentes de Ibiza*, Madrid, Ministerio de Cultura.

Bordreuil P. (1999), « Bulletin d'antiquités archéologiques du Levant inédites ou inconnues », *Syria*, 76, p. 237-280.

Bruhn Hoffmeyer A. (1961), « East and West », *Gladius*, 1, p. 9-16.

Cavallero P. (2003), « La danse du bouclier d'Achille (*Iliade* 18, 590-606) », *Gaia : Revue Interdisciplinaire sur la Grèce Archaïque*, 7, p. 189-203.

Culican W. (1968), « The iconography of some Phoenician seals and seal impressions », *Australian Journal of Biblical Archaeology*, 1, p. 50-103.

Cuvelier Faucon J.-C. (1990), *La Chanson de Bertrand Dugesclin*, Paris, Éditions du Sud.

Dawson T. (2009), « The Walpurgis Fechtbuch: an inheritance from Constantinople? », *Arms and Armour*, 6, n° 1, p. 79-92.

De Backer F. (2008), « Notes sur les lanceurs de "pavés" », *Ugarit Forschungen*, 38, p. 63-86.

—. (2009), « Some basic tactics of Neo-Assyrian warfare », *Ugarit Forschungen*, 39, p. 69-115.

—. (2011), « Evolution of the scale armour in the ancient near east, Aegean and Egypt: an overview from the origins to the Sargonids », *Res Antiquae*, 8, p. 63-104.

—. (2012a), « Early dynastic people and Neo-Assyrians in the wake of cultural heritage and conflict: "We, as Them" or "We, and Them"? », dans Matthews 2012, p. 81-88.

—. (2012b), « Un plastron d'époque néo-assyrienne », *Res Antiquae*, 9, p. 83-92.

—. (2012c), « The Neo-Assyrian siege-archers: some remarks », dans Wilhelm 2012, p. 427-446.

—. (2012d), « Le casque bombé à cimier dans les techniques de combat néo-assyriennes », *Historiae*, 9, p. 1-29.

—. (2012e), « Scale-Armour in the Mediterranean area during the early Iron Age: A) From the IXth to the IIIrd century BC », *RÉMA*, 5, p. 1-38.

—. (2013), « Notes on the Neo-Assyrian siege-shield and chariot », dans Sanmartin 2013, p. 69-78.

—. (sous presse a), « Cardiophylax in Urartu: A Celtiberian model », dans *Proceedings of the 8th ICAANE 30 Avril-5 Mai 2012*, en préparation, Varsovie.

—. (sous Presse b), « Assyrians in Edeli: private life and state activities », dans *Proceedings of the 58th Rencontre Assyriologique Internationale 16-20 juillet 2012*, en préparation, Leyde.

—. (sous presse c), *The Neo-Assyrian Shields*, Atlanta, Lockwood Press.

De la Roque de la Lonthière G.-A. (1710), *Traité de la Noblesse et de ses différentes espèces*, Rouen, Nicolas Le Boucher.

Dunand F. (1983), « Grecs et Égyptiens en Égypte lagide. Le problème de l'acculturation », dans *Modes de contacts et processus de transformation dans les sociétés anciennes*, 1983, p. 45-87.

Karageorghis V. (1966), « À propos de quelques représentations de chars sur des vases chypriotes de l'âge du fer », *BCH*, 90, 1, p. 101-118.

—. (1981), « Chronique des fouilles et découvertes archéologiques à Chypre en 1980 », *BCH*, 105, p. 967-1024.

King L. (1915), *Bronze Reliefs from the Gates of Shalmaneser King of Assyria BC 860-825*, Londres, Trustees of the British Museum.

Konakçi E. (2009), « Military and militia in the Urarteans State », *Ancient West and East*, 8, p. 169-201.

Lanfranchi G. (2009), « A happy son of the King of Assyria: Warikas and the Çineköy Bilingual (Cilicia) », dans Lukko *et al.* 2009, p. 127-150.

Lemaire A. (2000), « La bilingue royale louvito-phénicienne de Çineköy », *CRAI*, 144/3, p. 961-1007.

Lerat L. (1980), « Trois boucliers archaïques de Delphes », *BCH*, 104, p. 93-114.

Lévêque P. (1996), « Les mercenaires grecs : Marco Bettali, I mercenari nel mondo greco. I. Dalle origini alla fine del V sec. a.C. », *DHA*, 22, n° 1, p. 377-378.

Lines J. (1955), « Ivories from Nimrud », *The Metropolitan Museum of Art Bulletin*, 13, p. 233-243.

Lukko M. (dir.) (2009), *Of God(s), Trees, Kings and Scholars*, Helsinki, Finnish Oriental Society (Studia Orientalia, 106).

Malbran-Labat F. (1982), *L'armée et l'organisation militaire de l'Assyrie d'après les lettres des Sargonides trouvées à Ninive*, Paris, Drooz (Hautes Études Orientales, 2, 19).

Marchand J. (1927), « Un compte inédit de Bertrand Dugesclin », *Bibliothèque de l'école des chartes*, 88, p. 260-265.

Matthews R. (dir.) (2012), *Proceedings of the 7th International Congress on the Archaeology of the Ancient Near East, London, 12-16 April 2010, The British Museum and UCL, London*, vol. 2, *Ancient and Modern Issues in Cultural Heritage*, Wiesbaden, Harrassowitz Verlag.

Picard C. (1935), « Découverte de la sépulture du roi Déjotaros, à Karalar en Asie Mineure », *CRAI*, 79/1, p. 42-44.

Pouilloux J. (1986), *D'Archiloque à Plutarque. Littérature et réalité. Choix d'articles de Jean Pouilloux*, Lyon, Maison de l'Orient et de la Méditerranée Jean Pouilloux (Collection de la Maison de l'Orient méditerranéen. Série épigraphique et historique, 16), p. 555-562.

—. (1986), « La rencontre de l'hellénisme et de l'Orient à Chypre entre 1200 et 300 av. J.-C. VIe Congrès international d'études classiques, Madrid, 1974, 1976 », dans Pouilloux 1986, p. 555-562.

Rey-Coquais J.-C. (1978), « Inscription grecque découverte à Ras Ibn Hani : stèle de mercenaires lagides sur la côte syrienne », *Syria*, 55/3-4, p. 313-325.

Rolley C. (2005), « Les bronzes grecs et romains : recherches récentes », *Revue archéologique*, 2/40, p. 339-354.

Saint-Pierre C. (2006), « Offrandes orientales de prestige et haut archaïsme à la haute époque archaïque », *Ktema*, 31, p. 111-121.

SanMartin J. (dir.) (2013), *Proceedings of the 56th Rencontre Assyriologique Internationale, Barcelona, 26th-30th July 2010*, Winona Lake, Eisenbrauns.

Schrakamp I. (2009), « Schild », *RlA*, 12, p. 176-179.

Wallis-Budge E. (1914), *Reign of Ashur-Nasir-Pal, 885-860 BC*, Londres, Trustees of the British Museum.

Wilhelm G. (dir.) (2012), *Proceedings of the 54th Rencontre Assyriologique Internationale, Würzburg, 20-25 July 2008*, Winona Lake, Eisenbrauns.

Zervos C. (1969), *La civilisation hellénique*, t I. *xiie-viiie s.*, Paris, Éditions Cahiers d'Art.

Fig. 14 – Un guerrier équipé à la phrygienne et portant un bouclier à protomé de lion sur le dos, représenté sur un anneau de Carthage. Dessin de l'auteur (d'après Culican 1968, p. 101, fig. 14 A).

Fig. 15 – Scarabée phénicien n° 1comportant la représentation d'un guerrier équipé d'un bouclier à protomé de lion. Dessin de l'auteur (d'après Boardman 1984, n° 61).

Fig. 16 – Scarabée phénicien n° 2 comportant la représentation d'un guerrier équipé d'un bouclier à protomé de lion. Dessin de l'auteur (d'après Boardman 1984, n° 62).

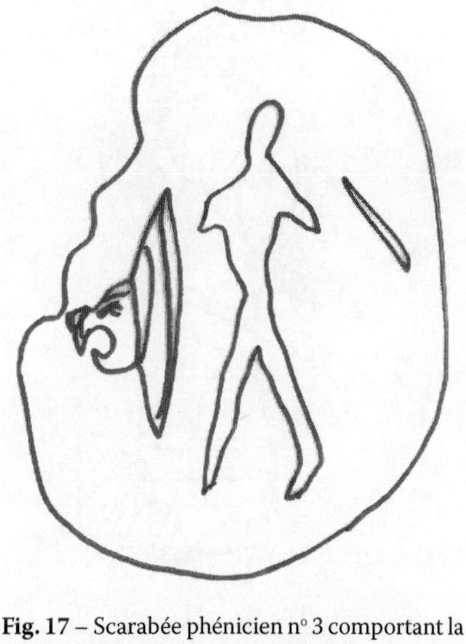

Fig. 17 – Scarabée phénicien n° 3 comportant la représentation d'un guerrier équipé d'un bouclier à protomé de lion. Dessin de l'auteur (d'après Boardman 1984, n° 63).

Fig. 18 – Empreinte comportant la représentation d'un guerrier équipé d'un bouclier à protomé de lion. Dessin de l'auteur (d'après Culican 1968, p. 97, pl. 5 B).

Fig. 19 – Scarabée phénicien n° 4 comportant la représentation d'un guerrier équipé d'un bouclier à protomé de lion. Dessin de l'auteur (d'après Bordreuil 1999, p. 268, fig. 53).

Fig. 20 – Bande d'ivoire de Nimrud réalisée entre le IXe et le VIIIe siècle avant notre ère et comportant la représentation d'un roi ou d'un dieu équipé d'un bouclier circulaire doté de dards. Dessin de l'auteur (d'après Lines 1955, p. 234).

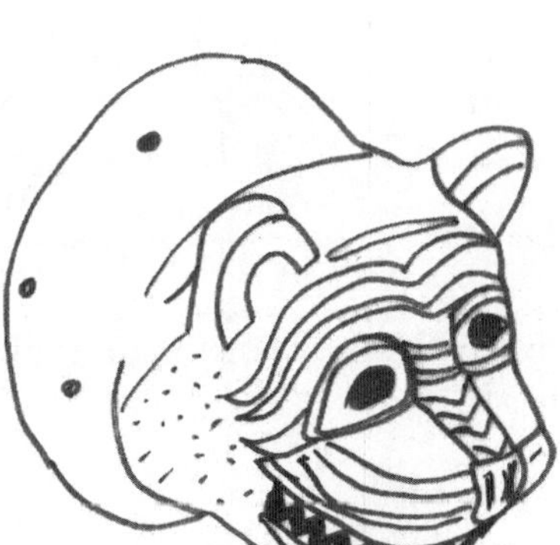

Fig. 21 – Bouclier à protomé de lion votif réalisé en terre cuite, découvert en Crète et daté de 650 av. J.-C. env. 91.AD.24, Paul Getty Museum, Malibu, Floride. Dessin de l'auteur.

Fig. 22 – Bouclier à protomé de lion n° 7177. Découvert à Delphes. Dessin de l'auteur (d'après Lerat 1980, p. 105, fig. 15).

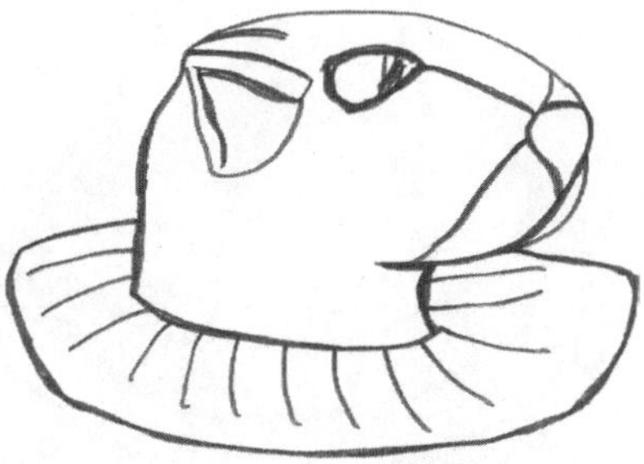

Fig. 23 – Détail du bouclier à protomé de lion n° 7227. Découvert à Delphes. Dessin de l'auteur (d'après Lerat 1980, p. 111, fig. 20).

Fig. 24 – Bouclier à protomé de lion découvert à Iraklion et daté de 700 av. J.-C. Dessin de l'auteur (d'après Zervos 1969, fig. 234).

Fig. 25 – Bouclier à protomé d'aigle découvert à Iraklion et daté de 700 av. J.-C. Dessin de l'auteur (d'après Zervos 1969, fig. 235).

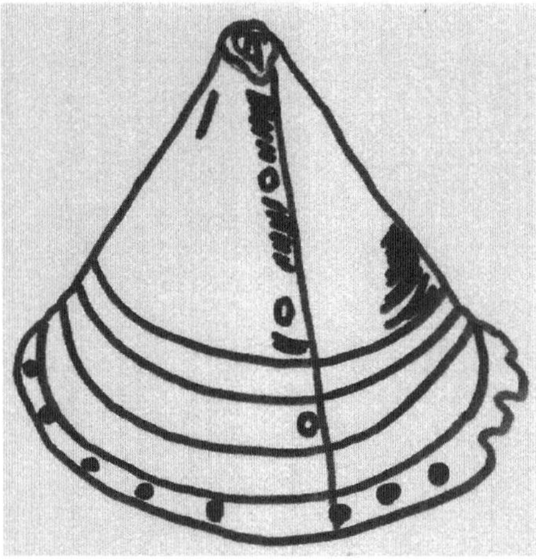

Fig. 26 – Umbo métallique en forme de dard découvert en Urartu. Dessin de l'auteur (d'après Konakçi 2009, p. 192, fig. 34).

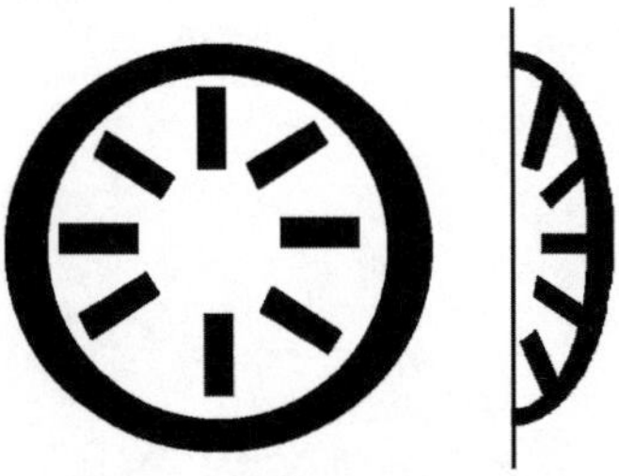

Fig. 27 – La suspension du bouclier à protomé de lion découvert à Ayanis, en Urartu. Vue de face interne et vue de profil droit. Dessin de l'auteur (d'après Konakçi 2009, p. 192, fig. 32)

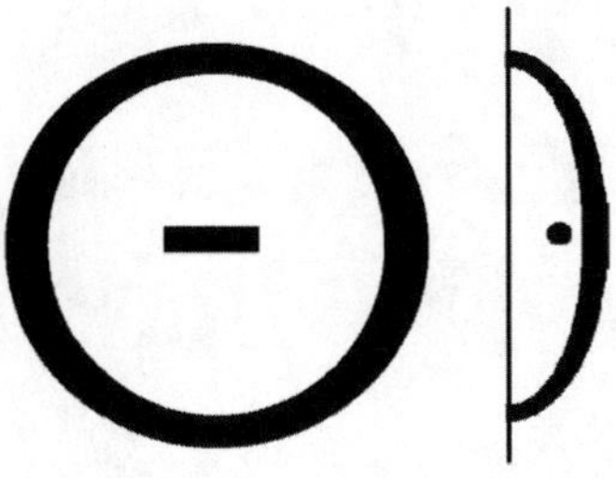

Fig. 28 – Manipule du bouclier de Nimrud. Vue de face interne et vue de profil droit. Dessin de l'auteur (d'après Barron 2010, p. 142, 4.2 b).

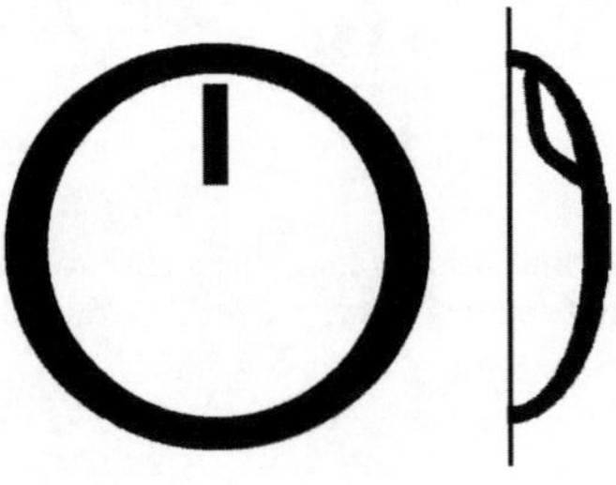

Fig. 29 – Suspension du bouclier lisse de Toprak Kale. Vue de face interne et vue de profil droit. Dessin de l'auteur (d'après Barnett 1950, fig. 8).

Fig. 30 – Bouclier de bronze urartéen portant la représentation du dieu de la Guerre Halzi. Dessin de l'auteur (d'après Konakçi 2009, p. 170, fig. 1).

Fig. 31 – Vignette d'un bas-relief de Sargon II représentant le pillage du Temple urartéen de Musasir. Dessin de E. Dehenin (d'après Albenda 1986, pl. 33).

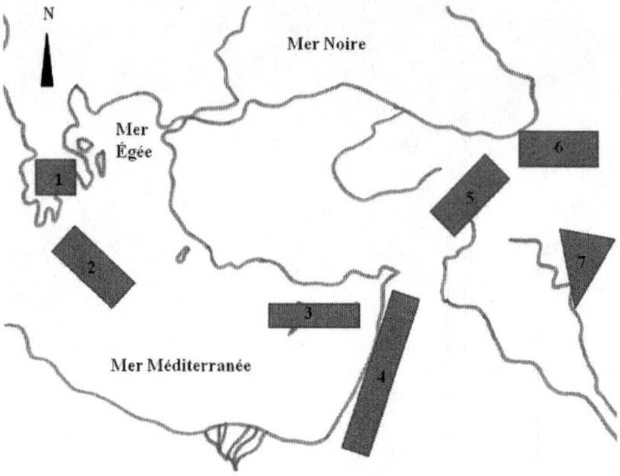

Carte 7 – Lieux de découverte des boucliers à protomé de lion ou de leurs représentations. 1/ Grèce continentale 2/ Crète 3/ Chypre 4/ côte levantine 5/ Anatolie 6/ Urartu 7/ Assyrie. Dessin de l'auteur.

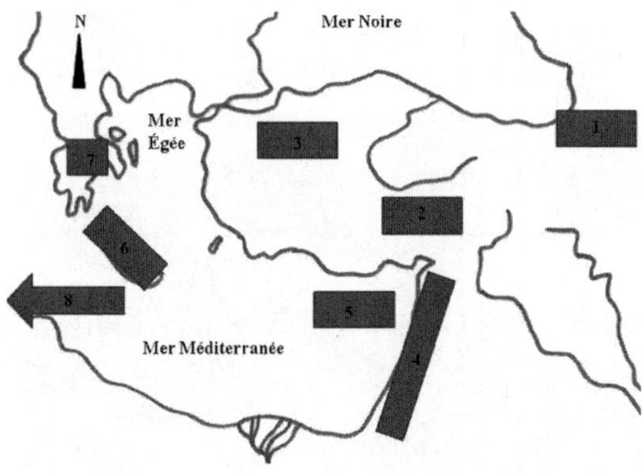

Carte 8 – Carte représentant le trajet de la diffusion du motif du dieu à bouclier doté d'un protomé de lion en Méditerranée à partir du VIIe s. av. J.-C. : 1/ Urartu 2/ Ahiyawa 3/ Phrygie 4/ Côte Levantine 5/ Chypre 6/ la Crète 7/ Grèce continentale 8/ Colonies grecques de Méditerranée occidentale et les colonies phéniciennes d'Afrique du Nord et d'Espagne. Dessin de l'auteur.

Jaume Llop

The weaponry of the Middle Assyrian army according to the written sources*

During the Old Assyrian period (2025-1500 BC), the city of Assur was an active commercial centre, which made treaties with other cities along the trade routes. No remarkable military endeavours are attested for the city during this period.[1]

This situation changed during the second half of the second mill. BC, when the Assyrian kingdom expanded territorially for the first time. The Assyrian kings of the 13th century BC, Adad-nārārī I (1295-1264 BC), Shalmaneser I (1263-1234 BC) and Tukultī-Ninurta I (1233-1197 BC) annexed the territories in the Jazirah (the former kingdom of Mittani), conquered the surrounding mountainous regions to the north and the east, and, for a brief period of time, even managed to subjugate Babylonia during the reign of Tukultī-Ninurta I.

The military campaigns of the Middle Assyrian kings were based on a strong and relative recently formed army. The organisation of the Middle Assyrian army has already been studied,[2] but no comprehensive discussion of the weapons used by the Assyrian warriors during this period has been carried out to date. This is probably the result of the type of sources available for the period, which, until recently, have been mainly the royal inscriptions. Documentation of this kind is rich in ethnological or territorial details. However, while they are often detailed in terms of ideological and geographical information, telling us which territories were annexed, or which kings were defeated, the description of the weapons receives very little attention. Recently, some more informative documentation regarding the study of the weaponry, from Assur and other sites (Kār-Tukultī-Ninurta, Dūr-Katlimmu and Harbe), has been published.[3]

The aim of this paper is to study the weapons at the disposal of a Middle Assyrian warrior as they are recorded in the written sources of the period.

In a study of this nature it is impossible to describe all the instruments that could be used as weapons. Moreover, as the archival documentation does not distinguish

* This paper was made possible by funding from the Gerda Henkel Foundation and the Spanish Ministry of Economy (FFI2011-25290). I would like to thank Sebastian Fischer (Berlin) for some bibliographical help. The abbreviations used in this paper are glossed in Streck 2013, p. III-LXV.

1. Dercksen 2004, p. 155-159; Veenhof, Eidem 2008, p. 122-146.
2. Jakob 2003, p. 191-222; Postgate 2008, p. 83-92.
3. The archival Middle Assyrian documentation and bibliography published until September 2013 has been taken into consideration with the exception of the recent volume by Reculeau, Feller 2012. I was not able to systematically consider Postgate 2013, which I could use after this article had already been submitted.

between weapons and everyday tools, often we only have the context to help us decide whether a particular object was used for military purpose.[4]

In classifying the weapons below, I follow the rather intuitive division established by E. Salonen who differentiates between defensive and offensive weapons.[5]

1. Defensive weapons

Obviously, one of the first defensive "weapons" was the soldier's attire. J.N. Postgate has already discussed the main types of military dress and it is not necessary to go over it again here.[6] The list below summarises the military uniforms discussed by J.N. Postgate (2001, p. 387):

- *kusītu* "robe"
- *naḫlaptu* (some kind of coat)
- *elēnītu* "fringed shawl"
- *sāgu* "kilt"
- *ṣipirtu* "woven girdle"
- *gulēnu* "tunic"
- *šupālītu* "shirt"
- *šupālītu ḫalluptu* "mail shirt"
- *urnutu* (shirt or tunic)

Boots (*šuḫuppātu*)[7] are present among the evidence, but they are rarely mentioned in relation to the military.[8] Boots were worn by some soldiers, probably the ones belonging to elite units. It is conceivable that Assyrian soldiers wore some kind of foot protection, because good footwear was necessary especially when fighting in mountainous regions. Some of the types of boots carry the name of the countries where they originated (e.g. *katmuḫ*āju).[9] These boots were made of leather[10] and felt (*taḫapšu*).[11]

4. See below under the diverse entries; e.g. *patru* in *MARV* 2, 6; *akkullu*; *kakku* can also mean "tool", Jakob 2003, p. 108 n. 237 (on TCH 90.G.23).
5. Salonen 1965. He is followed e.g. by Waetzoldt 1990, p. 1-38.
6. Postgate 2001, p. 373-388.
7. Salonen 1969, p. 46-48; *AHw*. 1262a, without translation; *CAD* Š/III, 210 f. "boot (?)"; *CDA* 326b "boot(s)".
8. Possibly $^{4)}$ 30-*šu* ^{KUŠ}Š[ÚḪUB^{MEŠ}] $^{5)}$ *a-na* ÉRIN^{MEŠ} *ša* É.GAL-[*lim*], "30 pairs of boots for the people of the palace", *MARV* 9, 29: 4-5 and see also lines 21'-22'.
9. $^{18)}$1-*ni-a-tu* ^{KUŠ}šu-*ḫu-pa-tu* $^{19)}$*kut-mu-ḫa-ia-tu*, "one pair of Katmuhean boots", Postgate 1973, pl. 13, n°. 1: 18-19 (*CAD* Š/III, 211); ^{KUŠ}šu-*ḫu-pa-te ša ku-ut-mu-ḫa-ia-a-ta*, *MARV* 3, 64: 8 (Freydank, Saporetti 1989, p. 36, 75).
10. [^{KU}]^{Š}*šu-ḫu-pa-te*, Weidner 1954-1956, p. 274: 43; ^{KUŠ}ŠÚḪUB^{MEŠ}, Beckman, Foster 1988, p. 5 n°. 2: 11' (*CAD* Š/III, 211); ^{KUŠ}*šu-ḫu-pa-te*, *MARV* 3, 64: 6.8.13 (Freydank, Saporetti 1989, p. 36, 75); and attestations in n. 8-9 above.
11. $^{13)}$*ta-ḫap-šu a-na* ^{KUŠ}*šu-ḫu-pa-te* $^{14)}$*ša aš*-šu-*ra-ya-a-ta la-áš-šu*, "there is no felt for boots of the Assyrian (type)", *MARV* 3, 64: 13-14 (Freydank, Saporetti 1989, p. 36, 75); Postgate 2000, p. 213.

The defensive weapons were helmets (or hats), the armour and shields.

1.1. Helmets

In his article "Helm" (helmet) for the *Reallexikon der Assyriologie*, Wilcke noted that no word for helmet was available in Sumerian or Akkadian in the third mill. BC, and that both languages used the word SAGŠU = *kubšu*, which he translated as "Mütze" (cap), for headgear.[12] For the second mill. BC, he deemed it possible that the foreign word *ḫuli(y)am* designated a helmet.[13] However, this word is not attested in the Middle Assyrian documentation.

The assumption that Assyrian infantry and cavalry men used helmets seems to be supported by the iconography in reliefs and seal impressions.[14] A more problematical task is to assign a word to the helmets represented. In spite of Salonen's misgivings, some recent dictionaries translate the word *qurpi(s)su(m)*, *qursi(p)pu(m)* as "helmet".[15] Four helmets (*qurpisū*) made of bronze are attested in a fragmentary unpublished document from Assur in relation to the palace of Adad-nārārī I (1295-1264 BC).[16]

How did a helmet look like? Would it have been as the worn by the soldiers represented at the pedestal of Tukultī-Ninurta I, according to the reconstruction by Moortgat-Correns?[17] Or like the one depicted on the seal of Ilī-padâ?[18] The Assyrian helmet (*qurpisu*) was possibly conical, as it is shown in the representations of Asiatic helmets in Egyptian tombs of the period.[19]

The word *kubšu* "cap" is more common in the Middle Assyrian documentation. The Middle Assyrian caps were made of felt (*taḫapšu*).[20] The weight of the caps was not standardised. Six white caps weighed altogether two minas (ca. 1 kg), which means a weight of 166.6 g each.[21] On the other hand, another document reports that 310 caps

12. Wilcke 1972-1975, p. 311-313.
13. *AHw*. 353-354, "Helm"; *CAD* Ḫ 228, "helmet"; Salonen 1965, p. 68, "Helm"; *CDA* 119a, "helmet"; Oppenheim 1950, p. 192 n. 16 and Wilcke 1972-1975, p. 312 suggest a Hurrian origin for this word; cf. Richter 2012, p. 162a, "Hurrizität ungewiss".
14. Moorgat-Correns 1988, p. 113, Abb. 2 (here mostly restored; is she influenced by the Neo-Assyrian representations?); Akkermans 1998, p. 253, fig. 10a.
15. *CDA* 291b; Parpola 2007, p. 32b, "helmet; hauberk"; previously Speiser 1950, p. 48b, suggested a Hurrian origin for this noun; Richter 2012, p. 228-229; Sasson 1969, p. 30 "helmet". *CAD* Q 319 refers to *gurpisu*, *CAD* G 139, "leather hauberk covered with metal scales (as part of armour for soldiers and horses"; *AHw*. 929b "ein Panzerüberwurf mit Nackenschutz für Menschen und Pferde"; E. Salonen 1965, p. 101-104, was against the translation of helmet, as a *gurpisu* was also used for horses, and a horse cannot wear a helmet. He thought that it was armour protecting the horse's neck. Referring to a soldier, it was protection for his chest. Consequently, he did not list it with other words meaning helmet on page 168, but with the words related to armour on page 169. See Kendall 1975, p. 189-190 "a leather helmet usually covered with metal scales; a suit of armour with head-piece attached; a piece of horse armour used to protect the animals head and neck"; definitively Kendall 1981, p. 201-231 for helmet.
16. Ass. 2001.D-1615: 6' (courtesy of E. Frahm).
17. Moorgat-Correns 1988, p. 113, fig. 2.
18. Akkermans 1998, p. 253, fig. 10.
19. Kendall 1981, p. 215, fig 2; p. 216, fig. 3; p. 219, fig. 5; p. 220, figs. 6-7.
20. *MARV* 3, 53: 1-2 (see Cancik-Kirschbaum 1999, p. 92; Postgate 2000, p. 214; Jakob 2003, p. 27-28); *MARV* 10, 17: 4. On this material see Cancik-Kirschbaum 1999, p. 85-87 and Postgate 2000, p. 213-217.
21. *MARV* 3, 5: 33; cited along with *šaḫarrātu*, *nakbusu*, see Jakob 2003, p. 417.

weight 46.5 minas (= ca. 23.25 kg), i.e. 75 g each. According to Postgate, the purpose of the latter was to equip "footsoldiers or similar" (*ḫupšūtu*).[22] A cap (?) along with a coat (*naḫlaptu*) and an *išḫanabe*-cloth are given as a present to an interpreter of the Hittite language.[23] Other attestations of *kubšu* appear either in highly damaged contexts or in unpublished texts.[24]

The question of how we should imagine what an Assyrian cap (*kubšu*) was like during this period remains unclear. Would it have been like the one that can be seen on the seal of Uṣur-namkūr-šarri?[25] Or like the one represented on the seal of the official Aššur-rēša-iši?[26] Possibly from this designation we can rule out the one represented on a pyxis of Tukultī-Ninurta I's reign[27] and the one on the seal of Ezbu-lēšir on a receipt,[28] which both belong to the category "crown" (*agû*).

1.2. Armour

According to Dezsö, armour was worn by warriors riding on chariots. They could not hold a shield for defence, because they needed both hands for the battle.[29] The word *kurs/ṣimtu* designating armour scale is not attested in Middle Assyrian, but armour scales have been found in e.g. Kār-Tukultī-Ninurta.[30] Neither is the poetical word *apluḫtu* for armour attested in Middle Assyrian, or derivates from the root **ḫlp* "clad in",[31] other than *naḫlaptu*, a kind of coat.[32]

The Middle Assyrian word for armour found in the archival documentation is **sariu* which, according to *AHw.*, is a Hurrian loanword.[33] But most of the Middle Assyrian attestations refer to the leatherworker (*aškāp sariāni*) who was in charge of producing them.[34] Two sticks (sing. *ḫaṭṭu*) of felt weighing 16 minas (8 kg, i.e. 4 kg

22. *MARV* 3, 53: 1-3, see Postgate 2000, p. 214.
23. *MARV* 3, 12: 1-4 with *naḫlaptu* and *išḫanabe*; Freydank 1994, p. 31-33 did not attempt a translation but read ^{TÚG}UGU?; Postgate 2000, p. 214, *kupšu* "a hat"; followed by Jakob 2003, p. 542, who translates "Mütze?"; Gaspa 2012, p. 407 reads ^{TÚG}UGU and translates "headgear".
24. Damaged context: Ass. 2001.D-2357: 4'; *MARV* 5, 82: 2'; unpublished Tab T05A-36: 16 (courtesy of D. Shibata).
25. Fischer 1999, p. 129, fig. 1.
26. *Ibid.*, p. 131, fig. 5.
27. Orthmann 1974, fig. 255a.
28. Seal no. 5 on *MARV* 8, 22; see there pl. 2.
29. Dezsö 2003-2005, p. 319; see previously Yadin 1963, p. 84, p. 196 and Kendall 1975, p. 263.
30. Eickhoff 1985, p. 90 and pl. 14 (T 340).
31. Apart from the Epic of Tukulti-Ninurta, which is written in Babylonian, Machinist 1978, p. 120-121, 46, *taḫlīpu* (*CAD* T 51a, "plating, armour (of infantry and war chariots)").
32. Postgate 2001, p. 377, "coat"; Michel, Veenhof 2010, p. 227, 236-237, "cloak". See below note 43 on Ass. 2001.D-2359.
33. Salonen 1965, p. 105-107; *CAD* S 313, "leather coat, often reinforced with metal pieces"; Kendall 1975, p. 263-286, "Specifically, however, *sariam* described a type of body armour which was almost entirely lamellar or cataphractic construction, consisting of a woollen or leather base fabric to which were sewn as many overlapping rows of metal scales as would completely cover the undergarment and provide for its weaver a nearly impenetrable yet flexible metal skin" (p. 263); foreign word; *AHw.* 1029b, "Panzer(hemd)" (from Hurrian, citing Speiser 1950, p. 47-48; see also Oppenheim 1950, p. 193). Cf. G. Wilhelm *apud* Waetzoldt 1990, p. 26 n. 148 doubts that *sariam* is a Hurrite loanword; Richter 2012, p. 357-358, "Hurrizität ungewiss".
34. Jakob 2003, p. 436-441; Kendall 1975, p. 90 rightly translates "leatherworker and armourer".

each) for the king's chariot are under the responsibility of the official of the leatherworkers of the armours.[35] Leatherworkers of the armour are listed among people from (?) the Kašiyari area.[36]

According to the information above, armour (**sariu*) was made of leather with bronze scales sewn on it.[37] This kind of armour might have been inspired by Mittanian models, but it was not very different from that used by other armies of the period.[38] Apparently, soldiers did not necessarily wear armour from the start of the campaign, or during the long foot marches, but put it on in the battlefield directly before combat; this is indicated by the report from a delivery note in which barley is given for the one hundred donkeys transporting armour to the battlefield.[39] In the Epic of Tukultī-Ninurta, the bravery of the Assyrian warriors is exalted through a reference to the fact that they entered battle without wearing armour.[40]

The specific use of armour by soldiers, horses or chariots is not clearly attested in the Middle Assyrian documentation.[41] If the restoration of the word (*sariam*) in a diplomatic letter is correct, Adad-nārārī I (or Shalmaneser I) may have sent armour to Hattusili III as a present.[42] Finally, pieces of armour are listed among uniforms in a document from Assur.[43]

1.3. Shields

Shields (sing. *arittu*) were used by the Middle Assyrian army. As in the case of armour, leather was the most important material used for their production.[44] Ox hides are attested as being used for this purpose.[45] Specialised leatherworkers (*aškāp ariāte*) were responsible for their production.[46] But other materials were also used, such as a red dye (wool?) (*ḫurḫurātu*).[47]

35. *MARV* 3, 59: 6, *rab aškāp sariāni* (Jakob 2003, p. 436-441).
36. *MARV* 2, 27: III? 18' (in highly damaged context), VI 7'.
37. Speiser 1950, p. 47; Kendall 1975, p. 263.
38. Deszö 2003-2005, p. 319-323, with the previous bibliography.
39. *MARV* 8, 51 (related to *MARV* 1, 1 IV 43).
40. *sa-⌜ri-ia⌝-ma-a-ti ul it-⌜taḫ⌝-li-pu la-biš i-dak-*[*ku* (x)] "They were not clothed in body armour, (but) like lions they kill", Machinist 1978, p. 110-111, 39'; see also 120-121, 46 (*taḫlīpu*).
41. *MARV* 3, 59 may indicate the use of armour for chariots.
42. *KBo* 1, 14: 25'; *CAD* S 314; Götze 1940, p. 28; Faist 2001, p. 23; Wilhelm 2006, p. 239; cf. Hagenbuchner 1989, p. 268 is unsure about the restoration; Harrak 1987, p. 71 does not restore; Mora, Giorgieri 2004, no. 1, do not restore *sariam* because of lack of room on the line.
43. Ass. 2001. D-2359 I 10'; highly damaged context; with a coat (*naḫlaptu*) and *ḫullānu*-clothes; Frahm 2002, p. 84-85.
44. The determinative for leather products (KUŠ) usually accompanies this noun: [KUŠ]*a-ri-a-te*, *KAJ* 5: 5.6.11 (*AHw*. 68b, 1.b; *CAD* A/II 269b, 1); [KUŠ]*a-ri-tu*, BM 122637+: 3'. 10' (Millard 1970, pl. 33); [KUŠ]*a-ri-tu*, *MARV* 10, 6: 23'. According to the documentation from Nuzi, they are made of leather and copper; Kendall 1975, p. 175.
45. *MARV* 10, 22.
46. *KAJ* 5: 5 (Jakob 2003, p. 436); *MARV* 4, 50 r.[?] 5' (Postgate 2008, p. 89); *MARV* 10, 22: 7.
47. (Barley) *a-na ši-pár pi-ir-ki ša ḫu-ur-ḫu-ra-te ša a-ri-a-te*, "(barley given to two people) for the work on the red *pirku* of the shields", *MARV* 8, 21: 16-18 ("*pirku* might refer to the frame of the shield; maybe it's transversal part, if we link the word to CAD *pirku* B; in all cases "...red *pirku* of the shields" seems to me a better translation", courtesy of P. Abrahami).

The documentation currently available does not report, whether other materials such as wood (as in Nuzi) were used,[48] but some kind of other, more rigid, material was probably necessary as a frame or surface of the shield.

Specialised troops bore the shields in the battle (*ṣābū ša arâte*).[49] This might indicate that they were subordinate to the protection of other fighting units, as attested for the Neo-Assyrian period.[50] As no representations or remains of Middle Assyrian shields have been found, we have no evidence regarding their form or size.

Shields could be taken as booty and brought to the capital city, Assur.[51] Leather shields are listed along with wine skins, chests with large jars, sheep, oxen, tin, copper and horses in a document which has been described as a "tribute" list or a list of presents from governors and client rulers.[52]

A couple of passages that mention shields remain problematic because of the contexts. In a rations list from Šibanibe (Tell Billa), five litres of bread for the temple of Adad are placed (?) before the shields (*ša* IGI *a-ra-a-te*).[53] Given that the mention of the "people of the shields" (above) also occurs in a rations list from the same city, these two passages may be related and refer to soldiers bearing shields; i.e. *ša pān arâte* may be a synonym for this kind of troop.[54]

2. Offensive weapons

Weapons used for close quarters combat were the stick, the whip, the mace, the dagger, the sword and the axe. (Of course, I am aware of the arbitrariness of the classification between close and distance combat weapons, because, for example, an axe – here classified as a weapon used at close quarters – could be thrown. The same argument is true for a lance or a spear, which could also either be thrust or thrown).

48. Kendall 1975, p. 175.
49. Billa 41: 2; Jakob 2003, p. 214, "Schildtruppen".
50. They often appear accompanying the bowmen; *CAD* A/II, 270, 2."shield bearer"; Schrakamp 2009a, p. 178a; see e.g. the Tiglath-pileser III, Barnett, Falkner 1962, pl. 12, 28, 32, 40, 52, 55, 73-77; reliefs of Sargon II in Dūr-Šarrukīn, Botta 1849-1850, pl. 60, 62; reliefs of Assurbanipal, Barnett 1976, pl. 16, pl. 21 slab 15, pl. 26 slab 17, pl. 71 m; *cf.* Kendall 1975, p. 175 "carried by all of the various types of warriors"; Jakob 2003, p. 214.
51. [r. 7')][...] *a-ri-a-te-šu-nu* (...) [8')][...] x *a-na* [URU]*Aš+šur ub-l*[*a*...], "he brought their shields [...] to Assur", *MARV* 5, 80 (historical text, Tiglath-Pileser I).
52. BM 122637+: 3'. 10' (Millard 1970, pl. 33; 12th or 11th century BC) (see discussion in Llop 2015, p. 258-261). Bronze shields as tribute are also attested in the royal inscriptions of Aššur-nāṣir-apli II (883-859 BC), ZABAR *ša a-ri-a-te*, RIMA 2, A.0.101.1: 75 and 17: 96. Sargon took shields of gold, silver and copper as booty from Urartu to Assyria: *TCL* 3, 370, 379, 392 (*CAD* A/II, 269, 1.a.2').
53. Billa 43: 4, passage not included in the dictionaries; Finkelstein 1953, p. 132, note a: "which (are to be placed) before the shields", i.e. shields suspended in the temple."
54. Is the expression *ina pān arâte*, *MARV* 10, 86: 4 in a damaged context; related hereto?

2.1 Sticks/clubs, whips, maces

2.1.1 Sticks

Sticks appear in the Middle Assyrian archival documentation with a functional purpose; they are used as holders for felt (*MARV* 3, 57: 1; 59: 1) or other materials.[55] The same word for stick (*ḫaṭṭu*) can designate the royal sceptre,[56] or the power insignia of an official.[57]

But a stick (*ḫaṭṭu* = GIŠPA) could be used as a weapon.[58] In fact, according to the Middle Assyrian laws, the stick was the instrument used to inflict punishments, when the felon was sentenced to receive blows.[59]

A stick could certainly be used as a weapon as shown by a letter report from Dūr-katlimmu (Cancik-Kirschbaum 1996, no. 16):

> 1-2) [To] Aššur-[iddin], my lord (say): "[Tablet] of Šulmu, [your] servant.
> 3-4) I prostrate myself. I stay at the service of my lord.
> 5- 8) The iron, which my lord gave me to produce arrow(-tip)s – I have made twenty arrow(-tip)s from it.
> 9-15) The iron-plate, which my lord gave to me to produce a stick, is not suitable to produce a stick.
> 16-19a) Today, Šamaš-šēzibanni has required from me: "I want to do an alloy for arrow(-tip)s (with it)".
> 19b-21) Without (the permission) of my lord, I fear to give (it). According to what my lord will write to me, (I should do).
> 22-25) The small iron(-plate), which my lord gave to me, is not suitable to produce a whip(grip).
> 26-30) They have opened (?) the [...]... on the 5th day. There was no iron. ...[as much (iron) as] there is in [your] sphere of responsibility.
> 31-32) (damaged).

Lines 9-15 of this letter suggest a stick lined with iron which could be used as a weapon, as also implied by the presence of arrow(tip)s in the same letter.[60] Another (made of?/lined with?) iron-stick is attested in an, unpublished, damaged list of military items from Assur.[61]

55. *MARV* 8, 14: 2; ÉPHÉ 444: 8' (Durand 1982, pl. 84); both attestations in damaged context.
56. E.g. the scepter of Shalmaneser I (Kühne, Röllig 1989, pl. 51); MVAG 41/3, 12: 35 = 12'.
57. MVAG 41/3, 14: 9; Billa 6: 15 here? *Cf.* Jakob 2003, p. 144.
58. *CAD* Ḫ 155, 3.b; Stol 2012, p. 192a.
59. *CAD* Ḫ 155, 3.; e.g. MA laws: (*KAV* 1 II 90, § 19); I 7 § 7; II 78 § 18; II 103 § 21; V 75, 81, 100 § 40; *KAV* 2 IV 18 B § 8; IV 26 B § 9; IV 32 B § 10; V 32 B § 14; *KAV* 6 + 143: 5 C+G § 8; 24 C + G § 10; *AfO* 12, Taf. 6, 2: 4. Stol 2012, p. 192a. See also 11) (...) *ḫa-mu-su* 1 *me* 1 šu-ši GIŠPAMEŠ 12) *i-ta-ḫa-ṣu-né*, "They have been pinched. They (the thieves) have received 160 blows with a rod", TSA 96-15: 11 (courtesy of F.A.M. Wiggermann). Note that this punishment is also attested in Nuzi, cf. HSS 13 184 (courtesy of P. Abrahami).
60. Stol 2012, p. 192a.
61. 1 PA ša AN.BAR, Ass.2001.D-2217 r. 8' (courtesy of E. Frahm).

Wooden sticks were used for the production of bows[62] (see below) and, possibly, shields.[63] So it is no surprise to find then sticks of *kiškināu*-wood kept in a storehouse.[64]

A group of people equipped/armed with sticks (*ša ḫuṭāri* = *ša* ^{GIŠ}PA^{MEŠ}) is attested in our documentation, but their role is still unclear.[65] A couple of attestations come from documents which are too damaged to be relevant.[66]

2.1.2 Whips

The whip (*maḫittu*)[67] is rarely attested in the Middle Assyrian documentation, and no evidence is available for its use as a weapon. Its mention after arrow(-tip)s and an iron-stick in the letter above (BATSH 4, 16: 28) implies this use. In other places, the whip is related to the chariot.[68]

2.1.3 Maces

It is dubious whether maces (sing. *kakku* = ^{GIŠ}TUKUL) were used as a weapon during the Middle Assyrian period.[69] Although, Salonen reminds us that originally *kakku* designated a mace,[70] we observe that the noun *kakku* is translated as "stick, weapon" and not "mace" by the standard dictionaries.[71]

Moreover, with the noun *kakku*, there is the problem of distinguishing between its meanings of "weapon" and "tool".[72] This second meaning seems clear in the next example:

> *naggāra u pir'a kannamari arḫiš lūblūne kakka ammar ibaššiūni lūblūne* "May they send a woodworker and an apprentice hither quick in the morning. May they bring as much (many) tool(s) as is (are) (available)" (Jakob 2009, no. 1: 4-7; TCH 90.G.23: 4-8 cited also in Jakob 2003, p. 108 n. 237).

But *kakku* is also attested as a general designation for weapon, e.g.: [...*til*]-*pa-ni kakki ša tidūki*, "a composite bow, weapon of combat".[73] In fact, the maces/weapons of gods are mentioned in the royal inscriptions of the period.[74] They appear in the Middle Assyrian coronation ritual: *agâ ša Aššur u kakkē ša* ^{d}*Ninlil inaššia*, "he brings

62. ^{GIŠ}PA *ša kiškināe*, Ass.2001.D-2218: 3'.9'.15'.21', 26'; see Frahm 2002, p. 75-80, see particularly the commentary on pages 78-79.
63. See above and *CAD* Ḫ 156a, *sub ša ḫaṭṭi* (a type of shield).
64. 1 ^{GIŠ}PA *ša ki-iš-ka-na-e*, *KAJ* 310: 48 f., (for pegs) and see lines 49, 53, 56, 58 (*CAD* Ḫ, 155a; Postgate 1988, no. 50).
65. *ša* ^{GIŠ}PA^{MEŠ}, *MARV* 4, 33: 9, 21; *MARV* 2, 17: 54, 68; see Deller 1987, p. 59b; as a title used by persons, *MARV* 4, 102 iii 8"; *MARV* 4, 74: 39-40, *kaššiu ša ḫuṭāri*; *MARV* 2, 17 fragm. 6: 5'; *Assur* 3, 3: 9 (AO 19227 = Ass 11017d2; NA *MZL* 333 no. 464; "Stabträger" see Jakob 2003, p. 223; Mayer 2011, p. 356.
66. *MARV* 4, 48: 5'; *MARV* 6, 22: 1'.
67. The noun *qinnazu* for whip has not been attested until now in Middle Assyrian (*CAD* Q 256-257). In general, see Waetzoldt 2003-2005, p. 382-386; Deller, Mayer 1984, p. 76, with Neo-Assyrian attestations.
68. See attestations in *CAD* M/I 103; and *MARV* 9, 56: 13 (in damaged context).
69. Edzard 1976-1980, p. 578-579. According to Waetzoldt 1990, p. 8, maces were of no importance in the Ebla army during the third mill. BC.
70. Salonen 1965, p. 155-157, "Stock; Waffe"; see also Sasson 1969, p. 28 "mace".
71. *CAD* K 50, "weapon"; *AHw*. 422, "Stock; Waffe"; *CDA* 141, "stick, weapon".
72. See already *CAD* K 56-57 under *kakku*, see commentary on page 57b.
73. Ass. 2001.D-2279: 5 (unpubl.; courtesy of E. Frahm); Frahm 2002, p. 82-83.
74. Aššur, Anu and Enlil, RIMA 1, A.0.76.3:21; Aššur, RIMA 1, A.0.76.21.9'; A.0.77.1: 15; Ištar, RIMA 1, A.0.76.1001: 10' (interestingly always in plural).

the crown of Aššur and the weapons of Ninlil" (MVAG 41/3, 10: 15') and also in the archival documentation: *ilānu bēlū kakkē ana ekalli ērubūne*, "The gods, the lords of the weapons entered the palace" (*MARV* 2, 7: 3-5); [...] ^{d}*a-šur* ^{GIŠ}TUKUL^{MEŠ} x x [...], "the god Aššur...the weapons" (*MARV* 10, 4: 17' in a fragmentary context); and the god mace/weapon (^{d}*Kakku*) is also attested (Deller 1987, p. 59a).

The mace/weapon of the king is, of course, present in the royal inscriptions: *aš-šur* EN *a-na pa-la-ḫi-šu ki-níš ú-ta-ni-ma a-na šu-šur* SAG.GE$_{6}$.A ^{GIŠ}PA ^{GIŠ}TUKUL *ù ši-bir-ra id-di-na* "When Aššur, the lord, faithfully chose me to worship him, gave me the sceptre, weapon, and staff to (rule) properly the black headed people (...)" (RIMA 1, A.0.77.1: 22-24).[75] This mace/weapon granted by the god Aššur was not an abstract idea as a couple of administrative documents from Kār-Tukultī-Ninurta show.[76] According to these documents, at least one of them should be dated after the reign of Ninurta-apil-ekur (1181-1169 BC), red-dyed wool (*tabarribu*) with no clearly specified function, was issued for the maces/weapons of the previous deceased monarchs Ērišum I, Aššur-nādin-ahhē I, Shalmaneser I and Tukultī-Ninurta I. From these documents, Cancik-Kirschbaum concludes that the maces/weapons of deceased Assyrian kings were kept together in the "palace of the weapons" (*ekal kakkē*) in the Old Palace of Assur and were worshipped there.[77]

From the evidence above, it is difficult to discern what kind of troops the "ones of the maces/weapons" (*ṣābū ša kakkē*) mentioned in a letter from Dūr-Katlimmu (BATSH 4, 8: 38) might be. Due to the opposition to chariot troops (ÉRIN^{MEŠ} DUMU^{MEŠ} SIG$_{5}$) in the same letter, Jakob (2003, p. 215) supposes that it was an infantry force.[78] Note that this hypothesis is supported by a Neo-Assyrian passage in the inscriptions of Sennacherib (704-681 BC) when he describes the forces (*kiṣir šarrūtīya*) sent against the king of Elam as "soldiers (ÉRIN.ḪI.A ^{GIŠ}TUKUL), chariots (and) horses".[79] The noun *kakku* also appears in the context of a chariot being repaired (*MARV* 10, 25: 14).

75. See also the following passages in the royal inscriptions of Tiglath-pileser I: *ša* ^{d}*a*-šur ^{GIŠ}TUKUL^{MEŠ}-*šu ú-ša-ḫi-lu-ma*, "(Tiglath-pileser I) whose weapons the god Aššur has sharpened", RIMA 2, A.0.87.1 i 36-37 (*CAD* Š/II, 276a); ^{GIŠ}TUKUL^{MEŠ}-*šu-nu dan-nu-ti a-bu-ub tam-ḫa-ri qa-ti lu-šat-me-ḫu*, "they (Aššur and the great gods) placed in my hands their mighty weapons, deluge in battle", RIMA 2, A.0.87.1 i 49-51; ša *i-na pa-an* ^{GIŠ}TUKUL^{MEŠ}-*ia ip-pár-ši-du*, "(troops) who had fled from my weapons", RIMA 2, A.0.87.1 i 85-86 also ii 2-3, ii 63, iii 13, v 55; *ša* ^{d}*a*-šur EN ^{GIŠ}TUKUL *dan-na mu-šék-niš la-a ma-gi-ri ú-šat-me-ḫu-ma*, "the god Aššur, my lord, had placed in my hand the strong weapon which subdues the insumissive", RIMA 2, A.0.87.1 ii 97-98; ^{d}*nin-urta ù* ^{d}IGI.DU ^{GIŠ}TUKUL^{MEŠ}-*šu-nu ez-zu-te ù* ^{GIŠ}BAN-*su-nu ṣir-ta a-na i-di* EN-*ti-ia iš-ru-ku*, "The gods Ninurta and Nergal gave me their fierce weapons and their exalted bow for my lordly arms", RIMA 2, A.0.87.1 vi 58-60; *ša i-na ti-ib* ^{GIŠ}TUKUL^{MEŠ}-*šu ez-zu-ú-te tu-bu-qa-at er-bit-ta uš-ra-ab-bu-ma*, "who by the attack of his fierce weapons has caused the four corners (of the world) to quake", RIMA 2, A.0.87.4: 8-9, similarly 10: 9-10.
76. *MARV* 4, 138 and 140; see edition and commentary by Cancik-Kirschsbaum 2012, p. 33-49, with the previous bibliography. Perhaps, we should read, 1 *ma-na* SÍG.ZA.GÌN SA$_{5}$ *ki-mu ta-bar-ri-*⌜*bé*⌝ *a-na* 1 TUKUL *ša*(?) BÁRA, *MARV* 1, 24: 9'; cf. *CAD* T 22, a.4' and 72, c.3', with two alternative readings.
77. RIMA 2, A.0.87.4: 72-76; Pedde, Lündstrom 2008, p. 172-173; Cancik-Kirschbaum 2012, p. 46; *cf.* CAD T 281 reading ^{GIŠ}TÚG^{MEŠ} instead of ^{GIŠ}TUKUL^{MEŠ}.
78. *Cf.* Sasson 1969, p. 25 translates "well equipped group". See *ṣāb kakki* in *CAD* K 55 c. "troops", 2.
79. OIP 2, 87: 29 (*CAD* K 55b); cited also by Jakob 2003, p. 216 n. 103.

2.2 Knives, daggers, swords

These three objects (which are different to us) have a single correspondence in Middle Assyrian: *patru*.

The knives listed as the property of deported families in Kār-Tukultī-Ninurta were possibly not used as weapons, as they are among other property of these families such as domestic animals, stools and beds,[80] but a military use cannot be ruled out, as the heads of these families were archers at the service of the Assyrian army.

Daggers or swords (GÍR^{MEŠ}) are attested in a report of materials (principally metals or metal objects) delivered to artisans from Assur.[81] Four daggers made of bronze and one made of iron are listed along with an *ulmu*-axe in an inventory from Assur which also records garments and shoes.[82] According to J.N. Postgate, (unpaid) dagger-pommels (*ka-ri ša* GÍR^{MEŠ}) are attested in a debt-note from Assur.[83]

According to Middle Assyrian documentation, most knives/swords were made of bronze.[84] Iron daggers/swords are only attested twice, in an inventory[85] and in a diplomatic letter. In the latter, a Hittite king (Hattušil III or Tudhaliya IV) is sending an iron dagger-blade to the Assyrian monarch (Adad-nārārī I or Shalmaneser I) as a present.[86]

One of the bronze swords from the period has survived.[87] Interestingly, it bears the following engraved inscription: "(Property of) the palace of Adad-nārārī (I), king of the totality, son of Arik-dēn-ili, king of Assyria, son of Enlil-nārārī (who was) also king of Assyria".[88]

2.3 Axes, battleaxes

The axe presents a similar problem to the previous objects, that is, whether it was used for peaceful or warlike purposes. The following designations for axe are available in Middle Assyrian: *ḫaṣṣinnu*, *pāšu*, **pāltu* (see the dictionaries under *pāštu*), *ulmu* and *kalāpu*.[89]

80. *MARV* 2, 6 II 12, 1 GÍR UD.KA.BAR along with an axe and four chairs; II 31, *idem*, along with an axe and cart; II 60, *idem* along with five pigs and a table; V 82, 2 GÍR UD.KA.BAR, along with an axe and a chair; *MARV* 4, 89 II 45", 1 GÍR UD.KA.BAR.
81. GÍR.UD.KA.BAR 1 GÍR ŠÀ (?), *MARV* 10, 3: 12, 45; they must be a weapon because of the presence of bows and arrows in the same document.
82. Postgate 1973, pl. 13, no. 1: 10-11; Freydank, Saporetti 1989, p. 46, 84, translate "Dolch".
83. *KAJ* 112: 3 = Postgate 1988, no. 67, "dagger-pommels"; see Salonen 1965, p. 58; *AHw*. 450, 2, "Schwertknauf"; *CAD* K 221, a.2; *CDA* 149b.
84. See the references on note **80** and furthermore GÍR^{MEŠ} UD.KA.BAR, Ass. 2001.D-1320a: 3'; GÍR [UD].KA.BAR, Billa 65: 32; GÍR UD[.KA.BAR] line 33, in a highly damaged letter.
85. Postgate 1973, pl. 13, no. 1: 11, see above note 80.
86. EME GÍR AN.BAR "an iron dagger-blade", *KBo* 1, 14: 23'; Götze 1940, p. 29; Faist 2001, p. 22-25, "eine Schwertklinge aus Eisen"; Mora, Giorgieri 2004, no. 1, "una lama di coltello in ferro"; Wilhelm 2006, p. 238, "eine Dolchklinge aus Eisen".
87. It can be seen on the CDLI web site (no. CDLI P393600).
88. É.GAL ^{I}10-ÉRIN.TÁḪ MAN KIŠ A GÍD-DI-DINGIR MAN KUR *aš+šur* A ^{d}BAD-ÉRIN.TÁḪ MAN KUR *aš+šur-ma*, RIMA 1, A.0.76.0.41.07; see Schrakamp 2010, p. 449-450.
89. *Akkullu* (translated as "hatchet, pick(axe)" in *CDA* 10a; *cf.* the other dictionaries) is, until now, only attested in the royal inscriptions and its function is that one of a tool. Salonen 1965 does not include it in his study.

The noun *ḫaṣṣinnu* seems to be the generic designation for axe.[90] It is one that anybody could have at home, as it appears among the inventories of the household equipment of deported Subarean families in Kār-Tukultī-Ninurta.[91] The delivery of an axe (*ḫaṣṣinnu*) belonging to the palace to a Katmuhean gardener suggests that the function of this tool may have been peaceful.[92]

Middle Assyrian axes were made of bronze:
5 *ḫa-ṣi-nu* UD.KA.BAR, *MARV* 4, 111: 2;
1 *ḫa-ṣi-na* UD.KA.BAR, *KAJ* 121a: 5;[93]
[1 *ḫ*]*a-ṣi-na* U[D.KA.BAR], *MARV* 8, 86: 1;
1 *ḫa-ṣi-nu* UD.KA.BAR, see note 91;
1 *ḫa-ṣi-nu*, *MARV* 10, 37: 3; along with other objects made of bronze.
They weighed between half (250 g)[94] and one mina (500 g).[95]

The military use of axes is supported by an agreement between two people on the sharing of the expenses referring to a war chariot in which an axe (*ḫaṣṣinnu*) appears along with an *ulmu*-axe.[96] This use may also be supported by a delivery note stating that fifty axes were cast on the day the king (Tiglath-pileser I) went to Muṣri.[97] On the other hand, a commercial aim has recently been proposed for this expedition.[98]

The *pāšu*-axe[99] appears in Middle Assyrian mostly related to the trade of a woodworker (*naggār pāše*; lit. woodworker of the *pāšu*-tool).[100] For this reason, this might be an adze.[101] The woodworkers using this tool appear working at the construction of Kār-Tukulti-Ninurta (*MARV* 2, 17: 100) and in naval construction (*MARV* 4, 34: 12'). In the Middle Assyrian laws, a *pāšu*-axe is used to cut the lower lip of a man who has kissed a married woman (*KAV* 1 I 95; § 9).[102] Until now, this tool has not appeared related to the military in the Middle Assyrian documentation.[103] The attestation of *pāšu*-axes in a note of partial payment for a field is possibly a misreading.[104]

90. It is also the oldest: Sumerian ḫa-zi, ḫa-zi-in; Salonen 1965, p. 14-16.
91. 1 *ḫa-ṣi-n*[*u*], *MARV* 2, 6 I 27'; 1 *ḫa-ṣi-nu*, II 12 (listed along with 105 sheep and goats, three pigs, a bronze knife, four stools, a table and four beds); II 24 (along with domestic animals and one stool); II 52 (along with domestic animals, a bronze knife, a wagon, beds, four stools, two tables); 2 *ḫa-ṣ*[*i-nu* (?)...], III 8 (along with domestic animals, a bronze caldron, four stools, a table); V 53'", [*ḫ*]*a-ṣi-nu*; V 82'" (damaged context); 1 *ḫa-ṣi-nu*; VI 11 (along with domestic animals, a stool and a bed).
92. 1 ⌜*ḫa-ṣi-nu*⌝ UD.KA.BAR 1 *ma-na* KI.LÁ ša É.GAL-*lim* ša ŠU PN, *KAJ* 298: 1-4 = *MARV* 3, 67; Ass. 21101ay.
93. Postgate 1988, no. 75.
94. 50 ⌜*ḫa*⌝-*ṣi-ni ša* ½ *ma-na*.TA.ÀM *i+na* [URU]*Aš+šur šap-ka*, *KAJ* 249 = *MARV* 10, 44: 11-13.
95. 1 *ḫa-ṣi-nu* UD.KA.BAR 1 *ma-na* KI.LÁ, *KAJ* 298 = *MARV* 3, 67: 1-2. A weight between 1-2 minas is also mentioned by Mayer 2003, p. 373, with previous bibliography.
96. *ul-ma ù ha-ṣi-na*, *KAJ* 307: 10; see edition by Postgate 1982, p. 306.
97. See note 94.
98. See Prechel, Freydank 2011, p. 6 *sub* no. 44.
99. Salonen 1965, p. 20-21 "eine Art Axt"; *AHw*. 846 "Beil, Axt"; *CAD* P 267b, (an ax or hatchet); *CDA* 270 "axe, adze".
100. Jakob 2003, p. 449, "Beil-Schreiner".
101. *CDA* 270.
102. See Saporetti 1982a, p. 63; Saporetti 1984, p. 94; Roth 1995, p. 157; *CAD* P 267b.
103. Cf. Sasson 1969, p. 29, in Mari they were part of the equipment of soldiers.
104. *KAJ* 257: 4.6; Ismail-Sabir 1967, no. 69: 4.6, *pa-še*; *AHw*. 846b, 1. (line 6, 1 *pa*-še); *cf. CAD* P 268b, in *KAJ* 257: 6 read (tin) ŠÀM 2 (BÁN) ŠE (see *bitrumu* disc. section); *CAD* B 282a.

Hardly anything is known about the **pāltu*-axe in Middle Assyrian (it should be **pāltu* in singular in Middle Assyrian).[105] Several *pāšātu*-axes are mentioned in an unpublished document from Assur (Ass.2001.D-2275b: 2).[106]

The noun *ulmu* seems to be a Hurrian loanword into Akkadian.[107] It has been translated as "axe"[108] and "lance, spear".[109] The equivalence of *ulmu* and *qulmû* (axe) in the *malku*-list of synonyms favours the former translation.[110] Note that a *qulmû* is used e.g. for felling trees (*CAD* Q 299, c) which is not conceivable for a spear or a lance.

A bronze *ulmu*-axe is loaned and will be given back on the return of the campaign (*ḫurādu*).[111] Another *ulmu* made of *ḫabalginnu*-alloy is listed with four bronze dagger/swords and one made of iron.[112] According to Cancik-Kirschbaum, this kind of alloy contained iron,[113] whereas Reiter proposed identifying it with the magnetite.[114] An *ulmu*-axe and a *haṣṣinnu*-axe are mentioned among the weapons belonging to the equipment of a war chariot.[115] All this proves the military use of this weapon. *ulmu*-axes are mentioned in highly damaged and unpublished documents from Assur.[116]

A pickaxe (*kalāpu*)[117] was an instrument or weapon after which a kind of soldier in Neo-Assyrian period was named.[118] This instrument is attested already in the Middle Assyrian documentation. The house of a guilty person (*ḫi-ṭa ša* LUGAL *i+na-áš-ši*) is marked with a pickaxe (*MARV* 4, 151: 55-57). This tool is listed in an inventory among other metal instruments (Ass. 2001.D-1926).[119] Ten pickaxes belonging to the palace are given to Enlil-damqu (?) to obtain a metalworker and then return them (ÉPHÉ 479: 1).[120] The pickaxes were made of bronze.[121]

105. See under *pāštu* in the dictionaries. Salonen 1965, p. 19-20; *AHw.* 846a, "Beil, Axt"; *CAD* P 267 (an axt or hatchet); *CDA* 270 "axe, adze". The contact št results in *lt* in Middle Assyrian, *GAG* § 30 g; Mayer 1971, § 21. 8.
106. Frahm 2002, p. 81.
107. See Watson 1998, with literature; Richter 2012, p. 485.
108. Salonen, 1965, p. 22-23, "eine Art (Streit)axt(?); *AHw.* 1410b, "eine Axt"; *CAD* U/W 86a "ax"; *CDA* 421a, "axe".
109. See the editions of *KAJ* 307 by Saporetti 1982b, p. 116 ("lancia"); Postgate 1982, p. 307 ("spear"); *CAD* Ḫ 134a (*sub ḫaṣṣinnu*) "spear"; *CAD* P 33b (*sub paḫnu*) "lance"; contradicting itself; Postgate 2008, p. 89, "lance"; Schrakamp 2011, p. 631 among the nouns for spear and lance.
110. Hrůša 2010, p. 76 III 27, "eine Axt" and commentary on page 227. *AHw.* 927, "eine Axt"; *CAD* Q 299 "(an ax)"; *CDA* 290 "(kind of) axe".
111. 1 *ul-mu* š[*a* UD.KA.]BAR, TR 2021+ 2051: 2; Saggs 1968, pl. 45; Postgate 1971, p. 499; not cited in *CAD* U/W, 86a; cf. *AHw.* 1410b.
112. 1 *ul-mu* ša *ḫa-bal-gi-ni*, Postgate 1973, pl. 13, no. 1: 12-13.
113. Cancik-Kirschbaum 1996, p. 173 *ad* 5.
114. Reiter 1997, p. 392-393, logogram AN.BAR GE$_6$.
115. *ul-ma ù ḫa-ṣi-na*, *KAJ* 307: 10; *CAD* U/W 56a. Various types of axes appear together in Old Babylonian documents: Mayer 2003, p. 372 (*ḫaṣṣinnum* and *agasalakkum*).
116. 20 *ul-ma-tu*, Ass. 2001.D-1320a: 7'; Ass. 2001.D-1372: 2 (Frahm 2002, p. 65).
117. *AHw.* 424a, "Hacke, Picke"; *CAD* K 66a, (an ax); *CDA* 142a, "pickaxe".
118. *AHw.* 425b "Meldereiter, Kurier"; *CAD* K 77b sub *kallābu*, "member of the light troops (a special military formation)"; *CDA* 142b *sub kallāpu* (a foot soldier).
119. Frahm 2002, p. 71-72
120. Durand 1982, pl. 84.
121. 1 [*ka-l*]*a-pu* UD.KA.BAR, *KAJ* 129: 2.

2.4 Spears, lances

There is a wide range of names for a weapon consisting of a long shaft ending in a metal tip: spears, lances, javelins, pikes. Some dictionaries have a difficulty distinguishing between a lance and a spear.[122] Here I take the distinction made by I. Schrakamp (2011, p. 630). According to him, a spear was a short, light weapon meant to be slung or cast in distance combat, whereas a lance was heavier and used to thrusting in close fight.

In fact, contrarily to what one might expect, spears and lances appear rarely in the Middle Assyrian archival documentation and those that we do find are not free of problems. Designations attested for spear and lance are the following, arranged alphabetically:

Kutāḫu "lance"[123] is only attested as the personal name of an *alaḫḫenu* (baker?) of the Aššur temple.[124]

The following two weapons are related, and both were used by the king in the royal hunt:

The *nar'amtu* has been defined differently by the dictionaries.[125] The existence of arrows (sing. *lištaḫu*) of *nar'amtu* shows that this weapon was not a mace and suggests that cast arrows.[126] It is mentioned in the context of royal sacrifices. This weapon is used by Aššur-bēl-kala to hunt lions (RIMA 2, A.0.89.7 iv 12). This is a further argument against the translation of "mace"; it was more probably a weapon used to thrust or to throw arrows, given the danger involved in hunting lions at close quarters.[127]

The *pariangu* was another weapon used in royal hunting and related to the one just mentioned.[128] Tiglath-pileser I hunted a sea mammal (*nāḫiru*) with this instrument (RIMA 2, A.0.87.4: 67).[129] He reports that a *nāḫiru* was also called a sea-horse (ANŠE.KUR.RA ša A.AB.BA);[130] that is why some dictionaries translate *pariangu* as

122. The Duden German dictionary (Online):
Lanze: "aus einem langen Schaft und einer Spitze (aus Metall oder einem anderen harten Material) bestehende, für Stoß und Wurf bestimmte Waffe".
Speer: "Waffe zum Stoßen oder Werfen in Form eines langen, dünnen, zugespitzten oder mit einer [Metall]spitze versehenen Stabes".
These definitions are basically identical. The definitions in the Oxford dictionary are clearer:
Spear: "A thrusting or throwing weapon with a long shaft and a sharp-pointed usu. steel tip; a lance".
Lance: "A spear with a long wooden shaft and an iron or steel head, held by a charging horseman".
At Ebla, the distinction between spear and lance, was made through the designation (spear with the verb š u b "throw") and the weight (a spear was heavier) Waetzoldt 1990, p. 2.

123. *AHw.* 517b, "eine schwere Lanze?"; *CAD* K 603 "(a lance)"; *CDA* 171 "spear, lance"; all only Neo-Assyrian.

124. Freydank 1991, p. 91.

125. *AHw.* 745b, "eine Waffe"; *CAD* N/I, 342a, "(a mace)"; *CDA* 241, "(a weapon, phps.) javelin"; not mentioned by Salonen 1965 or Schrakamp 2011, p. 631; cf. RIMA 2, A.0.89.7 iv 12, "a mace"; Streck 2002, p. 240, "eine Keule".

126. ⸢16?⸣ GIŠLIŠ-*ta-a-ḫu* 11')⸢ša⸣ GIŠ*nàr-'- am-ti* 12')⸢*a-na*?⸣ *pa-ri-an-gi*, A 303 r. 10'-12'; cited by Freydank 1981, p. 458 and Freydank 1991, p. 167.

127. See the reliefs of Aššur-nāṣir-apli II or Assurbanipal where he hunts lions with bow and arrows and spears; Barnett 1976, pls. VIII, X, XI, XII, XLIX; this is why the translation of *CDA* is to be preferred.

128. *AHw.* 833a, "eine Harpune"; *CAD* P 184, "(a weapon)"; *CDA* 266, "harpoon"?; Freydank 1981, p. 458 "Harpune"; RIMA 2, A.0.87.4: 67 "harpoon".

129. See previously Weidner 1957-1958, p. 355 *ad* 67.

130. For the *nāḫiru* see *AHw.* 714 "Schnauber"; *CAD* N/I, 137 "whale"; Freydank 1981, p. 458 "eine Walart"; Briquel-Chatonnet, Bordreuil 2000, p. 117-124, "l'hippopotame" Lundström 2012, p. 328-338.

"harpoon". Tiglath-pileser I adds that he made this weapon himself (*epšet qātīya*), which may indicate a relative simple construction. This same weapon is possibly attested in an unpublished document from Assur along with the *nar'amtu* (A 303: 11', note **126**). The mention of *pariangu* in a note about arrows for the king's chariot during the reign of Tiglath-pileser I (*MARV* 1, 10: 7.10) is unclear, due to the damaged context in which it appears.[131]

Weapons for distance combat were the bow and arrows, and missiles thrown with a sling.

2.5 Bows, arrows, quivers

2.5.1 Bows

The weapon for distance combat *par excellence* was the bow.[132] The word for bow is *qaštu*, Middle Assyrian **qaltu*, which, until now, only appears written logographically (^{GIŠ})PAN in our documentation.[133]

Bow production is attested in the city of Assur in the Middle Assyrian period. The manual worker in charge of producing this weapon was the bowyer/bow-maker (*sasinnu* = LÚ.ZADIM).[134] The components of the bow were sinews (*gīdu*), glue (ŠE.ŠEN), *kiškanāu*-wood (*CAD* K 453) and ibex horns (sing. *turāḫu*).[135] Consequently, they were composite bows. It is not clear whether there was a specific denomination for the all wood bows.[136] An indication that most bows were composite during the Middle Assyrian period might be the fact that a specialist, the *sasinnu*, was in charge of their production, whereas in Ebla, for instance, the woodworker (NAGAR) was in charge of bow production.[137]

131. See the interpretation of Freydank 1981, p. 458, who asks whether a *pariangu* is a tool for throwing a rope to the other side of a river to help in its crossing. Note that the use of a harpoon at the mount Ebih (Ğabal Ḥamrīn or Ğabal Makḥūl; Nashef 1982, p. 2 *sub* Abeḫ, and Ğabal Ḥamrīn, Parpola, Porter 2001, gazeteer page 8), the setting of this administrative document, would have little sense.
132. Postgate 2004, p. 456-458 has recently included Middle Assyrian evidence in his study on the bow and arrow. Sasson 1969, p. 25.
133. A possible syllabic writing might be found in a damaged context: *ša qa-al-t*[*e*...], *MARV* 1, 53: 15; previously published by Weidner 1959, no. 49. For the change *št* > *lt*, see note 105.
134. Jakob 2003, p. 469-472. The profession *gelduḫlu* is translated by *CDA* 91b as a "bowyer, bowmaker" for the Middle Assyrian and Nuzi evidence; but contrast with *CAD* G, 60 *sub gelduḫlimma* "(a profession)" separated from *gelduḫlu* "(an official or craftsman)" and *AHw.* 284b *sub gelduḫlu, gelzu*(*ḫ*)*lu*, "ein Beruf". The evidence does not conclusively support the translation by *CDA*. Note also that both the Nuzi and the Middle Assyrian evidence already have the *sassinnu* in charge of making bows and arrows. See equivalence in *AHw.*; Mayer 1978, p. 186, discusses *keltuḫlu* and *sassinu* together as bowmakers ("Bogenmacher"), *cf.* now Richter 2012, p. 206.
135. All these components appear in Ass.2001.D-2218; Frahm 2002, p. 75-80; sinews, glue and a third material broken away are present in *MARV* 3, 46: 4-6; Frahm 2002, p. 79 proposes that this third component was a set of horns.
136. *Cf.* Postgate 2004, p. 457.
137. Waetzoldt 1990, p. 7.

The bow is the king's weapon in the royal inscriptions (^{GIŠ}PAN *la-a šá-na-an*, "the unrivalled bow"),[138] given to him as a present by the gods.[139] The typical uses of the bow are combat[140] and hunting.[141]

In the archival documentation, bows are not directly attested as being used in combat. They appear in contracts of bow and arrow makers (sing. *sasinnu*), e.g. in a contract for the production of more than 14 bows without cases (*lā saḫpātu*) in two months (*MARV* 2, 32: 2.10). But they are usually just stored[142] and listed in the inventories,[143] normally along with arrows.[144] They were taken from these stores[145] and given to different persons: e.g. a bow is given by the steward (*masennu*) to a Yidaean (*MARV* 10, 73: 1). Bows were also given as presents to foreign kings.[146] Twenty bows without cases *(lā saḫpātu)* are loaned, and a field is kept as guarantee for their return (*MARV* 1, 20).[147]

Frahm observed that some bows are qualified as "of the king's hand" (*ša qāt šarri*) as distinct to the *ilku*-bows, i.e. bows of the service (*ša ilki*).[148] The difference implied by this distinction is difficult to ascertain. Frahm proposes a contrast in their users.[149] The former were used by the royal crack troops ("Kerntruppe"), whereas the latter were used by conscripts ("dienstverpflichtete Personen"). A difference in the quality of production is also conceivable. This difference in qualification is also observable for the arrows (see below).

Some parts of a bow are cited in the Middle Assyrian documentation. The bows could be produced or given without cases (*lā saḫpātu*). This means that some of them were produced with cases (sing. *siḫpu/seḫpu,*)[150] which could be kept in a container (*bīt siḫpi*).[151] The string of a bow is called *matnu*.[152] Bows were delivered with their strings (sing. *adi matnīša*)[153] which means that the reverse was also possible. According to Postgate, bows were kept unstrung when not used.[154]

138. RIMA 2, A.0.87.1 vi 56 (Tiglath-pileser I).

139. ^{d}NIN.URTA ù ^{d}IGI.DU ^{GIŠ}TUKUL^{MEŠ}-*šu-nu ez-zu-te ù* ^{GIŠ}PAN-*su-nu ṣir-ta a-na i-di* EN-*ti-ia iš-ru-ku* "Ninurta and Nergal gave their fierce weapons and their exalted bow for my lordly arms", RIMA 2, A.0.87.1 vi 59 (Tiglath-pileser I).

140. It is not directly attested, but arrows kill enemies, RIMA 2, A.0.87.4 i 9.

141. AM.SI^{MEŠ} *ina* ^{GIŠ}PAN-*šu ú-šam-qit*, "he felled elephants with his bow", RIMA 2, A.0.89.7: 7-8 (Aššur-bēl-kala); see seal of Ninurta-tukul-Aššur on A 113; Donbaz 1976, pl. 23.

142. 55 bows, 450 arrows along with swords, gold, silver and clothes, are presents (NÍG.BA.MEŠ) in the *lušmu* house, *MARV* 10, 3: 11.12.

143. *KAJ* 310: 47.

144. "n+20 bows, arrows" in damaged context, *MARV* 9, 85: 1.

145. *KAV* 98: 46-47; letter of Bābu-aḫa-iddina, he orders to be chosen and brought to him.

146. Ass.2001.D-2279; Frahm 2002, p. 82.

147. Jakob 2003, p. 471-472.

148. Ass. 2001.D-2218: 5'-6', 11'-12', 17'-18', 23', 28'; Frahm 2002, p. 75.

149. Frahm 2002, p. 80. Similarly Postgate 2013, p. 22.

150. *KAJ* 310: 47; *KAV* 100: 20; **qaltu saḫputu*; pl. *qašātu saḫpātu.*

151. *KAV* 100: 19.

152. *CAD* M/I, 412b.

153. Ass. 2001.D-2279: 1.11; Frahm 2002, p. 82 n. 66.

154. Postgate 2004, p. 457b.

The *tilpānu*-weapon is a type of bow, as evidenced by the lexical lists where it is equated with *qaštu*.[155] However, the fact that they appear together in a document from Assur indicates that they present two different types of bows.[156]

2.5.2 Arrows

Evidently, the use of a bow made it possible to fire arrows (*lištāḫū*)[157] at the enemy, in order to provoke the break up their formation and weaken them early in the combat.

An arrow was composed of a metal tip (*qaqqudu* = SAG.DU) and a wooden/reed shaft (determinative GIŠ for wooden objects in some attestations).[158] The arrow-tips were made of bronze,[159] but also of iron.[160]

The weight of arrow-tips has been attested in one text to date. According to a receipt from Assur, an arrow-tip weighed one and a half shekels (12.45 g); i.e. 513 arrow-tips of an unspecified metal weighed twelve and two thirds minas and six shekels (6.38 kg).[161] It is not clear whether this was a standardised weight, but these arrow tips were considerably heavier than the arrow tips weighing 1.9 g attested in the Ebla documentation, which, according to Waetzoldt, was the usual weight for arrow tips in Mesopotamia.[162]

It seems that the arrow length was variable. At least, we find long arrows (*namaddu arku*, "long measure"), which implies that there were short arrows (**namaddu kuru'u*).[163] In the same document, and as in the case of the bows (see above), we find a distinction between the arrows "of the king's hand" (ša *qāt šarri*) and *ilku*-arrows.[164]

155. ḪAR-gud VII A 61-62 (*MSL* 6, 109) and *Malku* = *šarru* III 17 (Hrůša 2010, p. 74); see already Durand 1983, p. 336-340; Groneberg 1987, p. 115-124; *CAD* T 414, "bow(?)"; Postgate 2004, p. 457, "composite bow"; see previously the bibliography cited by Groneberg 1987, p. 116 n. 8; *contra* Sasson 1969, p. 25, "throw-stick"; Salonen 1965, p. 66, 148, "Wurfholz" and *AHw*. 1359, "ein Wurfholz".
156. Ass. 2001.D-2279; Frahm 2002, p. 82.
157. Logographically written KAK.Ú.TAG.GA^{MEŠ}, *KAJ* 310: 52.50; *KAV* 195+203: 31; BATSH 4, 16: 5.7.18; ^{GIŠ}KAK.TAG.GA, MVAG 41/3, 16: 37; but also syllabically LIŠ-*ta-a-ḫu*, *MARV* 1, 10: 1; ^{GIŠ}LIŠ-*ta-a-ḫu*, A 303: 10 (quoted by Freydank 1991, p. 167); LIŠ-*ta-a-ḫu*^{MEŠ}, *MARV* 1, 10: 11.15; LIŠ-*ta-ḫu*^{MEŠ}, *MARV* 10, 3: 11.12; LIŠ-*ta-a-ḫi*, *MARV* 63: 1; *MARV* 1, 72: 1; LIŠ-*ta-a-ḫi*^{MEŠ}, *MARV* 9, 85: 3; LIŠ-*ta-ḫi*^{MEŠ}, *MARV* 5, 47: 2; and once *ši-il-ta-ḫu*, Billa 46: 1, which indicates that LIŠ- is only a graphic metathesis; Reiner 1982, p. 93. LIŠ-*ta-ḫi* might be attested as a personal name in A 1775: 5, cited in Donbaz 1998, p. 184. No other term that the dictionaries translate as arrow such as *kaksû, mulmullu, šukūdu* or *uṣṣu* has been found so far in the Middle Assyrian archival documentation. *Šiltaḫu, mulmullu, ūṣu* or *uṣṣu, kaksû, elamkû, su-ru-du*, šukūdu are listed as synonyms in *Malku* = *šarru* iii 12-16 (Hrůša 2010, p. 74).
158. Postgate 2004, p. 457a. A third part, the feathered tail, is not mentioned in our documentation; *cf.* Mayer 2003, p. 371.
159. 20 LIŠ-*ta-a-ḫu* UD.KA.BAR^{MEŠ}, *MARV* 1, 10: 1; and the archaeological fund, e.g. Eickhoff 1985, T 108.
160. $^{5)}$AN.BAR ⌜*ša*⌝ EN-*li* KAK.Ú.TA[G.G]A^{MEŠ} $^{6)}$*a-na e-pa-*še *i-di-na-ni* $^{7)}$20 KAK.Ú.TAG.GA^{MEŠ} $^{8)}$*i+na* ŠÀ-*bi-šu e-ta-pa-áš*, "The iron, which my lord gave to me to produce arrow(-tip)s – I have done twenty arrow(-tip)s from it", BATSH 4, 16: 5-8 (letter of Šulmu to Aššur-iddin; reign of Tukultī-Ninurta I).
161. $^{1)}$5 *me* 13 SAG.DU^{MEŠ} $^{2)}$LIŠ-*ta-ḫi*^{MEŠ} *šá* 1 ½ GÍN.TA.ÀM $^{3)}$*ša il-ki* $^{4)}$12 2/3 *ma-na* 6 GÍN KI.LÁ, *MARV* 5, 47: 1-4.
162. Waetzoldt 1990, p. 6; but compare heads of arrow of 6 shekels (48-50 g) in Mari (Sasson 1969, p. 26); Mayer 2003, p. 372 n. 7 mentions arrow-tips from Mari weighing ¼ (2 g) to 6 shekels (50 g); Arkhipov 2012, p. 124 reports weights in a range from 45 grains (2.25 g) to five shekels (41.5 g).
163. $^{1)}$20 LIŠ-*ta-a-ḫu* UD.KA.BAR^{MEŠ} *na-mad-du* $^{2)}$*ar-ku ša* ŠU LUGAL, "20 bronze arrows, long measurement, of the king's hand" *MARV* 1, 10: 1-2; also 8 LIŠ-*ta-a-ḫu*^{MEŠ} *na-mad-du* ⌜*ar-ku*⌝ line 11 and PAB 28 LIŠ-*ta-a-ḫu*^{MEŠ} *na-mad-du ar-ku ša* ŠU LUGAL *ša* ^{GIŠ}GIGIR *ša* GÌR LUGAL, "altogether: 28 arrows, long measure, of the king's hand, of the chariot of the foot of the king", lines 15-16. Various types of arrows are also attested in Old Babylonian: Mayer 2003, p. 370.
164. *MARV* 1, 10: 1-2, 15-16; see also 2 *lim* LIŠ-*ta-ḫu il-ku*, *MARV* 1, 72: 1.

Arrows appear in our documentation in large numbers, i.e. several thousand:

4 LIM$^{?}$/ME 70$^{?}$ x x SAG.DU LIŠ-*ta-ḫi,* "four thousand ... arrow-tips", *MARV* 1, 63: 1 (Ep. Ibri-šarri, Tiglath-pileser I);
2 LIM LIŠ-*ta-ḫi il-ki*, "two thousand *ilku*-arrows", *MARV* 1, 72: 1.
They are often attested with bows in the same document:
x LIŠ-*ta-ḫi*^{MEŠ}, *MARV* 9, 85: 3 (damaged document; line 1: 20 PAN^{MEŠ});
LIŠ-*ta-ḫu*, *MARV* 10, 3: 11.12 (along with bows; line 12: 55 ^{GIŠ}PAN^{MEŠ});

or with other weapons:

^{GIŠ}LIŠ-*ta-a-ḫu*, A 303: 10[165] along with *nar'amtu* and *pariangu* (see above);
or as a present sent to foreign kings. Arrows (*ištāḫū)*, Ass.2001.D-2279[166] are sent as a present to the Šubrian king, along with bows (*tilpānu* and **qaltu*).

Arrows appear in inventories:

50 KAK.Ú.TAG.GA^{MEŠ}, *KAJ* 310: 52;
50 SAG.DU KAK.Ú.TAG.GA, *KAJ* 310: 59[167]
^{GIŠ}*tup-né-na ša* KAK.Ú!.TAG.GA^{MEŠ}, *KAV* 195 + 203: 31;[168]
1 ši-*il-ta-ḫu*, Billa 46: 1.[169]

According to Akkermans and Wiggermann, 100 arrow-tips are attested in an (unpublished) document from Tell Sabi Abyad.[170]

The twingod, ^{d}MAŠ.TAB.BA, receives two arrows along with two sheep as an offering during the royal coronation.[171]

Bows and arrows were used by the units of archers (**ša qalte* (?) = (LÚ.)PAN) of the Assyrian army. As Postgate has shown, their presence and their number were greater than had previously been assumed.[172] These archers were garrisoned in the capital Assur,[173] Kār-Tukultī-Ninurta,[174] but also at the outposts of the kingdom, such as Harbe[175] and Tell Sabi Abyad.[176]

The *ḫutigu* was a part of the bowmen's weaponry, but, it is attested only once (*KAJ* 310: 46), and its meaning cannot be obtained from this single attestation.

165. Freydank 1991, p. 167.
166. Frahm 2002, p. 82.
167. Postgate 1988, no. 50.
168. Freydank, Saporetti 1989, p. 31, 70.
169. Finkelstein 1953, p. 161.
170. Akkermans, Wiggermann 1999, p. 63.
171. 2 ^{GIŠ}KAK.TAG.GA, MVAG 41/3, 16: 38 (royal ritual).
172. Postgate 2008, p. 83-92.
173. Most of the personnel lists in Llop 2009 are lists of archers and their families. See also *MARV* 8, 14 r. 13 (restored).
174. *MARV* 2, 6 I 1.10.16.20.32.35.41.67 II 5.6.14.16.19.32.33.38.47.54.60 III 17.18.21 III 24, 26, 31, 48 IV 2', 7', 11'. 34", 36", IV 50", V 33", 35", 36", 40", 73", 78"', 84", VI 3, 12, 18; *MARV* 2, 17: 85; *MARV* 4, 28: 5'-7', Rs. 8',10', 11', 15', 21'; *MARV* 4, 29: 1' (uncertain); *MARV* 4, 30: 15' (uncertain); *MARV* 4, 89 I 7', 16', 19', 20', II 7', 8', II 20', 28', 35', II 46', 51'; *MARV* 4, 119: 6 (see Freydank 2012, p. 229); *MARV* 4, 155: 92 (restored).
175. Jakob 2009, no. 69: 1, r. 2", 5", 6"; no. 70: 1, 8, 10, 16, 21, 25, 27, 29, 34, 39, 46, 50, 52, 54 (Elamites, *elamiāyū*, line 51); no. 71: [1], 8; no. 72: 2; no. 73: 2.
176. Wiggermann, personal communication.

2.5.3 Quivers

Unlike to bows, quivers are rarely attested in the Middle Assyrian documentation. A quiver (*išpatu*, Assyrian *išputu*) is attested in a damaged document along with other (possibly metal) objects delivered in the house of Saggiu.[177] A second one is a quiver for the front of a chariot in a storeroom-inventory from Assur.[178]

2.6 Missiles (projectiles), slings

The presence of units of slingmen is documented e.g. in Mari's army[179] and later in the Neo-Assyrian army.[180] Postgate has recently proposed interpreting the grapheme ša *uš-pi* (a reading *ša ús-pi* is also possible) as slinger in the Middle Assyrian lists of personnel.[181] So far only persons have been qualified slingers; the weapon as such is not mentioned.

The ultimate weapon during the Late Bronze Age was the war chariot. But, for reasons of space, we will leave it for a future communication.

The present study discusses, the defensive and offensive weapons used by the Middle Assyrian warrior. The information proceeds mainly from the archival documentation. The defensive weapons were the helmet (*qurpisu*) or hat (*kubšu*), armour (**sariu*) and the shield (*arittu*). The offensive weapons can be divided into those used for close combat and weapons for distance combat. The close combat weapons are the stick (*haṭṭu*), the whip (*maḫittu*), possibly the mace (*kakku*), the dagger or sword (*patru*), various types of axes (*ḫaṣṣinnu*, *pāšu*, **pāltu* and *ulmu*) and the lance. Weapons for long range combat were the spear, the bow and arrows and the sling, used to throw projectiles.

As we have seen, the weaponry of the Assyrian army in the Middle Assyrian period was not very different or superior to that of other neighbouring kingdoms (such as Mittani and Babylonia). The relative success of the Assyrian army during the Middle Assyrian period, especially during the reigns of Adad-nārārī I, Shalmaneser I and Tukultī-Ninurta I, was possibly due to its organisation and the use of astute policies. The fact that the weaponry or tactics of the Assyrian were not really superior to other contemporaries is evidenced by the appearance of the Arameans, a nation of more mobile semi-nomads, who may well overwhelmed the Assyrians by weight of

177. Postgate, Collon 1999-2001, p. 8: 1. Postgate does not exclude an identification of this Saggiu with the *masennu* bearing the same name.

178. *KAJ* 310: 52; Postgate 1988, no. 50 (reign of Shalmaneser I).

179. Sasson 1969, p. 26. For a recent treatment of the slingmen in Mesopotamia see Schrakamp 2009b, p. 222-225.

180. They usually appear at the rear of archers (note that they are sons of archers in the Middle Assyrian documentation); see the reliefs of Sennacherib in Barnett, Bleibtreu, Turner 1998, pl. 324-325 (WA 124904) (Reade 2004, p. 66, fig. 70) and Reade 2004, p. 28, fig. 19 (WA 124789). From a philological point of view: *a/uṣpu*, Parpola 2007, p. 10, 131.

181. A syllabical value "uṣ" for the sign UŠ is not attested at present in Middle Assyrian; von Soden, Röllig 1991, no. 138. We should add the following passages to those discussed by Postgate 2008, p. 87, *MARV* 5, 15 IV? 3; WVDOG 124, no. 34: 8; 37: 8'.

numbers; in any case, they routed the Assyrian armies and invaded the Assyrian core territories in the 11th century BC.

Jaume Llop
Freie Universität, Berlin

Bibliography

Abrahami P., Battini L. (dir.) (2008), *Les armées du Proche-Orient ancien (IIIe-Ier mill. av. J.-C.). Actes du colloque international organisé à Lyon les 1er et 2 décembre 2006*, Oxford, John and Erica Hedges (BAR Intern. Ser., 1855).

Akkermans P.M.M.G. (1998), "Seals and seal impressions from the Middle Assyrian Tell Sabi Abyad", *Subartu*, 4, p. 243-258.

Akkermans P.M.M.G., Wiggermann F.A.M. (1999), "Sentinelle de l'empire Assyrien. La forteresse de Tell Sabi Abyad", *Archéologia*, 358, p. 56-65.

Arkhipov I. (2012), *Le vocabulaire de la métallurgie et la nomenclature des objets en métal dans les textes de Mari*, Louvain, Peeters (ARM, 32).

Alp S., Süel A. (dir.) (1998), *III. Uluslarasi Hititoloji Kongresi Bildirileri*, Ankara, Uyum Ajans.

Baker H., Kaniuth K., Otto A. (dir.) (2012), *Stories of so long ago. Festschrift Michael D. Roaf*, Münster, Ugarit verlag (AOAT, 397).

Barnett R.D. (1976), *Sculptures from the North Palace of Ashurbanipal at Niniveh (668-627 BC)*, Londres, The Trustees of the British Museum.

Barnett R.D., Bleibtreu E., Turner G. (1998), *Sculptures from the Southwest Palace of Sennacherib*, Londres, British Museum Press.

Barnett R.D., Falkner M. (1962), *The Sculptures of Assur-nāṣir-apli II (883-859 BC), Tiglath-pileser III (745-727 BC), Esarhadon (681-669 BC) from the Central and South-West Palaces at Nimrud*, Londres, The Trustees of the British Museum.

Beckman G., Foster B.R. (1988), "Assyrian scholarly texts in the Yale Babylonian collection", in Leichty, De J. Ellis 1988, p. 1-26.

Böck B. *et. al.* (dir.) (1999), *Munuscula Mesopotamica. Festschrift für Johannes Renger*, Münster, Ugarit-Verlag (AOAT, 267).

Botta P.-É. (1849-1850), *Monument de Ninive, découvert et décrit par P.-É. Botta ; mesuré et dessiné par E. Flandin*, Paris, Imprimerie nationale.

Boussac M.-F. (dir.) (2000), *Les animaux et les hommes dans le monde syro-mésopotamien aux époques historiques*, Paris, De Boccard (Topoi Supplément, 2).

Briquel-Chatonnet F., Bordreuil P. (2000), "Tiglath-phalazar Ier a-t-il pêché ou chassé le *naḫiru* ?", dans Boussac 2000, p. 117-124.

Cancik-Kirschbaum E. (1996), *Die Mittelassyrischen Briefe aus Tall Šēḫ Ḥamad*, Berlin, D. Reimer (BATSH, 4).

—. (1999), " lú*sāpi'u/sēpû*. Eine akkadische Berufsbezeichnung aus dem Bereich der Textilherstellung", in Böck *et al.* 1999, p. 79-93.

—. (2012), "Verwaltungstechnische Aspekte königlicher Repräsentation: Zwei Urkunden über den Kult der verstorbenen Könige im mittelassyrischen Assur", in Wilhelm 2012, p. 33-49.

Dandamaev M. *et al.* (dir) (1982), *Societies and Languages of the Ancient Near East. Studies in Honour of I. M. Diakonoff*, Warminster, Aris and Phillips, p. 304-313.

Deller K., Mayer W.R. (1984), "Review of *CAD* M/I-II", *Or.*, 53, p. 72-124.

Deller K. (1987), "Review of *MARV* 2", *AfO*, 34, p. 58-66.

DERCKSEN J.G. (2004), "Die Stadt Assur als Wirtschaftsmacht", in Meyer, Sommerfeld 2004, p. 155-159.
DEZSÖ T. (2003-2005), "Panzer", *RlA*, 10, p. 319-323.
DONBAZ V. (1976), *Ninurta-Tukulti-Assur. Zamanina ait orta Asur Idarî belgeleri*, Ankara, Türk Tarih Kurumu Basimevi.
—. (1998), "Assur collection housed in Istanbul. General outlines", in Alp, Süel 1998, p. 177-188.
DURAND J.-M. (1982), *Documents cunéiformes de la IVe section de l'ÉPHÉ*, Genève / Paris, Librairie Droz.
—. (1983), *Textes administratifs des salles 134 et 160 du palais de Mari*, Paris, Éditions Geuthner (ARM, 21).
DÜRING B. (dir.) (2015), *Understanding Hegemonic Practices of the Early Assyrian Empire. Essays Dedicated to Frans Wiggermann*, Leyde (PIHANS, 125).
EDZARD D.O. (1976-1980), "Keule. A, Philologisch", *RlA*, 5, p. 578-579
EICKHOFF T. (1985), *Kar Tukulti Ninurta. Eine mittelassyrishe Kult- und Residenzstadt*, Berlin, Gebrüder Mann Verlag.
EMRE K. *ET AL.* (dir.) (1989), *Anatolia and the Ancient Near East: Studies in Honor of Tahsin* Özgüç, Ankara, Türk Tarih Kurumu Basimevi.
FAIST B. (2001), *Der Fernhandeln des assyrischen Reiches zwischen dem 14. und 11. Jh. v. Chr.*, Münster, Ugarit-Verlag (AOAT, 265).
FINKELSTEIN J. (1953), "Cuneiform texts from Tell Billa", *JCS*, 7, p. 111-176.
FISCHER C. (1999), "Elitezugehörigkeit und Harmonieverständnis. Zu den mittelassyrischen Siegelabrollungen aus Kār-Tukultī-Ninurta", *MDOG*, 131, p. 115-154.
FRAHM E. (2002), "Assur 2001: Die Schriftfunde », *MDOG*, 134, p. 47-86.
FREYDANK H., SAPORETTI C. (1989), *Bābu-aḫa-iddina. Die Texte*, Rome, R. Denicola.
FREYDANK H. (1981), "Review of A. Salonen, *Jagd und Jagdtieren im alten Mesopotamien*, Helsinki, 1976", *OLZ*, 76, p. 457-458.
—. (1991), *Beiträge zur mittelassyrischen Chronologie und Geschichte*, Berlin, Akademie-Verlag (SGKAO, 21).
—. (1994), "Gewänder für einen Dolmetscher", *AoF*, 21, p. 31-33.
—. (2012), "*MARV* IV 119 - ein Vertrag?", *AoF*, 39, p. 226-234.
GASPA S. (2012), "Review of *MARV* 8 », *JSS*, 57, p. 406-408.
GÖTZE A. (1940), *Kizzuwatna and the Problem of Hittite Geography*, New Haven, Yale UP.
GRONEBERG B. (1987), "*tilpānu* = Bogen", *RA*, 81, p. 115-124.
HAGENBUCHNER A. (1989), *Die Korrespondenz der Hethiter*, Heildelberg, Carl Winter.
HARRAK A. (1987), *Assyria and Hanigalbat. A Historical Reconstruction of Bilateral Relations from the Middle of the Fourteenth to the End of the Twelfth Centuries BC*, Hildesheim, Georg Olms Verlag.
HRŮŠA I. (2010), *Die akkadische Synonymenliste* malku = šarru*. Eine Textedition mit Übersetzung und Kommentar*, Münster, Ugarit-Verlag (AOAT, 50).
ISMAIL-SABIR B.K. (1967), *Mittelassyrische Keilschrifttexte aus Assur*, Berlin, (unpublished PhD).
JAKOB S. (2003), *Mittelassyrische Verwaltung und Sozialstruktur. Untersuchungen*, Leyde / Boston, Styx Publications (CM, 29), p. 191-222.
—. (2009), *Die mittelassyrischen Texte aus Tell Chuēra in Nordost-Syrien*, Wiesbaden, Harrassowitz.
JANOWSKI B., WILHELM G. (dir.) (2006), *Briefe*, Gütersloh, Gütersloh Verlaghaus (TUAT NF, 3), p. 235-240.
KENDALL T. (1975), *Warfare and Military Matters in the Nuzi Tablets*, Waltham MA, Brandeis University.
—. (1981), "*gurpisu ša amēli*. The Helmets of the Warriors at Nuzi" in Morrison, Owen 1981, p. 201-231.
KÜHNE H., RÖLLIG W. (1989), "Das Siegel des Königs Salmanassar I von Assyrien", dans Emre *et al.* 1989, p. 295-299.

Leichty E., de J. Ellis M. (dir.) (1988), *A Scientific Humanist. Studies in Memory of Abraham Sachs*, Philadelphie, University Museum, p. 1-26.

Llop J. (2009), *Mittelassyrische Verwaltungsurkunden aus Assur. Texte aus den "grossen Speichern" und dem Ubru-Archiv*, Wiesbaden, Harrassowitz (WVDOG, 124).

—. (2015), "Foreign kings in the Middle Assyrian archival documentation", in Dürig B. 2012, p. 243-273.

Lundström S. (2012), « The Hunt is on Again ! Tiglath-pileser I's and Aššur-bel-kala's nāḫirū-Sculptures in Assur », dans Baker, Kaniuth, Otto, p. 323-338

Machinist P. (1978), *The Epic of Tukultī-Ninurta I. A Study in Middle Assyrian Literature*, Ann Arbor, University Microfilms International.

Mayer W. (1971), *Untersuchungen zur Grammatik des Mittelassyrischen*, Kevelaer/Neukirchen-Vluyn, Butzon & Bercker/Neukirchener (AOATS, 2).

—. (1978), *Nuzi-Studien* I. *Die Archive des Palastes und die Prosopographie der Berufe*, Kevelaer/Neukirchen-Vluyn, Butzon & Bercker/Neukirchener (AOAT, 205/1).

Mayer W.R. (2003), "Waffen und Stricke in einer altbabylonischen Urkunde", *Orientalia*, 72, p. 368-389.

—. (2011), "Die italienischen Tomaten und die akkadischen Nominalkomposita", *Orientalia*, 80, p. 339-372.

Meyer J.W., Sommerfeld W. (dir.) (2004), *2000 v. Chr. Politische, wirtschaftliche und kulturelle Entwicklung im Zeichen einer Jahrtausendwende*, Sarrebruck, Saarbrücker Druckerei und Verlag (CDOG, 3), p. 155-159.

Michel C., Veenhof K. R. (2010), "The textiles traded by the Assyrians in Anatolia (19th-18th centuries BC)", dans Michel, Nosch 2010, p. 210-271.

Michel C., Nosch M.L. (dir) (2010), *Textile Terminologies in the Ancient Near East and Mediterranean from the Third to the First millennia BC*, Oxford, Oxbow Books.

Millard A.R. (1970), "Fragments of historical texts from Niniveh: Middle Assyrian and later kings", *Iraq*, 32, p. 167-176.

Moorgat-Correns U. (1988), "Zur ältesten historischen Darstellung der Assyrer. Tukulti-Ninurtas I. Sieg über das Land der Uqumeni(?)", *AfO*, 35, p. 111-116.

Mora C., Giorgieri M. (2004), *Le lettere tra i re ittiti e i re assiri ritrovate a Ḫattuša*, Padoue, SARGON Editrice e Librería.

Morrison M.A., Owen D.I. (dir.) (1981), *Studies on the Civilization and Culture of Nuzi and the Hurrians. In Honor of E.R. Lacheman*, Winona Lake (Indiana), Eisenbrauns (SCCNH, 1), p. 201-231.

Nashef K. (1982), *Die Orts- und Gewässernamen der mittelbabylonischen und mittelassyrischen Zeit*, Wiesbaden, Ludwig Reichert (RGTC, 5).

Nebes N. (dir.) (2002), *Neue Beiträge zur Semitistik. Erstes Arbeitstreffen der Arbeitsgemeinschaft Semitistik in der Deutschen Morgenländischen Gesellschaft vom 11. bis 13. September 2000 an der Friedrich-Schiller-Universität Jena*, Wiesbaden, Harrassowitz (JBVO, 5), p. 223-257.

Negri Scafa P., Gentili P. (dir.) (2000), *Donum Natalicium. Studi presentati a Claudio Saporetti in occasione del suo 60. compleanno*, Rome, Borgia, p. 213-217.

Oppenheim A.L. (1950), "Review of H.H. Figulla, *Documents of the New-Babylonian Period*", *JCS*, 4, p. 188-195.

Orthmann W. (1974), *Der Alte Orient*, Berlin, Propyläen Verlag.

Parpola S, Porter M. (dir.) (2001), *The Helsinki Atlas of the Near East in the Neo-Assyrian Period*, Helsinki, Casco Bay Assyriological Institute and Neo-Assyrian Text Corpus Project.

Parpola S. (2007), *Assyrian English-Assyrian Dictionary*, Helsinki, The Neo-Assyrian Text Corpus Project.

Pedde F., Lündstrom, S. (2008), *Der alte Palast in Assur. Architektur und Baugeschichte*, Wiesbaden, Harrassowitz (Baudenkmäler aus assyrischer Zeit, 11, WVDOG, 120).

Postgate J.N., Collon D. (1999-2001), "More Astray Assur tablets" *SAAB*, 13, p. 1-16.

Postgate J.N. (1971), "Land tenure in the Middle Assyrian Period: a reconstruction", *BSOAS*, 34, p. 496-520.
—. (1973), "Assyrian texts and fragments", *Iraq*, 35, p. 13-36.
—. (1982), "*Ilku* and land tenure in the Middle Assyrian Kingdom -a second attempt", in Dandamaev 1982, p. 304-313.
—. (1988), *The archive of Urad-Šerūa and his family. A Middle Assyrian household in government service*, Rome, Roberto Denicola.
—. (2000), "Assyrian Felt", dans Negri Scafa, Gentili 2000, p. 213-217.
—. (2001), "Assyrian Uniforms", in Van Soldt *et. al.* 2001, p. 373-388.
—. (2004), "Pfeil und Bogen. A. I. Nach schriftlichen Quellen. In Mesopotamien", *RlA*, 10, p. 456-458.
—. (2008), "The organization of the Middle Assyrian army: some fresh evidence » in Abrahami, Battini 2008, p. 83-92.
—. (2013), *Bronze Age Bureaucracy. Writing and the Practice of Government in Assyria*. Cambridge, Cambridge UP.
Prechel D., Freydank H. (2011), *Mittelassyrische Rechtsurkunden und Verwaltungstexte* X, Wiesbaden, Harrassowitz (WVDOG 134).
Reade R.D. (2004), *Assyrian Sculpture*, Londres, The British Museum Press.
Reculeau H, Feller B. (2012), *Mittelassyrische Urkunden aus dem Archiv Assur 14446*, Wiesbaden, Harrassowitz (WVDOG 130).
Reiner E. (1982), "The Reading of the Sign LIŠ", *RA*, 76, p. 93.
Reiter K. (1997), *Die Metalle im alten Orient*, Münster, Ugarit-Verlag (AOAT, 249).
Richter T. (2012), *Bibliographisches Glossar des Hurritischen*, Wiesbaden, Harrassowitz.
Roth M. (1995), *Law Collections from Mesopotamia and Asia Minor*, Atlanta, Scholars Press.
Saggs H.W.F. (1968), "The Tell Al Rimah Tablets, 1965", *Iraq*, 30, p. 154-174.
Salonen A. (1969), *Die Fußbekleidung der alten Mesopotamier nach sumerisch-akkadischen Quellen : Eine lexikalische und kulturgeschichtliche Untersuchung*, Helsinki, Academia Scientiarum Fennica.
Salonen E. (1965), *Die Waffen der alten Mesopotamier. Eine lexikalische und kulturgeschichtliche Untersuchung* (St. Or., 33), Helsinki, Finnish Oriental Society.
Saporetti C. (1982a), "Leggi assire: due punti controversy", *Egitto e Vicino Oriente*, 5, p. 63-66.
—. (1982b), *Assur 14446: Le altre famiglie. Ascesa e declino di persone e famiglie all'inizio del medio-regno assiro* II, Malibu, Undena publications.
—. (1984), *Leggi della Mesopotamia*, Florence, Le Lettere.
Sasson J. M. (1969), *The Military Establishments at Mari*, Rome, Pontifical Biblical Institute (Studia Pohl, 3).
Schrakamp I. (2009a), "Schild", *RlA*, 12, p. 176-179.
—. (2009b), "Schleuderer. A. Philologisch", *RlA*, 12, p. 222-225.
—. (2010), "Sichelaxt, -schwert", *RlA*, 12, p. 447-450.
—. (2011), "Speer und Lanze", *RlA*, 12, p. 630-633.
Speiser E.A. (1950), "On some articles of armor and their names", *JAOS*, 70, p. 47-49.
Stol M. (2012), "Stock (u. a. Stab, Pfahl)", *RlA*, 13, p. 191-193.
Streck M.P. (2002), "Die Nominalformen *maPRaS(t)*, *maPRāS* und *maPRiS(t)* im Akkadischen", in Nebes 2002, p. 223-257.
Streck M.P. (dir.) (2013), *Reallexikon der Assyriologie und Vorderasiatischen Archäologie*, volume 13, Berlin, Walter De Gruyter.
Van Soldt W.H. *et. al.* (dir.) (2001), *Veenhof Anniversary Volume. Studies presented to Klaas R. Veenhof on the Occasion of his Sixty-fith Birthday*, Leyde, Nederlands historisch-archaeologisch instituut te Istanbul (PIHANS, 89).
Veenhof K.R., Eidem J. (2008), *Mesopotamia. The Old Assyrian Period*, Fribourg / Göttingen, Academic Press Fribourg / Vandenhoeck & Ruprecht Göttingen (OBO, 165/5), p. 122-146.

von Soden W., Röllig W. (1991), *Das Akkadische Syllabar*, Rome, Pontificium Institutum Biblicum.
Waetzoldt H. (1990), "Zur Bewaffnung des Heeres von Ebla", *OrAnt.*, 29, p. 1-38.
—. (2003-2005), "Peitsche. Nach schriftlichen Quellen", *RlA*, 10, p. 382-386.
Watson W. (1998), "A personal name in Ugaritic Akkadian", *NABU*, 1998/17.
Weidner E. (1954-1956), "Hof- und Harems-Erlasse assyrischer Könige aus dem 2. Jahrtausend v. Chr.", *AfO*, 17, p. 257-293.
Weidner E. (1957-1958), "Die Feldzüge und Bauten Tiglatpilesers I.", *AfO*, 18, p. 342-360.
—. (1959), *Die Inschriften Tukulti-Ninurtas I. und seiner Nachfolger. Mit einem Beitrag von Heinrich Otten*, Graz (Archiv für Orientforschung Beiheft, 12).
Wilcke C. (1972-1975), "Helm. A. Philologisch", *RlA*, 4, p. 311-313.
Wilhelm G. (2006), "Briefe aus den Archiven von Ḫattuša", in Janowski, Wilhelm 2006, p. 235-240.
Wilhelm G. (dir.) (2012), *Organization, Representation, and Symbols of Power in the Ancient Near East. Proceedings of the 54th Rencontre Assyriologique Internationale at Würzburg 20-25 July 2008*, Winona Lake (Indiana), Eisenbrauns, p. 33-49.
Yadin Y. (1963), *The Art of Warfare in Biblical Lands in the Light of Archaeological Discovery*, Londres, Weidenfeld and Nicolson.

Laura Battini

Les portes urbaines mésopotamiennes : dynamique militaire et utilitaire

Les portes urbaines constituent des éléments importants de la topographie et de l'organisation de la vie urbaine. Lieux de passage entre intérieur et extérieur, elles accomplissent plusieurs fonctions, les fonctions militaires étant les plus évidentes[1]. Mais il y avait d'autres fonctions et aujourd'hui il n'est pas facile de les cerner de manière complète, puisque nous avons perdu tout rapport avec les ouvrages défensifs qui ont été détruits le plus souvent aux xixe et xxe siècles. Cet article tente de répondre à ces questions. On ne se limitera pas à une époque précise, faute de données suffisantes, mais à une région, la Mésopotamie. C'est l'aspect architectural qui sera ici au centre de l'analyse, tout en utilisant d'autres données, notamment textuelles et iconographiques, sans chercher à en faire le point complet, ce qui nécessiterait un développement particulier[2].

L'étude reste limitée en raison du nombre réduit des données archéologiques. Les fortifications ont rarement intéressé les archéologues[3]. Ainsi, une toute petite partie des portes est connue, et parfois à travers des prospections, ce qui n'aide évidemment pas l'analyse. Les conclusions présentées ici ne peuvent être considérées que comme provisoires.

1. Sur les fonctions militaires voir Rey 2012, Mielke 2011, p. 91, Burke 2008, p. 135-6 ; Keeley *et al.* 2007, p. 62, Herzog 1986, p. 70-73, Yadin 1963, p. 20-21. Et pour des époques plus récentes : Châtelain 1996, p. 88, Mesqui 1981 ; Finó 1977, p. 66, 171, 177. Sur les fonctions civiles des portes dans les régions limitrophes de la Mésopotamie, quelques observations se trouvent déjà dans Herzog 1986, p. 162-165. Pour les aspects cultuels et décoratifs, cf. entre autres Mazzoni 1997 ; Ussishkin 1989, Marzahn 1995, Mielke 2011, Blomquist 1999, Otto 2008 et en partie Mori 2010. Un nouvel essai (mai 2014) paru après la rédaction de cet article, a également pris en considération la Mésopotamie dans son ensemble. L'auteur arrive aux mêmes conclusions que celles présentées ici. Le caractère symbolique des portes est reconnu à d'autres époques (par ex. Gros 1992, Schweizer 2002).
2. Les sources iconographiques et les textes concernant les portes urbaines ne se signalent pas par leur abondance. Essentiellement limités au Ier mill., les premières servent la propagande des vainqueurs et ne constituent pas une représentation fidèle des ouvrages militaires.
3. Considérées souvent comme trop coûteuses, les fouilles des systèmes défensifs ont rarement intéressé les archéologues (Battini 2008 ; Burke 2008, p. 38 ; Opificius 1964). Certains se plaignent des coûts excessifs, ou de la dépense de temps en insistant parfois sur le manque d'intérêt d'une telle démarche. Même reconnue, l'importance de telles fouilles n'a généralement pas débouché sur des recherches poussées, à de rares exceptions (Matthiae 2001). Aucun système défensif n'étant connu dans sa totalité, la portée des analyses actuelles s'en trouve réduite. Cependant cette situation prévaut pour tous les autres types de constructions des sites du Proche-Orient, dont les fouilles n'ont mis au jour qu'une partie limitée de leur surface.

Aspect architectural

Les premières portes connues remontent à l'époque protodynastique (IIIe mill. av. J.-C.). Fouillées surtout dans le sud de la Mésopotamie et dans la Diyala, elles se présentent comme un simple passage **(fig. 32)** protégé par de puissantes tours d'entrée pour la majeure partie et de sortie dans un cas[4]. À Uruk, Nippur, Tell Asmar, Tell Agrab, probablement Abu Salabikh, les portes se conforment à ce type. Elles ont une largeur et une profondeur variables : la largeur peut aller de 1 m (Bismaya), à 2,2 m (Uruk), et 3,5 m (Tell Agrab, Uruk) ; la longueur de 2,9 m (Agrab) jusqu'à 5-5,5 m (Tell Asmar), et même 6,7-7,8 m (Uruk).

Du point de vue de l'utilisation quotidienne des portes, ce qui est essentiel n'est pas la longueur mais la largeur du passage puisque ce caractère détermine la possibilité d'y faire passer les chars et les chevaux[5]. Une largeur d'1 m est suffisante pour des hommes mais pas pour les animaux ni pour les véhicules. Du point de vue militaire, la longueur et la présence de tours extérieures constituent un élément essentiel[6]. On retarde l'entrée de l'ennemi dans la ville. Il est ainsi plus facile d'attaquer les ennemis serrés dans un long couloir qu'éparpillés dans la ville. De plus, les tours extérieures permettent d'attaquer l'ennemi avant que celui-ci n'ait atteint la ville. Les tours intérieures peuvent aussi renforcer une porte disposant déjà de tours extérieures[7], ce qui permet une défense accrue en cas de percée ennemie[8]. D'autres moyens auraient pu être utilisés, comme des ouvrages précédant la porte et la renforçant, mais l'étendue limitée des fouilles, qui rarement ont concerné l'espace avant la porte, empêche de le prouver[9].

Les dimensions des tours sont très variables, et cette variabilité qui n'est pas due au hasard[10] semble être en rapport avec la largeur du passage et non la longueur. À Uruk **(fig. 33)**, sur les deux portes connues, celle qui a les tours les plus grandes dispose d'un passage plus large (3,5 m) et plus court. Les tours qui lui sont associées ont une surface double (15 m^2) par rapport aux dimensions des tours de l'autre porte

4. Donner la liste complète de tous les rapports de fouille serait trop long, mais voir au moins : Lenzen 1936, p. 41-44 (Uruk), Fisher 1905, p. 493-497 (Nippur), Postgate 1990, p. 97 (Abu Salabikh), Delougaz, Hill, Lloyd 1967, p. 200 (Tell Asmar), Delougaz *et. al.* 1942, p. 220 (Tell Agrab). Par tours de sortie j'entends les tours qui se trouvent à l'intérieur de la ville, les tours d'entrée étant celles qui font face à l'ennemi et se trouvent donc au-delà de l'enceinte urbaine.
5. La largeur du passage est certes importante aussi du point de vue militaire, puisqu'il s'agit de ne pas laisser une trop grande ouverture, ce qui peut mettre la ville à la merci de l'ennemi (cf. Eph'al 2009, p. 118-130 ; Mielke 2011, p. 92). Pourtant, cette largeur est déterminée d'abord par les exigences de la circulation urbaine intra et extra-muros.
6. Le développement en longueur des défenses est une nécessité des combats de siège (déjà Yadin 1963, puis Herzog 1986 ; Battini 2008 ; Burke 2008 ; Rey 2012).
7. Mais lorsque ces dernières font défaut, l'intention militaire des tours intérieures est moins forte : le cas de Tell Agrab (Delougaz *et. al.* 1942, p. 220) reste isolé et n'est pas sûr.
8. Uruk, Abu Salabikh, Nippur, Asmar.
9. Même en cas de fouille, la trace de ces dispositifs serait difficile à détecter, dans la mesure où ils ont pu être construits en matériau périssable (cf. Mesqui 1981 pour le Moyen Âge).
10. Bien que souvent sous-estimés par les archéologues, les constructeurs anciens ne manquent pas de connaissances ; la construction ancienne ne doit rien au hasard (sur le sujet voir aussi *Le dessin d'architecture dans les sociétés antiques* 1985 et les remarques pertinentes de Margueron 1986 ; 1996). Les constructions sont pensées et réalisées selon des critères et des règles précis (cf. Battini 2000).

(6,7 m^2)[11]. De même à Tell Agrab les tours (17 m^2) sont assez grandes, en corrélation avec un passage très large (3,5 m)[12]. Les données sont certes insuffisantes pour pouvoir être sûr d'un rapport entre largeur du passage et puissance des tours d'entrée, mais ce rapport s'explique en partie en raison de contraintes militaires : plus large est le passage, indispensable d'ailleurs au trafic urbain, plus facilement les ennemis peuvent entrer dans la ville, ainsi les portes nécessitent une défense accrue. Dans le même sens on peut expliquer l'attention particulière aux tours dans les cas d'un accès unique au site, comme à Tell Harmal à l'époque paléo-babylonienne (1re moitié du IIe mill. av. J.-C.), où deux tours (118 m^2) très puissantes protègent la porte[13].

Bien que les données soient incertaines, l'autre type de porte, celle dite « en tenailles » (**fig. 34**), pourrait remonter au IIIe mill. Il s'agit d'une structure complexe incluant une ou plusieurs pièces placées le plus souvent derrière la ligne du mur urbain. À Khafadjé il s'agit d'une seule pièce assez grande (80 m^2)[14]. À Tell Taya, ce sont trois petites pièces dont l'une se trouvait en avant de la ligne du mur. On constate pour la première fois la présence d'un escalier dans une des pièces de cet ensemble. La largeur des tenailles est plutôt réduite (1,5 m), mais permet le passage des piétons.

Les données du IIe mill. – sans être très nombreuses[15], surtout pour la 2de moitié du millénaire –, prouvent la continuité des deux typologies. Les portes-passage (**fig. 35**), attestées à Larsa, Tell Harmal, Haradum, Ur cassite, se présentent toujours comme des couloirs construits entre les tours avancées sur la ligne du mur urbain. Parfois (Harmal) des tours intérieures – donc construites du côté de la ville – viennent renforcer la défense du passage. Mais comme à l'époque précédente, leurs dimensions sont plus réduites que celles des tours extérieures.

La largeur du passage n'est pas partout connue mais elle semble plus importante qu'à l'époque précédente, allant de 2,5 m (Tell Harmal) jusqu'à 10 m (Larsa). De nouveau, on pourrait établir un lien entre la largeur du passage et la taille des tours. À Larsa, la porte la plus large (B 17) dispose de tours plus massives (280 m^2) que la porte dotée du passage plus étroit (70 m^2). Les tours extérieures montrent la même tendance à l'amplification des dimensions par rapport au IIIe mill. Cette augmentation dépend en partie de l'élargissement du passage et tient aussi en partie aux différences politiques entre les villes. Les sites capitales comme Larsa font étalage d'une monumentalité majeure des entrées pour d'évidentes raisons politiques. D'ailleurs, ce phénomène se

11. Lenzen 1936. Les mesures sont déduites directement du plan, une marge d'erreur est donc possible (Docci, Maestri 1987, p. 175-181).
12. Delougaz *et. al.*1942, p. 220.
13. Baqir 1946, p. 22.
14. Delougaz, Hill, Lloyd 1967, p. 200 (Tell Asmar), Reade 1968, p. 240-242, 247-248. Tell Taya présente trois autres structures probables d'entrée, dans ce qui est appelé « Outer Enclosure » (Reade 1971, p. 88, 93-94), qui ne sont pourtant pas fouillées.
15. Les données sont plus connues pour la première moitié du IIe mill. que pour la seconde. Voir pour les rapports de fouille : Huot 1989, p. 42 (Larsa) ; Baqir 1946, p. 22 (Harmal) ; Frankfort 1936, p. 74, Hill, Jacobsen, Delougaz 1990, p. 77 (Ischaeli) ; Hill, Jacobsen, Delougaz 1990, p. 219 (Khafadjé) ; Woolley 1965, p. 73-74 (Ur cassite). Néanmoins, une partie des portes n'est connue que par la prospection (comme par exemple Mashkan Shapir : Stone 2004, mais aussi Larsa : Huot 1987) ou les textes (Miglus 1982 ; George 1992, Battini 2001). Les données sont très incomplètes pour la 2de moitié du IIe mill., quasiment limitées à Kar-Tukulti-Ninurta (Eickhoff 1985), les autres sites n'ayant livré aucune porte.

retrouve dans l'empire néo-assyrien où les villes capitales sont défendues d'une manière presque excessive[16].

Les portes en tenailles (**fig. 36**), attestées à Ischaeli, Larsa, Khafadjé, Kar-Tukulti-Ninurta sont proportionnellement plus grandes que celles des portes-passage[17]. Les dimensions sont certes très variables : 310 m² à Khafadjé (16,9 x 18,8 m) et 457 m² à Ischaeli (20,5 x 22,3 m). Ces différences résultent de nécessités urbaines, de capacités économiques, de choix spécifiques, autant que de l'importance politique de la ville. De la sorte, la plus grande porte appartient à la capitale éphémère de Tukulti-Ninurta, qui atteint les 2000 m².

Comme au IIIe mill., les portes en tenailles se composent d'une (Ischaeli, Khafadjé, Kar-Tukulti-Ninurta) ou plusieurs pièces (Larsa) construites derrière la ligne urbaine sur laquelle avancent les tours extérieures, tandis que du côté ville se retrouvent parfois les tours intérieures[18]. La largeur entre les tenailles (2 à 3,6 m), qui permet aisément le passage des piétons et des véhicules, est en moyenne plus petite que celle des portes-passage. Pour la première fois par rapport au IIIe mill., les dimensions des tours sont connues et s'avèrent plus petites que celles des portes-passage : entre 12,8 (Ischaeli) et 25 m² (Khafadjé). Ces données ne permettent pas de comprendre la raison de ces différences qui restent indépendantes de la taille de la pièce et de la largeur du passage entre les tenailles. Le passage le plus large (3,3 m d'Ischaeli) correspond aux tours les plus petites. C'est aussi le cas de la porte disposant de la pièce la plus grande (Ischaeli). Par contre, la porte dotée de tours extérieures et intérieures présente les tours les plus grandes[19].

Les pièces sont de taille variable (27 à 60 m²)[20], mais extrêmement réduites par rapport à la surface totale de la porte. Même dans le cas de la porte exceptionnelle de la capitale medio-assyrienne (Kar-Tukulti-Ninurta), la surface de la pièce est réellement réduite, représentant seulement 1/10 (118 sur 2000 m²), par rapport à la surface totale de la porte. Il en ressort que la surface des murs est très importante, ce qui suggère une élévation conséquente.

Le Ier mill. atteste un seul type de porte, celle en tenailles[21] (**fig. 37**). Du fait que la documentation disponible se limite exclusivement aux portes des capitales, il est possible que dans d'autres sites les portes-passage aient été utilisées. À Dur-Katlimmu, on aurait trouvé deux portes-passage mais qui ressemblent plutôt à une coupure de la courtine qu'à des véritables entrées. En tout cas, si la proportion des deux types s'inverse du Ier au IIIe mill., un abandon de la porte-passage semble probable.

Au Ier mill., la tendance à l'augmentation des dimensions se confirme : la surface des portes est comprise entre 333 (Assur) et 4290 m² (Ninive)[22]. Cette augmentation

16. Battini 2008.
17. Hill, Jacobsen, Delougaz 1990, p. 77 (Ischaeli) ; Huot 1987, p. 42 (Larsa) ; Hill, Jacobsen, Delougaz 1990, p. 219 (Khafadjé) ; Eickhoff, 1985, p. 40-42 (Kar-Tukulti-Ninurta).
18. Khafadjé.
19. Khafadjé.
20. 60 m² à Ishaéli, 27 m² à Khafadjé, 23-33 m² à Larsa.
21. Pour les rapports de fouille, voir au moins : Place 1867-1870, p. 169-182, Loud, Altman 1937, p. 23-32, 40-49, p. 89-99 (Khorsabad) ; Andrae 1913, p. 20-62 (Assur) ; Campbell-Thompson, Hutchinson 1929, p. 111-116 Madhloom 1967, p. 77-78 ; 1969, p. 43-49 (Ninive) ; Mallowan 1966, p. 74-83 (Nimrud).
22. Battini 1996, p. 222-224, tab. B avait déjà traité des dimensions des portes néo-assyriennes et de leur augmentation.

est rendue possible par des capacités économiques conséquentes, s'agissant de capitales. Mais le caractère exceptionnel des dimensions ne se justifie pas du point de vue militaire, plutôt sur un plan symbolique[23]. Elle dérive du projet royal d'autocélébration et de manifestation de puissance à travers la crainte et l'étonnement suscités par des telles réalisations. La liberté topographique et idéologique des sites de nouvelle fondation urbaine explique pourquoi les portes les plus petites sont présentes dans le site millénaire d'Assur[24].

L'augmentation des dimensions ne se traduit pas par une augmentation importante des tours, ni de la largeur entre les tenailles (4 m) mais par celle des pièces. Les tours antérieures restent assez semblables à celles du IIe mill., leurs dimensions étant comprises entre 16 (Assur) et 36 m^2 (Khorsabad), toujours beaucoup moins imposantes que les tours des portes-passage du IIe mill. Comme au IIe mill., les tours de sortie sont rares (Khorsabad) et plus petites que celles d'entrée (12 m^2). Ainsi, c'est la taille et parfois la multiplication des pièces qui déterminent l'augmentation des portes, spécialement dans les capitales (re)fondées (100 à Khorsabad et 250 m^2 à Ninive et Babylone) (**fig. 38**). Les pièces sont en général derrière la ligne du mur, mais parfois elles s'avancent (Babylone, parfois Assur), ce qui du point de vue militaire n'est pas judicieux. L'escalier est plus souvent documenté qu'avant[25]. Il peut occuper une pièce barlongue et être à 4 rampes (Assur, Khorsabad) ; ou une pièce oblongue et se présenter à rampe unique (Babylone) ; ou bien creusé dans l'épaisseur de l'enceinte (Assur). Pour la première fois, un riche décor sous plusieurs formes (briques émaillées, statues, orthostates) accompagne les portes. Ce décor n'a pas d'utilité du point de vue militaire : en les plaçant sous protection divine, il leur confère plutôt une valeur symbolique et sert aussi à accroître la terreur chez l'ennemi[26].

Fonctionnement des portes

Cet aperçu rapide des portes urbaines montre l'existence de deux types de portes pendant les trois millénaires d'histoire mésopotamienne. Et il permet de mettre en évidence dans la construction des portes la présence de caractères qui s'expliquent

23. Battini 2008, 2001, 1996. Sur le rôle symbolique des fortifications, la question est traitée par plusieurs auteurs, surtout pour le moyen âge (Adorni *et al.* 1988 ; Bazzana 1988), mais la bibliographie est extrêmement dispersée. Il en est de même pour le Proche-Orient, les allusions au rôle symbolique des défenses se retrouvent ici et là (Kerner 2010, Marzahn 1995, Whitelam 1986, p. 169-170, Mielke 2012), mais elles ont été particulièrement prises en considération par Battini (2008, 2000, 1996). Par contre, De Backer nie la valeur symbolique des fortifications sans arguments sérieux (De Backer 2008, p. 7). D'ailleurs, l'image des défenses joue un rôle psychologique très important sur le moral des troupes ennemies (von Clausewizt, Chamayou 2006 ; Mesqui 1981, Liverani 2011).
24. Ninive est aussi un site ancien, mais la ville étant moins liée au clergé d'Assur, un nouvel urbanisme a pu être mis en place (cf. Liverani 2011). C'est Ninive qui a produit les portes les plus grandes de toute l'histoire mésopotamienne (Battini 1996, tab. B).
25. Cela est dû au hasard des découvertes. En effet, l'accès au sommet de la porte a dû toujours être possible. Mais la construction d'un escalier dans une des pièces de la porte est un phénomène nouveau.
26. Sur le rôle « terrorisant » de l'art néo-assyrien la littérature est très abondante. Cette fonction est surtout étudiée dans les bas-reliefs des palais, et plus spécifiquement pour les statues installées à l'entrée voir Kolbe 1981 ; Russell 1987, 1991 ; Watanabe 2002.

par des raisons militaires, alors que d'autres sont plus ou moins contraires à la logique militaire. Les tours d'entrée et de sortie, conçues pour retarder l'entrée de l'ennemi, et offrir une surface d'action en élévation, et le placement des pièces derrière la ligne urbaine, obéissent à des considérations militaires. C'est aussi le cas pour d'autres dispositifs rarement attestés, comme : le renforcement du côté droit de la porte, qui correspondait au côté où l'ennemi n'était pas protégé par un bouclier (Assur) ; le renforcement du mur urbain à proximité de la porte[27] ou la réduction de la distance entre les tours dans les environs de la porte[28]. Par contre, le placement des pièces avant la ligne du mur[29] **(fig. 39)** qui affaiblit la défense tout en réduisant la solidité des portes est contraire à la logique militaire. L'absence d'une évolution significative des typologies des portes sur trois millénaires en dépit du renouvellement des armes et des stratégies de combat est difficilement explicable, à moins de considérer que les portes ont joué une part moins active pendant les conflits. D'autres développements sont difficilement explicables du point de vue militaire : l'agrandissement progressif des dimensions des portes, qui s'accompagne d'un souci croissant de protection magique, l'absence d'utilisation constante des tours de sortie, le recours aux tours rectangulaires plutôt que circulaires[30], la présence d'un décor, les aménagements et les objets quotidiens à l'intérieur de la porte et l'absence d'armes[31].

L'existence des deux types de portes pose des interrogations sur leur choix et leur utilisation. L'examen des villes disposant de l'un des types ou de l'autre ne permet pas d'attribuer ce choix à une zone géographique ou à une période historique[32]. D'ailleurs, une ville utilise au moins une fois les deux types (Larsa). On en conclura que l'adoption de l'une ou l'autre de ces structures obéit à des opportunités et des raisons économiques liées au contexte local.

Au vu de leurs matériaux et de leur complexité, les portes « en tenailles » sont économiquement plus onéreuses à construire que les autres. Ainsi, ce n'est pas un hasard si les villes les plus importantes tendent à utiliser la porte en tenailles et si la majeure partie des sites d'un hectare (Haradum et Harmal) utilise les portes-passage **(fig. 40)**. Mais d'autres petits sites (Khafadjé mound D) choisissent celles en tenailles. D'autres considérations entraient donc en jeu dans le choix des typologies, probable-

27. Ischaeli.
28. Harmal. L'augmentation des tours de l'enceinte à proximité de la porte tente de réduire ses points morts et en intensifie la protection, car elle permet des tirs croisés.
29. Taya, Assur en partie, Babylone constamment.
30. Keeley *et al.* 2007, p. 69-70. Les tours circulaires sont moins dangereuses du point de vue militaire car elles ne forment pas d'angles morts (Finó 1977, p. 22-23) ou très peu (Keeley *et al.* 2007, p. 70). Les Mésopotamiens les connaissaient depuis le IIIe mill. Mais la forme la plus utilisée reste en Mésopotamie (Battini 2009) comme ailleurs (Keeley *et al.* 2007, p. 67) la forme rectangulaire.
31. Comme on verra par la suite, dans cette section : la fermeture des portes par une série de battants (voir « Fonctionnement des portes ») relève de considérations militaires. Par contre, la multiplication du nombre des portes urbaines, qui renouvelle les dangers et demande un nombre conséquent de soldats prêts à les défendre (voir « Nombre et position des portes »), est opposée aux nécessités militaires. En effet, la distance réduite des portes est inutile du point de vue du trafic urbain et très dangereuse du point de vue militaire (Khorsabad). Car comme c'est un point faible de la défense, en accroître le nombre laisse plus d'opportunités à l'ennemi de forcer le passage et même de se concentrer sur un front de la défense. La préférence pour deux battants plutôt qu'un unique et la présence de dépôts de fondation sont liées aux aspects symboliques.
32. Contrairement à ce que j'avais suggéré en 1996.

ment les fonctions civiles et les nécessités urbaines. En effet, on rappellera ici que la porte en tenailles est caractérisée par les dimensions réduites des tours extérieures, la largeur souvent restreinte du passage entre les tenailles et la présence d'un décor. Mais la différence fondamentale concerne la présence de pièces et d'un escalier construit à l'intérieur de la porte. La création d'une ou plusieurs pièces rend ainsi possibles d'autres activités que le simple passage et le contrôle des gens. Savoir exactement de quelles activités il s'agissait reste compliqué. Les aménagements fixes et les objets sont si rares – et interprétables de manière différente – qu'ils ne peuvent donner une idée complète de ces activités. Le seul aménagement fixe découvert serait une banquette d'époque paléo-babylonienne, mais il est difficile de l'interpréter[33]. La possibilité de voir dans ces pièces des lieux de stockage du matériel militaire n'est pas confirmée d'un point de vue archéologique. Les rares armes retrouvées (un cas au IIIe, deux au IIe mill.) n'étaient pas dans les portes mais à proximité. Par contre, d'autres objets (des jarrettes, deux tablettes, des fragments de terre cuite, des épingles, un morceau d'objet en bronze) prouvent l'utilisation civile de portes[34], sous forme d'activités économiques et administratives, confirmée par les sources écrites qui parlent de taxes payées aux portes urbaines : « J'ai payé la (location pour les ânes), la taxe pour entrer et celle pour sortir »[35]. Les activités économiques comprenaient aussi le contrôle des marchandises et des marchands[36], et les livraisons de biens de plusieurs sortes. L'existence de vergers à proximité des portes, souvent attestés dans les sources écrites de nature variée[37], et de pâturages pour le bétail qui sort de la ville pourrait suggérer que des marchés se déroulaient autour et peut-être dans la porte. Les fonctions administratives sont confirmées par la clause présente dans de nombreux contrats de Nuzi indiquant que le document a été rédigé à l'intérieur de la porte urbaine[38].

D'autres activités qui ne laissent pas de trace archéologique peuvent être déduites des textes qui font souvent des portes des lieux de justice. Un texte du IIe mill. demande l'ouverture d'une porte urbaine pour y faire asseoir les juges : « Ouvre la porte de Shamash, laisse les juges s'asseoir là et ils ne seront pas insouciants en veillant sur la porte »[39]. À Assur au début du IIe mill., sept juges s'asseyaient à la porte urbaine pour écouter les disputes[40]. C'est ici que les témoins sont menés pendant les procès.

33. Delougaz a envisagé l'hypothèse d'un siège du gardien (Hill, Jacobsen, Delougaz 1990, p. 219), mais il pourrait s'agir d'un siège pour les gens en attente d'une vérification à la porte avant d'entrer dans la ville ou de la quitter. On peut y voir aussi un point d'appui ou une table.
34. Si ces objets n'appartiennent pas, toutefois, à des dépôts de fondation mal fouillés. Les fouilles américaines de la Diyala sont, cependant, assez sûres. Par contre, les jarrettes de Nippur, fouillées à la fin du XIXe siècle (Fisher 1905), pourraient faire partie d'un dépôt de fondation.
35. CAD A, p. 87a.
36. Une lettre paléo-assyrienne parle du contrôle de quatre hommes d'affaires, arrêtés à la porte urbaine (CAD A, p. 84a) ; Mori 2010, p. 255-259 ; May 2014, p. 104-106.
37. Mori 2010, p. 257-262, Negri-Scafa 1998, p. 138-140 ; Biga 2002. Sur la question de l'existence de lieu de marchés et les rapports économiques entre villages et villes voir Graslin 2002, qui entre autres possibilités suggère les portes comme lieux d'échanges (p. 337-338).
38. Negri-Scafa 1998, p. 140. Noter aussi la mention dans les contrats, AASOR 16 21 et 22, de la coudée de cuivre de la Grand Porte de la ville d'Arraphe et son utilisation pour l'étalonnage des cordes des arpenteurs (cf. Abrahami, Lion 2012, p. 23).
39. CAD A, p. 86a.
40. Grayson 1987, p. 20-21, l. 26-30.

D'autres textes, même de sagesse, citent le tribunal de la porte urbaine[41]. Plusieurs livres de la Bible conservent la coutume d'utiliser les portes comme lieu de justice.

Un nom de porte d'Assur[42] (la « porte des gens »), d'interprétation difficile, pourrait faire allusion aux portes comme lieu de rassemblement ou de rencontre. Des cérémonies religieuses se déroulaient aux portes urbaines à l'occasion de fêtes variées, comportant des offrandes et sacrifices aux dieux[43]. Les proclamations publiques et la lecture de tablettes avaient lieu souvent dans la porte urbaine[44], peut-être pour éviter des manifestations (?) devant le palais. D'après ces données textuelles, on pourrait penser que chaque porte servait pour une activité précise : par exemple, celle dédiée à Shamash remplissait des fonctions juridiques. Il n'est pas impossible non plus que chaque porte ait été liée à un quartier urbain dont elle administrait la justice et les affaires courantes[45]. Ainsi, la désaffection pour la porte-passage est à attribuer aux avantages qu'offrait la porte en tenailles du fait des pièces qui la constituaient. Leur agrandissement progressif pourrait découler au moins en partie des nécessités civiles grandissantes, soit pour des activités plus variées soit pour un nombre plus important de gens.

Du point de vue militaire, les deux types de portes sont bien défendables et pensées pour résister. La porte-passage insiste plus sur les tours d'entrée, comme point stratégique pour bloquer l'ennemi, la porte en tenailles a l'avantage des pièces qui retardent l'entrée des ennemis, réduisent leur afflux par l'étroitesse des passages et par les pertes occasionnées dans les batailles se déroulant à l'intérieur de la porte. Toutes les deux disposent d'une grande élévation puisqu'elles font partie d'une enceinte construite comme obstacle à l'ennemi. D'après les représentations iconographiques néo-assyriennes les portes peuvent dominer l'enceinte et ses tours[46] ou bien être à la même hauteur[47]. Malheureusement la perte définitive de la partie haute rend plus difficile l'étude des aspects offensifs des deux types de portes et de leurs avantages respectifs. C'est à l'étage que sont construites échauguettes, merlons, ouvertures de tout genre (fenêtres, archères, meurtrières, bretèches, assommoirs), mâchicoulis, hourds, pour tirer verticalement et horizontalement sur les assiégeants tout en étant protégé. Les représentations néo-assyriennes offrent, cependant, quelques renseignements utiles : les tours encadrant les portes sont dotées d'ouvertures placées en hauteur **(fig. 41)**. Cela indique la présence d'au moins un étage, prouvé d'autre part par la découverte

41. Lambert 1996, p. 219-8, ligne 8 « le flatteur est présent au tribunal de la porte urbaine ». Les références textuelles sont très pauvres (cf. May 2014, p. 95-100 ; Otto 2008, *passim* ; Speiser 1956).
42. Miglus 1982, p. 266-267 ; cf. Battini 2001.
43. Mori 2010, p. 252-3 ; Kerner 2010 ; Eph'al 2009, p. 155 ; Pongratz-Leisten 1994, p. 20-24; George 1992, p. 394-396 ; Wiggerman 1992, *passim* ; Thureau-Dangin 1921, p. 124, v. 25-26. Quant à la possibilité d'une chapelle dans l'étage de la porte (May 2014, p. 85), aucun indice archéologique ne subsiste, l'hypothèse s'avère donc peu probable.
44. CAD A, p. 84a ; Negri-Scafa 1998, p. 140. D'autres fonctions publiques pour la Palestine sont étudiées par Schmitt 2000.
45. Pour l'idée selon laquelle à chaque porte correspondait une fonction différente, voir aussi May 2014, p. 97.
46. Par exemple Schachner 2007, pl. 7, 9, 17 ; Barnett, Bleibtrau, Turner 1998, pl. 187, 46.
47. Meuszynsky 1981, pl. 1 B 18, B 5-4, 3 B 28, 2 B 3 (Assurnasirpal) ; Barnett 1976, pl. XVII, LXVI, XXI (Assurbanipal) ; Barnett, Falkner 1962, pl. 69, 4, 10, 60 (Tiglat-phalasar) et 118 (Esarhaddon) ; Barnett, Bleibtrau, Turner 1998, pl. 57, 167, 208, 226, (Sennacherib) ; Albenda 1986, pl. 96, 98, 112, 124 (Sargon II).

d'une crapaudine dans l'effondrement du toit de la porte n. 7 de Khorsabad[48]. D'après les représentations, les tours et le toit de la porte sont protégés par des merlons, donc une défense du haut était prévue et elle est prouvée par certaines scènes de combat[49]. Les assaillants se protègent avec le bouclier du tir vertical des assiégés qui se trouvent en haut des défenses. Les portes à linteaux plat[50] ou en arc[51] (**fig. 42**) sont représentées fermées par un vantail ou deux. Le système de fermeture est un autre élément qui a disparu presque toujours. On ignore donc si les portes en tenailles et les portes-passage se différenciaient par le système de fermetures (aucune crapaudine n'est restée dans les portes-passages). On ignore aussi le nombre de dispositifs de fermeture dont étaient dotées les portes. Il en fallait obligatoirement un, mais du point de vue militaire, leur multiplication assurait une meilleure défense de la porte, puisque l'entrée de l'ennemi dans la ville était retardée, ce qui laissait le temps aux défenseurs de s'organiser. La découverte de crapaudines dans la porte Tabira d'Assur (**fig. 43**) révèle la présence de trois systèmes de fermeture pour deux pièces, soit un pour chaque pièce – actionné de l'intérieur – le dernier de sortie étant manipulé de l'extérieur de la porte, côté ville[52]. Les portes-passage en disposaient peut-être de deux, un extérieur vers le dehors de la ville (et contrôlé de l'intérieur de la porte), et un intérieur (commandé de l'extérieur de la porte, donc du côté de la ville). D'après les données de la porte Tabira, les portes étaient fermées par deux vantaux en bois, plus faciles à faire tomber qu'un battant unique qui devait aussi exister, comme le montrent les représentations des bas-reliefs néo-assyriens. Pour renforcer les vantaux et bloquer la pression des assaillants, on pouvait aussi utiliser des bâtons et des bandes en métal, en supposant que l'exemple de Balawat ne soit que l'heureux témoin d'une tradition plus ancienne. Enfin, une couche de bitume aurait rendu imperméables les battants et difficile l'escalade.

La nécessité de fermer les portes n'est cependant pas attribuable uniquement à des buts militaires. D'après des rituels c'est une action quotidienne quand arrive la nuit[53] qui relève des fonctions essentielles des villes : protéger les habitants contre les malfaiteurs de tout genre, contrôler les étrangers et éviter l'entrée d'animaux errants, dangereux et souilleurs[54].

48. Loud 1936, p. 7-9. La logique militaire porte à croire que l'étage était indispensable pour arriver au sommet de l'enceinte et pour le stockage du matériel militaire pour combattre (Battini 2009).
49. Barnett 1976, pl. 17, 26 ; Barnett, Bleibtrau 1998, pl. 268 ; Meuszynsky 1981, pl. 1 B 18, 2 B 3 et 4 ; Paley, Sobolewski 1987-88, pl. 5, WFL 20, 22.
50. Barnett, Bleibtrau, Turner 1998, pl. 46, 208, 428 (Sennacherib) ; Barnett, Falkner 1962, pl. 69, 4, 10 (Tiglatphalasar III).
51. Meuszynsky 1981, pl. 1 B 18, B 17, 3 B 28, 2 B 3, B 4 ; Paley, Sobolewski 1987-88, pl. 5 WFL 22, 20 ; Barnett, Faulkner 1962, pl. 60 (Tiglath phalasar), 118 (Esarhaddon) ; Barnett, Bleibtrau, Turner 1998, pl. 57, 226, 268 ; Albenda 1986, pl. 96, 98, 112, 124, 128, 136 (Sargon) ; Barnett 1976, pl. 17, 26 (Assurbanipal).
52. Cette position est une mesure supplémentaire pour protéger la ville en cas d'irruption de l'ennemi dans une partie de la porte, puisque le battant extérieur, qui se commande de l'intérieur de la ville, est le dernier recours des habitants pour retarder la catastrophe.
53. Thureau-Dangin 1921, p. 124, l. 25-26. À l'occasion de fêtes, la porte doit en revanche rester ouverte mais protégée par un feu.
54. Lambert 1996, p. 219, l. 55-57.

Nombre et position des portes

Dans une analyse des fonctions militaires, la position et le nombre des entrées urbaines constituent deux éléments à prendre en considération, puisque comme rupture de la cohésion de l'enceinte urbaine, les portes représentent un danger[55]. Les données topographiques sont loin d'être complètes et une vision d'ensemble fait encore défaut[56]. On ignore le nombre exact de portes urbaines pour chaque site, mais d'un point de vue militaire plus on l'augmente plus on crée des défaillances dans la défense. Les données disponibles tendent néanmoins à suggérer que le nombre des portes urbaines n'est pas dicté par des raisons militaires mais plutôt par des nécessités urbaines de déplacement et des raisons politiques et symboliques. Une seule entrée facilite le contrôle des allées et venues des gens et la défense de la ville. Mais lorsque la ville s'étend sur plusieurs hectares, les communications se trouvent facilitées par la présence de plusieurs portes. Une relation entre la taille du site et le nombre des portes est démontrée à Tell Harmal et Haradum, des sites d'1 ha du début du IIe mill. qui ne disposent que d'une seule porte. Des sites plus grands, comme Sippar à la même époque, en construisent plusieurs (4 au moins). Les données textuelles font état de nombreuses portes par ville[57]. Par exemple, au IIe mill., Larsa disposait d'au moins cinq portes, Nippur cassite de sept, Assur médio-assyrienne de six. Et au Ier mill., le nombre des portes des capitales est très élevé : 8 à Khorsabad, Assur et Babylone, jusqu'à 18 à Ninive. Ces chiffres ne sont plus en relation avec la taille de la ville et sont excessifs. Dans 15 cas[58] la distance entre les portes est égale ou inférieure à 500 m, ce qui ne rend pas plus facile le trafic urbain et du point de vue militaire est très dangereux **(fig. 44)**. Les raisons de la construction de nombreuses portes sont politiques et symboliques[59]. En augmentant le nombre des portes, le roi manifeste la puissance de la ville et ainsi sa puissance en lançant presque un défi aux adversaires et en prouvant aux citoyens sa capacité à éloigner le danger. Le choix des chiffres dépend probablement de significations symboliques encore difficiles à élucider[60].

D'un point de vue militaire, il est judicieux d'éviter de situer les portes sur des fronts facilement attaquables et de choisir des endroits plus défendables. Bien que la topographie urbaine soit encore archéologiquement peu connue, ce principe a été en partie adopté. La proximité des portes avec un palais trouve en partie une explication dans la possibilité d'appeler vite des renforts en cas de danger. C'est le cas de l'*ekal mašarti* à Nimrud, des palais F et du palais royal à Dur Sharrukin **(fig. 45)**, du palais nord à Tell Asmar et du palais méridional à Babylone. Pourtant, parfois l'emplacement des portes a été décidé sur la base de modules géométriques qui ont une signification symbolique, comme à Dur Sharrukin et Babylone. À travers l'utilisation de ces

55. Keeley *et al.* 2007, p. 62 ; Châtelain 1996, p. 88 ; Finó 1977, p. 66, p. 171, p. 177 ; Yadin 1963, p. 20-21.
56. Cependant la profusion d'images satellites disponibles offre des perspectives prometteuses dans ce domaine (cf. entre autres : Altaweel 2008 ; Menze, Mühl 2007 ; Di Giacomo, Scardozzi 2010).
57. Battini 2001. Tout comme Sargon qui affirme que les dimensions de l'enceinte correspondent au chiffre symbolique de son nom (Battini 2000).
58. Dur-Sharrukin, Assur, Ninive, Babylone.
59. Battini 1996, 2008.
60. Battini 2000.

modules reliant les portes urbaines et le palais royal (Dur-Sharrukin), le roi crée un jeu d'allusions dans lequel lui-même devient le moteur de l'ordre urbain. De même, derrière la localisation des portes de Babylone se trouve un ordre géométrique à valeur symbolique complexe. Enfin, la position des portes comme lieu de passage a pu être influencée par la présence de routes commerciales et d'anciens chemins. Les noms des portes indiquant : la ville en direction de laquelle la porte est construite[61] ; un point cardinal[62] ou un produit obtenu par des échanges commerciaux en témoignent[63].

Les noms des portes rendent évidentes d'autres significations. D'abord, le simple fait de les doter d'un nom signifie les reconnaître comme des bâtiments importants, leur donner une vraie existence terrestre et probablement céleste[64]. Leur octroyer de préférence des noms de divinités équivaut à les placer sous protection divine. C'est dans ce sens que l'on peut expliquer la proximité des temples et des portes urbaines (Ishaéli, Khafadjé, Babylone). Comme tout lieu de passage entre deux réalités différentes, la porte est potentiellement dangereuse[65]. « Chaque fois que je suis sorti de la porte urbaine de Sippar, j'ai eu des soucis » se plaignait dans une lettre un homme au début du IIe mill.[66]. Beaucoup de soins ont donc été apportés pour la protéger par toute sorte de moyens magiques. En sont témoins les dépôts de fondation et le décor, mais aussi les incantations et les prières qui ont dû être pratiquées, comme cela est suggéré par les rituels aux portes urbaines[67]. Les dépôts de fondation, souvent connus par les inscriptions royales[68], parfois découverts dans les fouilles[69] protègent l'entrée, permettant parfois de célébrer le nom du roi constructeur ou reconstructeur. Le décor du Ier mill. sert à protéger magiquement la porte, en la plaçant sous la garde d'êtres semi-divins et apotropaïques. La présence de génies protecteurs (*lamassu*) aux entrées constitue tout de même un problème, vu qu'il n'est pas possible de fermer la porte par des battants en bois[70]. La valeur symbolique des portes prévaut ici sur la valeur militaire, ce qui est souvent le cas au Ier mill. qui connaît aussi une multiplication des protections magiques des portes.

Si la fonction symbolique est tellement importante, l'absence d'une évolution de la typologie des portes – au regard des nombreuses transformations des armes et des stratégies de combat – pourrait indiquer qu'elles n'étaient attaquées que rarement. Les signes archéologiques de combat ayant eu lieu aux portes sont en effet peu fréquents[71] : au IIIe mill. quelques centaines de projectiles d'argile à forme ronde ont été retrouvées à proximité de la porte de Bismaya[72]. Au début du IIe mill., des projectiles en argile,

61. À Nippur par exemple la porte d'Uruk, à Ekallatum la porte d'Assur ; à Nimrud la porte en face de Ninive (Battini 2001).
62. À Assur, la porte de l'est.
63. À Borsippa, la porte du lapis-lazuli.
64. George 1992, p. 83-98 ; Battini 2007.
65. Cet aspect a été largement traité dans la littérature. Voir Liverani 2011 ; Radner 2010 ; Pongratz-Leisten 1994 ; Battini 1996, 2008.
66. CT 29 34 : 24.
67. Wiggermann 1992 ; Thureau-Dangin 1921, p. 124, v. 25-26.
68. Par exemple : « Arim-Lîm, fils de Ibaia, chef amorite, construisit le mur de Mê-Turan et fixa ses portes. Dans ses portes il plaça les inscriptions de fondations » (Frayne 1990, p. 699-700) ; cf. CAD A, p. 83a.
69. Khafadjé ; Khorsabad, Maskan-Shapir.
70. Les portes étaient probablement fermées à partir de la deuxième pièce et du côté intérieur de la ville.
71. De même Eph'al 2009, p. 29-31, 53, 102-103 ; Grayson 1996, p. 220.
72. Banks 1912, p. 336-337 et figure sans numéro à la p. 336 ; Wilson 2012, p. 33-37. Banks donnait le chiffre d'un « millier » (1912, p. 337) qui est certainement une exagération (cf. Wilson 2012, p. 34).

« ramassées en grand nombre », se trouvaient près de la porte est de Larsa[73]. Et dans le Mound D de Khafadjé[74] de nombreuses masses en argile étaient aux abords de la porte. Mais à Ninive les portes Halzi et Adad conservaient des traces des combats[75]. Quatre cas sur une trentaine de portes en partie ou suffisamment connues, cela constitue un pourcentage limité (13 %). Les sources écrites mentionnent rarement des attaques aux portes et le fait qu'il s'agit le plus souvent de textes divinatoires et mathématiques indique qu'elles étaient considérées comme des cas de figure hypothétiques[76]. Les représentations iconographiques enfin font rarement état d'une attaque aux portes (**fig. 46**). Dans la majeure partie des bas-reliefs néo-assyriens, seule source disponible, les béliers défoncent le mur, mais ils n'attaquent pas les portes qui pourtant se trouvent tout près. On peut citer quelques exceptions, comme dans le palais d'Assurbanipal la prise de la ville d'Hamanu en Elam (**fig. 47**) et la prise d'une ville égyptienne. Dans le premier relief, les soldats attaquent la ville de tous les côtés : par la sape et l'escalade des murailles ainsi que par la sape des tours de la porte. Mais ils ne la brûlent pas et n'essaient pas de la défoncer avec un bélier. Le feu à la porte d'une ville conquise comme résultat de la victoire est par contre représenté dans le sac de la même ville qui se trouve dans une autre salle, la salle S'. Dans ce cas, il ne s'agit pas d'un moyen utilisé pour conquérir la ville, mais d'une destruction volontaire de l'ennemi. L'action d'incendier les vantaux de la porte urbaine pour forcer le passage et remporter la victoire est illustrée une seule fois dans la prise d'une ville égyptienne qui se trouve dans la salle du trône. Il s'agit, cependant, d'une stratégie parmi d'autres. On a l'impression qu'aucune attention particulière n'était réservée aux portes dans les sièges : elles n'étaient pas les cibles préférées, le combat se concentrait plutôt sur l'enceinte. Il est possible que l'apparence massive des portes ait provoqué des sensations de crainte et ait ainsi diminué les risques d'attaque. C'est ce que l'on pourrait appeler une stratégie de « fortification dissuasive » : l'aspect extérieur compte plus que la réalité de la défense.

Le rôle complexe des portes

Les portes ont joué un rôle complexe, en acquérant des nouvelles fonctions au cours de l'histoire. Lieu de transit et ouvrage militaire d'abord, elles ont servi ensuite aussi comme lieu de réunion et espace public. Du point de vue militaire, les portes constituent un maillon faible de la défense d'une ville parce qu'elles rompent la solidité de l'enceinte. On s'est donc attaché à les renforcer par différents moyens autant architecturaux que magiques. Et pourtant on les a rarement prises pour cible. C'est

73. Parrot 1933, p. 177.
74. Delougaz 1990, p. 219, pl. 52 et 57b.
75. Pickworth 2005. Il y avait une vingtaine de pointes de flèche, signe de combats. Mais les corps retrouvés dans l'espace de la porte étaient probablement ceux de fugitifs, vu l'âge de certains et la présence d'un cheval isolé.
76. Les différences entre pratiques militaires et textes mathématiques ont été mises en évidence plusieurs fois (en dernier lieu, voir Melville 2009, en particulier p. 153-155 ainsi que l'article de C. Proust dans le présent volume).

le soin apporté à leur construction, l'aspect aussi massif et défensif qui a dû repousser l'ennemi. Tout en étant construites pour participer à la défense, elles n'y ont pas beaucoup contribué. Mais le rôle de la *fortification* est aussi *dissuasif* et en cela les portes mésopotamiennes ont bien joué leur rôle militaire.

Les portes ne sont pas que des bâtiments militaires. Leurs fonctions sont nombreuses : esthétique, topographique, symbolique, politique, civile, militaire. Elles constituaient une part active de la vie urbaine, en autorisant le transit des gens, des animaux, des marchandises, des idées, et en favorisant les activités économiques, administratives et juridiques. Véritable place publique, elles favorisaient les réunions citadines, les festivités et les échanges entre le pouvoir et le peuple. Pour cette raison, les rois y ont apporté un grand soin en y plaçant des stèles et des statues. Au contraire du palais, la porte est le seul lieu vraiment accessible à tous, les citoyens devant y passer au moins à l'occasion de festivités. Là les réalisations du roi peuvent éclater au grand jour, là les codes de lois et les stèles sont érigés, là les vaincus sont exhibés en mauvaise condition, enchaînés et souillés par la présence d'animaux sales, ou morts – soit empalés soit sous forme de tas de têtes. Limite extrême entre cosmos et chaos, ordre et désordre, la porte est ressentie comme un espace juste, ordonné, protégé : elle devient ainsi l'espace public privilégié.

Laura Battini
CNRS, UMR 5133 Archéorient, Lyon

Bibliographie

Abrahami P., Battini L. (dir.) (2008), *Les armées du Proche-Orient ancien (IIIe-Ier mill. av. J.-C.). Actes du colloque international organisé à Lyon les 1er et 2 décembre 2006*, Oxford, John and Erica Hedges (BAR Intern. Ser., 1855), p. 185-206.

Abrahami P., Lion B. (2012), « L'archive de Tulpunaya », dans Id. (dir.), *The Nuzi Workshop at the 55th Rencontre Assyrgologique internationale (July 2009, Paris)*, Bethesda, CDL Press (Studies on the Civilization and Culture of Nuzi and the Hurrians, 19), p. 3-86.

Le dessin d'architecture dans les sociétés antiques (1985), *Le dessin d'architecture dans les sociétés antiques, Actes du colloque de Strasbourg 26-28 Janvier 1984*, Strasbourg, Brill.

Adorni B. *et al.* (1989), *La città e le mura*, Rome, Editori Laterza.

Albenda P. (1986), *The Palace of Sargon II: Monumental wall reliefs at Dur-Sharrukin, from original drawings made at the time of their discovery in 1843-1844 by Botta and Flandin*, Paris, Éditions Recherche sur les civilisations (Synthèse CNRS, 22).

Altaweel M. R. (2008), *The Imperial Landscape of Ashur: Settlement and Land Use in the Assyrian Heartland*, Heidelberg, Heidelberger Orientverlag (Heidelberger Studien zum Alten Orient, 11).

Andrae W. (1913), *Die Festungswerke von Assur*, Leipzig, J.C. Hinrichs.

Aufrère S. H., Mazoyer M. (dir.) (2010), *Remparts et fortifications : du temple d'Edfou au mur de Berlin*, Paris, L'Harmattan, p. 73-78.

Bahrani Z. (2008), *Rituals of War: the Body and Violence in Mesopotamia*, Brooklyn (NY), Zone Books.

Banks E. J. (1912), *Bismaya, or the Lost City of Adab*, New York/Londres, Oriental Institute Publications (Oriental Institute Publications, 138).

Baqir T. (1946), « Tell Harmal. A preliminary report », *Sumer*, 2, p. 22-30.

Baker H. D, Robson E., Zólyomi G. (dir.) (2010), *Your Praise Is Sweet. A Memorial Volume For Jeremy Black From Students, Colleagues and Friends*, Londres, British School of Archaeology in Iraq, p. 269-280

Barnett R. D. (1976), *Sculptures from The North Palace of Assurbanipal at Nineveh (668-627 BC)*, Londres, British Museum Publications.

Barnett R. D., Lorenzini A. (1975), *Assyrian Sculpture in the British Museum*, Toronto, McClelland and Stewart.

Barnett R. D., Falkner M. (1962), *The Sculptures of Aššur-nasir-apli* II (883-859 BC), *Tiglath-pileser* III (745-727 *BC), Esarhaddon (681-669 BC) from the Central and South-West Palaces at Nimrud*, Londres, Trustees of the British Museum.

Barnett R. D., Forman W. (1960), *Assyrian Palast Reliefs in the British Museum*, Londres, British Museum Publications.

Barnett R. D., Bleibtreu E., Turner G. (1998), *Sculptures from the Southwest Palace of Sennacherib at Nineveh*, Londres, British Museum Press.

Battini L. (1996), « Un exemple de propagande néo-assyrienne : les défenses de Dur-Sharrukin », *Contributi e Materiali di Archeologia Orientale*, 6, p. 217-234.

—. (2000), « Des rapports géométriques en architecture : le cas de Dur-Sharrukin », *Revue d'Assyriologie et d'archéologie orientale*, 94, p. 33-56.

—. (2001), « Les noms des portes urbaines en Mésopotamie », *ISIMU*, 2, p. 31-46.

—. (2008), « Lorsqu'une ville est en état de siège : étude de cas néo-assyriens », dans Abrahami, Battini 2008, p. 185-206.

—. (2009), « Les tours à caractère militaire dans la Mésopotamie antique », dans Cordoba 2009, p. 137-155.

Bazzana A. (dir.) (1988), *Castrum 3. Guerre, fortification et habitat dans le monde méditerranéen au Moyen Âge. Actes du Colloque organisé par la Casa Velazquez et l'ÉfR*, Madrid / Rome, Casa de Velazquez (Publication de la Casa de Velazquez, 12, CÉfR, 105).

Biga M. G. (2002), « Marginal Considerations on the Hittite KI.LAM Festival », dans De Martino, Pecchioli Daddi 2002, p. 101-108.

Biga M. G., Liverani M. (dir.) (2010), *Ana turri gimilli. Studi dedicati al Padre Werner R. Mayer S.J. da amici e allievi*, Rome, Università di Roma La Sapienza (Vicino Oriente, Quaderno, 5), p. 249-268.

Blomquist T. H. (1999), *Gates and Gods: Cults in the City Gates of Iron Age Palestine: An Investigation of the Archaeological and Biblical Sources*, Stockholm, Almqvist & Wiksell International.

Brunner H. (1982), « Die Rolle von Tür und Tor in Alten Ägypten », *Symbolon*, 6, p. 37-52.

Burke A. A. (2008), *Walled Up to Heaven: the Evolution of Middle Bronze Age Fortification Strategies in the Levant*, Winona Lake, Eisenbrauns.

Campbell-Thompson R., Hutchinson R. W. (1929), *A Century of Exploration at Nineveh*, Londres, Luzac & Co.

Chatelain A. (1996), *Châteaux forts. Images de pierre des guerres médiévales*, 4e éd., Paris, Rempart.

Von Clausewitz C., Chamayou G. (2006), *Principes fondamentaux de stratégie militaire*, Paris, Éditions Mille et une nuits.

Collon D., George A. R. (dir.) (2005), *Nineveh. Papers of the 49th Rencontre Assyriologique Internationale, London, 7-11 July 2003*, t. 1, *Iraq*, 67, Londres, British School of Archaeology in Iraq, p. 295-316.

Cordoba J. M. (dir.) (2009), *La guerra en el Oriente proximo y Egypto antiguos. Evidencias, historia y tendencias cientificas en la investigacion moderna*, Madrid, Universidad Autónoma de Madrid, p. 137-155.

De Backer F. (2008), « Buchbesprechung Abrahami / Battini (eds.) *Les armées du Proche-Orient ancien (IIIe-Ier mill. av. J.-C.)*, Oxford », *Ugarit Forshungen*, 40, p. 1-10.

Delougaz P., Hill H. D., Lloyd S. (1967), *Private Houses and Graves in the Diyala Region*, Chicago, University of Chicago Press.

Delougaz P. et al. (1942), *Pre-Sargonid Temples in the Diyala Region*, Chicago, University of Chicago Press.

De Martino S., Pecchioli Daddi F. (dir.) (2002), *Anatolia Antica. Studi in memoria di Fiorella Imparati*, Florence, LoGisma editore (Eothen, 11), p. 101-108.

Di Giacomo G., Scardozzi G. (2010), « Un web GIS per la conoscenza delle antiche città della Mesopotamia », dans *Proceedings of the 2nd Congreso Internacional de Arqueología e Informática Gráfica*, Patrimonio e Innovación, p. 5-20.

Docci M., Maestri D. (1987), *Il rilevamento architettonico. Storia, metodi e disegno*, Rome / Bari, Laterza.

Eickhoff T. (1985), *Kar Tukulti-Ninurta: eine mittelassyrische Kult- und Residenz-Stadt*, Berlin, Mann (Abhandlungen der Deuschen Orient-Gesellschaft, 21).

Emre K. et al. (dir.) (1989), *Anatolia and the Ancient Near East, Studies in Honor of Tahsin* Özgüç, Ankara, p. 485-496.

Eph 'al I. (2009), *The City Besieged: Siege and its Manifestations in the Ancient Near East*, Leyde / Boston, Brill.

Fales F. M. (2010), *Guerre et paix en Assyrie. Religion et impérialisme*, Paris, Éditions du Cerf (Les Conférences de l'ÉPHÉ, 2).

Finó J. F. (1977), *Forteresses de la France médiévale : construction - attaque - défense*, Paris, Picard.

Fisher C. S. (1905), *Excavations at Nippur: Plans, details, and photographs of the buildings, with numerous objects found in them during the excavations of 1889, 1890, 1893-1896, 1899-1900.* Vol. 1. *Topography and City Walls*, Philadelphie, University of Pennsylvania.

Frankfort H. (1936), *Progress of the Work of the Oriental Institute in Iraq, 1934-35: 5th preliminary report of the Iraq expedition*, Chicago (Oriental Institute Communications, 20).

Frayne D. (1990), *Old Babylonian Period (2003-1595)*, Toronto, University of Toronto Press (Royal Inscriptions of Mesopotamia, 4).

George A. R. (1992), *Babylonian Topographical Texts*, Louvain, Peeters (Orientalia Lovaniensia Analecta, 40).

Gottlieb Y. (2004), « The weaponry of the Assyrian attack. Section A: the arrowheads and selected aspects of the siege battle », dans Ussishkin 2004, p. 1907-1969.

Graslin L. (2002), « La nature des échanges entre villes et campagnes en Orient au début du premier millénaire av. J.-C. : une approche économique », *Bulletin de l'Association Guillaume Budé*, 1, p. 324-351.

Grayson A. K. (1987), *Assyrian Rulers of the Third and Second Millennia BC*, I. *(to 1115 BC)*, Toronto, University of Toronto Press (Royal Inscriptions of Mesopotamia, 1).

—. (1996), *Assyrian Rulers of the Early First Millennium BC*, II. *(858-745 BC)*, Toronto, University of Toronto Press (Royal Inscriptions of Mesopotamia, 2).

Gros P. (1992), « *Moenia* : aspects défensifs et aspects représentatifs des décorations », dans S. Van de Maele, J. M. Fossey 1992, p. 211-225.

Lenzen H. et al. (1936), *Siebenter vorläufiger bericht* über *die von der Deutschen Forschungsgemeinschaft in Uruk-Warka unternommenen Ausgrabungen, von Dr. Arnold Nöldeke, Heinz Lenzen, Arndt von Haller und Werner Göpner*, Berlin, Akademie der Wissenschaften.

Herzog Z. (1986), *Die Stadttor in Israel und in den Nachbarländern*, Mayence, Philipp von Zabern.

Huot J.-L. (1989), *Larsa. Travaux de 1985*, Paris, Édition Recherche sur les civilisations.

Keeley L.H. et al. (2007), « Baffles and bastions: the universal features of fortifications », *Journal Archaeological Res*, 15, p. 55-95.

Kepinski-Lecompte C. (1992), *Haradum I / Une ville nouvelle sur le Moyen-Euphrate (XVIIIe-XVIIe siècles av. J.-C.)*, Paris, Édition Recherche sur les civilisations.

Kerner J. (2010), « Fonction militaire et cultuelle d'un monument de prestige », dans Aufrère, Mazoyer 2010, p. 73-78.

Klengel H. (1979), *Handel und Händler im alten Orients*, Leipzig, Koehler & Amelang.

Kolbe D. (1981), *Die Reliefprogramme religiös-mythologischen Charakters in neuassyrischen Palästen. Die Figurentypen, ihre Benennung und Bedeutung*, Francfort, P.D. Lang.

Lambert W. G. (1996), *Babylonian Wisdom Literature*. Winona Lake, Eisenbrauns.

Liverani M. (2011), *Antico Oriente. Storia, società, economia*, Rome-Bari, Laterza.

Loud G. (1936), *Khorsabad I. The Palace and a City Gate*, Chicago, The University of Chicago Press (Oriental Institute Publications, 38).

Loud G., Altman C. B. (1937), *Khorsabad II. The Citadel and the Town*, Chicago, The University of Chicago Press (Oriental Institute Publications, 40).

Madhloom T. (1967), « Excavations at Nineveh. A preliminary report », *Sumer*, 23, p. 76-82.

—. (1969), « Nineveh. The 1968-1969 campaign », *Sumer*, 25, p. 43-58.

Van de Maele S., Fossey J. M. (dir.) (1992), *Fortificationes Antiquae*, Amstersdam, J.C. Gieben, p. 211-225.

Mallowan M. (1966), *Nimrud and its Remains*, Londres, Collins.

Margueron J.-C. (1986), « Quelques principes méthodologiques pour une approche analytique de l'architecture de l'Orient antique », *Contributi e Materiali di Archeologia Orientale* I, Rome, p. 261-285.

Margueron J.-C. (1996), « La maison orientale », dans Veenhof 1996, p. 17-38.

Marzahn J. (1995), *Das Ishtar Tor. Die Prozessionsstrasse, Das Babylonische Neujahrsfest*, Berlin, Staatliche Museum zu Berlin.

Matthews R., Curtis J. (dir.) (2012), *Proceedings of the 7th International Congress on the Archaeology of the Ancient Near East*, t. 1, Wiesbaden, Harrassowitz, p. 74-91.

Matthiae P. (2001), « A Preliminary note on the MB I-II fortifications system at Ebla », *Damaszener Mitteilungen*, 13, p. 29-51.

May N. N. (2014), « Gates and their functions in Mesopotamia and Ancient Israel », dans May, Steinert 2014, p. 77-122.

May N. N., Steinert U. (dir.) (2014), *The Fabric of Cities. Aspects of Urbanism, Urban Topography and Society in Mesopotamia, Greece and Rome*, Leyde / Boston, Brill (Culture and history of the Ancient Near East, 68), p. 77-122.

Mazar A. (1995), « The fortification of cities in the Ancient Near East », dans Sasson 1995, p. 1523-1537.

Mazzoni S. (1997), « The gate and the city: change and continuity in Syro-Hittite urban ideology », dans Wilhelm 1997, p. 307-338.

Maul S. (2003), « Der Sieg uber Torarkitectur in Assyrien », dans Zenger 2003, p. 47-71.

Melville S. C, Melville D. J. (2008), « Observations on the diffusion of military technology: siege warfare in the Near East and Greece », dans Slotsky, Ross 2008, p. 145-167.

Menze B. H., Mühl S., Sherratt A. G. (2007), « Virtual survey on North Mesopotamian tell sites by means of satellite remote sensing », dans Ooghe, Verhoeven 2007, p. 5-29.

Mesqui J. (1981), « La fortification des portes avant la guerre de Cent Ans », *Archéologie médiévale*, 11, p. 203-229.

Meuszynsky, J. (1981), *Die Rekonstruktion der Reliefdarstellungen und ihrer Anordnung in NW- Palast von Kalhu (Nimrud)*, Mayence, Philipp von Zabern (Bagdader Forshungen, 2).

Mielke D. P. (2012), « Fortifications and fortification strategies of mega-cities in the Ancient Near East », dans Matthews, Curtis 2012, p. 74-91.

—. (2011), « Stadttor », *Reallexikon der Assyriologie*, 13, Berlin-New York, p. 91-97.

Miglus P. A. (1982), « Das Stadttore in Assur-das Problem der Identifizierung », *Zeitschrift für Assyriologie*, 72, p. 266-279.

Morandi D. (1988), « Stele e statue reali assire: localizzazione, diffusione e implicazioni ideologiche », *Mesopotamia*, 23, p. 105-156.

Mori L. (2010), « The city gates at Emar. Reconsidering the use of the Sumerograms *KÁ.GAL and KÁ in Tablets found at* Meskené Qadime », dans Biga, Liverani 2010, p. 249-268.
Negri Scafa P. (1998), « *'Ana pani abulli šaṭir'.* Gates in the texts of the city of Nuzi », dans Owen, Wilhelm 1998, p. 139-162.
Ooghe B., Verhoeven G. (dir.) (2007), *Broadening Horizons. Multidisciplinary Approaches to the Study of Past Landscapes*, Cambridge UK, Cambridge Scholars Publishing, p. 5-29.
Opificius R. (1964), « Befestigungen des Zweistromlandes im Beginn des zweiten Jahrtausends », *Baghdader Mitteilungen*, 3, p. 78-90.
Otto E. (2008), « Zivile Funktionen des Stadttores in Palästina und Mesopotamien » dans Id. (dir.), *Altorientalische und biblische Rechtsgeschichte: gesammelte Studien*, Wiesbaden, Harrassowitz (Beihefte Zur Zeitschrift Fur Altorientalische Und Biblische Rechtsgeschichte, 8), p. 519-530.
Owen D. I., Wilhelm G. (dir.) (1998), *General Studies and Excavations at Nuzi 10/2*, Bethesda, CDL Press (Studies on the Civilization and Culture of *Nuzi* and the Hurrians, 9), p. 139-162
Parrot A. (1933), « Les *fouilles* de Tello et de Senkereh-*Larsa*. Campagne 1932-1933 (Rapport préliminaire) », *Revue d'Assyriologie et d'archéologie orientale*, 30, p. 169-182.
Paley M. S., Sobolewski R. (1987-88), *The Reconstruction of the Relief Representations and Their Positions in the NW-Palace at Kalhu (Nimrud)*, t. II *(Rooms: I, S, T, Z, West Wings)*, Mayence, Philipp von Zabern (Baghdader Forschungen, 10).
—. (1992), *The Reconstruction of the Relief-Representations and Their Positions in the NW-Palace at Kalhu (Nimrud)* III, *The Principal Entrances and Courtyards*, Mayence, Philipp von Zabern (Baghdader Forschungen, 14).
Pickworth D. (2005), « Excavations at Nineveh: the Halzi gate », dans Collon, George 2005, p. 295-316.
Place V. (1867-1870), *Ninive et l'Assyrie*, t. 1-3, Paris, Imprimerie nationale.
Pongratz-Leisten B. (1994), *Ina šulmi īrub. Die kulttopographische und ideologische Programmatik der akitu-Prozession in Babylonien und Assyrien im I. Jahrtausend v. Chr.*, Mayence, Philipp von Zabern (Baghdader Forschungen, 16).
Postgate N. (1990), « Excavations at Abu Salabikh 1988-1989 », *Iraq*, 52, p. 95-106.
Radner K. (2010), « Gatekeepers and lock masters: the control of access in Assyrian palaces », dans Baker, Robson, Zólyomi 2010, p. 269-280.
Reade J. E. (1968), « Tell Taya, summary report », *Iraq*, 30, p. 234-264.
—. (1971), « Tell Taya (1968-9), summary report », *Iraq*, 33, p. 87-100.
Rey S. (2012), *Poliorcétique au Proche-Orient à l'âge du Bronze. Fortifications urbaines, procédés de siège et systèmes défensifs*, Beyrouth, Presses de l'Ifpo (Bibliothèque Archéologique et Historique, 197).
Russell J. M. (1987), « Bull for the palace and order in the Empire: the sculptural program of Sennacherib's court VI at Nineveh », *The Art Bulletin*, 69, p. 520-539.
—. (1991), *Sennacherib's Palace without Rival at Niniveh*, Chicago / Londres, University of Chicago Press.
Schachner A. (2007), *Bilder eines Weltreichs: Kunst- und Kulturgeschichtliche Untersuchungen zu den Verzierungen eines Tores aus Balawat (Imgur-Enlil) aus der Zeit von Salmanassar III, König von Assyrien*, Turnhout, Brepols (Subartu, 20).
Sasson J. *et al.* (dir.) (1995), *Civilizations of the Ancient Near East*, New York, Charles Scribner's sons, p. 1523-1537.
Schmitt R. (2000), « Der König sitzt im Tor. Überlegungen zum Stadttor als Ort herrschaftlicher Repräsentation im Alten Testament », *Ugarit Forshungen*, 32, p. 475-486.
Schweizer S. (2002), *Zwischen Repräsentation und Funktion: die Stadttore der Renaissance in Italien*, Göttingen, Vandenhoeck & Ruprecht.
Slotsky A. L., Ross M. (dir.) (2008), *From the Banks of the Euphrates: Studies in Honor of Alice Louise Slotsky*, Winona Lake, Eisenbrauns, p. 145-167.

SPEISER E. (1956), « 'Coming' and 'going' in the city gates », *Bulletin of the American Schools of Oriental Research*, 144, p. 20-23.

THUREAU-DANGIN F. (1921), *Rituels accadiens*, Paris, Éditions Leroux.

USSISHKIN D. (1989), « The erection of royal monuments in city-gates », dans Emre 1989, p. 485-496.

USSISHKIN D. (dir.) (2004), *The Renewed Archaeological Excavations at Lachish (1973-1994)*, Tel Aviv, Emery and Clair Yass Publications in Archaeology, p. 1907-1969.

VEENHOF K. R. (dir.), *House and Households in Ancient Mesopotamia: Papers Read at 40e Rencontre assyriologique internationale, Leyden, July 5-8, 1993*, Istanbul, Nederlands Historisch-Archaeologisch Instituut te Istanbul (Comptes rendus des Rencontres Assyriologiques Internationales, 40), p. 17-38.

WATANABE C. E. (2002), *Animal Symbolism in Mesopotamia. A Contextual Approach*, Vienne, Institut für Orientalistik (Wiener Offene Orientalistik, 1).

WHITELAM K. W. (1986), « The symbols of power. Aspects of royal propaganda in the united monarchy », *Biblical Archaeologist*, 49, p. 166-173.

WIGGERMANN F. (1992), *Mesopotamian Protective Spirits: the Ritual Texts*, Groningen, Styx Publications (Cuneiform Monographs, 1).

WILHELM G. (dir.) (1997), *Die Orientalische Stadt: Kontinuität-Wandel-Bruch*, Saarbruck, Harrassowitz, p. 307-338.

WILSON K. (2012), *Bismaya: Recovering the Lost City of Adab*, Chicago, Oriental Institute of the University of Chicago (Oriental Institute Publications, 138).

WOOLLEY L. (1965), *The Kassite Period and Period of the Assyrian Kings*, Londres / Philadelphie, British Museum et University Museum (Ur Excavations, 8).

YADIN Y. (1963), *The Art of Warfare in Biblical Lands in the Light of Archaeological Discovery*, Londres, Weidenfeld et Nicholson.

ZENGER E. (dir.) (2003), *Rituale und Poesie. Formen und Orte religiöser Dichtung im alten Orient, im Judentum und im Christentum*, Fribourg, Herder (Herders biblische Studien, 38), p. 47-71.

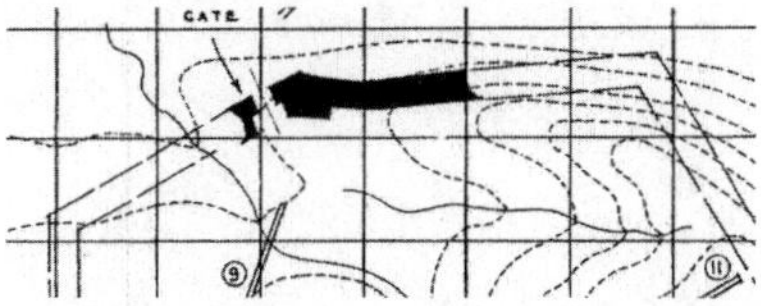

Fig. 32 – Porte de Tell Agrab (détail d'après Delougaz 1967, pl. 48).

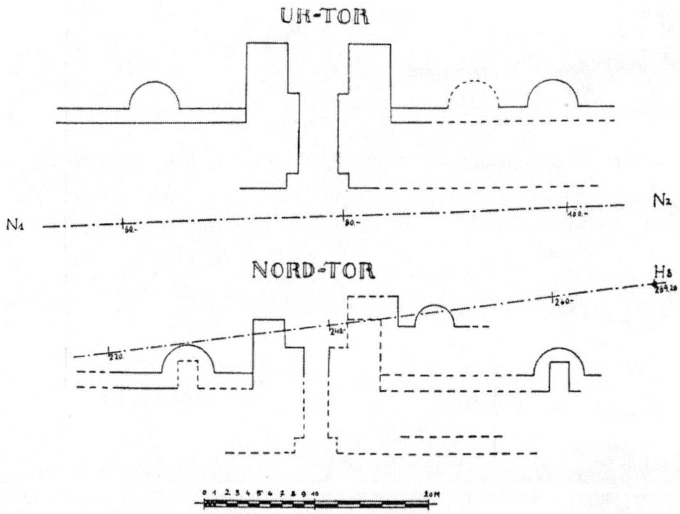

Fig. 33 – Portes d'Uruk (d'après Lenzen 1936, fig. 1).

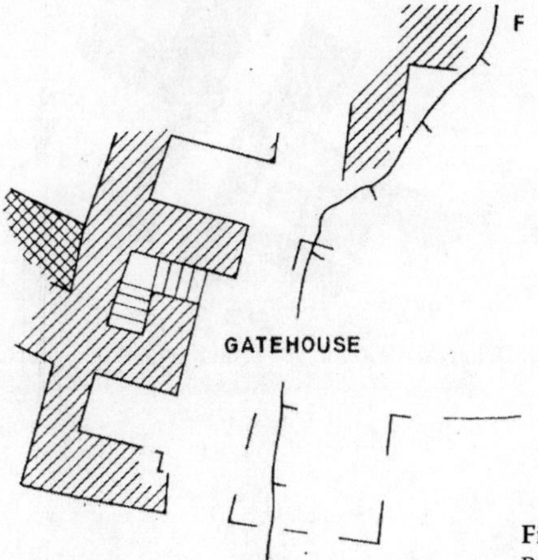

Fig. 34 – Porte de Tell Taya (détail d'après Reade 1968, pl. 78).

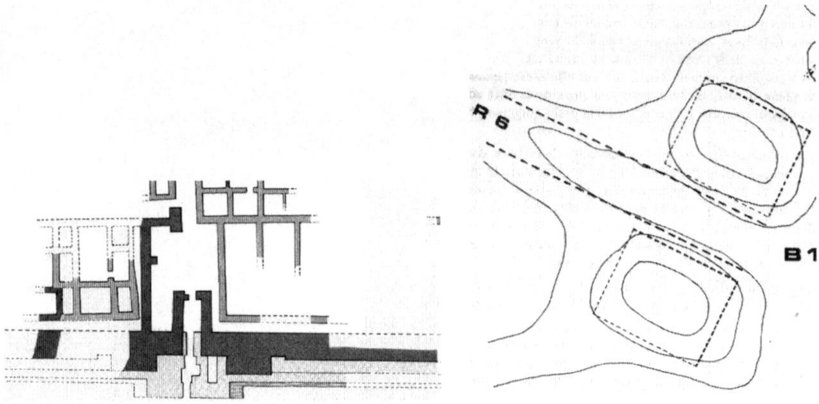

Fig. 35 – Portes d'Haradum (d'après Kempinski-Lecompte 1992, pl. 6) et de Larsa (détail d'après Huot 1989, fig. 19).

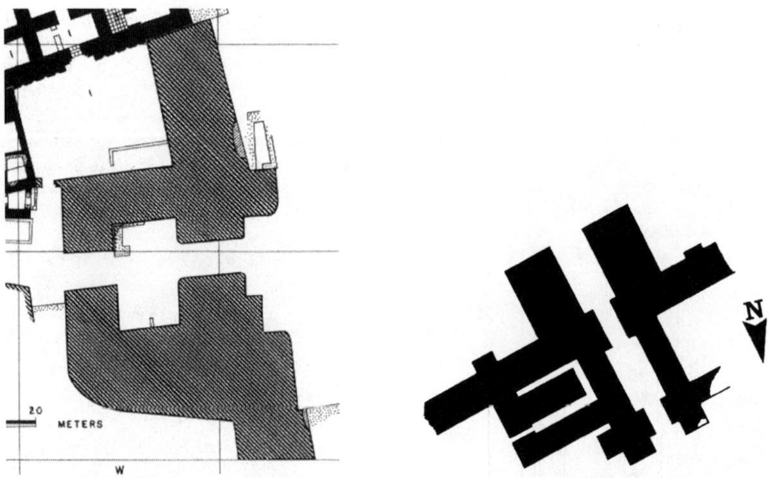

Fig. 36 – Portes d'Ischaeli (d'après Hill, Jacobsen, Delougaz 1990, pl. 98) et de Kar-Tukulti-Nnurta (d'après Eickhoff 1985, pl. 2).

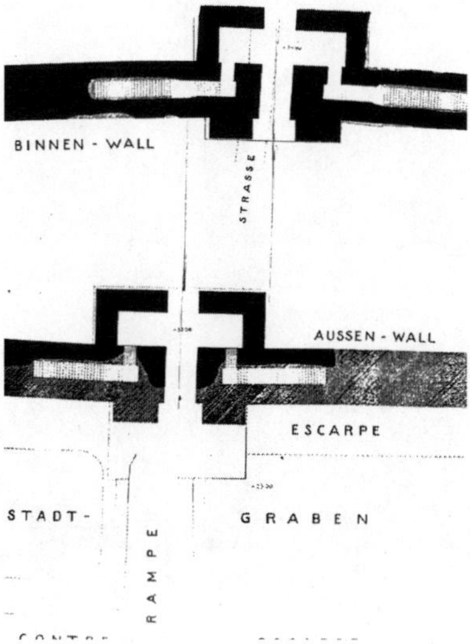

Fig. 37 – Porte Ouest d'Assur (d'après Andrae 1913, pl. 41,1).

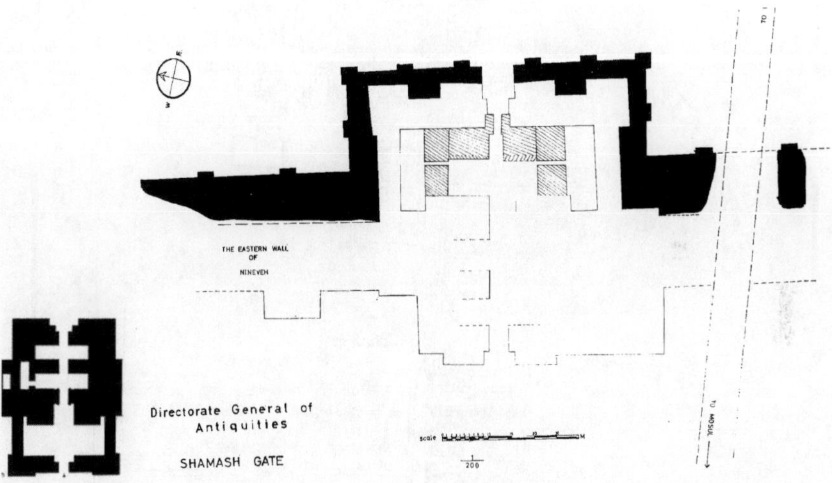

Fig. 38 – Porte 3 de Khorsabad (d'après Place 1867-1870, pl. 12) et porte de Shamash à Ninive (d'après Madhloom 1967, pl. 7).

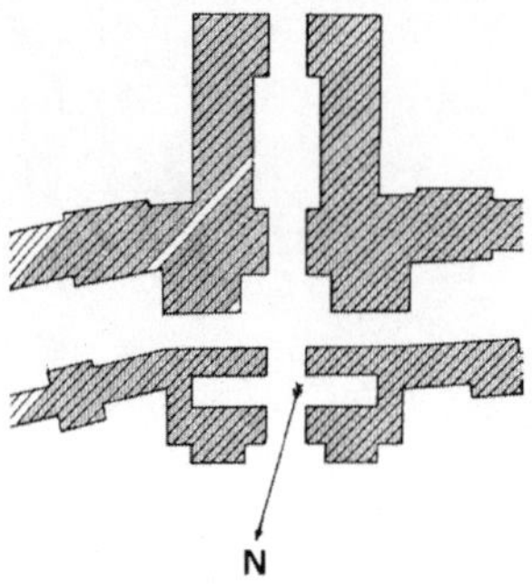

Fig. 39 – Porte d'Ishtar à Babylone (d'après Wetzel 1930, pl. 54).

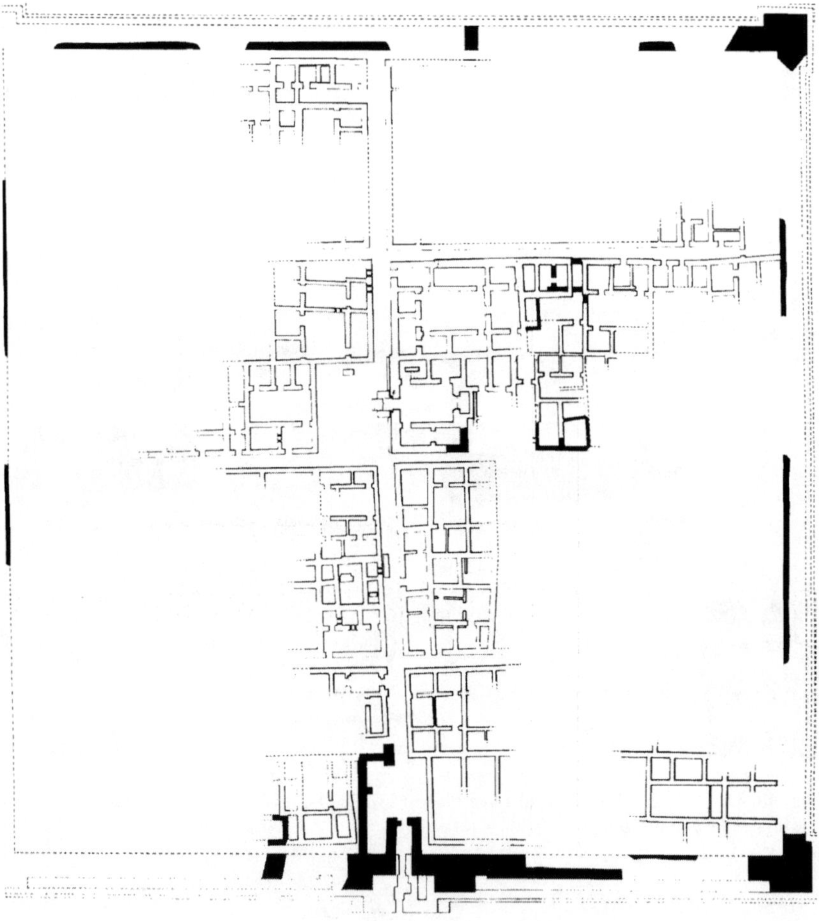

Fig. 40 – Plan d'Haradum (d'après Kepinski 1992, pl. 5).

Fig. 41 – Ouvertures des tours des portes (d'après Barnett, Falkner 1962, pl. 88).

Fig. 42 – Linteau plat de la porte (d'après Barnett, Falkner 1962, pl. 69).

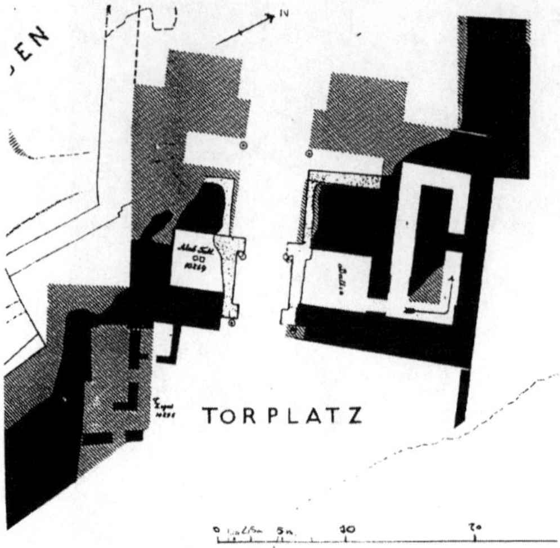

Fig. 43 – Porte Tabira d'Assur (d'après Andrae 1913, pl. 32).

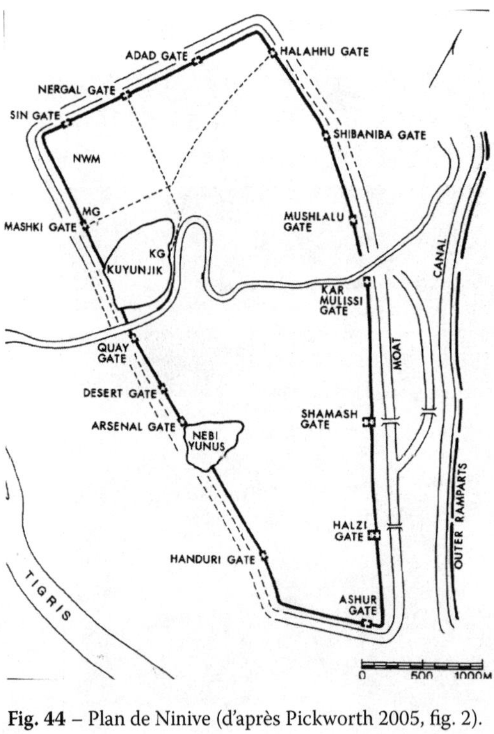

Fig. 44 – Plan de Ninive (d'après Pickworth 2005, fig. 2).

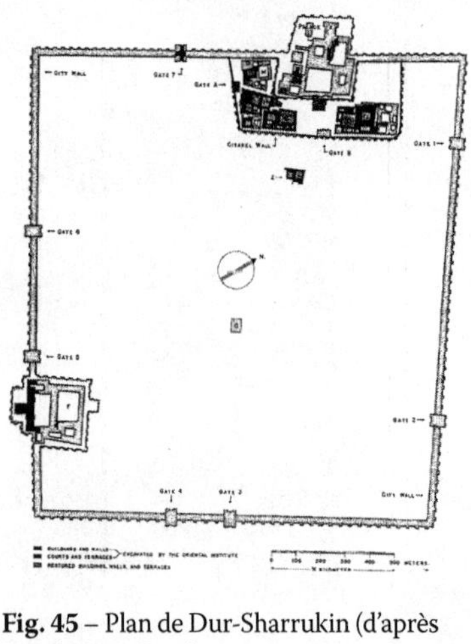

Fig. 45 – Plan de Dur-Sharrukin (d'après Loud 1936, fig. 3).

Fig. 46 – Exemples de portes non attaquées (d'après Albenda 1986, fig. 124 et d'après Meuszynsky 1981, pl. 1).

Fig. 47 – Prise de la ville d'Hamanu (d'après Barnett 1976, pl. 17).

Christine Proust

Les bâtisseurs de remparts avaient-il besoin de mathématiques ?

Quelques témoignages puisés dans des tablettes mathématiques paléo-babyloniennes provenant de Babylonie du nord[1]

Peu de textes mathématiques font référence explicitement à des tâches de nature militaire. Une exception remarquable est constituée par un petit groupe de tablettes d'époque paléo-babylonienne provenant probablement de la région de Sippar. Calculer la pente d'une rampe d'accès à une forteresse, évaluer le travail nécessaire au creusement de douves et à la construction de murailles, agrandir l'enceinte d'une ville circulaire, tels sont par exemple les problèmes traités dans ces tablettes. Ces problèmes mathématiques étaient-ils destinés à résoudre de réels problèmes techniques, ou bien, à l'inverse, la construction des remparts n'était-elle qu'une source d'inspiration pour l'imagination mathématique d'érudits peu impliqués, en réalité, dans la réalisation de ces travaux ? L'analyse de ces problèmes peut-elle donner des indications sur les connaissances mathématiques requises pour mener à bien les travaux de construction des ouvrages de défense ? Quelles étaient les relations entre les milieux savants et les milieux qui étaient en charge de la mise en œuvre de grands travaux militaires ? Cette contribution a pour but d'apporter quelques éléments de réponse à ces questions en examinant un choix de problèmes puisés dans ce groupe de tablettes mathématiques. Une attention particulière est accordée à des détails tels que la typologie des tablettes où sont inscrits les textes, les erreurs qu'on peut y détecter, les indications sur les ordres de grandeur – ou leur absence –, ainsi que la présence de colophons et leur contenu.

1. Les recherches nécessaires à cet article ont été financées par le 7e Programme de l'*European Research Council* (FP7/2007-2013), dans le cadre du Projet *Mathematical Sciences in the Ancient World*, acronyme *SAW* (dir. K. Chemla, agrément ERC n° 269804). Je remercie Philippe Abrahami pour sa relecture attentive et ses suggestions qui ont considérablement amélioré le texte.

1 Les sources

Plusieurs centaines de tablettes mathématiques, principalement d'époque paléo-babylonienne, sont parvenues jusqu'à nous. Parmi elles, seules trois, indiquées dans le tableau 3 ci-dessous[2], font clairement référence à des ouvrages militaires.

N° de musée / CDLI	Type	Publication	Provenance	Datation	Contenu
BM 85194 P274707	M(3,3)	Neugebauer 1935-1937, vol. I, p. 142-193 ; Thureau-Dangin 1938, p. 21-39	Sippar ?	pB récent	35 problèmes linéaires et quadratiques (volume de tronc de pyramide, cylindre, muraille ; surface de segment de cercle ; normes de travail et débits). Figures et colophon.
BM 85196 P254439	M(2,2)	Neugebauer 1935-1937, vol. II, p. 43-59 ; Thureau-Dangin 1938, p. 39-46	Sippar ?	pB récent	18 problèmes linéaires et quadratiques (volumes de prismes, cône, embarcation, cylindre, canaux, rampe). Figure et colophon.
BM 85210 P274708	M(2,2)	Neugebauer 1935-1937, vol. I, p. 219-233 ; Thureau-Dangin 1938, p. 46-53	Sippar ?	pB récent	Problèmes linéaires et quadratiques, dont 9 préservés (volumes, principalement de constructions militaires). Colophon.

Tableau 3 : textes mathématiques contenant des problèmes relatifs à des ouvrages militaires

De façon frappante, ces textes semblent, par leur provenance et leur datation, émaner du même contexte. Toutes portent un colophon, ce qui est déjà une particularité relativement rare parmi les tablettes mathématiques d'époque pB[3], et, qui plus est, ces colophons sont de même type : ils indiquent le nombre de *kibsu*, qu'on peut traduire par « procédure » ou, en suivant F. Thureau-Dangin « marche à suivre ». L'indication

2. Abréviations : pB = paléo-babylonien ; M (m,n) = tablette multi-colonnes, m colonnes sur la face et n colonnes sur le revers.
3. Les tablettes mathématiques d'époque pB portant des colophons se limitent, pour l'essentiel, aux groupes suivants : les catalogues (colophons donnant le nombre des sections), les séries (colophons donnant le nombre de section et le numéro de la tablette dans la série), et les tablettes *kibsu* (colophons donnant le nombre des procédures évoquées ici). On trouvera plus de détails sur les colophons dans les textes mathématiques dans Robson 1997, p. 58, 67-70 et dans Proust 2012. Il n'est pas question ici des tablettes scolaires, qui portent parfois des sortes de post-scriptum de nature tout à fait différente (nom propre, date ou ligne d'appel).

dans le colophon du nombre de *kibsu* est présente dans deux autres tablettes du même type (grandes tablettes rectangulaires à deux ou trois colonnes), également de provenance inconnue[4]. Selon A. Goetze les tablettes de ce groupe présentent des caractéristiques orthographiques, grammaticales et lexicales similaires à celles des textes de Babylonie du nord, et plus particulièrement de Sippar, datées de la fin de l'époque paléo-babylonienne[5].

Dans quelle mesure les trois tablettes du tableau 3 donnent-elles des informations sur la construction des édifices de défense dans la région de Sippar ? Plus généralement, peut-on détecter une relation, vivante ou indirecte, entre les milieux qui ont élaboré ou utilisé les textes mathématiques, et ceux qui étaient en charge de la réalisation des travaux de construction à visée militaire en Babylonie du nord ? Plusieurs types d'acteurs ont pu interagir. Pour ce qui est des acteurs impliqués dans la production des textes mathématiques, il faut sans doute distinguer les scribes qui ont élaboré leur contenu, qu'on pourrait, pour simplifier, qualifier de mathématiciens, de ceux qui les ont copiés, sans nécessairement être en état de les comprendre, et aussi de ceux qui ont pu les utiliser, érudits, étudiants ou praticiens. Les uns et les autres étaient très probablement liés aux écoles de scribes d'une façon ou d'une autre, mais ont pu intervenir à des époques différentes. Parmi les acteurs impliqués dans les constructions militaires, il convient de distinguer les officiels en charge de la conception des ouvrages et des questions économiques (salaires, organisation du travail, mobilisation des ressources et du personnel nécessaire), des ouvriers proprement dits. Pour simplifier, j'appellerai les premiers des « ingénieurs », au sens étymologique de « constructeur d'engins de guerre »[6]. Le personnel employé dans les constructions apparaît dans certains textes mathématiques : ce sont des hommes (lu$_2$), des salariés (lu$_2$-huğ-ga$_2$) ou des ouvriers (erim). Il s'agit cependant de catégories de personnels très générales et sans doute quelque peu abstraites, attestées par exemple dans des sources mathématiques plus précoces et plus méridionales[7] ou dans la tablette M 288 de Mari où apparaissent des nombres d'ouvriers (*ṣābum*) – voir ci-dessous.

Pour essayer de saisir les possibles interactions entre des milieux qui ont produit ou utilisé les textes mathématiques, et ceux qui ont encadré ou exécuté les travaux de construction militaire, j'examinerai un choix de problèmes mathématiques contenus dans les tablettes *kibsu* citées dans le tableau 3 en me limitant à quelques questions précises : les dispositifs militaires décrits dans les énoncés de ces problèmes sont-ils réalistes ? La résolution de ces problèmes a-t-elle pu être d'une quelconque utilité pour la réalisation pratique de ces dispositifs ? Peut-on trouver des indices matériels ou textuels qui nous informent sur les procédés de compilation des textes et, par là, sur les auteurs de ces problèmes ? Ces questions ne sont pas tout à fait nouvelles. Elles

4. Ce lot très homogène de cinq tablettes *kibsu* est constitué de BM 85200+VAT 6599, BM 85194, BM 85196, BM 85210, VAT 6505.
5. Goetze 1945, p. 150-151.
6. De la racine *engigneor*. Le sens premier est « celui qui construisait ou inventait des machines de guerre ou qui assurait la conception et l'exécution des ouvrages de fortification ou de siège des places fortes » (Trésor de la Langue Française).
7. Voir par exemple les tablettes YBC 4666, YBC 7164, YBC 4657, YBC 4663, YBC 4662, YBC 5037.

ont été abordées dans divers travaux, en particulier par François Thureau-Dangin, Dominique Charpin et Duncan Melville dans trois publications qui méritent d'être évoquées ici.

F. Thureau-Tangin a identifié certains problèmes des tablettes mentionnées dans le tableau 3 ci-dessus comme étant « relatifs à la prise d'une ville forte »[8]. Il s'agit des problèmes BM 85194 #25-26 et BM 85210 #1-4 et #B2-B3, où il est question d'une rampe d'accès à une muraille pour « prendre une ville », ou, plus précisément, « prendre la ville ennemie de Marduk ». Selon F. Thureau-Dangin, ces problèmes évoquent une manœuvre militaire où « les assaillants se proposent de prendre la ville au moyen d'un terre-plein qui offre un plan incliné devant leur permettre d'atteindre le sommet du mur »[9].

> J'ignore si les armées babyloniennes ont jamais employé, pour prendre une ville forte, la méthode que supposent les problèmes étudiés ci-dessus. En revanche, nous savons par les inscriptions assyriennes que les opérations de siège comportaient souvent la construction d'un ouvrage appelé *arammu*. Et précisément le premier problème de BM 85194 (traduit par Ungnad, OLZ 1916, 364 s.) est relatif à la mesure du volume d'un *arammu*. On a cru longtemps que ce terme désignait une machine de guerre, un bélier. Le récit qu'Asaraddon fait du siège d'Ubbume (K 2852 + K 9662) a montré que cette interprétation était inexacte [...] L'*arammu* était un terre-plein, une chaussée en terre « piétinée », c'est-à-dire en terre battue. L'emploi de matériaux complémentaires n'était d'ailleurs pas exclu[10].

Au sujet du caractère réaliste d'une telle situation, F. Thureau-Dangin se borne à montrer que l'utilisation d'une rampe (*arammu*) pour prendre une ville fortifiée est plausible. Il ne se prononce pas sur la forme et les dimensions de cette rampe, ni sur l'intérêt de ces problèmes pour des ingénieurs. Nous reviendrons plus en détail sur ces problèmes et les questions laissées en suspend par F. Thureau-Dangin (voir §4).

D. Charpin a ajouté quelques éléments d'information avec la publication de la tablette lenticulaire de Mari contenant un plan de fortification (M 288, n° CDLI P254715, publiée dans D. Charpin 1993, p. 194-195). Le plan est constitué de deux carrés contigus qui, selon D. Charpin, pourraient représenter une fortification, avec ville haute et ville basse. Les quatre murs sont identifiés selon les quatre points cardinaux, et le texte précise le volume de terre et le nombre de jours de travail d'ouvriers (*ṣābum*) pour bâtir chaque mur, les données étant exprimées en système centésimal non positionnel avec unités de mesure. D. Charpin a montré que la norme de travail correspondant aux quantités données par le texte (volume de terre et nombre d'ouvriers associés) est un volume de 7½ *gin* par ouvrier et par jour, ce qui est tout à fait conforme aux données trouvées ailleurs, notamment dans les textes mathématiques[11].

8. Thureau-Dangin 1932, p. 109.
9. *Ibid.*, p. 111.
10. *Ibid.*, p. 112-115.
11. Le caractère standard de cette norme de travail est souligné par Charpin 1993, p. 196, n. 9. Précisons que dans YBC 5037 #1-3, la norme de travail (eš$_2$-kar$_3$) est un volume de 7½ *gin* de terre à extraire par

Peu d'informations techniques peuvent être extraites de ce document, mis à part le fait que les murs sont en terre. La tablette ne contient pas d'énoncé de problème ni de calcul. De plus, les données notées sur le plan ne sont pas exprimées en notation sexagésimale positionnelle, comme c'est généralement le cas dans les exercices scolaires de géométrie, y compris à Mari. Ce document n'est probablement pas à classer parmi les exercices de mathématiques. Cependant, l'absence de nom propre, de nom de lieu et de date, ainsi que la forme lenticulaire, peut faire penser qu'il s'agit tout de même d'un exercice scolaire[12]. Mais dans ce cas, cet exercice serait à rattacher aux modèles de contrats plutôt qu'aux exercices de géométrie.

D. Melville s'est intéressé à la façon dont les textes mathématiques documentent les techniques de siège d'une ville[13]. Il se base essentiellement, comme F. Thureau-Dangin, sur les problèmes traitant de la construction d'une rampe d'accès à une fortification, c'est-à-dire sur les problèmes extraits des tablettes BM 85194 et BM 85210 citées dans le tableau 3. L'étude de D. Melville est la plus complète à ce jour sur le sujet qui nous intéresse. Elle mérite donc qu'on s'y arrête plus longuement. D. Melville a analysé les problèmes de BM 85194 et BM 85210 dans le but d'aborder la question de la diffusion des connaissances au travers des frontières séparant différents milieux sociaux. L'entreprise n'est pas aisée car, comme le souligne D. Melville, les textes mathématiques sont les seules sources connues à nous livrer des détails concernant la technologie des constructions militaires, et donc les sources disponibles ne permettent pas de confronter les pratiques provenant des divers milieux, mathématiciens et ingénieurs militaires[14]. On en est donc réduits à ne se baser que sur les informations livrées par les textes mathématiques, qui sont largement biaisées car, selon D. Melville, ces textes transforment les problèmes techniques pour les mettre au service d'objectifs purement mathématiques. Rassemblés dans des compilations ou des compendiums selon des critères mathématiques et non pratiques, ces problèmes décriraient des situations irréalistes, inventées en ayant recours à une simplification extrême des objets réels[15]. Ces observations conduisent D. Melville à éprouver un certain scepticisme quant à l'apport des mathématiques académiques à la technologie militaire.

> In the first case, while the Old Babylonian mathematical siege ramp problems of BM 85194 and BM 85210 certainly reflect the prevalence of siege warfare in second millennium Mesopotamia, the fact that some scribes studied problems involving ramps is not evidence that they subsequently used the skills learned in the classroom in the field. The internal structure of the problems militates against this conclusion, as do the archaeological evidence and basic military considerations. We cannot assume that advanced mathematical knowledge was used in the construction of actual siege ramps.[16]

homme et par jour pour creuser un bassin. Dans les autres problèmes de cette tablette, ainsi que dans la plupart des problèmes mathématiques relatifs au creusement des bassins ou des canaux, elle est un volume de 10 *gin*.

12. Comme le souligne Charpin 1993, p. 197.
13. Melville, Melville 2008.
14. *Ibid.*, p. 146.
15. *Ibid.*, p. 147-149.
16. *Ibid.*, p. 161.

En somme, pour D. Melville, les textes mathématiques témoignent d'une circulation à sens unique entre les milieux érudits attachés aux écoles de scribes et ceux des responsables en charge des ouvrages militaires : les ingénieurs inspirent des érudits, mais les érudits sont de peu d'utilité pour les ingénieurs[17]. L'analyse des textes qui suit (§2-3) montre que ce diagnostic est largement fondé, mais qu'il pourrait être nuancé sur quelques points précis (§4).

2 Rampes et remparts : BM 85194

La tablette BM 85194 est de type M(3,3), elle contient 35 problèmes et se termine par un colophon qui stipule : « total 35 procédures de calcul » (šu-nigin$_2$ 35 *ki-bi-is* šid). Elle avait été publiée sous forme de copie[18], puis étudiée par morceaux dans plusieurs publications, avant d'être publiée entièrement en 1935 par Neugebauer et de nouveau en 1938 par F. Thureau-Dangin (voir tableau 3).[19]

a Structure de l'ensemble du texte

Le texte est composé de plusieurs groupes qui présentent une forte cohérence interne, mais ces groupes sont très différents les uns des autres, tant du point de vue des thèmes abordés que des notions mathématiques traitées. Les thèmes sont les suivants :

- #1-5 : Ouvrages de défense de différentes formes (troncs de pyramide, cercles, prismes).
- # 6-8 : Variations du niveau d'eau dans une clepsydre.
- #9 : Surface d'un *aškutum* (?)
- #10-13 : Problème d'excavation (im-la$_2$).
- #14-15 : Tronc de cône (*kiššum*).
- #16-19 : Puits en briques et muraille.
- #20-21 : Corde d'un cercle (*kipattum*).
- #23 : Étoffe.
- #24 : Récipient étalon (*sûtu*).
- #25-26 : Rampe en plan incliné construite pour prendre la ville de Marduk.
- #27 : Équivalence entre surface de champ et quantité de grain.
- #28 : Excavation.
- #29 : Segment de cercle.
- #30 : Contenu d'un bateau exprimé en briques et en grain.
- #31-35 : Sections trop abîmées pour identifier des groupes.

Trois des groupes (#1-5 ; #16-19 ; #25-26) portent sur des constructions militaires telles que rampes, murailles, ou enceintes circulaires. Nous allons examiner de plus près

17. *Ibid.*, p.145.
18. King 1900, pl. 8.
19. Une traduction (sans appareil critique) a été proposée récemment par E. Robson (2007 p. 130-137).

un ou deux problèmes de chaque groupe (#1, 4, 17 et 25) dans le but d'apporter quelques éléments de réponse aux questions soulevées ci-dessus, en particulier le caractère réaliste ou non des dispositifs décrits et les enjeux mathématiques de ces problèmes.

b Une méthode de calcul approché du volume d'une rampe : BM 85194 #1

Dans cette section et les suivantes, la translittération et la traduction sont établies à partir des photos mises à la disposition du public par le British Museum et des éditions de O. Neugebauer et de F. Thureau-Dangin ; la traduction est celle de l'auteur.

Face, col. i

1. *a-ra-am-ma-um* 1 ninda dagal ki-ta 30 ninda *mu-hu* 4 sukud
2. *i-na* suhuš sahar-hi-a 1.30 dagal ki-ta 1 ninda dagal an-na 6 sukud
3. *i-na pa-ni a-bu-li-im* sahar-hi-a en-nam *a-na* 1 lu$_2$
4. uš *pu-lu-uk* za-e 1.30 *u*$_3$ 1 u-bi-gar 2.30 *ta-mar*
5. ½ 2.30 *he-pe*$_2$ 1.15 gar-ra *u*$_3$ 30 u-bi-gar 1.30 *ta-mar*
6. ½ 1.30 *he-pe*$_2$ 45 *ta-mar* 1.15 *u*$_3$ 45 u-bi-gar 2 *ta-mar*
7. ½-šu 1 *ta-mar* gar-ra 6 sukud *u*$_3$ 4 sukud suhuš sahar-hi-a
8. u-bi-gar 10 ta-mar ½-šu *he-pe*$_2$ 5 ta-mar 10 uš *a-na* 5 *i*-ši
9. 50 *ta-mar* sahar-hi-a igi 10 eš$_2$-gar$_3$ du$_8$-a 6 *ta-mar* 50 sahar-hi-a
10. *a-na* 6 *i*-ši 5 *ta-mar* erim-meš igi erim-meš du$_8$-a 12 *ta-mar*
11. 12 *a-na* 10 uš *i*-ši 2 *ta-mar* 2 1 lu$_2$ *i-ṣa-ba-at*
12. *ki-a-am ne-pe*$_2$*-šum*

1. Une rampe. 1 *ninda* la largeur inférieure, 30 (correspondant à des) *ninda* le sommet, 4 la hauteur,
2. (du côté de) la terre de fondation. 1.30 la largeur inférieure, 1 *ninda* la largeur supérieure, 6 la hauteur,
3. en face de la porte de la ville. Quel est le (volume de) terre ? Pour 1 homme
4. délimite la longueur. Toi, 1.30 et 1 additionne, 2.30 tu trouves.
5. La moitié de 2.30 coupe, 1.15 pose. (1) et 30 additionne, 1.30 tu trouves.
6. La moitié de 1.30 coupe, 45 tu trouves. 1.15 et 45 additionne, 2 tu trouves.
7. Sa moitié (coupe), 1 tu trouves. Pose (le résultat). 6 la hauteur et 4 la hauteur de la terre de fondation
8. additionne, 10 tu trouves. La moitié coupe, 5 tu trouves. 10 la longueur à 5 élève,
9. 50 tu trouves, c'est la terre. L'inverse de 10, la tâche, extrais, 6 tu trouves. 50 le (volume de) terre
10. à 6 élève, 5 tu trouves, ce sont les travailleurs. L'inverse de (5), les travailleurs, extrais, 12 tu trouves.
11. 12 à 10 la longueur, 2 tu trouves. (Une longueur) de 2, 1 homme prendra.
12. Telle est la procédure.

L'intérêt de ce problème est de montrer à quoi ressemble la rampe (*arammu*) construite, d'après Thureau-Dangin, pour assiéger une ville. Il y a quelques indications sur les ordres de grandeur. Les unités de mesures sont précisées seulement pour largeur inférieure (1 *ninda* ≈ 6 m)[20] et la largeur supérieure (30 ninda, que je traduis « 30, correspondant à des *ninda* »). La notation « 30 ninda » est traduite « 0;30 GAR » par Neugebauer[21] et « 30′ de NINDA » par F. Thureau-Dangin[22], est intéressante. Ici, pour des raisons de cohérence avec les autres données du texte, la largeur supérieure est ½ *ninda*, et non 30 *ninda* : l'unité *ninda* est donc simplement apposée au nombre 30, sans doute pour donner une information sur les ordres de grandeur. En effet, si on consulte les tables métrologiques largement utilisées dans les milieux liés aux écoles de scribes pB[23], le nombre 30 correspond à plusieurs longueurs possibles, parmi elles ½ *ninda* et ½ UŠ (= 30 *ninda*). L'indication « ninda » apposée à 30 serait donc une sorte de déterminatif. Cette technique d'apposition des unités de mesure à des nombres écrits en notation sexagésimale positionnelle est attestée dans d'autres textes, notamment ceux de la vallée de la Diyāla[24]. On a donc une idée de la forme et des dimensions de la construction[25].

Arrêtons-nous un instant sur le calcul du volume, car il fait appel à une méthode d'approximation qui témoigne d'un certain sens pratique. Cette méthode consiste à remplacer chacune des faces de la rampe, qui semblent de forme trapézoïdale, par des faces rectangulaires selon un procédé analogue à celui qui est utilisé pour calculer les surfaces par la « méthode des arpenteurs »[26]. La **fig. 49** représente les trois transformations opérées dans les lignes 4-5, 5-6 et 6-7.

Ainsi, la section trapézoïdale de la face située « du côté de la porte » (du côté de la muraille) est remplacée par une section rectangulaire, dont les longueurs sont la moyenne arithmétique des bases, soit la demie somme de 1 et de 1.30, qui est 1.15 :

> 1.30 et 1 additionne, 2.30 tu trouves. La moitié de 2.30 coupe, 1.15 pose (lignes 4-5).

Il en est de même pour la section trapézoïdale de la face située « du côté des fondations » (face opposée à la précédente) :

> (1) et 30 additionne, 1.30 tu trouves. La moitié de 1.30 coupe, 45 tu trouves (lignes 5-6).

Les faces supérieure et inférieure sont traitées de la même façon :

> 1.15 et 45 additionne, 2 tu trouves. Sa moitié (coupe), 1 tu trouves (lignes 6-7).

20. Voir l'annexe pour les définitions des unités de mesures utilisées dans les textes considérés dans cet article.
21. Neugebauer 1935-1937, vol. I, p. 152.
22. Thureau-Dangin 1938, p. xv, 21.
23. Ces tables sont accessibles en ligne (Proust 2009, §9.4).
24. Voir par exemple Haddad 104, #1, ligne 1, où « 5 *am-ma-at* » veut dire « 5, (correspondant à un) *ammatum* » et plusieurs autres attestations du même type dans cette tablette (Al-Rawi, Roaf 1984, p. 185 ; Gonçalves à paraître).
25. Voir Neugebauer 1935-1937, vol. I, p. 165 ; fig. 23 et **48** ci-dessous.
26. Cette méthode, largement attestée dans les pratiques d'arpentage dans l'Antiquité et au Moyen Âge, permet de calculer une valeur approchée satisfaisante de la surface d'un quadrilatère dont les angles sont assez proches de l'angle droit. Les côtés opposés sont remplacés par des côtés égaux dont la longueur est la moyenne arithmétique des côtés initiaux.

Ainsi que les faces latérales

> 6 la hauteur et 4 la hauteur de la terre de fondation additionne, 10 tu trouves. La moitié coupe, 5 tu trouves (lignes 7 et 8).

La rampe est ainsi devenue un pavé rectangulaire. Si on appliquait les méthodes utilisées habituellement dans les textes mathématiques, le volume devrait être calculé en multipliant la base (ici, 10, le produit de la longueur 10 par la largeur 1) par la hauteur (ici, 5). On s'attendrait donc à lire « 10 la base à 5 élève, 50 tu trouves, c'est la terre » (10 gagar *a-na* 5 *i*-ši). Or, on lit « 10 la longueur à 5 élève, 50 tu trouves, c'est la terre » (10 uš *a-na* 5 *i*-ši). Il semble que le scribe ait omis une étape, celle qui consiste à expliciter la multiplication de 10, la longueur, par 1, la largeur, qui donne 10, la base.

Il serait intéressant d'avoir une idée de l'erreur faite par le scribe sur le calcul du volume en utilisant la méthode approchée ci-dessus. Cette erreur ne peut pas être contrôlée car on ne sait pas quelle est la forme exacte de la rampe. Si on suppose que cette forme est celle d'un tronc de pyramide, le volume est égal à

$$\frac{h}{3}(B_1 + B_2 + \sqrt{B_1 B_2}),$$

où B_1 et B_2 sont les bases, et h est la hauteur. Avec les données de notre rampe et en notation décimale (les bases sont 3 et 7,5, et la hauteur est 10), on obtient un volume de 50,811388... au lieu de 50 trouvé dans le texte, soit une erreur de l'ordre de 1,6%. Cependant, la rampe n'a pas exactement la forme d'un tronc de pyramide car les deux « du côté des fondations » et « du côté de la porte » ne sont pas tout à fait semblables, ni forcément parallèles, donc l'erreur peut être un peu plus grande. L'erreur due à la méthode d'approximation du volume peut néanmoins raisonnablement être considérée comme relativement faible, et en tout cas peu significative en regard des possibles erreurs de mesure sur le terrain (si tant est que terrain il y ait). L'approximation pourrait donc être acceptable d'un point de vue pratique.

Ce problème apparaît comme réaliste à plusieurs points de vue : par la forme et les dimensions de l'ouvrage, par les indications sur les ordres de grandeurs, par la pertinence de la méthode d'approximation utilisée, et enfin par l'intérêt pratique de la question posée, à savoir : quel est le volume de terre à apporter, et quel est le nombre d'ouvriers nécessaires ? Ici, le problème mathématique reflète des procédures d'évaluation des volumes qui ont pu être pratiquées sur le terrain par les bâtisseurs et les administrateurs en charge de l'organisation du travail. On peut alors penser que, si le travail des praticiens sur le terrain a inspiré les mathématiciens, les méthodes utilisées par les praticiens ont pu avoir été mises au point par les mathématiciens. Autrement dit, la relation entre « mathématiciens » et « ingénieurs » (au sens suggéré plus haut) peut avoir joué dans les deux sens.

c Agrandir une ville circulaire : BM 85194 #4

Le problème 4 de la même tablette porte sur l'agrandissement d'une ville ou d'un camp circulaires, et apporte un éclairage de nature différente grâce aux erreurs qu'il contient : par ce problème, c'est le procédé de compilation de la liste de problèmes qui peut être détecté.

Face, col. i

37. uru^{ki} 1-šu gur$_2$ *ak-pu-up*
38. 5-ta-am$_3$ *et-te-se$_2$-ma*
39. *hi-ri-tam ab-ni* 6 bur$_3$
40. 1.7.30 sahar-hi-a ba-zi
41. 5-ta-am$_3$ ugu *hi-ri-tim*
42. e *ab-ni* e šu-u$_2$
43. *i-na* 1 kuš$_3$ 1 kuš$_3$ ša$_3$-gal
44. ZA-ZUM *mu-hu-um u$_3$* sukud en-nam *u$_3$* gur$_2$ e en-nam
45. za-e *i-nu-ma* 1-šu gur$_2$ dal en-nam igi 3-gal$_2$ 1-šu gur$_2$ ba-zi
46. 20 *ta-mar* 20 dal 5 *di-ik*-ša-*am* tab-ba 10 *ta-mar*
47. 10 *a-na* 20 dal dah-ha 30 *ta-mar* dal šu-*li-iš*
48. 1.30 *ta-mar* 1.30 gur$_2$ *hi-ri-tim*

Tranche inférieure

49. nigin$_2$-na 1.30 LAGAB.LAGAB 2.15 *ta-mar* 2.15 *a-na* 5 gur$_2$
50. *i-ši* 11.15 *ta-mar* ki 11.15 *a-na* 6 bur$_3$ *i-ši*

Face, col. ii

1. igi 10 eš$_2$-gar$_3$ du$_8$-a 6 *ta-mar* 6 *a-na* 1.7.30 sahar-hi-a
2. *i-ši* 6.45 *ta-mar* 6.45 erim-meš igi 6.45 du$_8$-a
3. 8.53.20 *ta-mar* 8.53.20 *a-na* 1.30 gur$_2$ *i-ši*
4. 13.20 *ta-mar i-na hi-ri-tim* uš *ta-pa-la-ak*
5. nigin$_2$-na 10 eš$_2$-gar$_3$ *a-mur* igi 1.30 gur$_2$ du$_8$-a 40 *ta-mar* 40 *a-na* 13.20
6. *i*-ši 8.53.20 *ta-mar* 8.53.20 *a-na* 1.7.30 sahar-hi-a
7. *i*-ši 10 *ta-mar* eš$_2$-gar$_3$ nigin$_2$-na e *a-mur* 5 ša-gal tab-ba 10 *ta-mar*
8. 10 tab-ba 20 *ta-mar* 20 *a-na* 1.7.30 *i*-ši 22.30
9. *ta-mar* en-nam *a-na* 22.30 dah-ha {dah-ha} ib$_2$-tag$_4^{sic}$ (sa$_2^{!}$) *li-pu-<ul>*
10. *u$_3$ ša* dah-ha ib$_2$-sa$_2$ *li-pu-ul* 5.3.45 dah-ha
11. 27.33.45 *ta-mar* 5.2^{sic}5 (5.1$^{!}$5) ib$_2$-sa$_2$ ZA-ZUM
12. 5.3.45 en-nam ib$_2$-sa$_2$ 2.15 ib$_2$-sa$_2$ *mu-hu*
13. igi 2-šu gur$_2$ e du$_8$-a 30 *ta-mar* 30 *a-na* 1.7.30
14. 33.45 *ta-mar* nigin$_2$-na ZA-ZUM *u$_3$ mu-{hu}-ha*
15. u-bi-gar 7.30 *ta-mar* ½ 7.30 *he-pe$_2$* 3.45 *ta-<mar>*
16. igi 3.45 du$_8$-a 16 *ta-mar* 16 *a-na* 33.45
17. *i-ši* 9 *ta-mar* 9 sukud *ša i-ki-im*
18. *ki-a-am ne-pe$_2$-šum*

Face, col. i

37. Une « ville ». Un cercle de 1 soixantaine de circonférence j'ai tracé autour.

38. De 5 de toutes parts je me suis éloigné et
39. j'ai construit une tranchée. 6 est la profondeur.
40. 1.7.30 de (volume de) terre j'ai extrait.
41. De 5 de toutes parts (je me suis éloigné) au-delà de la tranchée.
42. J'ai construit une digue. Cette digue
43. a un fruit de 1 *kuš* par *kuš*[27]
44. La base, le sommet et la profondeur (de la digue) combien? Et la circonférence de la digue, combien ?
45. Toi, lorsque la circonférence est 1 soixantaine, la transversale (diamètre) combien ? Un tiers de soixante, la circonférence, soustrais,
46. 20 tu trouves. 20 est la transversale. 5 la couronne circulaire double, 10 tu trouves.
47. 10 à 20 la transversale ajoute, 30 tu trouves, c'est la transversale. Triple,
48. 1.30 tu trouves. 1.30 est la circonférence de la tranchée.

Tranche inférieure

49. Par ailleurs, 1.30 au carré, 2.15 tu trouves. 2.15 à 5 (la constante de[28]) la circonférence
50. élève, 11.15 tu trouves. 11.15 à 6 la profondeur élève.
<1.7.30 de (volume de) terre j'ai extrait.>[29]

Face, col. ii

1. L'inverse de 10, la tâche, extrais, 6 tu trouves. 6 à 1.7.30 le (volume de) terre
2. élève, 6.45 tu trouves, 6.45 sont les travailleurs. L'inverse de 6.45 extrais,
3. 8.53.20 tu trouves. 8.53.20 à 1.30 la circonférence élève,
4. 13.20 tu trouves. Tu délimiteras cette longueur (13.20) pour la tranchée.
5. Par ailleurs, 10 la tâche trouve. L'inverse de 1.30 la circonférence extrais, 40 tu trouves. 40 à 13.20
6. élève, 8.53.20 tu trouves. 8.53.20 à 1.7.30 le (volume de) terre
7. élève, 10 tu trouves, c'est la tâche. Par ailleurs, la digue trouve. 5 le fruit double, 10 tu trouves.
8. 10 double, 20 tu trouves. 20 à 1.7.30 élève, 22.30
9. tu trouves. Combien ajouter à 22.30 pour que la (somme soit un) carré
10. et pour que ce que j'ajoute soit un carré ? 5.3.45 ajoute,
11. 27.33.45 tu trouves, c'est le carré de 5.2[sic]5 (5.1[!]5), la base.
12. 5.3.45 est le carré de quoi ? C'est le carré de 2.15, le sommet.
13. L'inverse de 2 (soixantaines ?), la circonférence de la digue, extrais, 30 tu trouves. 30 à 1.7.30 (élève),
14. 33.45 tu trouves. Par ailleurs, la base et le sommet
15. additionne, 7.30 tu trouves. La moitié de 7.30 coupe, 3.45 tu trouves.
16. L'inverse de 3.45 extrais, 16 tu trouves. 16 à 33.45
17. élève, 9 tu trouves, 9 est la hauteur de la digue.
18. Telle est la procédure.

27. « 2[!] *kuš* par *kuš* » d'après Thureau-Dangin. 1 *kuš* ≈ 50 cm (voir annexe)
28. Sens proposé par Thureau-Dangin.
29. Cette restitution pourrait correspondre à la place correcte pour la ligne 40 (voir ci-dessous).

Sans entrer dans les détails du calcul, soulignons seulement deux aspects intéressants pour notre enquête : d'une part la difficulté qu'il y a à analyser le caractère réaliste du dispositif en raison de la mauvaise compréhension que nous avons du problème et de l'absence d'indication sur les ordres de grandeurs, et d'autre part les erreurs, qui nous donnent des indices sur la façon dont le texte a été composé.

Le dispositif

Le dispositif est le suivant. Une « ville » (uru^{ki}) a une circonférence de « 1 soixantaine ». Une tranchée (*hirītum*) de largeur 5 et de profondeur 6 est construite autour de la ville. Une digue (e, traduit par « levée » par Thureau-Dangin) de largeur 5 et de parois inclinées, de fruit 1 (ou 2 pour Thureau-Dangin) *kuš* par *kuš*, est construite autour de la « ville »[30]. On demande les dimensions de la digue, étant entendu implicitement que le volume de la digue est égal au volume de terre extrait. Ce volume extrait est de 1.7.30, ce qui inclut en fait la tranchée ET la ville (voir calcul lignes 49-50). Le dispositif est représenté par une figure sur la tablette (voir **fig. 50**). La figure est composée de trois cercles concentriques et deux diamètres perpendiculaires. La position des diamètres n'est pas parfaitement centrée, ce que ne montre pas la copie mais qui est clair sur la photo. Les cercles sont visiblement tracés avec un instrument, soit un gabarit (ce qui expliquerait la position légèrement décentrée des diamètres), soit un compas (ce qui expliquerait la dépression au centre). Les diamètres semblent tracés par impression d'une règle. La largeur des couronnes est indiquée sur la figure : on y lit le nombre 5, noté sans unité de mesure. Le cercle central représente la ville, la première couronne la tranchée (de largeur 5) et la deuxième couronne la digue (de largeur 5).

Thureau-Dangin et Neugebauer supposent que la circonférence de « 1 soixantaine » correspond à 60 *ninda*, mais aucune donnée métrologique ne permet de le confirmer. Le problème est que 60 *ninda* (360 m) est une circonférence trop petite pour une ville, ce qui amène Thureau-Dangin à supposer qu'il ne s'agit pas d'une ville réelle, mais d'une surface de forme circulaire, donc en forme de ville (Thureau-Dangin 1933, p. 187). Si on retient les ordres de grandeur supposés par Thureau-Dangin et Neugebauer (surface de 360 m de circonférence, et « levée » de 9 *kuš*, soit env. 4,5 m, de hauteur), on peut aussi penser à un camp militaire. Ou alors, comme le suggère Thureau-Dangin, il s'agit d'un bassin entouré d'une digue. Pour cette raison, Thureau-Dangin traduit *hirītum* par « excavation », et non par « tranchée ». Quoi qu'il en soit, comme mentionné plus haut, le volume de 1.7.30 donné ligne 40, puis calculé lignes 49-50, ne correspond pas au volume de la tranchée (première couronne de profondeur 6), mais au total du volume incluant la « ville » et la tranchée (disque central plus première couronne, le tout de profondeur 6). D'où l'idée de Neugebauer d'inverser les parties en creux et en plein. On peut aussi envisager que le nombre « 1 soixantaine » ne corresponde pas à 60 *ninda*, mais à une longueur soixante fois plus grande (ou même multipliée par 60^n, n=1, 2 ou 3). On peut alors imaginer que la digue est un élément d'un ouvrage de défense de la ville circulaire.

Existe-t-il dans la documentation pB des problèmes similaires qui pourraient nous éclairer quant à la nature du dispositif décrit dans l'énoncé de BM 85194 #4 ?

30. Le terme ša$_3$-gal, traduit « fruit » par F. Thureau-Dangin, désigne la déclivité d'un pan incliné. Il s'agit du déplacement horizontal correspondant à une élévation de 1 *kuš* (env. 50 cm), soit l'inverse de ce que nous appelons aujourd'hui la « pente » d'un pan incliné.

La tablette Böhl 1821 (publiée par Leemans, Bruins 1951, n° CDLI P254453, **fig. 51**) est une lentille contenant un seul problème qui porte précisément sur l'agrandissement d'une ville circulaire. Son contenu présente des caractéristiques linguistiques similaires qui laissent penser qu'elle aussi vient de Sippar. L'énoncé est illustré par un diagramme accompagné d'une légende.

L'énoncé et la figure décrivent une ville circulaire dont le rayon semble augmenté de 5, et la surface de 6.15 (ce qui correspondrait à la surface de la couronne). Le calcul expliqué sur la face est difficile à interpréter. En revanche, les dernières lignes du revers permettent de comprendre que le périmètre trouvé pour l'ancienne ville est 20, pour la nouvelle ville est 30. Les aires de l'ancienne et de la nouvelle ville sont calculées et correspondent à 33.20 et 1.15. Ces résultats ne sont pas cohérents avec ce qu'on comprend des données du problème. Aucune unité de mesure n'est précisée, on ignore les ordres de grandeur en jeu. Cependant, on ne peut s'empêcher de penser à des similitudes avec les observations archéologiques sur le terrain (voir les images de la Citadelle et de la ville d'Erbil, **fig. 52-53**).

Mais les images ci-dessus, quoiqu'évocatrices, ne sont peut-être que des analogies sans fondement historique. L'exemple de BM 85194 #4 et du possible parallèle dans la tablette Böhl 1821 montrent qu'il existe parfois, une certaine incertitude quant à la nature et aux dimensions des dispositifs décrits dans les problèmes mathématiques, ce qui rend plus difficile encore l'appréciation de leur caractère réaliste.

Les erreurs

Le problème de BM 85194 #4 présente deux types d'anomalies. La première est une dittographie qui apparaît face, col. ii, ligne 9, où dah-ha est répété par erreur. On trouve trois cas de dittographies dans l'ensemble de la tablette, ce qui représente une incidence relativement élevée :

#3, f. i, 32 : répétition de du$_8$-a
#4, f. ii, 9 : répétition de dah-ha
#13, f. iii, 19 : répétition de *ta-mar*

La deuxième anomalie apparaît dans l'ordre des lignes. En effet, la ligne située face, col. i, l. 40, précise « 1.7.30 de (volume de) terre j'ai extrait. » (1.7.30 sahar-hi-a ba-zi). Or la donnée du volume n'est nullement nécessaire puisque toutes les dimensions étant données, le volume peut se calculer. Et ce calcul intervient précisément ligne f. i, 49 et 50 :

49. ....à 5, (le coefficient de) la circonférence
50. élève, 11.15 tu trouves. 11.15 à 6 la profondeur élève.

Mais bizarrement, le scribe omet ici de donner le résultat du produit de 11.15 et 6, qui est justement 1.7.30, le volume. On peut donc supposer que la ligne 40 aurait dû se placer juste après la ligne 50. Ces deux erreurs, dittographie et erreur dans l'ordre des lignes, sont probablement des indices du fait que la tablette a été copiée sur un autre texte.

d Calculer le volume d'une muraille: BM 85194 #17, ***fig. 54***

Le problème suivant (BM 85194 #17) témoigne d'intérêts purement mathématiques, et nous éloigne manifestement des considérations pratiques.

Revers, col. i

1. bad$_3$ 36 sukud ½ [ninda 3] kuš$_3$ *mu-hu-um*
2. *ma-la* ZA.ZUM *e-le-*[*nu*]*-um ur-dam*
3. ša *ur-dam* ZA.ZUM dal *u*$_3$ sahar-hi-a en-nam
4. za-e *i-na* 1 kuš$_3$ 50 ša$_3$-gal 50 tab-ba 1.40 *ta-mar*
5. 1.40 *a-na* 36 sukud *i*-ši 1 *ta-mar* gar-ra 45
6. LAGAB.LAGAB 33.45 *ta-mar* 1 *u*$_3$ 33.45 u-bi-gar-ma
7. 1.33.45 *ta-mar* en-nam ib$_2$-sa$_2$ 1.15 ib$_2$-sa$_2$
8. 1.15 ZA.ZUM 1.12^{sic} (1.15$^{!}$) *a-na* 12 bal sukud *i*-ši
9. 15 *ta-mar* 25 ša$_3$-gal gar-ra nigin$_2$-na 1.15 ZA.ZUM
10. ugu 45 en-nam diri 30 diri 25 ša$_3$-gal
11. *a-na* 30 diri *i-ši* 12.30 *ta-mar* 12.30 *a-na* 45 *mu-hi*
12. dah-ha-ma 57.30 *ta-mar* dal nigin$_2$-na sahar-hi-ab *a-mur*
13. 57.30 dal *u*$_3$ 45 *mu-hu* u-bi-gar 1.42.30
14. *ta-mar* ½ 1.42.30 *he-pe*$_2$ 51.15 *ta-mar* 51.15
15. *a-na* 15 ša *tu-ur-dam* <*i*-ši> 12.48.45 *ta-mar* sahar-hi-a an-na
16. nigin$_2$-na sahar-hi-a ki *a-mur* 57.30 *u*$_3$ 1$^{!}$.15 u-bi-gar 2.12.30
17. ½ 2.12.30 *he-pe*$_2$ 1.6.40^{sic} *ta-mar* 1.6.15$^{?}$ *a-na* 21 sukud
18. *i*-ši 23.11.15 *ta-mar* sahar-hi-a ki
19. *ki-a-am ne-pe*$_2$*-šum*

1. Une muraille. 36 est sa hauteur. ½ [*ninda* 3] *kuš* est le sommet.
2. D'autant que la base, du haut je suis descendu.
3. Ce dont je suis descendu, la base, la transversale et le (volume de) terre, c'est combien ?
4. Toi, (comme) pour (chaque) 1 *kuš,* 50 est le fruit, 50 double 1.40 tu trouves.
5. 1.40 à 36, la profondeur, élève, 1 tu trouves. Pose. 45
6. carre, 33.45 tu trouves. 1 et 33.45 additionne et
7. 1.33.45 tu trouves. Quel est le côté ? 1.15 est le côté.
8. 1.15 est la base. 1.15$^{!}$ à 12, le coefficient (de conversion) de la hauteur, élève
9. 15 tu vois. 25 est le fruit. Pose. Par ailleurs, 1.15, la base,
10. au-delà de 45, de combien dépasse ? De 30 dépasse. 25 le fruit
11. à 30, ce qui dépasse, élève, 12.30 tu trouves. 12.30 à 45 le sommet
12. ajoute, 57.30 tu trouves, c'est la transversale. Par ailleurs, le (volume de) terre trouve.
13. 57.30, la transversale, et 45, le sommet, additionne, 1.42.30
14. tu trouves. ½ de 1.42.30 coupe, 51.15 tu trouves. 51.15
15. à 15 dont tu es descendu <élève>, 12.48.45 tu trouves, c'est le (volume de) terre supérieur

16. Par ailleurs, le (volume de) terre inférieur trouve. 57.30 et 1[!].15 additionne, 2.12.30 <tu trouves>.
17. ½ de 2.12.30 coupe, 1.6.40[sic] tu trouves. 1.6.15[?] à 21 la profondeur
18. élève, 23.11.15 tu trouves, c'est le (volume de) terre inférieur.
19. Telle est la procédure.

On donne la hauteur (36) d'une muraille et sa largeur supérieure (½ *ninda* 3 *kuš* – donnée partiellement détruite, mais facile à reconstituer d'après le texte de la procédure). On demande la transversale à une distance du sommet égale à la base (largeur inférieure) de la muraille, ainsi que la dite base et le volume. La résolution montre qu'il est supposé implicitement que la longueur de la muraille est 1. Bien que ce ne soit pas dit non plus, on suppose que la section de la muraille est un trapèze rectangle (Neugebauer 1935-1937, vol. I, p. 178). Il se peut que le dispositif soit réaliste. En revanche, les données du problème semblent quelque peu artificielles (voir ligne 2 et 3).

Les calculs ne sont pas complètement clairs. En effet, le calcul de la base détaillé lignes 4-8 fait appel à une procédure quadratique, alors que la donnée de la pente donne immédiatement le résultat par une simple proportion. Mais c'est un petit détail du calcul qui est intéressant ici. Lignes 5-8, on lit :

5. 1.40 à 36, la profondeur, élève, 1 tu trouves. Pose. 45
6. carre, 33.45 tu trouves. 1 et 33.45 additionne et
7. 1.33.45 tu trouves. Quel est le côté ? 1.15 est le côté.
8. 1.15 est la base.

La somme de 1 (le carré de 1) et de 33.45 (le carré de 45) est 1.33.45 (le carré de 1.15). Nous rencontrons donc un triplet Pythagoricien :

$$1 + 33.45 = 1.33.45$$
$$1^2 + 45^2 = 1.15^2$$

De plus, ce triplet possède une propriété remarquable : il est obtenu en ajoutant un chiffre 1 à gauche du nombre 33.45. C'est précisément ce type de triplets qu'on trouve dans la tablette Plimpton 322, un des textes mathématiques les plus érudits qui soient parvenus jusqu'à nous. Il s'agit plus précisément du triplet fourni par la ligne 11 de cette tablette[31].

Ce détail montre que non seulement l'auteur de ce problème était familier de ce que les mathématiques mésopotamiennes ont produit de plus sophistiqué, mais aussi qu'il a construit son énoncé de façon à utiliser cette donnée très particulière, ce qui ne peut être le fruit du hasard. Les données de la réalité ont peu de chance de servir aussi merveilleusement des buts purement mathématiques. En conclusion, ce problème est artificiel sur le plan pratique, mais profond sur le plan mathématique.

31. Une bibliographie considérable est consacrée à la tablette Plimpton 322. La plus récente de ces publications est (Britton et al. 2011), dans laquelle on trouvera les références des publications antérieures.

e Prendre la ville ennemie de Marduk, épisode 1 : BM 85194 #25, ***fig. 54-55***

Avec le problème 25, on entre dans le cœur des mathématiques pB : les problèmes quadratiques et les procédures de transformation qui permettent de ramener des situations complexes à des problèmes connus.

Revers, col. ii

7. *i-na* sahar-hi-a 1.30 gan$_2$ uru^{ki} *na-ki-ir* ⸢^{d} Marduk⸣ *a-ṣa-ba-at*
8. 6 suhuš sahar-hi-a *u$_2$-ki-in* [8 *a-na*] bad$_3$ *la sa$_3$-na-qam$_2$*
9. 36 *zi-iq-*[*pu-um* ša sahar]-hi-a *ki ma-ṣi$_2$* uš
10. *lu-uk-bu-*[*us$_2$* uru^{ki}] *lu-uṣ$_2$-ba-at u$_3$* uš egir
11. *hur-*[*hu-ri* en-nam za-e igi] 6 suhuš sahar-hi-a du$_8$-a 10 *ta-mar* 10 *a-na*
12. [1.30 sahar-hi-a *i-*ši 15] *ta-mar* igi 8 du$_8$-a 7.30 *ta-mar*
13. [7.30 *a-na* 15 *i-*ši] 1.52.30 *ta-mar* 1.52.30 tab-ba
14. [3.45 *ta-mar*] 3.45 *a-na* 36 *i-*ši 2.15 *ta-mar* 1.52.30
15. [LAGAB.LAGAB 3.30.5]6.15 *ta-mar* 2.15 *i-na* 3.30.56.15
16. [ba-zi 1.1]5.56.15 en-nam ib$_2$-sa$_2$ 1.7.30 *ta-mar*
17. [1.7.30 *i-na*] ⸢1.52.30 ba-zi⸣ 45 *ta-mar* sukud bad$_3$
18. [½ 45 *he-pe$_2$*] ⸢22.30 *ta-mar* ⸣ igi 22.30 du$_8$-a 2.40
19. [15 *a-na*] 2.40 *i-*ši 40 uš nigin$_2$-na 1.30 sahar-hi-a *a-mur* 22.30
20. [½ sukud] *a-na* 40 uš *i-ši* 15 *ta-mar* 15 *a-na* 6 *i-ši*
21. 1.30 *ta-mar* 1.30 sahar-hi-a *ne-pe$_2$-šum*

7. Avec un (volume de) terre de 1.30, *gan*, je prendrai la ville ennemie de Marduk
8. 6 (de large) à la base[32] j'ai fixé. 8 de la muraille il manque (n'approche pas).
9. 36 est la verticale du (volume de) terre. Combien de longueur
10. dois-je franchir pour prendre la ville, et la longueur derrière
11. le *hurhurum* combien est-elle ? Toi, 6, la base, extrais, 10 tu trouves. 10 à
12. [1.30 le (volume de) terre élève, 15] tu trouves. L'inverse de 8 extrais, 7.30 tu trouves.
13. [7.30 à 15 élève] 1.52.30 tu trouves. 1.52.30 double,
14. [3.45 tu trouves] 3.45 à 36 élève, 2.15 tu trouves. 1.52.30
15. [carre 3.30.5]6.15 tu trouves. 2.15 à 3.30.56.15
16. [soustrais 1.1]5.56.15. Combien est son côté ? 1.7.30 tu trouves.
17. [1.7.30 de] ⸢1.52.30 soustrais⸣ 45 tu trouves, c'est la hauteur de la muraille.
18. [½ de 45 coupe] ⸢22.30 tu trouves⸣. L'inverse de 22.30 extrais, c'est 2.40.
19. [15 à] 2.40 élève, c'est 40, la longueur. Par ailleurs, 1.30 le (volume de) terre trouve.
20. [½ la hauteur] à 40 la longueur élève, 15 tu trouves. 15 à 6 élève.
21. 1.30 tu trouves, 1.30 est le (volume de) terre. (Telle est) la procédure.

Une rampe de terre en forme de plan incliné est construite pour atteindre une muraille et « prendre la ville ennemie de Marduk ». Son volume est estimé à 1.30

32. Thureau-Dangin 1938, p. 34 : suhuš sahar-hi-a est traduit « (au) pied de la terre ».

(correspondant à des *gan*). Étrangement, la rampe est interrompue à une distance de 8 (sans unité) de la muraille, et la hauteur de la partie construite est 36 (sans unité). On demande la longueur de la rampe et sa hauteur finale.

La première étape de la procédure, simple, consiste à calculer la surface de la section de la rampe, c'est-à-dire à diviser le volume par la largeur de la rampe.

1.30 ÷ 6 = 1.30 × 10 = 15

On obtient un problème plan qui peut se formuler ainsi en langage moderne (où l désigne la longueur et h la hauteur) :

$$\begin{cases} l \times h = 30 \\ 36 \times l = (l - 8) \times h \end{cases}$$

Sous cette forme, le problème ne peut pas être résolu par les procédures de base utilisées à l'époque paléo-babylonienne. Le problème est donc transformé pour être ramené à un problème standard. Ici, une affinité horizontale de rapport 8, puis de rapport 1/36 est appliquée à la figure[33]. Les lignes 12-15 reviennent à diviser par 8, puis multiplier par 36 les dimensions horizontales, et donc la surface de la section de la rampe. La nouvelle surface est doublée, ce qui produit la surface d'un rectangle (en fait, l'étape du passage du triangle rectangle au rectangle est réalisée entre l'étape de la réduction par 8 et celle de l'agrandissement par 36, pour une raison qui reste à comprendre). La distance 8 divisée par 8, puis multipliée par 36, donne 36 (voir fig. 56). Ainsi, le rectangle de côtés 8 et 36 est transformé en carré de côté 36, ce qui permet l'application de la méthode de complétion du carré (voir tableau 4).

Le volume de la rampe ainsi modifiée est calculé de la façon suivante :

15 ÷ 8 = 15 × 7.30 = 1.52.30	(réduction de la surface par 8)
1.52.30 × 2 = 3.45	(passage du triangle au rectangle)
3.45 × 36 = 2.15	(agrandissement du rectangle par 36)

Après les transformations par affinités, le problème pourrait s'exprimer en langage moderne de la façon suivante (en notant l' la nouvelle longueur) :

$$\begin{cases} l' \times h = 2.15 \\ 36 \times l' = (l' - 36) \times h \end{cases}$$

Ou

$$\begin{cases} l' \times h = 2.15 \\ 36 \times (l' + h) = 2.15 \end{cases}$$

Ou encore

$$\begin{cases} l' \times h = 2.15 \\ l' + h) = 3.45 \end{cases}$$

33. C'est en substance l'interprétation de Høyrup, que je suis sur ce point (Høyrup 2002, p. 220). Une affinité selon une direction (ici horizontale) consiste à multiplier toutes les longueurs parallèles à cette direction par un coefficient.

On est ainsi ramené au problème standard de la recherche d'un nombre dont on connait la somme (3.45) et le produit (2.15). Le détail des dernières transformations, qui aboutissent à ce problème de somme et de produit, n'est pas fourni dans la tablette.

En suivant les étapes standards pour résoudre ce genre de problème quadratique, qui est largement attestés dans la documentation paléo-babylonienne, on obtient ce qui suit (tableau 4).

On retrouve quelques étapes de cette procédure dans ce qui reste des lignes 14-17.

14. … 1.52.30
15. [carre 3.30.5]6.15 tu trouves. 2.15 à 3.30.56.15
16. [soustrais 1.1]5.56.15. Combien est son côté ? 1.7.30 tu trouves.
17. [1.7.30 de] ⌜1.52.30 soustrais⌝ 45 tu trouves, c'est la hauteur de la muraille.

Comme dans le problème 17, nous sommes ici dans un registre purement mathématique : une question qui nous semble artificielle est posée à propos d'un dispositif qui, éventuellement, aurait pu avoir existé[34]. La situation est idéalisée et transformée de façon à correspondre à une configuration connue. Finalement, la situation est ramenée à celle qui consiste à trouver deux nombres dont on connaît la somme et le produit, et ce problème bien connu des scribes de l'époque est résolu par la méthode de complétion du carré. Dans sa formulation comme dans sa méthode de résolution, ce problème peut difficilement être considéré comme un outil pour l'ingénieur.

3 Prendre la ville ennemie de Markuk, épisode 2 : BM 85210 #1, **fig. 57**

Une version un peu différente de cette ingénierie pour « prendre la ville de Marduk » se trouve dans une autre tablette « *kibsu* » indiquée dans le tableau 3. BM 85210 est une tablette multi-colonne qui, d'après son colophon, devait contenir à l'origine 20 problèmes ; seuls 9 sont préservés. Examinons le premier problème.

34. Philippe Clancier m'a communiqué à ce sujet un très intéressant témoignage : « Dans un passage de Flavius Josèphe, la "guerre des Juifs", Titus était en train de faire le siège de Jérusalem. La ville composée de trois remparts différents fut prise à coup de nombreuses rampes d'assaut. Flavius Josèphe raconte avoir vu l'un des ingénieurs romains venir près d'une rampe non terminée, qui n'avait pas encore atteint le rempart. Il a fait cesser les travaux et lancé horizontalement un fil à plomb pour prendre la distance restante entre le rempart et sa rampe. Satisfait, il a fait cesser définitivement les travaux et demandé à ce que les tours d'assaut soient amenées car elles pouvaient approcher assez près du rempart pour effectuer les manœuvres voulues. » (P. Clancier, communication personnelle, février 2015) Le dispositif décrit dans le problème 25, à savoir une rampe interrompue à une certaine distance de la muraille, pourrait refléter une tactique de siège analogue et s'avérer moins bizarre qu'il n'y paraît à première vue.

BM 85210 #1
Face, col. *i*

1. uru^{ki} *a-mur-ma* 3 ninda sukud bad$_3$ ½ kuš$_3$ *na-ak-ba-sum*$_2$
2. 1.40 kuš$_3$ giri$_3$-gub-ba ^{giš}kun$_4$ *mi-nu-um u*$_3$ uš en-nam *lu-<uk-bu-us>*
3. uru^{ki} *na-ki-ir* ^{d}Marduk *lu-uṣ-ba-at*
4. za-e igi 1.40 giri$_3$-gub-ba du$_8$-a 36 *ta-mar* 36 *a-na* 2.30 *na-<ak-ba-si-im>*
5. *i*-ši 1.30 *ta-mar* 1.30 *a-na* 3 sukud bad$_3$ *i*-ši
6. 4.30 *ta-mar* 4.30 uš *ta-ak-ba-as*$_2$
7. *ne-pe*$_2$*-šum*

1. Trouve (le problème de) la ville. 3 *ninda* est la hauteur d'une muraille. ½ *kuš* est le pas (de la marche).
2. 1.40 – (ordre de grandeur des) *kuš* – est la hauteur de la marche d'escalier. L'escalier combien ?
3. Et quelle est la longueur pour prendre la ville ennemie de Marduk ?
4. Toi, l'inverse de 1.40 la hauteur de la marche tu extrais, 36 tu trouves. 36 à 2.30, le pas de la marche,
5. élève, 1.30 tu trouves. 1.30 à 3 la hauteur de la muraille élève.
6. 4.30 tu trouves. 4.30, la longueur, tu franchiras.
7. La procédure.

Comme dans les problèmes #1, 25 et 26 de la tablette BM 85194, on a affaire à un dispositif qui permet d'atteindre le haut d'une muraille, dans le but de « prendre la ville ennemie de Marduk » (ligne 3), donc dans un but clairement militaire. Mais ici l'accès à la muraille se fait par un escalier, et non pas par une rampe (voir fig. 57). La résolution est basée sur l'idée que les proportions de la marche sont les mêmes que celles de la rampe (mêmes rapports longueur / largeur), la longueur cherchée se trouve donc par une simple règle de trois.

La question qui se pose s'adresse à l'archéologue : ce type de construction en escalier a-t-il été identifié, notamment dans la région de Sippar ?

4 Ingénieurs et mathématiciens

L'image reflétée par les problèmes analysés ici est quelque peu paradoxale. Dans certains de ces problèmes, comme par exemple BM 85194 #1 (§2-b), le dispositif est à peu près clairement décrit, ses dimensions sont précisées, et la question mathématique qui est posée à son sujet semble pertinente du point de vue d'un administrateur en charge des travaux : quelle quantité de terre devra-t-elle être transportée, et combien d'ouvriers seront à mobiliser. Le calcul du volume est basé sur une méthode d'approximation qui semble simple et suffisamment précise pour les besoins d'un chantier. Dans d'autres problèmes, on trouve des dispositifs qui pourraient être réalistes, mais dont la description ne permet pas d'évaluer les ordres de grandeur (c'est le cas, par exemple, des problèmes d'agrandissement de ville de BM 85194 #4 et Böhl 1821 – voir §2-c). On ne peut dire, dans ces cas, si les ordres de grandeur étaient sans importance, seule la procédure de résolution présentant de l'intérêt aux yeux de l'auteur des problèmes, ou bien si ces ordres de grandeurs étaient naturellement restitués par les lecteurs anciens. Cependant, dans la plupart des cas, le problème posé semble artificiel (BM 85194 #17 et 25 – voir §2d-e), les ordres de grandeurs ne sont que rarement donnés, les calculs portent sur des nombres sexagésimaux positionnels présentant des propriétés très particulières, traces d'une culture mathématique étendue, et les méthodes mathématiques font appel à l'arsenal le plus sophistiqué des mathématiques pB. Comme l'a observé Melville (voir §1), les érudits ont transformé des problèmes techniques pour les mettre au service d'objectifs purement mathématiques.

Mais les scribes qui ont écrit nos trois tablettes étaient-ils eux-mêmes les auteurs des problèmes ? Les dittographies et l'erreur dans l'ordre des lignes repérées dans la tablette BM 85194 semblent indiquer que la tablette a été copiée sur un autre texte. Par ailleurs, le caractère composite du texte de BM 85194 souligné ci-dessus (§2-a), et qu'on retrouve dans d'autres tablettes *kibsu*, laisse penser qu'il s'agit d'une compilation faite à partir de plusieurs sources. On peut même avancer l'hypothèse que ces sources ont pu être similaires à Böhl 1821, qui présente beaucoup de points communs avec les tablettes *kibsum*, notamment BM 85194 #4, dans la terminologie, l'orthographe, la thématique. Il y a aussi des différences : le texte de Böhl 1821 est plus akkadisé que celui de BM 85194#4 et ne présente pas de dittographies, et de plus il s'agit d'une tablette lenticulaire de type scolaire. Le compilateur de BM 85194 aurait rendu le texte original plus érudit en introduisant des idéogrammes, mais aussi plus fautif en introduisant des erreurs de copie.

On peut avoir quelques lueurs supplémentaires sur le groupe des scribes qui ont écrit les tablettes *kibsum* en observant de plus près les colophons. Le colophon de BM 85210 présente une doxologie adressée aux divinités *Nabu et Nisaba* (^{d}Nabu / ^{d}Nisaba). Le colophon de VAT 6505 contient des traces de nom propre, et quoique le texte soit très abîmé, on peut deviner « Total 12 pro[cédures], de la main d'Awil-[...] » (*šu-nigin* 12 *ki-*[*ib-su*]... / ⌜šu lu$_2$⌝-[....])[35]. D'après les considérations précédentes sur le fait qu'il s'agit d'une copie, notre scribe n'était pas nécessairement un érudit maîtrisant les mathématiques, mais peut-être un copiste de rang modeste[36].

Ces considérations permettent d'envisager BM 85194, et l'ensemble des tablettes *kibsu*, comme des copies tardives d'originaux plus anciens. Cela est cohérent avec

35. J'ai examiné la tablette VAT 6505 au musée de Berlin, grâce à la courtoisie de Joachim Marzahn, que je remercie chaleureusement. La lecture de F. Thureau-Dangin 1938, que je suis en partie, est : *naphar 12 k*[*i-ib-su*] / *qâ*[*t Wa*]*rad-...* (p. 133). E. Robson suppose que toutes les tablettes *kibsu* ont été écrites de la main du même scribe, nommé Iškur-mansum, dont le nom apparaît dans une autre tablette peut-être contemporaine, provenant peut-être aussi de la région de Sippar, BM 96957+VAT 6598 (Robson 2008, p. 96). Cependant, il me semble que cette hypothèse est à exclure car le reste de signe qu'on devine dans le colophon de VAT 6505 avant la cassure est très vraisemblablement un LU$_2$.
36. C'est aussi le cas, du reste, de Iškur-mansum, présenté par E. Robson comme un mauvais copiste et un piètre mathématicien (Robson 2008, p. 97).

le fait que la datation estimée par Goetze est relativement tardive. La fonction des copies n'était sans doute pas la même que celle des originaux. Les originaux ont pu être produits dans le cadre de la formation des scribes, comme c'est le cas par exemple de Böhl 1821. Les copies rassemblées en compendiums, plus tardives, ont pu avoir un autre but, par exemple patrimonial. De plus, on a vu notamment que tous les problèmes ne sont pas réalistes : certains des problèmes ont pu, certes, se poser dans la pratique, mais semblent avoir été transformés par la suite pour des objectifs purement mathématiques. Finalement, les tablettes *kibsu* reflèteraient une relation entre mathématiciens et ingénieurs datant d'époques antérieures à la compilation de ces tablettes, et peut-être même antérieures à la « mathématisation » de problèmes pratiques. On aurait donc affaire à de véritables problèmes d'ingénierie militaire, entrés dans le cursus de formation des scribes mathématiciens et qui auraient été reconfigurés en objets mathématiques, puis ultérieurement compilés en compendiums. Ainsi les problèmes mathématiques relatifs aux édifices militaires des tablettes *kibsu* seraient le résultat de plusieurs processus de transformation accumulés : reconfiguration de situations réelles dans un contexte scolaire, puis compilation dans un milieu d'érudition. Finalement, malgré le caractère artificiel des situations qu'il décrit, ce dossier *kibsu* pourrait révéler un lointain écho d'une époque où les mathématiques et l'ingénierie militaire auraient interagi.

Christine Proust,
Laboratoire SPHERE
(CNRS & Université Paris Diderot)

Annexe : unités de mesure

Unités de longueur

Translittération	UŠ		ninda		kuš$_3$
Transcription	*UŠ*		*ninda*		*kuš*
Rapports entre unités		← 60—		← 12—	
Valeur approximative en système métrique	360 m		6 m		50 cm

Unités de surface (1 *sar* est la surface d'un carré de côté 1 *ninda*)

Translittération	GAN$_2$		sar
Transcription	*gan*		*sar*
Rapport entre unités		←100—	
Valeur approximative en système métrique	3600 m^2		36 m^2

Bibliographie

AL-RAWI F., ROAF M. (1984), « Ten old Babylonian mathematical problems from Tell Haddad, Himrin », *Sumer*, 43, p. 175-218.

BRITTON J. P., PROUST C., SHNIDER S. (2011), « Plimpton 322: a review and a different perspective », *Archive for History of Exact Sciences*, 65(5), p. 519-566.

CHARPIN D. (1993), « Données nouvelles sur la poliorcétique à l'époque paléo-babylonienne », *MARI*, 7, p. 193-197.

GOETZE A. (1945), « The Akkadian dialects of the Old-Babylonian mathematical texts », dans Neugebauer, Sachs 1945, p. 146-151.

GONÇALVES C. (à paraître), « Quantification and computation in the mathematical texts of old Babylonian Diyala », dans K. Chemla, A. Keller, C. Proust (dir.), *Culture of Computation and Quantification*, Springer (à paraître).

HØYRUP J. (2002), *Lengths, Widths, Surfaces. A Portrait of Old Babylonian Algebra and its Kin*, Berlin / Londres, Springer.

KATZ V. J. (dir.) (2007), *The Mathematics of Egypt, Mesopotamia, China, India, and Islam: a Sourcebook*, Princeton, Princeton UP, p. 57-186.

KING L. W. (1900), *Cuneiform Texts from Babylonian Tablets in the British Museum*, London, British Museum.

LEEMANS W. F., BRUINS, E. (1951), « Un texte vieux-babylonien concernant des cercles concentriques », dans *Compte-Rendu de la deuxième Rencontre Assyriologique Internationale*, Paris, Imprimerie Nationale, p. 31-35.

MELVILLE S. C., MELVILLE D. J. (2008), « Observations on the diffusion of military technology: siege warfare in the Near East and Greece », dans Ross 2008, p. 145-167.

NEUGEBAUER O. (1935-1937), *Mathematische Keilschrifttexte I-III*, Berlin, Springer.

NEUGEBAUER O., SACHS A. J. (dir.) (1945), *Mathematical Cuneiform Texts*. New Haven, American Society and the American Schools of Oriental Research (AOS, 29), p. 146-151.

PROUST C. (2009), « Numerical and metrological graphemes: from cuneiform to transliteration », *Cuneiform Digital Library Journal*, 2009(1), p. <http://www.cdli.ucla.edu/pubs/cdlj/2009/cdlj2009_001.html>.

PROUST C. (2012), « Reading colophons from Mesopotamian clay-tablets dealing with mathematics », *NTM Zeitschrift für Geschichte der Wissenschaften, Technik und Medizin*, 20(3), p. 123-156.

ROBSON E. (1997), « Three old Babylonian methods for dealing with "Pythagorean" triangles », *Journal of Cuneiform Studies*, 49, p. 51-72.

ROBSON E. (2007), « Mesopotamian mathematics », dans Katz 2007, p. 57-186.

ROBSON E. (2008), *Mathematics in Ancient Iraq: a Social History*, Princeton, Princeton UP.

ROSS M., (dir.) (2008), *From the Banks of the Euphrates: Studies in Honor of Alice Louise Slotsky*, Winona Lake, Eisenbrauns, p. 145-167.

THUREAU-DANGIN, F. (1932), « La villc cnncmic dc Marduk », *Rcvuc d'assyriologic*, 29(3), p. 109-119.

THUREAU-DANGIN, F. (1933), « Le nom du cercle en babylonien », *Revue d'assyriologie*, 30, p. 187-188.

THUREAU-DANGIN, F. (1938), *Textes mathématiques babyloniens*, Leiden, Ex Oriente Lux.

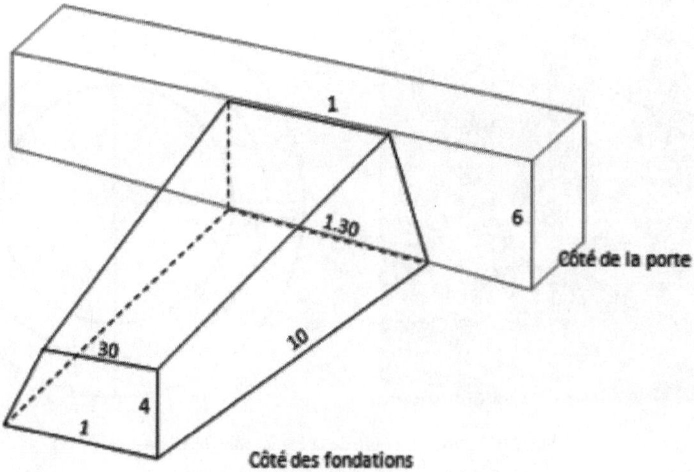

Fig. 48 – Le dispositif de BM 85194 #1.

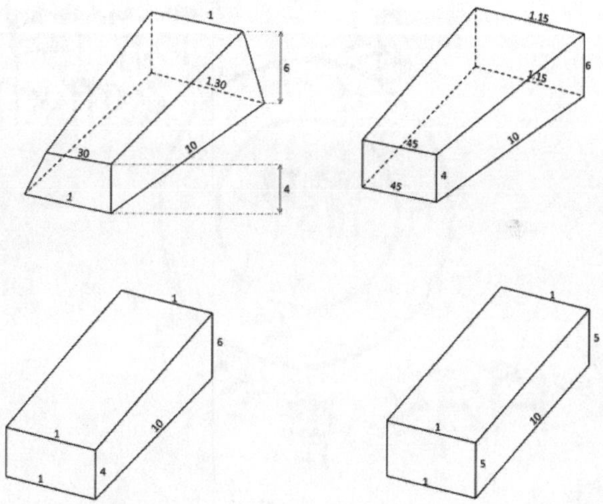

Fig. 49 – Transformations appliquées à la rampe pour calculer son volume dans BM 85194 #1.

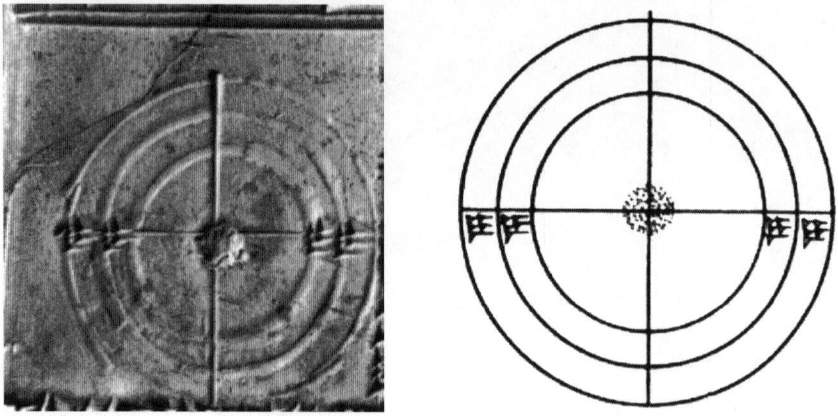

Fig. 50 – Photo et copie de la Fig. de BM 85194 #4.

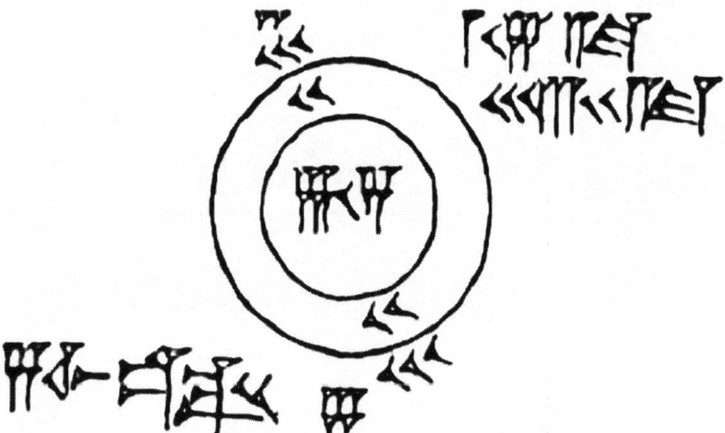

Fig. 51 – Diagramme et légende de Böhl 1821 (Leemans, Bruins 1951, p. 32).

Fig. 52 – Citadelle d'Erbil.

Fig. 53 – Photo satellite de la ville d'Erbil.

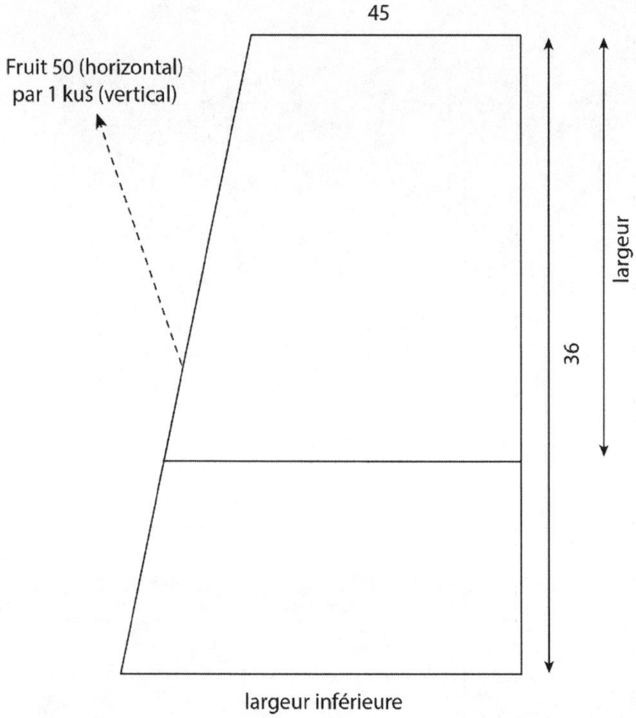

Fig. 54 – Dispositif du problème BM 85194 #17.

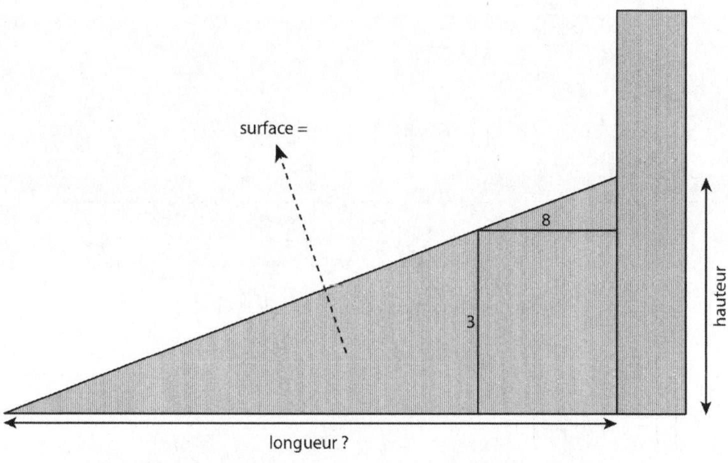

Fig. 55 – Dispositif du problème BM 85194 #25.

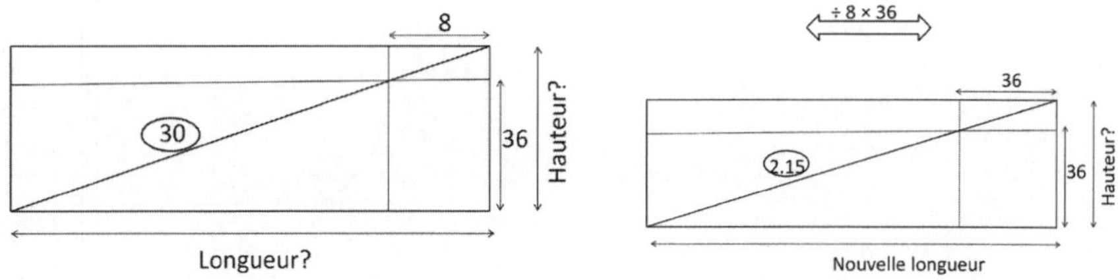

Fig. 56 – Affinité dans BM 85194 #25.

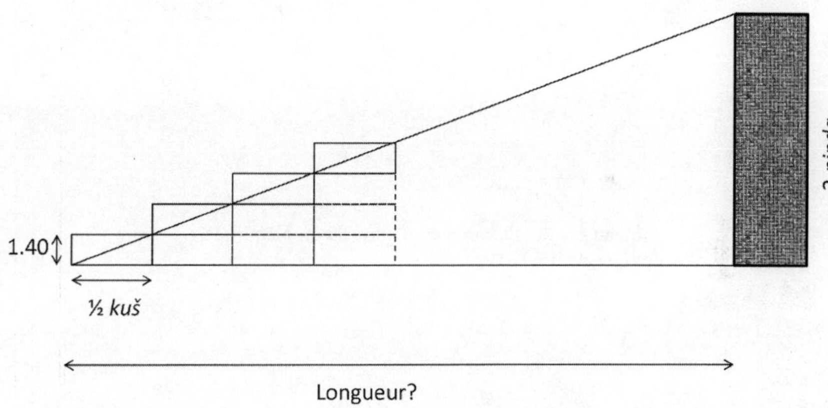

Fig. 57 – Le dispositif de BM 85210 #1.

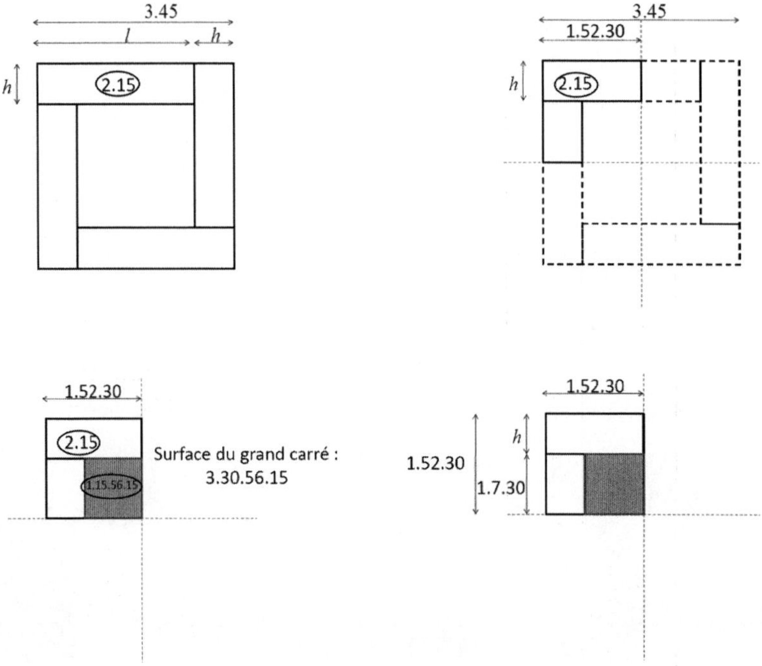

Tableau 4 – Résolution reconstruite du problème quadratique de BM 85194 #25.

Alice Mouton

Rituels hittites à exécuter avant ou après le combat

En tant qu'antichambre probable de la mort, le combat est source d'angoisses, tout comme la mort elle-même. Le rituel est la technique adoptée dans les sociétés traditionnelles pour remédier à cette angoisse. On parle alors de rituels préventifs destinés à protéger le combattant du trépas. La mort rôde sur le champ de bataille, elle souille vivants et morts, les attire vers le monde souterrain. Pour cette raison, les survivants, qu'ils soient défaits ou victorieux, doivent souvent se purifier avant de reprendre le cours normal de leur existence. La défaite est certainement considérée comme encore plus polluante, puisqu'elle ajoute au contact avec le cadavre l'humiliation du vaincu. Il s'agira de présenter ici les rituels hittites correspondant à ces deux circonstances, avant et après le combat. Les rituels qui étaient effectués par le clergé hittite pendant que le combat avait lieu seront également mis en évidence. On essaiera, autant que possible, de suivre la chronologie des événements supposés.

J'exclus volontairement de cette étude les fameux rituels de boucs émissaires pour soigner une armée atteinte d'épidémie, non seulement parce que je les ai déjà examinés en détail ailleurs[1], mais surtout parce qu'ils ne font pas clairement allusion à la bataille elle-même. Seront exclus les serments de fidélité prononcés par les soldats au moment de leur incorporation[2], pour la même raison.

Le corpus rassemblé ici va différer de celui que R. Beal a publié en 1995 sous l'intitulé « Hittite Military Rituals »[3], puisqu'il y englobait les rituels où des soldats étaient mentionnés sans pour autant que le combat le soit. Je mettrai également ici en évidence quelques rituels et fêtes cultuelles qu'il n'avait pas repérés. Pour constituer le présent corpus, j'ai procédé par recherche de mots-clés, tels que le hittite *lahha-* « campagne militaire », le hittite *zahhai-* « bataille, combat », mais aussi les sumérogrammes KARAŠ « armée » et ÉRIN « troupe », pour ne citer que les principaux[4]. Par ailleurs, l'Anatolie hittite se distinguant par sa grande mixité culturelle, je préciserai, quand cela s'avérera possible, les aires ethno-linguistiques auxquelles semble se rattacher tel ou

1. Mouton 2014.
2. Beal 1995, p. 63-64.
3. Le corpus de S. Vanséveren dans Jean, Vanséveren à paraître reprend largement le corpus de Beal 1995.
4. J'ai également recherché le sumérogramme ^{LÚ}KÚR « ennemi » et les verbes hittites *tarh-* « vaincre » et *hulla-* « combattre ». Certains fragments ont toutefois pu échapper à ma vigilance. Cette recherche a été rendue possible grâce au fichier de l'Académie des Sciences de Mayence que j'ai eu la chance de pouvoir consulter à plusieurs reprises.

tel rituel. Il me paraît, en effet, important de faire cette distinction, car les pratiques religieuses dites hittites sont loin d'être homogènes.

Rituels préventifs à effectuer avant le combat

Avant de se rendre sur le champ de bataille, les soldats et /ou leur chef subissent au moins un rituel destiné à assurer leur protection pendant le combat.

Rituel de la guérisseuse Āzzari de conjuration de l'huile fine

Nous disposons d'un texte témoignant d'un rituel préventif hourrite. Ce rituel n'est malheureusement connu que par son *incipit* repris dans une tablette-catalogue. Le texte indique (KBo 31.8+ i 8-14) :

> Une tablette de l'huile fine d'Āzzari, guérisseuse hourrite. Si une personne – le chef de l'armée qui court à l'avant de l'armée – emmène des troupes quelque part au combat contre une ville ennemie, (voici) comment elle conjure l'huile fine et (comment) elle (en) oint ensuite le chef de l'armée ensemble avec ses chevaux, son char et tout son attirail de combat. (C'est) fini[5].

Il est clair que nous avons ici affaire à un rituel de préparation au combat, où la conjuration de l'huile fine utilisée par la suite pour oindre le chef de l'armée et son attirail est considérée comme l'élément-clé. Dans toute l'Anatolie hittite, l'onction purifie, protège, mais marque aussi un changement important dans la vie d'un individu[6]. Il n'est donc pas innocent de retrouver ce geste rituel ici, puisque le chef de l'armée va au-devant de sa mort. Par cette onction, il y a tout lieu de penser que la guérisseuse cherche à protéger efficacement son « client ». L'extrait préservé est trop court pour en déduire le lieu du rituel. Se déroulait-il dans la ville de résidence des soldats ou, au contraire, dans le campement, juste avant la bataille ?

Rituel à pratiquer à la frontière d'un pays ennemi avant la bataille CTH 422

L'*incipit* de ce texte indique (KUB 4.1++ i 1) : « Si on fait un rituel à la frontière d'un pays ennemi[7] ». La plus grande partie du texte décrit les prières qu'il faut prononcer dans le cadre de ce rituel relevant clairement de la sphère hattie ou, plus précisément, hatto-hittite. Ces prières précisent, entre autres choses, les circonstances exactes

5. Dardano 2006, p. 22-23 : DUB.1.KAM *ŠA* Ì.DÙG.GA *ŠA* ^{f}*Āzzari* ^{MUNUS}A.ZU *hurlaš mān antuwahhaš kuwapi tuzziuš lahhi ANA* URU ^{LÚ}KÚR *pēhutezzi nu* EN.KARAŠ *kuiš PANI* KARAŠ *huyanza nu* Ì.DÙG.GA GIM-*an hukzi namma* EN.KARAŠ *iškizzi* ANŠE.KUR.RA^{MEŠ}=*ŠU*=*ya QADU* ^{GIŠ}GIGIR=*ŠU UNŪT* MÈ-*ya humantan iškizzi QATI.*
6. Voir Gilan, Mouton 2014.
7. García Trabazo 2002, p. 510-511 : *mān*=*šan INA* ZAG KUR ^{LÚ}KÚR SÍSKUR *iyanzi*. Le texte date de l'époque impériale.

de cette bataille à venir : le Grand Roi hittite tente de reprendre un territoire hittite pris par les Gašgas. La divinité Zithariya qui représente, dans ce rituel, le Grand Roi, intente un procès aux dieux des Gašgas devant l'ensemble des dieux du Hatti. Elle leur demande justice. Voici un deuxième extrait de ce texte (KUB 4.1++ ii 1-10) :

> Il dit : « Nous venons de vous convoquer devant l'assemblée de justice, vous, les dieux du pays gašga. Venez manger (et) boire ! Écoutez la plainte que nous venons de déposer contre vous ! § Les dieux du pays de Hatti n'ont rien éloigné de vous, dieux du pays gašga, ils ne vous ont fait aucune violence. § (C'est) vous, les dieux du pays gašga, (qui) avez cherché querelle[8]. »

Après ce plaidoyer qui doit convaincre les dieux de l'ennemi du bien fondé de l'attaque hittite à venir, le rituel se termine de la façon suivante (KUB 4.1++ iii 5'-11' ; 13'-14') :

> Quand il a fini (= de prononcer cette prière), il retourne auprès des dieux du Hatti. On (= les soldats qui participent au rituel) mange de la graisse (et) du pain et il fait des sacrifices aux dieux du Hatti, au dieu de l'orage de l'armée (et) au dieu de la guerre. On boit autant qu'on veut. (…) On retourne au camp militaire et on livrera bataille de la même manière (= dans la même formation adoptée pour retourner au camp). (C'est) fini[9].

Maudire l'ennemi avant le combat ?

Un troisième rituel semble décrire une malédiction à proférer contre l'ennemi avant le combat. Voici la partie préservée de ce rituel (KUB 7.58 i 1'-17') :

> Jette du *charbon* [et une pierre chauffée] (en disant) : « [Tout comme la pierre] chau[ffée] et le *charbon* font du bruit dans l'eau puis refroidissent et deviennent silencieux, que de même ta force virile et celle de tes troupes, leur (capacité au) combat (et) leur (capacité de) communication refroidissent ! Qu'elles s'éteignent de même ! Qu'elles deviennent sourdes comme la pierre ! Qu'elles deviennent silencieuses ! Que la corde de leurs arcs (et) leurs flèches deviennent (comme) la pierre de la ville d'Alminala et qu'elles refroidissent ! De notre côté se sont tenus les dieux, en notre (faveur) ont parlé les rois, à nos côtés le nombre s'est précipité. Les dieux ont donné à nos troupes des fils, (ainsi que) force virile et expérience »[10].

8. García Trabazo 2002, p. 516-517 : *nu kiššan memai ŠA* KUR ^{URU}*Kašga* DINGIR^{MEŠ} *kāša=šmaš tuliya halziyauen nu uwatten nu ezzatten ekutten nu=šmaš=šan kāša DINAM kuit arnummeni n=at ištamašten* § *ŠA* KUR ^{URU}*HATTI=kan* DINGIR^{MEŠ} *šumaš ANA* DINGIR^{MEŠ} *ŠA* KUR ^{URU}*Gašga arha UL kuitki harkanzi dammišhan=(n)a=šmaš UL kuitki harkanzi* § *šumeš=a* DINGIR^{MEŠ} *ŠA* KUR ^{URU}*Gašga šullitten.*
9. García Trabazo 2002, p. 518-519 : *mān zinna*[*i*] *n=aš* EGIR-*p*[*a*] *MAHAR* DINGIR^{MEŠ} ^{URU}*HAT*[*TI*] *paizzi nu* ^{UZU}Ì NINDA-*an arha adanzi nu* DINGIR^{MEŠ} ^{URU}*HATTI tuzziyaš* ^{D}IM-*an* ^{D}*ZABABA-an šippanzakezzi mašiyante=ma=šmaš āššu nu apeneššuwan akuwanzi* (…) *n=at* EGIR-*pa tuzziya uwanzi nu zahhin QĀTAMMA pianzi QATI.*
10. Torri 2003, p. 130 : [*hū*]*walli*[*š=wa=kan āntan=*(*n*)*a* NA_4-*an an*]*da peššiya* [*n*]*u ā*[*nza* NA_4-*aš* [*hū*]*walliššananzaš=*(*š*)*a*] [GIM-*an*] *ueteni anda taškupāizzi namma=aš igaētta n=aš karuššiyazi tuēl=*(*l*)*a ŠA* ÉRIN^{MEŠ}*=KA* LÚ-*natar=tet zahhāiš=(š)miš halugaš=(š)miš apenieššan egattaru n=aš QĀTAMMA*

On peut imaginer que cette malédiction était proférée du campement en direction de l'ennemi, mais on peut aussi bien penser qu'elle était prononcée de manière préventive depuis Hattuša[11]. Le texte ne permet pas d'éclaircir ce point.

Rituel de protection de l'armée

Une tablette-catalogue cite le rituel suivant (KUB 30.51(+) iv 7'-8') :

> Quatre tablettes. Si les troupes [partent du pays pour combattre] et [vont] se batt[re] dans un pays ennemi[12].

Or, cette fois-ci, nous connaissons le rituel correspondant, à savoir KUB 57.20 (et ses duplicats KBo 34.38 (+) KBo 34.39) dont l'*incipit* indique en effet (KUB 57.20 i 1-3) :

> [S]i les troupes partent du pays pour combattre [et vont] se battre dans un pays ennemi[13].

Malheureusement, cette tablette est très mal préservée et seuls l'*incipit*, le début du deuxième paragraphe et une partie du colophon sont lisibles. Ce deuxième paragraphe mentionne le champ de bataille (*gimra-*, c'est-à-dire un lieu inculte), un feu sacré et une offrande, une invocation adressée à des dieux ainsi qu'un dieu de l'orage. L'expression « feu sacré » (*šuppi pahhur*) est, à ma connaissance, sans parallèle. Il y a tout lieu de penser que ce rituel se déroulait dans le camp de l'armée en campagne, comme le suggérait déjà R. Beal[14].

Rituels à exécuter pendant le combat

Alors que les soldats sont au combat, les rituels se poursuivent pour assurer leur victoire et leur survie.

kištaru n=aš NA$_4$-*aš iwar duddummišdu n=aš karūššiddu išhunāuš=(š)mit* GI-*za* ^{URU}*Alminalaš* NA$_4$-*aš kittaru n=aš igattaru anzidaz=a tiēr* DINGIR^{MEŠ} *anzidaz=(z)a memir* LUGAL^{MEŠ} *anzitaz nuntarnut pankuš* DUMU.NITA^{MEŠ}-*uš anzel* ÉRIN^{MEŠ}-*ti piēr* DINGIR^{MEŠ} LÚ-*natar walkiyauwar.* Le texte cité est sur une *Sammeltafel*, une tablette de compilation, de l'époque impériale.

11. À mes yeux, il est clair que cette malédiction devait être prononcée avant le combat, et non pendant, *contra* Beal 1995, p. 73.
12. Dardano 2006, p. 132-133 : 4 *ṬUPPU mān=kan* ÉRIN^{MEŠ}[$^{\text{.HÁ}}$ KUR-*az arha lahhiyauanzi pānzi*] *n=at ANA* KUR ^{LÚ}KÚR *za*[*hhiya pānzi*].
13. Dardano 2006, p. 146 : [*mā*]*n=kan* ÉRIN$^{\text{MEŠ.HÁ}}$ KUR-*az* [(*arha l*)]*ahhiyauanzi pān*[*zi n=a*]*t ANA* KUR ^{LÚ}KÚR *zahh*[*iya pānzi*]. Manuscrit de l'époque impériale mais dont le duplicat KBo 34.39 est moyen-hittite.
14. Beal 1995, p. 66.

Paroles à proférer sur un toit

Une tablette-catalogue indique (KUB 30.43 iii 11'-14') :

> [Une tablette oblon]gue. Quand le roi (est) au combat, le musicien profère ces mots pour la déesse Soleil d'Arinna sur le toit[15].

On peut remarquer plusieurs éléments importants : c'est le roi lui-même qui est ici impliqué dans la bataille et, pendant qu'il se bat, des paroles rituelles sont adressées à la déesse Soleil d'Arinna, la maîtresse du monde des morts. Il est clair que le choix de cette déesse comme principale destinataire des paroles rituelles est à mettre en relation avec le danger de mort encouru au même moment par le roi. Pour cette raison, il y a tout lieu de penser que ce rituel a lieu sur le toit du temple de la déesse même. Un texte, CTH 385.10[16], correspond vraisemblablement à ce rituel. Il indique notamment (KUB 57.63 iii 20'-25') :

> Quand le roi (est) au combat, le prêtre de la déesse Soleil d'Arinna profère ces mots sur le toit du temple de la déesse Soleil[17].

Voici un autre extrait de ce texte (KUB 57.63 ii 4-10) :

> Elle (= la déesse Soleil d'Arinna) leur (= les soldats) a donné une forte lance pour le combat (en disant) : « Que les pays ennemis voisins périssent de la main de Labarna ! Qu'ils apportent biens, argent (et) or à Hattuša (et) Arinna, les villes des dieux[18] ! »

Le reste des prières sont des bénédictions proférées en faveur du Grand Roi et de sa famille proche. Ce rituel dérive clairement de la tradition hattie de bénédiction de Labarna[19], l'une des titulatures du Grand Roi hittite.

Rituel d'Āzzari contre un ennemi trop puissant

En milieu hourrite, la même guérisseuse Āzzari qui conjurait l'huile fine pour protéger le chef de l'armée est responsable d'un autre rituel brièvement décrit sur une autre tablette-catalogue. Le texte indique (KUB 30.51++ iv 17'-18') :

15. Dardano 2006, p. 40-41 : [1 IM.GÍD.D]A LUGAL-*uš kuwapi lahhi k*[*ē=ma*] *uddār* [LÚ]NAR-*aš ANA* [D]UTU [URU]*Arinna šuhhi* [*šer m*]*emiškezzi.*
16. Archi 1988, Singer 2002, p. 25-28. Texte de l'époque impériale.
17. Dardano 2006, p. 44; Archi 1988, p. 24-25 : LUGAL-[*u*]*š kuwap*[*i l*]*ah*[*h*]*i kē=ma uddār* [LÚ]SANGA *ŠA* [D]UTU [URU]*Arinna šuhhi=(š)šan šer ŠA* É [D]UTU *kiššan memiškezzi.*
18. Archi 1988, p. 18-19 : *nu=šmaš p*[*ar*]*ā neyantan tarhūilin* [GIŠ]ŠUKUR *paiš arahzenan=wa ŠA* [LÚ]KÚR KUR.KUR-*TIM Labarnaš kiššaraz harkiyaittaru āššu=ma* KÙ.BABBAR KÙ.GI *anda* [URU]*Hattuši* [URU]*Arinna šiunan* URU-*aš piddāndu.*
19. Concernant cette tradition, voir Archi 1979.

> Deux tablettes. Paroles d'Āzzari, guérisseuse hourrite. Si l'ennemi d'un [*chef d'armée ?*] est trop fort, c'(est) [son rituel][20].

Cette fois-ci, la guérisseuse semble intervenir alors que le combat a déjà éclaté. L'ennemi se révélant trop fort pour être vaincu, elle est chargée d'obtenir des dieux la protection et la victoire de son « client ». Cette entrée de tablette-catalogue rappelle un rituel décrit sur la tablette KUB 7.58 et qui indique notamment :

> S'il est terrible sur le champ de bataille contre le chef de l'armée et que l'ennemi est victorieux contre eux au combat, « nos jeunes gens ne sont pas victorieux »[21].

Or, ce rituel comprend notamment une longue incantation en hourrite et on pourrait légitimement penser qu'il correspond au rituel d'Āzzari, qui est elle-même qualifiée de guérisseuse hourrite.

Le « rituel du ciel et de la terre » CTH 428

Un rituel dit « du ciel et de la terre » est à pratiquer au cas où l'ennemi s'approche d'une ville du royaume (KUB 9.1 ii 13-iii 30 et duplicat KUB 58.77)[22]. Dans un premier temps, on met en contact un cheval et une jument qui est dite « de la place de procréation », c'est-à-dire sans doute une jument reproductrice. Par la suite, il se pourrait que les deux chevaux soient relâchés, puisque une incantation accompagnant ce geste et prononcée par le roi, mentionne la destruction du pays (ennemi) (par le biais des chevaux infectés au préalable ?). La suite du rituel fait intervenir une roue, ce qui pourrait, à mes yeux, être mis en relation avec la roue de justice mentionnée dans l'Apologie de Hattušili III[23]. On aurait donc ici encore recours au registre judiciaire, comme cela était déjà le cas pour l'un des rituels vu précédemment. Ce rituel nous fournirait d'ailleurs une description du procédé judiciaire de la roue inconnu en dehors de l'Apologie[24]. Après une prière adressée aux dieux au sujet de cette roue et de l'ennemi qui est ici décrit comme le pays hourrite, la roue est lancée. La suite du procédé n'est pas préservée. Après une lacune, le texte décrit diverses offrandes et la nécessité, pour les participants, de se prosterner trois fois devant le ciel et la terre. Puis de l'eau servant à nettoyer des foyers est versée dans des panses de bœufs. Le texte indique ensuite (KUB 9.1 iii 23'-30' et duplicat) :

20. Dardano 2006, p. 132-133 : 2 *ṬUPPU* INIM ^{f}*Āzzari* ^{MUNUS}A.ZU $^{\text{[URU]}}$*Hurla*[š] *mān* […] *kuedanikki* ^{LÚ}KÚR KALA.G[A-*i*]*šzi nu k*[*ī* SISKUR=*ŠU*]. Cette entrée rappelle une autre entrée de tablette-catalogue (Bo 3203 Ro 10' : Dardano 2006, p. 269) : « [… S]i l'ennemi d'une personne est trop fort […]. » ([… *m*]*ān* UN-*ši* ^{LÚ}KÚR *hatukiš*[*zi* …])
21. *mān A-NA* EN.KARAŠ *gimri hatukišzi n=ašmaš=kan* ŠÀ MÈ ^{LÚ}KÚR ZAG-*nahhiškezzi anzel=wa=ma* ^{LÚ}GURUŠ^{HÁ} *UL* ZAG-*nahhānzi.*
22. Voir le résumé qu'en fait Beal 1995, p. 73-74. Voir également la translittération de KUB 58.77 dans García Trabazo, Groddek 2005, p. 198-200. Dans la suite de la *Sammeltafel* KUB 58.77, un autre rituel est préconisé « si les troupes ennemies sont victorieuses » (KUB 58.77 Vo 5' : *mān* ÉRIN^{MEŠ}=*ma* ^{LÚ}KÚR *hullēzzi*).
23. Otten 1981, p. 6-7.
24. Pour une interprétation différente, voir Beal 1995, p. 74.

> À l'aide (de l'eau) avec laquelle ils ont lavé les foyers, l'assemblée fait un sacrifice (au sujet) des troupes de l'ennemi. § En même temps, elle dit : « Venez, vous, les sept dieux[25] ! Emportez-les et soyez hostiles à l'ennemi ! » Ce rituel (est le rituel) du ciel et de la terre. (C'est) fini[26].

Rituels à pratiquer après le combat

La dernière catégorie de rituels à considérer est celle qui est constituée par les rituels à effectuer après le combat. Une entrée de tablette-catalogue est particulièrement brève. Elle indique seulement (KUB 30.56 iii 1) : « Si le roi revient du combat [...][27] ».

Il n'est pas rare que le texte soit trop bref ou trop endommagé pour nous donner des informations utiles sur un rituel. Ici, on sait que le rituel mentionné était à effectuer de retour de combat, mais rien d'autre. Heureusement, d'autres textes nous renseignent plus amplement sur l'après-bataille.

Maudire le territoire nouvellement conquis

La première étape de l'après-bataille semble parfois consister à maudire le territoire nouvellement conquis. Un rituel d'évocation des dieux d'une ville ennemie, CTH 423[28], corrobore les données historiques en montrant comment un territoire nouvellement conquis peut être, en punition, rasé puis consacré au dieu de l'orage, c'est-à-dire interdit à tout être humain. Voici comment l'on procède. Même si cela apparaît plus tard dans le texte, il est clair qu'on demande avant tout aux dieux s'ils approuvent une telle entreprise. Le texte fait, à mon sens, allusion aux possibles représailles des dieux de la ville conquise sur le Grand Roi hittite et son entourage, d'où la nécessité de convaincre ces dieux étrangers de quitter volontairement les lieux. Pour ce faire, on confectionne des chemins à partir d'étoffes de couleurs et de denrées plus ou moins fines, on fait des offrandes et on prie les dieux de l'ennemi d'emprunter ces nouveaux chemins pour quitter la ville. Cela fait, on décrète la ville la propriété exclusive du dieu de l'orage (ici le dieu hourrite Tešub) et on maudit toute personne qui oserait s'y installer. Voici l'incantation relative à ce procédé qui tient à la fois de la consécration et de la malédiction (KUB 7.60 iii 11'-38' et duplicat) :

> Cette ville m'était hostile. § J'ai invoqué le dieu de l'orage, mon Seigneur, (en disant) : « Que le dieu de l'orage, mon Seigneur, exauce mon souhait ! Qu'il réalise

25. Je ne suis pas certaine de l'identité de ces sept dieux. L'expression n'est, à ma connaissance, pas employée pour désigner les Pléiades IMIN.IMIN.BI : van Gessel 1998, p. 906-909 ; Polvani 2005. On s'attend plutôt à des divinités infernales dans ce contexte.
26. *haššuš=kan kuēz arha arrer n=ašta* ŠA ^{LÚ}KÚR ÉRIN$^{\text{MEŠ.HÁ}}$ *[p]ankuš šipanti* § *[n=a]šta anda kiššan memai [uw]atten šumeš* 7 DINGIR^{MEŠ} *[n=(aš)]=kan pēdatten hūwapten [AN]A* ^{LÚ}KÚR *kī* SÍSKUR *ŠA ŠAMĒ U ERṢETIM QATI.*
27. Dardano 2006, p. 212-213 : *[mā]n* LUGAL-*uš* LÍL-*za uizzi* [...].
28. del Monte 2005, p. 27-45; Fuscagni 2007, p. 181-219; 2013.

> mon souhait ! », et il me l'a livrée (= la ville). Je l'ai vidée de ses habitants. § Je l'ai consacrée. Tant qu'(existeront) le ciel et la terre, [ainsi que] l'être humain, que dorénavant aucun être humain n'y habite ! (J'ai donné) au dieu de l'orage, mon Seigneur, cette ville ennemie ensemble avec champs, terrains, aires de battage, vign[es] et [...]. (Je) l'(ai donnée) aux taureaux du dieu de l'orage, mon Seigneur, Šeri et Hurri, en guise de pâturage. Que Šeri (et) Hurri y paissent pour toujours ! Que celui qui s'y installe et retire aux taureaux du dieu de l'orage, Šeri et Hurri, (leur) pâturage soit l'adversaire du dieu de l'orage, mon Seigneur ! Si un être humain s'installe dans cette ville ennemie – que ce soit une maison ou deux maisons – ou bien (si) quelqu'un y installe des fantassins (et) des cavaliers, que mon Seigneur [détruise] cette maison ou (ces) deux maisons ou (ces) fantassins (et) cavaliers[29] !

Après cette malédiction/consécration à Tešub, on célèbre la déesse Šaušga du champ et le dieu de l'orage de l'armée, deux divinités membres du panthéon officiel hittite qui ont un caractère guerrier, d'où leur implication dans ce rituel et dans d'autres que je vais mentionner par la suite[30]. On y remarquera, par exemple, l'association de Šaušga du champ avec les campagnes militaires du roi. Aussi bien le dieu de l'orage de l'armée que Šaušga du champ sont d'ailleurs décrits comme « courant devant », c'est-à-dire soutenant Muršili II au combat dans les *Annales* de ce dernier, ensemble avec d'autres dieux importants de son règne[31].

Célébrer la victoire

Le geste rituel final, si l'on peut dire, consiste vraisemblablement à célébrer la victoire et surtout les dieux qui l'ont rendue possible.

29. *kāš=wa=mu* URU-*aš kappilalliš* ēšta § *nu=wa* ^{D}U *BELI=YA dariyanunun nu=mu* ^{D}U EN=*YA* ZI-*aš iyadu nu=wa=mu=kan* ZI-*aš arnud[du] nu=w[ar]=an=mu parā pešta nu=[war]=an dannatahhun* § *nu=[wa]r=an* šuppiyahhun *nu=wa n[ep]iš tekan kuitman=wa* DUMU *AMILU[TI=ya] nu=w[ar]=an*=šan ziladuwa DUMU *AMILU[TI l]*ē *kuiški ešari kūn=w[a* UR]U-*LIM* ^{LÚ}KÚR *QADU* A.ŠÀ A.GÀR KISLAH ^{GIŠ}KI[RI$_{6}$.GEŠTIN o o]x-*danazziya ANA* ^{D}U EN=*YA [nu=war]=an=zan* ^{D}U EN=*YA* GU$_{4}^{\text{HÁ}}$=*KA* [o] $^{\text{GU4}}$Šēri $^{\text{GU4}}$*Hurri uešin nu=war=an=kan* ^{GIŠ}Šēriš $^{\text{GU4}}$*Hurriš uktūri uešeškandu kuiš=ma=war=an=za ešari nu=wa=kan ANA* GU$_{4}^{\text{HÁ}}$ ŠA ^{D}U *ANA* $^{\text{GU4}}$Šē[*ri*] Ù ANA $^{\text{GU4}}$*Hurri uešin arha dāi nu=war=aš ANA* ^{D}U EN=*YA hannitalwanaš* ēšdu *nu=wa=za mān uni* URU-*LIM* ^{LÚ}KÚR DUMU *AMILUTI kuiš ešari nu=war=at mān* 1 É-*TUM našma* 2 É-*TUM našma=war=an=zan* ÉRIN$^{\text{MEŠ.HÁ}}$ ANŠE.KUR.RA^{MEŠ} *kuiški e*[šari] *nu=wa=kan BELI=YA eni* 1 É-[*TUM*] *našma* 2 É-*TUM našma* ÉRIN$^{\text{MEŠ.[(HÁ)}}$ ANŠE.KUR.RA^{MEŠ} *harnikdu*].
30. Il serait d'ailleurs intéressant d'étudier les contextes rituels dans lesquels ces deux divinités sont mentionnées, car ces rituels pourraient alors avoir un lien avec un combat à venir ou déjà passé. En examinant rapidement les occurrences de ces deux théonymes, j'ai repéré plusieurs textes religieux qui semblent entrer dans cette catégorie. Je ne les présenterai pas ici, faute de place, mais en donnerai simplement la liste (d'après van Gessel 1998) : KBo 38.80 ; KUB 11.27 ; 25.32 ; 44.12 ; 45.78 ; 59.25, KBo 35.166, KUB 7.1 ; 10.89.
31. KBo 4.4 iv 9-11 : *nu=mu* ^{D}U NIR.GÁL *BĒLI=YA* ^{D}UTU ^{URU}*Arinna* GAŠAN=*YA* ^{D}U ^{URU}*HATTI* ^{D}LAMMA ^{URU}*HATTI* ^{D}U KARAŠ ^{D}*IŠTAR* LÍL DINGIR^{MEŠ}=*ya hūmanteš peran hūiēr* « Le dieu de l'orage *muwatalli*, mon Seigneur, la déesse Soleil d'Arinna, ma Dame, le dieu de l'orage de Hattuša, le dieu tutélaire de Hattuša, le dieu de l'orage de l'armée, Šaušga du champ et tous les dieux coururent devant moi. »

- La fête dite de la hâte (nuntarriyašha-)

Cette fête est connue comme devant avoir lieu après le combat. Les colophons et une entrée de tablette-catalogue relatifs à cette composition indiquent en effet :

> n tablettes. Si le roi revient du combat d'Arinna à Hattuša en automne pour la fête de la hâte[32].

Il semble donc bien que la fête de la hâte ait, entre autres fonctions, celle de célébrer la victoire militaire du Grand Roi hittite, mais à cette célébration est visiblement associée une fête calendaire. Il y a, en effet, tout lieu de penser que la fête de la hâte telle que les textes nous la décrivent résulte d'un amalgame de plusieurs fêtes hatto-hittites.

- Une fête en l'honneur du dieu de l'orage de l'armée

Cette fête est sans doute aussi à mettre en relation avec la célébration d'une victoire militaire. L'entrée de tablette-catalogue correspondante indique (KUB 30.56 iii 19-20) :

> Si le roi célèbre le dieu de l'orage de l'armée, le chef des mille du ch[amp] et les officiers DUGUD font l'offrande de bœufs et de moutons[33].

- Une fête cultuelle en l'honneur de Šaušga du champ de Šamuha

Cette fête est étroitement liée aux campagnes militaires réalisées par le roi hittite. Le texte fait, en effet, plusieurs allusions aux rites qu'il doit effectuer à son retour de bataille. En voici un extrait (KUB 27.1 i 7-34) :

> Les campagnes militaires que le roi entreprend – quel que soit le nombre de campagnes militaires qu'il a entreprises – (pendant) les années qui sont passées entre temps (et) jusqu'à ce qu'il célèbre la divinité, on interroge l'oracle au sujet des rites *ambašši, keldi* et *malteššar* (à pratiquer) pour ces campagnes militaires[34].

Les rites *ambašši* et *keldi* sont bien connus de nous comme étant des rites sacrificiels hourrites pratiqués dans des contextes divers. Quant au rite *malteššar*, on le traduit généralement par « récitation » ou « vœu ». Le même texte précise que ces rites ne sont pas effectués si le roi n'est pas parti en campagne. Il faut aussi noter qu'il mentionne le dieu de l'orage de l'armée.

32. x *ṬUPPU mān* LUGAL-*uš lahhaza zēni* ^{URU}*Arinnaz ANA* EZEN$_4$ *nuntarriyašhaš* ^{URU}*Hattuši uizzi*. Texte composite à partir des colophons édités par Nakamura 2002 et de l'entrée de tablette-catalogue KBo 47.6 Vo 4-6 (Dardano 2006, p. 188-189). Voir également Dardano 2006, p. 216-217.
33. Dardano 2006, p. 214-215 : [*m*]*ān=za* LUGAL-*uš* ^{D}U KARAŠ DÙ-*zi nu* UGULA *LIM*$^{\text{MEŠ!}}$ *Ṣ*[*ERI* $^{\text{LÚ.M}}$]^{EŠ}DUGUD=*ya* GU$_4$^{HÁ} UDU^{HÁ} SUM-*anzi*. Concernant les officiers DUGUD, voir Beal 1992, p. 504.
34. Lebrun 1976, p. 75, 86 ; Wegner 1995, p. 32, 35-36 : LUGAL-*uš=ma kuiēš gimriuš lahhiešket nu mašiēš gimruš lahhiyan harzi ištarna=kan kuiēš* MU^{HÁ} *panteš kuitman=za* DINGIR-*LIM iyazi nu=za apēdaš gimraš šer* SISKUR *ambaššin keldian=(n)a malteššar=(r)a ariyanzi*.

- Deux comptes rendus

Un passage d'un compte rendu oraculaire fait aussi allusion au devoir qui incombe au roi de célébrer les dieux après une bataille (KUB 18.12 i 1) :

> Si Mon Soleil (= le titre traditionnel du Grand Roi hittite) revient du combat et célèbre les dieux mais que Mon Soleil (et) la reine passent l'hiver à Hattuša, ils y font (aussi) la fête du tonnerre du dieu de l'orage d'Alep[35].

Dans un compte rendu de vœu, on trouve également une allusion à une fête de l'armée (victorieuse certainement), EZEN$_4$ KARAŠ, sans autre détail[36].

Se purifier d'une défaite

Jusqu'à présent, nous n'avons vu que les gestes rituels à pratiquer après une victoire. Mais un texte précise ce qu'il faut faire en cas de défaite. Ce texte très court indique (KUB 17.28 iv 45-56) :

> Si les troupes sont battues par l'ennemi, on organise un rituel en arrière du fleuve de cette façon : on coupe (par) le milieu un homme, un bouc, un chiot (et) un porcelet à l'arrière du fleuve. On dépose les (premières) moitiés de ce côté-ci, on dépose les (secondes) moitiés de ce côté-là. On fait en face un portail d'*aubépine* et on tire par-dessus une corde. Ensuite, on fait brûler un feu en face du portail de ce côté-ci, on fait brûler un feu de ce côté-là. Les troupes passent au milieu. Quand elles arrivent près du fleuve, on les asperge (d')eau. Ensuite, on fait un sacrifice dans un lieu sauvage, comme on fait toujours le sacrifice du lieu sauvage[37].

Les techniques de purification sont multipliées pour s'assurer du passage définitif des soldats vaincus du statut de souillés (par la mort qu'ils ont côtoyée et par la défaite) à celui de purifiés. Ce passage souhaité définitif est d'ailleurs mis en scène par le franchissement d'un portail végétal, de deux foyers et de moitiés animales et humaines, autant de matières aux vertus absorbantes d'impureté.

Il est également possible que les chevaux de guerre soient purifiés après une défaite, comme semble l'indiquer un rituel en l'honneur de la déesse Pirinkir, CTH 644[38], mais je n'insiste pas sur ce point, car le texte ne donne pas de lien explicite entre ce rituel

35. Archi 1975, p. 122-123 et *CHD* L-N, p. 6 : [GI]M-*an=kan* ^{D}UTU-*ŠI lahhaz* UGU *uizzi nu=za* DINGIR^{MEŠ} DÙ-*zi* ŠE$_{12}$-*anzi=ma* ^{D}UTU-ŠI MUNUS.LUGAL ^{URU}KÙ.BABBAR-*ši ŠA* ^{D}U ^{URU}*Halab* EZEN$_4$ *tethešnaš=za apiya* DÙ-*anzi* .
36. VS NF 12.103:5' : Groddek, Hagenbuchner, Hoffmann 2002, p. 147.
37. Masson 1950, p.5-6 : *mān* ÉRIN^{MEŠ} *IŠTU* ^{LÚ}KÚR *hullantari nu* SÍSKUR EGIR I$_7$ *kišan handanzi nu* EGIR I$_7$ UN-*an* MÁŠ.GAL UR.TUR ŠAH.TUR *ištarna arha kuranzi nu kēz* 1/2^{HÁ} *tiyanzi kīzzi=ya* 1/2^{HÁ} *tianzi peran=ma* ^{GIŠ}*hattalkišnaš* KÁ.GAL-*aš iyanzi nu=(š)šan tiyamar šer arha huittiyanzi namma* KÁ.GAL *peran kezza pahhur warnuwanzi kezzi=ya pahhur warnuwanzi nu=kan* ÉRIN^{MEŠ} *ištarna arha panzi* GIM-*an=ma=aš=kan* I$_7$-*an tap[uš]a ari nu=šmaš=kan wātar šarā papparaškanzi* EGIR-*anda=ma=za gimra* SÍSKUR *ienzi gimraš* GIM-*an* SÍSKUR *iššanzi.*
38. Beckman 1999. Contrairement à ce qu'indique Beal 1995, p. 67, je pense que le rituel était plutôt pratiqué après la bataille, et non avant, car la technique de purification consistant à passer entre deux moitiés animales a pour vertu d'absorber l'impureté de la personne ou de l'animal qui les traverse.

de purification des chevaux et une bataille éventuelle.

Certains rituels ne sont, quant à eux, pas suffisamment bien conservés pour que l'on puisse déterminer avec certitude s'ils sont préconisés avant, pendant ou après le combat. Les tablettes-catalogues de Hattuša, par exemple, sont riches en extraits de rituels liés au combat, mais certains de ces extraits sont trop incomplets ou trop courts pour que l'on puisse en déduire les fonctions exactes du rituel en contexte guerrier[39]. D'autres textes de rituels n'ont pas encore été édités[40] et mériteraient d'être étudiés en détail, ce que je n'ai pas eu le temps de faire dans le cadre de cette étude.

Dans le corpus présenté ici, on remarque que la composante hourrite est majoritaire, ce qui est à mettre en relation avec la datation tardive, l'époque impériale (XIIIe siècle), de ces textes. Seuls quelques textes semblent relever d'une tradition hatto-hittite plus ancienne. Le monde louvite n'est pas clairement représenté, ce qui contraste fortement avec les rituels de boucs émissaires où l'Arzawa est prédominant.

Ainsi, avant, pendant et après le combat, le rituel est omniprésent en contexte guerrier, et cela ne doit pas nous surprendre. Chaque moment-clé de la vie humaine l'était. Les différents rituels, qu'ils soient préventifs ou au contraire « curatifs », ont parfois des logiques divergentes. Dans un cas on simule le procès des dieux de l'ennemi, dans un autre on maudit l'ennemi lui-même par le biais de la magie analogique. Mais les gestes de base des rituels sont toujours là : l'offrande alimentaire pour amadouer les dieux et la prière pour les convaincre. On a notamment remarqué l'importance du dieu de l'orage de l'armée et de la déesse Šaušga du champ dans ce contexte, deux divinités qui semblent étroitement liées à la guerre.

Alice Mouton

CNRS, UMR 8167 et Institut Catholique de Paris

Bibliographie et abréviations

ARCHI A. (1975), « L'ornitomanzia ittita », *Studi Micenei ed Egeo-Anatolici*, 16, p. 119-180.

—. (1979), « Auguri per il Labarna », dans Carruba 1979, p. 27-51.

—. (1988), « Eine Anrufung der Sonnengöttin von Arinna », dans Neu, Rüster 1988, p. 5-31.

BEAL R. H. (1992), *The Organization of the Hittite Military*, Heildelberg, C. Winter (Texte der Hethiter, 20).

—. (1995), « Hittite military rituals », dans Meyer, Mirecki 1995, p. 63-76.

BECKMAN G. (1999), « The goddess Pirinkir and her ritual from Hattuša (CTH 644) », *Ktèma*, 24, p. 25-39.

CARRUBA O. (dir.) (1979), *Studia mediterranea Piero Meriggi dicata*, t. 1, Pavie, Aurora, p. 27-51.

39. C'est notamment le cas de KBo 31.8+ ii 12'-13' qui indique seulement (Dardano 2006, p. 24-25) : « Une tablette du rituel de [...] du combat. » (DUB.1[!].KAM SÍSKUR *ŠA* [...] *lahhiyauwa*-[...]). Même chose pour KBo 31.5++ i 5' (Dardano 2006, p. 162-163) : « [Un rituel. Si] on se bat. » ([1-*EN* SISKUR *mān la*]*hhiyanzi*).

40. Tel est le cas de CTH 428, par exemple.

DARDANO P. (2006), *Die hethitischen Tontafelkataloge aus Hattuša (CTH 276-282)*, Wiesbaden, Harrassowitz (Studien zu den Boğazköy-Texten, 47).

DEL MONTE G. (2005), « The Hittite Herem », dans Kogan 2005, p. 21-45.

FUSCAGNI F. (2007), « Una nuova interpretazione del ritual CTH 423 alla luce di tre nuovi duplicate », *KASKAL*, 4, p. 181-219.

FUSCAGNI F. (2013), « Rituale di evocazione per gli dei di un villaggio nemico (CTH 423) », hethiter.net/:CTH 423.

GARCÍA TRABAZO J. V. (2002), *Textos religiosos hititas. Mitos, plegarias y rituales. Edición bilingüe*, Madrid, Trotta editorial (Bibliotheca de Ciencias Bíblicas y Orientales, 6).

GARCÍA TRABAZO J. V., GRODDEK D. (2005), *Hethitische Texte in Transkription KUB 58*, Dresde, Harrassowitz (Dresdner Beiträge zur Hethitologie, 18).

GILAN A., MOUTON A. (2014), « The enthronement of the Hittite King as a royal rite of passage », dans Mouton, Patrier 2014, p. 97-115.

GRODDEK D., HAGENBUCHNER A., HOFFMANN I. (2002), *Hethitische Texte in Transkription VS NF 12*, Dresde, Harrassowitz (Dresdner Beiträge zur Hethitologie, 6).

JEAN C., VANSÉVEREN S. (2014), « Military rituals in ancient Anatolia and Mesopotamia », dans Mouton à paraître 2.

KOGAN L. (dir.) (2005), *Memoriae Igor M. Diakonoff*, Winona Lake, Eisenbrauns, p. 21-45.

LEBRUN R. (1976), *Samuha. Foyer religieux de l'Empire hittite*, Louvain-la-Neuve, Peeters (Publications de l'Institut orientaliste de Louvain, 11).

MASSON O. (1950), « À propos d'un rituel hittite pour la lustration d'une armée : le rite de purification par le passage entre les deux parties d'une victime », *Revue de l'Histoire des Religions*, 137, p. 5-25.

MEYER M., MIRECKI P. (dir.) (1995), *Ancient Magic and Ritual Power*, New York / Leyde, Brill (Religions in the Graeco-Roman World, 129), p. 63-76.

MOUTON A. (2014), « Rituels de "boucs émissaires" en Anatolie hittite », dans Taracha, Kapelus, 2014, p. 558-587.

MOUTON A. (dir.) (à paraître 2), *Vivre, grandir et mourir au Proche-Orient ancien : les rites de passage individuels*, soumis à publication à *Journal of Ancient Near Eastern Religions*.

MOUTON A., PATRIER J. (dir.) (2014), *Life, Death, and Coming of Age in Antiquity. Individual Rites of Passage in the Ancient Near East and Adjacent Regions*, Leyde, Eisenbrauns (Publications de l'Institut Historique et Archéologique Néerlandais de Stamboul, 124).

NAKAMURA M. (2002), *Das hethitische nuntarriiašha-Fest*, Publications de l'Institut Historique et Archéologique Néerlandais de Stamboul, 94, Leyde, Eisenbrauns.

NEU E, RÜSTER C. (dir.) (1988), Documentum Asiae Minoris antiquae. *Festschrift für Heinrich Otten zum 75. Geburtstag*, Wiesbaden, Harrassowitz, p. 5-31.

OTTEN H. (1981), *Die Apologie Hattusilis III. Das Bild der Überlieferung*, Wiesbaden, Harrassowitz (Studien zu den Boğazköy-Texten, 24).

POLVANI A. M. (2005), « The Deity IMIN.IMIN.BI in Hittite Texts », *Orientalia*, ns. 74, p. 181-194.

SINGER I. (2002), *Hittite Prayers*, Atlanta, Society of Biblical Literature (Writings from the Ancient World Society of Biblical Literature, 11).

TARACHA P. (dir.) (2014), *Proceedings of the VIIIth International Congress of Hittitology*, Varsovie Agade.

TORRI G. (2003), *La similitudine nella magia analogica ittita*, Rome, Herder (Studia asiana, 2).

VAN GESSEL B. H. L. (1998), *Onomasticon of the Hittite Pantheon I-II*, Leyde, Brill (Handbuch der Orientalistik, 1/33).

WEGNER I. (1995), *Hurritische Opferlisten aus hethitischen Festbeschreibungen*, t. I. *Texte für Ištar-Ša(w)uška*, Rome, Bonsignori (Corpus der hurritische Sprachedenkmäler, 1/3-1).

Catherine Wolff

De quelques particularités concernant l'armée romaine

Une partie des articles qui précèdent aborde la question de l'enrôlement des troupes : modalités, identité des hommes mobilisés et composition de l'armée en particulier. Il s'agit d'une question particulièrement importante : avoir une armée, et une armée digne de ce nom, toutes les fois où le besoin s'en fait sentir est une nécessité absolue pour un État, quel qu'il soit. Les réponses romaines à cette question sont-elles originales par rapport à celles des civilisations dont il est question dans les articles précédents ? La réponse n'est pas simple, ne serait-ce que parce qu'il existe non seulement des différences importantes entre l'époque impériale (nous arrêtons notre étude à la fin du IIe s. apr. J.-C., soit à la mort de Commode, en 192) et l'époque républicaine, mais également des changements à l'intérieur même de ces deux époques. Il faut également compter avec tous les éléments qui nous échappent, parce que nous ne disposons pas de sources les concernant.

Pour l'armée néo-babylonienne entre le VIe et le IVe s. av. J.-C., B. Gombert[1] note l'importance de deux faits qui peuvent expliquer l'évolution vers une professionnalisation de l'armée : le recours possible à un remplaçant et au mercenariat. Il y a eu également professionnalisation de l'armée à Rome, mais cela n'est dû à aucun de ces deux facteurs. Pour la Babylonie, le recours croissant au mercenariat a été facilité d'une part par l'afflux de richesses grâce aux conquêtes et d'autre part par le manque chronique d'hommes. À l'exception de quelques périodes très particulières, les autorités romaines n'ont pas eu à faire face à un manque d'hommes[2]. L'importance du réservoir humain dont elles disposaient a au contraire fait la force de Rome. Cette dernière n'a par ailleurs jamais utilisé l'afflux de richesses provoqué par ses conquêtes pour payer des mercenaires. Pourquoi recourir à ce type de soldats, souvent jugés de façon très négative ? L'opinion de Caton concernant les mercenaires de l'armée carthaginoise est sans appel : ce sont des soldats qui passent bien souvent à l'ennemi en grand nombre à la fois, qui se tuent les uns les autres et qui attaquent leur commandant en chef[3]. Il s'agit certes de déprécier une partie de l'armée de l'adversaire, ici carthaginois, mais il n'est pas le seul à reprocher aux mercenaires leur manque de fiabilité et leur vénalité. Polybe considère le fait que Rome, contrairement à Carthage, n'emploie pas

1. B. Gombert, « Recrutement et mobilisation en Babylonie du VIe au IVe siècle av. n. è. », p. **135-150**.
2. Brunt 1971 ; Rich 1983 ; De Ligt 2007.
3. Caton, *Origin.* 4, 5 (= Aulu-Gelle, *NA* V, 21, 17).

de mercenaires comme une des explications de sa supériorité[4]. Rome peut de toute façon se passer de mercenaires car elle exige de ses alliés et des peuples conquis des contributions humaines. Si au tout début de l'histoire de Rome l'armée romaine n'a été en effet composée que de citoyens romains, sa composition se diversifia au fur et à mesure des conquêtes, et on trouvait dans l'armée, à l'époque républicaine, d'une part les alliés et les peuples de nom latin (*socii nominisque Latini*), qui obtinrent la citoyenneté romaine au cours du dernier siècle av. J.-C., et d'autre part les soldats fournis par les peuples soumis ou alliés[5]. Les alliés et les peuples de nom latin étaient particulièrement nombreux : sans constituer l'essentiel des armées romaines, ils ont certainement dû, à certaines époques, y contribuer pour au moins la moitié[6]. La fiabilité de ces soldats était parfois remise en cause[7], le danger que pouvait représenter leur utilisation massive était parfois mis en avant[8], il n'en reste pas moins qu'ils constituaient un élément indispensable de l'armée romaine. Tout comme pour les soldats fournis par les peuples conquis ou alliés, la perte de ces soldats au combat était considérée par les Romains comme moins grave que celle des citoyens romains et ils étaient vus comme de moins bons soldats que les légionnaires : pour rendre moins cuisante la honte de la défaite d'Appius Claudius contre Persée, en 170, on prétendit que seul un petit nombre de soldats avait été tué, des soldats italiens et pour la plupart levés à la hâte[9].

La pratique du recours à un remplaçant, *uicarius* en latin, n'est que très peu attestée à l'époque républicaine et les cas sont très particuliers. Spurius Ligustinus déclare en 171, à l'occasion d'un enrôlement, qu'il peut fournir quatre soldats pour le remplacer, ses quatre fils, tout en repoussant l'hypothèse sitôt après l'avoir formulée, et s'il ne prononce pas le mot *uicarius*, l'idée est la même[10] ; il est cependant impossible de savoir s'il envisageait une pratique qui avait effectivement lieu ou insistait seulement sur le fait qu'il fournissait quatre soldats à Rome avec ses quatre fils. En 205, Scipion proposa lui-même à trois cents Siciliens qu'il avait convoqués pour qu'ils fissent partie de l'armée de leur fournir des remplaçants ; la condition : ils devaient offrir aux remplaçants armes, cheval et entraînement[11]. C'était un moyen pour Scipion d'avoir trois cents cavaliers romains équipés et entraînés aux frais d'autrui. Au Ier s. av. J.-C., Cicéron déclare que si l'on pratiquait la coutume des remplaçants dans la guerre, il remplacerait Decimus Iunius Brutus Albinus, alors assiégé dans Modène[12]. Mais ce n'était manifestement pas une coutume. Sénèque le Père évoque un père qui se fit le remplaçant de son fils adolescent. Le passage est tellement court que l'on peut difficilement s'en servir[13]. Les exemples fournis par les sources ne permettent donc pas d'affirmer que cette pratique était en vigueur à l'époque républicaine, même si

4. Polybe VI, 52, 4-7.
5. Yoshimura 1961, p. 473-495 ; Toynbee 1965, t. I, p. 201-202 ; Ilari 1974, p. 1 sv. ; Fraccaro 1975, p. 99 sv. ; Gabba 1976 ; Saddington 1982 ; Keppie 1984 ; Hamdoune 1999 ; Trundle 2013, p. 340-341 ; McCall 2002 ; Letta 2015, p. 31-32 ; Junkelmann 2015, p. 167-172.
6. Toynbee 1965, t. II, p. 10 sv., 45 sv., 129 sv. ; Ilari 1974, p. 55, 148 sv.
7. Cicéron, *Fam.* XV, 1, 5.
8. Tite-Live XXV, 33, 1-7, à propos d'un épisode datant de 211, pendant la guerre contre Hannibal.
9. Tite-Live XLIII, 11, 11.
10. Tite-Live XLII, 34, 12.
11. Diodore de Sicile XXVII, 2a ; Tite-Live XXIX, 1, 1-11 ; Appien, *Pun.* 8, 30-33.
12. Cicéron, *Phil.* XII, 3.
13. Sénèque le Père, *Contr.* I, 4, 3.

certains considèrent qu'elle a existé à partir du Ier s. av. J.-C.[14] La pratique semble en revanche avoir été utilisée au IIe s. apr. J.-C., s'il faut en croire une remarque de Trajan[15], mais c'est bien la seule mention de remplaçants fournie par les sources pour les deux premiers siècles de l'époque impériale. L'armée était de toute façon devenue une armée professionnelle, l'utilisation possible de remplaçants n'a pas pu favoriser cette transformation. En réalité, la professionnalisation de l'armée romaine a été voulue par Auguste, c'est une transformation volontaire. Certes les campagnes militaires étaient de plus en plus longues, et l'armée pouvait être pour certains citoyens romains un moyen comme un autre de gagner sa vie. Mais le soldat n'était pas un professionnel, c'était un citoyen romain qui était enrôlé pour le temps d'une campagne ou d'une partie d'une campagne. Certains pouvaient passer une grande partie de leur vie dans l'armée, comme Spurius Ligustinus, déjà évoqué. Ce dernier a en effet effectué 22 années de service ; il a été enrôlé à de nombreuses reprises et à plusieurs années d'intervalle, mais il a aussi été au moins deux fois volontaire pour s'engager[16]. Ce n'était cependant pas une obligation.

Non professionnelle, l'armée n'était donc pas permanente à Rome à l'époque républicaine : elle était constituée au début de chaque campagne, et démobilisée à la fin de celle-ci. Quand ces dernières duraient très longtemps, les soldats pouvaient être remplacés pendant la campagne. Il y avait certes des garnisons qui étaient installées dans les villes ou les endroits stratégiques, de façon à surveiller les territoires. Mais les soldats qui constituaient cette garnison n'étaient là que pour un temps donné. Comme l'écrit J. Vidal, « la plupart des armées dans l'Antiquité ne sont pas professionnelles, mais sont constituées d'hommes recrutés temporairement pour chaque campagne militaire »[17].

Dans nombre d'armées dont il est question dans les articles précédents, on trouvait cependant un corps plus ou moins important de soldats professionnels, qui restaient mobilisés en permanence et qui formaient le noyau de l'armée. C'est le cas dans le royaume du Suhu, avec la « troupe du palais », une troupe d'élite[18], dans l'armée de l'empire néo-assyrien, avec des troupes permanentes professionnelles, « la cohorte du roi »[19], ou encore pour les rois d'Ur, qui disposaient de « gardes royaux », là aussi une troupe d'élite, en temps de guerre comme en temps de paix[20]. Cela n'a jamais été le cas à Rome à l'époque républicaine, même s'il arrivait que des soldats servissent pendant une dizaine d'années de suite, tout particulièrement à l'époque des guerres civiles du Ier siècle av. J.-C. À l'époque impériale en revanche, c'est toute l'armée qui est devenue professionnelle. Le changement opéré par Auguste en 13 av. J.-C. est fondamental dans l'histoire de l'armée romaine. Avec lui, être soldat devint un métier, on

14. Wierschowski 1995, p. 229-230.
15. Pline le Jeune, *Ep.* X, 30, 2, à propos d'esclaves qui auraient pu être donnés et enrôlés dans l'armée comme *uicarii*.
16. Tite-Live XLII, 34, 5-11. De Blois 2000, p. 11 sv. ; Cadiou 2002.
17. J. Vidal, « Military conscription in Ugarit », p. **123**.
18. P. Clancier, « Le Suhu dans la guerre à l'époque néo-assyrienne », p. **110**.
19. B. Gombert, « Recrutement et mobilisation en Babylonie du VIe au IVe siècle av. n. è. », p. 145.
20. B. Lafont, « Données nouvelles sur l'organisation militaire des rois d'Ur d'après les archives de Garsana et d'Irisagrig », p. **56**.

s'engageait pour un certain nombre d'années (entre 12 puis 16 et 25 ans selon le corps d'armée), et au moment de la démobilisation on recevait une prime et pour les soldats auxiliaires, à partir de Claude, la citoyenneté romaine. Si Auguste éprouva le besoin de modifier ainsi en profondeur l'armée romaine, c'est avant tout parce qu'il en avait besoin pour appuyer et renforcer son pouvoir. Une armée qui n'était pas permanente, où les hommes étaient enrôlés et démobilisés en fonction des campagnes militaires, ne correspondait pas à ce qu'Auguste voulait qu'elle fût : un instrument à son service. L'empereur devint le seul maître de l'armée, même s'il déléguait son pouvoir à des légats d'armée et des légats de légion. En vertu de son *imperium*, il avait le droit d'opérer le recrutement de l'armée, de lever des contributions, d'entreprendre la guerre et de conclure la paix, de commander partout et toujours aussi bien les soldats étrangers que les légions[21]. Seules les provinces impériales, gouvernées par l'empereur, possédaient des légions. Les provinces publiques, gouvernées par le Sénat, n'avaient que des troupes auxiliaires. Et quand elles avaient une légion, comme en Afrique proconsulaire, ce n'était pas le gouverneur de la province qui la commandait, mais un légat d'Auguste propréteur, et ce depuis Caligula. Le pouvoir civil et le pouvoir militaire étaient ainsi séparés. Le serment que prêtaient auparavant les soldats au moment de l'enrôlement, ils le prêtaient maintenant tous les ans à l'empereur.

Non seulement Auguste modifia le statut de l'armée et des soldats, mais il réorganisa également l'armée et créa de nouveaux corps[22]. À partir de lui, on compte trois ensembles principaux au sein de l'armée romaine : la garnison de Rome, l'armée stationnée dans les provinces et la marine[23]. Les troupes d'élite du royaume de Suhu, de l'empire néo-assyrien ou des rois d'Ur étaient des troupes attachées avant tout à la protection du roi. À propos des rois d'Ur, B. Lafont parle d'une « sorte de garde prétorienne »[24]. Il s'agit d'une référence à la création par Auguste en 27 ou 26 av. J.-C. d'une garde impériale, les cohortes prétoriennes. Il ne s'agit pas d'une création totalement nouvelle, puisqu'il a pris modèle sur le petit groupe d'hommes qui à l'époque républicaine entourait les préteurs et de façon générale les magistrats à *imperium* quand ces derniers partaient en campagne, d'où le nom des cohortes du reste. Auguste a également créé, sur le modèle des cavaliers germains qui entouraient César, une autre unité chargée de le protéger : les *Germani corporis custodes*, puis *equites singulares Augusti*, des gardes du corps montés, qui accompagnaient l'empereur lors de ses campagnes et prenaient part aux combats, sans compter d'autres gardes comme les *speculatores Augusti*[25]. Mais Auguste a également créé des cohortes urbaines, en 13 av. J.-C., et des cohortes de vigiles, en 6 apr. J.-C. Si la tâche principale des cohortes prétoriennes était d'assurer la sécurité de l'empereur, celle des cohortes urbaines était d'assurer la sécurité de Rome et celle des cohortes de vigiles de lutter contre les incendies.

21. Dion Cassius LIII, 17.
22. Le Bohec 2002, p. 19-36 ; Gilliver 2007.
23. Reddé 1986 ; Saddington 2007 ; De Souza 2013, p. 383-391.
24. B. Lafont, « Données nouvelles sur l'organisation militaire des rois d'Ur d'après les archives de Garsana et d'Irisagrig », p. **56**.
25. Speidel 1994a, 1994b.

À l'époque républicaine comme à l'époque impériale, tout citoyen était un soldat en puissance, et l'armée est restée une armée de conscription, quels que soient les changements par ailleurs : tout citoyen entre 17 et 60 ans était soumis au service militaire. On distinguait cependant en principe deux catégories : les *iuniores*, entre 17 et 45 ans, et les *seniores*, les autres, ces derniers constituant toujours en principe la réserve. Entre 46 et 50 ans, un citoyen romain pouvait toutefois encore être mobilisé dans le service actif, et il arrivait même, parfois, que des hommes de plus de 50 ans fussent enrôlés[26]. C'est avant tout sur ses citoyens que Rome comptait pour se défendre, et ils formaient pour l'essentiel le noyau de l'armée, l'infanterie lourde, autrement dit les légions. Mais Rome a aussi su utiliser les habitants de l'Italie, qui devinrent citoyens romains après la Guerre des Alliés, au cours du Ier s. av. J.-C., et furent donc à partir de ce moment-là enrôlés dans les légions (et la garnison de Rome sous l'Empire), ainsi que les troupes fournies par les peuples conquis ou alliés et utilisées pour l'infanterie légère et la cavalerie. À l'époque impériale, ces auxiliaires ont été regroupés dans des corps particuliers, les cohortes (infanterie légère), les ailes (cavalerie légère ou lourde) et les cohortes mixtes (infanterie et cavalerie). En principe, les soldats qui faisaient partie de ces troupes auxiliaires n'étaient pas des citoyens romains, mais des pérégrins, avec l'exception cependant que représentaient les cohortes de citoyens romains. Il a existé jusqu'à Vespasien des cohortes constituées d'alliés (*sociae cohortes*), des unités ethniques qui avaient leur propre chef. Ces cohortes disparurent après la révolte des Bataves en 68-69 apr. J.-C. Les *numeri*, apparus peut-être dès la fin du Ier s. apr. J.-C., les remplacèrent en quelque sorte ; c'étaient des unités constituées de soldats non romains qui gardaient leur caractère ethnique, leur langue et leur armement par conséquent. Il s'agissait surtout de fantassins, mais on trouvait aussi des *numeri* de cavaliers[27]. Il faut noter enfin la présence d'affranchis dans la marine et dans un des corps de la garnison de Rome, les vigiles, au moins à ses débuts.

Si tout citoyen était soldat à Rome, la participation à la guerre était en réalité fonction de la moralité du citoyen et de sa fortune[28]. L'armée romaine était en effet à l'époque républicaine une armée censitaire : se battre pour sa patrie était un privilège, et ceux qui ne possédaient rien ou très peu n'étaient engagés que dans des circonstances particulières ou dans la flotte comme rameurs. Certes les exigences en matière de cens baissèrent au fil des siècles, et on trouvait aussi dans l'armée des volontaires qui ne répondaient pas à ces exigences. Le principe ne fut cependant jamais supprimé. Pour les membres de l'élite, le passage par l'armée était du reste une obligation : impossible de commencer une carrière politique si l'on n'avait pas accompli un certain nombre de campagnes militaires. Caius Sempronius Gracchus a même fait douze années de campagnes, alors que les autres se contentaient des dix obligatoires[29].

Comment les citoyens romains étaient-ils enrôlés à Rome ? Les modalités ont varié selon les époques. Pendant toute l'époque républicaine, le processus du *dilec-*

26. Sénèque, *De breu. uit.* 20, 5 ; Quintilien, *Inst. or.* IX, 2, 85 ; Tite-Live XL, 26, 7 ; XLII, 31, 4 ; XLII, 33, 4 ; XLII, 34, 11. Pour l'armée républicaine, voir Keppie 1984 ; Erdkamp 2007, p. 45-179 ; Sage 2008 ; Cosme 2012.
27. Saddington 1982 ; Saddington 2015, p. 32-33 ; Stephenson 2015, p. 172-179 ; Kennedy 2015, p. 349-350.
28. Rathbone 1993, p. 142.
29. Plutarque, *C. Grac.* II, 9.

tus est cependant resté plus ou moins le même[30]. C'était un processus long, auquel on renonçait en cas de danger pressant. Dans ce cas, on avait recours au *tumultus*, une levée en urgence, et on enrôlait tous les hommes, sans prendre le temps de les choisir. Le mot même de *dilectus* implique en effet une notion de « choix », et choix il y avait bien entre les citoyens romains mobilisables. À l'époque républicaine, cet enrôlement avait lieu en principe tous les ans, en réalité en fonction des besoins, quand il fallait lever de nouvelles légions et/ou compléter celles qui existaient déjà. Il n'y avait qu'une seule levée par an, qui se déroulait au début de l'année, au moment de l'entrée en fonction des consuls, mais il pouvait y avoir par la suite, au cours de l'année, d'autres enrôlements, par exemple pour envoyer des renforts à une armée. Ce n'étaient cependant pas des *dilectus*. C'est le Sénat qui donnait l'autorisation de sa tenue et c'est lui qui fixait le nombre d'hommes à recruter, une autorisation dont ont eu tendance à se passer les commandants en chef du Iᵉʳ s. av. J.-C. Il avait lieu au début à Rome : c'est là que devaient se rendre tous les citoyens romains mobilisables. Les magistrats annonçaient au peuple le jour où devaient se réunir tous les Romains en âge de servir (et habitant l'Italie), le rassemblement devant avoir lieu au Capitole d'abord, sur le Champ de Mars plus tard. Cette annonce était sans doute aussi faite au moyen d'un édit affiché et proclamé (pour ceux qui n'habitaient pas Rome et ne se trouvaient pas à l'assemblée) et d'un drapeau rouge sur le Capitole, le délai devant être de trente jours entre la proclamation et la tenue du *dilectus*. Une telle procédure devint de plus en plus difficile au fur et à mesure de l'extension des conquêtes romaines. C'est pourquoi il y avait, pour les citoyens romains habitant des villes où les opérations du cens avaient lieu, une première sélection qui s'opérait chez eux, par l'entremise des autorités locales, et seuls ces citoyens romains choisis se rendaient à Rome[31]. Ils y retrouvaient les citoyens romains qui habitaient Rome ou ses alentours et tous ceux qui n'habitaient pas une ville où avaient lieu les opérations du cens. C'est d'autre part à partir du Iᵉʳ s. av. J.-C. que les commandants en chef commencèrent à enrôler dans les légions qu'ils commandaient des citoyens romains vivant dans les provinces. Une fois les citoyens romains réunis à Rome, les autorités, qui disposaient de listes des citoyens mobilisables, avec l'indication des années où ils avaient été ou étaient mobilisés, choisissaient parmi eux, c'était l'étape fondamentale, compte tenu de l'étymologie du mot *dilectus*. Les critères de ce choix et ses modalités nous échappent en grande partie. Cicéron écrit que le nom du premier soldat choisi devait être d'heureux présage et promettre le succès[32]. Le premier nom aurait donc été choisi par le consul sur les listes qu'il avait sous les yeux en fonction de sa signification. Pour les autres, il y avait parfois recours au tirage au sort. En 198, le consul Flamininus appela les hommes qui avaient déjà servi dans la péninsule Ibérique ou en Afrique, de façon à disposer de soldats aguerris ; les consuls Caius Cassius Longinus et Publius Licinius Crassus agirent de même en 171[33]. Ces choix pouvaient causer des mécontentements : en 151, les consuls furent accusés de favoritisme : ils auraient réservé à certains soldats des campagnes moins pénibles[34]. Le choix une fois opéré,

30. De Ligt 2007, p. 115-131.
31. Brunt 1971, p. 37-38, 633-634 ; Humbert 1978, p. 323-324.
32. Cicéron, *De diu.* I, 102.
33. Tite-Live XXXII, 9, 1 ; XLII, 32, 6.
34. Tite-Live XLIII, 14, 3.

il fallait répartir les citoyens retenus dans les différentes légions. Polybe décrit un processus destiné à assurer l'égalité de la répartition[35] : dans chaque tribu, les tribuns sélectionnaient quatre jeunes soldats qui avaient à peu près le même âge et la même stature ; les tribuns de la première légion en choisissaient un, puis ceux de la deuxième légion faisaient de même, puis ceux de la troisième, enfin ceux de la quatrième. Ils sélectionnaient ensuite quatre autres soldats, mais cette fois, c'étaient les tribuns de la deuxième légion qui commençaient pour le choix. Ainsi de suite jusqu'à ce que les légions fussent complètes. C'est un système compliqué et long, mais Polybe précise qu'ainsi il n'y avait aucune injustice. La dernière répartition à la charge des tribuns, qui pouvait avoir lieu dans la foulée ou un autre jour, concernait la catégorie dans laquelle étaient incorporés les soldats : pour les fantassins lourds, *hastati*, *principes* ou *triarii*, et le choix des centurions[36]. L'enrôlement lui-même ne suffisait pas à faire des citoyens romains choisis des guerriers. Ils devaient prêter serment et c'était ce serment qui les autorisait à participer à un combat armé et à tuer. Cette prestation de serment intervenait au début du *dilectus* dans un premier temps, et concernait donc l'ensemble des *iuniores* ; au moins à partir de 172 av. J.-C., elle intervenait à la fin du *dilectus*, et ne concernait donc que les citoyens enrôlés[37]. Ces derniers juraient d'obéir aux ordres du commandant en chef et de se trouver au lieu de rendez-vous fixé par le consul. À la fin du *dilectus* en effet, les citoyens étaient renvoyés chez eux, à charge pour eux de se rassembler avec leurs armes un jour donné dans un lieu donné.

Pour ce qui est des alliés et peuples de nom latin et des contingents fournis par les peuples conquis ou alliés en dehors de l'Italie, les autorités romaines indiquaient aux responsables le nombre d'hommes qu'ils devaient fournir, à charge pour eux d'organiser l'enrôlement.

À l'époque impériale, le *dilectus* avait lieu tous les ans en Italie et dans les provinces[38]. On comptait 28 légions au début de l'Empire, 25 après 9 apr. J.-C. et ce chiffre varia peu durant les deux premiers siècles de l'Empire. Une légion comportant environ 5 000 hommes, cela veut dire qu'il y avait 125 000 citoyens romains mobilisés en permanence (sans compter les soldats auxiliaires, qui étaient aussi nombreux). Pour renouveler les effectifs et remplacer les hommes morts ou démobilisés, les autorités romaines avaient besoin de 6 000 hommes environ (et autant pour les auxiliaires et la garnison de Rome avec la marine, soit au total 18 000 hommes)[39]. Le responsable de la levée était le gouverneur de la province, épaulé par des assistants de rang sénatorial ou équestre, et un homme de rang sénatorial pour l'Italie, qui n'était pas une province. En cas d'urgence, on faisait appel à des chargés de mission extraordinaires. Les candidats à l'enrôlement devaient passer devant un conseil de révision, qui contrôlait leurs capacités physiques (il fallait une bonne condition physique et une taille minimum, et être jeune de préférence, compte tenu de la longueur du service) et intellectuelles (il fallait connaître le latin et il était mieux de savoir lire, écrire et compter) et leur statut (pour savoir dans quel corps les enrôler et pour vérifier qu'ils n'étaient pas esclaves

35. Polybe VI, 20, 1-7.
36. Polybe VI, 21, 7-10, 24, 1.
37. Tondo 1963, 1968 ; Hinard 1983 ; 1992 ; Rüpke 1990, p. 81 sv., 90 sv.
38. Brunt 1990 ; Le Bohec 2002, p. 71-108 ; Cosme 2012, p. 103-114.
39. Le Bohec 2002, p. 74.

ou qu'ils n'exerçaient pas de métier infamant). S'ils étaient choisis, ils devaient encore en tant que recrues subir une période d'essai de quatre mois, la *probatio*, et ce n'est qu'après cette période qu'ils devenaient des soldats. Être soldat dans l'armée romaine, dans la garnison de Rome, les légions ou encore les troupes auxiliaires ou la marine, n'était donc pas à la portée du premier venu. Il y avait véritablement choix, même si cela pouvait poser des problèmes aux autorités romaines.

Le *dilectus* ne se déroulait en effet pas toujours très bien, et les auteurs anciens mentionnent des cas où les autorités romaines eurent du mal à recruter le nombre d'hommes nécessaires. Cicéron lui-même écrit à Atticus, certes le 1er ou le 2 avril 49, donc en pleine guerre civile entre Pompée et César, ce qui constitue une circonstance très particulière, que les levées étaient pénibles par elles-mêmes, même quand elles étaient faites par des hommes de bien, en vue d'une guerre légitime et avec modération[40]. Même en dehors des guerres civiles, l'enrôlement pouvait mal se passer, et ce aussi bien à l'époque républicaine qu'à l'époque impériale, les exemples étant toutefois plus nombreux pour la première que pour la seconde. Ces difficultés étaient liées à trois facteurs : le manque de citoyens mobilisables, l'opposition systématique des tribuns de la plèbe, la mauvaise volonté des citoyens mobilisables. Pour l'époque républicaine, si l'on ne compte pas les circonstances liées à des causes matérielles, en l'occurrence les épidémies, qui entraînent un manque d'hommes, le refus des citoyens à l'égard de l'enrôlement, ou tout du moins leur très mauvaise volonté, et/ou l'opposition des tribuns de la plèbe, étaient liés à des facteurs différents selon les périodes[41] : les tribuns de la plèbe l'ont utilisé comme un moyen de chantage aux Ve et IVe s., époque durant laquelle les levées difficiles furent les plus nombreuses, s'il faut en croire du moins la reconstruction présentée par les annalistes ; à partir du IIIe s., les conflits politiques entre patriciens et plébéiens se sont apaisés, tandis que les conquêtes romaines se sont étendues, et une partie des citoyens n'avait pas envie de risquer sa vie alors que les perspectives de butin étaient faibles, ou n'avait pas envie de rester trop longtemps absente, ou avait peur quand la guerre s'annonçait difficile ; au Ier s., pendant les guerres civiles, on trouve à la fois le refus comme moyen de chantage et expression du sentiment de rejet des citoyens. Il ne faut cependant pas exagérer l'importance de ces levées difficiles. Elles ont existé certes, mais leur nombre est resté limité par rapport au nombre total des levées. Elles n'ont d'autre part que très rarement été causées par le refus de servir en général, mais plutôt par le refus de servir pour un conflit donné, ou parce que c'était ainsi un moyen d'obtenir le succès de revendications. Enfin, malgré les difficultés, les levées eurent toujours lieu (sauf cas exceptionnels au cours des deux premiers siècles de la République).

Qu'en est-il des deux premiers siècles de l'Empire ? Les mentions des auteurs anciens sont moins nombreuses. Un cas est célèbre à l'époque augustéenne. Il s'agit de la levée qui suivit le désastre de Varus, survenu en 9 apr. J.-C. Trois légions ont été anéanties, le danger semblait pressant, et il fallait reconstituer les forces disparues pour les envoyer en Germanie. Auguste fit donc organiser une levée, mais il eut

40. Cicéron, *Ad Att.* IX, 19, 1.
41. Wolff 2007.

beaucoup de mal à trouver les hommes nécessaires[42]. Devant le refus de s'enrôler des hommes en âge de porter les armes, il les fit tirer au sort, et le cinquième parmi ceux qui avaient en-dessous de 35 ans, le dixième parmi ceux qui étaient plus âgés, furent dépouillés de leurs biens et privés de leurs droits civiques ; il fut même, devant le refus renouvelé de certains, contraint d'en mettre quelques-uns à mort. Il enrôla également des esclaves, après les avoir affranchis, ainsi que des vétérans[43]. C'est probablement au cours de cet enrôlement qu'un chevalier coupa les pouces de ses fils. Il fut condamné par Auguste à être vendu aux enchères avec tous ses biens, et l'empereur veilla à ce qu'il ne fût pas acheté par des publicains, qui l'auraient sans doute affranchi ; le chevalier devenu esclave fut relégué à la campagne et autorisé à vivre en homme libre[44]. Pour l'Empire, c'est le premier cas connu de mutilation pour éviter le service militaire. Pour l'époque républicaine, il n'y a qu'un cas connu, et c'est un cas d'automutilation : en 90 av. J.-C., Caius Vettienus se coupa les doigts de la main gauche, et Valère Maxime écrit explicitement qu'il voulait éviter ainsi l'enrôlement[45]. Les consuls, après avoir consulté le Sénat, le condamnèrent à la confiscation de ses biens et à une peine de prison perpétuelle, ce qui est une punition extraordinaire, au sens étymologique du terme[46]. Le conflit auquel cherchait à échapper Caius Vettienus était un conflit particulièrement dur, puisqu'il s'agit de la Guerre des Alliés. C'est le seul cas connu, cela ne veut pas dire qu'il n'y en ait pas eu d'autres. Pour les deux premiers siècles de l'Empire, outre le cas de la levée de 10 apr. J.-C., il y a des traces dans la législation non pas d'automutilation, mais de mutilation effectuée par quelqu'un qui a autorité sur la victime. Comme c'est l'empereur Trajan qui a fixé la peine à appliquer au père coupable (la déportation), c'est à l'occasion soit des guerres daciques, soit des guerres parthiques, qu'un père a affaibli son fils pour qu'il fût inapte au service, alors qu'une levée avait été officiellement déclarée[47]. Menenius, le juriste, ne parle certes pas explicitement de mutilation, mais le verbe qu'il emploie, *debilitare*, « affaiblir », implique la mutilation. Un père peut également cacher ses fils pour les soustraire à l'enrôlement ; en temps de guerre, il était condamné à l'exil et à la confiscation d'une partie de ses biens, en temps de paix, il était frappé à coups de bâton et son fil enrôlé dans un corps inférieur[48].

L'armée romaine constitue bien un cas particulier par rapport à d'autres armées antiques. Elle fut une armée de conscription qui devint professionnelle et donc permanente, tout en restant de conscription. Seule une partie, de plus en plus importante toutefois, des citoyens pouvait être enrôlée, le service militaire étant considéré comme un honneur et une obligation pour les membres de l'élite qui souhaitaient faire une carrière politique. Sauf exceptions, les autorités romaines purent toujours choisir parmi les citoyens mobilisables ceux qui seraient enrôlés. Les armées romaines ne comptaient enfin pas de mercenaires, mais des auxiliaires pris parmi les peuples

42. À propos de cette levée, voir Wolff 2013, p. 194-196.
43. Suétone, *Aug.* 25, 2 ; Dion Cassius LVI, 23, 2-3 ; Macrobe I, 11 (32).
44. Suétone, *Aug.* 24. Marin y Peña 1956, p. 234 ; Wierschowski 1995, p. 210 ; Kissel 1996, p. 289.
45. Valère Maxime VI, 3, 3. Wierschowski 1995, p. 221-222, 226 ; Kissel 1996, p. 293.
46. David 1984, p. 153-154 ; Lovisi 1999, p. 173.
47. *Dig.* XLIX, 16, 4, 12. Carcani [1874] 1981, p. 90 sq. ; Wierschowski 1995, p. 218 sq. ; 1997, p. 5-6.
48. *Dig.* XLIX, 16, 4, 11.

conquis ou alliés et formant l'infanterie légère et la cavalerie. Tout n'était certes pas idéal, les citoyens pouvaient refuser d'être enrôlés ou du moins manifester une très grande mauvaise volonté, les auxiliaires n'étaient pas toujours dignes de confiance. Il n'en reste pas moins que les autorités romaines surent, parfois malgré elles, parfois avec retard, faire de l'armée romaine un instrument au service de la grandeur de Rome.

Catherine Wolff
Université d'Avignon et des Pays de Vaucluse
UMR 5189 HiSoMA

Bibliographie

Brunt P.A. (1971), *Italian Manpower 225 BC-AD 14*, Oxford, Clarendon Press.

—. (1990), « Conscription and volunteering in the Roman imperial army », dans Id., *Roman Imperial Themes*, Oxford, Clarendon Press, p. 188-214 ; 512-513.

Cadiou F. (2002), « À propos du service militaire dans l'armée romaine au IIe siècle avant J.-C. : le cas de Spurius Ligustinus (Tite-Live 42, 34) », dans Defosse P. (dir.), *Hommages à Carl Deroux*, t. II, Bruxelles, Latomus, p. 76-90.

Campbell B., Tritle L.A. (2013) (dir.), *The Oxford Handbook of Warfare in the Classical World*, New York, Oxford UP.

Carcani M. ([1874] 1981), *Dei Reati delle pene e di giudizi militari presso i romani confrontati colle disposizioni del codice penale per l'esercito del regno d'Italia*, Milan, P. Agnellli, réimpr. Naples, Jovene.

Cosme P. (2012), *L'armée romaine VIIIe* s. av. J.-C.-*Ve s. apr. J.-C.*, Paris, A. Colin (2e éd.).

David J.-M. (1984), « Du *comitium* à la roche tarpéienne... Sur certains rituels d'exécution capitale sous la République, les règnes d'Auguste et de Tibère », dans *Du châtiment dans la cité. Supplices corporels et peines de mort dans le monde antique*, Rome, ÉFR (CÉFR, 79), p. 131-176.

De Blois L. (2000), « Army and society in the late Roman Republic: professionalism and the role of the military middle cadre », dans Alföldy G., Dobson B., Eck W. (dir.) (2000), *Kaiser, Heer und Gesellschaft in der Römischen Kaiserzeit*, Stuttgart, F. Steiner, p. 11-31.

De Ligt L. (2007), « Roman manpower and recruitment during the middle Republic », dans Erdkamp 2007, p. 115-131.

De Souza P. (2013), « War at sea », dans Campbell, Tritle 2013, p. 369-394.

Erdkamp P. (dir.) (2007), *A Companion of the Roman Army*, Oxford / Malden, Blackwell, p. 201-217.

Fraccaro P. (1975), *Opuscula* IV. *Della guerra presso i Romani*, Pavie, presso la rivista *Athenaeum*.

Gabba E. (1976), *Republican Rome: the Army and Allies*, Berkeley, University of California Press.

Gilliver K. (2007), « The Augustan reform and the structure of the Imperial army », dans Erdkamp 2007, p. 183-200.

Hamdoune C. (1999), *Les* auxilia externa *africains des armées romaines IIIe* siècle av. *J.-C.- IVe siècle apr. J.-C.*, Montpellier, ESID Université Paul Valéry.

Hinard F. (1983), « *Sacramentum* », *Athenaeum*, 71, 1, p. 251-263.

—. (1992), « Aulu-Gelle et les serments militaires », dans *Au miroir de la culture antique. Mélanges René Marache*, Rennes, PU de Rennes, p. 287-301.

Humbert M. (1978), Municipium *et* civitas sine suffragio *L'organisation de la conquête jusqu'à la guerre sociale*, Rome, ÉFR (CÉFR, 36).

ILARI V. (1974), *Gli Italici nelle strutture militari Romane*, Milan, A. Giuffrè.

JUNKELMANN M. (2015), « Cavalry: Republic », dans Le Bohec *et al.* 2015, t. I, p. 167-172.

KENNEDY D. (2015), « Eastern auxiliaries: Empire », dans Le Bohec *et al.* 2015, t. I, p. 349-350.

KEPPIE L. (1984), *The Making of the Roman Army. From Republic to Empire*, Londres, B.T. Batsford.

KISSEL T. (1996), "Kriegsdienstverweigerung im römischen Heer", *AW*, 27, 4, p. 289-296.

LE BOHEC Y. (2002), *L'armée romaine*, Paris, Picard (3e éd. rev. et augm.).

LE BOHEC Y. *et al.* (dir.) (2015), *The Encyclopedia of the Roman Army*, 3 vol., Malden / Oxford, Wiley-Blackwell.

LETTA C. (2015), « Allies: Republic », dans Le Bohec *et al.* 2015, t. I, p. 31-32.

LOVISI C. (1999), *Contribution à l'étude de la peine de mort sous la République romaine (509-149 av. J.-C.)*, Paris, de Boccard.

MCCALL J. (2002), *The Cavalry of the Roman Republic*, Londres / New York, Routledge.

MARIN Y PEÑA, M. (1956), *Instituciones militares romanas*, Madrid, C. Bermejo (Enciclopedía clásica, II).

RATHBONE D. (1993), « The *census* qualifications of the *assidui* and the *prima classis* », dans Sancisi-Weerdenburg H, van der Spek R. J., Teitler H. C., Wallinga H. T. (dir.), De Agricultura. *In memoriam Pieter Willem de Neeve (1945-1990)*, Amsterdam, J.C. Gieben, p. 121-152.

REDDÉ M. (1986), Mare nostrum. *Les infrastructures, le dispositif et l'histoire de la marine militaire sous l'Empire romain*, Rome, ÉFR (BÉFAR, 260).

RICH J. (1983), « The supposed Roman manpower shortage in the later second century BC », *Historia*, 32, p. 287-331.

RÜPKE J. (1990), Domi militiae. *Die religiöse Konstruktion des Krieges in Rom*, Stuttgart, F. Steiner.

SADDINGTON D. B. (1982), *The Development of the Roman Auxiliary Forces from Caesar to Vespasian (49 BC-AD 79)*, Harare, University of Zimbabwe.

—. (2007), « *Classes*. The evolution of the Roman imperial fleets », dans Erdkamp 2007, p. 201-217.

—. (2015), « Allies: principate », dans Le Bohec *et al.* 2015, t. I, p. 32-33.

SAGE M. (2008), *The Republican Roman Army: A Sourcebook*, Londres / New York, Routledge.

SPEIDEL M. P. (1994a), *Die Denkmäler der Kaiserreiter.* Equites singulares Augusti, Cologne, Habelt.

—. (1994b), *Riding for Caesar. The Roman Emperors' Horse Guard*, Londres, Harvard UP.

STEPHENSON I. (2015), « Cavalry: Principate », dans Y. Le Bohec *et al.* 2015, t. I, p. 172-179.

TONDO S. (1963), « Il *sacramentum militiae* nell'ambiente culturale romano-italico », *SDHI*, 29, p. 1-123.

TONDO S. (1968), « Sul *sacramentum militiae* », *SDHI*, 34, p. 376-396.

TOYNBEE A. J. (1965), *Hannibal's Legacy: the Hannibalic war's effects on Roman life*, t. I. *Rome and her neighbours before Hannibal's entry*; t. II. *Rome and her neighbours after Hannibal's exit*, Londres / New York, Oxford UP.

TRUNDLE M. (2013), « The business of war. Mercenaries », dans Campbell, Tritle 2013, p. 330-350.

WIERSCHOWSKI L. (1995), "Kriegsdienstverweigerung im römischen Reich", *AncSoc*, 26, p. 205-239.

—. (1997), "Eine andere Seite Roms : Deserteure und Kriegsdienstverweigerer", *Varus-Kurier*, p. 5-6.

WOLFF C. (2007), « Le refus du service militaire à Rome à l'époque républicaine », *RÉMA*, 4, p. 17-58.

—. (2013), « Les confiscations à Rome dans le cadre de la vie militaire (ve siècle a.C.-Ier siècle p.C.) », dans Ferriès M.-C., Delrieux F. (dir.), *Spolier et confisquer dans les mondes grec et romain*, Chambéry, Université de Savoie, p. 193-207.

YOSHIMURA T. (1961), « Die Auxiliartruppen und die Provinzialklientel in der römischen Republik », *Historia*, 10, p. 473-495.

Comptes rendus

Fabrice De Backer, *L'art du siège néo-assyrien*, Leyde / Boston, Brill (Culture and History of the Ancient Near East, 61), 2013, xxv, 527 p., 104 pl.

En introduction (XXI-XXV), l'A. présente la documentation utilisée pour sa recherche : les sources écrites (principalement les inscriptions royales mais aussi les actes juridiques de vente conclus lors d'un siège, cf. ci-dessous ; la documentation épistolaire et administrative est cependant exclue, cf. p. XXIV, sans réelle justification) ; les données matérielles fournies par l'archéologie (fouilles de Lakish, Ašdod, la porte de Halzi à Ninive...) et les « arts visuels » (les bas-reliefs des palais assyriens, les bandeaux en bronze de la porte de Balawat...). Le principe qui guide cette recherche est de mettre en corrélation les informations issues de ces différentes sources (bilan sur cette question dans la conclusion p. 316). Il en ressort que, les programmes iconographiques étant répartis de façon inégale sur la période concernée, le périmètre chronologique de l'étude s'en trouve restreint à cinq règnes[1]. Un bref « État de la question » est présenté au **Chap. 1** (p. 1-2). Le **Chap. 2** (p. 3-10) est suivi d'un exposé des principaux évènements politico-militaires à partir du règne d'Aššurnaṣirpal II jusqu'à la fin définitive de l'empire assyrien sous Aššur-uballiṭ II (612-609 av. J.-C.). Le **Chap. 3** (p. 11-87) porte sur les « machines de siège néo-assyriennes ». Le § 3.2 (« Rappel technique », p. 12-17) consiste en une introduction générale sur les engins de siège, leur évolution et leur utilisation tactique. Les mieux documentés sont la tour et la tortue-bélière, celle-ci correspond à un bélier disposant d'une couverture de protection (p. 15). Autre engin traité le (simple) bélier et le cavalier : il s'agit d'un véhicule, doté d'une couverture, dont l'équipage procède au comblement des fossés. Toutefois, aucune attestation textuelle ou iconographique n'en démontre l'existence. L'A. suggère cependant un rapprochement avec le terme akkadien *samukānū* (p. 17 et fig. 12) : la question est rediscutée p. 80 et p. 232 (cf. fig. 84 pour la reconstitution de cet engin et pour un autre avis cf. le compte rendu de l'ouvrage de S. Rey dans cet ouvrage ; à noter que la fig. 12 concerne plutôt une tortue-bélière). La catapulte (p. 17) est aussi mentionnée très brièvement : un renvoi aux pages 50-63, où la question est traitée de façon approfondie, aurait été nécessaire. Dans cette discussion, l'A. parvient à juste titre à la conclusion que cette machine n'était pas connue à l'époque néo-assyrienne (p. 63). On fera ici un bref rappel des données qui ont suggéré son existence : **1/** sa possible représentation dans un bas-relief d'Aššurnaṣirpal II (p. 51, fig. 57), interprétation qu'il convient effectivement de ne pas retenir ; **2/** Le passage de 2Chron. 26,

1. Aššurnaṣirpal II (884-859 av. J.-C.) ; Salmanazar III (859-824 av. J.-C.) ; Tiglath-phalazar III (745-727 av. J.-C.) ; Sargon II (722-705 av. J.-C.) ; Sennacherib (704-681 av. J.-C.) ; Aššurbanipal (669-626 av. J.-C.).

15 (p. 60) : l'hapax *ḥešbonot* a été expliqué comme désignant une machine de jet à partir du terme correspondant (μεχαναί) dans la Septante. Mais cette identification ne fait pas l'objet d'un consensus. Y. Yadin a par exemple suggéré qu'il s'agissait de hourds. Sur ce point et la catapulte en général, il convient d'ajouter ce que dit I. Eph'al, *The City Besieged. Siege and its Manifestations in the Ancient Near East*, 2009, Leiden / Boston, CHANE, 36, p. 100-102, qui considère que *ḥešbonot* désigne bien une machine de jet mais qu'il s'agit d'un anachronisme, le rédacteur des Chroniques ayant transposé à l'époque d'Ozias, une réalité qui lui était contemporaine (*ca.* 400 av. J.-C.) ; **3**/ L'expression *šupê nimgalli* (p. 52) qui figure dans un passage des annales de Sennachérib, a été comprise comme désignant un appareil de propulsion : le premier terme se rapportant à un « engin de siège » et le second désignant au propre en sumérien « une grande mouche ». On complètera la discussion de l'A. sur cet équipement par les observations suivantes : **a**/ *šupê nimgalli* n'existe pas dans le texte en question : *nimgallu* forme en fait un état construit avec le mot qui suit *dūru* (« rempart ») ; **b**/ l'emprunt du sumérien est envisagé par le AHw, p. 790. Le CAD N/2, p. 234 traduit *nimgallu* simplement par « Siege engine » et ne se prononce pas sur l'étymologie. Le AHw considère cependant comme autre possibilité une forme dérivée de *niggallu* (?) « faucille ». Dans ce cas, on aurait affaire à un outil servant à creuser le mur (sur le décapage du parement de la muraille avec des couteaux, p. 200-201) ; **c**/ *nimgallu* est un terme rare. Il apparaît en relation avec le grappin (?) *kalbānātu* dans la liste lexicale *Malkû* et dans le texte de Sennachérib mentionné ci-dessus (pour le *kalbānātu*, cf. l'article de P. Abrahami dans le présent volume n. 54). W. G. Lambert, *Babylonian Oracle Questions*, Winona Lake, Eisenbrauns, 2007, p. 146, a identifié le *nimgalli dūri* à une corde disposant de crochets que l'on lançait sur le mur afin de le démanteler : l'ensemble aurait fait penser à des pattes de mouches. I. Hrůša, *Die akkadische Synonymen liste* malku = šarru. *Eine Textedition mit Überstzung und Kommentar*, Münster, Ugarit Verlag (AOAT, 50), 2010, p. 228, propose à peu près la même chose mais y voit un moyen ascensionnel. Un élément de l'engin *nimgallu* / *kalbānātu* pourrait être attesté archéologiquement par l'objet mis au jour à Tel Seraʿ, consistant en une chaîne munie d'un crochet à 4 dents, cf. E. Stern, *Archaeology of the Land of The Bible. The Assyrian, Babylonian and Persian Periods 732-332 BCE*, t. 2, New-York, 2001, p. 9 fig. I.5.

Dans la suite du chapitre 3, est abordée l'étude des structures des engins de siège, notamment la caisse et les roues qui peuvent être cloutées (p. 23-24 et renvoi à la fig. 24 mais qui ne montre pas ce type de dispositif). Les mécanismes afférents à leur mise en action, p. 26-28, sont discutés, ainsi que les différentes hypothèses envisagées quant à la suspension et l'activation du madrier des béliers : les textes et les représentations ne donnent pas d'information à ce sujet, l'A. a donc recours aux écrits de Vitruve ainsi qu'à un raisonnement technique rigoureux qui débouche sur une proposition, cf. fig. 26-27. Cette démarche qui pourrait présider à une phase d'expérimentation permet de poser d'intéressantes questions comme c'est le cas, par exemple, à propos des moyens de déplacer ces engins p. 32-34 : traction animale (cf. aussi fig. 42) ou par l'équipage de l'intérieur dans le cas de machine à fond ouvert (fig. 38, fig. 40-41 sur la disposition des équipages au sein de la structure). Les différents moyens de couverture pour protéger l'engin, notamment contre le feu, sont discutés p. 39-44 : fig. 5 plutôt qu'une fonction magique, les bandes représentées sur la tortue-bélière constituent sans doute une forme de blindage. L'évolution, à partir de l'iconographie, des différents modèles d'engins de siège, déclinés chacun en plusieurs versions, est étudiée aux pages 44-87. Les descriptions donnent lieu souvent à des répétitions mot pour mot, ce qui provoque des longueurs et brouille la compréhension (cf. par exemple le cas de la tortue-bélière modèle 1 et 2, p. 45-46). Après les machines de siège, l'A. s'intéresse dans le **Chap. 4**, (p. 89-106) au « (Le) matériel de siège néo-assyrien » qu'il présente en fonction de l'objectif recherché (Fortifications, Assaut, Défense, Construction, Destruction, Combustibles, Transport). L'A. se fonde dans cette partie presque uniquement sur la documentation iconographique à laquelle il renvoie en se référant aux publications des bas-reliefs et plus rarement à ces propres dessins regroupés dans l'annexe des planches. Dans certains cas, les termes akkadiens correspondant sont cependant cités : c'est le cas des échelles de siège (*simmiltu* p. 91) ou encore du bitume et de ces dérivés (*ittû, kupru, napṭu*). L'inventaire des équipements et des moyens est systématique, qu'ils soient ou non attestés dans les représentations, par exemple le cas des outils (lime, masse, ciseaux, p. 97) et p. 106, les bandages pour soigner les blessés. On note aussi que parmi les équipements recensés dans ce chapitre, certains concernent les assiégés (le cas des hourds, p. 94 et des « objets lourds », p. 96 qui servent à bombarder les assiégeants). Le **Chap. 5** (p. 109-131) « Le personnel de siège néo-assyriens » suggère un traitement des catégories de troupes spécifiquement impliquées dans les sièges : c'est le cas pour les sapeurs (p. 127), mais on s'attendrait à ce que soient également présentés dans cette partie : l'unité d'assaut composée d'un archer et d'un lancier protégé par un grand bouclier, les frondeurs, les équipages des engins de sièges, les archers, etc. En fait, bien que l'auteur s'en défende, p. 110, on a plutôt affaire dans une première partie (§ 5.2, p. 110-121) à des considérations relatives à l'organisation de l'armée en général et pas nécessairement donc dans le cadre des opérations de siège. La suite du chapitre relève plutôt des moyens tactiques évoqués par l'intitulé des paragraphes : « Harcèlement », « Insertion », « Réserve » notamment qui sont d'ailleurs des aspects repris au chapitre suivant (p. 155, 158, 199). Le **Chap. 6**, « Les techniques de siège néo-assyriens », est le plus développé de l'ouvrage (p. 133-272). Sont présentées : les « Tactiques de base » (p. 135-160), les « Tactiques générales » (p. 160-199) ; les « Tactiques utilisées contre les remparts assiégés » (p. 200-213) et les « Tactiques utilisées contre les portes des remparts assiégés » (p. 214-234). En ce qui concerne les deux premières parties, il eut été plus clair de les structurer en fonction de thématiques précisant les caractéristiques des procédés utilisés : statique (blocus), dynamique (assaut), politique et psychologique. De ces deux dernières catégories relèveraient par exemple le § 6.4.6 « Amitié et négociation amicales... » et les § 6.4.17 et suivants « Terreur (Terrorisme) : *puluhtu* » ainsi que le § 6.5.16 « Destruction des vergers... » qui lui se trouve dans la partie « Tactiques générales ». En introduction à ce chapitre, il aurait été souhaitable de préciser que les catégories présentées en titre de paragraphes et notamment à travers les termes akkadiens, émanent le plus souvent de l'intitulé des questions posées à la divinité lors de l'acte d'extipicine sur la manière la plus favorable de prendre la ville. Ce point est évoqué mais de manière très rapide dans le § 6.3, p. 134, dans ce qui est considéré à tort comme « L'aspect religieux du siège », sur ce point, on se reportera à I. Eph'al, *The City Besieged...*, p. 18-23 et à l'article de P. Abrahami dans le présent volume. Dans la partie « Tactiques générales » sont étudiées les différentes formes d'attaque, par exemple l'« Attaque de la petite dimension », p. 161, qui revient à une attaque concentrée sur un espace réduit du périmètre défensif : un schéma se rapportant à ce procédé se trouve fig. 215 mais l'explication qui est donnée de ce croquis est difficile à suivre. On trouvera d'utiles remarques sur d'autres types d'attaque (concentrique et convergente, centripète, attaque suicide). À noter cependant que le lien entre les figures et les procédés discutés n'est pas toujours clair (par exemple la fig. 91 qui montre un homme empalé est mise en rapport avec l'attaque centripète). Pour la « bataille au pied des murs de la cité », p. 161, qui permet d'obtenir la reddition de la ville, le colloque mentionné à la n. 86 est en fait publié. La référence des actes se trouve d'ailleurs dans la bibliographie, p. 501, sous l'entrée Abrahami P. à la p. 15 de l'article « L'armée d'Akkad ». Dans la suite du chapitre (p. 165-175) sont énumérés les types de tir en fonction de leur finalité : au total 35 types de tir : au jugé, d'essai, de préparation, de couverture, etc. Toutes ces formes de tir ne sont cependant pas documentées, loin s'en faut. La démarche est néanmoins intéressante d'autant que l'A. livre à chaque fois une définition précise mais le fait de procéder par coupé-collé est encore une fois source de confusion (par exemple p. 168-169 à propos du « Tir de couverture » et du « Tir de soutien » : n'aurait-il pas mieux valu dire explicitement que la distinction entre ces deux catégories, est fondée sur la distance qui sépare les unités attaquantes par rapport aux troupes qui les soutiennent ?). La discussion sur les rampes se trouve aux pages 177-194. On relève deux catégories : celle qui atteint les créneaux des remparts et sert à l'assaut et la rampe de siège qui s'élève à la moitié des remparts et sert à la progression des engins de siège. Les études menées à partir des fouilles de la rampe construite par les Assyriens, lors du siège en 701 av. J.-C., de la ville de Lakish en Judée, constituent un des fils directeurs de cette partie à partir duquel l'A. interroge la documentation textuelle et iconographique sur d'importantes questions (structures, matériaux constitutifs, emplacement). Ce chapitre traite également des parades utilisées par les assiégés (§ 6.8, p. 235-272). C'est dans cette partie que l'on trouvera notamment une présentation des ouvrages de défense et des aménagements réalisés dans les fortifications (archères, crénelage, etc.). Y sont également étudiés les ouvrages et les techniques de combat développés par les assiégés. Il est par exemple question des balanciers (il s'agit de pierres suspendues devant les remparts qui étaient actionnées contre les engins de siège p. 256) et de la contre-rampe (p. 259), ces deux moyens de défense étant également attestés archéologiquement à Lakish. Le **Chap. 7** (p. 273-312) retrace les étapes du déroulement d'un siège tel qu'il peut être idéalement reconstitué à partir des éléments étudiés aux chapitres précédents. Les différentes phases sont illustrées par un renvoi aux textes figurant en annexe ou à des données archéologiques (les fouilles d'Ašdod, p. 300-302 ou de Lakish, p. 305). C'est dans ce chapitre que sont présentés les « Siege documents ». Ces actes de ventes comportent une allusion au siège en cours au moment de leur conclusion, et parfois à la situation dramatique de famine et de grande précarité de la partie qui cède son bien, dans certains cas ses propres enfants, (une partie de ces documents sont repris dans l'annexe n°64-65). Sur cette documentation, il convient de consulter I. Eph'al, *The City Besieged...*, p. 115-151 et J. J. Justel, « The economic role of women during the crisis in Emar (Syria) » dans http://refema.hypotheses.org/175. Les conclusions sont présentées au **Chap. 8** (p. 313-318). L'A. y évoque notamment les qualités principales des armées assyriennes qui garantissent leur succès dans les opérations de siège (puissance de feu, mobilité, capacité à mener simultanément plusieurs actions, entraînement des troupes à occuper plusieurs fonctions...). Un bilan de la documentation est également donné. Pour ce qui est des bas-reliefs par exemple, sous Aššurnaṣirpal II et Salmanazar III, on constate dans les documents visuels une grande diversité dans la représentation des moyens du siège qui ensuite se focalise sur les tortues-bélières et les rampes d'assaut, se limitant sous Aššurbanipal aux échelles de siège et aux sapeurs. Mais il s'agit là selon l'A., d'une évolution des modes de représentations et en rien d'une restriction dans les moyens militaires mis en place. Le **Chap. 9** (p. 319-500) présente les passages de textes (résumés ou cités en traduction) en fonction de 96 entrées en lien avec les aspects du siège traités dans l'ouvrage, chaque entrée (Tour de siège, Tortue-bélière, Pal, Machine d'assaut, etc.) étant subdivisée par règne. L'ordre de présentation des entrées suit une logique implicite : par exemple ce qui relève du personnel est regroupé sous les n° 9 à 14. Il aurait fallu cependant mettre ces regroupements mieux en évidence afin de faciliter la recherche d'information. À titre d'exemple, la rubrique « Traitement des ennemis / des vaincus » aurait pu servir pour les entrées n° 71 à 83. Cette partie est conçue comme un catalogue des sources où chaque entrée est indépendante l'une de l'autre : le passage d'une inscription qui relève de plusieurs aspects du siège, est répété in extenso pour chacune des entrées qu'il concerne : par exemple le cas des « 46 villes fortifiées d'Ezechias », passage cité : p. 319-320, 323 ; le n° 25 « Têtes d'ennemis décapités » est reproduit dans le n° 75 « Pyramides de têtes » ; le n° 18 « Réserve » est un coupé-collé du n° 29 « Réserves (*sic* !) » ; de même « Javelots » (n° 36) et « Tir de suppression » (n° 37). On mettra en garde le lecteur dès lors que l'A. convoque la documentation textuelle. D'une part, il est étonnant que les inscriptions royales soient citées dans les anciennes éditions de Luckenbill 1924-1927 (bibliographie p. 513) alors que dans la plupart des cas, il en existe de récentes et donc bien plus fiables, publiées notamment dans la collection RIMA (on se reportera sur ce point à la bibliographie de F. M. Falès, *Guerre et paix en Assyrie*, Les éditions du Cerf, Paris, p. 242-243). Les mêmes précautions sont à prendre chaque fois que l'A. traduit un terme ou une expression akkadienne / sumérienne, la transcrit ou propose une étymologie. On évoquera ici quelques exemples parmi d'autres. Il faut complètement exclure le fait que la « tour (de siège) » (*dimtu*) tire son nom des « larmes » (*dīmtum*), cette appellation faisant référence, selon l'A., au système de tubulures, permettant l'arrosage de la tour afin qu'elle résiste à une attaque par le feu (p. 12, 67 ; fig. 2 et 69-70) : d'une part les deux mots correspondent à deux racines différentes et il n'est pas du tout certain qu'ils se soient prononcés de la même manière, d'autre part, quoique l'idée d'un tel mécanisme soit intéressante, les preuves de son existence restent très tenues ; p. 14, le mot *yāšibum* « bélier (de siège) » n'a pas de rapport avec *wāšibum* « résident », le nom du bélier ne peut donc s'expliquer par le fait qu'il s'agit d'un engin « stationné dans la durée », le siège étant par définition, selon l'A., une opération longue. De même, la forme récente du terme *šubû* est un homonyme de *šūbu*, un terme assyrien plutôt rare dont l'interprétation est incertaine (CAD Š/3, p. 187 : « jonc » et AHw p. 1255 sous *šûm* III « un mouton ») ; il est donc hasardeux de rapprocher le nom de l'engin avec le fait que les premières représentations de tortue-bélière semblent montrer une couverture striée et donc en roseau. Après l'index des auteurs cités (p. 525-527), très utile au demeurant, on trouvera 104 planches ou « Plaques » qui totalisent 351 figures et 3 photos des rampes de siège de Lakish et de Massada (pl. 66-67). Les figures consistent en des dessins réalisés par E. Dehenin et l'A. Le plus souvent, il s'agit d'un détail d'une scène (par exemple des soldats en action : les frondeurs, pl. 55, fig. 187) mais parfois aussi de la représentation d'une scène de bas-relief dans son intégralité (par exemple pl. 30, 52, fig. 176). Les croquis concernent aussi des propositions de restitution d'éléments intérieurs des engins de siège par définition non représentés ainsi que des schémas tactiques (pl. 62, fig. 215-216). La bibliographie (p. 501-523), extrêmement riche, reflète assez bien l'impression qui se dégage au fil de la lecture de l'ouvrage, d'une approche du phénomène du siège dans une perspective chronologique très large en considérant ce qui dans les sources de l'antiquité classique et les données des périodes moderne et contemporaine, pourrait éclairer notre compréhension de la poliorcétique à l'époque néo-assyrienne ; en cela l'objectif de produire une « encyclopédie thématique » (p. XXIV) est en partie atteint.

— Philippe Abrahami

S. Frey, *Poliorcétique au Proche-Orient à l'âge du Bronze. Fortifications urbaines, procédés de siège et systèmes défensifs*, Beyrouth, Institut français du Proche-Orient, Presses de l'Ifpo (Bibliothèque Archéologique et Historique, 197), 2012.

L'auteur s'est fixé comme objectifs d'établir une classification des villes fortifiées et d'étudier les procédés de la guerre de siège (p. 2). La base documentaire de l'étude compte 192 sites dont 158 retenus pour les calculs statistiques : les 34 sites exclus, indiqués en italique dans la table A (p. 198-226), ne sont en effet que trop partiellement connus (p. 13). Le cadre géographique de cette étude porte sur trois régions divisées en 13 secteurs (carte 1 p. 259) : la **Mésopotamie du Nord** (Moyen-Euphrate, Khabour et Djézireh : 45 sites) ; le **Levant Nord** (Syrie du Nord, Oronte et Méditerranée du Nord : 23 sites) et le **Levant Sud** (Syrie du Sud, Méditerranée du Sud, Samarie, Judée et Néguev : 90 sites, soit 60% de la documentation archéologique pour la période considérée (3000 à 1200 av. J.-C.). Faute de données suffisantes, la **Mésopotamie du Sud** a été écartée : une dizaine de villes fortifiées y ont été repérées pour l'âge du Bronze mais les données relatives à leur architecture défensive sont trop fragmentaires (n. 75, p. 11). Cette vaste recherche dans le temps et l'espace a également le mérite d'associer les informations issues des sources textuelles : les inscriptions des rois d'Akkad notamment (24e s. av. J.-C.) et celles des rois d'Ur III (21e s. av. J.-C.), les textes hittites, égyptiens, d'Ugarit et d'Emar (15e-13e s. av. J.-C.) et surtout les archives royales de Mari d'époque paléo-babylonienne (1810-1760 av. J.-C.) qui constituent sans aucun doute le corpus le plus conséquent sur la question. Les données iconographiques d'Égypte et de la Mésopotamie montrant des scènes militaires, riches pour le Bronze ancien (3000-2000 av. J.-C.) et le Bronze récent (1600-1200 av. J.-C.) sont également prises en compte.

La première partie de cette recherche, « Les villes fortifiées du Proche-Orient à l'âge du Bronze » (p. 14-85), établit la « topologie défensive » des villes fortifiées. L'A. distingue deux grandes catégories qui se répartissent en cinq types (p. 17-20 et en particulier la fig. 4, p. 17). La première catégorie concerne les villes à double périmètre défensif. On y trouve : la « ville double fortifiée » (type 1) comprenant une ville haute et une ville basse (superficie inférieure à 81 ha) et la « ville fortifiée à citadelle » (type 2 ; 9 ha < s < 81 ha). La seconde catégorie comprend les villes à périmètre défensif unique : « Ville simple fortifiée » (type 3 ; 3 ha < s < 27 ha) ; « Ville ouverte à forteresse » caractérisée par la combinaison d'une forteresse positionnée au centre ou à la périphérie d'une agglomération dépourvue de ligne de fortification (type 4 ; 3 ha < s < 27 ha) et les « places fortes » (type 5 ; s < 3 ha). L'A. procède ensuite à cinq études de cas tirées d'un site représentatif de chacun des types définis dans la classification : Mari (type 1, p. 21-29) ; Ebla (type 2, p. 29-46) ; Terqa (type 3, p. 46-56) ; Megiddo (type 4, p. 57-69) ; Haradum (type 5, p.70-76). Les 158 sites traités sont ensuite rattachés à l'un des 5 types définis (fig. 50). L'approche diachronique permet de suivre la répartition géographique de ces types dans le temps par rapport aux trois grandes zones étudiées (p. 77-85, fig. 51-54, les cartes 5-7, p. 263-265).

La deuxième partie de ce travail concerne les structures défensives : remblais, murs d'enceinte, portes fortifiées et plates-formes de tir. **Les remblais** ou levées (p. 87-100), construits en terre, ont comme rôle défensif d'empêcher les sapes (pour leur structure qui peut cependant comporter des noyaux maçonnés, p. 95-97, fig. 55, p. 89 ; concernant les tracés, fig. 58, p. 91 et pour les dimensions, fig. 59-60, p. 93-94). Des glacis en pierres, briques crues ou matériaux hétérogènes sont souvent construits sur la pente (type A) ou au pied de l'enceinte maçonnée installée au sommet de la levée (type B, p. 88-90, fig. 55). Identifiée sur 52 sites, cette structure défensive est à son apogée au Bronze moyen I et II (2200-1600 av. J.-C.) avec une prédominance pour le Levant Sud (fig. 56-57, p. 91-92). **Les murs d'enceinte** (p. 100-110) présentent une grande variété de tracé (circulaire, semi-circulaire, polygonal, elliptique, quadrangulaire...), néanmoins la forme circulaire ou apparentée (sub-circulaire) reste dominante pour le Proche-Orient durant tout l'âge du Bronze. Il existe des relations entre le type urbain et le tracé du rempart : par exemple, les « villes fortifiées à citadelle » (type 2) présentent plutôt des périmètres rectangulaires (cf. la classification des périmètres de 110 sites en fonction du type urbain, fig. 61-62, p. 101-102,). L'évolution des contours urbains est présentée dans la fig. 63 avec une analyse, p. 102, qui montre notamment des inversions de tendance : la majorité des sites du Levant Sud ont un contour urbain irrégulier au Bronze ancien mais sub-circulaire au Bronze moyen. Suit une présentation détaillée (p. 103-108) des données archéologiques concernant : la hauteur conservée ; l'épaisseur ; les glacis ; les contreforts et les matériaux de construction (briques crues / pierres), fig. 63-65 avec une étude diachronique p. 104-108. Concernant les informations épigraphiques (p. 108-109), l'A. fait notamment le point des discussions concernant l'identification du *šulhum* en tant que première ligne de défense (avant-mur). Il propose également d'identifier le terme *takkapum* à une sorte d'« archère » (p. 121). Les sources iconographiques (p. 109-110) sont pour l'essentiel les représentations égyptiennes de forteresses du Levant qui permettent d'envisager notamment l'existence de mâchicoulis pour le tir vertical (fig. 66, 110). **Les portes fortifiées** (p. 111-121) sont classées en deux types : « simple » (fig. 67-A, 67-B) ou « complexe » (fig. 67-C, 67-D), cette dernière catégorie correspondant en fait aux portes en double ou triple tenaille (p. 113). L'analyse des données archéologiques donne lieu à plusieurs observations importantes représentées dans la fig. 68, p. 114. Ainsi par exemple, au Bronze ancien, les portes complexes ne sont attestées qu'en Mésopotamie du Nord. Durant cette période pour les trois autres régions, le type largement dominant est la porte simple. On assiste là aussi à des inversions de tendances intéressantes : au Bronze moyen, la porte complexe en triple tenaille n'est plus attestée en Mésopotamie du Nord (et assez rarement celle à double tenaille) alors que le type complexe est largement dominant au Levant. Quatre tableaux (fig. 69-72) indiquent par sites, les données concernant le type, la dimension, la largeur et la longueur des passages, la présence de tours et leurs dimensions. La discussion sur les informations épigraphiques, p. 119, se fonde essentiellement, là encore, sur les textes de Mari qui sont les plus explicites. Cette documentation mentionne les portes (*abullum* = grand-porte) de différentes villes du royaume ainsi que leur nom. L'A. fait le point sur les informations concernant les réservoirs (*abrum*) attenant aux portes qui ont pu servir à l'ennoiement des remblais érigés par les attaquants (p. 119, 177 et dans cet ouvrage l'article de P. Abrahami n. 60). Les données iconographiques d'Égypte (p. 121) évoquées précédemment à propos des murs d'enceinte fournissent également des informations concernant les portes des villes du Levant qui apparaissent comme des structures complexes, flanquées de tours et pourvues de petites fenêtres munies de volets servant d'archères. L'iconographie mésopotamienne est également présentée mais se limite à la stèle de victoire de Daduša et à la plaque en terre cuite découverte à Larsa. **Les plates-formes de tir** (p. 121-127) correspondent selon la classification généralement adoptée à deux types d'ouvrage : les tours et les bastions qui se distinguent par l'emprise au sol (inférieure à 100 m² pour les tours). Les forts qui « servent de réduit à une ville fortifiée » ou constituent les points fortifiés des villes ouvertes à forteresse (type 4) entrent également dans cette catégorie. Des exemples de forts sont présentés, p. 126 : des villes d'importance stratégique (Bet Shean, Deir El-Balakh, Tell el-Hesi) disposent ainsi d'un réseau de forts, de forme carrée multicellulaire de 300 à 500 m² d'emprise au sol. L'étude diachronique (données résumées dans la fig. 73, p. 122) montre des évolutions intéressantes : les forts sont ainsi une réalité présente uniquement au Bronze récent et plus particulièrement au Levant Sud. Les tableaux 74-75 qui se rapportent aux tours (53 sites) et bastions (37 sites) synthétisent les informations concernant les dimensions et le caractère plein ou pluri/monocellulaire de ces ouvrages. La conclusion de cette partie (p. 127-128) s'intéresse à l'évolution des fortifications urbaines et met en évidence les structures défensives prédominantes selon les périodes et les régions. L'un des points soulignés (p. 127) concerne le recours aux remblais qui est très largement diffusé autour de 1950 av. J.-C. en Mésopotamie et au Levant.

La troisième partie de cette recherche porte sur « les procédés de siège du Proche-Orient à l'âge du Bronze » (p. 129-184). La documentation visuelle (iconographie et glyptique) assez rare pour la période concernée livre des informations sur : les engins de siège, p. 138-140 ; l'« unité tactique du siège », p. 143, fig. 83 ; les arcs, p. 150-151 et les opérations de siège proprement dites pour l'Égypte du Nouvel Empire, p. 181. L'essentiel de la documentation épigraphique est constitué des archives de Mari d'époque paléo-babylonienne. L'A. réalise ici une très bonne synthèse des études menées sur ce sujet, ce qui l'amène aussi à proposer de nouvelles interprétations : ainsi le terme *samukānū* désignerait un mantelet monté sur roue (fig. 80, p. 183 ; p. 144, 183 ainsi que le compte rendu de l'ouvrage de F. De Backer dans le présent ouvrage). Dans un premier volet, l'A s'est intéressé aux engins de sièges (béliers, p. 130-133 et tours, p. 136-138). Les informations concernant les différents types d'engin de sape, les parties de la machine, leurs caractéristiques techniques (dimensions, poids) sont présentées et fort bien résumées par plusieurs tableaux et restitutions (fig. 76-81). Le deuxième volet s'intéresse aux actions sur le théâtre des opérations (p. 141-149). Les textes de Mari fournissent des informations très variées sur : les effectifs des troupes d'assaut ; les rampes d'assaut et leur construction ; le convoiement des engins de siège ; l'utilisation des échelles (*simmiltum* et *kammum*) et de grappin (?) (*kalbānātum*, cf. dans ce volume l'article de P. Abrahami n. 54) et l'implication de l'unité d'assaut bien connue aux 3ᵉ et 1ᵉʳ mill. qui comprend un archer protégé par un grand bouclier à auvent maintenu par un équipier armé d'une lance. Le troisième volet, « La balistique ancienne », traite des arcs et des flèches (p. 149-160). Après discussion des données iconographiques, l'essentiel de cette étude est tournée vers les textes (p. 151-158). L'A. fait le point sur les types d'arcs (simple / composite) et les poids des pointes de flèches (fig. 87, p. 157). Les données expérimentales (caractéristiques des arcs, vélocité et portée du tir) sont aussi discutées (p. 158-160, fig. 88-89). Le dernier volet de cette partie, p. 160-182, est consacré à l'étude des procédés psychologiques et politiques (capitulation, ruse, corruption, surprise, p. 162-163). Sont également évoqués les procédés de la prise des villes : statique par le blocus total ou partiel (p. 165-170, fig. 90), et dynamique à travers les diverses formes de l'assaut (p. 171-182, fig. 93). Quelques cas de siège de la documentation de Mari qui illustre la fonction du *karašum* interprétée par les spécialistes des textes comme un dispositif d'investissement, sont aussi présentés (p. 165-167, cf. l'article de P. Abrahami dans le présent volume n. 46). L'A. fait également le point sur les références textuelles à la réalisation de blocus à travers : les sources hittites, p. 167-168, et les sources égyptiennes notamment dans les annales de Thoutmosis III, p. 168-169. Les mentions de siège dans les archives de Tell-Amarna sont regroupées p. 169-170. Au niveau archéologique, un dispositif d'investissement est probablement documenté à Ebla. Implanté à 280 m du rempart oriental, ses dimensions sont impressionnantes : 500 m de longueur et 60 m de largeur avec une hauteur conservée de 12 m (p. 168). Concernant l'assaut, l'A. s'est livré à deux études de cas tirées des textes de Mari (p. 171-180) : le siège des villes Hirîtum (p. 176-180) et de Razamâ (p. 173-176) qui nous sont documentés de façon très détaillée. Dans le premier cas, on dispose d'un dossier de plusieurs lettres expédiées au roi par les commandants présents sur le théâtre des opérations. Concernant Razamâ, une lettre décrit la contre-offensive des assiégés qui effectuent des sorties par un tunnel percé dans le remblai de fondation du rempart (cf. désormais J. Vidal, « The siege of Razama. An example of aggressive defence in Old-Babylonian times », *Altorientalische Forshungen*, 36/2, 2009, p. 365-371). La documentation épigraphique du Bronze récent concernant l'assaut est présentée (p. 181-182). Les sources hittites du début du Nouvel Empire ne livrent que peu d'information : la prise de la ville y est évoquée de façon générale (p. 181). Le seul récit détaillé concerne le siège de Karkemiš où il semble que la ville soit tombée suite à une bataille rangée livrée extra-muros (p. 181) L'A. évoque également la documentation d'Emar (13e s. av. J.-C.). Un point sur la documentation épigraphique et iconographique égyptienne est à nouveau réalisé (p. 181-182) : en particulier la prise de Kadesh par Thoutmosis III, de Dapour par Ramsès II et d'Ashekelon par Mérenptah.

Dans la partie conclusive de cette recherche, le tableau, p. 187-189 (fig. 95), récapitule pour chacun des 158 sites rangés par zone géographique (13), les modifications dans le temps de : son type défensif (type 1-5) et de la complexité de sa ligne défensive. Celle-ci est associée à trois niveaux (fig. 94, p. 186) : (I) simple ; (II) renforcé (le mur d'enceinte dispose d'un glacis de type B constituant un dispositif anti-sape ; (III) complexe (le mur d'enceinte est construit sur un remblai défensif qui correspond à un dispositif contre les machines de siège). L'A. dégage ensuite quelques grandes tendances concernant les modifications du niveau de complexité : par exemple pour les villes à double ligne défensive (type 1-2), en Mésopotamie du Nord, au Bronze ancien, la combinaison majoritaire est celle d'une enceinte extérieure établie sur un remblai (niveau III) associé à un rempart intérieur sans glacis, ni levée (niveau I), fig. 97, p. 191, fig. 98, p. 192 pour les conclusions concernant les villes à périmètre défensif unique (type 3-5).

Dans la conclusion générale (p. 194-194), l'A. montre l'impact de l'évolution des moyens du siège dynamique sur les systèmes défensifs. Ainsi les innovations techniques apportées aux engins de sape et de siège à partir du milieu du 3e mill. ont provoqué la généralisation des remblais défensifs disposant d'un glacis vers 2350 av. J.-C. L'utilisation quasi systématique des machines de siège et leur perfectionnement à la charnière du 3e et du 2e mill. rythment également l'essor considérable des fortifications urbaines qui se traduit par la multiplication des bastions et des portes à double ou triple tenaille. Par contre, au Bronze récent, l'essor du char comme arme de guerre modifie considérablement la donne : l'essentiel de l'affrontement se déroule désormais en rase campagne et non plus directement contre les villes, provoquant ainsi un déclin des fortifications.

En annexe, figurent 5 tables très clairement construites, les sites y sont rangés par ordre alphabétique et non plus par secteur géographique : la table A indique la localisation, la superficie, la période, la stratigraphie des systèmes défensifs et les références bibliographiques pour les 192 sites retenus dans cette étude (p. 198-226). Les autres tables concernent les éléments défensifs. On y trouve les informations concernant la période d'attestation, la stratigraphie, le tracé, le secteur, les dimensions, les ouvrages associés et les matériaux de construction : table B « Les remblais défensifs » (p. 227-234, 52 sites) ; table C « Les murs d'enceinte » (p. 235-247, 122 sites) ; la table D « Les portes fortifiées » (p. 248-252, 56 sites) ; la table E « Les plates-formes de tir » (p. 253-258, 54 sites). Les cartes du Proche-Orient présentées en annexe permettent de situer géographiquement les villes étudiées (carte 1-4) et de visualiser leur répartition en fonction du type de fortifications selon la période du Bronze (carte 5-7). La carte 8 est spécifiquement consacrée aux sites ayant eu recours aux remblais défensifs. La liste des abréviations (p. 271) et la bibliographie (p. 273-299) sont précédées de deux index qui concernent : les toponymes anciens et actuels (p. 267-269) ; et les termes sumériens et akkadiens relatifs à la poliorcétique cités au fil de l'ouvrage (p. 269). À noter, compte tenu de l'importance donnée dans cette étude aux sources épigraphes, il aurait été souhaitable de proposer un index des textes discutés.

Les remarques qui suivent complètent certaines informations issues de la documentation textuelle présentées dans cette étude. L'A. mentionne la « troupe du *birtum* » qu'il range dans la catégorie des gardes urbaines (p. 149). Ces unités sont très souvent mentionnées dans les textes de Mari (CAD B p. 261 ; ARM 26/2 408, 12 ; ARM 27 15, 43 pour des attestations plus récentes). Le ***birtum***, parfois associé à des noms de ville (par exemple ARM 4 81 = LAPO 17 539), correspond à un espace fortifié : situé à l'intérieur de la ville (ARM 14 50, 8-10 = LAPO 17 662 et A.2550, cf. ARM 26/1 p. 529 n. d) ; en rase campagne comme points d'appui à la défense d'une ville (ARM 1 20, 5'-6' = LAPO 17 455) et en tant qu'élément d'un dispositif d'investissement (ARM 26/2 369, 18, cité p. 167). Le terme ***kirhum*** (« ville haute, citadelle » (?) et index p. 269, discussions p. 15 n. 7, p. 19-20, n. 34.), correspond également à un espace fortifié mais uniquement en contexte urbain : situé dans la ville (LAPO 17 515, p. 113-114), il s'agit le plus souvent de la partie intérieure de l'agglomération défendue par un rempart ; on le trouve cependant représenté en saillie intégré à l'enceinte dans le plan figuré sur la tablette M. 288 (p. 1 fig. 1). Une étymologie liée au ouest-sémitique *qîr* (muraille) / *qir'u* (ville) a été proposée (LAPO 17 p. 293) mais il s'agit d'un mot emprunté au hourrite (T. Richter, *Bibliographisches Glossar des Hurritischen*, 2012, p. 212), tout comme d'ailleurs celui d'*adaššum* qui désigne la ville basse (*ibid.*, p. 65)

Concernant le ***šulhûm***, après discussion, l'A. rejoint, à juste titre, l'identification généralement proposée à un avant-mur. Dans ARM 6 29 (= LAPO 17 597), cité p. 100, il n'est donc pas question d'un glacis. À noter, dans le passage en question, pour *sahārum* + accusatif, le sens passif, envisagé par J.-M. Durand (LAPO 17, p. 257 n. b), ne convient que si le verbe est au permansif (CAD S 3c, p. 45-46), ce qui n'est pas le cas. « Le palais encercle (*i-sà-[ah-h] u*-ur**) l'avant-mur et le fossé » ne donne pas non plus un sens satisfaisant, à moins de considérer qu'il s'agit en fait par extension de sens de « la troupe (de la porte) du palais » bien connue des textes de Mari (la métonymie existe par rapport à la « citadelle », *birtum*, cf. ARM 26/2 401, 28). Dans ARM 6 29, cette unité aurait été positionnée en dehors de la ville en patrouille (pour ce sens de *sahārum* cf. CAD S 3a, p. 43-44). On traduira donc : « ...Je me suis renseigné sur la ville (de Karanâ). Le rempart (*dūrum*) est entouré (*lawi*) par l'avant-mur (*šulhûm*). La (troupe du) palais encercle l'avant-mur et le fossé. Maintenant, la troupe qui est en position ([*ša úš*]-*ša*-[*bu*]) garde le rempart (*dūram*), elle garde (aussi) la porte (*abullam*). Doit-elle être positionnée ([*úš-ša-b*]*u*-ú*) au palais ? Que mon seigneur m'écrive concernant l'endroit où elle doit prendre position ». Ce texte offre donc une séquence intéressante (rempart, avant-mur et fossé) qui mérite d'être soulignée : elle est d'ailleurs illustrée archéologiquement à Terqa (p. 56). Concernant d'autres attestations de fossé défensif, l'inscription du disque de Yahdun-Lim en évoque le creusement en même temps que les travaux de renforcement des fortifications, notamment à Mari (p. 28), Terqa et Dūr-Yadun-Lim (RIME 4, p. 603 l. 31-34, 43-44). La lettre ARM 1 39 (= LAPO 16 211) mentionne par ailleurs les poissons pêchés « dans le fossé de (la ville de) Kahat ». On notera également à propos de la ville de Sippar, en Babylonie, qu'après avoir évoqué la construction des remparts de la ville, Hammurabi dit l'avoir encerclée d'un marais (*apparu*, citation du passage, p. 97 n. 84). À noter également que les travaux de réparation des remparts de Dūr Yahdun-Lim sont probablement évoqués dans la lettre ARM 5 28 (LAPO 16 151) : du personnel y est envoyé par l'architecte en chef Warad-ili-šu afin de fabriquer des briques.

À propos de l'expression ***igartum*** (*ša*) BAD$_3^{ki}$ (p. 109 avec bibliographie) : elle est interprétée comme se référant à un rempart à murs-doubles avec remplissage intérieur de terre (l'expression est attestée dans ARM 14 25 = LAPO 16 154 ; ARM 2 88 = LAPO 16 162 et ARM 27 59). On pourrait aussi bien considérer qu'il s'agit des contreforts du rempart qui sont bien attestés archéologiquement au Bronze moyen en Mésopotamie du Nord (p. 107). L'inscription de Naram-Sîn qui décrit la ville d'Armanum en Syrie du Nord, est discutée à différents endroits du livre mais sans renvoi interne : fig. 3, p. 16, 97-98, 109, 171-172 et fig. 91. Son système défensif est composé de trois murailles : le « Rempart du port » (hauteur 10 m) ; le « Puissant rempart » (hauteur 15 m) et le « Grand rempart » (hauteur 22 m). Dans l'expression « x coudées, hauteur (SUKUD) de la montagne (***šadûm***) » qui indique une variation différentielle entre les remparts, l'A. identifie la « montagne » au remblai sur lequel était édifié le rempart (p. 98, 171 et p. 146 où dans le texte hittite du siège d'Uršu le terme « montagne » emprunté du sumérien, ***huršânu***, désigne manifestement la rampe d'assaut). Mais cette hypothèse se heurte, comme l'indique l'A., aux dimensions considérables qu'auraient eues ces levées de terre. Il en ressort que l'interprétation la plus plausible, à mon sens, reste de comprendre le terme SUKU (akkadien *mēlû*) comme désignant la pente (cf. pour ce sens le CAD M/2, 2. p. 14.) et la « montagne » comme image de la ville (cf. sur ce point les textes cités n. 84, p. 97 auquel on ajoutera la lettre ARM 14 101, 5 = LAPO 16 362, dans laquelle la cité de Šubat-Enlil est comparée à une montagne et voir également CAD H, p. 253 et CAD Š/1 l, p. 57, pour d'autres cas où la métaphore de la montagne rend compte de la hauteur et de la solidité de la ville et de ses remparts). Il en ressort que la mesure « x coudées, *pente* de la *ville* » correspondrait à la distance parcourue en montant entre les différentes murailles de la cité d'Armanum.

Concernant les données épigraphiques sur les portes, on peut rajouter au regard du système de fermeture deux lettres de Mari : ARM 13 9 (= LAPO 16 104) et ARM 14 119 (= LAPO 16 366) à compléter notamment par l'article de J. A. Scurlock pour la terminologie akkadienne en rapport avec les différents éléments du mécanisme de fermeture (J. A. Scurlock, « How to lock a gate: a new interpretation of CT 40 12 », *Orientalia*, 27, 1988, p. 421-433). À propos du siège de Hirîtum, l'A. reprend la question complexe de l'identification des *hammannum* et propose sa propre interprétation (p. 178-180) : il s'agirait d'un ouvrage démontable construit en saillie au sommet de la muraille pour permettre le tir fichant. On remarquera que cette identification ne va pas à l'encontre du fait que les travaux de terrassement décrits dans ARM 27 141 concernent la construction d'une contre-rampe : le *hammannum* constitue un élément défensif distinct. L'hypothèse de l'A. pourrait être confirmée en rapprochant ce terme du ouest-sémitique *ḥ/ḫmn* qui désigne une petite structure / une sorte de baldaquin, construite sur un toit ou une terrasse au-dessus d'un autel, cf. P. Xella, *Baal Hammon. Recherches sur l'identité et l'histoire d'un dieu phénico-punique*, Consiglio Nazionale delle Ricerche, Rome, 1991, p. 222-234. Le verbe *ṣullulum* « couvrir d'un toit / mettre au sommet » dans ARM 3 23 (= LAPO 16 197) serait à comprendre comme tel et non avec le sens contextuel de « faire un chaînage ». Cette lettre pourrait donc évoquer la construction de l'ouvrage *hammannum* sur les remparts de Terqa.

Concernant les machines de siège : *dimtum* désigne aussi bien la tour de siège (p. 137) que la plate-forme de tir intégrée au dispositif d'investissement cf. ARM 27 164. Ajouter à l'index, p. 269, le terme *hummudayu* discuté

p. 137 qui désigne une passerelle permettant aux troupes postées dans la tour d'accéder aux murs de la ville. À propos du « petit bélier » *kiskîsum* (*girgiṣû* dans les listes lexicales) ajouter à la note 46, p. 146, la discussion dans NABU 1990 / 140. L'unité d'assaut composée du porteur du grand bouclier de siège protégeant un archer (p. 142-143) est probablement à retrouver dans le psaume biblique 91, 4 (*ṣinnah vésoḫérah 'amito*), cf. NABU 1991/26. Sur la durée des sièges, on mentionnera les cas de « prises-éclairs » évoquées dans ARM 1 131 (= LAPO 17 128 ; 7 jours), ARM 135 (= LAPO 17 529, 8 jours) et ARM 1 138 (= LAPO 17 526, une journée).

En conclusion, cet ouvrage constitue une excellente synthèse qui n'avait pas été entreprise jusqu'à présent. Outre le vaste champ chronologique et géographique qui est parcouru par cette recherche, l'auteur a également le mérite d'associer à l'analyse des données archéologiques traitées de façon très rigoureuse, les informations issues des sources textuelles et de l'iconographique. Les multiples tableaux et diagrammes constituent aussi un atout majeur de cet ouvrage car ils facilitent l'accès à la fois aux données brutes aussi bien qu'aux éléments de synthèse. On remerciera donc l'auteur pour cette très importante réalisation.

— Philippe Abrahami

RÉSUMÉS

Marco Bonechi – *Les conflits en Syrie au Bronze ancien d'après les textes d'Ebla : notes lexicales, prosopographiques et historiques* (p. 17-54).

L'article s'intéresse à deux catégories de personnel militaire de la documentation d'Ebla du IIIe mill. av. J.-C : les àga-ús et les zag-ús. Cette étude fondée sur une approche lexicale et prosopographique propose également de resituer les documents traités dans leur contexte historique. Cette approche permet d'envisager certaines hypothèses quant aux événements qui ont marqué la fin du royaume d'Ebla.

Bertrand Lafont – *Données nouvelles sur l'organisation militaire des rois d'Ur d'après les archives de Garšana et d'Irisagrig* (p. 55-67).

La synthèse proposée en 2008 sur l'apport des textes cunéiformes à la connaissance des institutions militaires de l'époque néo-sumérienne (*ca.* 2100-2000 av. J.-C.) peut aujourd'hui être complétée par des informations inédites contenues dans deux gros lots d'archives sumériennes récemment portés à la connaissance des historiens qu'intéresse cette période. Il s'agit des archives de Garšana d'une part, où était localisée une grosse garnison royale, au cœur du royaume, et des archives d'Irisagrig d'autre part, site où les rois d'Ur semblent avoir souvent résidé, accompagnés d'un grand nombre de leurs généraux et de leurs soldats. On proposera un rapide bilan des informations nouvelles qui peuvent être tirées de ces nouveaux lots d'archives.

Philippe Abrahami – *Aspects de la guerre en Mésopotamie dans le corpus divinatoire* (p. 69-85).

Le présent article s'intéresse à quelques aspects de la guerre à partir des protocoles d'interrogation oraculaire, des recueils d'oracles et des lettres des devins de Mari. Les points traités concernent : les phases opérationnelles qui marquent le déroulement des campagnes militaires ; les procédés de la guerre de siège et l'agencement tactique des troupes dans le cadre de l'engagement en terrain ouvert. On s'intéressera également au traitement oraculaire relatif au dispositif des forces alliées.

Pierre Villard – *Quelques aspects du renseignement militaire dans l'empire néo-assyrien* (p. 87-97).

L'une des forces de l'armée assyrienne résidait dans l'efficacité du renseignement militaire. S'il n'existait

ABSTRACTS

Marco Bonechi – *Strife in Early Bronze Syria. Lexical, prosopographical, and historical notes on the Ebla texts* (p. 17-54).

The article focuses on the military personnel qualified as àga-ús and zag-ús in the third millennium BCE. Ebla cuneiform texts. It includes a lexical discussion, a prosopographical analysis and a survey of the historical contexts, leading to some conjectures on events of the last years of Ebla.

Bertrand Lafont – *New data on the military organization of the kings of Ur from the archives of Garšana and Irisagrig* (p. 55-67).

In 2008, it was proposed a synthetical article on the textual evidence for the military institutions of the Neo-Sumerian period (*ca.* 2100-2000 BC.). It can now be supplemented by some unpublished information provided by two large batches of Sumerian archival texts recently brought to the attention of historians interested in that period. These are the Garšana archives on the one hand, where a large royal garrison was located in the heart of the kingdom, and the Irisagrig archives in the second hand, a site where the kings of Ur often seem to have resided, together with a large number of their generals and soldiers. It is now proposed a quick overview of some new information that can be drawn from these new archival data.

Philippe Abrahami – *Aspects of warfare in the divinatory texts of Mesopotamia* (p. 69-85).

The present paper considers the divinatory texts (oracular questions, collections of oracles) and the report sent to the king by the diviners in the Mari letters. Based on this documentation, it focuses on some aspects of warfare such as the monitoring of military operations on a large scale as well as the process of siege warfare. Other issues which are addressed in the scope of the present study deal with the arrangement of units in the course of pitched battles and the oracular treatment related to the engagement of allied troops.

Pierre Villard – *Some Aspects of the Military Intelligence in the Neo-Assyrian Empire* (p. 87-97).

One of the main strengths of the Assyrian army layed in the efficiency of the military intelligence. In the

pas de service autonome, l'armée disposait d'un corps de militaires spécialisés, les *daiālu*, faisant selon les cas office d'éclaireurs précédant le gros de la troupe ou d'espions chargés d'effectuer des missions d'infiltration en territoire ennemi. Ils opéraient fréquemment à partir des fortins établis le long de frontières sensibles, comme les montagnes du nord ou le désert arabo-syrien. La documentation montre aussi qu'ils étaient très actifs dans les États vassaux, où ils rendaient compte de leurs activités au *qēpu* nommé par le roi assyrien. D'autre part, l'aide apportée à des notables de pays voisins complotant contre les pouvoirs en place offrait une autre source précieuse de renseignements, autorisant parfois des opérations de déstabilisation et de désinformation.

absence of an autonomous department, the army had a body of specialized servicemen, the *daiālu*, acting sometimes as scouts preceding the main part of the troop and sometimes as spies asked to make missions of infiltration on enemy territory. They operated frequently from small forts established along sensitive borders, as the northern mountains or Arab-Syrian desert. The documentation also shows that they were very active in vassal States, where they reported their activities to the *qēpu* appointed by the Assyrian king. Besides, the help brought to notables of nearby countries plotting against the ruling powers offered another precious information source, sometimes authorizing operations of destabilization and disinformation.

Philippe Clancier – *Le sūhu dans la guerre à l'époque néo-assyrienne* (p. 99-114).

Le Sūhu, situé dans la région du moyen Euphrate, entre les anciennes Hindānu et Rapiqu, fut au IXe et VIIIe siècles tout à la fois objet de convoitise des Assyriens et espace de structuration d'un ou de plusieurs petits États plus ou moins autonomes. Aššurnaṣirpal II tenta de conquérir la région mais n'arriva probablement qu'à sa division en 878. La partie orientale, depuis l'est d'Ānat jusqu'à la Babylonie, bien que ponctuellement tributaire de l'Assyrie, put maintenir son indépendance jusqu'au règne de Tiglath-phalasar III. Ses souverains, portant le titre de šaknu, gouverneur, titre probablement hérité de la période médio-assyrienne, purent développer un système militaire efficace, adapté aux réalités multiples de la région : contrôle du territoire autour du fleuve ; contrôle des voies de communication par le fleuve lui-même et par les routes du désert parsemées de puits constituant autant d'étapes ; contrôle des routes commerciales. Pour ce faire, les šaknu ont constitué une force militaire centrée sur une armée dite palatiale qui pouvait être étoffée en cas de danger immédiat comme pouvaient l'être des raids de tribus araméennes. Pour les opérations de police en milieu désertique, autour des puits, des unités de cavalerie furent constituées et installées dans des forts. En effet, le système militaire permanent des šaknu reposait sur des fortifications érigées aux points stratégiques de leur territoire, qu'il s'agisse des bords de l'Euphrate ou des secteurs arides.

Philippe Clancier – *War in the Suhu area during the Neo-Assyrian period* (p. 99-114).

The Sūhu, in the Middle Euphrates area, from Hindānu to Rapiqu, was during the 9th and 8th centuries claimed by the Assyrian kings as being part of their dominion. However, even if Sūhu was at times tributary of Aššur, at least one state maintained itself until Teglat-pileser III. From at least 878 onwards, Sūhu was divided between two main areas, one in the west from Hindānu to Ānat, the other up to Babylonia. This small state was led by monarchs bearing the title of šaknu, i.e. "governors", most probably inherited from the Medio-Assyrian period. The šaknus developed a military system able to protect their state from foreign aggressions, like raids led by Aramean tribes. To do so, they built an army around a palatial core. In case of major risk, this army was supplemented by levees of part of the population. To ensure control of both the river banks and the desert roads, the šaknus built or maintained fortress where specific troops were garrisoned. It is, for instance, the case of the cavalry units based in the forts guarding the wells, the ablest soldiers to patrol the desert.

Rocío Da Riva – *L'empire en guerre. Considérations sur l'aspect militaire de la dynastie néo-babylonienne : le site du Nahr el-Kalb au Liban* (p. 115-122).

Peu de périodes de l'histoire ancienne de la Mésopotamie sont aussi liées aux vicissitudes guerrières que celle de l'empire néo-babylonien (626-539 av. J.-C.), qui émergea d'une guerre contre

Rocío Da Riva – *The Empire at war. Considerations on the military aspect of the Neo-Babylonian dynasty: the site of Nahr el-Kalb in Lebanon* (p. 115-122).

Few stages of ancient Mesopotamian history are so dominated by the vicissitudes of war as the period of the Neo-Babylonian Empire (626-539 BCE). This empire emerged as the result of military victory over

l'Assyrie et disparut à la suite d'une guerre contre la Perse. Pendant les 88 ans d'existence de l'empire, les entreprises militaires ont été poursuivies régulièrement. La guerre apparaît donc comme un facteur très important dans la transformation de l'économie à l'époque néo-babylonienne. Mais son importance se manifeste au-delà de la vie économique et peut être observée aussi dans d'autres sphères de la société. L'un des aspects les mieux documentés de l'histoire militaire de cette période est lié aux campagnes en Syrie et au Levant. L'intervention politique et militaire néo-babylonienne au Levant débute avec Nabuchodonosor II. Le Liban, par sa position géographique de carrefour et ses contacts avec les grandes puissances occupe une place stratégique au sein du Proche-Orient. Les rois néo-babyloniens continuent la politique militaire assyrienne dans cette région et la preuve la plus impressionnante de ces activités est fournie par les monuments commémoratifs du Liban, particulièrement celui du Nahr el-Kalb.

Assyria, and disappeared in the wake of defeat by Persia. Military enterprises were a constant feature of the empire's 88-year history, and were a very important factor in the transformation of the economy. But the importance of war stretched beyond the economic sphere. Among the best-documented episodes of the military history of the period were the Neo-Babylonian campaigns in Syria and the Levant, which began with Nebuchadnezzar II. Lebanon, due to its geographical position and its contacts with the major powers, occupied a key strategic position in the Near East. The Neo-Babylonian kings continued the military policy of their Assyrian predecessors in the area, and the most impressive evidence of their activities is provided by the memorials in Lebanon, especially at the site of Nahr el-Kalb.

Jordi VIDAL – *La conscription militaire à Ougarit* (p. 123-133).

Cet article propose une étude sur la conscription militaire au sein des villages du royaume d'Ougarit telle que la documentent les textes de Ras Shamra et de Ras Ibn Hani. L'étude confirme ainsi plusieurs points : 1/ la part la plus significative des levées provenait des grandes agglomérations rurales du royaume 2/ l'effectif maximum qui pouvait être recruté était de l'ordre de 2 000 à 3 000 hommes 3/ les troupes issues de ces levées ont activement participé aux conflits militaires au moment de la crise de 1200 av. J.-C.

Jordi VIDAL – *Military conscription in Ugarit* (p. 123-133).

The aim of this article is to analyse military conscriptions in Ugaritian villages as documented in the texts from Ras Shamra and Ras Ibn Hani. The study carried out confirms that 1/ most of the militia came from the largest villages of the kingdom 2/ the maximum men that could be recruited was around 2,000-3,000 men, and 3/ the militia was actively involved in the military conflicts of the 1200 BCE crisis.

Bruno GOMBERT – *Recrutement et mobilisation en Babylonie du VIe au IVe siècle av. J.-C.* (p. 135-150).

Les chroniques babyloniennes qui décrivent brièvement les campagnes militaires lancées par les rois néo-babyloniens afin de réaliser leur projet impérial, ne donnent que peu de détails sur certains aspects du fonctionnement de l'armée. Cependant, elles mentionnent un moment clé du départ en expédition : la mobilisation des troupes. La documentation économique produite en Babylonie, tant durant la période néo-babylonienne que durant la période perse, nous permettent de parfaire notre connaissance des fondements de la mobilisation des troupes. En effet, à partir des archives privées des hommes d'affaires babyloniens ainsi que des archives des temples, il nous est possible de reconstituer les principes juridiques du recrutement, de comprendre comment les différents principes de recrutement étaient employés afin de grossir les

Bruno GOMBERT – *Recruitement and mobilization of armed forces in Babylonia from the 6th century BC. to the 4th century BC.* (p. 135-150).

Babylonian chronicles which briefly describe military campaigns launched by Neo Babylonian Kings in order made possible the execution of their imperial project, give very few details about certain aspects of the running of the army. However, they mention a key point of departure in expedition: the mobilization of troops. The economical documentation produced in Babylonia during both Neo Babylonian and Persian periods allows us to increase our understanding of this moment. Indeed, through private of Babylonian business man and temple archives, we can see what are the legal basis of the recruitment, how the various recruitment elements are employed to fill the ranks of Neo Babylonian army, and later the Persian one, who are the officers in charge of the levy, how the mobilization order is spreading, ... Moreover, the analysis of functioning of the mobilization help us to

rangs des armées (néo-babylonienne puis perse), comment l'ordre de mobilisation se diffusait, etc. Plus encore, une analyse du fonctionnement des mobilisations mourrait nous permettre de dresser une image partielle de la composition et de la structure de l'armée néo-babylonienne.

draw a partial picture of the Neo Babylonian army's composition and structure.

Guillaume Gernez – *Histoire des lances triparties à soie au Proche-Orient (IVe-IIe millénaire av. J.-C.)* (p. 151-180).

Les lances tripartites sont parmi les plus anciennes armes métalliques conçues au Proche-Orient, dès le IVe mill. av. n. è. Il s'agit aussi du modèle le plus répandu jusqu'au début du IIe millénaire, adopté en pays sumérien et dans plusieurs régions voisines. À partir de 405 exemplaires archéologiques découverts dans les dépôts et les tombes, la typologie mise en place propose de distinguer cinq principaux ensembles, chacun incluant plusieurs variantes. Il est ainsi possible de reconstituer précisément l'histoire des lances tripartite sur une période de deux millénaires, et de déterminer comment ce modèle, inventé en Anatolie orientale et dans le Caucase, a été transmis et transformé au cours du temps jusqu'au sud du Levant et en Mésopotamie, et pourquoi il a connu des élaborations morphologiques : les trois principaux facteurs sont d'ordre fonctionnel, technique et culturel.

Guillaume Gernez – *History of tripartite spearheads in the Ancient Near East (4th-2nd millennium BCE)* (p. 151-180).

Tripartite spearheads are among the most ancient metal weapons designed in the Near East, in the 4th millennium BCE. It is also the most widespread type until the beginning of the 2nd millennium BCE, adopted in Sumer and its neighboring regions. From 405 archaeological items discovered in hoards and graves, the proposed typology distinguishes five main groups, each one including several variants. It is now possible to reconstruct the history of tripartite spearheads on two millennia, and to observe how this model, invented in Eastern Anatolia and the Caucasus, was transmitted and transformed over time in the Southern Levant and Mesopotamia, and why he had morphological elaborations: the three main factors are linked to function, technique and culture.

Fabrice De Backer – *Les boucliers néo-assyriens à protomé de lion* (p. 181-198).

L'examen attentif des sources matérielles, textuelles et visuelles montre que l'armement et les tactiques de combat néo-assyriennes subirent de profonds changements au plus tard sous Assurnasirpal II. Jusqu'au règne de ce roi, les armées proche-orientales avoisinantes se composaient le plus souvent de concentrations d'archers et de lourdes phalanges de lanciers ou de piquiers, suivant une charrerie composée d'aristocrates et de ploutocrates. Le xie siècle av. J.-C. vit apparaître des guerriers d'élite maniant différentes variantes d'un petit bouclier circulaire à protomé de lion, de dards, ou orné des deux, dont on retrouve la représentation jusque pendant la période perse.

Fabrice De Backer – *The Neo-Assyrian Lion-Headed Shields* (p. 181-198).

The close examination of the material, visual and textual evidence shows that the Neo-Assyrian weaponry and their combat tactics clearly changed, at the latest under Ashurnasirpal II. Until the reign of this king, concentrations or archers and heavy phalanx of pikemen or spearmen mostly composed the core of the neighbouring ancient near eastern armies, following a chariotry provided by the nobles and the wealthiest. The IX century BC saw the apparition of élite warriors wielding different variations of a small circular shield with the protom of a lion head, spikes, or both of them, of whose depiction is found until the Persian period.

Jaume Llop – *L'armement des forces assyriennes à l'époque médio-assyrienne d'après les sources écrites* (p. 199-121).

La présente étude porte sur les armes défensives et offensives utilisées par les soldats de l'époque médio-assyrienne. Les informations sur ce sujet proviennent pour l'essentiel de documents d'ar-

Jaume Llop – *The weaponry of the middle Assyrian army according to the written sources* (p. 199-121).

The present study discusses, the defensive and offensive weapons used by the Middle Assyrian warrior. The information proceeds mainly from the archival documentation. The defensive weapons were the

chive. L'armement défensif comprenait le casque (*qurpisu*), le « bonnet » (*kubšu*), l'armure (**sariu*) et le bouclier (*arittu*). Les armes offensives peuvent être rangées en deux catégories : les armes utilisées pour le corps-à-corps et celles du combat à distance. Dans la première catégorie, on trouve le « bâton » (*haṭṭu*), le fouet (*maḫittu*), probablement la masse d'arme (*kakku*), la dague ou l'épée (*patru*), différents types de hache (*ḫaṣṣinnu*, *pāšu*, **pāltu* and *ulmu*) et la lance. Pour le combat à distance étaient utilisés la javeline, l'arc et la fronde.

helmet (*qurpisu*) or hat (*kubšu*), armour (**sariu*) and the shield (*arittu*). The offensive weapons can be divided into those used for close combat and weapons for distance combat. The close combat weapons are the stick (*haṭṭu*), the whip (*maḫittu*), possibly the mace (*kakku*), the dagger or sword (*patru*), various types of axes (*ḫaṣṣinnu*, *pāšu*, **pāltu* and *ulmu*) and the lance. Weapons for long range combat were the spear, the bow and arrows and the sling, used to throw projectiles.

Laura Battini – *Les portes urbaines mésopotamiennes : dynamique militaire et utilitaire* (p. 223-247).

Cet article étudie les portes urbaines mésopotamiennes essentiellement du point de vue architectural, mais en partie aussi sur le plan iconologique et textuel, comme lieux de défense et d'organisation de la vie urbaine. L'analyse architecturale des portes urbaines mésopotamiennes met en évidence la présence de caractères déterminés par des raisons militaires, d'autres plutôt opposés aux raisons militaires ou difficilement explicables du point de vue militaire. Elle montre aussi l'existence de deux types de portes pendant les trois millénaires d'histoire mésopotamienne, l'une plus onéreuse économiquement (porte « en tenaille »), l'autre plus simple (porte-passage), chacune dotée d'avantages spécifiques. Le nombre des portes dépend de nécessités urbaines et de significations symboliques, tandis que leur emplacement est en grande partie dû à des raisons militaires. Les fonctions des portes sont difficiles à saisir du pont de vue archéologique, ainsi les sources textuelles offrent plusieurs indices de leur utilisation comme lieu : de réunions, de jugements, de marchés et d'échanges économiques, ainsi que de cérémonies religieuses et de proclamations publiques… D'après l'iconographie, les portes n'étaient pas les cibles préférées dans les sièges, qui se concentraient plutôt sur l'enceinte. L'apparence massive des portes devait provoquer des sensations de crainte et a ainsi diminué les risques d'attaque (« fortification dissuasive »).

Laura Battini – *Mesopotamian city gates: military dynamic and other uses* (p. 223-247).

The architectural analysis of gates demonstrates the existence of construction's elements determined by military reasons as well as others opposite to military reasons or not easily explained by them. Two kinds of gates were constructed during the three millennia of Mesopotamian history: one more expensive (pier gate), one simpler ("way" gate), each having specific advantages. Number of gates was most due to urban necessity as well as ideological goals better than to military ones. But their location depends on military and civil aims. From written sources, gates appear to have been used as place of meetings, judgements, administrative and economic functions, markets and religious activities.

Christine Proust – *Les bâtisseurs de remparts avaient-il besoin de mathématiques ? Quelques témoignages puisés dans des tablettes mathématiques paléo-babyloniennes provenant de Babylonie du nord* (p. 249-276).

Peu de textes mathématiques font référence explicitement à des tâches de nature militaire. Une exception remarquable est constituée par un petit groupe de tablettes d'époque paléo-babylonienne provenant probablement de la région de Sippar. Calculer la pente d'une rampe d'accès à une forteresse, évaluer

Christine Proust – *Did rampart builders need mathematics? Some clues from Old Babylonian mathematical texts* (p. 249-276).

Few mathematical texts refer explicitly to military-related tasks. A notable exception is a small group of tablets from Old Babylonian period, which probably from Sippar or its region. Calculating the slope of a ramp of a fortress, assessing the work required for digging ditches and building walls, expanding

le travail nécessaire au creusement de douves et à la construction de murailles, agrandir l'enceinte d'une ville circulaire, tels sont par exemple les problèmes traités dans ces tablettes. Ces problèmes mathématiques étaient-ils destinés à résoudre de réels problèmes techniques, ou bien, à l'inverse, la construction des remparts n'était-elle qu'une source d'inspiration pour l'imagination mathématique d'érudits peu impliqués, en réalité, dans la réalisation de ces travaux ? L'analyse de ces problèmes peut-elle donner des indications sur les connaissances mathématiques requises pour mener à bien les travaux de construction des ouvrages de défense ? Quelles étaient les relations entre les milieux savants et les milieux qui étaient en charge de la mise en œuvre de grands travaux militaires ? Cette contribution a pour but d'apporter quelques éléments de réponse à ces questions en examinant un choix de problèmes puisé dans ce groupe de tablettes mathématiques. Une attention particulière est accordée à des détails tels que la typologie des tablettes où sont inscrits les textes, les erreurs qu'on peut y détecter, les indications sur les ordres de grandeur – ou leur absence –, ainsi que la présence de colophons et leur contenu.

the walls of a circular city, such are for example the problems addressed in these tablets. Were these mathematical problems designed to solve real technical problems, or, conversely, was the construction of walls a source of inspiration for the mathematical imagination of scholars little involved, actually, in the realisation of this work? What was the relationship between academic circles and milieus which were in charge of the implementation of major military work? This paper aims to provide some answers to these questions by examining a range of issues drawn from this group of mathematical tablets. Particular attention is paid to details such as the types of tablets where texts are written, errors that can be detected, the indications on the orders of magnitude – or lack of them – and the presence and content of colophons.

Alice Mouton – *Rituels hittites à exécuter avant ou après le combat* (p. 277-288).

Les rituels curatifs hittites traitent souvent de la souillure occasionnée par le contact avec le corps mort voire par la défaite sur le champ de bataille. Ils fournissent aussi plusieurs techniques préventives destinées à protéger le combattant. Il arrive même que des cérémonies aient lieu en même temps que se déroule, dans un autre lieu, la bataille. Cette présentation offrira un tour d'horizon de ces rituels, ainsi qu'une analyse de leur contenu.

Alice Mouton – *Hittite Rituals to Perform Before or After Battle* (p. 277-288).

Hittite healing rituals often deal with the defilement engendered by the encounter with corpses or even by a military defeat. Other rituals are more preventive in character and are designed to protect the warrior. Sometimes ceremonies occur at the same time as the battle, in another location. This paper will present and analyze all those rituals to be performed before, during or after the battle.

Catherine Wolff – *De quelques particularités concernant l'armée romaine* (p. 289-299).

L'article fait le point à propos de l'enrôlement au sein de l'armée romaine : modalités (qui ont varié, mais le *dilectus* reste fondé sur la notion de choix), identité des hommes mobilisés (outre les citoyens romains, sont également enrôlés les peuples et alliés de nom latin, qui deviennent citoyens romains après la guerre des Alliés, et les soldats fournis par les peuples conquis et alliés et regroupés dans les troupes auxiliaires à l'époque impériale) et composition de l'armée. Auguste a profondément modifié les structures de cette armée : de non permanente et non professionnelle qu'elle était à l'époque républicaine, fondée sur un principe censitaire, elle devient une armée permanente et professionnelle avec trois ensembles principaux : la garnison de Rome, l'armée stationnée dans les provinces et la marine. Elle reste

Catherine Wolff – *On some peculiarities about the Roman army* (p. 289-299).

The paper is about the levy in the Roman army: methods (they were not the same all the time, but the *dilectus* is always based on the notion of choice), identity of the levied men (besides the Roman citizens, Roman authorities levied Latin peoples and allies too, who became Roman citizens after the Social War, and soldiers given by the conquered and allied peoples and joined together in the auxiliaries troops during the Empire) and composition of the army. Augustus deeply changed the structures of this army: the army was a non-permanent and a non-professional one during the Republic, based on the census, and it became a permanent and a professional one, with three main bodies, the garrison at Rome, the army in the provinces and the marine. It is however always a conscription army.

cependant une armée de conscription. Tous ces éléments font de l'armée romaine un cas particulier par rapport aux autres armées de l'Antiquité.

Because of all these elements, the Roman army is special compared with the others antique armies.